永州市地方志丛书

永州市财政税务志

（1992—2015）

永州市财政税务志编纂委员会 编

方志出版社
Publishing House of Local Records

图书在版编目（CIP）数据

永州市财政税务志：1992—2015/永州市财政税务志编纂委员会编．—北京：方志出版社，2020.3

ISBN 978-7-5144-4131-4

Ⅰ．①永… Ⅱ．①永… Ⅲ．①地方财政—概况—永州—1992-2015 ②地方税务—概况—永州—1992-2015 Ⅳ．①F812.764.3

中国版本图书馆CIP数据核字（2020）第046819号

永州市财政税务志（1992—2015）

编　　者：永州市财政税务志编纂委员会
责任编辑：董　琳
出 版 者：方志出版社
地址　北京市朝阳区潘家园东里9号（国家方志馆4层）
邮编　100021
网址　http：//www.fzph.org
发　　行：方志出版社图书经销中心
电话（010）67110500
经　　销：各地新华书店
印　　刷：衡阳顺地印务有限公司
开　　本：889×1194　1/16
印　　张：48.5
字　　数：978千
版　　次：2020年3月第1版　2020年3月第1次印刷
印　　数：0001～3000册

ISBN 978-7-5144-4131-4　定价：680.00元

《永州市财政税务志（1992—2015）》编纂委员会

主　　任 杨军元　艾艳君　毛东庆　曾立春

副 主 任 唐建华　何多珍　李　靖

成　　员（按姓氏笔画排序）

凡易龙　马　玮　王　亮　文方明
邓仁霞　邓美光　邓跃南　田慧民
朱建河　刘小兵　刘小贤　刘小明
刘世荣　刘亚屏　刘林秀　刘祥云
李四君　李光富　李竹青　杨　迪
杨伟毅　杨林桂　肖显发　吴春元
何代林　张　智　张红旗　张金生
陈立志　陈晓旺　陈蓓蕾　欧阳小平
欧阳正才　欧阳辉亮　欧鸿鲲　胡顺安
秦小国　秦晓晖　桂来上　郭齐民
唐小明　唐双祁　唐景平　盘全政
彭　剑　程灿烂　鲁　强　谢交发
黎立平

《永州市财政税务志（1992—2015）》编辑部

主　　编　艾艳君

副 主 编　毛东庆　曾立春　唐建华

执行主编　陈晓旺　欧阳辉亮　唐景平

编　　辑（按姓氏笔画排序）

伍卫国　刘玉铁　李志敏　何湖光
张志海　张振东　陈昌文　周易富
唐保国　黄新民　谢美香

资 料 员（按姓氏笔画排序）

王耀华　毛林艳　尹维锋　邓楚才
邓慧芳　龙启明　伍卫国　刘　艳
刘　琳　刘文艳　刘雁飞　刘雄峰
许　琨　阳　寒　李志敏　李林耀
李金龙　李新华　杨　勇　杨丽娜
杨建清　杨爱志　吴小俭　何云芳
何智林　邹慧芳　宋芙蓉　张　群
张拥军　张金山　张振东　张爱华
陈　勇　陈　钰　陈水平　陈建波
陈春明　林　军　欧阳运瑞　欧阳景

欧雨祥	罗 明	罗小虎	罗文峰
罗志豪	金湘红	周进瑜	赵建国
胡 钢	胡亚林	胡晓春	秦爱军
桂阳明	贾志军	卿 楠	席光松
唐 渠	唐 堃	唐宇娟	唐晓波
唐慧光	唐燕林	宾波涌	龚华汉
盘 铮	蒋 涛	蒋 鹏	蒋绍意
蒋勇胜	蒋朝君	蔡德金	魏远荣

《永州市财政税务志（1992—2015）》终审人员

蒋政平　　高 波

序

盛世修志，功在当代，利在千秋。历时四载，辛勤笔耕，《永州市财政税务志（1992—2015）》终于编纂完成，这是永州市财税发展史上的盛事，可喜可贺。

纵观永州财税 1992 年至 2015 年的发展历程，有财税体制变革稳中求进的从容，有产业结构转型升级的艰辛，有财税收入快速增长的喜悦。24 年间，永州财税经历了分税制改革、撤地建市改革、财政省直管县改革等一系列重大体制变革，经历了从“一台车、一包烟、一张纸”单一财政收入格局到大力培植财源经济，一、二、三产业全面发展，全市财政收入逐步实现高质量发展的转变，为永州经济社会发展作出了重要贡献。全市财政总收入从 1992 年的 3.66 亿元起步，蹄急步稳，1998 年、2005 年先后突破 10 亿元、20 亿元；2010 年快马加鞭，收入总量达到 53.54 亿元，比 2009 年增长 33.06%；2015 年提质增效，全市财政总收入达到 131.14 亿元，比 2014 年增长 15.66%，增幅排全省第 3 位，实现了历史性的跨越。

透过志书，我们可以清晰地看到财政公共属性的彰显、民生民本的重大改善。全市财政支出由 1992 年的 5.65 亿元增加到 2015 年的 353.24 亿元，增长 62.54 倍，年均递增 19.70%。其中，2015 年民生民本支出 275.8 亿元，占财政支出的比重达 78.8%。财政投入大幅提升增进了民生福祉：城乡义务教育阶段实现“重负担”到“全免费”的转变，助学政策覆盖各教育阶段，城区义务教育学位建设如火如荼；城乡居民医疗保险、养老保险实现“零”到“全覆盖”的转变；保障性住房、棚户区改造、农村危房改造等保障政策日趋完善；科教文卫等社会事业蓬勃发展，改革的红利惠及千家万户。

透过志书，我们可以清晰地看到财税部门服务经济发展，夯实财源基础的坚实步伐。从“3581”财源建设工程到支持国企改革、培植长丰集团、湘江纸业等骨干财源，再到带头招商引资、支持园区经济发展、安排各类产业引导资金、推进“十百千工程”等重点项目建设。通过减税降费，有效减轻企业负担，激发市场主体活力，全市工业经济发展增势向好，2015 年全市规模工业总产值突破千亿元大关，比 2014 年增长 19.5%，规模工业增加值增长 10.2%，连续 18 个月排全省第 1 位。

近 100 万字的《永州市财政税务志（1992—2015）》，由概述、大事记、正文和附录4个部分组成，全书共18章99节，以翔实的资料、丰富的内容、客观的文字，生动地记载了24年间财政收支、财政体制、财政改革、财政管理、财税征管、依法行政等情况；生动再现了永州财税24年间发展变化的轨迹与脉络；如实记录了永州财税人为财政振兴、经济发展、民生改善所倾注的心血和汗水。志书具有鲜明的时代特征、浓郁的地方特色、突出的部门特点，折射出永州财税人与时俱进的进取精神、艰苦创业的拼搏精神、默默耕耘的奉献精神，是永州财税改革发展史的一幅壮丽画卷。

读史明智，知古鉴今。《永州市财政税务志（1992—2015）》对永州财税的发展具有重要的历史价值，通过读志、用志，借鉴历史，展望未来，永州财税的明天一定会更加美好，更加辉煌！

艾艳君

2020年3月

凡　例

1.《永州市财政税务志（1992—2015）》以马克思列宁主义、毛泽东思想、邓小平理论、“三个代表”重要思想、科学发展观、习近平新时代中国特色社会主义思想为指导，坚持党的路线方针政策，坚持辩证唯物主义和历史唯物主义的立场观点方法，突出时代特征、地方特色、行业特点，全面系统地记述1992—2015年永州市财税工作历史，充分反映永州市财税改革与发展的历史进程。

2. 坚持实事求是和依法修志原则，严格遵守国家有关法律法规，依照国务院《地方志工作条例》，真实记述永州市财税工作改革发展、探索创新取得的成绩和经验，客观反映不足和教训。

3. 坚持志书体例，运用述、记、志、图、表、录等体裁，横分门类、纵述史实、述而不论。

4. 本志为《零陵地区志·财政志》《零陵地区志·税务志》的续篇，上限起自1992年，下限断至2015年。

5. 本志前冠重要图片和序；首设“概述”，统领全书；次设“大事记”，总揽财税大事要事；再分设“财政篇”“国税篇”“地税篇”，下设章、节、目、子目4个层次，以事项发生时间先后和同一时间节点先财政、后国税、再地税为序，记述财税事业发展。

6. 本志采纳的数据以财政决算数据为准，因财政体制和预算级次等原因，历年财政总收入数并非等于财政、国税、地税部门税收和非税收入征收入库数简单相加。

7. 本志反映的市本级财政收支为纯本级，不包括永州经济技术开发区（但2003—2012年期间撤销开发区一级财政除外）、回龙圩管理区、金洞管理区的财政收支，与上报省财政厅决算报表统计口径不一致。

8. 时间、计量单位、数字、专有名词等一律按照《〈永州市志〉编写行文通则》执行。

9. 表格中缺失或未作统计的数据，均以“—”表示。

10. 1995年11月，经国务院批准，撤销零陵地区和县级永州市、冷水滩市，设立地级永州市，辖祁阳县、新田县、道县、蓝山县、东安县、双牌县、宁远县、江永县、江华瑶族自治县（以下简称江华县）和芝山区、冷水滩区。2005 年 6 月，芝山区复名零陵区。因各相关单位正式更名时间前后不一致，为统一称谓便于记述，本志以 1996 年 3 月市人大、市政协“两会”召开时间为界，1996 年 3 月以前称零陵地区，1996 年 3 月及以后称永州市；以 2005 年 6 月为界，2005 年 6 月以前称芝山区，2005 年 6 月及以后称零陵区。

11. 本志资料主要来自档案资料，部分采自书、报、期刊和各部门熟悉行业情况的干部职工、老领导、老同志口碑资料。

永州市行政区划图

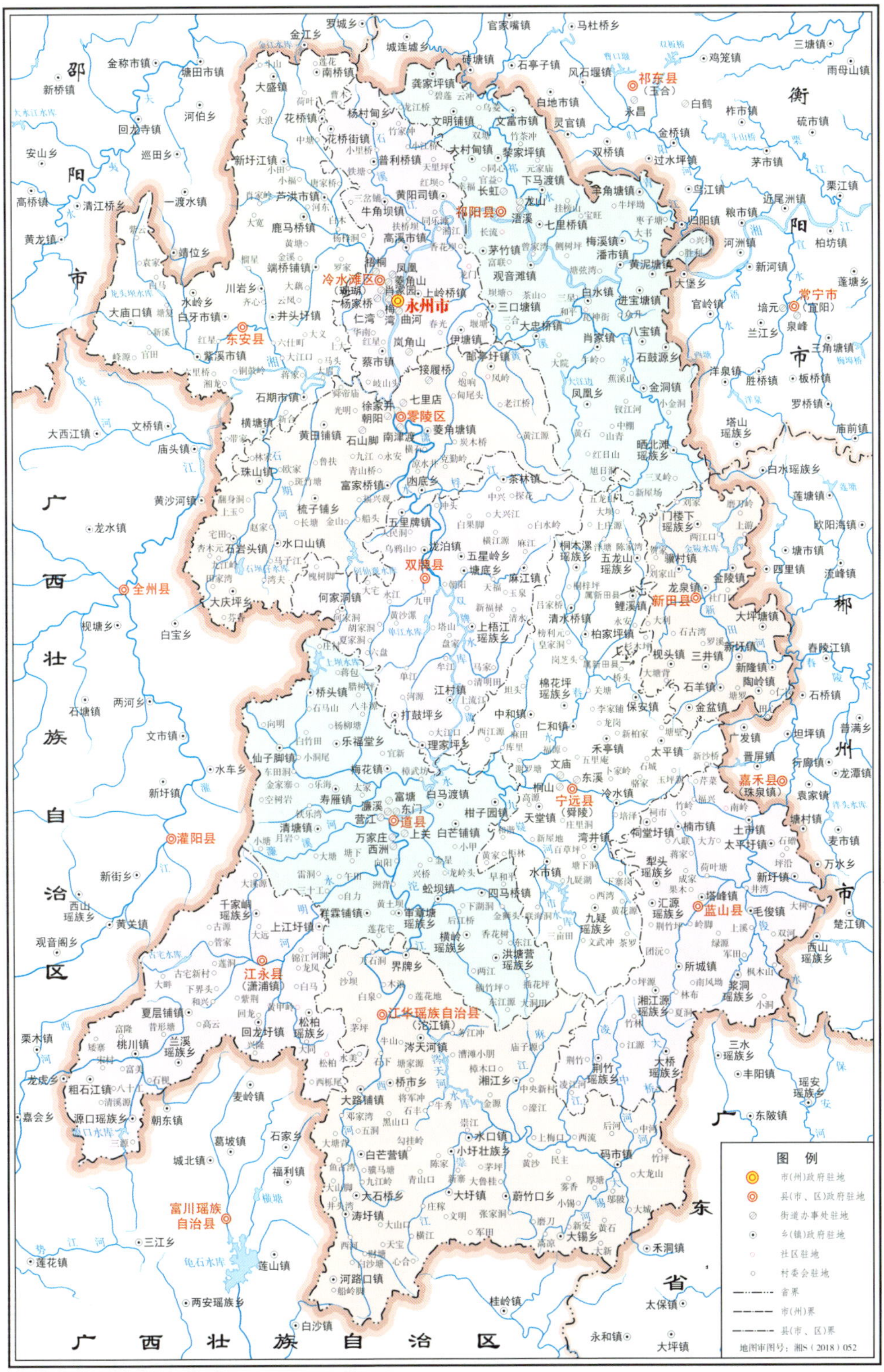
永州市
冷水滩区
零陵区
祁阳县
东安县
双牌县
道县
宁远县
新田县
江永县
（潇浦镇）
江华瑶族自治县
（沱江镇）
蓝山县
嘉禾县
（珠泉镇）
祁东县
（玉合）
常宁市
（宜阳）
全州县
灌阳县
富川瑶族自治县
邵阳市
衡阳市
郴州市
广西壮族自治区
广东省
图例
市(州)政府驻地
县(市、区)政府驻地
街道办事处驻地
乡(镇)政府驻地
社区驻地
村委会驻地
省界
市(州)界
县(市、区)界
地图审图号：湘S（2018）052

领导关怀

①

②

③

④

① 2012年6月29日，国家税务总局局长肖捷（右四）等领导集体接见荣获全国先进基层党组织的永州市国税局代表肖显发（中）

② 1993年8月8日，省财政厅党组书记、厅长章锐夫（前排左六）率省财政厅相关处（室）负责人到零陵地区调研，行署副专员卞翠屏（前排左五）与调研组合影

③ 2007年11月，省财政厅党组书记、厅长李友志（右二）一行参观考察宁远县舜帝陵和舜文化建设

④ 2009年11月，省地税局第一任党组书记、局长李长庚（左二）到永州市检查指导工作

⑤ 2004年5月，财政部部长金人庆（中）到永州市考察调研，与时任永州市财政局党组书记、局长刘尤碧（右）、前任局长沈根元（左）合影

⑤

①

②

① 1998年6月2日，省委副书记郑培民（右）一行到永州市财政局考察调研“讲文明、树新风”活动开展情况

② 2007年11月，省财政厅党组书记、厅长李友志（主席台右五）率省财政厅处长以上领导干部在宁远县开展厅党组中心组学习

③ 1993年11月12日，中共零陵地委扩大会议学习新税制。图为地委书记邹金鹭（中）、行署专员卞翠屏（右）、人大联工委主任郑邦淳（左）等领导集中学习即将全面推行的新税制

④ 2012年新年伊始，市委书记张硕辅（中），市委副书记、市长魏旋君（左）到地税办税大厅看望工作人员

⑤ 2008年10月27日，市委书记黄天锡（右二）等领导到市国税局调研

⑥ 2005年，省地税局党组书记、局长卿渐伟（右一）到永州市调研指导工作，市地税局党组书记、局长杨兴明（右二）陪同调研

③

④

⑥

⑤

①

② ③ ④ ⑤

① 2008年12月2日，省国税局局长程安亭（中）一行到永州市调研指导工作，市委书记黄天锡（右四）陪同参加问计基层恳谈会

② 2012年7月，市委副书记、市长魏旋君（左三）到市财政局调研指导工作

③ 2012年11月3日，省国税局党组书记、局长丁永安（左二）在永州市国税局听取工作情况汇报

④ 2010年2月，市委常委、常务副市长唐松成（中）到市财政局调研指导工作

⑤ 2011年12月，市委常委、常务副市长周德睿（中）到市财政局调研指导工作

①　2012年11月1日，省国税局党组书记、局长丁永安（中）一行到零陵区调研走访

②　2014年，省地税局党组书记、局长张云英（中）到永州市地税局调研指导工作

③　2009年，省地税局党组书记、局长吕兴胜（中）到永州市调研指导工作

④　2009年3月25日，省国税局副局长张社安（左一）观看永州市国税局机关首届奇石根雕作品展

⑤　2015年5月26日，省地税局领导与获得全省地税系统业务抢答赛第一名的永州队合影

⑥　2015年，省地税局党组书记、局长张云英（后排中）到永州市检查指导工作，与奋战在“金税三期”工程一线人员合影

⑦　2011年8月，省地税局党组书记、局长吕兴胜（前排左四）到永州市调研指导工作，市委常委、常务副市长周德睿（前排右三）陪同调研，与市地税局班子成员合影

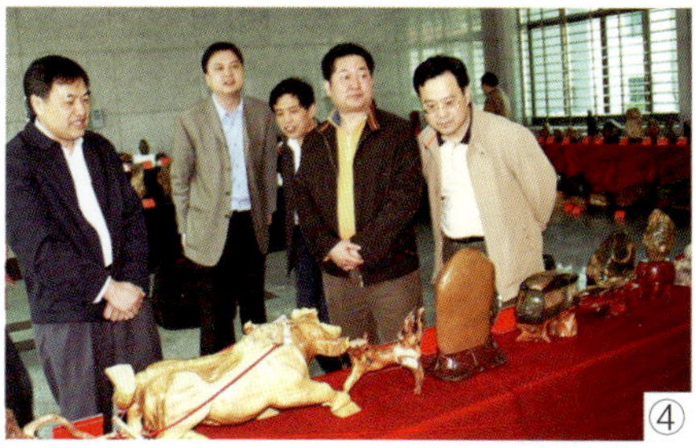

依法治税

①

②

③

① 2006年11月，市政府召开全市财税工作会议，安排部署组织财税收入入库工作，市委常委、常务副市长唐松成（主席台中）出席会议并讲话

② 20世纪90年代，农业税收是全市财政收入的主要来源之一，图为农税干部下乡征收农业税收

③ 2009年10月28日，全市国税系统依法治税加强中小税收征管现场会在东安县召开

④ 2013年5月，市地税稽查局联合市公安局开展集中公开销毁假发票活动

⑤ 1992年5月，零陵地区组织开展屠宰市场整顿，加强屠宰税征收管理

⑥ 2014年7月，市地税局局长毛东庆在市政府参加在线访谈

⑦ 1997年12月，市财政局举行永州市农业税收征收管理局揭牌仪式，市委常委、常务副市长蒋桃生（左四），市政协副主席、市财政局局长沈根元（左三）出席

④

⑤

⑥

⑦

①	②
	③
	④
	⑤
⑦	⑥

① 2007年2月，全市财税工作会议在冷水滩区召开，图为获得2006年度县（区）财税工作目标考核评比先进单位的县（区）领导上台领奖

② 2014年4月18日，市国税局、市地税局组织税务干部参加全国税务人员执法资格考试

③ 2015年9月25日，市地税局参加“金税三期”工程的人员合影

④ 2012年5月14日，市地税局开展“对人民负责、为人民服务、受人民监督、让人民满意”辩论赛

⑤ 2014年12月，市地税稽查局开展税务检查

⑥ 2013年11月25日，市地税局举办业务知识抢答赛

⑦ 2015年7月，市地税局举办全市地税系统处科级干部及业务骨干素质能力提升培训班

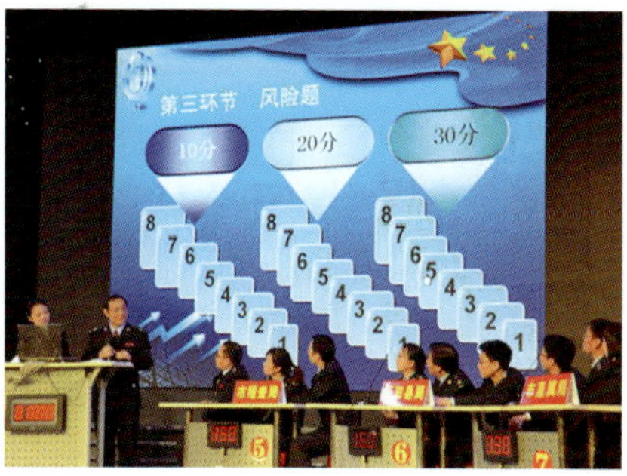

培财促收

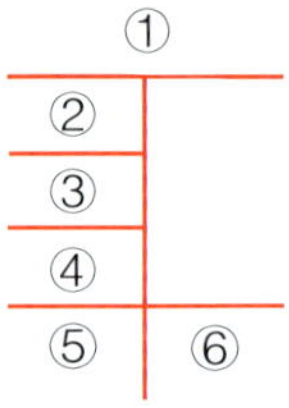

① 2004年5月，财政部部长金人庆（右二）到永州市异蛇产业基地考察调研

② 1999年，省财政厅党组书记、厅长章锐夫（左四）一行考察永州市异蛇产业基地

③ 1996年，市政协副主席、市财政局局长沈根元（左一）调研蔬菜基地建设

④ 2009年6月17日，永州市"企业服务年"活动第十一工作组（市国税局牵头）领导成员研究为企业生产经营排忧解难措施

⑤ 2008年8月20日，市国税局在宁远县召开承接产业转移优化纳税服务座谈会

⑥ 1993年6月，地区财政局召开全区财源建设现场交流会，省财政厅副厅长胡金亮（前排左六）、行署副专员卞翠屏（前排左七）等领导出席会议并合影

①

②

① 2008年4月，省财政厅党组书记、厅长李友志（左二）到永州市农业产业化龙头企业熙可罐头食品有限责任公司调研指导工作，市委书记黄天锡（左三）陪同调研

② 1992年5月25日，地区财政局局长沈根元（左二）到宁远县瓷厂考察调研

③ 2008年7月，市财政局党组书记、局长刘尤碧（左一）带队到广东省清远市考察学习企业先进管理经验

④ 2011年8月，市政府党组成员、市财政局局长李光富（右），市财政局党组书记、副局长龚跃林（左）到零陵大道第三标段建设工地调研指导工作

⑤ 2014年7月，省财政厅副厅长刘崇斌（右）到永州市考察调研中小企业创业园建设，市财政局党组书记、局长杨军元（左）陪同调研

⑥ 1993年5月，地区财政局组织干部职工走上街头，大力宣传财政改革方针政策

③

④

⑥

⑤

①

②

③

④

① 2008年，省财政厅党组书记、厅长李友志（左二）到永州市重点骨干企业长丰集团有限责任公司考察调研

② 2010年9月，省地税局党组书记、局长吕兴胜（中）在永州市地税局局长谷一飞（右）陪同下考察湘江纸业有限责任公司生产经营情况

③ 2013年10月，省地税局副局长郑惠（左）到长丰集团有限责任公司考察调研

④ 农业财源重点项目——20世纪90年代建成的江永县香柚基地

⑤ 财源建设重点项目——新田县烤烟生产基地，自20世纪90年代以来，烤烟一直是新田县财政收入的重要来源

⑥ 财源建设重点项目——九嶷骄阳水泥股份有限责任公司于2007年登记注册，2009年建成投产

⑦ 2014年，市国税局、市地税局联合举行诚信纳税人授牌表彰大会，市委常委、常务副市长周德睿（主席台中）出席会议并颁奖

⑤

⑥

⑦

关注民生

①

②

① 1993年8月6日，省财政厅党组书记、厅长章锐夫（右二）到宁远县村办小学考察调研

② 2008年11月，省财政厅副厅长李良田（左二）到永州市调研新型农村合作医疗，市委常委、常务副市长唐松成（左一）陪同调研

③ 20世纪90年代，地区财政局对口帮扶宁远县棉花坪瑶族乡。图为局长沈根元（右三）带队到该乡走访慰问

④ 2012年，市政府党组成员、市财政局局长李光富（右一）到冷水滩区伊塘镇茶花村走访慰问

⑤ 财政支持项目——20世纪90年代，通过外国政府贷款建成的永州市向家亭污水处理厂

⑥ 财政支持项目——2012年建成的零陵区城市防洪大堤

⑦ 2008年，省财政厅党组书记、厅长李友志（左一）到永州市实地考察调研民办教育，市委常委、常务副市长唐松成（左三）陪同调研

③

④

⑤

⑦

⑥

① 2010年4月3日，市国税局、市地税局、市环保局联合开展“税收焕绿湘江源”税收宣传活动，市委常委、常务副市长唐松成（右一）在宣传活动启动仪式上讲话

② 2014年7月，市财政局召开局领导班子专题民主生活会，市委副书记、市长向曙光（左中）到会指导

③ 2013年2月，省财政厅副厅长郭秀宏（右二）到永州市调研农村综合改革工作

④ 2010年4月，“税收焕绿湘江源”宣传活动举行千人签名

⑤ 2015年8月，市地税局党组书记、局长毛东庆（中）了解帮扶对象家庭情况

⑥ 2014年7月，市地税局雷锋志愿服务队参加文明劝导活动

⑦ 财政支持项目——2009年，正在规划建设中的零陵大道扩建工程

⑧ 财政支持项目——1998年2月，市委、市政府决定重点投资扩建八中，图为建成后的永州市第八中学

⑨ 2012年4月25日，市地税局举办“税收发展民生”演出，市委常委、市委宣传部长石艳萍（二排左五）出席活动并与地税干部合影

队伍建设

①　2007年2月5日，全市财税工作暨财政系统先进集体先进个人表彰大会召开，图为参会人员合影

②　2005年7月，市财政局党组书记、局长刘尤碧（中）组织局领导班子研究财政工作

③　2015年10月，市财政局党组书记、局长杨军元（主席台中）组织召开动员大会，市财政局再次创建市级文明单位

④　2007年7月，市财政局在中央财经大学举办创新财政理论提升业务素质培训班，图为学员与老师合影

⑤　1993年3月，地区财政局召开全区财政工作暨表彰大会，表彰文明财政所，行署副专员卞翠屏（二排左六）出席会议并与参会人员合影

⑥　2003年1月，市财政局领导与县（区）财政局局长合影

①

②

③

④

① 1996年2月9日，地区国税局召开全区国税系统“1512”创先争优活动表彰大会，图为局领导与先进代表合影

② 1994年9月27日，地区国税局局长曹承斌（右）、副局长艾春元（左）为零陵地区国税局挂牌

③ 2015年12月15日，在市国税局主要领导任免大会上，省国税局副局长皮本固（中）宣布傅扬帆（右二）提拔担任河南省国税局总会计师，曾立春（右一）接任永州市国税局党组书记、局长

④ 2015年2月25日，市委、市政府召开2014年度综合表彰大会，市国税局荣获5项先进单位，其中绩效考核、综合治理、党建工作排名第一。图中站立者右三为局长傅扬帆准备登台领奖

⑤ 2011年10月，蓝山县国税局荣获“全国模范职工之家”。图为省国税系统工会主任王发旺（左一）代表省总工会专程到蓝山县国税局授牌

⑥ 2008年2月14日，在全市国税工作会议期间，市国税局领导班子成员与各县（区）国税局参会人员合影

⑤

⑥

①

②

① 1996年5月28日，零陵地区地方税务局更名为永州市地方税务局，图为局长刘春洪（左二）等领导出席挂牌仪式

② 2006年，市国税局、市地税局召开联席会暨税务学会常务理事会，图为理事会成员合影

③ 1998年，市地税局从芝山区搬至冷水滩区河东梅湾路118号新办公楼办公，图为时任局长钱国平（二排右五）、前任局长刘春洪（二排右六）与部分干部在新办公楼前合影

④ 2003年，文雄辉先进事迹巡回报告在全省地税系统引起强烈反响，文雄辉生前系宁远县地税局党组成员、副局长

⑤ 2015年，市地税系统副科级干部到湖南师范大学培训

⑥ 2014年，市地税局举办“文化永州，书香地税”朗读活动

⑦ 2010年，市地税局召开全市地税系统第六次思想政治工作会议，图为参会代表合影

⑧ 2010年4月，参加全市地税系统班子建设暨党风廉政建设工作会议的代表合影

③

④

⑤

⑦

⑧

⑥

编辑花絮

①

②

③

④

⑤

⑥

① 2018年11月20日，市财政局、市税务局联合召开《永州市财政税务志（1992—2015）》编纂工作协调会

② 2018年11月20日，市史志办、市财政局、市税务局部分领导与编纂人员合影

③ 2017年3月，市财政局再次组织开展资料员业务培训

④ 2016年8月，市国税局党组书记、局长曾立春（中）专题听取《永州市国家税务志》编修方案汇报

⑤ 2017年1月6日，《永州市地方税务志》编纂工作正式启动

⑥ 2018年12月26日，在《永州市财政税务志（1992—2015）》稿评审会上，史志专家学者畅所欲言，充分发表意见

⑦ 2018年12月26日，《永州市财政税务志（1992—2015）》稿评审会召开，市政府副秘书长汤荣石（前排右四）、市财政局局长艾艳君（前排右三）、市税务局局长毛东庆（前排左三）等领导与史志专家学者和编纂人员合影

⑦

目 录

概 述

1992—2015 年，永州市财政和税务部门紧紧围绕党委、政府的重大决策部署，发挥财政国家治理的基础和重要支柱作用，依法组织财税收入，安排财政支出，深化财税改革，强化财税管理，加强财税干部队伍建设，自觉接受人大、政协和审计监督，为全市经济和社会事业发展作应有贡献。

一

永州市各级财税部门坚持以组织财税收入为中心，建立财税收入目标责任制和收入均衡入库机制，加强收入调度和考核兑现；开展财税法规宣传活动，优化纳税环境；加强税源调查，建立税源台账和协税护税机制，实行税收源头控管；加强税收执法检查，规范税收征纳行为，从严查处偷逃骗抗税收行为；加强非税收入征管，探索和完善征管办法，坚持应收尽收，该罚则罚，以票管费，财税收入实现快速增长。全市财政总收入（不含上级补助收入，下同）由 1992 年的 3. 66 亿元增加到 2015 年的 131. 14 亿元，增长 35. 82 倍，年均递增 16. 83%，高于同期全市 GDP 增幅 2. 8 个百分点。

1993—1995 年，抓住分税制改革的机遇，跟踪了解中央财税体制改革信息，加强政策研判和分析测算，强化收入调度，组织财税收入攻关战，加大清缴欠税漏税。组建国家税务局与地方税务局，各自实行业务垂直领导，强化各级政府理财治税与税务部门组织收入的责任。推进纳税申报、税务代理、税务稽查三位一体的税收征管模式改革，建立以纳税人“自核自缴”为基础的申报制度，探索建立财税收入均衡入库机制，为分税制改革争得和确保一个好的收入基数。

1997 年，推行收费征管体制改革，取消行政事业单位收入过渡户，非税收入由银行代收或委托单位代征，促进非税收入快速增长。推行“以纳税申报和优化服务为基础，以计算机网络为依托，集中征收、重点稽查”的征管模式，强化税收征收管理。2001 年，加大科技兴税力度，全市国税系统“金税工程”正式开通运行，地税部门建成广域网，推行发票“双奖”系统。抓住新税收征管法及其实施细则实施的机遇，按照“不许出现新欠税，老欠税收回 30%以上”的要求，开展多种税收专项清查，杜绝新欠，减少陈欠。

2005 年，完善财政经济发展的考核激励机制，对缴纳税收多、增长快、贡献大的纳税主体和工作班子给予奖励。加强财政经济景气预测分析，建立财源税源台账，强化税费源头控管。建立一家征管、多方监控的税收征管控制机制，加大税务稽查、专项审计、执法检查、以票管费工作力度，防止随意减免税费和打政策“擦边球”，堵塞税费“跑冒滴漏”，全市财政总收入完成 20.05 亿元，其中，税收收入占财政总收入的比重为 73.4%，比 2000 年提高 8.4 个百分点，中心城区财政收入占全市财政总收入的近一半。

2007 年，创新征管机制，开展纳税环境专项整治，对 2004 年以来全市范围内重点行业、重点企业、个体工商户的纳税情况及税收预算级次情况进行专项检查和整治。国税系统制订和完善税收分析、纳税评估、税源监控、税务稽查互动协作工作方法，互动协作长效机制考核办法等管理办法，地税系统出台税收征收员管理制度、税源分类管理办法等 12 项管理办法，规范税收征管工作流程和纳税行为。财政农税部门推行契税和耕地占用税“两税”直征，严把源头审核关。财政非税部门深化非税收入规范管理改革，推行财政直接征收，拓宽非税收入征收渠道。2010 年，国税、地税与环保部门联合启动“税收焕绿湘江源”税收宣传活动，推行税库银 POS 机刷卡缴税，强化征管措施，全市财政总收入达到 53.53 亿元，比 2005 年增长 1.67 倍，年均递增 21.70%；市本级财政总收入达到 17.21 亿元，比 2005 年增长 1.58 倍，年均递增 20.85%。

2011 年，完善综合治税机制，采取信息化管理措施，改进零散税收征管方式。2012 年，推行税源专业化管理，对诚信纳税人进行表彰，对 2010—2011 年湖南省纳税信用 A 级单位予以授牌，传递依法纳税正能量；落实非税收入纳入预算管理的要求，加强国有资源有偿使用收入征缴，强化非税收入执收考核。2013 年，开展税源大清理，制订税收保障措施，加强涉税信息交流，构建多层次、全方位的税源监控体系，强化税收源头控管。2013 年，永州市财政总收入跻身全省“百亿俱乐部”。2014 年，提前实现“十二五”规划财税收入目标。2015 年，推进“金税三期工程”，全面提升办税效率和税收信息化应用水平，落实纳税信用 A 级纳税人激励措施，对冷水滩城区各房地产开发小区开展税收专项整治，促进财政收入总量和质量稳步提升。2015 年，全市财政总收入比 2010 年增长 1.45 倍，收入规模列全省市（州）第 8 位，比“十一五”末排名前移 2 位。全市财政总收入、地方财政收入年均分别增长 19.62% 和 22.88%，分别高出全省平均增幅 3.3 个和 4.4 个百分点。

二

永州市各级财政坚持“量入为出、收支平衡”和“集中财力办大事、握紧拳头保重点”的原则，调整优化支出结构，从严控制行政运行成本，加大跑项争资工作力度，筹措资金保工资、保运转、保基本民生，支持全市经济和社会事业持续健康发展。全市财政支出由1992年的5.65亿元增加到2015年的353.24亿元，增长62.52倍，年均递增19.70%。2015年，上级补助收入安排的财政支出261.54亿元，占全市财政支出的3/4；民生民本支出275.8亿元，占全市财政支出比重78.8%。

1992—1995年，坚持量入为出、有保有压，对人员工资、农业开发、抗旱救灾、科学教育经费、公检法办案经费等优先保证，对行政经费、会议费、小车经费、社会集团购买力等非生产性支出从紧控制，推行零基预算管理，统筹预算内外财力保工资、保运转、保平衡。1992年，零陵地区当年财政赤字1843万元，累计赤字8674万元。1993年，全区累计财政赤字比1992年减少646万元，自1989年以来全区第一次实现财政收支当年平衡。1995年，全区财政收支在连续2年实现当年平衡的基础上实现县县平衡，消化历年老赤字1296万元。

1997年，压缩各种非生产性支出，对支出规模大、伸缩性大、管理难度大的会议费、接待费，完善包干办法；对人民群众比较关心的公费住宅电话和移动电话，进行全面清理并作出一次性处理；对社会上反映比较强烈的购买小车问题，重新规定配车范围和标准，严把控购审批关；对科技三项费用、企业解困资金、城建资金、支农资金等专项资金，建立单项管理办法，加强监督检查和追踪问效。1998年，针对部门和单位乱发奖金补贴的问题，市政府办专门印发《关于严格发放补贴津贴奖金的通知》予以规范。

2000年，针对全市11个县（区）普遍拖欠行政事业单位人员工资问题，市委、市政府印发《关于建立机关事业单位职工工资和离退休金保障机制的通知》，建立财政统发工资制度，成立工资统发中心，开设工资基金专户，按照核定的比例划转财政收入和税收返还资金进工资专户，资金实行封闭运行。对县（区）历年拖欠的老工资，按照省财政工资发放考核口径和“三个不算欠”的原则，进一步核实县（区）欠发工资底子；逐一核定各县（区）推迟新工资执行时间，新增工资资金用来消化工资老欠；加大政府调控力度，压缩非工资性支出，集中资金确保工资正常发放和老欠工资的逐步兑现。是年，在全省工资发放工作会议上，永州市财政局作题为《采取超常措施努力兑现工资》的典型发言。

2001—2004年，全市各级财政坚持以人为本，在保证工资发放的同时，不断扩大公共财政受益面。2001年，支持和完善社会保障体系建设，全市财政预算安排社会保障支出比2000年预算增长64.3%，多渠道筹措资金，发放企业离退休人员养老金、下岗职工基本生活费、城市居民低保补助；推进医保改革，市本级参保单位

233个1.5万人。2003年，建立“非典”防治经费专项调度制度，市、县（区）财政预算内拨付防非资金2241万元，确保市委、市政府提出目标的实现。加大维稳经费投入，解决特困及改制企业离休干部“两费”、企业军转干部工资医疗费拖欠和建筑领域农民工工资拖欠问题，维护社会大局稳定。2004年，全面落实8件实事，全市安排8件实事财政配套资金1.6亿元，解决就业再就业、疾病控制、食品药品安全、农村卫生体系建设、县乡公路改造、安居工程等民生热点难点问题。

2006—2010年，突出财政的公共性，调整存量，集中增量，着力解决好人民群众最关心最直接最现实的利益问题。2006年，加大“三农”投入力度，以“一卡通”的形式发放粮食直补、良种补贴、农机具购置补贴、综合直补资金，保护和调动种粮农民积极性。建立农村义务教育经费保障机制，实施农村中小学危房改造，落实农村义务教育“一费制”和“两免一补”政策，建立和完善家庭贫困学生助学制度，缓解家庭贫困学生“读书难”问题。加大城市建设投入，支持城市背街小巷改造，支持整治和取缔城市营运摩托车，扩大的士营运数量，改善中心城市发展环境。2007年，全面开展新型农村合作医疗改革，使全市374万多名参合农民受益，支持全市新建扩建乡（镇）卫生院36所。2008年，落实支农惠农政策，全市拨付涉农补贴和农村基础设施建设资金12.5亿元，推进社会主义新农村建设。开展农村“普九”债务化解工作，全市核定995所农村中小学“普九”债务规模4.27亿元，争取上级化债补助资金3.09亿元。2009年，落实教育优先发展战略，支持中心城区中小学校学位建设，对义务教育合格学校建设实行“以奖代补”，启动中小学校舍安全工程。全面推行城镇居民医疗保险，在全省率先实现城镇居民医疗保险市级统筹。推进环境保护，落实节能减排政策，关停一批落后产能企业，加快全市污水处理和垃圾处理项目建设，7个污水处理厂和市医疗废物处置中心建成运行。2010年，支持医疗卫生事业发展，推进医药卫生体制改革，筹措资金支持市中心医院建设。支持安居工程建设，落实财税优惠政策，筹措资金推进中心城区廉租住房建设。

2011—2015年，坚持民生优先导向，从严控制“三公”经费等一般性支出，将事关民生的各项重点支出事项前移。整合专项资金，盘活财政资金存量，集中财力加大对民生领域的投入，重点支持病险水库除险加固、“五小”水利工程建设、涔天河水库扩建等水利设施建设以及中低产田改造、土地综合整治；支持农村合格学校、中心城区学位建设和高校化债，提高城乡义务教育学校生均公用经费标准；提高企业退休人员养老金发放标准、城乡低保救助标准、农村五保户分散和集中供养标准，实现城乡居民养老制度并轨，企业退休人员养老金自2005年以来实现11连增；稳步推进城乡居民大病保险制度和县级公立医院改革，在全省率先启动疾病应急救助制度，率先实现县（区）群众在市级医院住院费用“一站式”结算，提高新农合及城镇居民医保、基本公共卫生服务财政补助标准，实行城乡居民大病保险；支持保障性住房建设和农村危房改造，缓解城乡低收入群体住房难问题。

三

永州市各级财税部门发挥财税政策“四两拨千斤”的作用，加强财源建设，落实培财促收措施，支持和服务财源经济发展，做大财政收入“蛋糕”。1992—1998年，实施财源建设“3581”工程，先后出台《关于“八五”期间乡（镇）财政财源建设规划的意见》《关于进一步加强我区财源建设的意见》《永州市1998—2000年市本级财源建设规划》，落实“经济发展看效益、效益提高看利税、利税增长看入库”思想，提出并实施“树立大财政观念、建设大财源体系、形成大效益财政”的财政发展模式，采取预算安排一点、周转金集中一点、预算外资金融通一点的办法，建立财源建设专项资金，支持财源建设重点县、重点乡（镇）和重点项目建设。1994年，永州市、冷水滩市、祁阳县财政总收入登上亿元台阶，东安县白牙市镇、祁阳县城关镇和黎家坪镇财政收入登上千万元台阶。1998年，全市财政总收入突破10亿元大关，达到11.03亿元，比1992年增长2.01倍，年均递增20.18%。

1999—2007年，实行财源建设由财政直接投入为主向财税政策导向为主转变，生财范围由主要培植国有经济财源转向发展多种所有制经济，生财重点由重财源粗放增长转向提高财源结构效益，生财机制由注重对单个企业的扶持转向改善总体发展环境，生财手段由依赖直接投入转向财税政策综合导向。抓住中央实施稳增长扩内需政策的机遇，争取国债项目和资金，支持永连公路、宋家洲电站等一批重大基础设施建设。坚持扶优扶强，支持长丰集团、泰格林纸、零陵卷烟厂做大做强和高科技产业项目发展，巩固骨干财源的支撑作用。筹措改革成本资金，支持国有企业改革改制。运用信用担保和贷款贴息，支持城市基础设施建设。落实加快经济发展的财税优惠政策，运用税收、预算、贴息等手段，促进多种所有制经济共同发展。支持园区基础设施建设，推行园区工业企业财政“一站式”收费，减轻企业负担。

2008—2015年，将财源建设重点转移到承接产业转移、培植壮大产业、发展财源经济上，建立产业引导资金，加大招商引资力度，扶持融资平台做大做强，加大跑项争资力度，实施减税降费措施，多措并举，综合施策，推动基础设施建设，促进产业项目大建设大发展。2015年，市本级财政预算安排各类产业发展资金7500万元，支持推进新型工业化。清理盘活财政存量资金5.14亿元，整合压减专项资金7900余万元，统筹财力3.13亿元，支持相关产业、优质企业发展和工业园区建设。实施各项减税降费政策措施，全市为小微企业减免企业所得税和营业税3000

多万元，市本级按政策为企业和项目减免收费 3533 万元。到 2015 年底，市本级财政总收入突破 30 亿元，祁阳县、冷水滩区、零陵区、宁远县、道县财政总收入登上 10 亿元台阶，江华县、东安县财政总收入登上 8 亿元台阶。

四

永州市各级财税部门探索和深化财税体制改革，不断理顺上下级政府间、政府与部门间财政分配关系，创新财政管理体制机制。理顺上下级政府间财政分配关系。1994 年，改革财政包干体制，实行分税制财政体制，建立规范的上下级税收返还和转移支付制度，逐步扩大一般性转移支付规模，调动各级政府当家理财积极性。1996 年，按照“强市兴区、事权与财权相统一、兼顾两区既得利益”的原则，确定市与芝山区、冷水滩区的财政体制，对祁阳县、道县的财政收入范围进行调整，建立市级财政。2001 年，推行所得税分享改革，对企业所得税和个人所得税实行中央、省、市和县（区）按比例分享。2010 年，推行省直管县财政体制改革，省与永州市本级及所辖区实行分税分享，市本级不再参加辖区内 9 个县财政的分税分享。

理顺政府与部门间财政分配关系。1995 年，推行零基预算改革，对行政事业单位实行“预算内外统筹，收支统管，综合包干”的管理办法，开征预算外收入调节资金。1997 年，市本级实行收费征管体制改革，财政统一票据，单位执收执罚，委托银行收款，资金上缴财政。2002 年开始，全面推行农村税费改革，至 2005 年全面取消农业税和除烟叶以外的农业特产税，结束农业税长达 2600 多年“皇粮国税”的历史。2003 年，推行“收支两条线”管理改革试点，收入全额进预算，支出通过预算统一安排，解决预算内外资金管理双轨并行问题。2005 年，推行非税收入规范管理改革，探索建立“单位开票、银行代收、财政统管、综合预算”的管理模式。2007 年，推行公务员津贴补贴改革，以行政手段为主，消除市直单位之间、市直单位与所在城市之间不合理的津贴补贴差距。

创新财政管理机制。1999 年，推行政府采购制度改革试点。2000 年，出台《永州市政府采购暂行办法》，规范政府采购行为，降低采购成本。2001 年，在市直和县（区）行政事业单位中开展会计委派制试点。2002 年，探索会计委派向会计集中核算过渡。2003 年，推行部门预算改革试点。2005 年，推行国库集中支付改革试点，探索会计集中核算向国库集中支付过渡。2007 年，全面实施政府收支分类改革，建立科学规范完善的政府收入分类体系、支出功能分类体系和支出经济分类体系，规范收支核算，提高财政运行效率。

五

永州市各级财税部门推进依法理财、依法治税，探索财税管理新机制，逐步建立现代财政制度。1992—1996 年，财政、税务、物价、审计等部门共同组织开展“三大检查”，每年集中一定的时间，对各种违反财经法规行为进行大规模、集中性的检查，坚持问题导向，逐步建立和完善财政财务管理制度。对国有企业和行政事业单位资产开展清产核资，澄清家底，规范处置，加强管理。对预算外资金推行“收支两条线”管理，实行“专户存储，有奖有息”管理办法。实施新会计制度，清理废止一批文件规定，把该由企业自主管理财务会计方面的权利还给企业，促进企业逐步建立现代企业制度。1996 年，市本级从建立一级财政的第一年起，力求对各项支出行为进行全面规范，成立书记、市长任正副组长的市财政领导小组，定期不定期分析研究财税工作中的重大问题，将财政预算管理制度纳入市委工作制度之中，明确财力审批权限，实行一支笔审批，对专项资金实行层层报批制度。

1997—2002 年，围绕整顿和规范市场经济秩序，加大财政监督检查力度。深化粮食流通体制改革，清理粮食企业财务挂账，整顿粮食市场，坚持敞开收购、顺价销售、资金封闭运行。加大乡（镇）财政消赤减债力度，市委办、市政府办专门印发乡（镇）消赤减债规划，严格实行考核。完善农业开发资金、下岗职工基本生活保障和再就业资金、工程预决算审查等管理办法，对专项资金建立追踪问效制度。开展预算法、会计法、乡镇财政管理条例等执法大检查，清理整顿经济鉴证类社会中介机构，实行中介机构脱钩改制。开展“收支两条线”检查，对市直单位所有收费项目进行全面清理，实行减项降标。

2003—2008 年，深化行政审批制度改革，规范对外检查。贯彻落实行政许可法，清理规范行政审批、行政许可事项。推行公开办事制度，实行首问责任制和服务承诺制，对进入政务服务中心的单位实行“一窗式”收费。成立财政投资评审中心，加强对财政性投资项目概算、预算、结算和决算审查。实行对外检查归口管理，开展民生民本资金、津贴补贴、银行账户和“小金库”等专项清理检查，加强对地下“六合彩”、彩票市场等专项整治，开展财政收入“打假工程”。

2009—2015 年，加强行政效能建设，推进财税工作信息化。建立规范权力运行制度，开展行政职权清理，绘制权力运行流程图。制订出台财税管理重要规章制度，修订财政资金分配和拨付管理制度。创新政府投融资机制，推进实施 PPP 模式，建立政府购买服务机制。开展政府性融资平台公司债务清理，制订完善政府性债务管理机制，防范财政风险。坚持实行财政监督“三年一检、一检三年”常态化管理，开展财政支出大清理，盘活财政存量资金，清理各项政府性奖励，逐步建立预算绩效评价体系。推进“金财工程”“金税工程”建设，开通联接省财政厅、市委、市政府的电子公文传输系统和邮件系统，建立完善财政、国税、地税门户网站，推进办事公开、财政预决算公开。2015年，市直195个预算单位除1个涉密单位外，其他单位的部门预算和“三公”经费预算全部公开，31个政府组成部门同步公开上年部门决算和“三公”经费决算。

六

永州市各级财政部门按照国家有关法律法规，每年代表人民政府向同级人民代表大会报告上一年度财政预算执行情况和本年度财政预算（草案），提请人民代表大会审议批准。人民代表大会闭会期间，按规定将预算管理重大问题、预算调整、财政决算等向人大常委会作报告，接受审查，执行作出的决定。与此同时，接受同级和上级审计机关依法对本级预算执行情况、其他财政收支进行审计监督。

自觉接受人大政协监督。沈根元、刘尤碧、李光富、杨军元四任市财政局局长先后在市人民代表大会上作预算报告，向人大代表和政协委员报告过去一年财政工作以及落实人大预算决议情况，本年度预算安排以及实现预算目标的工作措施。从2010年起，预算审查范围进一步扩大，市本级所有一级预算单位的部门预算报市人民代表大会审查。“两会”期间，市财政局专门安排局领导和相关科（室）负责人，参加各代表团和各界别对预算报告的审议，听取代表、委员的批评意见建议。1998—2000年、2002—2005年、2007—2008年因市本级财政收支变化较大，2009—2015年因地方债券资金增列财政预算，需要对市本级财政预算进行调整，市财政局局长专门向市人大常委会作调整预算报告。每年年中，市财政局局长向市人大常委会报告上年财政决算情况。对人大代表提出的议案、建议和政协委员提出的提案，市财政局高度重视、多方沟通、认真办理、及时反馈、狠抓落实，建议提案办理工作连年被市政府办、市政协办授予先进单位称号。

自觉接受审计监督。财政、税务部门每年接受同级审计机关对市本级预算执行情况、其他财政收支进行审计，定期不定期接受省审计厅对市本级财政决算、税收征管及其他财务收支情况进行审计。财政、税务部门对审计工作密切配合，及时提供相关资料接受“体检”，对审计发现的问题，该说明解释的说明解释，该整改的整改，坚持问题导向、举一反三，建立和完善相关管理制度，堵塞管理漏洞，推进现代财政制度建设迈向新台阶。

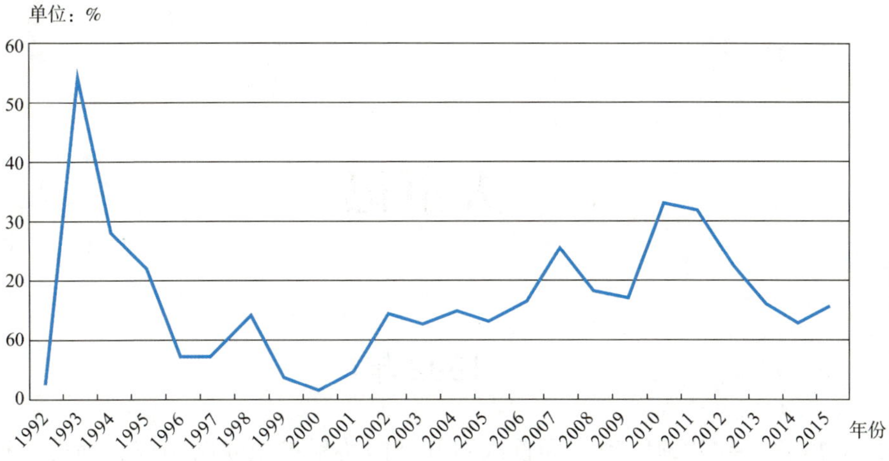

图1 1992—2015年永州市财政总收入增长折线图

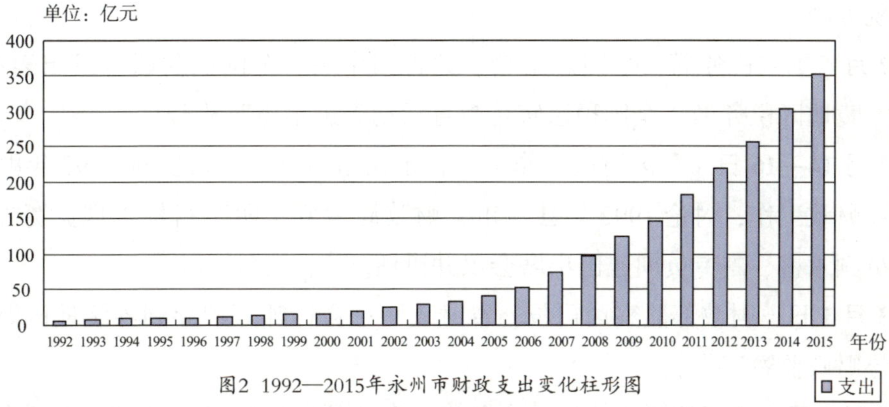

图2 1992—2015年永州市财政支出变化柱形图

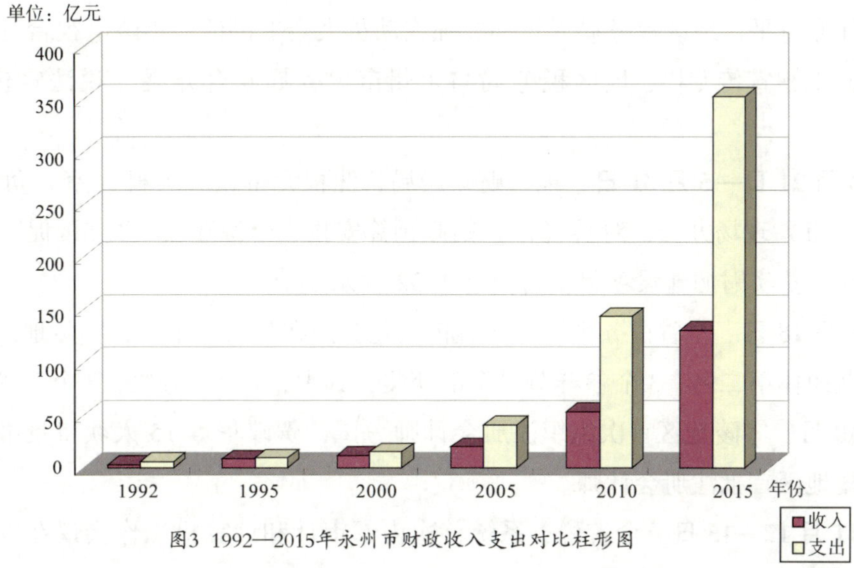

图3 1992—2015年永州市财政收入支出对比柱形图

大事记

1992 年

1 月 20 日 零陵地区税务局首次召开部门协税护税联席会议，地委、行署有关部（办、委）及公、检、法、司等地直有关单位负责人共 26 人参加，同议税收事，共念税务经。

2 月 国家税务局、全国总工会、共青团中央、全国妇联联合发出表彰通报，授予零陵地区税务局“全国税法宣传教育活动先进集体”称号。

2 月 14—16 日 全区财政工作会议在永州市召开，会议安排 1992 年财政收支预算和财政工作，讨论 1992 年县（市）财政局“双文明”目标管理竞赛方案，行署专员颜永盛、副专员周建国出席会议并讲话。

3 月 1 日 财政部监察司司长、省财政厅总会计师等领导到零陵地区财政局调研指导财政监察工作。

4 月 1 日 零陵地区正式启动全区第一个“税收宣传月”活动，地区人大联工委主任谢克平、地区税务局局长邹礼强在动员大会上讲话，零陵电视台开辟《潇湘税苑》电视宣传专栏，地区税务局与永州市税务局联合开展“税法宣传咨询日”活动。

4 月 21 日—5 月 31 日 地区财政局局长沈根元带领有关科（室）负责人到 11 个县（市）现场办公，对县（市）财政预算安排、财源建设、“支帮促”等工作开展调研，落实财源建设项目扶持资金 1232 万元。

5 月 18 日 全省税务系统税法宣传文艺会演在长沙市举行，零陵地区税务局代表队获团体第二名，3 个参赛节目全部获奖，其中，1 个二等奖，2 个三等奖。

10 月 零陵地区首次组织注册会计师考试，贺政华等 15 人获得批准注册，成为零陵地区首批注册会计师。

11 月 12—15 日 全省税务系统首次内部审计和计算机工作会议在冷水滩市召开，各地（州、市）税务局有关负责人参加会议，省税务局局长陈本力、行署专员颜永盛等领导出席会议并讲话。

11 月 13 日 地区财政局印发《关于行政事业单位住房基金实行“财政专户储存”管理办法的通知》，全区和省驻零陵地区行政事业单位的住房基金由财政部门实行财政专户储存管理。

12 月 18 日 全区首次财源建设理论研讨会在永州市召开，地区财政局局长沈根元作报告，省财政厅办公室主任李良田出席会议并讲话，道县县委书记陈益富和桂林地区财政局局长伍劲松参加会议。

1993 年

2 月 1 日 地区财政局对第二批“文明财政所”进行表彰，授予东安县白牙市镇财政所等 12 个财政所“文明财政所”称号。

2 月 在零陵地区 1993 年春节电视文艺晚会比赛中，地区财政局选送的《潇湘夜雨》获一等奖，《傣乡情》获三等奖。

3 月 5 日 地区财政局与地区人事局联合发文，对 1992 年度全区财政系统“双文明”目标管理先进单位、先进个人进行表彰，授予蓝山县财政局等 6 个单位“双文明”目标管理先进单位称号，给予蒋元彬等 68 人记功奖励。

3 月 16 日 地区行署召开地直行政事业单位财产清查登记工作动员大会，行署副专员卞翠屏作动员报告，地区财政局局长沈根元作具体安排。

5 月 7—9 日 省财政厅副厅长张以坤一行到零陵地区双牌县蔡里口乡财政所和冷水滩市、祁阳县、东安县检查指导工作，了解财源建设情况。

6 月 8—10 日 全区财源建设现场经验交流会议在祁阳县召开，地区财政局局长沈根元作工作报告，省财政厅副厅长胡金亮、行署副专员卞翠屏出席会议并讲话，会议安排参观祁阳县黎海公司、橡胶厂、卫校 3 个单位。

6 月 18 日 全区首个乡（镇）财政收入上千万元台阶签字仪式在东安县举行，地区财政局局长沈根元与白牙市镇镇长吴国政签订责任书。次年，东安县白牙市镇，祁阳县城关镇、黎家坪镇财政收入登上 1000 万元台阶，实现全区财政收入过千万元乡（镇）“零”的突破，零陵行署对 3 个镇各奖励 1 台猎豹汽车。

8 月 5—9 日 省财政厅厅长章锐夫一行到零陵地区考察指导工作，召开财政工作座谈会，各县（市）长、财政局长汇报情况，章锐夫发表讲话，区领导邹金鹭、卞翠屏、刘桂阳出席会议。

8 月 27—28 日 地区财政局在零陵师范举办“两则”“两制”知识竞赛，各县

（市）和地直共12个代表队参加，地直、江华县、永州市代表队分获团体前三名。

8月30日 地委、行署召开扩大会议专题研究税收工作，地委书记邹金鹫、行署专员卞翠屏分别就税收工作提出要求。

10月28日 湘、桂、黔3省边区第6届税收协作会议在永州市召开，与会代表参观零陵卷烟厂等单位，出席税务协作签字仪式。

11月12日 地委、行署再次召开扩大会议，各部门主要负责人听取地区税务局局长邹礼强汇报税收情况及贯彻执行即将实施的新税制工作意见。

12月31日 全区财政收入突破5亿元，完成5.42亿元，比1992年增长47.99%，增长速度居全省第4位，全区财政收支近4年来首次实现平衡。

1994年

3月2日 地区财政局、地委宣传部、地直机关工委、地区税务局共同举办地直单位财税体制改革报告会，地区财政局局长沈根元报告新一轮财税体制改革的重要意义、目的、主要内容及措施要求，地委委员、宣传部部长何绥文出席会议并讲话。

5月9—12日 地区财政局在双牌县召开湘桂毗邻地区农税工作联席会议，交流探讨分税制财政体制下边境地区农税各项收入的征管办法及进一步完善乡（镇）财政管理体制的经验，并就如何共同协税护税达成3项协议。

8月25—27日 全区财政工作会议召开，会议传达贯彻全国、全省财政工作会议精神，确定县（市）分税制体制、税收返还基数和1994年上划中央收入增长目标，研究确保完成任务的措施，地区财政局局长沈根元作报告，行署专员卞翠屏，地委委员、常务副专员朱泽民出席会议并讲话。

9月1日 零陵地委任命沈根元为地区财政局党组书记。

9月23日 零陵地区地方税务局挂牌成立，28日召开第一次局机关全体人员会议，党组书记刘春洪作动员报告，要求紧紧围绕“建一流班子，带一流队伍，建一流业绩”的总目标，发奋工作，确保各项任务完成。

9月27日 零陵地区国家税务局挂牌运行，地委委员、组织部部长刘高志受省国税局委托宣读任命文件，任命曹承斌为局长，艾春元、贺正国为副局长，地委委员、常务副专员朱泽民等领导出席挂牌仪式并授牌。

10月18日 地区财政局印发《关于核定分税制财政管理体制税收返还基数和下达1994年收入增长目标的通知》，明确地对县（市）以1993年为基期年，按照

1993年县（市）实际收入和税制改革后中央、省、地和县（市）收入划分情况，将1993年中央、省、地从县（市）净上划收入数额，作为地对县（市）的税收返还基数。

10月20日 全区第一次地方税收工作会议召开，地区地税局将税收计划下达到各县（市）地税局。

11月2日 在地区人事局、地区科协联合组织的全区优秀学术论文评比活动中，地区财政局沈根元、刘新伟撰写的论文获一等奖，张金生、袁火林合写的论文获二等奖。

11月10日 省地税局党组书记、副局长李长庚到零陵地区地税局考察指导工作，称赞冷水滩市地税局工作作风好，机构分设分出团结和干劲，关系协调好，基础工作做得好，税收任务完成好。

11月20—23日 国家税务总局所得税管理司副司长易运和一行到零陵地区了解个人所得税征收情况，对零陵地区地税局个人所得税征收管理工作给予肯定，并确定零陵地区地税局为全国个人所得税工作联系点。

12月18日 行署办印发《关于实行分税制财政管理体制的通知》，对改革的原则，省、地与县（市）收入的划分，省、地与县（市）支出的划分，地区财政对县（市）税收返还数额的确定，原体制中地区对县（市）的补助、县（市）上解以及有关结算事项的处理，县（市）对乡（镇）财政体制的确定等作出明确规定。

1995年

2月14日 零陵地区国有资产管理局成立，为副处级单位，归口地区财政局管理，内设办公室、企业科、行政事业资源科，定编10人。

2月16日 全区财税工作会议在永州市召开，各县（市）分管财税工作的副县（市）长、财委主任、财政局长、国税局长、地税局长参加会议，地委书记邹金鹭到会讲话，地委委员、常务副专员朱泽民作工作报告，地区财政局局长沈根元、地区国税局局长曹承斌、地区地税局局长刘春洪发言。

3月20日 省委书记王茂林一行在零陵地委书记邹金鹭、行署专员卞翠屏的陪同下，到双牌县、江永县等7县考察工作，指出要做好财税工作大文章，利用税收政策导向，支持地方发展竹木加工，扩大养殖业，壮大第三产业，形成规模经济，增强和壮大地方财源。

3月25日 省地税局副局长孙建章一行专程到零陵地区考察指导工作，要求冷水滩市地税局当好全省的排头兵，率先做好征管改革试点工作，建立起纳税申报、税务代理、税务稽查三位一体的征管模式和以纳税人自核自缴为基础的申报制度。

4月8日 行署专员卞翠屏在全区体改委主任会议上指出，要把冷水滩市地方税收征管改革试点列为全区四大改革试点之一，抓好纳税大厅建设、电脑网络设计、人员培训、纳税人的宣传教育工作，力争通过2~3年的努力，形成现代化的税收征管模式。

4月11日 地委、行署有关部办委及公、检、法、银行等16家地直单位的负责人在地区国税局同堂议税，就进一步加强税法宣传、深化征管改革、推进依法治税等进行研讨，形成协税护税新机制。

5月4—6日 全省地方税收征管工作会议在冷水滩市地税局召开，零陵地委秘书长刘桂阳、行署副专员兼冷水滩市委书记易昌伦、行署副专员曾斌参加会议，冷水滩市地税局局长周纯良介绍征管工作经验，省地税局副局长孙建章作总结讲话。

5月10日 湖南省首家纳税申报服务大厅在冷水滩市国税局城区二所挂牌运行，试行纳税人自行核算、自行申报、自行缴税的“三自”申报纳税模式，省国税局局长陈谷斌为首个办税服务厅题写牌名。

5月22日 零陵地区国家税务局稽查局挂牌成立。

7月6日 行署办印发《关于建立财政三个机制的考核奖励办法》，对各县（市）完成收入目标、做到均衡入库、保证工资正常发放、实现财政收支平衡等财政工作目标任务进行考核。

10月6日 地区编委发文批准，成立零陵地区收费管理局，为副处级事业单位，归口地区财政局管理，内设办公室、收费征管科、计划财务科，定编10人。

是年 地委、行署授予地区财政局“文明单位”称号。

1996年

3月18—28日 地区财政局组织对1995年与地区签订财源建设上台阶合同的祁阳县、宁远县和冷水滩市仁湾乡、永州市珠山镇、东安县白牙市镇、道县清塘镇、江华县沱江镇、蓝山县塔峰镇等7个乡（镇）进行财源建设检查考核。

3月19—22日 全国税务系统纪检监察工作会议召开，冷水滩市地税局被国家税务总局授予“全国税务系统纪检监察工作先进集体”称号。

3月 市财政局党组书记、局长沈根元当选为政协永州市第一届委员会副主席。

4月16日 全市整顿会计工作秩序动员大会召开，市政协副主席、市财政局局长沈根元作动员报告，市委常委、常务副市长朱泽民出席会议并讲话。

5月2—23日 全市首届乡（镇）财政所长培训班在市财税中专分两期进行，101名财政所长参加培训。

5月8日 永州市第一次财税工作电话会议召开，部署上半年财税收入“双过半”攻坚战，市委常委、常务副市长朱泽民出席会议并讲话。

6月3日 中共永州市委研究决定，设立市政协党组，任命市政协副主席、市财政局局长沈根元为党组成员。

6月13日 市政府就进一步规范税收征管进行“约法三章”：坚持税法统一、税权集中原则；税务机关必须严格执法、严格征管；任何生产、经营单位必须依法纳税。

6月26日 市政府办转发市财政局《关于贯彻落实市委市政府关于确立市与芝山区冷水滩区财政体制有关问题的实施意见》，对上划或上收的中央、省、市及原永州市、冷水滩市的企业，上收原永州市、冷水滩市行政事业单位及所属经济实体的各项税收等作出明确规定。

6月28日 市人大常委会任命沈根元为永州市财政局首任局长。

7月1日 祁阳县在全市率先全面建立乡（镇）国库，人民银行祁阳支行等5个部门联合印发《祁阳县乡（镇）国库管理办法》，20个乡（镇）国库正式运行。

7月上旬 永州市财政局从芝山区搬迁至冷水滩区办公。

8月15—17日 省国税局局长胡金亮到永州市考察指导工作，实地观看市国税局机关搬迁冷水滩的新址，听取冷水滩区国税分局税收征管改革等情况汇报，参观零陵卷烟厂。

10月9日 市政府办印发《永州市财政局职能配置、内设机构和人员编制方案》，对市财政局的职能转变、主要职责、内设机构、人员编制和领导职数、所属事业单位予以明确。

10月21日 市政府办印发《关于进一步明确市级财政收入范围的通知》，重点解决一些企业、单位和征管人员预算级次不清，执行中混库较为严重的问题。

11月5—6日 全市行政事业单位增收节支经验交流会议在冷水滩区召开，会议总结近年来全市财政支出管理工作取得的成绩，交流各地增收节支和支出管理工作经验，研究探讨新形势下全市财政支出管理工作的新特点、新任务、新举措。

11月26—29日 省国税局副局长程安亭一行到永州市督导组织收入工作，要求广大国税干部顾全大局，努力工作，圆满完成年度税收任务。

11 月 27 日 市财政局召开市本级财政收入入库紧急动员大会，动员各个方面抓紧最后 30 多天的财税入库工作，市领导朱泽民、谢朝月、吕芳村、邓香花出席会议。

1997 年

3 月 17—19 日 市人大、市政协“两会”召开，市政协副主席、市财政局局长沈根元第一次在市人民代表大会上作预算报告，在政协会上作题为《财政工作呼唤全社会的关心理解支持》的发言。

3 月 18 日 永州市国家税务局涉外分局挂牌成立，省国税局涉外税务分局副局长祝国银等领导予以授牌。

3 月 31 日 省国税局任命道县县长李顺阳为永州市国家税务局局长、党组副书记，原局长曹承斌改任党组书记。4 月 4 日，省国税局局长胡金亮，市委常委、市委组织部部长刘高志，市委常委、常务副市长朱泽民等领导出席任免大会，宣布新的领导班子成员并提出要求。

4 月 24 日 市政府办印发《关于建立回龙圩农场一级财政的通知》，回龙圩农场一级财政体制从 1997 年 1 月 1 日起运行。

4 月 30 日 市财政局召开市直收费管理改革动员大会及永州市收费局挂牌仪式，市委常委、常务副市长朱泽民，市政协副主席、市财政局局长沈根元出席会议并讲话。

7 月 14 日 市政协副主席、市财政局局长沈根元一行到芝山区现场办公，调查分析芝山区财政困难问题，共同研究探讨走出困境的对策措施，并向市委、市政府作专题汇报。

8 月 18 日 市国税局机关从芝山区搬迁至冷水滩区河东潇湘路 57 号新国税大院办公，原市国税局机关大院移交给芝山国税分局使用和管理。

8 月 27 日 全市财政系统机关规范化管理现场会在市财政局召开，各县（区）财政局局长、办公室主任参加会议，市政协副主席、市财政局局长沈根元作题为《全面推进财政机关规范化管理促进财政工作上新台阶》的工作报告。

9 月 12—14 日 省财政厅厅长章锐夫到永州市考察东安县、冷水滩区、芝山区和市本级部分财源建设项目，听取永州市财政工作情况汇报。

11 月 4 日 永州市召开综合财政预算改革和收费改革动员大会，市委常委、常务副市长蒋桃生主持会议，市政协副主席、市财政局局长沈根元就市本级综合财政预算草案作详细介绍，祁阳县、双牌县作典型发言。

11月11日 省地税局发文明确，刘春洪不再担任永州市地税局局长，改任党组书记，钱国平担任局长。

11月11—19日 省地税局党组书记、副局长李长庚一行在永州市地税局局长钱国平的陪同下，走访全市11个县（区）地税局和部分基层税务所，了解队伍建设和收入情况，考察基建工地，李长庚称赞永州市地税工作近3年来走在全省前列。

12月7—8日 省国税局局长胡金亮到永州市考察工作，对永州市国税部门的收入工作、机关搬迁和人事制度改革等给予肯定，同时强调各级国税机关要比工作、比奉献，树立过紧日子的思想。

12月20日 市编委发文批准成立永州市农业税收征收管理局，为副处级事业单位，下设办公室、征收管理科、乡镇财政科，定编8人。

12月24日 市财政局与市委宣传部联合召开永州市本级财源建设与区域经济发展理论研讨会，市直部（办、委）、经济主管部门、市属重点企业、部分中央、省属企业负责人参加会议，市委副书记曾昭薰，市委常委、常务副市长蒋桃生等领导出席会议。

1998年

1月23日 全市财税工作会议在冷水滩区召开，市委书记邹金鹭等领导出席会议并讲话，邹金鹭要求各县（区）党政领导尤其是分管财税工作的领导，一定要加强对财税工作的调查研究，并将其作为上任后的第一件大事切实抓紧抓好。市委、市政府还对荣获1997年财源建设财政管理综合考评第一、二、三名的宁远县、新田县、东安县，对荣获财政收入目标责任制考核先进单位的道县、宁远县、蓝山县、新田县、祁阳县给予表彰。

2月6日 全市国税系统全面推行人事制度改革，市国税局组织各县（分）局200余名科（所）长、征收分局长以上人员进行综合业务考试和公开选拔县（区）国税局局长统一考试。2月底，人事制度改革全面完成，基层征收分局（税务所）由71个撤并为46个，公开选拔县（区）局长3名，选聘副局长、工会主席38名，基层征收分局（所）长、科长（主任）等114名，产生待岗人员15名。

3月11日 市人大常委会主任郑邦淳，副主任胡参政、杨祁贵、冯生玉、谢田种、李本道等一行到市地税局考察指导工作，察看城区2个地税办税服务厅，听取局长钱国平的汇报，检查地税部门依法行政和依法治税情况。

3月 全市地税系统推行人事制度改革，精简机构，撤销89个税务所，建成45个征收分局，通过竞争上岗，高效配备人员，中层干部队伍基本实现年轻化、知识化、专业化。

4月9日 市地税局邀请市委办、市人大办、市政府办、市政协办、市纪委分管财务工作的负责人和主管会计召开个人所得税代扣代缴工作座谈会，有关领导主动带头与市地税局直属分局签订个人所得税代扣代缴责任书。

6月2日 省委副书记郑培民，省委常委、秘书长吴向东，省委常委、宣传部部长文选德及参加全省深入开展“讲文明、树新风”活动工作会议的代表，在永州市委书记邹金鹭陪同下参观考察永州市财政局。

8月1日 全面取消财政周转金，全市各级财政部门开展周转金清理，抓紧做好资金回收，对确实无法收回且符合有关核销条件的，按照财政部《关于财政周转金核销办法的规定》，经核实审批后予以核销。

8月26日 市政府召开动员大会，专题部署8月至9月在市直以上行政机关、事业单位和社会团体组织开展个人所得税代扣代缴专项检查，市委常委、常务副市长蒋桃生作动员报告。

11月5—6日 省国税局局长胡金亮一行到永州市考察指导国税工作，对芝山区、冷水滩区、东安县、祁阳县等税收收入和基层建设进行实地考察，胡金亮肯定永州市国税工作成绩，对今后的工作及基层建设提出要求。

12月 永州市财政局被财政部和省财政厅分别授予“全国财政系统先进单位”“全省财政系统先进单位”称号。

1999年

1月 省委、省政府授予永州市财政局“文明单位”称号。

2月22日 永州市地方税务局省级税收征收分局挂牌成立，省级税收征收分局与原永州市地税局直属分局合署办公，两块牌子，一套人马。

2月23日 市财政局印发《永州市财政系统机关规范化管理考评办法》，按照“思想教育经常化、队伍建设专业化、工作目标具体化、政务活动公开化、内部管理制度化、环境卫生园林化”6个方面，对县（区）财政局规范化建设提出要求和进行考评。

3月 《湖南日报》头版头条报道《永州财政实施规范管理》。

4月15日 市委、市政府作出决定，授予永州市地税系统为市级文明系统，永州市成为全省地税系统第一个市级文明系统。

4月27—28日 全市地税系统工会工作会议在道县召开，传达省地税系统工会工作会议精神，永州市地税局办税服务厅被国家税务总局授予全国税务系统“最佳办税服务厅”称号，至此，全市地税系统有3个单位获国家部级荣誉单位，有4个县（区）地税局获省级“文明单位”称号，22个基层征收单位获省局级“文明单位”称号。

5月29日 市委、市政府举办财税法规知识讲座，市委、市人大、市政府、市政协领导，市直行政事业单位主要负责人、市属企业法人代表，各县（区）常务副县（区）长以及市财政、国税、地税及金融保险等部门科级以上干部共计400多人参加，市委书记邹金鹫要求依法治税必须做到“四要”：要坚持依法治税；要严格减免税规定；要严惩涉税违法行为；要进一步加强税法宣传教育。

5月 市国税局被市委、市政府授予市级“文明单位”称号。

8月6日 市政府举行市直重点财源建设项目签字仪式，市委常委、常务副市长蒋桃生主持仪式，11个市直重点财源建设项目的主管单位、项目实施单位、市财政局、有关银行等参加会议，这是全市首次签订市本级财源建设项目责任书。

8月18日 经省国税局批准，永州市国税局在凤凰园经济开发区成立国税三分局，加强对开发区所属的84家企业及350余户个体户的税收征管。

8月20日 全市财税工作和清理整顿农村合作基金会工作会议召开，传达贯彻全省清理整顿农村合作基金会第三次会议和全省财税工作会议精神，安排部署全市相关工作，市委常委、常务副市长蒋桃生出席会议并讲话。

8月23日 省财政厅厅长章锐夫陪同省委书记杨正午到永州市考察，专题听取市政协副主席、市财政局局长沈根元关于永州市财政工作情况汇报，章锐夫就当前财政工作提出要求。

9月 国务院授予永州市财政局为“全国民族团结进步模范集体”称号。

10月26日 道县国税局新办税服务厅开业运行，安装启用国家税务总局新研制的多媒体税务触摸查询系统及大型电子显示屏等现代科技设备，在全省居于领先地位。自此，全市12个县（区）国税（分）局的办税服务厅普遍实行电子化管理与规范服务，逐步向办公、办税、计算机网络“三位一体，厅室结合，集中监控”的多功能办税与服务新格局迈进。

11月17—22日 市政协副主席、市财政局局长沈根元带领市财政局有关科

（室）负责人到东安县、祁阳县等地考察乡（镇）消赤减债规划落实情况，与40多个部门和企业单位座谈财源建设，要求坚持乡（镇）3年消赤5年减债目标不动摇。

12月8日 省人事厅、省政府机关事务管理局联合印发《关于表彰全省机关后勤系统先进集体和先进个人的决定》，永州市财政局被授予1992—1998年度全省机关后勤系统先进集体。

12月13日 市国税局召开行风评议大会。市委、市政府、市纪委、市行风评议办等联合组织对市国税系统进行3个多月的行风评议，一致认为市国税系统在税收征管、机关作风、廉政建设、工作效率等方面成效显著，社会反映良好，行风建设总体水平较高。

2000年

2月23日 在市委召开的全市宣传思想工作会议上，永州市国税系统被授予全市"文明系统"称号。

3月30日—4月2日 省国税局局长胡金亮到永州市调研组织收入、基层建设等情况，先后走访江永县、道县等县国税（分）局，提出基层建设新观念，并对市国税局的工作给予肯定。

4月4日 市纪委、市财政局召开协调会，就加强"收支两条线"管理、开展专项资金检查进行协商，市委常委、市纪委书记伍华安，市政协副主席、市财政局局长沈根元参加会议。

4月12日 全市财政统发工资工作会议召开，市政协副主席、市财政局局长沈根元宣读《永州市本级财政负担人员工资统一发放暂行办法》，市委常委、常务副市长蒋桃生出席会议并讲话。

4月29日 市国税局、永州电视台、永州有线电视台联合举办全市"依法纳税光荣"演讲比赛，来自全市11个县（区）的企事业单位及零陵卷烟厂等14名选手抒发为国纳税情怀，展示纳税人风采。

6月6日 市政府办印发《永州市政府采购暂行办法》，这是全市第一个关于政府采购的规范性文件。

6月27日 省财政厅发文批复同意撤销湖南省信托投资公司永州市办事处，要求资产、债权债务、对外担保及其一切经济、法律责任等由永州市财政局接受、处理并承担，办事处的现有人员由永州市财政局妥善安置。

6月30日 市财政局举办第二届会计知识竞赛，经过2轮4场激烈角逐，芝山区代表队获第一名，凤凰园经济开发区、道县代表队获第二名，江华县、市化工集团、市人民医院代表队获第三名。

7月27日 市政府召开2000年市本级重点财源项目工作会议，市委常委、常务副市长蒋桃生，市政协副主席、市财政局局长沈根元出席会议并讲话，10个重点财源建设项目的主管部门负责人、联系人及项目实施单位法人代表，市财政局责任小组人员参加会议。

7月 市本级财政工资统发正式运作，每月10日为财政统发工资日，纳入财政统发工资的单位包括公、检、法在内的105个行政机关和全额拨款事业单位。

10月13日 市委书记邹金鹭在全市财税收入突击攻坚大会上要求，各级党政领导和各有关部门领导要切实加强对财税工作的具体领导，严格依法治税，确保任务完成。

10月30日 全市11个县（区）的297个加油站全部安装新型加油机税控计量器，成为湖南省进度最快、效果最好，全面实现加油机税控管理的市。

11月29日 永州市国税局被省委、省政府授予省级“文明单位”称号。

2001年

1月31日 市委书记曾庆炎到市财政局调研，曾庆炎要求做好当前财政工作要选准突破口，大力培植财源，关键是要抓好骨干财源、基础财源、替代财源、补充财源、市场财源“5个财源”。

2月28日—3月1日 全省地税系统征管座谈会在永州市冷水滩区召开，永州市地税局在会上重点介绍推行“三项”改革、优化“三种服务”、强化“三项”管理的经验。

3月5日 市地税局召开党组会议，就落实停征屠宰税有关农村税费改革政策进行研究部署，决定凡直接向农民征收的屠宰税即日起停止征收。

3月9日 市委、市政府召开全市农村税费改革暨确保县乡工资发放工作会议，全市农村税费改革工作及县乡工资统发工作正式启动。

4月1日 市国税局与北京星光艺术团联合在永州会堂举办“国税与公民”专场文艺演出，宣传《中华人民共和国税收征收管理法》，拉开税收宣传月的帷幕。各级国税部门先后到各县（区）的主要街道组织“新世纪国税与百姓”摄影作品巡回展览及税收宣传活动。

4月13日 全市财税收入一季度结账暨工资发放工作会在冷水滩区召开，市委副书记、市长刘爱才，市委常委、常务副市长蒋桃生出席会议并讲话，市委书记、市长与各县（区）委书记、县（区）长签订确保工资发放责任书，要求各县（区）认真落实按期兑现老欠工资和确保当年工资发放的“五条纪律”。

4月30日 零陵机场正式通航营运，经营海口、长沙两条航线。零陵机场军民合用改扩建工程于1996年10月动工兴建，财政投入资金7000余万元。

6月14—21日 市政协副主席、市财政局局长沈根元一行到全市11个县（区）督查收入“双过半”和工资发放工作，要求各县（区）6月份财政收入必须实现“双过半”，新老工资必须全面兑现。

7月1日 全市“金税工程”正式开通运行。

7月17日 全市财税收入半年结账暨财政支出管理改革现场经验交流会在冷水滩区召开，会议总结上半年财税工作，兑现收入“双过半”奖励，交流财税征管、财源建设、会计委派、政府采购改革等方面的经验，市委常委、常务副市长崔永平出席会议并讲话。

7月22日 永州市国税局与桂林市国税局、桂剧团联合在永州会堂举办宣传新税收征管法专场文艺晚会，演出前将5000余册新税法单行本和1500把印有新税法主要内容的精美扇子发送给每一位观众，向社会公众宣传普及税法知识。

9月2日 省地税局党组书记、局长李长庚在永州市各县（区）地税局局长和市地税局机关全体人员会议上，宣布调整永州市地税局领导班子的决定，钱国平不再担任局长职务，任命杨兴明为党组书记、局长。

10月9—17日 国家审计署长沙特派办审计组对永州市2000年10个国债项目进行审计，重点审计市污水处理厂、永州机场、城区路网、双牌水库管理局等项目，提出3点整改意见。

11月8日 市政府组织召开市直单位国有资产经营收益征收座谈会，市直部分单位负责人和财务负责人参加会议，市委常委、常务副市长崔永平出席会议并讲话。

11月8日 东安县地税局对蒋齐心黑社会性质组织涉税案件进行查处，查出蒋齐心通过建立“关系网”和“保护伞”，采取隐匿收入、不申报纳税、拖欠截留税款等手段，偷逃地方税收115万元。

12月1日 市国税局机关办公自动化公文处理系统正式启用运行。

12月上旬 市国税局代表队在市总工会组织的“猎豹杯”全市职工计算机知识竞赛中荣获集体第二名。

12 月 9—14 日 省财政厅厅长章锐夫一行到永州市调研，先后听取永州市、祁阳县、芝山区财政工作情况汇报，召开部门座谈会，重点考察祁阳县文明铺镇、芝山区富家桥镇的财政工作，市委书记曾庆炎，市委副书记、市长刘爱才，市委常委、常务副市长崔永平，市政协副主席、市财政局局长沈根元等领导陪同调研。

2002 年

3 月 26 日 市二届人大二次会议在冷水滩区召开，市财政局副局长刘尤碧作《关于永州市 2001 年全市及市本级预算执行情况与 2002 年市本级预算草案的报告》。

4 月 30 日 市人大常委会任命刘尤碧为市财政局局长。

5 月 市地税局举办“文雄辉同志优秀事迹”巡回报告会，先后在市地税局机关和全市 11 个县（区）地税局演讲，文雄辉生前系宁远县地税局党组成员、副局长，他的优秀事迹被湖南电视台、《湖南日报》《永州日报》报道。

5 月 21 日 市财政局印发《永州市本级集中核算会计业务核算程序及操作规则》等一系列文件，市本级会计集中核算改革正式启动。

6 月 24 日 《永州市农村税费改革实施方案》获省政府办公厅正式批复，全市农村税费改革全面启动。

6 月 24—30 日 省国税局党组成员、总经济师唐开义到永州市调研，先后走访 11 个县（区）国税（分）局。

9 月 7 日 全市国税、地税系统共 2071 名税务干部分别在 10 个考点同时赴考，参加全国税务系统首次执法资格统一考试，成绩合格者发放执法资格合格证书。

10 月 12 日 全市增收节支工作会议在冷水滩区召开，市委常委、常务副市长崔永平出席会议并讲话，明确增收节支目标和工作措施。

11 月 1 日 市财政局印发《关于核定所得税收入分享改革基数返还额的通知》，规定各县（区）地方企业 2002 年所得税基数返还以 2001 年为基期计算确定。

12 月 28 日 祁阳县金洞林场财政站站长周国平参加全国财政系统劳动模范表彰大会，被授予“全国财政系统先进个人”称号。

12 月 31 日 通过全面推行农村税费改革，全市新的农村税费制度框架初步确立，农民人均负担 48.72 元，亩均负担 65.35 元，比 1999 年和 2001 年分别减负 55.9%、52.6%。

12 月 31 日 市地税局完成宽带网络建设，到省地税局的信息高速公路正式投入运行，公文处理软件的网络试运行和计财数据的网络传递也开始启用。

12月底 全市地税系统文明创建活动取得优异成绩，市地税局机关被授予省级“文明单位”称号，市地税局办税服务厅被授予“全国青年文明号”称号。

2003年

1月2日 市政府办转发市财政局、市农村税费改革办《农村税费改革市对县（区）转移支付办法》，明确农村税费改革转移支付额，按照因素法核定各县（区）相关经费开支的标准需求和税费改革后收入减少额以及市对县（区）转移支付系数计算确定。

1月2日 市国税局新办公大楼装修竣工完成。

2月8日 市委书记曾庆炎到市财政局调研，要求财政部门下决心抓好财政收入，下狠心管好财政支出，下大力气培养好队伍。

3月26日 世界银行官员伏格尔·马克到永州市考察农产品加工企业，重点考察熙可罐头食品有限责任公司及永州市柑橘产业，对该公司实行“公司+基地+农户”的经营模式予以肯定。

5月1日 永州市国税系统在全省率先取消一般纳税人使用手写版增值税专用发票，提前2个月实现国家税务总局确定的将防伪税控系统“全面覆盖到所有的一般纳税人、全面覆盖到所有县（区）”的工作目标。

5月20—21日 省财政厅副厅长王新国一行到永州市开展国有企业和民营经济发展问题专题调研，实地考察长丰集团有限责任公司，要求保证该公司“3515”工程顺利实施。

截至5月23日 全市各级财政部门拨付专项资金1201万元，市级财政专项调度资金1000万元，用于“非典”防治。

6月12日 市委发出任免通知，任命刘尤碧为市财政局党组书记，免去沈根元党组书记、党组成员职务。

7月19—31日 全市乡（镇）财政所长培训班在冷水滩举行，市财政局党组书记、局长刘尤碧作乡（镇）财政改革与发展专题报告，市农税局局长欧阳正才对全市农业税收征管政策作专题讲座，全市乡（镇）财政所长和总预算会计共430人参加培训。

8月5—6日 省国税局副局长张社安一行到永州市，就国税系统队伍建设、基本建设、税收管理以及“金税工程”等方面内容进行考察调研。

8月21日 市财政局产权交易中心第一次拍卖活动在市政务中心举行，拍卖标的为市粮食多种经营公司房地产，拍卖底价338万元，永州日报社以348万元的价格竞拍成功。

9月1日 市地税局印发《永州市地方税务局关于正式运行办公自动化公文处理系统的通知》，决定自2003年9月15日起，在市地税局机关正式运行办公自动化公文处理系统。

9月21—25日 永州市“财税杯”男子篮球赛在冷水滩区举行，比赛由市财政局、市国税局、市地税局、市体育局联合主办，允许14支代表队邀请本地籍的篮球运动员组队参赛，“财税杯”篮球赛成为撤地建市以来永州市本地最高水平的篮球赛事。

11月5日 市政府办印发《关于对市直行政事业单位国有资产进行清查的通知》，要求对市直行政事业单位的经营性资产、非经营性资产以及1996年以来处置的房地产资产进行全面清查，市财政局抽调36人，组成11个核实小组，对市直各行政事业单位进行资产核实。

2004年

4月3日 市国税局、市地税局联合在步步高超市广场举办大型税收咨询和文艺宣传会演，以歌曲、舞蹈、小品、相声、时装表演、有奖竞答等形式，突出宣传纳税服务、个人所得税、下岗失业人员再就业税收优惠政策。

4月8日 市财政局召开市直行政机关事业单位开展清查整顿吃财政空饷工作会议，市直单位的分管领导和政工科科长参加会议，会议要求在5月15日前完成清薪核饷。

6月12日 省国税局宣布永州市国税局主要领导任免，任命袁北屏为永州市国税局党组书记、局长，免去李顺阳党组书记、局长职务。

9月1日 市财政局局长刘尤碧就贯彻落实《湖南省非税收入管理条例》接受记者采访。

9月22日 全市财税形势分析会在市财政局召开，市委常委、常务副市长崔永平要求，全市各级各部门要全面强化财税征管，确保当年财政收入大口径实现14亿元的目标。

10月13日 冷水滩区糖酒食品公司不服永州市财政局对其公司土地权属作出的行政复议一案在市中级人民法院进行二审，法院判决维持市财政局2003年11月

18日作出的永财复议〔2003〕2号行政复议决定。

11月4日 永州市地税局获“十年湖南省青年文明号活动优秀组织奖”称号。10年来，全市地税系统获全国青年文明号1个，省级青年文明号5个，市级青年文明号24个。

11月15日 市财政局收到财政部和国家税务总局批复，批准长丰集团公司2003—2004年生产的部分品牌型号的轻型越野车消费税减征30%。

2005年

1月1日 全市国税系统综合征管软件成功上线运行，全面实现“省局一级核算，省、市、县三级产表”的税收会计核算模式，国税发票换版并实行统一印制编号管理，车辆购置税交由国税部门直接征收。

1月24日 市财政局印发《关于免征农业税有关问题的通知》，明确从2005年起全市实行农业税全额免征政策，结束农业税长达2600多年“皇粮国税”的历史。

4月 全市国税机构完成人事制度改革，11个县（区）国税局和市国税局稽查局的内设机构调整到位，38个税务所合并为14个征收分局、2个税务所。

4月5日 全省精神文明建设工作表彰会议召开，永州市地税局被授予“湖南省文明标兵单位”称号，继荣获“全国模范职工之家”“省级文明单位”、全省“公益形象示范单位”之后获得的又一省部级荣誉。

5月10—26日 市财政局在市委党校举办免征农业税后首次乡（镇）财政干部培训班，市财政局党组书记、局长刘尤碧要求乡（镇）财政所切实强化预算内资金分配、预算外资金管理、财政监督管理、村级财务代管等4种职能。

5月25日 永州市财政局被国务院授予“全国民族团结进步模范集体”称号。

7月25日 在全国税务系统思想政治工作会上，冷水滩区地税局被人事部、国家税务总局授予“全国税务系统先进集体”称号。

8月1日 全市国税系统“三大系统”整合上线运行，实现税收信息共享。

8月3—23日 市政协副主席谢五龙带队，分4个组对全市国税系统11个县（区）国税局执行政策、办事效率、执法行为、廉洁从政和队伍建设5个方面情况进行评议。

8月11日 全市农村税费改革试点工作会议在冷水滩区召开，明确全市“乡财县管乡用”和“村账乡代管”改革思路，改革的重点是以乡（镇）机构、农村义务教育和县乡财政体制改革为主要内容的农村综合配套改革，从2005年起，在零陵区开展农村综合改革试点。

8月16日 市政府印发《关于规范市直单位非税收入管理的通知》，市财政局印发《关于进一步明确非税收入财政管理方式的通知》，明确从2006年1月1日起在市直单位全面推行非税收入规范管理改革，并启用新版非税收入票据。

8月29日 全市清理津贴补贴和规范公务员收入分配秩序大会召开，市委常委、市委组织部部长唐松成主持会议，市委常委、常务副市长崔永平作报告，安排部署全市清理规范津贴补贴工作。

9月3日 市政府办印发《永州市财政国库集中收付改革试点方案》，决定在市农业局、市教育局、市计生委等10个部门（单位）开展财政国库集中收付改革试点。

10月17日 市政府召开市本级财政国库集中收付和非税收入管理改革动员大会，对财政两项改革进行动员部署。

10月26日 在全国精神文明建设工作表彰大会上，永州市国税局机关被中央文明委授予“全国精神文明建设工作先进单位”称号，永州市地税局被中央文明委授予“全国文明单位”称号。

11月底 全市对2个国家级贫困县（新田县、江华县）、2个省级贫困县（双牌县、宁远县）27万名家庭贫困学生实行“两免一补”政策，免补金额3606万元。

12月 全市完成2005年粮食直补工作，补贴粮食种植面积372万亩，发放粮食直补资金4836万元，全市178个乡（镇）487万名农民受益。

2006年

3月15日 市本级财政国库集中支付系统正式上线运行。

4月1日 全市国税系统的定位定税管理系统成功上线运行，11个县（区）国税局实现对个体工商户核定税由计算机系统自动产生，避免关系税、人情税。

4月20—22日 市财政局及各县（区）财政局预算、国库部门共抽派42名业务骨干到省委党校参加集训，培训政府收支分类改革具体实施和操作办法。

4月26日 全市地税系统打造“六零”工作平台，实行办税服务零距离、办税质量零差错、税务检查零干扰、解决问题零缺位、法定之外零收费、服务对象零投诉。

4月28日 永州市国税局率先在全省国税系统探索建立纳税评估专项工作机制，彻底改变长期以来基层纳税评估工作难以开展的被动局面。

5月23日 市政协主席蒋桃生率领在家的市政协副主席、各委（室）负责人一行30余人到市财政局视察指导工作。

5月25日 市政府组织召开全市规范成品油改革财政补贴工作会议，市委常委、常务副市长崔永平出席会议并讲话，市财政局印发《关于对部分弱势群体和公益性行业因石油价格形成机制改革增加支出实行财政补贴的实施意见》。

6月28日 全市国税系统宏观税收分析互动协作暨纳税评估工作现场会在冷水滩区国税分局召开，市国税局党组书记、局长袁北屏作工作报告，冷水滩区、宁远县、江永县国税局作典型发言。

6月29日 市地税局、市残疾人联合会、市财政局3家单位联席会议在市地税局召开，由地税系统代征残疾人就业保障基金工作正式启动。

9月5日 市国税、市地税稽查局首次召开稽查工作联席会，市国税局、市地税局分管领导、稽查局领导、办公室主任（综合科长）出席会议。

9月20日 市财政局印发《关于全面推行非税收入规范管理改革有关事项的通知》，从10月起在市直单位全面推行非税收入规范管理改革。

12月18—19日 省国税局党组书记、局长程安亭到永州市国税局和江华县、宁远县考察工作。

2007年

2月12日 市财政局印发《2007年永州市中国农民补贴网络建设工作实施方案》，在全市范围内建立农户种粮补贴及相关信息统计制度，实现农户种粮补贴及相关信息的网络化管理，推进中国农民补贴网建设。

3月14日 市国税局局长袁北屏一行到零陵区珠山镇国税所视察因“3·9”事件对税务所的影响和冲击情况，税务所部分玻璃窗被投掷的石块击破。

3月 祁阳县被国家农业综合开发办公室确定为国家首批农业综合开发新农村建设示范区。

4月10—25日 永州市零陵区珠山镇按新办法新要求开展农村低保制度试点工作。

5月6日 省地税局党组成员、副局长袁含光到双牌县地税局指导工作，到征管一线调研，针对新兴阳明山旅游业的税收征管提出“4个送上山”：把先进的管理理念送上山，把完善的管理制度送上山，把便民的纳税流程送上山，把新型旅游征管平台送上山，实现旅游和环保双赢。

6月 江华县、道县、东安县、回龙圩管理区开展农业保险试点，试点的保险险种为水稻和棉花种植。

6月22日 市政府召开全市纳税环境专项治理电视电话会议，决定由财政、国税、地税等相关部门组成联合检查组和专项检查组，对2004—2007年上半年全市范围内的纳税情况进行专项检查，对有重大涉税违法行为问题进行延伸追溯。

8月1—2日 省地税局党组书记、局长吕兴胜一行到永州市调研指导工作。

11月30日 市财政局联合市物价局、市政务服务中心等9个单位印发《关于市本级统一收取涉及建设项目报建环节部分行政事业性收费及基金的通知》，对市本级建设项目报建环节部分行政事业性收费和政府性基金实行按其规定的计征范围和标准核定每平方米打捆计征额，财政打捆直接征收。

2008年

1月 永州市地税局被国家税务总局确定为“全国地方税源监控平台”试点单位。

2月 全市遭遇罕见冰冻灾害，各级财政部门立即启动财政应急保障机制，实行急事急办、特事特办，及时调度拨付救灾资金，保证抗灾救灾需要。

5月5日 《永州市2008年市直机关单位规范公务员津贴补贴实施办法》出台，要求以行政手段为主，消除市直机关单位之间、市直机关单位与所在城市机关单位之间不合理的津贴补贴差距，使公务员津贴补贴发放与单位掌握的行政权力和占有的国有资产脱钩，实行统一的津贴补贴项目、发放标准、资金来源和发放办法。

5月9日 市政府办转发市财政局《部分市直行政事业单位资产整合及规范管理工作方案》，对部分行政事业单位的资产进行有效整合，发挥国有资产的最大效益。

6月2日 市地税局召开全局干部职工会议，省地税局党组成员、纪检组长王春林宣布省地税局党组决定，由谷一飞担任永州市地税局局长，主持永州市地税局工作，市委常委、常务副市长唐松成到会并讲话。

6月28日 江华县地税局和宁远县地税局一分局被中华全国总工会分别授予“全国模范职工之家”和“全国模范职工小家”荣誉称号。

7 月 1 日 调整市与零陵区、冷水滩区财政管理体制，形成以“分税分享为主、划分重点税收为辅”的市区财税新体制。

8 月 5 日 市国税局主要领导进行调整，市国税局党组书记、局长袁北屏调任省国税局信息中心主任，省国税局计统处处长林小平接任永州市国税局党组书记、局长。

8 月 5 日 市委书记黄天锡，市委常委、常务副市长唐松成到市地税局指导工作，要求地税部门坚定信心，加大征管力度，支持沿海产业梯度转移，完成市人大批准的全年税收任务。

10 月 28 日 市委书记黄天锡，市委常委、常务副市长唐松成到市国税局调研，听取国税工作情况汇报，支持国税部门强化税收管理，做到应收尽收。

10 月 29—31 日 全省地税系统城镇土地使用税、土地增值税征管座谈会在永州市召开，省地税局党组成员、副局长杨德光参加会议，永州市地税局局长谷一飞致辞，与会代表观看地方税源监控管理平台试点，讨论研究如何运用税收政策，促进房地产市场发展。

11 月 10 日 市地税局召开重点骨干企业地方税收工作座谈会，50 家年纳税额 100 万元以上的重点骨干企业的法人、负责人及地税部门领导 70 余人参会，市委常委、常务副市长唐松成，市人大常委会副主任赵清茂，市政协副主席刘宏来等领导参加。

11 月 20 日 市财政局出台《永州市创新财政监督机制实施方案（试行）》，要求以财政专职机构监督为主线，以国库集中支付、政府采购、绩效评价、投资评审等各项财政改革为支撑，逐步建立预算编制、执行和监督相互分离、相互制约的财政运行机制。

12 月 3 日 省国税局深入学习实践科学发展观问计基层恳谈会在永州市召开，省国税局党组书记、局长程安亭，永州市委书记黄天锡到会并讲话。

12 月 22 日 《永州市本级预算单位公务卡管理试行办法》出台实施，进一步深化国库集中支付改革，规范本级预算单位财政授权支付业务，减少现金支付，提高支付透明度。

2009 年

2 月 16 日 阳明山庄（阆苑）开工奠基仪式在阳明山举行，市委常委、常务副市长唐松成出席仪式，市财政局党组书记、局长刘尤碧致辞。

3 月 15 日—4 月 20 日 市国税局在全市国税系统组织开展“走百家，问千人”纳税服务专项调查活动，先后共走访或面对面与纳税人座谈 116 人次，发送问卷调查表 1680 份，回收调查表 1323 份，收集整理纳税人反映的 6 个方面的问题与意见，形成纳税服务专项调查报告，为加强全市纳税服务工作奠定基础。

4 月 9 日 湖南省农业发展银行贷审会通过永州市县域经济与产业发展融资中心（以下简称融资中心）贷款 4 亿元的申请，贷款用于永州市农产品加工基地基础设施建设。

4 月 20 日 市国税局印发《关于“优化纳税服务年”活动的实施工作意见》及《永州国税“优化纳税服务年”主要活动项目实施计划》，对全市“优化纳税服务年”活动作出具体安排部署，自 5 月起各办税服务厅统一试行专职办税辅导员工作制度，最大限度地方便纳税人办税。

4 月 25 日 全市地税系统正式启用永州地税廉政网络监督系统，共 188 个科（室）、办税服务厅、税务分局（所）和 1038 名地税工作人员，全面接受社会各界和纳税人的网络评廉。

4 月 28 日 全市地税系统在各办税服务厅和有条件的乡（镇）税务分局（所）开始试行安装银联 POS 机，实行银联卡缴税。

5 月 省财政厅批复永州市 27 家宾馆（酒店）为 2009—2010 年党政机关出差会议定点饭店，市、县两级财政部门分别与所在城市的宾馆（酒店）签订定点饭店协议书，经过政府采购，27 家定点饭店住宿协议价格比市场价平均降低 42%，大、中、小会议室协议价比市场价平均降低 53%。

5 月 11 日 市委、市人大、市政府、市政协主要领导带领市政府秘书长、市财政局局长等有关人员，专程赴省财政厅汇报财政工作，省政府党组成员、省长助理、省财政厅厅长李友志要求，永州市要在环境保护、承接产业转移、节能减排方面继续加大工作力度，抓住基础设施及产业项目不放松，加快重点项目建设，支持中小企业发展，搞好融资平台建设，进一步夯实财源经济基础。

6 月 11 日 市国税局印发全省第一个非居民企业税收管理办法《永州市非居民企业税收管理暂行办法》，全市非居民企业税收管理纳入科学化、制度化轨道。

6 月 26 日 市财政局党组书记、局长刘尤碧主持召开局长办公会议，听取融资中心关于零陵大道改扩建工程第三标段代建方案专题汇报，要求融资中心制订工程计划，狠抓工作落实，确保工程合格，争取达到优良工程质量。

8 月 21 日 市人大常委会任命刘尤碧为永州市人民政府副市长。

12 月 7 日 市财政局、市优化办、市物价局联合印发《关于 2009—2011 年园区工业企业及部分重点工业企业财政“一站式”收费工作意见》，对收费项目、征收对象和范围、征收基数、收费时间和方式等作明确规定。

2010 年

1 月 凡具有永州市户口，因各种特殊原因造成基本生活出现暂时困难的城乡贫困家庭，可获政府 1000 元至 5000 元不等的一次性补助，这是永州市为进一步完善城乡社会救助体系，妥善解决城乡贫困家庭临时性生活困难而采取的重要举措。

2 月 2 日 市人大常委会任命李光富为市财政局局长。

2 月 3 日 全市财税工作会议召开，部署“省直管县”财政体制改革，市政府主要领导出席会议并讲话，要求各级政府和财政部门充分认识新体制新政策的重要意义，充分认识新形势新特点的重大变化，充分认识新任务新要求的重大实质。

4 月 23 日 市国税局、市地税局、市环保局联合开展“税收焕绿湘江源”活动，湘江两岸的厂矿、学校、宾馆、房地产等近 50 多户和近千名市民参加，市委常委、常务副市长唐松成，市政协副主席袁火林出席启动仪式。

8 月 25 日 市国税局党组书记、局长林小平，党组副书记、副局长肖显发分别为市国税局稽查局、第一稽查局、车辆购置税征收管理分局挂牌。

9 月 1 日 耕地占用税、契税由财政部门划转地税部门征收，全市地税系统积极采取措施，强化工作落实，实现“两税”征管工作平稳接管。

10 月 11—12 日 省国税局党组书记、局长程安亭一行到江华县扶贫工作点考察并参加绩效考核、创先争优座谈会，市国税局党组成员及各科（室）负责人参加。

10 月 28 日 省地税局党组成员、副局长袁含光到永州市调研指导工作，对永州市地税推行阳光稽查，营造和谐征纳环境给予肯定。

2011 年

1 月 31 日 市委任命龚跃林为市财政局党组书记。

2 月 25 日 省委、省政府在长沙市召开全省加速推进新型工业化工作会议，永州市国税局被授予“全省‘企业服务年’活动优秀服务单位”称号。

3 月 12 日 市政府办印发《关于进一步完善永州市中心城市规划区建设项目报建环节打捆收费征收工作的通知》，对市本级建设项目报建环节打捆收费政策进行调整。

4月28日 香港宝达投资有限公司委托在永州市的企业，申报因股权转让取得收益应缴纳企业所得税税款14.4万元，这是永州市入库的第一笔交易双方都在境外的非居民股权转让缴纳的企业所得税。

5月18日 市财政局、市文化局联合印发《永州市美术馆公共图书馆文化馆（站）免费开放实施方案》，进一步丰富市民精神文化生活。

6月1日 省国税局党组成员、副局长张社安到永州市宣布市国税局主要负责人任免调整通知，任命省国税局征管处处长傅扬帆为永州市国税局党组书记、局长，免去林小平党组书记、局长职务。

7月7日 湖南省财政系统先进事迹巡回报告团到永州市作巡回报告，市财政局陈保华为报告团成员之一。

10月26—31日 国家税务总局“金税三期”工程核心征管软件需求分析外部评审会在永州市召开，来自天津市、辽宁省、山东省、江苏省、大连市、四川省、浙江省等省、市30多名国税、地税部门领导及扬州税务学院的专家老师和“金税三期”工程的研发专家参加会议，永州市委常委、常务副市长周德睿出席会议并致辞。

12月19日 全市规范机关内部权力运行工作现场会在市地税局机关召开，市政协副主席彭爱华主持会议，市委常委、常务副市长周德睿到会讲话，市地税局局长谷一飞作题为《让权力在阳光下运行促管理在创新中规范》的经验介绍。

12月31日 全市地税收入实现“三大突破”，全市收入总量跨越30亿元、市级收入突破8亿元大关、各县（区）地税局的总收入均达到1亿元规模，全市地税入库地方财政收入占全市地税收入比重达到46.6%，比2010年提升6.5个百分点。

2012年

2月21—23日 省国税局税源专业化管理试点单位工作会议在永州市召开，省国税局征管处有关领导和长沙市、常德市、永州市国税局分管局领导、征管科（处）长及各试点单位局长参加，会议主要交流各试点单位税源专业化管理试点工作情况及各市（州）国税局推行税源专业化管理的工作安排。

3月28日 市财政局印发《关于将预算外专户管理的非税收入纳入预算管理的通知》，决定从2012年起，将除教育收费、医疗收费、广告收费收入、服务性收费和其他非税收入继续实行财政专户管理外，对预算外资金管理（财政专户）的非税收入全部纳入一般预算管理，上缴本级国库，支出通过一般预算安排。

5月17日 迎接永州市人大常委会对地税工作审议动员大会在市地税局召开，市人大常委会对地税工作的审议正式启动。

6月1日 市委副书记、市长魏旋君到市财政局调研，要求市财政局紧紧围绕市委、市政府的发展战略目标和工作重点，再接再厉，积极作为，不断提高财政服务和支持经济发展的能力。

6月3日 永州市国税局党组被省委建设学习型党组织工作领导小组、省委宣传部授予全省“十佳‘学习型党组织建设示范点’”单位，成为全省国税系统唯一获此殊荣的党组织。

6月8日 国家税务总局所得税司司长一行到永州市就所得税有关政策进行调研，对永州市国税局所得税管理工作给予肯定。

6月28日 中共中央在北京市召开全国创先争优表彰大会，永州市国税局机关党委被授予“全国创先争优先进基层党组织”称号，市国税局党组副书记、副局长、机关党委书记肖显发作为全国税务系统创先争优先进基层党组织的唯一受邀代表参加表彰大会，受到胡锦涛、习近平等党和国家领导人亲切接见。

7月5日 市委副书记、市长魏旋君到市国税局考察指导工作，听取市国税局党组书记、局长傅扬帆关于国税工作情况的汇报，观看《书香岁月——永州国税工作纪实》专题纪录片，魏旋君对市国税局取得的荣誉表示祝贺，对国税工作给予肯定。

7月7日 永州市地税局局长谷一飞调任湘潭市地税局局长，株洲市地税局副局长毛东庆调任永州市地税局局长。

12月20日 全市诚信纳税人授予表彰大会在冷水滩区召开，市委常委、常务副市长周德睿出席会议并作讲话。市国税局局长傅扬帆、市地税局局长毛东庆参加会议并讲话，出席会议的领导为湖南中烟工业有限责任公司零陵卷烟厂等28家A级纳税单位授牌。

12月25日 市政府办印发《关于成立永州市公共资源交易管理委员会和永州市预算绩效管理领导小组的通知》，同意成立永州市预算绩效管理领导小组，市委常委、常务副市长周德睿任组长，领导小组办公室设在市财政局。

2013年

2月22日 全市财政、审计工作会议召开，省政府副省长、永州市委书记张硕辅，市委常委、常务副市长周德睿出席会议并讲话。张硕辅要求，科学把握当前财政形势，全力支持经济平稳较快发展，切实履行好为民理财职责，务必厉行勤俭节约。

3月13日 市国税、市地税征管工作协调会召开，双方就如何完善和贯彻《湖南省税收保障办法》，修改永州市协税护税部门应提供的涉税信息及控税责任表，实现联合办证、相互代征税款以及两家涉税信息共享进行协商。

4月28日 湖南省总工会召开全省表彰大会，授予永州市国税局“湖南省五一劳动奖状”，这是全省国税系统唯一获此殊荣的单位，授予永州市国税局系统工会主任欧阳辉亮“湖南省优秀工会工作者”。

5月13日 省地税局党组书记、局长张云英到永州市调研指导工作。

5月31日 市委常委、常务副市长易佳良到市地税局调研指导工作。

6月4日 市委书记陈文浩到市国税局调研指导工作。

6月6日 全市“营改增”扩大试点工作会议在冷水滩区召开，市国税局党组书记、局长傅扬帆讲话，对全市“营改增”工作进行全面安排部署。

7月10日 市委书记陈文浩到市财政局调研，要求财政部门放大财政杠杆作用，释放体制能量，狠抓市本级财源，设法加强财政融资，切实加强财政管理，继续加强队伍建设。

7月23—24日 省国税局党组成员、副局长钟油子一行到永州市调研督导“营改增”、国税机关职能转变和全系统安全生产等工作。

10月18日 全市财政工作暨预算绩效管理培训会议召开，市委常委、常务副市长易佳良出席会议并讲话，省财政厅绩效管理处处长贺金生就预算绩效管理知识作专题讲座。

11月24—25日 市地税局组织开展全市地税系统“税收业务大比武”活动。

11月29—30日 省地税局党组成员、副局长袁含光一行到永州市调研，了解纳税服务“四统一”工作规程，清退办税服务厅临聘人员，实行中层以上干部坐厅值班制度，落实《国家税务总局关于进一步加强办税服务厅管理的意见》等情况。

12月3日 市政府印发《关于全面推进预算绩效管理的实施意见》，要求构建覆盖所有财政性资金，贯穿预算编制、执行、监督全过程的预算绩效管理体制。

12月10日 市四届人大常委会第十六次会议召开，听取市人大常委会工作审议调查组对市国税局工作审议整改情况的报告，并对市国税局工作审议整改情况进行测评。

12月17日 市委任命李光富为市财政局党组书记，任命龚跃林为党组副书记，免去其党组书记职务。

2014 年

1 月 6 日 市委任命杨军元为市财政局党组成员、书记。

1 月 20 日 市政府印发《关于进一步加强中心城区义务教育学位建设工作的实施意见》，计划用 3 年左右时间，分步解决中心城区学位紧张和大班额问题。

1 月 26 日 省财政厅党组成员、总会计师刘克邦一行到永州市召开座谈会，征求部分省人大代表对全省财政工作的意见和建议，市人大常委会副主任郑柏顺以及部分驻永州市的省人大代表出席座谈会。

2 月 18 日 市财政局印发《永州市贯彻实施行政事业单位内部控制规范（试行）工作方案》，市财政局成立由 19 人组成的贯彻实施行政事业单位内控规范咨询委员会。

2 月 21 日 市人大常委会任命杨军元为市财政局局长。

5 月 4 日 市委书记陈文浩到市财政局调研，与财政干部座谈，听取开展群众路线教育实践活动的意见建议。

6 月 永州市在全省率先启动市级新农合定点医疗机构即时结报工作，全市各地参合农民在市级新农合定点医疗机构住院治疗的新农合补偿费用，实行出院结算时“一站式”即时结报。

6 月 5 日 省地税局政工处处长刘首凡和市地税局局长毛东庆在祁阳县地税局主持授牌仪式，为祁阳县地税局颁发由人力资源和社会保障部、国家税务总局联合授予的“全国税务系统先进集体”奖牌和证书。

6 月中旬 省人大常委会委员、财经委副主任委员、常委会预算工委主任朱新民带领省人大常委会、省财政厅联合调研小组到永州市进行立法和财税形势调研，为重新修订《湖南省乡镇财政管理条例》作准备。

7 月 2 日 全省国税系统践行党的群众路线先进事迹巡回报告会在永州市举行，全省国税系统 5 名先进个人及永州市国税系统 2 名先进个人作先进事迹报告。

7 月 20 日 永州市地税局稽查局和零陵区地税局被省委、省政府授予“2013—2015 年度全省依法办事示范窗口单位”荣誉称号。

7 月 22 日 市委副书记、市长向曙光到市财政局、市地税局调研，看望一线工作的财税干部。

8 月 15 日 市国税局、市地税局联合发文，正式启动“2012—2013 年度纳税信用等级评定”工作。

9月17日 全省地税系统首届税收业务知识抢答赛决赛在省教育电视台演播大厅举行，永州市地税代表队荣获一等奖。

10月8日 人力资源和社会保障部、国家税务总局联合表彰全国税务系统先进集体和先进工作者，永州市国税局局长傅扬帆获得“全国税务系统先进工作者”荣誉称号。

12月1日 市政府办印发《关于开展全市公务用车改革有关统计填报工作业务培训的通知》，共300余人参加培训，全市公务用车制度改革全面启动。

12月27日 中央电视台《新闻直播间》报道《永州：提速出口退税，服务外贸企业发展》，对永州市国税出口退税改革经验进行推介。是年，永州市国税局在省国税局绩效管理考评中基础分排名第一，总分排名第二，被评为2014年湖南省国税系统绩效管理先进单位。

12月 省委教育实践活动领导小组办公室委托省统计局民意调查中心对第二批党的群众路线教育实践活动单位的作风满意度情况进行第二次民意调查，永州市地税局在全省地税系统各市（州）地税局机关作风总体满意率评价中列第二名，作风改进情况总体评价位列全省地税系统第一名。

2015年

2月 2014年度市财政局共有16项工作被市委、市政府评为先进，17项财政业务工作得到省财政厅表彰。

2月6日 全市地税工作会议召开，市委副书记、市长向曙光对地税工作作出批示：对全市地税系统2014年完成各项收入55.92亿元，增长17.49%，增幅在全省排名第一表示充分肯定，对2015年工作寄予期望。

2月11日 市财政局举办PPP项目运作专题讲座，邀请财政部财政科学研究所研究员孙永尧讲课。

2月25日 在市委、市政府召开的全市2014年度综合表彰大会上，市国税局共获得绩效评估优秀单位、社会管理综合治理先进单位、党建工作优秀单位、优化经济环境和机关效能建设工作考核、三项优先工作综合考核5项先进单位荣誉，其中绩效评估、社会综合治理考核、党建工作排名第一。

4月12日 市国税局、市地税局首次通过联合发文、联合培训、联合宣传、联合督查、联合开展企业所得税汇算清缴工作，提高工作绩效，优化纳税服务。

4月20日 国家税务总局党组书记、局长王军在《中国税务报》4月15日发表的《永州国税：打造有执行力的团队》上作批示，要求国家税务总局和湖南省国税局组织推介永州市国税局执行力建设工作经验。

4月28日 市财政局印发《永州市财政局全面推进非税收入票据电子化管理工作实施方案》，计划分3年完成财政票据电子化改革。

5月 市国税局、市地税局联合印发《关于进一步落实纳税信用A级纳税人激励措施的通知》，规定A级纳税人除可享受国家税务总局规定的4项激励措施外，还可以享受税融通服务、专人服务、专题服务、增值服务和评比表彰活动优先等更多的激励措施。

5月—7月 全市地税系统开展2015年纳税人满意度问卷调查，共发放调查问卷3309份，收回3235份，纳税人对地税工作的满意率达98.77%，征集到纳税人意见建议23条。市委副书记、市长易佳良先后2次作重要批示：市地税系统通过“三严三实”教育，干部思想观念进一步转变，干部工作作风进一步转变，干部的服务水平进一步提升。

7月 永州市中心城区生活垃圾焚烧发电、祁阳县城市管道燃气、祁阳县白竹污水处理3个项目入围全省第二批政府和社会资本合作（PPP）示范项目名单，其中，垃圾焚烧发电项目入选财政部第二批政府和社会资本合作示范项目。

9月22—23日 省地税局党组书记、局长张云英一行到永州市调研指导工作。

9月28日 市财政局、市人大财经委、永州电视台共同举办“永州市学习宣传《中华人民共和国预算法》暨预算绩效管理等财政知识电视竞赛”，市直机关、各县（区）等16支代表队参赛，道县代表队获一等奖，市直机关代表队、零陵区代表队获二等奖，宁远县等5支代表队获三等奖。

10月8日 “金税三期”税收征管系统在全市上线运行。

12月15日 市国税局主要负责人任免大会召开，省国税局党组成员、副局长皮本固到会宣布，永州市国税局党组书记、局长傅扬帆提拔担任河南省国税局总会计师；省国税局机关党办主任曾立春接任永州市国税局党组书记、局长。

第一篇

财　政

第一章 财政收入

1992—2015 年，随着社会主义市场经济体制改革的不断深入和经济社会事业的发展，永州市财政总收入逐年增长，但快慢不一；财政总收入中各收入项目占比也不断变化，总的趋势是工商税收占主导地位且增长较快，农业税收和非税收入因政策调整年度之间变化较大。

1992 年，零陵地区财政总收入主要由税收收入和非税收入等组成。是年，全区财政总收入完成 3. 66 亿元，其中，税收收入占比为 99. 26%。1993 年，全区财政总收入完成 5. 42 亿元，比 1992 年增长 47. 99%，是收入增速最快的一年。随后几年，全市财政总收入增速逐年下降，非税收入占比快速上升，1996—1997 年、1999—2001 年永州市财政总收入增速均低于 10%，非税收入占比上升到 30%以上，其中，2000 年全市财政总收入仅增长 1. 08%，非税收入占比达 34. 68%，是财政收入增速最慢、非税收入占比最高的一年。

自 2002 年起，全市财政总收入保持在 10%以上的增幅。2010 年、2011 年全市财政总收入增速分别达到 33. 1%、31. 7%。到 2013 年，全市财政总收入完成 100. 38 亿元，首次突破 100 亿元大关。2015 年，全市财政总收入完成 131. 14 亿元，是 1992 年的 35. 83 倍。其中，税收收入 93. 65 亿万元，税收占比为 71. 41%。

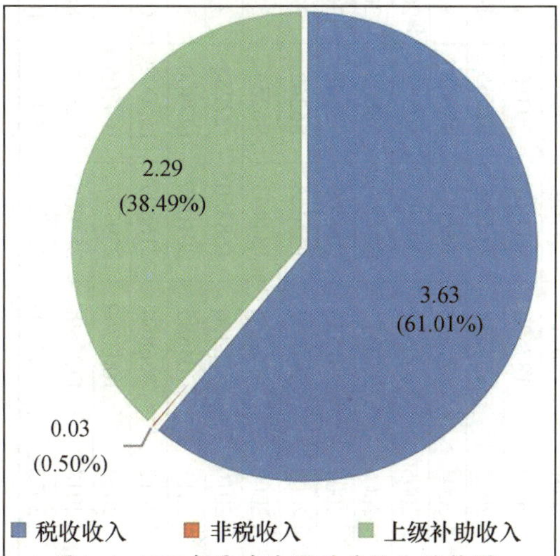

图1-1 1992年零陵地区财政收入结构图

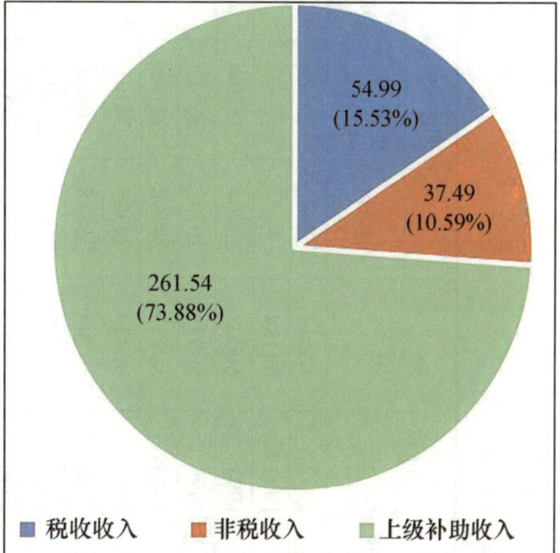

图1-2 2015年永州市财政收入结构图

1992—2015 年永州市财政总收入统计表

表 1-1-1　　　　单位：万元

年份＼项目	合计	上划中央收入			上划省级收入						地方收入		
		小计	增值税和消费税	所得税	小计	增值税	营业税	所得税	资源税	城镇土地使用税	小计	税收收入	非税收入
1992	36614	—	—	—	—	—	—	—	—	—	36614	36344	270
1993	54184	—	—	—	—	—	—	—	—	—	54184	51666	2518
1994	69003	25704	25704	—	—	—	—	—	—	—	43299	35395	7904
1995	83931	26742	26742	—	—	—	—	—	—	—	57189	41632	15557
1996	89753	24198	24198	—	—	—	—	—	—	—	65555	47943	17612
1997	96419	24305	24305	—	—	—	—	—	—	—	72114	49950	22164
1998	110300	26618	26618	—	—	—	—	—	—	—	83682	47525	36157
1999	113575	28933	28933	—	—	—	—	—	—	—	84642	46957	37685
2000	114870	27543	27543	—	—	—	—	—	—	—	87327	47488	39839
2001	120114	27709	27709	—	—	—	—	—	—	—	92405	51386	41019
2002	137530	41182	29316	11866	—	—	—	—	—	—	96348	58695	37653
2003	154588	46514	31565	14949	—	—	—	—	—	—	108074	65669	42405
2004	177283	66600	48608	17992	—	—	—	—	—	—	110683	71297	39386
2005	200517	71292	50552	20740	—	—	—	—	—	—	129225	75955	53270
2006	232377	84637	58608	26029	—	—	—	—	—	—	147740	85944	61796
2007	291536	109909	73608	36301	—	—	—	—	—	—	181627	108616	73011
2008	344349	123365	86262	37103	—	—	—	—	—	—	220984	132249	88735
2009	402332	134443	96254	38189	—	—	—	—	—	—	267889	162321	105568
2010	535356	168350	127258	41092	36947	7670	20316	8217	744	—	330059	202927	127132
2011	704885	201096	147960	53136	47067	9387	25715	10628	1337	—	456722	262441	194281
2012	866858	216809	155092	61717	55385	9970	31575	12342	1498	—	594664	331473	263191
2013	1003769	239777	164805	74972	63880	10785	36513	14996	1586	—	700112	397253	302859
2014	1133890	251066	162630	88436	76736	12756	41037	17685	1798	3460	806088	470754	335334
2015	1311404	298253	190711	107542	88352	14398	44543	21507	2277	5627	924799	549927	374872

1992—2015 年永州市本级财政总收入统计表

表 1-1-2 单位：万元

项目 年份	合计	上划中央收入			上划省级收入						地方收入		
		小计	增值税和消费税	所得税	小计	增值税	营业税	所得税	资源税	城镇土地使用税	小计	税收收入	非税收入
1992	-174	—	—	—	—	—	—	—	—	—	-174	1093	-1267
1993	207	—	—	—	—	—	—	—	—	—	207	1493	-1286
1994	-19	—	—	—	—	—	—	—	—	—	-19	1170	-1189
1995	2261	—	—	—	—	—	—	—	—	—	2261	959	1302
1996	18365	4812	4812	—	—	—	—	—	—	—	13553	8468	5085
1997	19162	5688	5688	—	—	—	—	—	—	—	13474	9413	4061
1998	21785	4560	4560	—	—	—	—	—	—	—	17225	8812	8413
1999	21256	5666	5666	—	—	—	—	—	—	—	15590	8317	7273
2000	23372	7627	7627	—	—	—	—	—	—	—	15745	8265	7480
2001	27159	9629	9629	—	—	—	—	—	—	—	17530	9403	8127
2002	29773	12007	10766	1241	372	—	—	372	—	—	17394	11152	6242
2003	43769	17658	15129	2529	506	—	—	506	—	—	25605	14930	10675
2004	61555	29708	26136	3572	714	—	—	714	—	—	31133	20526	10607
2005	66753	28542	23957	4585	—	—	—	—	—	—	38211	23866	14345
2006	75480	33558	28125	5433	—	—	—	—	—	—	41922	24974	16948
2007	100124	47936	34194	13742	—	—	—	—	—	—	52188	31500	20688
2008	119398	52046	38277	13769	—	—	—	—	—	—	67352	38776	28576
2009	138629	57207	43738	13469	—	—	—	—	—	—	81422	45004	36418
2010	172052	70792	57609	13183	8464	1923	3888	2636	17	—	92796	49751	43045
2011	210413	76107	60385	15722	10610	2164	5278	3144	24	—	123696	62916	60780
2012	255845	77497	60860	16637	11332	2165	5827	3327	13	—	167016	78544	88472
2013	273515	87046	64006	23040	13207	2108	6480	4608	11	—	173262	82411	90851
2014	286326	80414	55919	24495	13514	2178	6295	4899	12	130	192398	87588	104810
2015	314675	99816	75231	24585	13346	2338	5883	4917	6	202	201513	93062	108451

1992—2015年永州市各县（区）地方财政收入统计表

表1-1-3 **单位：万元**

年份	合计	市本级	零陵区	冷水滩区	东安县	道县	宁远县	江永县	江华县	蓝山县	新田县	双牌县	祁阳县	永州市经开区	回龙圩管理区	金洞管理区
1992	36614	-174	6116	6262	2513	2628	3062	1822	2977	2452	2981	1291	4684	—	—	—
1993	54184	207	9672	9038	3910	3514	4380	2770	4324	3041	4204	2142	6982	—	—	—
1994	43299	-19	8765	7075	3716	3451	3238	2056	3001	2302	1776	1563	6375	—	—	—
1995	57189	2261	10805	8035	4588	4624	4618	2609	3531	3303	2214	2202	8399	—	—	—
1996	65555	13553	4040	3665	5034	6006	5774	3370	3848	4311	2806	2605	9388	1155	—	—
1997	72114	13474	4284	3985	5778	7006	6650	3967	4201	5035	3145	2835	10789	965	—	—
1998	83682	17225	5229	4339	6406	8954	7464	4308	4417	5627	3698	3080	11426	1509	—	—
1999	84642	15590	4606	4870	6535	10011	6510	4801	4972	5198	4649	3355	11664	1881	—	—
2000	87327	15745	5064	5028	6790	10087	6768	5132	5255	5456	4342	3448	12084	2128	—	—
2001	92405	17530	5414	5925	7093	9683	6863	5533	5616	6013	3877	3725	12754	2379	—	—
2002	96348	17394	5562	6637	7270	8900	7897	5971	5800	6258	4929	4110	12786	2246	588	—
2003	108074	25605	6090	8291	7615	9359	8760	5970	5995	7046	4236	4859	13572	—	676	—
2004	110683	31133	6165	9702	6990	8802	8016	3763	5305	7564	4463	4791	13372	—	617	—
2005	129225	38211	6956	11747	8008	9797	9581	4035	5519	8416	5517	6282	14472	—	684	—
2006	147740	41922	8000	14203	9500	11046	11025	4405	6642	9667	6820	7423	16360	—	727	—
2007	181627	52188	9820	19017	11892	13445	13765	5851	8363	11999	8268	6620	19469	—	930	—
2008	220984	67352	10909	21400	14403	15310	16981	7654	10142	12360	10595	9594	23161	—	1123	—
2009	267889	81422	16194	23561	17230	19082	20383	9361	12510	14785	12607	11130	27428	—	1295	901
2010	330059	92796	25089	30854	21948	24706	26034	10612	16461	17743	14333	13814	32936	—	1584	1149
2011	456722	123696	35323	43891	32029	37376	37557	15502	22596	23775	20167	19586	41643	—	2094	1487
2012	594664	167016	50115	55038	43407	46166	51424	18723	30970	29668	25031	22637	49951	—	2579	1939
2013	700112	173262	63555	68613	51936	57548	65019	21832	42894	36553	29273	16618	63047	4832	2980	2150
2014	806088	192398	74581	75099	58235	65190	75897	24486	58353	38629	36665	20333	72527	7842	3154	2699
2015	924799	201513	91478	88684	63735	76125	87987	29136	70016	45076	42680	25948	85326	9792	3674	3629

第一节　税收收入

1992 年，零陵地区税收收入入库 3. 63 亿元，占全区财政总收入的 99. 18%。是年，共有产品税、增值税、营业税、集体企业所得税、城乡个体工商户所得税、个人所得税、个人收入调节税、私营企业所得税、外商投资企业和外国企业所得税、城市建设维护税、车船使用税、房产税、屠宰税、牲畜交易税、资源税、城镇土地使用税、国营企业奖金税、国营企业工资调节税、事业单位奖金税、集体企业奖金税、印花税、固定资产投资方向调节税、建筑税、盐税、国营企业所得税、农业税、农业特产税、契税、耕地占用税 29 个税种入库税收。其中，入库税收上 1000 万元的有产品税、营业税、增值税、城市维护建设税、国营企业所得税、农业税 6 个税种，入库税收 3. 17 亿元，占全区税收收入总额的 87. 33%。1993 年，全区入库税收收入 5. 17 亿元，比 1992 年增长 42. 16%，是历年来税收收入增幅最高的一年。

1994 年 9 月 27 日，零陵地区国家税务局、地方税务局成立

1994 年，实施分税制改革，统一税法，公平税负，简化税制，全区入库税收收入 6. 11 亿元，共有增值税、营业税、消费税、企业所得税、个人所得税、资源税、城市建设维护税、房产税、印花税、城镇土地使用税、固定资产投资方向调节税、车船税、屠宰税、农业税、农业特产税、契税、耕地占用税 17 个税种入库税收。其中，入库税收上 1000 万元的有增值税、消费税、营业税、城市建设维护税、企业所得税、屠宰税、固定资产投资方向调节税、农业税、农业特产税 9 个税种，入库税收 5. 72 亿元，占全区税收收入总额的 93. 62%。

此后，永州市税收收入各个税种除个别有调整外，大多数税种保持稳定，入库税收总体上保持一定增长，但有慢有快。1996—2001 年是全市税收收入入库增长乏力的时期，尤其 1998 年、2000 年全市税收收入呈现负增长。2007 年，全市税收收入达到 21.85 亿元，比 2006 年增长 28.11%。2010 年是撤地建市以来全市税收收入增长最快的一年，增幅达到 37.56%。此后，全市税收收入增幅始终保持在 10%以上。2015 年，全市税收收入入库 93.65 亿元，比 2014 年增长 17.27%，是 1992 年的 25.80 倍，占全市财政总收入的 71.41%。其中，地方税收收入 54.99 亿元，占全市地方财政收入的 59.46%。

1992—2003 年永州市地方税收收入统计表

表 1-1-4 单位：万元

年份	合计	其中										
		增值税	营业税	个人所得税	城市维护建设税	房产税	企业所得税	农业税	农业特产税	契税	耕地占用税	其他税收
1992	36344	5921	7350	—	2691	593	1725	3588	831	50	293	13302
1993	51666	13304	10089	—	3897	699	2212	3804	1030	84	274	16273
1994	35395	6988	4287	876	4620	735	2828	6009	4349	167	688	3848
1995	41632	7320	6070	1814	5198	1094	2038	6885	4946	341	793	5133
1996	47943	6065	6840	3412	5607	1338	1005	9495	7576	360	614	5631
1997	49950	6002	7134	5060	6195	1293	1382	9044	6976	506	421	5937
1998	47525	6090	8454	4136	5274	1865	1023	7806	5688	620	295	6274
1999	46957	6512	8113	4592	4418	2079	1532	7398	5948	720	306	5339
2000	47488	6351	8631	5932	4063	1885	1812	5795	6864	750	567	4838
2001	51386	6775	9131	9652	4139	1532	2124	5175	6827	868	692	4471
2002	58695	8110	12197	5176	4909	2108	1210	15037	6170	1005	676	2097
2003	65669	9220	14608	4575	6462	2046	1239	15968	7695	1210	751	1895

2004—2015 年永州市地方税收收入统计表（一）

表 1-1-5 单位：万元

年份	合计	增值税	营业税	企业所得税	企业所得税退税	个人所得税	资源税	城市建设维护税	房产税
2004	71297	11705	19326	1875	—	5124	364	7922	2629
2005	75955	14183	23465	2018	—	6048	392	7897	3089
2006	85944	14538	28635	3508	—	6614	499	9615	3120

续表1-1-5

年份	合计	增值税	营业税	企业所得税	企业所得税退税	个人所得税	资源税	城市建设维护税	房产税
2007	108616	17770	38231	6011	-2	8108	575	11054	3324
2008	132249	21927	44927	6417	—	8014	839	13086	4117
2009	162321	25047	59195	6230	—	8616	1185	15303	4796
2010	202927	23015	60811	8587	—	10592	2228	19497	4885
2011	262441	28155	77142	12005	—	12792	4013	23516	5885
2012	331473	29908	94721	17225	—	11578	4497	26756	6668
2013	397253	32354	109541	22936	—	12050	4757	26949	7544
2014	470754	38268	123111	29580	—	11691	5397	30195	9677
2015	549927	43195	133626	38106	—	12080	6835	33720	12060

2004—2015 年永州市地方税收收入统计表（二）

表 1-1-6 **单位：万元**

年份	印花税	城镇土地使用税	土地增值税	车船税	农业税	农业特产税	耕地占用税	契税	烟叶税
2004	748	568	79	420	9650	5381	3206	2300	—
2005	1050	622	125	377	—	7268	3544	5877	—
2006	1013	670	275	290	—	129	4743	6054	6241
2007	1125	849	434	489	—	—	5527	8888	6233
2008	1417	1608	1442	1566	—	—	6994	10705	9190
2009	1886	2355	1466	1835	—	—	15531	9921	8955
2010	2142	7106	7863	3087	—	—	27652	17683	7779
2011	2420	7944	17508	3397	—	—	31018	24782	11864
2012	3733	8676	24569	3979	—	—	53152	29900	16111
2013	3615	10228	42289	4697	—	—	43146	59371	17776
2014	3781	8076	52087	5742	—	—	73053	61183	18913
2015	6138	13128	70655	7105	—	—	64825	92016	16438

1992—2003 年永州市本级地方税收收入统计表

表 1-1-7 单位：万元

年份	合计	其中										
		增值税	营业税	个人所得税	城市维护建设税	房产税	企业所得税	农业税	农业特产税	契税	耕地占用税	其他税收
1992	1093	—	—	—	—	—	1053	—	40	—	—	—
1993	1493	—	—	—	—	—	1448	—	45	—	—	—
1994	1170	—	—	—	—	—	1095	—	75	—	—	—
1995	959	—	—	—	—	—	872	—	87	—	—	—
1996	8468	1396	1003	98	4127	365	240	—	96	67	11	1065
1997	9413	1538	1175	256	4566	382	111	31	65	95	12	1182
1998	8812	1136	1488	247	3715	717	64	—	86	161	13	1185
1999	8317	1298	1647	483	2756	785	151	—	47	184	112	854
2000	8265	1320	1754	784	2702	680	239	—	65	176	71	474
2001	9403	1604	1791	1464	2870	508	402	—	58	221	30	455
2002	11152	2670	2310	1066	3257	659	228	—	55	236	19	652
2003	14930	3753	3074	1307	4641	573	335	—	60	502	26	659

2004—2015 年永州市本级地方税收收入统计表（一）

表 1-1-8 单位：万元

年份	合计	增值税	营业税	企业所得税	个人所得税	资源税	城市建设维护税
2004	20526	4230	4002	617	1595	12	5814
2005	23866	5401	4702	521	1881	9	5391
2006	24974	4489	5649	958	1949	6	6221
2007	31500	4761	6567	3974	2265	15	6613
2008	38776	6077	8712	3940	2000	10	8553
2009	45004	7736	11813	3546	1941	7	10167
2010	49751	5773	11664	3912	2253	50	13182
2011	62916	6492	15835	4795	2542	71	15761
2012	78544	6494	17481	5911	1853	38	17273
2013	82411	6324	19439	8578	2174	34	17700
2014	87588	6534	18884	9298	2133	36	19019
2015	93062	7015	17649	8956	2517	17	21431

2004—2015 年永州市本级地方税收收入统计表（二）

表 1-1-9 **单位：万元**

年份	房产税	印花税	城镇土地使用税	土地增值税	车船税	耕地占用税	契税
2004	1040	495	216	3	12	1100	1390
2005	1514	634	282	7	16	723	2785
2006	1327	513	225	4	17	335	3281
2007	1314	529	314	29	102	622	4395
2008	1677	583	338	38	124	1257	5467
2009	1517	678	234	5	53	2488	4819
2010	1415	737	545	59	135	4257	5769
2011	1819	641	561	185	167	7195	6852
2012	1752	880	387	323	312	15467	10373
2013	1994	970	456	64	340	3258	21080
2014	2524	858	304	11	321	3167	24499
2015	2909	1418	472	73	457	3183	26965

第二节 农业税收

1992 年，零陵地区农业税收包括农业税、农业特产税、耕地占用税和契税 4 个税种，简称农业四税或财政四税，由财政部门负责征收。是年，全区完成农业税收 4762 万元，占全区财政总收入的 13.01%。其中，农业税 3588 万元，是农业税收的主体。在 20 世纪 90 年代，全区农业税收占全区财政总收入的一至两成，其中，1996 年全市完成农业税收 1.80 亿元，占全市财政总收入的 20.11%，是占比最高的一年。此后，随着工业化进程加快和实施农村税费改革，农业税收占比不断下降。

2004 年，根据农村税费改革要求，永州市降低农业税税率 3 个百分点，取消除烟叶特产税以外的农业特产税，全市完成农业税收 2.05 亿元，占全市财政总收入的比重降至 11.58%。2005 年，全市免征农业税。2006 年，全市取消农业特产税，将烟叶特产税变更为烟叶税，并移交地税部门征收。2007 年，全市完成农业税收

1992 年，地区财政局组织开展财政宣传，普及农业税收政策法规知识

2.06 亿元，占全市财政总收入的 7.08%，是占比最低的一年。

2009 年，全市耕地占用税、契税全部移交地税部门征收。此后，随着经济发展、项目建设投入加大，耕地占用税、契税迅速增长。2015 年，全市完成契税、耕地占用税、烟叶税 17.33 亿元，占全市财政总收入的 13.21%。

1992—2008 年永州市农业税收征收入库统计表

表 1-1-10 **单位：万元**

年份	合计	农业税	农业特产税	契税	耕地占用税	烟叶税
1992	4762	3588	831	50	293	—
1993	5192	3804	1030	84	274	—
1994	11213	6009	4349	167	688	—
1995	12965	6885	4946	341	793	—
1996	18045	9495	7576	360	614	—
1997	16947	9044	6976	506	421	—
1998	14409	7806	5688	620	295	—
1999	14372	7398	5948	720	306	—
2000	13976	5795	6864	750	567	—
2001	13562	5175	6827	868	692	—
2002	22888	15037	6170	1005	676	—
2003	25624	15968	7695	1210	751	—
2004	20537	9650	5381	2300	3206	—
2005	16689	—	7268	5877	3544	—

续表1-1-10

年份	合计	农业税	农业特产税	契税	耕地占用税	烟叶税
2006	17167	—	129	6054	4743	6241
2007	20648	—	—	8888	5527	6233
2008	26889	—	—	10705	6994	9190

1992—2008年永州市本级农业税收征收入库统计表

表1-1-11 **单位：万元**

年份	合计	农业税	农业特产税	契税	耕地占用税
1992	40	—	40	—	—
1993	45	—	45	—	—
1994	75	—	75	—	—
1995	87	—	87	—	—
1996	174	—	96	67	11
1997	203	31	65	95	12
1998	260	—	86	161	13
1999	343	—	47	184	112
2000	312	—	65	176	71
2001	309	—	58	221	30
2002	310	—	55	236	19
2003	588	—	60	502	26
2004	2490	—	—	1390	1100
2005	3508	—	—	2785	723
2006	3616	—	—	3281	335
2007	5017	—	—	4395	622
2008	6724	—	—	5467	1257

一、农业税

（一）计征

1992 年，零陵地区农业税征收价格提升到稻谷 25.10 元/50 千克，对农户征收结算以金额为依据，稻谷任务只作为农业税的计算本位使用。调价增收额省分成 60%，县（市）分成 40%。是年，财政部要求各地严格执行国务院办公厅《关于严格执行欠税缴纳滞纳金制度的通知》，凡逾期未缴农业特产税应纳税款的纳税人，按日课以滞纳金，滞纳金按月征收，即在一个月内不能缴纳已欠税款的纳税人，要先缴纳欠税的滞纳金，由财政部门出具滞纳金通知书，欠税单位的开户银行负责扣缴。

1993 年 1 月 1 日起，湖南省放开粮食定购，地区财政局、地区粮食局联合发出《关于放开粮食订购以后农业税征收结算及入库工作的通知》，对农业税征收结算和入库工作提出明确要求：1. 农业税继续征收实物，原来按政策规定征收代金的除外，原则上不再扩大征收代金范围。个别县（市）确实需要扩大征收代金范围的，由县（市）人民政府自行确定。农业税部分，财政部门与粮食部门五日一结算，十日一报解。2. 实行任务价与结算价分离，全省统一 1993 年任务价为 22.10/50 千克，实际结算价以县（市）为单位确定，不得低于任务价。农业税征收实物部分，按中等粮食市场价结算，价格可以一年一定，也可以一季一定；征收代金部分，按不低于征收实物的计算价和保持经济作物与粮食作物税负平衡的原则一年一定。3. 征收任务单由财政部门负责落实到农户（只分配稻谷数，不分配金额数），粮食部门按财政部门下达的农业税征收通知单进行代扣。4. 建立农业税风险基金，以适应市场经济发展的需要。基金来源按农业税结算价高出省定任务价的部分计算，由农税征管机构专项存储，用以调剂余缺，不得挪作他用。5. 粮食部门（企业）接收农业税实物以后，要在规定的期限内与财政部门计算税款，并及时解缴入库。逾期不办的，按国家税收征管法规定，由县（市）以上财政机关通知其开户银行或其他金融机构扣粮食部门（企业）在为财政部门接收农业税实物过程中所发生的某些费用，由财政、粮食部门具体商定，但不得随意开增支口子，增加财政负担。

1994 年，湖南省对粮食收购价格划分为三个价区，一价区（长沙、株洲、湘潭、衡阳、岳阳、常德、益阳）每 50 千克早籼稻 44 元、晚籼稻 52 元，二价区（邵阳、张家界、娄底、怀化、自治州）每 50 千克早籼稻 45 元、晚籼稻 53 元，三价区（零陵、郴州）在二价区价格基础上可上下浮动 3%～5%；预抵定购任务的其他品种执行全省统一价，其中，每 50 千克中籼稻 48 元、粳稻 54 元、小麦 51 元、玉米 46 元、大豆 88 元、早稻优质稻 55 元。零陵地区农业税征收价格（对农户）和结算价格（对粮食收购部门）都不低于上述价格。因计税价格大幅上升，是年，全区农业税征收入库6009万元，比1993年增长57.97%。

1996年1月1日起，湖南省对农业税征收统一按早籼稻定购价65元/50千克稻谷计征。对农户以稻谷任务作为计算本位，以金额作为结算依据，对征收代金的地方比照征粮地区同步上调征收任务。是年，永州市粮食丰收，粮食收购部门愿意多收晚稻，晚稻收购价格高于早稻，给农业税收入库带来困难，市财政局通过调查研究，考虑到农民一次性交公粮的习惯，提出早稻先交粮食，一次性完成农业税，后交农业税代金的措施，并指导祁阳县、道县按此办法实行，缓解财政资金调度压力。1997年，农业税计税价格调整为早籼稻65元/50千克，中籼稻68元/50千克，晚籼稻72元/50千克。

1998年，全市根据市场粮价调整农业税计税价格，具体为早籼稻57元/50千克，中籼稻、晚籼稻63元/50千克。是年，在祁阳县进宝塘镇开展“费改税”试点，将向农村收取的村提留和乡统筹改为统一征收农村公益事业建设税，纳入财政预算管理，专项用于农村公益事业，试点实施4个月，征税122万元，计征标准严格控制在1997年农民人均纯收入的5%以内。

1999年1月1日起，全市统一使用湖南省农业税完税证，同时要求各地按照“自行申报、集中征收、微机管理、重点稽查”征管模式，改进征管手段。是年，在保留粮食订购任务和订购价格形式的基础上，订购价和保护价两价合一。早籼稻计税价格为51元/50千克，晚籼稻计税价格全省统一执行58元/50千克，中籼稻在53~55元/50千克的价格区间内分县（市）执行。2000年，全市早籼稻计税价格为46元/50千克，上下浮动5%，结算价格由各县（区）政府在浮动范围内确定，除东安县外其他县（区）全部收购早籼稻。由于农业税计税价格比1998年下调，导致政策性短收2500万元。

2000年，全市执行省政府的决定和省财政厅的“七不准”，凡退耕地的农业税只能从补助粮食中扣除，不得向农民征收。不准随意增加农业税负担；不准按人头或田亩平均摊派农业特产税；不准截留挪用农业税减免指标；不准将农业税征收与其他突击任务挂钩；不准非法扣押农民财物和关押纳税人；不准动用警力强制征收；不准违规堵关设卡征收。

2001年，根据国务院明确的“农业税计税价格要综合考虑粮食保护价和市场价的因素合理确定，并保持相对稳定，具体由省级人民政府统一规定”要求，湖南省统一农业税计税价格为51元/50千克，并继续贯彻以征收实物为主的规定，适当调整征收方式，对农业税征收实物的早籼稻、晚籼稻比例原则上按早籼稻40%、晚籼稻60%入库，实行“实物征收，货币结算”。因调整产业结构没有种植水稻的农民可以缴纳代金，对有的农民不愿卖粮愿意储备粮食的，允许自愿缴纳代金。根据政策要求，永州市全面开展整顿和规范农业税收征管秩序活动，普遍推行农业税收和涉农价格、收费公示制度。是年，在祁阳县茅竹镇、芝山区黄田铺镇、江永县夏层铺镇开展农村税费改革试点，试点乡（镇）农民签字率达95%以上。

2002年，省政府办公厅批复同意《永州市农村税费改革实施方案》，全市农村税费改革全面铺开，农业税政策进行调整：1. 确定农业税计税土地面积。以1984年农民第二轮土地承包面积为依据，确定全市农业税计税面积为335. 38万亩。2. 核定农业税计税常年产量。农业税计税常年产量以1994年至1998年5年正常年景农作物的实际平均产量为依据核定，测定全市亩平常年产量612千克。3. 合理确定农业税税率。根据中央和省里"新农业税税率实行差别税率，最高税率不超过7%，少数民族地区、国家定的贫困地区、国有农场等农业税税率从轻确定"的规定和县（区）地域条件、农业生产条件的差别，以及县（区）申报的农业税税率，全市农业税综合税率确定为6. 9%。按此税率依据常年产量、计税面积计算的全市农业税稻谷总量为1. 42亿千克。4. 农业税计税价格。按省政府统一确定的价格执行。

2003年，省政府出台《关于深化农村税费改革的意见》，永州市按照农业税收政策要求，进一步核实农业税计税要素，计税价格继续按51元/50千克执行，一定3年不变。采取直接减免税费等办法，将农户因承包土地较多而加重的负担减下来，确保户户减负。逐步调整农业特产税征收政策，缩小征收范围，降低税率。对在农业税计税土地上生产的农业特产品只征农业税，不征农业特产税。加强和规范农业税征收管理，全面推广"定点办税、定时纳税、定额征税"的征收方式，县、乡财政按农业税征收总额的12%预留减免机动资金（其中，社会减免7%，灾歉减免5%），或在预算中安排相当数量的资金用于农业税减免，解决农村困难群众及受灾农户纳税困难问题，有效减轻农民负担。

2004年，全市进一步推进农村税费改革，实行"一降三补一取消"（降低农业税税率，对种粮农民实行粮食直补、良种补贴、农机具购置补贴，取消除烟叶以外的农业特产税）政策，降低农业税税率3个百分点，由此减少的地方财政收入，中央财政给予转移支付补助。是年，中央对永州市农业税降点补助8489万元。在农村税费改革政策激励下，全市粮食播种面积达到755万亩，比2003年增加71万亩，粮食总产量达到28亿千克，创历史最好水平。

2005年1月1日，全市全面落实免征农业税和除烟叶外的农业特产税政策，从而结束农业税长达2600多年"皇粮国税"的历史。是年，中央和省给予永州市免征农业税转移支付1. 96亿元。

（二）减免

1992年，零陵地区农业税减免包括灾歉减免、社会减免、民族减免、基建减免等，其中，最主要的是灾歉减免及民族减免。灾歉减免贯彻“轻灾少减、重灾多减、特重全免”的原则，但每年灾情不同，减征的税额多少有别。社会减免、民族减免则是照顾缴税有困难的贫困纳税人、少数民族纳税人，有地域性、时限性特点。基建减免主要是对基建占地导致耕地减少的一种减免。是年，省财政分配零陵地区农业税灾歉减免指标330万元，其中，基价部分152万元，调价增收额178万元（地方分成40%，即71万元），年终省财政按223万元结算补给。

1995年，零陵地区按照省里统一部署，对历年来因各项基本建设占地及水冲沙压等自然灾害而减少的农业税计税面积及其他各项计税基数进行核查，核减计税面积10万亩，核减常年产量1863万千克，核减税额230万千克稻谷，省定额补助46万元。其中：核减的基建占地截至1994年年底，省定额补助从1995年起每年年终决算予以补助，江华瑶族自治县农业税已全部减免，只核基数不给予补助。因核减基数而减少的预算收入按分级负担原则解决，即：基价（11.55元/50千克稻谷）部分省财政厅给予补贴，其余部分由县（市）负担。

1997年，省财政分配永州市农业税灾歉减免指标350万元，其中，基价部分168万元，调价增收额182万元（地方分成40%，即72万元），年终省财政按240万元结算补给。其中，冷水滩区蔡市乡灾减3万千克稻谷。1998年，全市遭遇大旱，农作物受灾严重，省财政分配永州市农业税灾歉减免指标1000万元，按60元/50千克折稻谷416.75万千克。1999年，省财政对蓝山县由大桥乡改设的大桥瑶族乡实行农业税减半征收政策，减免期至2000年止，减半征收的稻谷数为10.5万千克，年终省补助额为3.5万元。

2001年，省财政分配永州市农业税灾歉减免指标2190万元。2002年，全面推行农村税费改革，全市农业税综合税率确定为6.9%。2003年，县、乡财政按农业税征收总额的12%预留减免机动资金（其中，社会减免7%，灾歉减免5%），或在预算中安排相当数量的资金用于农业税减免。

（三）结算

1992年前，零陵地区农业税结算经历由队交队结、户交队结到户交户结的发展过程。1992年，省财政厅、省粮食局联合发出通知，要求各级财政部门按新的征收价格计算，将农业税征收税额落实到纳税单位，并抄送当地粮食部门。各级粮食部门按照“先征后购”与“先税后贷”的原则，与纳税户按实际收购价格进行结算，而且只能按照国家有关规定及财政部门的扣税通知代扣农业税和收回粮食部门发放的预购定金，并及时将税款划转国库。对交纳早、中籼稻，其定购价低于新定收价的差额部分，可由财政部门以代金形式自行组织征收；对交纳晚籼稻，其定购价高于新定征收价的差额部分，由粮食部门在结算时直接找补给农民。

1993年1月1日，湖南省放开粮食定购价后，零陵地区农业税实行任务价与结算价分离，由财政按中等粮食市价确定农业税结算价，可以一年一定，也可以一季一定。粮食部门（企业）接收农业税实物以后，在规定的期限内与财政结算税收，并解缴入库，逾期不办的，由县（市）以上财政机关通知其开户银行或其他金融机构扣缴。

1994年7月，省政府确定零陵地区为粮食收购价格的三价区，全区粮食收购部门一方面按实与农民进行粮价结算，并代扣农业税款；另一方面根据财政、粮食部门双方确定的结算价，按规定及时与财政部门进行农业税的结算与划解。

1996年，湖南省农业税征收价格统一改按早籼稻定购价65元/50千克、中籼稻68元/50千克、晚籼稻72元/50千克结算。此后，农业税计税指导价格由省政府确定，零陵地区在指导范围内确定具体结算价格。

二、农业特产税

自1986年1月起，零陵地区开征农林特产税，具体由财政部门负责征收管理。1992年，全区农林特产税征税品种主要有鲜鱼、水果、木材等，税率分别为鲜鱼10%，水果10%，柑橘15%，果用瓜10%，木材8%，其他应税产品税率均为5%。随同农林特产税一同征收的地方附加为正税的10%。征收部门从农林特产税收入中提取25%建立农林特产周转金，实行有偿使用。各县（市）征收的农林特产税，按税款总额提取5%的征收业务费，其余留给县（市）作为地方的固定收入，用于农业投入。所提取的征收业务费，30%上缴省财政厅，70%留给县（市）财政局作征收业务费，实行专款专存专用，主要用于印刷票证、表册、交通工具、修缮费和开展宣传等有关费用开支。

1993年1月，全区降低部分农林特产品税率，具体为淡水养殖（包括鲜鱼、出售鱼苗和珍珠）、果用瓜税率降为8%，柑橘为12%，木材为7%。是年，省财政厅批复宁远县自1月1日起开征生姜农林特产税，税率5%，凡生姜种植面积达到一定规模，年产量在1000吨以上的县（市），均可比照执行。对国有农场征收农林特产税改为按销售收入纳税、依率计征、年前预交、年终清算的办法。

1994年1月1日，湖南省开征藠头农业特产税，并在零陵地区江永县开征糖料蔗、果蔗农业特产税，税率分别是5%、8%，全省其他县（市）同类产品比照执行。在麻阳县开征花生农业特产税，税率8%。零陵地区比照执行，征收花生农业特产税时剔除原计税土地负担的农业税。6月，全区按照《湖南省农业特产税征收办法》的规定征收农业特产税：（一）将农林特产农业税更名为农业特产税，对8大类44种产品征收农业特产税，以生产或收购农业特产品的实际收入分别依率计征农业特产税，取消农业特产税附加。（二）生产应税农业特产品（不含烟叶、牲

1992 年，第四届湘桂毗邻地区农税工作联席会议在零陵地区召开，行署副专员周建国（主席台左五）参加会议

畜产品）的纳税人，将纳税环节定在生产环节，其税款在生产地缴纳；收购应税农业特产品的单位和个人，将纳税环节定在收购环节，其税款在收购地缴纳。自产自销应税农业特产品的纳税人，分别按生产环节、收购环节或销售环节纳税。（三）农业特产税的减征或免征由纳税人提出申请，当地基层征收机关签署意见，经县（市）征收机关审核，报上级征收机关审批。对下列情况可以减征或免征：（一）农业科研机构和农业院校经有关主管部门立项进行科学试验，试验期间取得的农业特产品收入准予免税。（二）对在新开发的荒山、荒地、河滩、湖洲生产农业特产品的，从有收入时起准予免税 2～3 年；对在新开发水面从事养殖业生产农业特产品的，从有收入时起准予免税 1～3 年。（三）对经省人民政府批准确定的革命老区、少数民族地区、边远地区、贫困地区及其他地区中温饱问题尚未解决的贫困农户、革命烈士家属、残疾人、五保户，纳税确有困难的，准予免税。（四）对采取核定、评定产量计征方式的纳税人因自然灾害造成农业特产品歉收的，酌情准予减税或免税。（五）对利用房前屋后空坪、隙地种植少量应税农业特产品的，予以免税。是年，省财政厅对农业特产税征收经费和税源发展基金政策作适当调整，全区根据调整后的政策规定，对征收经费按征收总额的 5%提取，其中，3.5%留县（市），0.5%留地区，1%上缴省；对税源发展基金按征收总额的 25%提取，但烤烟及主产县（市）的原木、茶叶特产税以 1993 年实征产品税入库数为基数，基数内部分原则上不提取税源发展基金，新增部分按 25%提取。

1995 年 1 月 1 日，湖南省开征黄花菜农业特产税，在生产环节征收，税率为 5%，征收黄花菜农业特产税时剔除原计税土地负担的农业税。在零陵地区道县、宁远县开征辣椒农业特产税，税率为 5%。是年，全区根据省里的政策规定进一步完善农业特产税的征收：（一）对生产原木、原竹的林农、农村集体经济组织等非林业单位、个人，征收生产环节 8%的农业特产税；对收购上述生产者生产的原木、原竹的单位和个人，征收收购环节 8%的农业特产税。对生产、销售原木、原竹的森工企业、国有林场，同时征收生产环节 8%和收购环节 8%的农业特产税；对收购森工企业、国有林场的原木、原竹的单位和个人不再征收农业特产税。（二）对单位和个人收购的猪皮，1995年暂免征收农业特产税；对收购牛皮、羊皮的单位和个人在1995年减按5%的税率征收农业特产税。（三）农业特产税提取30%的税源发展基金和征收经费。其中，20%划作税源发展基金，10%划为征收经费。税源发展基金省、地各4%，县（市、区）留成12%；征收经费省、地各1%，县（市、区）留成8%。同时，全区推广祁阳县税源调查和撤区并乡调查相结合的经验，深入调查、分类汇编，设置并建立税源台账、税源卡，变季节性征收为常年征收。

1996年1月1日，全区启用全国统一的农业特产税应税产品外运税收管理证明（简称外运证），使用范围包括：生产和收购毛茶、银耳、黑木耳、贵重食品、水产品、原木、原竹、生漆、天然树脂（不含天然橡胶）和牲畜产品的单位和个人，在产品需要跨省（自治区、直辖市）运销时，应办理“外运证”，在全国范围内统一查验。其他农业特产税应税产品跨省（自治区、直辖市）一律不得查验。1996年撤地建市后，上收到市级财政的原属县（区）的企业应缴纳的农业特产税、契税、耕地占用税均缴市级财政。

1997年1月1日至1998年12月31日，为缓解皮革行业存在的实际困难，永州市对单位和个人收购的猪皮免征农业特产税，对单位和个人收购的牛皮、羊皮减按5%的税率征收农业特产税；对收购毛茶的单位和个人使用税率由原来的16%调整为12%；花生的产区可比照1994年省财政厅对麻阳县的批复，开征花生特产税，税率8%，在生产环节征收，但要先备案后开征。1997年6月1日，全市启用每人次缴纳农业特产税税额10元（含10元）以下的小额税票。

1998年1月1日，全市不再从征收的农业特产税中提取农业特产税源发展基金，原定划解到省、地（市）的部分同时取消。省财政厅规定，经济效益较高的水产种苗经营收入，可继续征收或恢复征收农业特产税；经济效益低或属于国家鼓励发展的，可免征或减半征收。

1999年1月1日，全市将烟叶农业特产税税率由31%降为20%，对于在烟叶收购环节由收购单位支付的从购货方取得的一切收入（含价外收入和其他各种补贴性收入），无论在财务上如何处理，仍均应计入烟叶收购金额，征收农业特产税。是年，在江永县、江华县开征辣椒农业特产税，在生产环节征收，税率为8%，全市其他县（区）的辣椒生产达到一定规模时，报经省财政厅同意后可予开征。在江永县开征槟榔芋农业特产税，在生产环节征收，税率为5%，其他县（区）不得比照开征。

2000年，全市调整农业特产税征收经费计提及划解比例，征收经费计提比例由原来的20%调整为15%，划解比例为省3%、市2%、县（区）10%，计提基数以

2000 万元为最高限额，超出部分不计提。省财政厅对全省农村税费改革试点县（市）农业特产税政策作部分调整，除烟叶特产税继续实行收购环节征收外，其他品种的农业特产税一律取消收购环节征收，全部实行生产环节征收，其地方附加不能超过 20%。

2002 年，全市实施农村税费改革，对农业特产税征收政策进行调整，将应税产品调减为 11 种。2003 年，调减为 9 种，其中，从生产环节征收的有果品、毛茶、莲子、鱼、芦苇 5 种，税率为 8%，从收购环节征收的有原木、原竹、晒烟、烤烟 4 种，原木、原竹税率为 8%，晒烟、烤烟税率为 20%。2004 年，取消除烟叶税以外的农业特产税。2006 年，烟叶特产税更名为烟叶税，并移交给地税部门征收管理，至此农业特产税不复存在。

三、耕地占用税

1987 年，零陵地区全面开征耕地占用税，由财政部门对占用耕地建房或从事其他非农业建设的单位或个人，以实际占用的耕地面积和规定的税额标准计算税额，实行一次性征收。1992 年，根据财政部规定，全区对单位和个人接受港澳台同胞、海外侨胞及外籍华人捐款建设占地，不属“三资企业”的照章征收耕地占用税。

1995 年，根据湖南省统一政策规定，零陵地区仍从耕地占用税中提取 5%的征收经费，但省分成比例由原来的 40%（含上缴中央 20%）调减为 20%，地（州、市）留成 10%，县（市、区）留成 70%。

1997 年 1 月，永州市财政局与市国土局、市审计局等部门对 32 个工程指挥部、开发区进行国土收入检查，安排专人对每宗土地成本开支进行审核，查处违法建设占地 3 宗，补缴耕地占用税 12 万元。是年，市政府印发《永州市耕地占用税征管办法》，进一步规范耕地占用税征管。对法院系统修建的法警训练基地（固定刑场）占用耕地，照章征收耕地占用税。

1998 年，全市对中央直属储备粮库建设项目，全额免征耕地占用税。是年，根据修改后的《湖南省耕地占用税实施办法》规定，对单位、个人获批准使用或者占用的耕地超过 2 年不使用的，按规定税额加征 2 倍以下的耕地占用税；对未经批准或者超过批准限额，超过农民住宅建房规定标准的，由土地管理部门依照《中华人民共和国土地管理法》按有关规定处理；对欠缴税收或者不缴纳税款的单位和个人，依照《中华人民共和国税收征收管理办法》的规定处理。

2000 年 8 月 1 日，全市改进耕地占用税征收方式，实行在批准农用地转为建设用地时采取“财政部门直征，国土部门协征”的方式征收，由财政部门审查核实面积、计算税额，向纳税人发出纳税通知书，征收税款入库，开具耕地占用税完税证；同级国土部门及时通知财政部门征收人员，根据正式用地批复，核定征收耕地占用税，并把耕地占用税征收完税证，作为发放有关用地证件必不可少的依据。

2001年1月1日，全市对耕地占用税征收经费仍按实际征收税额的5%提取，划解比例调整为省3%，市（州）0.5%，县（市）1.5%。随着“三化”（新型工业化、农业产业化、城镇化）战略的实施和中心城市加快发展，全市土地和房地产市场发展迅速，耕地占用税实现快速增长。2004年，全市耕地占用税入库首次突破千万元大关，达到3206万元，是2003年的4.27倍。

2008年，《中华人民共和国耕地占用税暂行条例》《中华人民共和国耕地占用税暂行条例实施细则》《湖南省实施〈中华人民共和国耕地占用税暂行条例〉办法》等颁布实施，全市严格依法征收耕地占用税：（一）明确征收标准。以县级行政区域为单位，对人均耕地不超过1亩的地区，按每平方米10~50元的标准征收；人均耕地超过1亩但不超过2亩的地区，按每平方米8~40元的标准征收；人均耕地超过2亩但不超过3亩的地区，按每平方米6~30元的标准征收；人均耕地超过3亩的地区，按每平方米为5~25元的标准征收。（二）落实减免征政策。对符合政策要求的军事设施和学校、幼儿园、养老院、医院占用耕地予以免征；铁路线路、公路线路、飞机场跑道、停机坪、港口、航道占用耕地，减按每平方米2元的税额标准征收；农村居民占用耕地新建住宅，按照当地适用税额标准减半征收；农村烈士家属、残疾军人、鳏寡孤独以及革命老根据地、少数民族聚居区和边远贫困山区生活困难的农村居民，在规定用地标准以内新建住宅缴纳耕地占用税确有困难的，经所在地乡（镇）人民政府审核，报经县级人民政府批准后，可以免征或者减征。（三）核定县（区）适用税额标准。根据全省耕地占用税平均税额为25元/平方米的标准，明确各县（区）的耕地占用税适用税额标准在《中华人民共和国耕地占用税暂行条例》规定的幅度内，根据各地人均耕地数量和经济发展情况核定。经济发展情况发生较大变化，县（区）适用税额标准确需调整的，由县（区）报省政府批准。国务院或者省政府批准设立的开发区，适用税额标准在当地适用标准的基础上提高20%。占用基本农田的，适用税额标准应当提高50%。农村居民经批准搬迁，原宅基地恢复耕种，凡新建住宅占用耕地不超过原宅基地面积的，不征税；超过原宅基地面积的，对超过部分按照当地适用税额标准减半征收。（四）明确征收机关。将原由财政部门征收的耕地占用税划转由地税部门征收，在征管职能划转前，暂由财政部门征收。是年，全市房地产市场低迷，房屋交易量和价格呈现下降趋势，征收机关推行房地产税收一体化管理工作，开设耕地占用税“直征窗口”，规范减免缓征程序，加大税收稽查工作力度，促进耕地占用税继续增长。

2009年，根据财政部、国家税务总局《关于加快落实地方财政耕地占用税和契税征管职能划转工作的通知》和省政府要求，耕地占用税征管职能由财政部门划转地税部门，相关职能及人员划转安置工作一律在 2009 年 8 月 31 日之前完成。2009 年 1—8 月，全市财政部门完成耕地占用税 1.53 亿元，突破亿元大关。是年 9 月 1 日起，全市耕地占用税征管职能正式移交给地税部门行使。

四、契税

1981 年，零陵地区恢复征收契税。1984 年，契税由各县（市）房管所征管划转县（市）财政局征管。1992 年，全区根据财政部《关于支持住房制度改革做好契税工作的通知》要求，抓好契税征收：（一）全民、城镇集体所有制单位有当地正式城镇户口的职工，按省（自治区、直辖市）人民政府规定的标准价，第一次购买公有住房，在规定住房标准面积以内的，可以免征契税，免税照顾每户只能享受一次。凡不符合上述规定的，购买房屋均照章缴纳契税。（二）对个人购买商品房，集资建房，外国企业、外国人及华侨、港澳台同胞购买房屋，仍按《契税暂行条例》及财政部的有关规定执行。是年，全区契税入库 50 万元。1996 年，针对私下交易、隐价瞒价、偷漏税费、非法转租转让等问题，永州市芝山区全面开展清理契税的活动，并制订《契税征收管理暂行规定》。

1997 年 7 月，国务院颁布《中华人民共和国契税暂行条例》。1998 年 6 月，省政府制订《湖南省实施〈中华人民共和国契税暂行条例〉若干规定》，永州市严格依法征收契税，在全市境内对国有土地使用权出让、土地使用权转让（出售、赠予、交换）、房屋买卖、房屋赠予、房屋交换等权属异动行为，都由承受的单位和个人依法纳税；但对国家机关、事业单位、社会团体、军事单位承受土地、房屋用于办公、教学、医疗、科研和军事设施的，免征；城镇职工按规定第一次购买公有住房的，免征；因不可抗力灭失住房而重新购买住房的，酌情准予减征或免征。要求土地管理部门、房产管理部门向契税征收机关提供有关资料，并协助契税征收机关依法征收契税，契税税率一律调整为 4%。各地征收机关对委

1996 年，东安县白牙市镇财政所荣获全省财政系统“先进财政所”称号，图为全所农税干部合影

托代征单位，签订委托代征税款协议书和发放委托代征税款证书，并按规定支付代收代缴手续费。对契税的减征、免征，由纳税人在签订土地、房屋权属转移合同10天内，向其所在地征收机关提出申请，报县（区）财政部门审批。减征、免征额超过5万元的，报市财政局审批；超过40万元的，报省财政厅审批。纳税人逾期不办理纳税申请，或未在规定的纳税期限内缴纳税款的；或偷税、漏税、抗税的；或代收代缴单位未履行扣缴义务的，依据《中华人民共和国税收征收管理法》的规定进行处罚。是年，全市开展契税宣传月活动，加大协税护税力度，财政部门与国土、房产部门签订征收目标协议，加强税收源头控管，完成契税入库620万元，比1997年增长40.56%。

1999年1月1日，湖南省启用全国统一格式的契证，由各地征收机关凭地（州、市）级财政部门开具的票证申领单，每半年向省财政厅领取一次。但征收机关或代征单位不得向纳税人收取包括契证工本费在内的任何费用。是年9月，全市根据省里整顿房地产市场的要求，执行契税征管新规：（一）对个人购买自用普通住宅暂减半征收契税，即统一按2%税率执行；（二）对经当地建设行政主管部门在1998年6月30日前进行竣工验收后的积压空置商品住房销售时，免征契税；（三）对纳税义务人既符合上述减半征收规定，又符合上述免征契税的条件时，全额免征；（四）对1999年8月1日以后签订了正式购房合同的，按调整后的政策执行；在此之前签订正式购房合同的，仍按原政策执行；（五）对各类公有制单位，为解决职工住房而采取集资建房方式建成的普通住房，或由单位购买的普通商品住房，经当地县以上政府房改部门批准，按照国家房改政策出售给本单位职工的，如属职工首次购买住房，免征契税。

2000年1月，根据契税税源相对集中，便于征收管理的特点，全市改进征管方法，渐次实行以征收机关集中自征为主，委托相关部门代征为辅的征收方式。在市区，由委托代征尽早向集中自征方式转变，推行“纳税人申报，征收机关核查，相关部门配合，运用计算机技术，实行集中征收”的征管模式。在小城镇和农村地区，则因地制宜，加强征收管理，对仍然实行以委托代征为主的地方，加强对代征单位的政策辅导和日常监督检查，确保工作质量。

2001年，市政府印发《永州市市本级契税征收管理暂行规定》《永州市本级契税征收管理暂行规定实施细则》，对契税缴纳范围、税率及减免等作出规定：（一）在永州市城市规划区内构成土地使用权出让，土地使用权转让，房屋买卖，土地房屋赠予或不等价交换土地、房屋行为的单位和个人均应缴纳契税，契税的应纳税额以土地、房屋成交的现行价值依率计征，公开拍卖的土地、房屋，以公开拍卖的价格为计税价格（各种行政事业性收费、佣金等都包括在计税价格内，不应从中折扣)。(二)永州市城市规划区内包括：芝山区城市规划区和冷水滩区城市规划区。冷水滩区城市规划区具体包括珊瑚乡的 8 个村，高溪市镇的 11 个村，仁湾乡的 6 个村，蔡市镇的 6 个村；零陵大道两旁 100 米内；经永州市规划行政主管部门批准新增纳入城市规划区内的其他乡（镇）、村、组。(三) 1997 年 9 月 30 日前转移土地、房屋权属的契税税率为 6%，1997 年 10 月 1 日后转移土地、房屋权属的税率为 4%。(四) 契税由农税机关负责征收。土地、房屋管理部门在办理土地使用权、房屋所有权转移时，应通知土地房屋承受人在合同签订之日起 10 日内缴纳契税，土地、房产管理部门凭契税完税证（或契税减免通知书）才能办理土地、房屋权属登记发证手续。纳税人不在规定期限内缴纳契税，又未办理减免契税手续的，土地、房产管理部门不予办理权属登记发证手续。(五) 房地产公司以及其他房地产开发经营单位和个人以盈利为目的，出售土地、商品房或者通过预购或预付集资款取得土地、房屋权属的，应缴纳契税。机关团体、企事业单位自 1997 年 10 月 1 日后，以预购或者预付集资款方式，组织干部职工集资建房，土地、房屋权属属于干部职工所有的，应缴纳契税。以获奖方式承受土地、房屋权属的，应缴纳契税。

2002 年，全市入库契税 1005 万元，突破千万元大关。此后，全市契税收入快速增长，到 2008 年全市契税收入登上亿元台阶，达到 1.07 亿元。2009 年，根据财政部、国家税务总局《关于加快落实地方财政耕地占用税和契税征管职能划转工作的通知》精神和省政府的决定，从 9 月 1 日起，全市将契税征管职能由财政部门划转至地税部门。是年 1—8 月，全市财政部门完成契税 9921 万元。

第三节 非税收入

在较长一段时期，非税收入使用“预算外资金”的概念和口径。1992 年，零陵地区非税收入主要包括国营企业上缴利润、罚没收入、专项收入、其他收入、国营企业计划亏损补贴、国家预算调节基金、有价证券利息收入等类级收入科目。是年，全区入库非税收入 270 万元，占全区财政总收入的 0.74%。此后，非税收入科目不断调整变化，收入逐年增长，占全区财政总收入的比重不断提高。

1995 年，将其他收入类级科目下的海关罚没收入、工商罚没收入款级科目单列为罚没收入、行政性收费收入类级科目。是年，全区非税收入突破亿元大关，达到 1.56 亿元，占全区财政总收入的 18.54%。1996 年，罚没收入、行政性收费收入类级科目下的收入项目增加到 15 款。1998 年，永州市非税收入包括的类级收入科目调整为国有资产经营收益、国有企业计划亏损补贴、行政性收费收入、罚没收入、土地和海域有偿使用收入、专项收入、其他收入7个。

2003年5月，财政部在《关于加强中央部门和单位行政事业性收费等收入“收支两条线”管理的通知》中，第一次对非税收入进行比较明确的界定。2004年，财政部在《关于加强政府非税收入管理的通知》对非税收入进行统一界定。2004年9月1日，《湖南省非税收入管理条例》施行，明确非税收入包括行政性收费、事业性收费、政府性基金（附加）、罚没收入、国有资产和国有资源收益、其他非税收入。根据规定，行政性收费、事业性收费、罚没收入、国有资产和国有资源收益纳入一般公共预算，政府性基金（附加）纳入基金收入，部分事业性收费、其他非税收入纳入财政专户管理。

2007年，实施政府收支分类改革，根据收入的来源和性质设置非税收入类级科目，并按收入形式分设行政事业性收费收入、罚没收入、专项收入、国有资本经营收入、国有资源（资产）有偿使用收入、其他收入、彩票资金收入7款。是年，永州市非税收入完成7.30亿元，占全市财政总收入的25.04%。此后，全市非税收入保持在10%以上的增幅，占全市财政总收入的比重保持在25%左右。2009年，全市非税收入登上10亿元台阶，达到10.56亿元。

2013年5月，市非税局召开全市非税收入征收管理座谈会

2014年，制订《永州市本级非税收入执收工作考核暂行办法》，对市直非税收入执收工作进行综合考评，防止非税收入执收工作乱作为和不作为。2015年，全市推进非税收入票据电子化管理，按照“统一规划、统筹兼顾、强化监管、分步实施”的原则，全面推广运用非税收入票据电子化管理系统。是年，全市非税收入完成37.49亿元，占全市财政总收入的28.59%。

1992—2015 年永州市非税收入统计表

表 1-1-12 单位：万元

年份	合计	企业收入	其中					非税收入	其中				
			国营企业上缴利润	国有资产经营收益	国有企业计划亏损补贴	国有资本经营收入	国有资源（资产）有偿使用收入		行政性收费	罚没收入	专项收入	其他收入	国家预算调节基金
1992	270	−2637	436	—	−3073	—	—	2907	—	1622	763	199	323
1993	2518	−2058	762	—	−2820	—	—	4576	306	2200	1475	368	227
1994	7904	−2450	103	—	−2553	—	—	10354	1989	3544	1848	2973	—
1995	15557	−182	1669	—	−1851	—	—	15739	4340	4622	2199	4578	—
1996	17612	−1057	680	—	−1737	—	—	18669	5395	4880	2315	6079	—
1997	22164	−1394	306	—	−1700	—	—	23558	6340	8601	—	8617	—
1998	36157	−1253	—	323	−1576	—	—	37410	9561	9992	2224	15207	—
1999	37685	89	—	584	−495	—	—	37596	10685	10140	2488	13811	—
2000	39839	374	—	785	−411	—	—	39465	10028	12549	2534	14344	—
2001	41019	285	—	731	−446	—	—	40734	8795	12850	2361	16728	—
2002	37653	493	—	967	−474	—	—	37160	8381	10100	2494	16185	—
2003	42405	257	—	558	−301	—	—	42148	13348	11447	2959	14394	—
2004	39386	766	—	815	−49	—	—	38620	13730	11622	3363	9905	—
2005	53270	3599	—	3624	−25	—	—	49671	16050	16159	4237	13225	—
2006	61796	3911	—	3936	−25	—	—	57885	17406	20376	5423	14680	—
2007	73011	5729	—	—	—	1829	3900	67282	21103	23365	7030	15784	—
2008	88735	12250	—	—	—	3087	9163	76485	29286	22845	10876	13478	—
2009	105568	15807	—	—	—	212	15595	89761	32615	25135	14126	17885	—
2010	127132	18880	—	—	—	—	18880	108252	36681	27956	18575	25040	—
2011	194281	29746	—	—	—	—	29746	164535	56038	38066	23287	47144	—
2012	263191	89407	—	—	—	—	89407	173784	60786	33488	21279	58231	—
2013	302859	113005	—	—	—	—	113005	189854	66250	43624	18403	61577	—
2014	335334	135626	—	—	—	27	135599	199708	75688	43758	23263	56999	—
2015	374872	138384	—	—	—	—	138384	236488	55391	49070	59963	72064	—

1992—2015 年永州市本级非税收入统计表

表 1-1-13　　单位：万元

年份	合计	企业收入	其中					非税收入	其中			
			国营企业上缴利润	国有资产经营收益	国有企业计划亏损补贴	国有资本经营收入	国有资源（资产）有偿使用收入		行政性收费	罚没收入	专项收入	其他收入
1992	-1267	-1566	335	—	-1901	—	—	299	—	227	60	12
1993	-1286	-1563	247	—	-1810	—	—	277	—	138	90	49
1994	-1189	-1925	260	—	-2185	—	—	736	46	426	170	94
1995	1302	-88	1419	—	-1507	—	—	1390	119	593	241	437
1996	5085	-764	590	—	-1354	—	—	5849	884	1051	1157	2757
1997	4061	-1184	170	—	-1354	—	—	5245	563	1710	—	2972
1998	8413	-1369	—	—	-1369	—	—	9782	1598	2501	1117	4266
1999	7273	-144	—	266	-410	—	—	7417	1645	1917	1125	2380
2000	7480	-128	—	212	-340	—	—	7608	1628	2460	1052	2468
2001	8127	-170	—	205	-375	—	—	8297	1831	3225	1133	2108
2002	6242	-258	—	117	-375	—	—	6500	1741	1940	1046	1773
2003	10675	-274	—	—	-274	—	—	10949	5437	2428	1469	1615
2004	10607	-24	—	—	-24	—	—	10631	4677	2404	1750	1800
2005	14345	2431	—	2431	—	—	—	11914	4653	3138	2307	1816
2006	16948	1951	—	1951	—	—	—	14997	6011	4904	3231	851
2007	20688	2638	—	—	—	—	2638	18050	7405	4947	4098	1600
2008	28576	7012	—	—	—	—	7012	21564	8819	4232	6162	2351
2009	36418	11258	—	—	—	—	11258	25160	10446	4364	7327	3023
2010	43045	10574	—	—	—	—	10574	32471	11753	6894	11545	2279
2011	60780	10607	—	—	—	—	10607	50173	24935	8847	13093	3298
2012	88472	40386	—	—	—	—	40386	48086	24294	7486	8240	8066
2013	90851	40723	—	—	—	—	40723	50128	25814	8252	8461	7601
2014	104810	52084	—	—	—	27	52057	52726	27500	9006	10411	5809
2015	108451	40614	—	—	—	—	40614	67837	17880	14510	24323	11124

一、行政事业性收费收入

行政事业性收费收入前身主要以规费收入、事业收入等科目形式存在。1992年，零陵地区规费收入有民政、公安、工商、建筑、房地产、卫生、司法7大类54个项目，大部分是证照审检费、工本费、工商管理费、诉讼费等。

1993年，增设行政性收费收入类级科目，全区完成行政性收费收入306万元。9月，全区根据《湖南省行政事业性收费管理条例》规定，按照统一领导、省级审批、分级管理、社会监督的原则管理行政事业性收费。（一）明确由政府物价行政管理部门主管本行政区域的行政事业性收费工作，行政性收费标准根据行政管理行为的合理开支制订，事业性收费标准根据提供服务的合理耗费、服务质量和数量制订。（二）行政性收费项目和标准，由省有关行政主管部门提出申请，收费项目经省财政部门会同省物价部门审核，收费标准经省物价部门会同省财政部门审核后，报省政府批准。事业性收费项目和标准，由地区行政公署提出申请，经省物价部门、省财政部门批准后，报省政府备案。其中，重要的收费项目及其收费标准须报省政府批准。物价部门、财政部门的行政事业收费项目和标准，由省物价部门、省财政部门共同报省政府批准。（三）行政事业性收费项目设立所依据的规定已废止或者修改后取消收费规定的，自规定废止或者取消收费规定的决定生效之日起，原收费项目、标准同时废止。（四）行政机关以及其他依法行使行政管理职权的单位在其职责范围内办理公务，不准收费；同一管理行为已经批准收取管理费的，不得又对发放证照收费。（五）行政事业性收费实行许可证和专用收款收据管理制度。收费单位必须持经批准收费的文件到物价部门申领湖南省行政事业性收费许可证，凭收费许可证到财政部门申领由省财政部门统一监制的行政事业性收费专用收款收据，或者使用经国家财政部门批准的当地财政部门验证的全国统一专用票据，方可收费。（六）行政事业性收费单位合并、分设、改变名称的，或者行政事业性收费项目和标准调整，自决定生效之日起停止收费，并于10日内持有关决定向原发放收费许可证的机关申请办理变更或者注销手续。变更手续办理完毕后，方可收费。行政事业性收费单位被撤销或者行政事业性收费项目被撤销、废止后，应终止收费。（七）对行政事业性收费单位的收费情况，实行年检年审制度，由物价部门组织有关部门具体实施。行政事业性收费资金，按国家规定纳入财政预算内收入管理或者财政预算外收入管理。是年，零陵地区出台《行政性收费预算管理暂行办法》，明确行政性收费收入全部纳入财政，实行“收支两条线”管理。

1994年，地区财政局印发《关于加强行政事业性收费收入管理的通知》，成立零陵地区行政事业性收费管理办公室，对不同的收入采取不同的管理方式，行政性收费收入纳入预算管理，事业性收费收入实行“财政专户储存、计划管理、财政审批、银行监督”的管理方式。是年，省财政分配给零陵地区的行政性收费任务为1549万元，省政府公布第一批、第二批取消的行政事业性收费，明令宣布取消的收费一律停止收取。1995年，取消规费收入款级科目，设立行政性收费收入、罚没收入类级科目。

1997年，永州市本级推行收费征管体制改革，实行财政统一票据、单位执收执罚、委托银行收款、资金上缴财政的管理方式，并将行政性收费、事业性收费全部纳入预算管理或财政专户管理。1998年，事业单位的收入逐步纳入行政性收费收入，事业收入科目随之取消；罚没收入、行政性收费收入类分设为行政性收费收入、罚没收入2款。1999年，全市行政性收费收入完成1.07亿元，突破亿元大关。

2000年，对市直所有行政事业单位上缴省主管部门的资金全部通过市本级财政专户直接划缴省财政专户。2004年1月1日，将教育、交通、人事等部门和单位的15大类30项行政事业性收费纳入财政预算管理。7月，根据财政部《关于加强政府非税收入管理的通知》要求，对政府非税收入管理范围、分类规范管理政府非税收入、完善政府非税收入分成管理政策、深化政府非税收入收缴管理改革、加强政府非税收入票据管理、强化政府非税收入预算管理、健全政府非税收入监督检查机制、加快政府非税收入管理法制建设步伐等作出进一步规范。是年，受“非典”疫情影响，根据湖南省统一规定，全市自5月16日起至9月30日止，减免部分行政事业性收费。2006年，启动市直单位规范非税收入管理改革，是年10月1日起，对长丰工业园内的工业企业应缴纳的各项行政事业性收费和政府性基金（附加）实行财政“一站式”收费改革试点。

2007年，实施政府收支分类改革，将行政性收费收入类级科目改为行政事业性收费收入款级科目，该款级科目下按收费征收主管部门设项，项下按收费项目设目。是年，市财政局印发《关于市本级统一收取涉及建设项目报建环节部分行政事业性收费及基金的通知》，对市本级建设项目报建环节部分行政事业性收费（基金）实行按其规定的计征范围和标准核定每平方米打捆计征额，实行财政打捆直接征收，按照“统一受理、集中审核、打捆计征、财政收取”的原则，由市财政局在市政务中心设立收费窗口统一征收，资金缴入市非税收入汇缴结算户。同时，组织开展非税收入成本调查测算，按照“核定收入计划、确定综合成本、分类比例统筹、超收适当照顾、短收基本不补”的原则，制订非税收入预算编制办法。

2008年1月1日，市政府决定对进入市政务服务中心的行政审批事项、建设项目报建环节和工业园区工业企业涉及的部分行政事业性收费（基金），实行财政直接征收。

2012年5月7日，市政府印发《关于进一步明确和规范中心城市非税收入减免缓征管理的通知》，对相关建设项目涉及缴纳的行政事业性收费和政府性基金实行全免，证照工本费、环境保护、安全生产收费依标准收取，建筑行业劳动保险基金实行减半收取，服务性收费按最低标准的30%收取。具体为：永州经济技术开发区内工业企业，新建、改建、扩建以及技改等建设项目；永州国家农业科技示范园内企业以及工业园区外的工业企业，新建、改建、扩建以及技改等投资额超过5000万元的建设项目；政府兴办的中、小学校和幼儿园校舍新建、改建、扩建建设项目；福利性、非营利性养老服务机构以及孤儿院、救助站等社会福利设施建设项目；政府全额投资建设管理的妇幼保健院、疾病控制中心、精神病医院和残疾人康复中心等公共卫生设施建设项目；廉租住房、经济适用住房、公共租赁住房等保障性住房和城市、国有工矿、中央下放煤矿、林区、垦区棚户区改造项目；道路、桥涵、公园、广场、风光带等公益性城市基础设施建设项目；社区办公及业务用房建设项目（不包括房地产开发配套建设）；军事设施及涉军建设项目；旅游景区景点建设项目。同时，为减轻小型微型企业负担，促进小型微型企业健康发展，全市对小型微型企业暂免征收13项管理类、登记类和证照类的行政事业性收费。

2013年，全市进一步拓宽非税收入征缴领域，市本级对已到期的300台出租车5年经营权重新进行拍卖，拍卖总价款1050万元。对湘江河道祁阳段的河道采砂经营权进行拍卖，成交价1.85亿元，省、市、县按20%：20%：60%分成，市本级收入3690万元。对小型轿车特殊号牌实行有偿发放拍卖，共取得资金673万元。拍卖收入全部缴入财政专户。

2012年7月，市财政局举办潇湘河道砂石开采权、经营权拍卖会

2014年，市政府出台《永州市中心城区非税收入减免缓征管理规定》，加强中心城区非税收入减免缓征管理，规范和简化审批程序，明确行政事业性收费和政府性基金全免的项目包括10个方面，主要是园区内的工业企业项目及政府性项目。行政事业性收费和政府性基金减半收取的项目包括8个方面，主要是园区外的工业企业及社会事业类建设项目。此外，为支持招商引资，对四星

级酒店或者投资额超过8000万元、不足2亿元的大型物流、大型娱（游）乐场所、购物商场建设项目行政事业性收费和政府性基金减半收取；对五星级以上（含五星级）酒店，投资额超过2亿元的大型物流、大型娱（游）乐场所、购物商场建设项目，行政事业性收费和政府性基金全免。

2015年，完善中心城区拆迁安置报建缴费政策，对冷水滩中心城区20个安置小区及部分历史遗留的零星安置户报建规费减免予以明确，有效推动中心城区拆迁安置工作开展。加大违规超建项目规费追缴力度，对41个有违规超建问题的小区应补缴报建规费进行追缴，追缴超面积补缴规费124.75万元。是年，全市完成行政性收费收入5.54亿元。

二、罚没收入

1992年，零陵地区罚没收入的收缴由政法机关、行政执法机关和其他国民经济管理部门负责，设有海关罚没收入、工商罚没收入、缉毒罚没收入、政法罚没收入、物价罚没收入、其他罚没收入、追回赃款赃物变价款收入7款，主要涉及公安、检察、法院、海关、工商、物价、审计、监察、国土资源、技术监督、劳动安全、交通、林业、外汇管理、渔政、城建、城管、烟草专卖、医药卫生、邮电、环保、银行等部门和行业。全区按照《湖南省罚没财物和追缴赃款赃物管理办法》的规定，强化罚没收入管理，由财政机关负责罚没财物和追缴赃款赃物的监督、检查和管理；执法机关、司法机关在罚没财物和追缴赃款赃物时使用财政机关统一印制或监制的罚没凭证，凡是没有法律、法规依据的，任何单位和个人不得罚没财物；执法机关、司法机关的罚没款、追缴的赃款、没收物资和追缴赃物的变价款设立专用账户存入银行，在案件结案后1个月内，按财政管理权限全额上缴国库；禁止执法机关和司法机关贪污、私分、截留、坐支、挪用以及以其他形式占有罚没财物和赃款赃物，禁止擅自作价或低价处理及内部作价处理罚没物资和追缴的赃物，禁止将罚没款与追缴的赃款以及没收物资和追缴赃物的变价款以私人名义存入银行，或用其他财物调换罚没财物和追缴的赃款赃物等行为；禁止向执法机关及执法人员、司法机关及司法人员下达罚没财物指标。10月，全区对罚没票据实行“统一管理、分级印发”，即格式由省财政厅统一制订，各县（市）财政局负责本地执法单位罚没票据的印发。是年，全区完成各类罚没收入1622万元。

1993年，全区对罚没物品、追回赃物由内部分散处理改为集中公开拍卖。凡罚没物资和追缴赃物必须由财政机关、执法机关委托政府指定的拍卖行（公司）实行公开拍卖。所有罚没收入必须在案件结案后1个月内全额清缴国库。凡有罚设收入的单位都要接受财政、审计部门的指导、检查与监督。海关、外汇管理局、铁路分局的罚没收入50%上缴中央财政，50%上缴省财政；银行、地矿、邮电部门的罚没收入50%上缴中央财政，50%上缴同级地方财政；烟草、商检部门查处的罚没收入全部上缴同级地方财政；不准混淆入库级次，将上级财政收入化作本级财政收入或单位收入。从9月1日起，对公安、工商部门查缉走私、贩私案件的罚没收入由原来的100%缴地方财政改为50%上缴中央财政，50%上缴地方财政。1995年，将罚没收入各个款级科目合并，设立罚没收入、行政性收费收入类级科目。

1996年2月，省财政厅、省委政法委联合印发《关于进一步加强政法部门罚没收入管理，确保基本办案经费的通知》，永州市按照通知要求对罚没收入实行“收支两条线”管理，将罚没收入全额上缴财政，办案经费由财政部门核拨并严格按规定开支，不允许将办案经费与各单位上缴的罚没收入挂钩，禁止向执法单位下达罚没收入指标。

1998年，贯彻落实国务院发布的《罚款决定与罚款收缴分离实施办法》，全面推进财政“两项改革”，市政府印发《永州市罚款决定与罚款分离严格实行“收支两条线”管理实施办法》，规范单位执收执罚行为，增强政府宏观调控能力，缓解单位分配不公的矛盾。1999年，全市罚没收入完成1.01亿元，突破亿元大关。2000年，继续加大征缴分离、判罚分离力度，推广委托银行收款，出台《关于规范乡（镇）企业收费行为的通知》，规定行政职能部门实施处罚必须出具行政处罚决定书，严禁乱处罚、乱罚款；全面落实“收支两条线”管理规定，在单位罚没收入确定上，只下达单位收入计划，不硬性下达收入任务，不搞比例返还或超收分成。

2003年，推行“收支两条线”管理改革和部门预算编制改革，市本级选择在市公安、交警、法院、计生、环保5个部门开展试点，所有非税收入全额缴入市国库，支出通过财政预算安排，部门预算报市人民代表大会批准后执行，取消收支挂钩和下达收入指标。2004年5月31日，《湖南省非税收入管理条例》出台，进一步规范非税收入管理，理顺收入分配关系，加强政府宏观调控。

2005年，加强罚没物品管理，根据不同性质和用途，对没收和追缴的物资进行处理：（一）文物、枪支、弹药及其他禁止流通的易燃、易爆危险品，由执法、司法机关填写《没收和追缴物资移交表》，按国家规定交由专管机关处理。同时抄送同级非税收入管理机构备案。（二）毒品和吸毒用具，以及淫秽书刊、盗版光碟、磁带、录像带等物品，经有关部门鉴定确认后，由有关执法、司法机关按国家规定予以处置。同时抄送同级非税收入管理机构备案。（三）易腐烂物品和鲜活品，经卫生检疫部门检疫合格且不适宜拍卖的，由执法、司法机关直接送有关经营（使用）单位收购；检疫不合格的，由执法、司法机关按国家有关规定予以销毁。处理时可先口头报同级非税收入管理机构，后补办书面处理报批手续。（四）对国家规定须有特许生产、经营、使用权的物资，通过有关部门质量认证、价格评估后，按国家有关规定调拨。财政部门加强监督，严防国家收入的流失。（五）除以上4类物资外，其余没收和追缴的物资依照《中华人民共和国拍卖法》有关规定，由同级非税收入管理机构负责在具有拍卖物资资质的拍卖行（公司）进行公开拍卖，有关执法、司法机关参与拍卖的全过程。对冒牌产品或质量达不到标识要求的物资，不得完整出售，可拆件或仍有一定使用价值的，可去除非法标识，经拆卸、分解等技术处理后拍卖。对应予以销毁的物资，由执法、司法机关负责组织销毁，非税收入管理机构派员监销。

2006年，贯彻落实省里政策规定，加强对罚没财物和追缴赃款赃物的管理：（一）没收和追缴的物资（含无主财物）由行政执法机关、司法机关负责保管。（二）执法、司法机关在作出没收、追缴物资决定生效后10个工作日内，将没收和追缴物资造册后并提出处理方案，经市财政部门审批后予以处理。（三）市财政部门按规定委托市价格认证中心进行价格评估，委托具有拍卖物资资质的拍卖行进行公开拍卖，严禁无备查案卷和案犯移交时只交人不交赃物现象的发生。（四）罚没财物和追缴赃款赃物必须依法使用省财政厅统一印制的财政票据。否则，当事人可以拒绝处罚。

2007年，实施政府收支分类改革，将罚没收入类级科目调整为非税收入下的款级科目，下设一般罚没收入、缉私罚没收入、缉毒罚没收入、罚没收入退款4项。2008年，市财政局制订《永州市本级非税收入征收管理稽查工作方案》，采取定期稽查、专项稽查和临时稽查3种方式对市直单位非税收入征管进行稽查，加大市本级非税收入征收管理稽查工作力度。

2010年，湖南省实行“省直管县”财政管理体制改革，省财政厅专门就“省直管县”改革后非税收入票据管理、统计报表及分成结算等事项作出安排。2011年，永州市本级组织公开拍卖罚没追缴物资，委托拍卖公司举行2次罚没物品拍卖会，依法公开拍卖一批传销追缴首饰和收缴超标车辆，取得拍卖款170.25万元，全额上缴国库。2012年，全市严格实行票据缴旧领新和票款同步，坚持“限量供应、缴旧领新、票款同步”的原则，严把罚没收入票据领购缴销关，清理单位应缴未缴财政国库的资金，对票据使用不规范、票款未足额缴入国库的，一律予以追缴，暂不予缴销和领购票据，且视情况给予适当处罚。强化罚没收入票据管理，规范票据的购领、使用和缴销，认真开展票据年检和清理工作，做到以票控收，票款同步，过期票据集中缴销。2013年，全市组织开展“发展环境优化年”收费罚款专项检查，规范单位执收执罚行为，优化经济发展环境。2015年，全市完成罚没收入 4.91 亿元，是 1992 年的 30.25 倍。

三、专项收入

1992 年，零陵地区专项收入主要包括排污费收入、城市水资源费收入、教育费附加收入、新增粮食调拨经营费收入、港口以港养港收入、国有土地有偿使用费收入、国家能源交通重点建设基金和国家预算调节基金等收入。这些收入一般都是专款专用，在财政决算中作为列收列支项目，对地方可用财力影响不大。是年，全区专项收入 763 万元。

（一）排污费收入

1983 年 1 月 1 日，零陵地区对超过国家和地方有关标准排放污染物的企业、事业单位和其他排污单位征收排污费和污染环境罚款。排污单位如实向当地环境保护部门申报排放污染物的种类、数量和浓度，经环境保护部门核定后，确定征收排污费的标准。从开征后第三年起对仍未达到排放标准的排污单位，每年提高征收标准的 5%。中央和省属排污单位的排污费缴入省财政，地、县（市）单位的排污费，分别缴地、县（市）财政。征收的排污费，纳入预算，作为环境保护补助资金，按专项资金管理，不参与体制分成。对违反环境保护法律法规，造成严重污染和破坏环境的单位同时处以罚款。

1990 年 10 月，根据湖南省相关规定，零陵地区要求各级环保部门必须依法按标准征收排污费，并按季如数缴入各级财政，不得拒缴和截留；各级财政部门必须认真执行环保补助资金专款专用和按时拨款的规定，及时审批下达环保补助资金项目计划，并于季后 10 日内，根据环保部门的申请，一次性拨入环保部门在银行开立的专户。环境保护补助资金包括依法征收的超标排污费、提高标准收费、加倍收费、滞纳金、污染环境补偿性罚款以及这些资金的存、贷利息收入。环保补助资金中的存、贷款利息收入（扣除手续费外）和超标排污费的 80%部分，作为治理环境污染贷款基金，用于重点排污单位污染源治理和综合性治理；超标排污费和排污水费的 20%部分以及提高征收标准、加倍收费、滞纳金、补偿性罚款等收入作为环保部门自身建设补助资金，主要用于环保部门仪器设备购置、环境监测、污染事故调处、宣传教育、科研培训等业务费开支。排污单位治理污染如本单位自有资金确实不足，可将治理方案和申请治理污染贷款报告送经主管部门审查后，报同级环保和财政部门审定，从治理污染贷款基金中给予一定数额的贷款，治理工程项目完成后，经主管部门会同财政、环保及有关部门验收合格者，可豁免部分或全部治理污染贷款，较大项贷款豁免金额不能高于本单位缴纳超标排污费的 80%。财政部门按排污费征收额的一定比例提取作为环保部门征收业务经费。

上述规定，一直延续执行。1992年，全区征收排污费收入171万元，收入主要来源于造纸工业、烟草工业、汽车工业、建材工业及冶炼工业。2015年，全市征收排污费收入1005万元，是1992年的5.88倍。1992—2015年，全市排污费收入累计征收1.78亿元，占全市专项收入的7.63%。

（二）城市水资源费收入

1997年2月，省政府决定在包括永州市祁阳县、江永县在内的有关县（市、区）开展水资源费征收试点工作，试点县（市、区）申请取水许可经批准的，除按《湖南省水法实施办法》第21条规定范围免缴水资源费和水利发电暂缓征收水资源费外，其余均须向水行政主管部门缴纳水资源费。征收的水资源费缴财政部门专项管理，用于水资源规划管理、开发利用、涵养保护和城市水源设施的建设。

2003年，永州市根据省物价局、省财政厅印发的《关于核定水资源费收费标准的通知》要求，明确水资源费属于行政性收费，其收费资金实行“收支两条线”管理，即收入分别直接缴入省、市、县（区）国库，其中，市、县（区）征收的水资源费，上缴省国库10%；支出由同级财政部门按《湖南省取水许可和水资源费征收管理办法》规定的用途核拨。水行政主管部门应当科学合理核定持证人的取水量。持证人在核定取水量内取水的，按照规定标准缴纳水资源费；超过核定取水量取水的，按照规定标准的1.5倍缴纳水资源费；没有取水许可证取水的，按规定标准的3倍计收。

2006年，全市开始征收城市水资源费，征收36万元。2009年，全市执行《湖南省水资源费征收使用管理实施办法》，明确水资源费属于政府非税收入，全额纳入财政预算管理。水资源费征收、使用和管理接受财政、价格、审计部门和上级水行政主管部门的监督检查。水资源费收入在“政府收支分类科目”列第103类“非税收入”02款“专项收入”02项“水资源费收入”，作为中央和地方共用收入科目。水资源费支出在“政府收支分类科目”列第213类“农林水事务”03款“水利”31项“水资源费支出”。2015年，全市征收城市水资源费794万元，是2006年的22.06倍；1992—2015年，全市累计征收城市水资源费3161万元，占全市专项收入的1.35%。

（三）国家能源交通重点建设基金和国家预算调节基金

1983年1月，零陵地区按照国务院发布的《国家能源交通重点建设基金征集办法》规定，对国营企业、事业单位、机关、团体、部队和地方政府的各项预算外资金，以及这些单位所管的城镇集体企业缴纳所得税后的利润，按当年各项资金收入的10%征收国家能源交通重点建设基金，由税务机关征集，就地缴入中央金库。地方财政的农（牧）业税附加，中、小学校的学杂费及勤工俭学收入，国营企业的大修理基金，国营石油企业的油田维修费，林业部门的育林基金，民政部门所管的社会福利企事业收入，行政事业单位的经费包干结余，免征国家能源交通重点建设基金。7月1日，将征集比例提到15%，并对县属镇（不含镇）以下的基层供销社，免征能源交通重点建设基金。是年，根据省财政厅规定，对各地征集的能源交通重点建设基金较任务超收时，超收部分地级分成10%，县（市）分成20%，年终通过财政决算作专项补助；短收时，相应地按上述比例由地、县（市）分担，年终通过财政决算将承担数上解省。此后，国家能源交通重点建设基金的超收分成比例和享受免征范围均有所调整。

1989年1月1日，零陵地区按照国务院发布的《国家预算调节基金征集办法》规定，对所有国营企业事业单位、机关团体、部队和地方政府的各项预算外资金、所有集体企业、私营企业以及个体工商户缴纳所得税后的利润，按当年收入的10%计征国家预算调节基金。调节基金中属于中央单位缴纳的部分，全部归中央财政；属于地方单位缴纳的部分，50%上缴中央财政，50%留归地方财政。明确免征调节基金的项目包括：地方财政的农（牧）业税附加；中小学校的杂费、勤工俭学收入、高等院校和中等技校学校基金；企业的大修理基金；煤矿维简费和油田维护费；林业部门的育林基金，以及其他经国务院或者财政部批准免征的项目。是年，根据省财政厅规定，将地方单位缴纳的调节基金50%上缴中央财政，25%上缴省财政，25%留归县（市）财政。5月，增加调节基金的免征项目，对确属民政部门所办的残疾人社会福利企业事业收入；新菜地开发基金原由中央财政集中，后来下放给企业的30%折旧基金；国务院贫困地区经济开发领导小组确认的贫困县境内的属于扩大征集能源重点建设基金范围的城乡集体企业、私营企业、个体工商户；中小学校校办企业利润收入，各级各类校办企业（工厂、农场）收入及各种培训班的学费收入；煤矿维简费包括在成本中提取的固定资产基本折旧基金，在成本中按产量提取的每吨煤1.5元的工程基金和在煤价外向用户收取的煤矿维简费；由国家预算拨付的工会经费和从成本中列支的工会经费，工会会员缴纳的会费，不属于预算外资金，不征调节基金。对建筑施工企业从建设工程单位基建投资中提取的临时设施包干费，按工程竣工后结余部分缴纳调节基金。对房产管理收入按收支相抵的余额计征调节基金。是年7月，对农业发展基金中的生猪屠宰税、有偿收回的各项财政专项资金、外资利用项目有偿回收资金及国外的各种捐款、赠款可予免征调节基金。

1992年1月1日，省政府批准零陵地区国营大中型工交企业折旧基金免征国家能源交通重点建设基金和国家预算调节基金（以下简称“两金”）。9月，对国营工业企业提取的折旧基金及矿山提取的维简费，国营企业按政策减免的产品税、增值税、营业税和所得税，交通部门征收的航道养护费和拖拉机、畜力车、摩托车养路费，城建、电力部门代财政收取的水费、电费附加收入，城市环卫、园林部门、医院（卫生院）、街道办事处、乡政府等的预算外收入等，是年1月1日起，视不同情况给予减免“两金”的照顾，同时将减免数额在3万元以下的审批权限下放给地（市）财政、税务部门。

1994年1月1日，全区对国有企业停征“两金”，其以前年度“两金”欠缴清理和结算工作，由国税部门负责，财政部门配合，要求在1994年年底完成清欠工作，个别缴纳所欠“两金”确有困难的企业，要逐级上报，由国家税务总局和财政部审批。1995年1月1日，全区对非国有企业（包括集体企业、私营企业和个体工商户）免征“两金”，但对其以前年度欠缴的“两金”，仍要求按规定及时足额补缴；对事业收入的养路费收入免征能源交通重点建设基金，对各级行政事业单位、部队、地方财政部门的预算外收入继续征收“两金”。

1996年，永州市停征“两金”，对以前年度各单位欠缴的“两金”进行清理入库，除交通、民航、铁道、军工、邮电等实行集中缴库的单位外，其他单位不分隶属关系，对清欠入库的“两金”收入，50%缴中央财政，余下的50%缴地方财政，其中，国家能源交通重点建设基金缴省财政，由省财政从中提取10%给各地作业务费，预算调节基金留归地方部分均缴当地财政。1996年以后的“两金”清欠收入归入“其他收入”类的“其他杂项收入”科目。

1992—2015 年永州市专项收入统计表

表 1-1-14　　　　单位：万元

年份	合计	排污费	教育费附加	国土使用权有偿使用收入	水资源收入	矿产资源补偿费收入	探矿权、采矿权使用费及价款收入	其他专项收入	公路运输管理费收入	矿产资源专项收入	地方教育附加	残疾人就业保障金收入	教育资金收入	农田水利建设资金收入	育林基金收入	森林植被恢复费	水利建设专项收入
1992	763	171	592	—	—	—	—	—	—	—	—	—	—	—	—	—	—
1993	1475	319	1156	—	—	—	—	—	—	—	—	—	—	—	—	—	—
1994	1848	520	1328	—	—	—	—	—	—	—	—	—	—	—	—	—	—
1995	2199	661	1538	—	—	—	—	—	—	—	—	—	—	—	—	—	—
1996	2315	721	1594	—	—	—	—	—	—	—	—	—	—	—	—	—	—
1997	0	0	0	—	—	—	—	—	—	—	—	—	—	—	—	—	—
1998	2224	758	1466	—	—	—	—	—	—	—	—	—	—	—	—	—	—
1999	2488	815	1673	—	—	—	—	—	—	—	—	—	—	—	—	—	—
2000	2534	754	1780	—	—	—	—	—	—	—	—	—	—	—	—	—	—
2001	2361	849	1512	—	—	—	—	—	—	—	—	—	—	—	—	—	—
2002	2494	815	1679	—	—	—	—	—	—	—	—	—	—	—	—	—	—
2003	2959	781	2178	—	—	—	—	—	—	—	—	—	—	—	—	—	—
2004	3363	771	2592	—	—	—	—	—	—	—	—	—	—	—	—	—	—
2005	4237	808	3429	—	—	—	—	—	—	—	—	—	—	—	—	—	—
2006	5423	527	4858	—	36	2	—	—	—	—	—	—	—	—	—	—	—
2007	7030	563	5889	—	12	—	535	31	—	—	—	—	—	—	—	—	—
2008	10876	751	8797	—	150	—	1047	106	25	—	—	—	—	—	—	—	—
2009	14126	776	10484	—	382	—	2366	118	—	—	—	—	—	—	—	—	—
2010	18575	906	13755	—	223	—	3629	62	—	—	—	—	—	—	—	—	—
2011	23287	1071	18589	—	269	—	—	305	—	3053	—	—	—	—	—	—	—
2012	21279	1108	12887	—	337	—	—	304	—	6643	—	—	—	—	—	—	—
2013	18403	1164	13170	—	309	—	—	419	—	3341	—	—	—	—	—	—	—
2014	23263	1204	15105	—	649	—	—	659	—	5646	—	—	—	—	—	—	—
2015	59963	1005	16899	—	794	—	—	478	—	6059	11461	1554	4143	6007	2336	3924	5303

第四节　政府性基金收入

1996年12月13日，财政部印发《政府性基金预算管理办法》，首次将养路费等13项数额较大的政府性基金（收费）纳入财政预算，实行“收支两条线”管理，收入全额上缴国库，先收后支，专款专用；在预算上单独编列，自求平衡，结余结转下年继续使用。

1997年，永州市开始单独编列基金收支预算，全市将原本纳入一般预算管理的城市教育费附加收入1572万元、农村教育费附加收入2395万元、排污费收入841万元、农牧业税附加收入1458万元、城镇公用事业附加收入61万元、其他附加收入18万元纳入基金预算管理。此后，纳入基金预算管理的收入项目不断调整变化，有进有出。1999年，将电力建设基金收入纳入基金预算。2000年，将国有土地使用权有偿使用收入纳入基金预算。2001年，将基本养老保险基金收入、地方水利建设基金收入纳入基金预算。2002年，将能源建设基金收入纳入基金预算。2003年，将育林基金收入纳入基金预算。2004年，将残疾人就业保障金收入、帮困基金收入纳入基金预算。2006年，进一步扩大基金收入预算范围，将养路费收入、散装水泥专项资金收入、新型墙体材料专项基金收入、森林植被恢复费等收入纳入基金预算管理。是年，全市基金预算收入包括工业交通部门基金收入、文教部门基金收入、社会保险基金收入、农业部门基金收入、土地有偿使用收入、政府住房基金收入、其他部门基金收入、地方财政税费附加收入、其他共9类14项。由于考虑到土地有偿使用收入、政府住房基金收入、社会保险基金收入和文教部门收入征收与管理的特殊性，此4类基金严格执行“收支两条线”管理，不纳入基金预算管理范围。

2007年，实施政府收支分类改革，改变原来的收入分类单独设置基金预算收入科目的方式，将政府性基金收入统一归入政府性基金收入款级科目，并按基金名称设置项、目级科目。是年，全市完成政府性基金收入2.18亿元，共有库区建设基金、养路费、散装水泥专项资金、新型墙体材料专项资金、育林基金、森林植被恢复费、地方水利建设基金、残疾人就业保障金、政府住房基金、城市公用事业附加、国有土地使用权出让金、农业土地开发资金、地方新增建设用地土地有偿使用费、其他政府性基金14项收入。此后，纳入基金预算管理范围的基金收入随着政策的变化逐步完善，项目有所调整。

2011年，市本级财政首次向市人民代表大会报告防洪保安资金、育林基金、残疾人就业保障金、价格调节基金、散装水泥专项资金、新型墙体材料专项基金、城镇公用事业附加 7 项基金收支预算草案和市本级国有土地出让金收支基金预算草案。2012 年，市本级财政首次将 6 项社会保障基金收支预算草案向市人民代表大会报告。

2015 年，市本级编制残疾人就业保障金、价格调节基金、散装水泥专项资金、新型墙体材料专项基金、城市公用事业附加、水利建设基金、土地出让金、政府住房基金 8 项政府性基金预算；单独编列企业养老保险等 7 项社会保险基金预算，其收入缴入财政专户管理，支出通过基金预算安排。所有这些基金预算草案与一般公共预算草案一并向市人民代表大会报告。

1997—2015 年永州市财政基金收入统计表

表 1-1-15 **单位：万元**

年份	合计	工业交通部门基金	文教部门基金收入	社会保险基金收入	地方财政税费附加收入	土地有偿使用收入	农业部门基金收入	其他部门基金收入	政府住房基金收入
1997	6345	—	3967	—	1537	—	—	841	—
1998	2809	—	1646	—	1163	—	—	—	—
1999	5286	35	3326	—	1925	—	—	—	—
2000	4037	105	2927	—	891	114	—	—	—
2001	4701	25	3249	134	1103	170	20	—	—
2002	2387	10	464	166	1646	101	—	—	—
2003	6265	—	7	258	3468	2223	209	100	—
2004	7215	3	—	551	2675	1324	954	1708	—
2005	6381	6	—	1024	608	1980	2658	105	—
2006	13295	1888	—	997	938	2321	6308	843	—
2007	21803	2682	—	—	—	6856	9096	3160	9
2008	28904	2975	—	—	—	9163	13565	3195	6
2009	37213	104	1	—	925	20066	12549	3567	1
2010	52047	—	—	—	3724	31033	2518	14747	25
2011	136586	—	900	—	5003	102515	3499	24669	—
2012	97730	—	8562	—	4900	68455	3509	12084	220
2013	156278	2	8738	—	8032	119240	3934	16016	316
2014	301896	3	10167	—	9904	239465	9256	31073	2028
2015	498567	2	—	—	8525	472690	—	14155	3195

1997—2015 年永州市本级财政基金收入统计表

表 1-1-16 **单位：万元**

年份	合计	工业交通部门基金	文教部门基金收入	社会保险基金收入	地方财政税费附加收入	土地有偿使用收入	农业部门基金收入	其他部门基金收入	政府住房基金收入
1997	1244	—	1031	—	—	—	—	213	—
1998	—	—	—	—	—	—	—	—	—
1999	141	—	7	—	110	—	—	24	—
2000	12	—	9	—	3	—	—	—	—
2001	87	—	—	84	3	—	—	—	—
2002	492	—	—	62	411	19	—	—	—
2003	1205	—	—	125	—	1080	—	—	—
2004	624	—	—	224	350	—	—	50	—
2005	404	—	—	404	—	—	—	—	—
2006	4606	1873	—	431	412	—	1556	334	—
2007	5256	2639	—	—	438	—	1856	323	—
2008	5918	2946	—	—	473	246	2022	231	—
2009	3163	86	1	—	555	87	2034	400	—
2010	2843	—	—	—	661	149	496	1537	—
2011	5402	—	477	—	700	2377	593	1255	—
2012	11308	—	4904	—	685	2793	622	2162	142
2013	10968	—	5133	—	970	2352	870	1643	—
2014	88270	—	5534	—	316	76057	945	3736	1682
2015	172356	—	—	—	695	165408	—	3865	2388

一、工业交通部门基金收入

1999 年，永州市开始在基金预算中编列工业交通部门基金收入，收入项目为电力建设基金收入，收入金额 35 万元。此后，该类收入项目不断增加，其主要项目有养路费收入、公路建设基金收入、散装水泥专项资金收入、新型墙体材料专项基金收入。其中，养路费和公路建设基金收入属于省级收入，散装水泥专项资金和新型墙体材料专项基金属地方收入。

（一）散装水泥专项资金

1999 年，为贯彻落实“限制袋装、鼓励散装”的方针，湖南省所有从事袋装水泥生产的企业，使用袋装水泥的建设单位和其他使用者，均需缴纳散装水泥专项资金。水泥生产企业每销售一吨袋装水泥缴纳2元专项资金，永州市境内的潇湘集团有限责任公司、九嶷水泥股份有限公司2家水泥企业的专项资金上缴省散装办，其他企业缴市散装办；建设单位或其他单位使用袋装水泥按建筑面积每平方米2元预缴专项资金，待工程竣工决算后，按实际袋装水泥使用量，每吨征收3元专项资金。收缴的散装水泥专项资金的20%上解省金库，80%本级留用。散装水泥专项资金实行专款专用，使用范围主要是散装水泥设施建设、设备购买及维修，散装水泥建设项目贷款的贴息，散装水泥的科研与新技术开发、推广，代征业务费开支，散装水泥办公室管理经费及宣传、培训、奖励等其他开支。其中，前2项支出一般不得低于当年散装水泥专项资金支出总额的90%。是年，永州市制订散装水泥专项资金减免政策，减半收取1.5元/吨。

2004年，将散装水泥专项资金纳入基金预算，市本级征收3万元。2006年，市本级将散装水泥专项资金列为中心城区建设项目报建环节打捆收费项目之一，由市政务中心财政窗口直接征收，征收标准为2元/平方米，是年征收85万元。2007年，实施政府收支分类改革后，全市将该项资金纳入政府性基金预算管理。此后，随着全市房地产市场的发展，报建项目增加，该项资金收入增长。2015年，全市征收散装水泥专项资金605万元。

（二）新型墙体材料专项基金

1992年，国务院批转国家建材局等部门《关于加强墙体材料革新和推广节能建筑意见的通知》。湖南省根据通知精神开始征收新型墙体材料专项基金，并纳入预算外资金管理。2000年，新型墙体材料专项基金纳入政府性基金。2002年，财政部、国家经贸委联合发布《新型墙体材料专项基金征收和使用管理办法》，明确规定新型墙体材料专项基金属于政府性基金，收入全额缴入地方国库，纳入地方预算管理。凡新建、扩建、改建的建筑工业用新型墙体材料的建筑工程，由建设单位按工程概算面积在开工前，以最高不超过每平方米8元的标准预缴新型墙体材料专项基金，主体工程竣工后凭决算资料进行清算，多退少补。新型墙体材料专项基金实行专款专用，其使用范围包括：引进新建、扩建、改建新型墙体材料生产线工程项目的贴息；新型墙体材料示范项目（含引进项目）和推广应用试点工程的补贴；新型墙体材料的科研、新技术与新产品开发及推广；发展新型墙体材料的宣传；代征手续费。其中，前4项开支合计不得少于当年新型墙体材料专项基金支出总额的90%。2005年，国务院加快墙体材料革新和推广节能建筑，要求逐步禁止生产和使用实心黏土砖，加快发展以煤矸石、粉煤灰、建筑渣土、冶金和化工废渣等固体废物为原料的新型墙体材料，旨在提高资源利用率、改善环境、促进循环经济发展。

2006年，永州市本级将新型墙体材料专项资金纳入基金预算，作为中心城区建设项目报建环节打捆收费项目之一，由政务中心财政窗口直接征收，征收标准为6.9元/平方米，是年征收39万元。2007年，实施政府收支分类改革后，全市将该项资金纳入政府性基金预算管理。2008年，根据国家政策规定，将建设单位预缴新型墙体材料专项基金提高到每平方米最高不超过10元的标准。此后，随着全市房地产市场的发展，报建项目增加，该项资金收入增长迅速。2015年，全市征收新型墙体材料专项资金2572万元。

二、文教部门基金收入

1997年，永州市开始在基金预算中编列文教部门基金收入，收入项目为城市教育费附加收入1572万元、农村教育费附加收入2395万元。其中，农村教育费附加收入是对县以下乡（镇）、村办企业和个体工商户，按各单位实际缴纳增值税、营业税总额的1%征收；农户按纯收入的1.5%征收，其他经营收入者按其收入总额的1.5%征收。以税收为计税依据征收的农村教育费附加，由当地税务部门随税代征；按纯收入和其他经营收入征收的农村教育费附加，由乡（镇）人民政府负责征收，县政府教育部门或乡（镇）人民政府管理，用于乡、村两级教育事业。

1998年，全市编列的文教部门基金收入预算中，收入项目只有农村教育附加费收入，到2001年全市该项基金收入达到3170万元。此后，随着农村税费改革试点以及改革全面推进，农村教育费附加逐步减少直至取消。2002年全市农村教育附加费收入下降到464万元，2003年下降到7万元，2004年全面退出历史舞台。此后，中央和省财政通过转移支付支持农村教育事业发展。

三、社会保险基金收入

1999年，根据湖南省人民政府统一部署，永州市推进城镇职工基本医疗保险制度改革、行政事业单位养老保险制度改革，建立健全城市居民最低生活保障制度和失业保险制度。市本级建立社会保障基金财政专户，将市本级历年结余的社会保险基金纳入财政专户管理，并从是年起，不再计提征管经费，对劳动社保单位经费纳入财政预算，实行定员定额管理。

2000年，湖南省对城镇职工基本医疗保险医疗费用结算实行“总量控制、定额结算、质量管理、定期考核”的办法，统筹基金账户总量控制，个人账户费用按实有支付，超出部分由参保人个人自负，医疗保险经办机构与定点医疗单位和零售药店的结算报销比例为医药费的90%~95%。永州市根据省里政策要求，不断完善城镇职工基本医疗保险费用结算。

2001 年，全市将机关事业单位的基本养老保险基金收入纳入基金预算管理，单独设立机关事业单位基本养老保险基金专户，不与城镇企业职工养老保险基金、农村养老保险基金以及其他社会保险基金混合使用。完善城市居民最低生活保障制度，市本级及“三区”（冷水滩区、零陵区、凤凰园经济开发区）的低保标准是 120 元/月，其他县 110 元/月。印发《关于全面推行城镇职工基本医疗保险制度的通知》，要求市辖区内（除电力、铁路外）所有用人单位参加基本医疗保险，终止公费医疗和劳保医疗制度；按规定参加基本医疗保险的单位，其用于基本医疗保险、国家公务员医疗补助、企业补充医疗保险所需要费用开支属正常财政支出，企业可列入职工福利费支出，并计入成本；不按规定参加基本医疗保险的，单位的医疗费用支出视为违反财政纪律，享有财政拨付医药费的，财政直接将经费划拨到医疗保险基金专户。此外，出台市本级公务员医疗补助办法，明确公务员医疗补助的范围与标准、医疗保险基金与补助资金的管理办法。是年，市本级参保单位 224 家，参保人数 1.5 万人，医保覆盖率 100%。长丰猎豹集团公司向市政府上缴贡献款 300 万元，用于下岗职工和低收入城市居民的扶贫解困，市本级财政压力得到缓解。

2006 年，全市对社会保险基金实行“收支两条线”，纳入财政专户管理，不列入基金预算。2007 年，实现新型农村合作医疗全覆盖，比全省提前一年实现全覆盖目标。全市各级财政将农村低保资金列入预算，其中，市、县（区）财政按照已保实有人数每人每月不低于 10 元的标准安排农村低保资金。经市政府同意，全市按农业人口的 2.5%的比例计算农村低保实有保障人数，市、县（区）两级财政按 20%：80%的比例负担。

2008 年，全市全面启动城镇居民基本医疗保险工作，按照“市级统筹、属地管理、分级经办”的模式，在全省率先实现城镇居民基本医疗保险市级统筹。对社会保险基金单独编列，其收入缴入财政专户管理，支出通过财政预算安排拨付。同时，根据省里政策要求，建立被征地农民社会保障资金，资金纳入财政专户，实行“收支两条线”管理，专款专用、单独核算。被征地农民社会保障资金主要来源包括：征地时各地征收不高于 20 元/平方米的被征地农民社会保障费，被征土地 25%的土地补偿费，征地当年不少于 20%以上的国有土地使用权出让纯收益，被征地农民社会保障资金的利息及其增值收入。财政部门根据被征地农民社会保险补贴和养老生活保障待遇用款计划，将资金从被征地农民社会保障资金专户划拨到基本养老保险、医疗保险收入户和被征地农民社会保障经办机构支出户。出台乡村医生从事公共卫生服务劳务补助办法，由各级财政按照服务农业人口每人每年 1 元的标准对乡村医生从事公共卫生服务给予补助。双牌县、江永县、新田县、江华县 4 县的补助经费来源按省、市、县 60%：20%：20%的比例分担，其他县（区）按 50%：

20%：30%的比例分担。

2009年，湖南省启动城乡居民养老保险试点，道县被列为全省新型农村养老保险试点县。全省将新型农村合作医疗财政补助标准从30元/人·年提高到40元/人·年，省、市、县三级财政补助资金配套比例为：对纳入湘西开发地区的县（市、区）以及永州市、邵阳市的国家级、省级贫困县（市、区），按28：6：6的比例分担；对永州市、邵阳市的其他县（市、区）按26：6：8的比例分担；对其余市的省贫、国贫县（市、区）按26：8：6的比例分担，其他县（市、区）按24：8：8的比例分担。是年，全市试行城镇职工医疗生育保险办法，医疗生育保险费由用人单位和职工个人分别按缴费基数的8%和2%缴纳，所有参保人员每年另需缴纳大病医疗互助费110元，一个结算年度内统筹基金最高支付限额为18万元。同时，全市开展做实企业职工基本养老保险个人账户试点工作，中央、省、市三级均给予财政补助，全市当年财政补助资金246万元。

2010年，全市试行社会保险基金预算制度，社保基金预算单独编报，不能用于平衡公共财政预算，公共财政预算可补助社会保险基金。编制范围包括企业职工基本养老保险基金、失业保险基金、城镇职工基本医疗保险基金、工伤保险基金、生育保险基金等内容。2012年，市本级财政首次向市人民代表大会报告6项社会保障基金收支预算草案。

2014年，永州市在全省较早启动疾病应急救助制度，实施城乡养老保险制度并轨，将新农保和城居保2项制度合并实施，建立统一城乡居民养老保险制度，缴费标准设每年100~3000元不等的14个档次。城乡居民养老保险待遇由基础养老金和个人账户养老金构成，支付终身。实施企业养老保险费率过渡试点，批准祁阳县经济开发区19家企业、零陵区工业园17家企业、江华县经济开发区14家企业实行整体打捆实施养老保险缴费费率过渡试点。2015年，全市按政策要求全面建立机关事业单位养老保险制度和职业年金制度。

四、地方财政税费附加收入

1997年，永州市开始将地方财政税费附加收入纳入基金预算管理，收入项目主要包括农业税附加收入、城市公用事业附加收入、其他附加收入。

（一）农业税附加收入

1997年以前，农业税附加收入属于财政预算外资金。1997年，全市将农业税附加收入纳入基金预算管理，征收收入1458万元。该收入是按农业税正税税额的一定比例征收的附加收入，主要用于乡村修桥、铺路和弥补农村小学办学经费不足等农村公益事业支出。由于该项收入是农业税的附加收入，全市每年的征收额增减变化不是很大，征收最多的年份是2003年，达到3083万元。此后，随着农村税费改革的推进，该项收入逐渐减少。2006年，全市全面取消该项收入。

（二）城市公用事业附加收入

1992—1996年，零陵地区按照1964年财政部印发的《关于征收城市公用事业附加的几项规定》要求，征收城市公用事业附加收入。征收范围包括城镇工业用电、工业用水、民用自来水、民用照明用电、电话、煤气、天然气、轮渡等公用事业，其附加率最高不超过10%。工业用电、用水附加，只限于城市工业企业和非工业部门的生产、加工企业。农业机电排灌用电、自备发电设备供电、自备水源供水、关停企业用电用水、基建施工工地用电用水，免征公用事业附加。对城市公用事业附加资金，坚持先收后支、统筹安排、合理使用的原则，用于城市公用事业基础设施建设和改造，一律不准用于兴建“楼、堂、馆、所”。1997年，全市将城市公用事业附加收入纳入基金预算管理，属地方财政税费附加收入类级科目下的一款，是年征收61万元。2007年，实施政府收支分类改革后，将其列入政府性基金收入，全市征收基金收入957万元。此后，该项基金收入保持一定增长。到2015年，全市征收基金收入1817万元。

五、土地有偿使用收入

1999年11月，省财政厅、省国土局联合发文明确，国有土地使用权出让原则上都要实行招标拍卖。协议出让国有土地使用权，应缴金库的土地纯收益不得低于基准地价的25%。土地租金、土地收益金等按年收取的土地有偿使用费不得低于基准地价的2%。新增建设用地土地有偿使用费作为基金预算收入，上缴中央30%，上缴省70%；现有建设用地有偿使用费仍按老办法作为一般预算收入，缴入各地金库，缴入省级金库的新增建设用地土地有偿使用费，30%留省财政，70%通过财政预算下拨有关市（州）财政，市（州）与县（市）财政的分成比例由市（州）政府确定。留给各级地方人民政府的新增建设用地土地有偿使用费作为各级地方财政耕地开发整理专项基金预算收入，专项用于耕地开发整理，不得用于平衡财政预算。新增建设用土地有偿使用费征收标准分为1~15等，每平方米收费为70~5元不等，全省各市（州）、县（市）征收等别按财政部、国土资源部统一划定发布的标准分为4~15等，其中，永州市（含芝山区、冷水滩区）为9等，收费标准17元/平方米；祁阳县、道县为12等，收费标准为10元/平方米；双牌县、东安县、蓝山县、江华县、新田县、江永县、宁远县为13等，收费标准为8元/平方米。

2000年，全市加强城市规划区内土地一级市场管理，政府垄断土地一级市场，凡中心城市规划区内的建设用地一律由市政府实行统一规划、统一征地、统一开发、统一出让或划拨、统一管理，任何单位和个人不得从事土地一级市场的经营活动。土地有偿使用费及相关费用统一由市国土局负责收取，缴市财政专户管理。行政划拨土地用于自行经营、出租、转让、抵押的，应补办土地出让手续，补缴土地出让金或逐年收取土地收益金。是年，全市将土地有偿使用收入纳入基金预算收入管理，全年收入 114 万元，主要包括国有土地使用权有偿使用收入（土地收益金、土地增值费、用于农业土地开发的土地出让金、其他土地出让金）、新增建设用地土地有偿使用费收入 2 项，专项用于城市土地开发建设及耕地开发专项支出。在纳入基金预算收入管理之前，作为非税收入及预算外收入实行征收管理。

2005 年，市本级从土地出让金收入中按 4700 元/亩的标准提取专项资金用于农业土地开发，按土地出让金总收入的 5%提取国有土地收益基金，专项用于市本级建设用地储备支出。对土地出让金的管理，市本级虽按规定编制收支基金预算，但考虑到土地出让金收入不稳定，对土地出让金收支部分仍实行财政专户管理的模式。

2006 年，全市根据政策要求进一步加强土地出让金征收管理。（一）严格实行国有土地有偿使用制度。除规定可以采取划拨方式提供用地外，其他建设需要使用土地的必须依法有偿取得，任何单位和个人均不得突破。任何单位和个人均不得减免、挤占和挪用土地出让金、租金等土地收益，对于低价出让、租赁土地、随意减免地价，挤占挪用土地收益，造成国有土地资产流失的，要依法追究责任。（二）开展土地出让金清欠。对受让人不按合同约定按时支付土地使用出让金的，责令其按合同约定缴纳土地出让金和滞纳金；对延期付款已超过 6 个月，在清欠时仍不按合同约定缴纳土地出让金和滞纳金的，出让人有权解除合同，收回土地，受让人无权要求返还土地定金，出让人可要求受让人赔偿因违约造成的其他损失。（三）严肃查处土地收益中的违法行为。对不履行征收管理工作职责，应收不收，不及时足额缴库，挪用土地出让金，违法减免，越权或者不按规定审批的，依法从严查处。

2013 年，全市严格执行省里印发的《关于进一步规范从土地出让收益中计提有关专项资金的通知》要求，保持土地出让收入的完整性，将土地出让收入全口径纳入基金预算管理，并按照规定科目核算土地出让收入情况，实行彻底的“收支两条线”管理。不得以任何名义减免土地出让收入，也不得以土地换项目、先征后返、补贴等形式变相减免土地出让收入；不得违规设立收入过渡户，滞留、挪用、坐支土地出让收入；不得将土地出让收入纳入一般预算、财政专户管理，不得转移、截留、延迟缴库土地出让收入；必须按规定从土地出让收益中计提农田水利建设资金、教育资金。

2014 年，出台市本级土地储备资金管理办法，明确土地储备资金是报批新增储备土地和征收、收购、优先购买、收回土地以及对其进行前期开发等所需的专项资金，不包括市土地储备中心日常工作保障经费。土地储备资金主要来源于从国有土地收益基金中安排用于土地储备的资金、临时调度用于土地储备的资金及按照政策举借的融资资金。土地储备资金实行专户储存、专账核算、专款专用，会计核算人员由市财政部门安排，核算以权责发生制为基础，对土地储备项目进行成本核算。积极规避储备土地融资风险，严格土地储备资金预决算管理。

2015 年，全市土地有偿使用收入达到 53. 17 亿元，其中，国有土地使用权有偿出让收入 47. 24 亿元，国有土地收益基金收入 0. 34 亿元，农业土地开发资金收入 0. 37 亿元，新增建设用地土地有偿使用费收入 5. 22 亿元。

六、农业部门基金收入

2001 年，永州市对地方水利建设基金收入实行基金预算管理，归入农业部门基金收入类级科目。此后，育林基金收入、库区维护建设基金收入、森林植被恢复费收入等陆续归入农业部门基金收入类级科目。

（一）地方水利建设基金收入

水利建设基金由中央水利建设基金和地方水利建设基金组成，根据国务院有关规定征收，专项用于水利建设。地方水利建设基金主要用于城市防洪及中小河流、湖泊的治理、维护和建设的水利专项基金，分别由财政部门、地方税务部门收取。财政部门收取的水利建设基金是从非税收入中提取，按 3%的比例计提并划解国库。其中，从车辆通行费、森林植被恢复费中提取的水利建设基金，由省财政负责计提；从其他非税收入中提取的水利建设基金，由地方同级财政部门负责计提。地方税务机关征收的水利建设基金是按缴款人生产、经营收入的 0. 6‰征收。

2001 年，全市将地方水利建设基金收入纳入基金预算管理，全年收入 20 万元。2006 年，全市该项收入增长到 1434 万元。2007 年，实施政府收支分类改革后，将该项收入统一归入“非税收入”类下“政府性基金收入”款下的“地方水利建设基金收入”项级科目，全市征收 1514 万元。到 2014 年，全市地方水利建设基金收入 9256 万元。2015 年，取消该项级收入科目。

（二）育林基金收入

1994 年，零陵地区根据《湖南省集体林育林基金、维简费、林业保护建设费管理办法》规定，对林业部门及其他竹木单位分别按照林木销售收入的 20%、25%计征育林基金和维简费，并将育林基金纳入预算外资金管理，足额征收，专款专用。

2003 年，全市将育林基金纳入基金预算管理，主要是用于发展林业，保护、培育和开发利用森林资源，维持林业再生产，是年全市收入74万元。2007年，实施政府收支分类改革，育林基金收入归入“非税收入”类下“政府性基金收入”款下的“育林基金收入”项级科目。2008年，全市完成育林基金收入1.06亿元，是收入最多的一年，此后该项收入逐年下降。

2009年，财政部、林业部联合印发《育林基金征收使用管理办法》，规定育林基金按照最高不超过林木产品销售收入的10%计征。林业部门行政事业经费，由同级财政部门通过部门预算予以核拨。2012年，永州市执行《湖南省育林基金征收使用管理实施办法》规定，将育林基金分为国有林育林基金和集体林育林基金。集体林单位（个人）、纳入国有林编限单位的国有森工林场、采育场、木材公司采伐或销售林木产品，分别按林木产品销售收入的10%缴纳或计提集体林育林基金和国有林育林基金。国有林单位（国有林场、自然保护区、林科所、植物园、国有苗圃等，下同）自主采伐和销售林木产品，按林木产品销售收入的10%计提国有林育林基金；国有林单位采伐销售与集体乡村（含林农个人，下同）联营造林或租赁集体乡村山地造林形成的林木产品，按销售收入的10%缴纳集体林育林基金。县（区）级林业主管部门收取的集体林育林基金实行省、县（区）两级分成，分成比例为省级20%、县（区）级80%。市级林业主管部门与省的分成比例为省级20%、市级80%。国有林育林基金实行上缴与留存管理，上缴省财政30%、留存70%。2014年，全市完成的育林基金收入下降到3695万元。2015年，取消该项级收入科目。

（三）库区维护建设基金收入

1999年，湖南省出台政策，明确规定凡上省电网的地方中小水电站每千瓦时提取1.5分作为库区后期扶持基金，从电价中解决，由省电力局统一征收后按季度足额缴入财政移民资金专户。全省收取的库区后期扶持基金为库区维护建设基金，主要用于促进库区和移民安置区经济及社会发展。

2002年，财政部发文明确将湖南省收取的库区后期扶持基金归类并入库区维护建设基金，要求编制政府基金收支决算。2004年，永州市将收取的库区维护建设基金收入纳入基金预算管理，全市收入2万元。

2007年，国家将库区维护基金、库区后期扶持基金及经营性大中型水库承担的移民后期扶持资金整合，设立大中型水库库区基金收入科目。库区基金从有发电收入的大中型水库发电收入中筹集，根据水库实际上网销售电量，按不高于8厘/千瓦时的标准征收，基金收入的75%用于支持实施库区及移民安置区基础设施建设和经济发展规划。

（四）森林植被恢复费收入

2003年1月，永州市根据《湖南省森林植被恢复费征收使用管理实施办法》

规定征收森林植被恢复费，森林植被恢复费标准按照恢复不少于被占用或征用林地面积的森林植被所需要的调查规划设计、造林培育等费用核定，具体为用材林地、经济林地、薪炭林地、苗圃地每平方米收取 6 元，其他类型收取 2~10 元不等。2005 年，全市将森林植被恢复费收入纳入基金预算管理，全市完成收入 33 万元。2006 年，全市森林植被费增长到 800 万元。

2007 年，实施政府收支分类改革后，将森林植被恢复费收入款级科目调整为“非税收入”类下“政府性基金收入”款下的“地方水利建设基金收入”项级科目，是年全市完成收入 567 万元。

2010 年，省财政厅印发《关于修订非税收入分成规定的通知》，规定省级征收的森林植被恢复费，除省本级留 40%集中用于全省范围内异地植树造林、恢复森林植被支出外，其余 60%通过省财政返还。2014 年，全市完成森林植被恢复费收入 3078 万元。2015 年，取消该项级收入科目。

第五节 上级补助收入

1992 年，零陵地区上级补助收入项目包括定额补助收入、追加（减）收入补助、支出专项拨款、下放支出补助、卷烟工商税增收分成、体制微调补助、国家能源交通重点建设基金总额分成、检查审计中央省级企业收入补缴入库分成、办案费用改列支出补助、永州汽修厂收入比基数短收补助、地区纺机厂税利转移补助、江华烤烟税增收上解返成 12 项，是年全区上级补助收入 2.29 亿元，占全区财力的 36.38%。

2007 年 11 月，省财政厅党组书记、厅长李友志（中）一行到永州市调研指导工作

1994 年，实施分税制改革后，全区上级补助收入项目减少并调整为税收返还收入、原体制补助、专项补助、各项结算补助、调整收入任务增加或减少补助、其他补助 6 项，是年全区上级补助收入 4.12

亿元，占全区财力的44.85%。此后，上级补助收入项目不断调整，占全区财力的比重不断提高。到2006年，永州市上级补助收入项目调整到13项，上级补助收入达到39.4亿元，占全市财力的71.41%。

2007年，实施政府收支分类改革后，上级补助收入的相关收入项目进行归并，归并后主要包括返还性收入、一般性转移支付收入及专项转移支付收入3款，是年全市上级补助收入56.19亿元，占全市财力的74.11%。到2015年，全市上级补助收入达261.54亿元，占全市财力的63.92%。

1992—2015年永州市上级补助收入统计表

表1-1-17 **单位：万元**

项目 年份	合计	返还性收入	一般性转移支付收入	专项转移支付收入
1992	22885	—	—	—
1993	17841	—	—	—
1994	41178	20490	13680	7008
1995	41365	21259	13585	6521
1996	39546	19885	12438	7223
1997	45633	20901	8742	15990
1998	47955	21300	14938	11717
1999	60259	21707	22685	15867
2000	69507	21498	33737	14272
2001	102161	21524	58748	21889
2002	156562	27870	90634	38058
2003	175734	27057	107663	41014
2004	227916	29234	147049	51633
2005	286268	29458	197027	59783
2006	394249	30175	261124	102950
2007	561863	31375	359373	171115
2008	751422	32234	433368	285820
2009	949262	41133	489289	418840
2010	1090600	59576	588410	442614
2011	1363415	60812	772611	529992
2012	1600968	62638	958757	579573
2013	1859492	64221	1105871	689400
2014	2193438	66790	1257060	869588
2015	2615356	67666	1446780	1100910

一、返还性收入

1994年实行分税制改革后，零陵地区返还性收入主要是上级补助收入中的税收返还收入，全区税收返还收入2.05亿元，占全区上级补助收入总额的49.76%。此后，随着财税体制改革的不断深入，返还性收入包括的项目不断调整。2007年实施政府收支分类改革后，返还性收入项目包括有增值税和消费税税收返还收入、所得税基数返还收入2项，全市返还性收入3.14亿元，占全市上级补助收入总额的5.58%。此后，全市返还性收入保持一定增长，占上级补助收入总额的比重逐步下降，到2015年，全市返还性收入包括有增值税和消费税税收返还收入、所得税基数返还收入、成品油价格和税费改革税收返还收入、其他税收返还收入4项，是年全市返还性收入6.77亿元，占全市上级补助收入总额的2.59%。

1993年8月6日，省财政厅党组书记、厅长章锐夫（右二）到零陵地区调研，与农民座谈

（一）增值税和消费税税收返还收入

1994年推行分税制改革，湖南省以1993年为基期年，核定省财政从地（州、市）净上划增值税、消费税（以下简称“两税”）收入数额，即增值税75%+消费税100%-中央下划收入，并以此作为省财政对地（州、市）税收返还基数，保证1993年地方既得财力。1994年以后，税收返还额在1993年基数上逐年递增，递增率按全国“两税”增长率的1∶0.3系数确定，即“两税”每增长1%，中央财政对省财政的税收返还增长0.3%。省财政对零陵地区税收返还亦与各地（州、市）上划“两税”的完成情况挂钩，增长率按1∶0.2的系数确定，其余0.1由省财政集中调剂使用。从1994年起，如果某一年净上划中央、省收入达不到上年实际完成数，则相应扣减税收返还数额，同时调减返还基数。是年，省财政核定1993年零陵地区税收返还基数为19524万元，核定1994年零陵地区上划中央收入增长目标为20.87%，零陵地区实际完成上划中央收入25704万元，比1993年增长24.3%，省财政决算安排零陵地区“两税”返还收入20490万元，是上划“两税”收入的79.7%。

2010年，湖南省实施财政“省直管县”改革，明确以2009年财政结算中各市（州）、县（市）上划中央“两税”返还数，作为省对各市（州）、县（市）的税收返还基数。并从2010年起，取消原按0.1系数集中各地的“两税”返还，省按上划“两税”增长比例的1∶0.3系数分别对市（州）、县（市）直接计算“两税”返还。是年计算上划“两税”增长比例时，将2009年各市（州）、县（市）上划中央“两税”实际完成数按照新体制进行转换，作为各市（州）、县（市）上划中央“两税”收入的基数。市（州）、县（市）上划“两税”有增长的，相应增加“两税”返还，并列入下年度的返还基数；上划“两税”负增长的，相应扣减返还额，并减少下年度的返还基数。是年，永州市“两税”返还收入2.78亿元，占全市上级补助收入总额的2.55%。此后，全市“两税”返还性收入逐年有一定增长，到2015年全市“两税”返还收入3.05亿元，占全市上级补助收入总额的1.17%，是全市上划“两税”收入的15.80%。

（二）所得税基数返还收入

2002年，湖南省实施所得税收入分享改革，除铁路运输、国家邮政、中国工商银行、中国农业银行、中国银行、中国建设银行、国家开发银行、中国农业发展银行、中国进出口银行及海洋石油天然气企业缴纳的企业所得税全部属中央收入外，其余绝大部分企业所得税和全部的个人所得税实行中央与地方分享，分享比例2002年省、市、县为50%∶15%∶35%，2003年以后为60%∶12%∶28%。以2001年所得税实际收入数为基数，按改革方案确定的分享范围和比例计算，市（州）分享的所得税收入如果小于市（州）实际所得税收入，差额部分由省作为基数返还市（州）；如果大于市（州）实际所得税收入，差额部分由市（州）作为基数上解省。是年，永州市所得税基数返还补助为6096万元，占全市上级补助收入总额的3.89%。

2003年，全市所得税基数返还收入增加到7298万元，占全市上级补助收入总额的4.15%。此后，全市所得税基数返还收入一直是7298万元，直至2015年，占全市上级补助收入的比重逐年下降，是年占比为0.28%。

（三）成品油价格和税费改革税收返还收入

2008年12月，国务院决定从2009年1月1日起，实施成品油价格和税费改革，取消公路养路费、航道养护费、公路运输管理费、公路客货运附加费、水路运输管理费、水运客货运附加费6项收费，逐步有序取消政府还贷二级公路收费；提高成品油消费税单位税额，汽油消费税单位税额每升提高0.8元，柴油消费税单位税额每升提高0.7元，其他成品油单位税额相应提高。加上现行单位税额，提高后的汽油、石脑油、溶剂油、润滑油消费税单位税额为每升1元，柴油、燃料油、航空煤油为每升 0.8 元。新增成品油消费税连同由此相应增加的增值税、城市维护建设税和教育费附加具有专项用途，不作为经常性财政收入，不计入现有与支出挂钩项目的测算基数，除由中央本级安排的替代航道养护费等支出外，其余全部由中央财政通过规范的财政转移支付方式分配给地方。新增税收收入主要用于替代公路养路费等 6 项收费的支出。具体额度以 2007 年的养路费等 6 项收入为基础，考虑地方实际情况按一定的增长率来确定，补助各地取消政府还贷二级公路收费。

2009 年，全市成品油价格和税费改革税收返还收入为 8322 万元，占上级补助收入总额的 0.87%。此后，全市成品油价格和税费改革税收返还收入逐年有所增加，2015 年增加到 2.01 亿元，占全市上级补助收入总额的 0.77%。

（四）其他税收返还

2004 年，国家实行出口退税机制改革，出口退税由中央财政全额负担改为中央和地方分担。财政部根据改革前各地出口退税情况，核定各地出口退税基数，基数内退税全部由中央负担，超基数部分中央和地方按分享比例分担。根据改革要求，地方财政的返还性收入增加出口退税基数返还收入项级科目，是年永州市该项返还收入为零。2005 年，出口退税分担比例由中央和地方按 75%：25%改为按 92.5%：7.5%比例分担。

2008 年，根据财政部要求，地方财政增加其他税收返还性收入项级科目，主要用于反映下级政府收到的上级政府的其他税收返还收入。2010—2013 年，全市每年获得其他税收返还收入均为 6631 万元。2014 年增加到 9700 万元，2015 年继续保持 2014 年水平，占全市上级补助收入总额的 0.37%。

二、一般性转移支付收入

1994 年实行分税制改革后，零陵地区一般性转移支付收入包括体制补助收入、各项结算补助收入。此后，随着财税改革的不断深入，一般性转移支付收入项目不断调整、增多。2007 年，实施政府收支分类改革后，一般性转移支付项目增加到 10 项，永州市一般性转移支付收入

2008 年 4 月，省财政厅党组书记、厅长李友志（右三）到永州市调研指导工作，市委书记黄天锡（右二）陪同调研

35.94亿元，占全市上级补助收入总额的63.96%。此后，全市一般性转移支付收入保持较快增长。

2015年，全市一般性转移支付收入主要包括体制补助收入、均衡性转移支付收入、革命老区及民族和边境地区转移支付收入、县级基本财力保障机制奖补资金收入、农村税费改革补助收入、义务教育等转移支付收入、基本养老保险和低保等转移支付收入、新型农村合作医疗等转移支付收入、重点生态功能区转移支付收入等18项，是年，全市一般性转移支付收入增加到144.68亿元，占全市上级补助收入总额的55.32%。

（一）体制性补助收入

体制性补助是为了保持财政体制的连续性而暂时保留的一些补助形式，它在全部转移支付中所占比重较小，而且只有存量，没有增量。湖南省对市（州）体制性补助包括原体制定额补助和企事业单位划转补助2个部分。原体制定额补助是分税制改革以前的财政分级包干体制中保留下来的一般性补助形式。1994年，实施分税制改革，为了顺利推进改革，省财政维持原体制分配利益格局暂时不变，保留这一形式，在预算中体现为原体制定额补助和地方上解收入。是年实行分税制后，由于事业或企业单位的隶属关系发生变化，使得以前属于省财政的支出责任转移到地方，为了维持原有的分配格局，省财政对市（州）负担的此项责任进行补助，这项补助在省财政预算中被称为企事业单位划转补助。是年，零陵地区原体制补助收入7169万元，占全区上级补助收入总额的17.41%。此后，该项补助收入有小幅增加，到2015年，永州市体制补助收入增加到1.09亿元，占全市上级补助收入总额的0.42%。

（二）均衡性转移支付收入

均衡性转移支付（也称过渡期转移支付）作为分税制改革的配套措施，是为了缩小地区间财力差距，逐步实现基本公共服务均等化而设立的转移支付制度。均衡性转移支付不规定具体用途，由接受补助的地方政府根据本地区实际情况统筹安排。均衡性转移支付遵循3个原则：1. 不调整地方既得利益。由中央财政从增量收入中拿出一部分用于转移支付。2. 力求公平、公正。均衡性转移支付以各地标准财政收支差额作为计算转移支付的依据，支大于收的差额越大，补助越多；各地采用统一公式计算标准收支，不受主观因素影响。3. 突出重点。体现对民族地区的照顾，重点帮助财政困难地区，向民族省（区）和非民族省（区）的民族自治州适度倾斜，经济越困难的地方，补助系数越高。均衡性转移支付在保障基层机关事业单位职工工资发放、机构正常运转和推进基本公共服务均等化等方面发挥着重要作用。

2009 年，省财政下达永州市均衡性转移支付补助收入 22.15 亿元，占全市上级补助收入总额的 23.34%。此后，全市该项转移支付收入逐年增长，2015 年全市均衡性转移支付补助增加到 42.39 亿元，占全市上级补助收入总额的 16.21%。

（三）革命老区及民族和边境地区转移支付收入

2006 年，国务院批准将湖南省永州市江华瑶族自治县等 53 个非民族省（区）及非民族自治州管辖的民族自治县纳入转移支付范围，全市获得民族自治地区转移支付收入 1250 万元，占全市上级补助收入总额的 0.32%。

2010 年，中央财政对民族地区转移支付的总额确定以及分配方式进行改革，各民族自治县转移支付额在上一年度分配数基础上，统一按照前 3 年全国国内增值税收入平均增长率确定。转移支付总额扣除民族自治县分配数后的部分，在民族省份和民族自治州间分配，其中，70%部分按照因素法分配，30%部分考虑各地前 3 年增值税收入情况分配。是年，全市获得民族自治地区转移支付收入 2955 万元，占全市上级补助收入总额的 0.27%。

2013 年，国务院批准将对革命老区及边境地区的帮助纳入转移支付制度，永州市获得革命老区及民族和边境地区转移支付收入 7107 万元，占全市上级补助收入总额的 0.38%。到 2015 年，全市革命老区及民族和边境地区转移支付收入增加到 2.74 亿元，占全市上级补助收入总额的 1.05%。

（四）县级基本财力保障机制奖补资金收入

2002 年，为完善省以下财政管理体制，中央进一步规范省以下转移支付制度，具体包括实行“三奖一补”、县级基本财力保障、省直管县。

1. “三奖一补”。2005 年，中央对各困难县乡增加县乡税收收入、省市政府增加对财政困难县财力性转移支付给予奖励，对县乡政府精简机构和人员给予奖励，对产粮大县给予奖励，对以前缓解县乡财政困难工作做得好的地方给予补助。永州市获得缓解县乡财政困难转移支付补助 8360 万元，占全市上级补助收入总额的 2.93%。2012 年，中央对产油（食用油）大县实施补贴，全市获得产粮（油）大县奖励资金 1.53 亿元，占全市上级补助收入总额的 0.96%。

2. 县级基本财力保障。从 2010 年起，中央财政全面部署建立和完善县级基本财力保障机制，以实现“保工资、保运转、保民生”为目标，保障基层政府实施公共管理、提供基本公共服务以及落实党中央、国务院各项民生政策的基本财力需要。按照“明确责任、以奖代补、动态调整”的基本原则，中央财政根据工作实绩对地方实施奖励。是年，永州市获得县级基本财力保障机制奖补资金 4.07 亿元，占全市上级补助收入总额的 3.73%。

3. 省直管县。2010 年，湖南省推行财政“省直管县”改革，在税收返还方面，省取消原按0.1系数集中各地的“两税”返还，省按上划中央“两税”增长比例的1∶0.3系数分别对市（州）、县（市）直接计算“两税”返还。到2015年，永州市县级基本财力保障机制奖补资金收入增加到13.72亿元，占全市上级补助收入总额的5.24%。

（五）农村税费改革转移支付收入

2001年，中央财政统筹考虑各地区提高农业税税率增收因素和取消乡镇统筹、降低农业特产税税率、取消屠宰税减收、调整农村提留办法等减收因素，对地方净减收部分，通过转移支付适当补助，出台农村税费改革转移支付办法，地方因农村税费改革减少的收入，沿海发达地区原则上自行消化，粮食主产区和中西部地区由中央财政适当补助。

2002年，湖南省印发《中共湖南省委、湖南省人民政府关于全面推行农村税费改革的通知》《湖南省财政厅关于下达2002年农村税费改革转移支付资金的通知》，下达永州市农村税费改革转移支付补助2.36亿元，占全市上级补助收入总额的15.09%。

2004年，中央和省财政在给予永州市农村税费改革转移支付补助的同时，对免征农业税及取消除烟叶外的农业特产税，给予取消农业特产税降低农业税税率转移支付补助1.48亿元，占全市上级补助收入总额的6.49%。2005年增加到2.64亿元，占全市上级转移支付总额的9.23%。

2006年，省财政在下达永州市取消农业税及农业特产税转移支付资金的同时，下发《关于下达2006年农村税费改革转移支付资金的通知》，明确永州市2006年及以后年度农村税费改革转移支付补助额度为2.36亿元，以后年度若无变化不再另行下文。

2007年，实施政府收支分类改革后，将农村税费改革转移支付补助和取消农业特产税降低农业税税率转移支付补助合并为农村税费改革补助收入，全市获农村税费改革补助收入5.67亿元，占全市上级补助收入的10.09%。2008年，全市该项补助收入下降为5.34亿元，直至2013年。2014年，该项补助收入与调整工资转移支付合并为固定数额补助收入，全市获该项补助收入16.62亿元，2015年增加到16.65亿元，占全市上级补助收入总额的6.37%。

（六）义务教育等转移支付收入

2006年，中央实施农村义务教育经费保障机制改革。2007年，全市农村义务教育阶段中小学生全部免除学杂费，省财政对永州市农村义务教育阶段中小学公用经费实行补助，安排永州市农村义务教育补助1亿元，农村义务教育逐步形成“在国务院领导下，由地方政府分级负责、分级管理、以县为主”的办学体制和政府投入为主、多渠道筹措资金的投入机制，中央对地方减少的教育收费按照因素法给予转移支付。同时，支持开展农村教师、教育资源配置等相关制度综合改革，促进义务教育均衡发展。

2012年，省财政厅副厅长郭秀宏（右五）到永州市调研农村综合改革工作

2008年，国务院决定从是年秋季学期开始，全部免除城市义务教育阶段公办学校学生学杂费。永州市从春季学期开始，启动免除城市义务教育阶段学生学杂费试点工作，省财政安排永州市义务教育补助1.7亿元，占全市上级补助收入总额的2.26%。

2009年，中央出台农村义务教育阶段中小学公用经费基准定额。各省（区、市）制订的生均公用经费基本标准低于基准定额的差额部分，当年安排50%，所需资金由中央财政和地方财政按照免学杂费的分担比例共同承担，省财政安排永州市教育转移支付资金1.86亿元。此后，全市该项转移支付收入逐年增长。2015年，全市义务教育等转移支付资金增加到9.87亿元，占全市上级补助收入总额的3.78%。

（七）重点生态功能区转移支付收入

2008年，中央财政开始在均衡性转移支付项下设立国家重点生态功能区转移支付，转移支付范围涉及国家重点生态功能区、三江源生态功能区等县（市）、国家森林公园和自然保护区等禁止开发区。

2011年，国务院下达《关于印发全国主体功能区规划的通知》，划分25个国家重点生态功能区，新田县、双牌县、宁远县、蓝山县属于南岭山地森林及生物多样性生态功能区。2012年，全市获得重点生态功能区转移支付资金3.43亿元，占全市上级补助收入总额的2.14%。此后，该项转移支付收入逐年有所增加。2015年，全市重点功能区转移支付资金增加到4.9亿元，占全市上级补助收入总额的1.88%。

（八）基本养老保险和低保等转移支付收入

2009年，为解决社会保障财政资金纵向不平衡和横向不平衡问题，中央政府将本级部分财政收入或者社会保障收入按照规范、科学、透明的方法无偿让渡给地方财政，专门用于支持社会保障事业建设，以达到调节地区间社会保障支出差异，逐步实现地区间社会保障供给均等化目标。是年，省财政下达永州市社会保障和就业转移支付资金7516万元，占全市上级补助收入总额的0.79%。此后，全市该项转移支付收入快速增长。

2013年，社会保障和就业转移支付更名为基本养老保险和低保等转移支付收入，省财政下达永州市该项转移支付资金18.56亿元，占全市上级补助收入的9.98%。2015年，全市该项转移支付资金增加到24.18亿元，占全市上级补助收入总额的9.25%。

（九）新型农村合作医疗等转移支付收入

2008年11月，省财政厅副厅长李良田（右一）到永州市调研指导工作

2009年3月17日，中共中央、国务院印发《关于深化医药卫生体制改革的意见》，要求建立政府主导的多元卫生投入机制，明确政府、社会与个人的卫生投入责任，确立政府在提供公共卫生和基本医疗服务中的主导地位；公共卫生服务主要通过政府筹资，向城乡居民均等化提供；基本医疗服务由政府、社会和个人三方合理分担费用；特殊医疗服务由个人直接付费或通过商业健康保险支付。同时要求按照分级负担的原则合理划分中央和地方各级政府卫生投入责任，地方政府承担主要责任，中央政府主要对国家免疫规划、跨地区的重大传染疾病预防控制等公共卫生、城乡居民的基本医疗保障以及有关公立医疗卫生机构建设等给予补助。加大中央、省级财政对困难地区的专项转移支付力度。2010年，省财政下达永州市医疗卫生转移支付资金2959万元，占全市上级补助收入总额的0.27%。此后，全市该项转移支付资金快速增长。

2013年，医疗卫生转移支付更名为新型农村合作医疗等转移支付，省财政下达永州市的新型农村合作医疗等转移支付资金增加到15.53亿元。2015年，全市该项转移支付增加到20.04亿元，占全市上级补助收入总额的7.66%。

（十）调整工资转移支付补助收入

2001年、2002年，中央财政分别出台年终一次性奖金和艰苦边远地区津贴的政策。对调整工资及离退休费增加的支出，沿海经济发达地区自行解决；对财政困难的老工业基地和中西部地区，中央财政按照客观公正、区别对待、对民族地区给予照顾等原则，根据相关人数等客观因素并考虑各地财政困难程度，通过公式化的方法给予适当补助。2002 年，省财政下达永州市增加工资中央补助 4.23 亿元，占全市上级补助收入总额的 27%。

2006 年，中央财政调整享受艰苦边远地区津贴地区范围及标准，永州市调整工资转移支付补助增加到 8.08 亿元。2010 年，中央财政进一步调整 4~6 类地区津贴标准，全市调整工资转移支付补助增加到 11.02 亿元。2013 年增加到 11.16 亿元，占全市上级补助收入总额的 6%。自 2014 年起，该项补助收入与农村税费改革转移支付合并为固定数额补助收入，全市获该项补助收入 16.62 亿元，2015 年增加到 16.65 亿元，占全市上级补助收入总额的 6.37%。

三、专项转移支付收入

专项转移支付是上级政府为实现特定的宏观政策目标，以及对委托下级政府代理的一些事务进行补偿而设立的专项补助资金，下级政府应当按照上级政府规定的用途使用资金。按照有无配套要求，专项拨款可区分为非配套拨款和配套拨款两种形式。专项转移支付包括一般预算专项拨款和国债补助等。此后，随着财税改革的深入，按照用途划分，专项拨款主要用于基础设施建设、天然林保护工程、退耕还林还草工程、贫困地区义务教育工程、社会保障制度建设、公共卫生体系建设等经济社会事业发展项目实施。多数专项转移支付资金都已采用客观因素分配，有专门的管理办法。1992 年，省财政拨付零陵地区支出专项拨款 1.26 亿元，占全区上级补助收入总额的 55.13%。

1994 年，实施分税制改革后，专项拨款更名为专项补助，零陵地区获专项补助 7008 万元。2006 年，永州市获专项补助 10.29 亿元，增发国债补助 5076 万元，共计 10.8 亿元，占全市上级补助收入总额的 27.4%。

2007 年，实施政府收支分类改革后，设立专项

2011 年 2 月，省财政厅副厅长欧阳煌（右二）到永州市调研指导工作，市委常委、常务副市长周德睿（右一）陪同调研

转移支付收入类级科目，下设专项补助收入、增发国债补助收入 2 款，省财政下达永州市专项转移支付 17.11 亿元，占全市上级补助收入总额的 30.45%。此后，全市专项转移支付资金快速增加，占全市上级补助收入总额的比重不断提高，到 2015 年增加到 110.09 亿元，占全市上级补助收入总额的 42.09%。

第六节　财源建设

针对财政收入增长缓慢，财政供需矛盾突出的问题，永州市各级政府和财政部门加大财源建设工作力度，落实培财促收措施，努力做大财政收入“蛋糕”。24 年来，全市财源建设经历实施“3581”工程、财政直接投入向财政政策导向转变、产业引导综合施策 3 个发展阶段。

一、“3581”工程实施

1990 年，省财政厅提出县级财源建设“3581”工程。1991 年，零陵地区开始实施财源建设“3581”工程，即县（区）财政收入上 3000 万元、5000 万元、8000 万元、1 亿元台阶，乡（镇）财政收入上 300 万元、500 万元、800 万元、1000 万元台阶，地区财政局与永州市、祁阳县等 5 个县（市）签订财政收入上台阶责任书。1992—1998 年，全面组织开展财源建设“3581”工程，依靠财政信用资金直接投入财源建设具体项目，推动财政收入上台阶。6 年间，全市财政总收入由 1992 年的 3.66 亿元增加到 1998 年的 11.03 亿元，增长 2.01 倍，年均递增 20.18%。

1992 年 5 月，地区财政局组织开展财政宣传活动

1992 年 1 月，省财政厅制订《关于开展乡（镇）财政收入上台阶活动的规划》，将中小“3581”工程作为全省财政部门开辟财源、缓解收支矛盾、实现财政早日走出困境的重要措施正式提出并实施。地区财政局决定有计划、有步骤、有重点地组织实施“3581”工程，

选择35个项目投入资金1232万元予以扶持，全区各级财政共筹集资金1.46亿元用于财源建设，扶持工业技改项目400余个，开展“支帮促”活动帮助企业减亏，扶植一批财政收入上百万元的乡（镇）发展。

1993年4月，地区财政局制订《关于“八五”期间乡（镇）财政财源建设规划的意见》。1994年7月，零陵行署组织各县（市）长召开财源建设工作会，研究分税制财政体制下的地方财源建设发展思路。地委、行署广泛征求各县（市）和社会各界意见，制订《关于进一步加强我区财源建设的意见》，明确“经济发展看效益、效益提高看利税、利税增长看入库”的思想，把财源建设作为考核各级党委、政府和领导干部政绩的重要指标。是年，全区各级财政筹措资金近2亿元，对工业、农业、乡（镇）企业等重点项目进行投入，发展农业特产品生产和乡村经济，培植开发乡（镇）财源。到1994年年底，永州市、冷水滩市、祁阳县财政总收入登上亿元台阶；东安县白牙市镇、祁阳县城关镇和黎家坪镇财政收入登上1000万元台阶，实现全区千万元财政收入乡（镇）“零”的突破，地区行署对3个镇各奖一台猎豹汽车。1995年，地区财政局根据地委、行署的“大郊区”战略构想，提出“树立大财政观念、建设大财源体系、形成大效益财政”的财政发展模式，制订“九五”财源建设规划，采取预算安排一点、周转金集中一点、预算外资金融通一点的办法，建立财源建设专项资金，对财源建设重点县、重点乡（镇）和重点项目给予扶持，并与各县（市）签

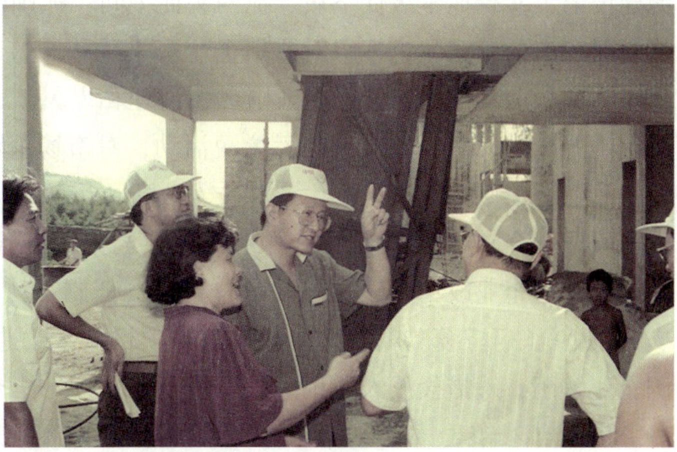

1993年8月6日，省财政厅党组书记、厅长章锐夫（左四）到宁远县水泥厂考察生产情况

1994年，地区财政局召开全区财源建设现场经验交流会

订财源建设目标责任书，把省地对县（市）的财力补助改为对实现当年财政增长目标的奖励，达不到目标的不给奖励，并取消当年评先资格。

1996年，撤地建市建立市级财政后，市财政局把财源建设重点放在抓市本级财源建设上，实行抓本级促下级、抓两头促中间、抓国企促乡企、抓开发促农业、抓流通促三产的办法。市本级对亏损企业采取“一调整二整顿三清理”（即调整领导班子，整顿劳动纪律、整顿企业财务，清理私人欠款、清理购销合同、清理呆滞商品等闲置产品）等方法开展扭亏增盈活动，对市场销路好、缺少流通资金的企业采取发放财政信用金支持恢复生产和技术改造；按照引导为主的原则，投放第三产业发展引导资金90万元支持中介服务等新兴行业的建设发展。1997年，重点推进市直国有工业企业改革，建立扭亏增盈目标责任制支持工商企业开展扭亏增盈活动，支持7319工厂三菱猎豹整车生产等重点项目技术改造，帮助市化工集团等23家特困企业解困，筹措投放农业税源发展资金530万元扶持20个农业财源项目建设。

1998年，市委、市政府制订《永州市1998—2000年本级财源建设规划》和《永州市本级财源建设重点项目责任制》，坚持财源建设与企业改革相结合，抓一般财源与抓特色财源相结合，优化经济发展环境与压费保税、减费增税相结合。加大国有企业改制力度，全市地方国有工业上报企改方案155份，批准实施114份。扶持重点项目建设，市财政筹资1000万元支持7319工厂技术改造。落实一般增值税退税政策，为三线搬迁企业、金属废品回收、“菜篮子”工程、新华书店、宣传文化企业办理退税1491万元。发展特色财源，江永县的香柚、芝山区的异蛇被财政部和省财政厅列为农业产业化重点扶持项目，争取资金2000多万元。清理规范企业收费，实行个体工商户收费负担卡，减轻企业和个体私营经济不合理负担6038万元。到1998年年底，道县、新田县财政总收入登上亿元台阶；东安县白牙市镇、祁阳县浯溪镇、新田县龙泉镇地方财政收入登上1500万元台阶。

二、财政直接投入向财政政策导向转变

1999—2007年，永州市各级财政部门适应财政逐渐退出竞争性领域、财政信用资金被取消、财政周转金只收不贷的新形势，转变财源建设方式，由财政直接投入为主转向财政政策导向为主，发挥财政政策“四两拨千斤”的作用，推动财源经济发展。8年间，全市财政总收入由1999年的11.36亿元扩大到2007年的29.15亿元，增长1.57倍，年均递增12.50%。

1999年，按照全省财源建设暨乡（镇）财政管理工作会议精神，永州市提出财源建设“四个结合”：促进经济增长与促进结构调整相结合、加强基础设施建设与发展高新技术产业相结合、加快小城镇建设与加强乡（镇）财源建设相结合、增

加财政扶持与改进投入方式相结合。强化市本级财源建设重点项目责任制，实行市级领导挂点、部门领导牵头、项目单位组织实施的工作机制，签订责任书，加大财源建设投入。市本级筹集资金3亿多元，支持13个重点项目建设。加大跑项争资工作力度，争取国债项目14个、专项资金2.3亿元，支持永连公路、宋家洲电站等一批重大基础设施建设；争取各种无偿、有偿资金1.6亿元，支持重点产业项目建设，其中，7319工厂争取省财政技改资金2000万元，宁远县的瘦肉型生猪养殖被列入财政部产业化扶持项目，东安县的白果和紫皮大蒜、道县的反季节蔬菜、双牌县的猕猴桃被列为省财政厅重点扶持项目。

2001年，转变财源建设投入方式，注重发挥财政政策和资金的调节导向功能，推动企业成为财源建设主体，实现从政府主导型投资向社会主导型投资转变。2003年，围绕市委、市政府提出的推进“三化”（工业化、农业产业化、城镇化）进程，建立财源建设长效机制，制订市本级财源建设项目责任制、考核奖励办法、重点工商企业纳税奖励办法，促进财源建设实现“四个转变”：由上级喊抓转变到上级示范、由抓单个财源转变到抓群体财源、由自力更生转变到招商引资、由财政主抓转变到政府主导。出台加快民营经济、园区经济发展、支持国有企业改革等一系列财税优惠政策，对民营经济实施国民待遇。推进国有企业改革改制，建立劣势国有企业退出机制，培育产权交易市场，鼓励民营经济通过参股、控股、兼并、收购等多种形式进入国有经济领域，加快“一区三园”（凤凰园经济开发区、长丰汽车配套工业园、食品工业园和湘江纸业林纸一体化工业园）建设；市本级筹措改革成本资金8000多万元，完成30家市直企业改制，推动零陵卷烟厂与常德卷烟厂联合重组，全市完成国有企业改制220家，置换职工身份3.09万人。支持招商引资，建立招商引资财税优惠政策，市本级财政安排招商引资奖励资金600万元，支持全民招商。利用地方财政信用担保、政策融资等功能，争取国债资金、城建打捆贷款，其中，城建打捆贷款协议金额22亿元，支持中心城市基础设施建设，拓宽城市经济发展空间。

2004年，强力推动国有企业改革，市财政局成立产权交易中心，规范国有企业产权交易行为，对国有企业改制拍卖资金实行专户储存、专款专用。全市各级财政部门采取财政预算安排一点、财政有偿资金回收注入一点、企业资产处置变现一点、社保资金用活一点等办法，筹集资金1.6亿元支持国有企业改革改制。2006年，市财政利用增值税退库、技改贴息、奖励补助等手段，引导社会资金加大对产业集团和骨干企业投入，并执行低价供地、税费优惠政策，设立非税收入财政“直征窗口”，对长丰工业园试行财政“一站式”收费，支持长丰集团有限责任公司5万台整车、零陵卷烟厂30万大箱卷烟、湘江纸业集团15万吨中高档包装纸配套技改项目和长丰集团有限责任公司3万台商务车项目开工建设，加快园区经济发展。

2007年，支持融资平台做大做强，整合行政事业资产充实融资中心资本金，增强融资抵押实力，市县域经济与产业发展融资中心向国家开发银行申报签约政府信用贷款2.66亿元，到位1.92亿元，推动中心城市重点基础设施项目建设。支持第三产业发展，市财政安排旅游发展专项资金170万元，争取上级专项资金152万元，支持景区基础设施建设和宣传促销，永州市获得“中国最佳休闲旅游城市”称号。

三、产业引导综合施策

2008—2015年，永州市各级财政部门围绕市委、市政府提出的承接产业转移发展战略，将财源建设重点转移到承接产业转移、培植壮大产业、发展财源经济上，采取建立产业发展引导资金，加大招商引资投入，扶持政府融资平台和中小企业信用担保公司做大做强，加大跑项争资力度，实施减税降费措施，多措并举，综合施策，推动基础设施建设和经济发展环境优化，促进产业项目大建设大发展。7年间，全市财政总收入由2008年的34.43亿元增加到2015年的131.14亿元，增长2.81倍，年均递增21.05%。其中，市本级财政总收入达到31.47亿元，祁阳县、冷水滩区、零陵区、宁远县、道县5个县（区）财政总收入登上10亿元台阶，江华县、东安县财政总收入登上8亿元台阶。

2009年，全市抓住中央实施保增长扩内需的机遇，加大跑项争资工作力度，争取中央扩大内需新增投资资金8.4亿，省分配地方债券2.2亿元，新型工业化专项引导资金等专项资金4450万元，落实项目配套资金1.36亿元，支持全市621个投资500万元以上重点项目开工建设。市财政整合49宗市直行政事业资产，注入市融资中心和市城建投资公司充实资本金，增强融资能力，市融资中心争取信贷资金5.05亿元，市城建投资公司争取信贷资金6亿元，市非税处争取非税收入授信贷款2.6亿元，支持重点项目和优势产业发展。市财政在直接注入1500万元的基础上，将省财政专项调度的1亿元资金借给市内4家担保公司充实资本金，加快中小企业信用担保体系建设，帮助中小企业缓解融资难问题。落实家电、汽车、摩托车下乡，家电、汽车以旧换新等扩内需措施，发放家电、汽车、摩托车下乡补贴8665万元，兑付农机购置补贴4180万元，实现销售家电、汽车、摩托车下乡产品19.48万台，农机具3.6万台，直接拉动消费10多亿元。

2011年，市本级财政预算安排产业发展资金4100万元，从年终超收收入中安排1000万元，从地方债券资金中安排2600万元，支持园区建设和产业发展。安排专项资金3040万元支持企业技改创新，争取国家奖励资金2809万元关闭淘汰落后产能131.4万吨，筹集3250万元支持祁阳煤矿等国有企业完成改制，引导中小企业信用担保机构为53家中小企业担保贷款1.36亿元。安排1000万元支持生态新城建设，投入1.5亿元支持中心城市创建国家卫生城市。落实补助资金694万元，支持“万村千乡和双百市场工程”等农村商业流通体系建设。2012年，按照中央和省、市稳增长、扩内需决策部署，市本级财政预算安排9290万元扩充工业等产业发展资金，采取奖补、贴息、费用优惠等方式，支持实施工业发展“四年倍增”计划。向上争取工业、外贸、产业发展等专项资金1.18亿元，支持优质企业技改扩能；向上争取项目资金15.2亿元、中央代地方发行债券资金3.11亿元，争取融资贷款1.23亿元，支持交通、水利、“五城同创”等重点项目建设。

2013年，执行结构性减税措施，从8月1日起实施“营改增”试点，减轻企业负担，激发企业发展活力。财政预算安排产业和社会事业发展资金1.18亿元，设立中小微企业发展专项资金，支持实施工业发展“四年倍增”计划。建立财政性资金存款与银行贷款挂钩机制，引导交通银行和华融湘江银行年内新增贷款14.6亿元，缓解中小企业融资难题。市财政投入2180万元对中心城区29处农贸市场进行标准化改造，筹措1280万元推进“万村千乡”工程和农产品直销店建设，对永州市用户购买的75台猎豹汽车补贴37.1万元，促进城乡消费。2014年，扩大“营改增”试点范围，落实固定资产加速折旧、简并增值税征收率、免征小规模纳税人增值税和营业税等减税措施，全市为中小企业减税1.4亿元以上。执行收费减项降标政策，对园区企业新建、扩改建和技改项目的行政事业性收费和政府性基金实行全免，取消、免征、降标涉企收费项目16个，市本级按政策为企业和建设项目减免各类收费3000多万元。

2015年，市财政局履行财政支持经济发展职能，安排各类产业发展资金7500万元，支持推进新型工业化。清理盘活财政存量资金5.14亿元，采取“撤、并、退”方式整合压减专项资金7900余万元，统筹财力3.13亿元支持相关产业、优质企业发展和工业园区建设，促进稳增长、调结构。实施各项减税降费政策措施，全市为小微企业减免企业所得税和营业税3000多万元，为符合条件的企业办理增值税退税810.3万元，市本级按政策为企业和项目减免收费（基金）3533万元。是年，全市规模工业总产值突破1000亿元大关，比2014年增长19.5%，规模工业增加值增长10.2%，增幅连续18个月排全省第一位。

第二章 财政支出

2015年，永州财政取之于民、用之于民，图为永州市冷水滩区河东一角

自1992年以来，零陵地区财政支出基本遵循“量入为出、调整结构、有保有压、收支平衡”的原则，不断调整和优化财政支出结构，保障经济和社会发展等重点支出需要。1992年，全区财政通过节减压缩非生产性开支，保证人员经费和重点建设支出需要，全区财政支出5.65亿元。1994年是实行分税制的第一年，财政收支矛盾突出，全区财政通过压缩购置费、会议费、接待费，抑制社会集团消费过快增长等措施，确保公务员工资的发放兑现。1995年，针对财政收入“蛋糕”小、赤字大、包袱重的现状，全区将财政支出重点放在“保工资、保运转、保重点”上，严控支出规模和赤字膨胀。此后财政支出“三保”的状况一直延续到2004年，其间采取不同的节支措施：1995年，地本级财政实行零基预算；1996年，永州市对社会保障资金（企业养老保险、失业保险、机关事业单位养老保险）实行收支单列；1999年，全市开展乡（镇）消赤减债工作；2000年，建立工资统发制度和政府采购制度，并将社会保障体系建设的“三条保障线”纳入支出重点；2001年，推行会计委派制度。2005年，提出把财政支出重点放在加强经济和社会发展薄弱环节上，自此，财政支出重点从“三保”逐步转向经济发展和民生民本领域，财政支出规模逐年加快增长。2015年，全市财政支出353.24亿元，是1992年的62.54倍，年均增长19.70%，高于全市同期财政收入增幅2.86个百分点。

1992—2015年，由于不同时期的财政支出重点侧重不同，导致全市各类财政支出项目增速快慢不一，其中，行政管理类支出增长43.5倍，经济建设类支出增长112.73倍，文教科学卫生事业类支出增长52.75倍，社会保障支出增长64.4倍，其他支出呈负增长状态。各类支出占财政支出的比重也不断发生变化，其中，行政管理类支出占比由21.79%下降到15.16%，经济建设类支出占比由1992年的20.52%上升到2015年的36.99%，文教科学卫生事业类支出占比由37.47%下降到31.61%，社会保障类支出占比由15.42%上升到15.88%，其他支出占比由4.80%下降到0.37%。这种支出结构的变化，体现出全市财政从“吃饭型”财政向“发展型”财政逐步转变，也反映出全市财政向社会主义公共财政框架逐步推进过渡的过程。

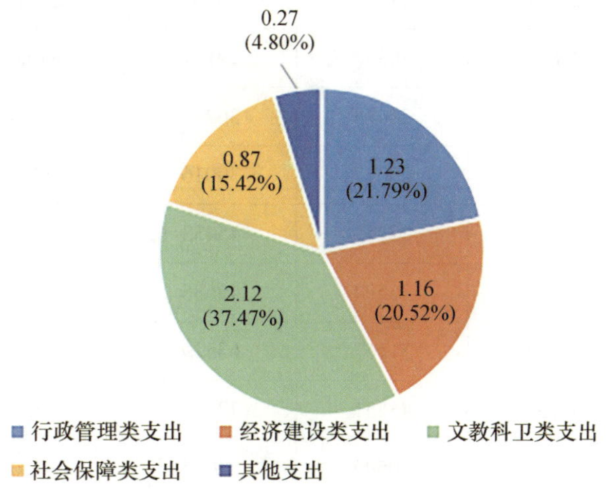

图1-3 1992年零陵地区财政支出结构图

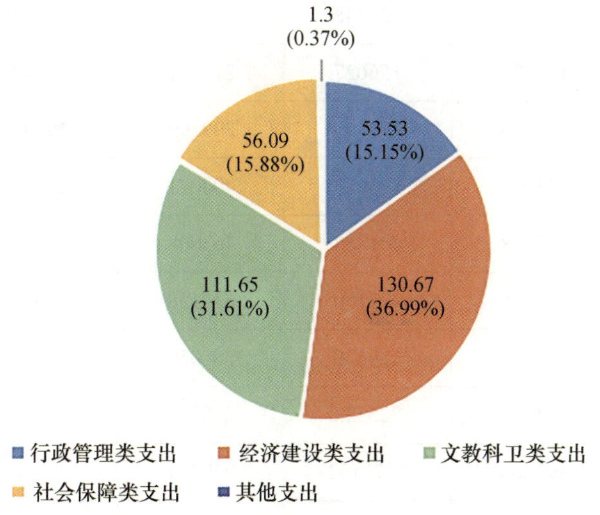

图1-4 2015年永州市财政支出结构图

1992—2015 年永州市财政一般预算支出分类统计表

表 1-2-1 单位：万元

年份	合计	行政管理类支出	经济建设类支出	文教科学卫生事业类支出	社会保障类支出	其他支出
1992	56483	12306	11591	21164	8710	2712
1993	68885	15102	15952	25545	5717	6569
1994	80774	18425	19358	32238	3968	6785
1995	93027	21761	21307	35205	3541	11213
1996	102736	25651	26337	39141	4408	7199
1997	111591	26872	26478	36279	13990	7972
1998	124376	29187	28027	39016	17757	10389
1999	138259	32982	27253	45433	23541	9050
2000	150587	36993	26594	49686	27305	10009
2001	188228	43655	31167	63529	38230	11647
2002	244139	52131	43551	77375	54858	16224
2003	273227	58282	50596	83046	59220	22083
2004	328635	69669	67332	94129	69920	27585
2005	408159	85642	84442	115990	82913	39172
2006	527875	99071	124348	138383	109359	56714
2007	730973	177931	156627	217141	143989	35285
2008	954022	208263	218390	299299	198443	29627
2009	1235476	243050	325655	404041	233276	29454
2010	1443893	290548	401888	463008	258124	30325
2011	1813956	347055	492160	634158	326517	14066
2012	2200029	410581	619430	788050	351304	30664
2013	2576339	474344	825134	828950	432492	15419
2014	3039653	497683	1078192	960204	487404	16170
2015	3532357	535346	1306665	1116464	560887	12995

1992—2015年永州市本级财政一般预算支出分类统计表

表1-2-2 **单位：万元**

年份	合计	经济建设类支出	行政管理类支出	文教科学卫生事业类	社会保障类支出	其他支出
1992	12627	1670	2009	2011	6499	438
1993	11000	2595	2258	2019	2875	1253
1994	10672	3438	2709	2557	1132	836
1995	15832	6611	3186	2936	992	2107
1996	24769	11983	5225	3690	1701	2170
1997	23994	10517	6609	3244	2234	1390
1998	28183	10360	8107	3732	3646	2338
1999	27365	8907	7776	4407	4039	2236
2000	29332	7870	9187	4690	5141	2444
2001	35651	9036	11070	5437	7730	2378
2002	39889	10603	11885	5946	9066	2389
2003	52121	13525	15259	6960	11340	5037
2004	63261	18971	17036	6760	13623	6871
2005	76364	20885	20839	8344	18534	7762
2006	98688	30832	23804	10064	24940	9048
2007	116160	21022	40021	16330	24742	14045
2008	147053	30290	47927	24323	31623	12890
2009	215316	68677	57471	36842	36695	15631
2010	233043	76257	70164	35530	35896	15196
2011	283114	95156	77214	61709	42509	6526
2012	357897	125961	82676	77265	49051	22944
2013	397858	175876	89656	68696	53286	10344
2014	440130	204271	87876	83785	53254	10944
2015	500786	238533	97548	91125	65723	7857

1992—2015 年永州市各县（区）财政支出统计表

表 1-2-3　　　　单位：万元

年份	合计	市本级	零陵区	冷水滩区	东安县	道县	宁远县	江永县	江华县	蓝山县	新田县	双牌县	祁阳县	永州市经开区	回龙圩管理区	金洞管理区
1992	56483	12627	6372	5769	3696	3767	4201	2595	4264	2847	2776	2184	5385	—	—	—
1993	68885	11000	8852	7760	4827	4538	5382	3414	5655	3600	3648	2746	7463	—	—	—
1994	80774	10672	10560	9749	6091	5432	6140	4563	6381	3680	4384	2746	10376	—	—	—
1995	93027	15832	12190	10400	6596	6138	6955	3908	7028	4600	4554	3614	11212	—	—	—
1996	102736	24769	8295	8302	6406	7257	7896	4598	7387	5372	5918	3930	11486	1120	—	—
1997	111591	23994	8055	7967	7327	8646	8876	5182	8734	6110	7621	4313	13814	952	—	—
1998	124376	28183	9570	8214	8428	10911	9814	5649	8149	6705	8302	4173	14598	1680	—	—
1999	138259	27365	10576	9692	9954	13586	10300	6968	9237	6990	9460	5609	16373	2149	—	—
2000	150587	29332	11132	10590	10947	14552	11701	7404	10740	7623	9973	5785	18353	2455	—	—
2001	188228	35651	15397	13403	14651	16691	15799	8762	13440	10027	10904	7223	23464	2816	—	—
2002	244139	39889	19190	18101	19470	22316	22503	11474	19416	13839	13540	9886	31134	2568	813	—
2003	273227	52121	22179	20945	21159	23235	25060	12137	20390	15217	14779	11281	33602	—	1122	—
2004	328635	63261	26854	26825	25687	27036	27787	13406	25155	18765	18495	13498	40576	—	1290	—
2005	408159	76364	34122	33157	32983	34373	39200	15957	29509	22866	23130	15949	48969	—	1580	—
2006	527875	98688	43051	42069	43414	44814	48678	21127	39536	28609	29302	21100	65189	—	2298	—
2007	730973	116160	59672	61566	60474	64888	70924	34008	53633	40885	43469	29325	91855	—	4114	—
2008	954022	147053	75817	82497	78486	85811	93294	44831	70827	53594	56360	38335	121856	—	5261	—
2009	1235476	215316	91380	101319	95368	106979	125804	57066	85460	68215	74176	48928	150977	—	6803	7685
2010	1443893	233043	122417	116398	110579	134593	137718	62819	103031	80090	83018	63675	177322	—	6942	12248
2011	1813956	283114	144605	144517	145702	170367	192398	81129	131955	99536	99890	74469	219066	—	9715	17493
2012	2200029	357897	177259	166757	172065	201350	223437	100909	165140	119459	128018	88196	271046	—	10770	17726
2013	2576339	397858	221775	199313	207276	237096	267078	109446	198680	146000	149698	89136	304329	11579	16358	20717
2014	3039653	440130	250416	228227	239496	281687	315619	126735	282278	165937	184318	115637	352397	18103	19330	19343
2015	3532357	500786	297229	256597	268645	320680	367520	165901	326745	202216	212278	137865	412253	20057	18175	25410

第一节　行政管理类支出

1992年，零陵地区行政管理类支出主要包括国防支出、行政管理费、公检法支出3个类级科目，其中：行政管理费类级科目下设行政支出、党派团体补助支出2个款级科目。是年，全区行政管理类财政支出1.23亿元，占全区财政一般预算支出的21.79%，其中，行政管理费支出9410万元，公检法支出2869万元。1996年，永州市行政管理类支出增加武警消防事业费类级科目。1998年，行政管理类支出调整为人大经费、政协经费、共产党机关经费、社会团体机关经费、政府机关经费5款；公检法支出类级科目下设公共安全支出、检察院支出、法院支出、司法支出、办案费用补助5款。是年，实行综合预算，将武警消防事业费调整为武装警察部队支出类级科目。1999年，公检法支出类级科目下设公安支出、国家安全支出、检察院支出、法院支出、司法支出、监狱支出、劳教支出、其他支出8款。

2006年，全市唯一一次出现外交外事支出类级科目，年支出8万元。是年，全市行政管理类支出达到9.91亿元，是1992年的8.05倍，年均增长16.07%，占全市财政一般预算支出总额的5.8%。其中，行政管理费支出6.54亿元，公检法支出3.29亿元。

1994年，地区财政局组织召开财政增收节支管理工作会

2007年，实施政府收支分类改革后，改变过去按经费性质设置支出分类科目的方式，建立起新的政府支出功能分类体系和新的支出经济分类体系。改革后，永州市行政管理类支出撤销行政管理费、公检法支出、武装警察部队支出3个类级科目，保留国防支出类级科目，设立一般公共服务、公共安全2个支出类级科目，原行政管理费、公检法支出类级科目反映的相关支出归并到一般公共服务、公共安全类级科目下有关款、项级科目反映。是年，全市行政管理类支出17.79亿元，占全市财政一般预算支出总额的24.34%。其中，一般公共服务支出12.93亿元，公共

安全支出4.79亿元。此后，全市行政管理类支出逐年增长，占财政一般预算支出的比重逐年下降。2015年，全市行政管理类支出53.53亿元，占财政一般预算支出总额的15.16%，其中，一般公共服务支出39.72亿元，公共安全支出13.79亿元。

1992—2015年永州市行政管理类支出统计表

表1-2-4 **单位：万元**

年份	合计	其中					
		行政管理费	公检法支出	武装警察部队支出	外交外事支出	一般公共服务支出	公共安全支出
1992	12306	9410	2869	—	—	—	—
1993	15102	11560	3514	—	—	—	—
1994	18425	13736	4676	—	—	—	—
1995	21761	15832	5914	—	—	—	—
1996	25651	18373	7168	86	—	—	—
1997	26872	17830	8854	188	—	—	—
1998	29187	19012	10003	170	—	—	—
1999	32982	21554	11258	150	—	—	—
2000	36993	23000	13791	202	—	—	—
2001	43655	27834	15539	282	—	—	—
2002	52131	35043	16754	248	—	—	—
2003	58282	39326	18595	309	—	—	—
2004	69669	46554	22679	357	—	—	—
2005	85642	57889	27200	500	—	—	—
2006	99071	65385	32947	673	8	—	—
2007	177931	—	—	—	—	129267	47946
2008	208263	—	—	—	—	150966	56519
2009	243050	—	—	—	—	175743	66227
2010	290548	—	—	—	—	203734	86420
2011	347055	—	—	—	—	255428	91160
2012	410581	—	—	—	—	309990	100122
2013	474344	—	—	—	—	364033	109718
2014	497683	—	—	—	—	378629	118804
2015	535346	—	—	—	—	397240	137851

1992—2015年永州市本级行政管理类支出统计表

表1-2-5 单位：万元

年份	合计	其中					
		行政管理费	公检法支出	武装警察部队支出	外交外事支出	一般公共服务支出	公共安全支出
1992	2009	1531	478	—	—	—	—
1993	2258	1645	613	—	—	—	—
1994	2709	2026	683	—	—	—	—
1995	3186	2206	980	—	—	—	—
1996	5225	3147	2008	70	—	—	—
1997	6609	3547	2921	141	—	—	—
1998	8107	4113	3860	134	—	—	—
1999	7776	3845	3797	114	—	—	—
2000	9187	4384	4656	147	—	—	—
2001	11070	5340	5536	194	—	—	—
2002	11885	6220	5489	176	—	—	—
2003	15259	6819	8268	172	—	—	—
2004	17036	8035	8780	221	—	—	—
2005	20839	10183	10420	236	—	—	—
2006	23804	11616	11920	260	8	—	—
2007	40021	—	—	—	—	22458	17463
2008	47927	—	—	—	—	27668	20259
2009	57471	—	—	—	—	33418	23933
2010	70164	—	—	—	—	37280	32833
2011	77214	—	—	—	—	43889	33074
2012	82676	—	—	—	—	46889	35318
2013	89656	—	—	—	—	51864	37351
2014	87876	—	—	—	—	49966	37870
2015	97548	—	—	—	—	53951	43452

一、行政管理费

1992 年，零陵地区行政管理费主要有行政支出、党派团体补助支出 2 个款级科目，全区行政管理费支出 9410 万元，占全区财政一般预算支出总额的 16.66%。其中，地本级支出 1531 万元，县（市）支出 7879 万元。

1998 年，永州市实施综合财政预算，将行政管理费原有款级科目调整增加为人大经费、政协经费、共产党机关经费、社会团体机关经费、政府机关经费、民主党派机关经费 6 个款级科目。是年，全市行政管理费支出 1.90 亿元，占全市财政一般预算支出总额的 15.29%。其中，市本级支出 4113 万元。此后，该项支出稳定增长，占全市财政一般预算支出总额的比重逐年下降。到 2006 年，全市行政管理费支出 6.54 亿元，是 1992 年的 6.95 倍，年均增长 14.85%，占全市财政一般预算支出的比重为 12.39%。其中，市本级支出 1.16 亿元，县（区）支出 5.38 亿元。

2007 年，实施政府收支分类改革后，撤销行政管理费各个款级科目，设立一般公共服务支出类级科目，反映政府提供一般公共服务的支出，将行政管理费各款级科目反映的相关支出归并到一般公共服务支出类级科目。

行政管理费虽然按部门性质划分成不同的款级科目，但这些经费主要用于行政单位的人员支出和公用支出。这些支出历来执行一定的开支标准，并随着经济社会的发展变化、国家相关政策调整以及结合本地实际，全市不断对支出标准进行修订、调整和完善。

（一）人员支出

人员支出是财政用于人员方面的开支。财政安排全额拨款预算单位的人员支出主要为基本工资、津贴、住房公积金、电话费补助、临时工工资、政府性绩效奖励等。

1. 基本工资。基本工资主要是国家规定的工资项目。在 2006 年实行规范公务员津贴补贴制度以前，市本级安排市直财政供养人员的基本工资包括有基本工资、省市定补贴 70.8 元、适当生活补贴、误餐费每人每月 60 元、水电补贴每人每月 18 元等项目，实行规范公务员津贴补贴制度后，基本工资中的省、市定补贴，适当生活补贴、误餐费、水电补贴等项目全部取消。

2015 年 11 月，根据国家相关政策要求，全市从 2014 年 10 月 1 日起，调整机关单位、事业单位工作人员基本工资标准，并建立定期调整基本工资标准的制度。机关单位工作人员基本工资标准调整后，公务员职务工资标准由原来的 340～4000 元分别提高到 510～5250 元，级别工资各级别起点标准由原来的 290～3020 元分别提高到 810～6135 元，其他各级别工资档次标准相应提高。机关工人的技术等级

（岗位）工资标准也相应调整。将从各类学校毕业生中录用的公务员试用期月工资标准提高为：初中毕业生1190元，高中、中等专业学校毕业生1220元，大学专科毕业生1345元，获得双学士学位的大学本科毕业生（含学制为6年以上的大学本科毕业生）、研究生班毕业和未获得硕士学位的研究生1435元，获得硕士学位的研究生1580元，获得博士学位的研究生1720元。提高新参加工作的工人学徒期、熟练期工资待遇，提高后的月工资标准为：初中毕业生1190元，高中（中专）毕业生1220元，大学专科毕业生1345元，大学本科毕业生1390元。

事业单位工作人员基本工资标准调整后，专业技术人员由原来的550~2800元分别提高到1150~3810元，管理人员由原来的550~2750元分别提高到1150~3770元，工人由原来的550~830元分别提高到1130~1640元；薪级工资标准调整后，专业技术人员、管理人员由原来的80~2600元分别提高到170~5790元，工人由原来的70~915元分别提高到150~1855元。提高直接从各类学校毕业生中录用的事业单位工作人员见习期和初期工资标准，提高后的月标准为：初中毕业生1190元，高中、中等专业学校毕业生1220元，大学专科毕业生1345元，大学本科毕业生1390元，获得双学士学位的大学本科毕业生（含学制为6年以上的大学本科毕业生）、研究生班毕业和未获得硕士学位的研究生1435元，获得硕士学位的研究生1580元，获得博士学位的研究生1720元。提高新参加工作的工人学徒期、熟练期工资待遇，提高后的月工资待遇为：初中毕业生1190元，高中（中专）毕业生1220元，大学专科毕业生1345元，大学本科毕业生1390元。中小学教师、护士的岗位工资和薪级工资标准，按调整后的基本工资标准提高10%。

2. 津贴补贴。2006年，实行规范公务员津贴补贴后，取消基本工资中的各项津贴补贴以及电话费补助等补贴项目，统一为规范性津贴补贴。2007年，市本级按人均1.6万元/年的标准发放公务员及参照公务员法管理的单位在职及离退休人员个人工作性、生活性津贴补贴。2008年，市本级津贴补贴标准提高到人均1.8万元/年，零陵区、冷水滩区按人均1.2万元/年的标准发放，各县按人均1.1万元/年的标准发放；在国家事业单位津贴补贴及绩效工资制度尚未正式出台前，市本级暂按在职、离退休人数人均5400元的标准，测算安排到全额拨款事业单位，由单位组织发放。

2009年，市本级全额拨款事业单位的在职、离退休人员的个人补贴标准提高到8000元/人·年。经省政府批准，从2010年1月起，市直机关单位第二步公务员津贴补贴提高到年人均1.96万元，津补贴垂直压缩率（正厅级与普工级津贴补贴水平之比）为2.17∶1；离休人员生活补贴水平占同职级在职人员津贴补贴水平的比例为90%，退休人员生活补贴水平占同职级人员津贴补贴水平的比例为78%，退职人员补贴水平占同职级人员津贴补贴水平的比例为57%；市本级义务教育学校和公共卫生事业单位人员绩效工资水平一并同步提高。2012年，市本级公务员及参照公务员法管理单位人员津补贴标准提高到人均2.16万元/年，未实行绩效工资制度改革的全额拨款事业单位的个人补贴标准提高到1.16万元/年。2015年，市本级公务员及参照公务员法管理单位人员统一津补贴按省政府批准的人均2.7万元/年的标准安排，实施绩效工资制度改革的全额拨款事业单位在职人员绩效工资按人均2.7万元/年标准进行测算安排。

对纪检、公安、信访、安监、法院、检察院等部门，全市根据人力资源和社会保障部、财政部等上级机关的有关文件精神，安排发放特殊岗位津贴。从2010年起，市本级财政对市直全额拨款单位纪检干部的岗位津贴由市财政按60元/人·月的标准安排到市纪委，2012年起将标准提高到220元/人·月，由市纪委按相关规定组织发放。2011年1月1日起，对各级公安、国家安全、监狱、劳动教养、法院、检察院机关中列入国家政法专项编制、且执行公务员工资制度的人民警察，在法定工作日之外加班发放补助，补助经费由市财政按4000元/人·年的标准安排到政法单位包干使用。2011年1月1日起，对市信访局（含市联席办）和市编办核定的市直各单位专门设立信访工作机构的信访工作人员发放信访岗位津贴，市信访局（含市联席办）的信访工作人员按235元/人·月的标准发放，费用在其包干经费中列支；经市编办核定的市直各单位专门设立信访工作机构的信访工作人员按130元/人·月的标准发放。2012年7月1日起，实施安全生产监管监察岗位津贴，从事煤矿、非煤山井下安全生产监管监察的人员按每人每月320元的标准发放，从事其他安全生产监管的人员按每人每月220元的标准发放。2012年10月1日起，调整艰苦边远地区津贴标准，各类区在职人员津贴标准分别调整为：一类区月人均140元，二类区月人均240元，三类区月人均390元，四类区月人均650元，五类区月人均1100元，六类区月人均1800元；离退休人员按当地同职务在职人员津贴增加额的85%增加退休费。2013年1月1日起，对法院、检察院工作人员法定工作日之外加班发放补贴，补贴标准是每加班1小时补贴10元；发放加班补贴的小时数每月不超过30小时。

3. 住房公积金。2006—2008年，市本级按全额拨款单位在职人员全年应发工资的10%测算安排住房公积金。自2009年起，市本级将全额拨款单位在职人员的住房公积金按全年应发工资的12%进行测算安排。

4. 临时人员工资。2006—2008年，市本级对市委、市人大、市政府、市政协的临时人员按实际工资、值班补贴和代缴的养老保险计算工资额，据实安排临时工工资，其他单位不安排临时人员工资。2009年，市本级在按实际人数安排市委、市人大、市政府、市政协临时人员工资的同时，对其他全额拨款行政事业单位按单位编制数的10%及人均1.5万元/年的标准安排临时人员工资及各项保险费支出，学校类单位及城市绿化第一、第二大队不安排单位临时人员工资。2012年，市本级对其他全额拨款行政事业单位按单位编制数的10%及人均1.8万元/年的标准安排临时人员工资及各项保险费支出，学校类及部分工作性质特殊单位不安排单位临时人员工资。2015年，将其他全额拨款事业单位临时人员工资安排标准提高到每人每年2.4万元。

5. 政府绩效奖励。2012年，市本级在财政预算中安排全额拨款单位第13个月奖励工资，安排标准按上年度9月各单位正式实有在职人员应发工资额（含统一津补贴或个人补贴）进行测算。2013年，市本级按人均2000元的标准预安排市直全额拨款单位在职和离退休人员政府绩效奖励工资。2014年，市本级预算继续按人均2000元的标准预安排市直单位绩效评估奖金，实际共发放5470.39万元。2015年，市本级按人均1.1万元的标准发放市直单位在职人员绩效评估奖励，共计发放1.09亿元；对离、退休人员分别按在职人员绩效评估奖励标准的90%、75%发放一次性生活补贴，人均发放7500元，共计发放3369.77万元。

（二）公用支出

市本级财政对全额拨款单位的公用经费、小车经费、会议费予以安排，公用经费根据全额拨款单位人员编制数和一定标准进行安排，超编人员不安排公务经费；小车经费按照《永州市市直机关单位小车定编方案》确定的单位定编车辆数量安排经费，每台安排2.5万元，市级领导每台安排3万元；会议费实行包干，对市委各部门和市政府组成部门，根据工作量的大小每年分别安排4万元、3万元会议费，其他单位不安排会议费。2012年，市本级财政将市委、市人大、市政府、市政协公用经费标准提高到人均1万元/年，市级领导根据实有人数按人均2万元/年标准安排；其他市直行政单位按人均0.6万元/年、市直全额拨款事业单位（学校类单位除外）按人均0.4万元/年的标准安排公用经费；小车经费提高到3万元/台·年，市级领导按实有车辆数每台安排4万元/年。2013年，市本级将市委、市人大、市政府、市政协公用经费标准提高到人均1.1万元/年，市级领导按实有人数及人均5万元/年标准安排；其他市直行政单位按人均0.7万元/年、市直全额拨款事业单位（学校类单位除外）按人均0.5万元/年的标准安排公用经费，这一标准沿用到2015年。公用支出的各项支出项目随着经济社会的发展，不断调整支出标准。

1. 差旅费。1996年7月，市财政局印发行政事业单位工作人员差旅费开支规定，明确副市长以上及相当级别人员出差可乘坐火车的软席车、轮船的二等舱、飞机的普通舱，到深圳市、珠海市、厦门市、汕头市及海南省出差住宿标准为80元，到一般地区出差住宿标准为60元，到县及县以下出差住宿标准为40元；县处级及相当职务人员、职务工资在五档（含五档）以上的高级技术人员出差可乘坐火车的硬席车、轮船的三等舱、飞机的普通舱，住宿标准根据出差目的地不同分别按70元、50元、30元执行；其他工作人员出差住宿标准根据目的地分别为60元、40元、20元。同时，出差发放市内交通费、伙食补助费，市内交通费发放标准是本市市内出差每天计发2元、市外出差每天计发3元，伙食费补助发放标准是本市市内6元〔到两区的城区出差3元、到两区的乡（镇）出差4元〕、省内12元、省外一般地区15元、特区20元。

1997年4月，市财政局对工作队下基层工作的伙食补助、乘坐火车的伙食补助等问题进行规范，明确各种工作队在县及以上单位工作的伙食补助为4元/天·人，在乡（镇）工作补助6元/天·人，在村里与农民同吃同住补助8元/天·人；对连续乘坐火车超过12小时（含12小时）的发伙食补助10元，在此基础上连续乘车时间满6小时，再加10元补助，以此类推；被借调工作人员（同城除外）第一个月按当地差旅费标准计发伙食补助，连续借调时间超过1个月的，从第2个月起伙食补助费按当地差旅费标准的一半计发。

2009年2月，市财政局对市本级差旅费标准进行调整，出差乘坐交通工具的等级标准与1996年大致相同。住宿标准提高为每人每天正副市长及相当职务人员省外300元、省会长沙市280元、省内其他市（州）260元、市内230元，正副局（处）长及相当职务人员省外260元、省会长沙市230元、省内其他市（州）200、市内160元，其他人员省外150元、省会长沙市130元、省内其他市（州）100、市内80元。同时，对出差发放伙食补助费和公杂费，伙食补助每人每天为省外40元、省会长沙市30元、省内其他市（州）25元、市内15元，公杂费每人每天为省外20元、省会长沙市15元、省内其他市（州）10元、市内5元，公杂费用于补助出差人员的市内交通费、通信等支出。为鼓励乘坐永州机场航班，对乘坐永州至长沙航班的人员，另包干补助市区到机场区间交通费50元/单程。2010年，市财政局对差旅费管理几个具体问题进一步予以明确。

2014年4月，为贯彻《党政机关厉行勤俭节约反对浪费条例》精神，市财政局印发市直单位差旅费管理办法，对差旅费标准进行重新明确。市直厅级及相当职务人员可乘坐火车软席和高铁一等座、轮船二等舱、飞机经济舱，其他人员可乘坐火车硬席和高铁二等座、轮船三等舱、飞机经济舱；对乘坐永州机场航班往返的凭机票另报销包干交通补贴100元/单程，乘坐永州高铁（动车）往返的凭车票另报销包干交通补贴40元/单程。住宿费按出差不同地点确定不同标准，省外出差的厅级、处级人员执行财政部的分地区、分级别住宿费限额标准，其余人员为165元/

天，省内其他市（州）出差的厅级人员450元/天、处级人员330元/天、其余人员165元/天，市内出差的厅级人员400元/天、处级人员300元/天、其余人员150元/天；伙食补助费按省外和省内其他市（州）出差100元/天，市内出差60元/天，到中心城区的乡（镇）出差20元/天；市内交通费按省外和省内其他市（州）出差80元/天，市内出差30元/天的标准执行。

2. 会议费。1992年，零陵地区各级财政对会议费实行定额包干、结余留用、超支不补的管理办法，对大型和综合性会议，财政部门派员参与管理，严格按标准核算，同时实行限额管理。1993年，对会议费支出采取“定人员、定标准、定时间”及“会前预算、会后审查”的方式进行控制和审查，并大力压缩会议次数，节减会议经费。

2008年5月，市委办印发市直行政单位会议费管理暂行办法，将会议分为四类，实行分类管理，其中，一类会议包括市党代会、市人代会、市政协全会和全市劳模会，会议由市委、市政府审批，会议时间控制在5天内；二类会包括市委全会和市委工作会、市人大常委会会议、市政府全会、市政协常委会会议、市纪委全会、县（区）委书记会、县（区）长会、民主党派和群众团体代表大会以及以市委、市政府名义召开的县（区）党政“一把手”参加的专题会议，市人大常委会会议、市政协常委会会议、市纪委全会按法律法规及有关规定程序审批，其他二类会议由市委办、市政府办审批，时间控制在3天内；三类会议包括市委、市政府组织召开的县（区）党委副书记、常委或政府副县（区）长参加的综合性会议，会议报市委办或市政府办审批，时间控制在2天内；四类会议指市直单位承办的县（区）分管县级领导参加的部门会议、专业性会议，会议由主管部门自行审批，并报市委、市政府备案，时间控制在2天内。所有会议实行定点接待制度，定点接待会议的单位由市财政局按照“两年一定，统一标准，综合考评，动态管理”的原则通过政府采购招标确定。会议费实行“分类分项定标，核定总额包干，单位列报支出”管理，按会议类别实行不同的费用开支标准：一类会议的住宿费为90元/人·天，伙食费70元/人·天，农民代表误工津贴15元/人·天；二类会议的住宿费为80元/人·天，伙食费60元/人·天；三类会议的住宿费为70元/人·天，伙食费50元/人·天；四类会议的住宿费为50元/人·天，伙食费50元/人·天；一、二、三类会议的会场租金、文件印刷费按定点单位政府采购价或挂牌价的50%核定。

2014年9月，为贯彻落实《党政机关厉行勤俭节约反对浪费条例》，市财政局印发市直单位会议费管理办法，建立会议费公示和年度报告制度，严格控制会议数量、会期、规模，将市直单位会议分为三类：一类会包括市党代会、市人代会、市政协全会、全市劳模会和先进工作者表彰大会，会议由市委、市政府审批，会议时间从严控制；二类会包括市委全会、市人大常委会会议、市政府全会、市政协常委会会议、市纪委全会、市委工作会、市政府工作会，各民主党派、工商联和人民团体代表大会，以市委、市政府名义召开的其他综合性会议，市人大常委会会议、市政协常委会会议、市纪委全会按法律法规及有关规定程序审批，其他二类会议由市委办、市政府办呈报审批，会期一般不得超过1天；三类会议指市直单位召开的部门会议，包括部门工作会议、专业性会议，实行年度会议计划编报和审批制度，会期不得超过半天，参会人员控制在80人左右。所有会议的工作人员控制在会议代表人数的10%以内。会议费开支实行食宿费限额控制，所有会议的住宿费限额200元/人·天，伙食费限额140元/人·天，会场租金执行会议定点饭店政府采购协议价，会议文件印刷费为0.25元/页，会议期间农民代表和城市无固定收入代表误工补助为100元/天·人。

2015年12月，市财政局制订市本级统管会议费管理办法，对市本级财政预算安排用于解决市直单位召开一、二类会议的专项资金的预算管理、分配审核及报批、监督检查等工作作出明确规定。

3. 公务接待费。2010年6月，市纪委、市财政局联合印发《关于进一步加强公务接待公车购置使用公费出国（境）管理的规定》，对“三公”经费（即公务接待、公车购置使用、公费出国出境）实行严格指标控制、从严进行审批、从严控制消费内容，并建立“三公”经费报告制度。对公务接待实行“五个严禁”：严禁用公款大吃大喝、挥霍浪费，尽量减少陪同、陪餐人员；严禁以任何名义和理由用公款进行各种高消费娱乐活动和赠送现金、有价证券、支付凭证或贵重礼品；严禁单位之间相互宴请；严禁领导干部在参加会议、学习、培训期间用公款相互宴请和以同乡会、校友会、战友会等各种联谊活动名义用公款请客送礼；严禁到本单位主要负责人配偶和直系亲属所办酒家安排接待。提高经费支出透明度，要求各单位将接待情况按季度报所在单位纪检组监察室审核备案，并在一定范围内予以公示，接受群众和社会舆论监督。从2010年起，市纪委把从严控制“三公”经费工作纳入党风廉政建设和反腐败工作目标考核内容，建立“三公”经费报告制度。

2013年12月，中共中央办公厅、国务院办公厅印发《党政机关国内公务接待管理规定》，对各级党政机关的公务接待活动进行全面规范。根据中央和湖南省有关规定要求，2014年6月，市委办印发《永州市党政机关国内公务接待管理实施细则》，确定国内公务接待坚持有利公务、务实节俭、严格标准、简化礼仪、高效透明、尊重少数民族风俗习惯的原则。公务接待实行公函制度，由公务派出单位向接待单位发出公函，告知内容、时间、形式、人数和人员身份。严格公务接待住宿标准，中央国家机关和省及其他市（州）来永州市的公务接待住宿标准是：省部级不得超过 800 元/人·天，厅级不得超过 450 元/人·天，处级及以下人员不得超过 330 元/人·天。公务接待餐费标准，按市本级会议的伙食标准 140 元/人·天执行。严控陪餐人员，接待对象在 10 人以内的陪餐人数不得超过 3 人，接待对象超过 10 人陪餐人数不得超过接待对象人数的 1/3。公务接待以本地家常菜为主，不得提供鲍鱼、燕窝、鱼翅等高档菜肴和野生保护动物制作的菜肴，不得提供香烟和高档酒水，不得使用私人会所、高档消费餐饮场所。

2014 年 2 月，市纪委、市财政局联合印发《关于填报“三公”经费统计表的通知》，要求市直单位从 2014 年起按季度报送“三公”经费支出情况，建立市本级“三公”经费季报制度，加强对“三公”经费的监管。

4. 公车购置和使用费。2001 年，全市开始实施机关事业单位机动车辆统一（定点）保险制度；2002 年，对统一（定点）保险的保险范围、保险项目和保险费率作出进一步明确，规范公车保险购买行为。2009 年，全市开始实施公务用车定点维修制度，2010 年开始实施公务用车定点加油制度。2011 年 6 月，市财政局公开招标采购确定中国人民财产保险股份有限公司永州市分公司、中国平安财产保险股份有限公司永州中心支公司、中国人寿财产保险股份有限公司永州市中心支公司、中国太平洋财产保险股份有限公司永州中心支公司、中国大地财产保险股份有限公司永州中心支公司共 5 家保险公司承保市直单位公务车辆保险，保险费用在非营业用车辆保险标准费率的基础上（不含机动车辆交通事故责任强制险）均给予 30% 的统一优惠。通过实施“三定点”制度，加强对公车维修、加油、购买保险等开支行为的规范管理。

2010 年 6 月，市纪委、市财政局重新核定各党政机关的车辆编制，严格实行“先审批，后采购”的管理制度，继续实行公务用车排量、价格“双控制”；严控车辆运行经费支出，要求全市公务车购置经费、车辆运行经费在上年的基础上实行“零增长”。是年 11 月，依据市编委“三定”方案规定和市直各单位机构规格、工作职能、人员编制数和实有领导人数确定各单位公务用车编制数，对公车配备标准实行汽车排量、购车金额的“双控”，超过任一指标均视为超标车。

2011 年 6 月，在全市范围内开展党政机关公务用车专项治理，重点治理超编制配置使用公车、超标准配置使用公车、违规换车借车、摊派款项购车、豪华装饰公车、公车私用、离退休干部固定使用功能公车等问题。

2012 年 8 月，市委办对单位公车编制数核定、公车配备标准作出规范，明确属于核定一般公务用车编制范围的单位，市直单位的在职厅级干部执行湖南省党政机关厅级干部标准，按每 5 人 4 辆核定到其工作关系所在单位；市委、市人大、市政府、市政协机关处级领导干部按每 5 人 3 辆核定；市直党政机关及其直属行政事业单位处级干部按每2人1辆核定，其他人员按人员编制数每20人1辆核定；副处级以下行政事业单位处级干部按每2人1辆核定，其他人员按人员编制数按每25人1辆核定；学校、医院按单位行政管理人员每25人1辆核定。县（区）的党政机关及直属行政事业单位处级领导干部按每5人4辆核定；县（区）处级非领导干部按每2人1辆核定；县（区）党政机关及直属行政事业单位按人员编制数每20人1辆核定，副科级行政事业单位按人员编制数每25人1辆核定。乡（镇）按类别核定公车编制数，其中，一类乡（镇）核定3辆；二、三类乡（镇）核定1至2辆。继续实行公务用车配备“双控”制度：党政机关一般公务用车配备排气量1.8升以内、价格18万元以下的轿车，一般公务用车的越野车排气量3.0升以内、价格35万元以下；一般执法执勤用车配备排气量1.6升以内、价格12万元以下的轿车，执法执勤用车的越野车排气量2.5升以内、价格25万元以下。是年9月，全市开展事业单位公务用车清查工作，为下一步出台规范和加强事业单位公务用车配备使用管理的有关制度做准备。

2013年11月，全市按照“总量减少，费用降低，规范管理”的总目标和公务用车编制核定“不突破原实有车辆数”的原则，在报经省财政厅、省公务用车问题专项治理工作领导小组办公室审批后，对市本级党政机关事业单位公务用车编制进行核定，核定市本级公务用车总编制数1225辆，其中，一般公务用车编制数721辆，执法执勤车辆编制数504辆。

2014年2月，市纪委、市监察局、市财政局联合开展公务用车问题专项整治，重点整治超编制配置使用公车、超标准配置使用公车、违反规定换车借车、摊派款项购车、公车私用等违规行为，对清理核查出的超编、超标车辆交财政统一处置，处置收益一律上缴市财政。要求从2014年1月1日起，在全市停止一般公务用车购置或更新。是年7月，中央印发《关于全面推进公务用车制度改革的指导意见》和《中央和国家机关公务用车制度改革方案》，全国公务用车制度改革全面推行。

2015年1月，针对全市有关单位开展公务用车改革试点存在的问题，市财政局、市监察局、市发改委、市审计局联合发出通知，要求实施改革的单位原则上保留1辆车用于应急和处理突发性工作，不得用于一般性事务，其他车辆封存停驶；各单位发放的公务交通补贴不得超过《关于全面推进公务用车制度改革的指导意见》规定的标准；各单位不得擅自扩大补贴范围、提高补贴标准、以公务交通补贴的名义变相发福利，公务人员不得既领取公务交通补贴又违规使用公务车。

5. 出国出境费。2010年6月，市纪委、市财政局印发《关于进一步加强公务接待公车购置使用公费出国（境）管理的规定》，从严控制公费出国出境审批，抬高因公出国（境）审批门槛，除中央、省下达的招商引资、经洽会等出国（境）

任务外，一律不准以其他考察名义出国（境）。严格执行量化标准，明确正处级每2年因公出国（境）不超过1次，分管外事、商务工作或外事、商务部门的处级干部根据工作需要安排出访；出国组团人员总数不得超过6人，出访1国不得超过6天，出访2国不得超过10天，出访3国以上不得超过12天。加强财务管理，要求预算单位将出国（境）经费全部纳入预算管理，按批准的出国（境）计划，在限额内控制使用；对出国（境）经费没有纳入预算管理，没有出具经费安排意见的一律不予批准；财务不得报销持因私护照出国（境）费用以及非公务活动和观光旅游项目开支。

2012年2月，市政府办印发《永州市人民政府有关工作制度》，明确市直单位因公出国（境）经费财政负担原则，市财政只负担市级以上领导干部因公出国出境（境外部分）经费，市直单位干部职工因公出国出境经费，一律在所在单位预算经费中统筹解决。

2013年12月，财政部、外交部印发《因公临时出国经费管理办法》，对因公临时出国经费管理作出明确规范。2014年8月，市财政局、市旅游外事侨务局联合转发《因公临时出国经费管理办法》，要求全市各级各部门严格执行。

2015年，出台《永州市实施〈党政机关厉行节约反对浪费条例〉细则》，对出国组团人数、出访国家数和出访时间作出进一步规定，明确出访团组总人数不得超过6人，每次出访不得超过3个国家和地区，在外停留时间不得超过10天，出访2国不超过8天，出访1国不超过6天。

6. 培训费。1995年4月，零陵地区财政局转发执行《关于提高党政干部培训学习期间生活补助费标准的通知》，明确凡由组织批准，带薪参加脱产学习并在学校食宿的干部学员，不论职务高低、不分省内省外（出国培训除外），学习期间的伙食补助标准为每人每天2元；脱产参加学历班和各种专业证书班的少数民族干部和地（市）以上党委、政府授予的劳动模范，学习期间的生活费按每人每天2元的标准执行，其他的一律不予补助；按规定发放的补助费用由学员单位负担。

2014年8月，市财政局、市委组织部、市人力资源和社会保障局（以下简称市人社局）联合转发《湖南省省直机关培训费管理办法》，明确市直单位的培训费执行该文件明确的综合定额标准，即在省内培训综合定额标准为400元/天·人，省外培训综合定额标准为450元/天·人。15天以内的培训按综合定额标准控制；超过15天的培训，超过天数按综合定额标准的80%控制；超过30天的培训，超过天数按综合定额标准的70%控制。培训中的讲课费税后标准是，副高级技术职称专业人员每半天最高不超过1000元，正高级技术职称专业人员每半天最高不超过2000元，院士、全国知名专家每半天一般不超过3000元。

二、一般公共服务支出

在2007年实施政府收支分类改革前，财政支出没有一般公共服务支出这一类级科目。改革后，为更加完整、全面直观地反映政府各项职能活动，设立此功能分类科目，并按照职能分类，在这个类级科目下设置32个款级科目，具体为：人大事务、政协事务、政府办公厅（室）及相关机构事务、发展与改革事务、统计信息事务、财政事务、税收事务、审计事务、海关事务、人事事务、纪检监察事务、人口与计划生育事务、商贸事务、知识产权事务、工商行政管理事务、食品和药品监督管理事务、质量技术监督与检验检疫事务、国土资源事务、海洋管理事务、测绘事务、地震事务、气象事务、民族事务、宗教事务、港澳台侨事务、档案事务、共产党事务、民主党派及工商联事务、群众团体事务、彩票事务、国债事务、其他一般公共服务支出。每个款级科目下，按照单位的职能、活动性质、行业划分、资金用途等不同，设置不同的项级科目。

一般公共服务支出科目虽然涵盖的功能比较多，但是其中各款下的项级科目设置情况基本类似，都设置行政运行项级科目反映行政事业单位和实行公务员法管理的事业单位的基本支出；设置机关服务项级科目反映为行政单位（包括参照公务员管理的事业单位）提供后勤服务的附属事业单位的支出；设置一般行政管理事务项级科目反映行政单位（包括参照公务员管理的事业单位）未单独设置项级科目的其他项目支出；其他项级科目基本是针对一些反映政府职能特点的专项工作进行设置。

2007年，永州市一般公共服务支出12.93亿元，占全市财政一般预算支出总额的17.68%。其中，市本级支出2.25亿元，县（区）支出10.68亿元。此后，全市该项支出保持一定增长，但占全市财政一般预算支出的比重逐年有所下降。2015年，全市一般公共服务支出39.72亿元，是2007年的3.07倍，年均增长15.07%，占全市财政一般预算支出总额的比重下降到11.25%。其中，市本级支出5.40亿元，县（区）支出34.32亿元。

三、公共安全支出

公共安全支出的前身主要是公检法支出。1992年，零陵地区公检法支出下设公安安全支出、检察院支出、法院支出、司法支出、办案费用补助5个款级科目，是年，全区公检法支出2869万元，占全区财政一般预算支出总额的5.08%。其中，地本级支出478万元，县（市）支出2211万元。此后，全区该项支出稳定增长，支出科目反映的内容有所调整。

1999年，公检法支出下设的款级科目调整为公安支出、国家安全支出、检察院支出、法院支出、司法支出、监狱支出、劳教支出、其他支出8款。

2007年，实施政府收支分类改革后，取消公检法支出类级科目，为全面反映政府维护社会公共安全方面的支出，设立公共安全支出类级科目，下设11个款级科目，具体为：武装警察、公安、国家安全、检察、法院、司法、监狱、劳教、国家保密、缉私警察、其他公共安全支出。是年，永州市公共安全支出4.79亿元，占全市财政一般预算支出总额的6.56%。其中，市本级支出1.75亿元，县（区）支出3.04亿元。

2008年12月，中央决定实施政法经费保障改革，永州市按照中央和省里统一部署，加大对公检法的经费保障力度。是年起，全市9个县（区）本级财政均按2.5万元/人·年的标准，新田县、江华县财政按2万元/人·年的标准，安排公安、检察、法院的公用经费，司法部门的公用经费虽然没有同时达到这一标准，但也逐年增加，在保障标准达标的最后一年（政法经费保障改革实施后3年内）达到保障标准。市财政对市本级公检法公用经费按4万元/人·年的标准予以保障，对市财政负担的零陵区、冷水滩区、金洞管理区公安机关公用经费按2.5万元/人·年的标准予以保障。

2011年2月，市财政局会同市公安交警支队制订公安交警部门经费保障机制实施方案，按照《湖南省财政厅　湖南省公安厅关于完善全省公安交警部门经费保障机制的通知》精神，建立"明确责任、分类负担、收支脱钩、全额保障、规范执法、加强管理"的经费保障新机制，比照市公安局机关公用经费标准4万元/人·年，适当考虑市交警支队运行成本较高的特殊情况，合理安排市公安交警支队公用经费预算。2014年，因国家劳教制度改革，劳教这一款级科目变更为强制隔离戒毒款级科目。

在加大公检法公用经费保障的同时，全市各级财政加大对城市公共安全体系建设投入，市本级重点支持中心城区"平安城市"建设。2009年至2012年，支持"平安城市"一期及市公安局应急指挥系统（公安110、消防119、交警122"三台合一"）建设，市财政实拨资金3832万元。2013年至2014年，支持"平安城市"二期及永州大道智能交通系统建设，市财政实拨资金1200万元，完成市公安局指挥中心大屏改造，新建高清监控点200个，对一期监控点更新改造120个，完成21个治安高清卡口设备安装，完成卡口电子警察视频监控及"创交模"指挥中心建设等项目。2015年，支持"平安城市"三期建设，重点更新改造一期监控点380个，新建高清监控点400个，市财政实拨资金2400万元。2015年2月，市委常委会议明确，从"平安城市"建设第四期起，建设经费由市城投公司和市经投公司负责筹措。

2015年，全市公共安全支出13.79亿元，是2007年的2.88倍，年均增长14.11%，占全市财政一般预算支出总额的3.90%。其中，市本级支出4.35亿元，县（区）支出9.44亿元。

第二节 经济建设类支出

1992年，零陵地区经济建设类支出包括基本建设支出、企业挖潜改造资金、简易建筑费、科技三项费用、支援农村生产支出、农林水利气象等部门事业费、工业交通等部门事业费、商业部门事业费、城镇青年就业费、其他部门事业费、支援不发达地区支出、城市维护费12个类级科目。是年，全区经济建设类支出1.16亿元，占全区财政一般预算支出总额的20.52%。其中，地本级支出1670万元，县（市）支出9921万元。此后，经济建设类的支出科目不断调整。

财政扶持项目——2012年建成的零陵区沿江大道

1994年，取消城镇青年就业费支出类级科目。1995年，增加农业综合开发支出类级科目。1998年，将商业部门事业费支出类级科目调整为流通部门事业费支出类级科目；将其他部门事业费支出类级科目调整为税务等部门的事业费支出类级科目；增加地质勘探费、海域开发建设和场地使用支出两个类级科目。1999年，取消简易建筑费支出类级科目。2002年，取消税务等部门的事业费支出类级科目。2003年，取消农业综合开发支出类级科目，增加农业支出、林业支出、水利和气象支出、债务和利息支出类级科目。2005年，增加车辆税费支出类级科目。

2007年，实施政府收支分类改革后，不再保留上述这些按支出经费性质设置的类级科目，而是按政府职能和活动重新设置支出功能分类科目。改革后，经济建设类支出包括节能环保支出、城乡社区支出、农林水支出、交通运输支出、资源勘探信息等支出、商业服务业等支出、金融监管等事务支出、粮油物质储备支出、债务还本付息支出、国土资源气象等支出、住房保障支出11个类级科目。

2015年，永州市经济建设类支出130.67亿元，是1992年的112.73倍，年均增长22.81%，占全市财政一般公共预算支出总额的36.99%。其中，市本级支出23.85亿元，县（区）支出106.82亿元。

1992—2006年永州市经济建设类支出统计表（一）

表 1-2-6　　单位：万元

年份	合计	分类支出																					
		基本建设支出	企业挖潜改造资金	简易建筑费	科技三项费用	支援农村生产支出	农林水利气象等部门的事业费	工业交通等部门的事业费	商业部门事业费	城镇青年就业费	其他部门事业费	支援不发达地区支出	农业综合开发支出	地质勘探费	流通部门事业费	税务等部门的事业费	海域开发建设和场地使用支出	农业支出	林业支出	水利和气象支出	债务利息支出	车辆税费支出	城市维护费
1992	11591	150	348	14	120	3491	2824	327	64	84	2100	241	—	—	—	—	—	—	—	—	—	—	1828
1993	15952	452	836	108	140	4572	3192	618	64	83	2423	205	—	—	—	—	—	—	—	—	—	—	3259
1994	19358	431	1689	115	191	5789	3912	636	83	—	2838	282	—	—	—	—	—	—	—	—	—	—	3392
1995	21307	2523	1737	121	437	3080	4046	650	129	—	2789	359	1165	—	—	—	—	—	—	—	—	—	4271
1996	26337	2439	2203	185	484	3550	4404	875	136	—	3458	1579	1303	—	—	—	—	—	—	—	—	—	5721
1997	26478	2639	1430	352	476	3237	4435	654	180	—	3693	1657	815	—	—	—	—	—	—	—	—	—	6910
1998	28027	3059	1196	422	563	3281	4456	749	—	—	—	2291	754	30	216	4453	167	—	—	—	—	—	6390
1999	27253	2300	591	—	574	3834	5603	891	—	—	—	2493	788	105	327	3794	67	—	—	—	—	—	5886
2000	26594	1680	590	—	545	3190	5261	725	—	—	—	3005	934	—	417	3963	—	—	—	—	—	—	6284
2001	31167	981	1542	—	602	2522	7401	907	—	—	—	3156	898	27	719	5022	—	—	—	—	—	—	7390
2002	43551	821	1870	—	763	3395	13390	1032	—	—	8719	3836	956	15	929	—	7	—	—	—	—	—	7818
2003	50596	2279	2373	—	780	—	—	1449	—	—	10201	4522	—	8	1130	—	7	8831	6449	3191	20	—	9356
2004	67332	5560	1876	—	1796	—	—	2141	—	—	11457	4672	—	40	1297	—	12	17449	6010	2885	48	—	12089
2005	84442	8354	2834	—	1726	—	—	2823	—	—	13817	4862	—	120	1603	—	16	22084	8417	3931	39	99	13717
2006	124348	17458	2052	—	2220	—	—	7087	—	—	15836	4931	—	10	1877	—	—	26651	8996	5328	106	12713	19083

2007—2015年永州市经济建设类支出统计表（二）

表 1-2-7　　单位：万元

年份	合计	分类支出												
		节能环保支出	城乡社区支出	农林水事务支出	交通运输支出	工业商业金融等事务支出	资源勘探电力信息等支出	粮油物资储备管理等事务支出	储备事务支出	国债还本付息支出	金融监管等事务支出	国土资源气象等支出	住房保障支出	国土海洋气象等资源支出
2007	156627	5741	25272	81417	30876	13321	—	—	—	—	—	—	—	—
2008	218390	13822	30968	120398	31597	21605	—	—	—	—	—	—	—	—
2009	325655	32696	33617	166803	55687	—	13284	21997	—	1501	70	—	—	—
2010	401888	30476	34813	178968	44641	26256	14197	4573	—	758	1462	14781	50963	—
2011	492160	41848	52046	206676	59568	28684	17971	5076	221	752	2811	20949	55558	—
2012	619430	53475	64149	329500	43831	29544	25732	9578	—	2155	2174	15208	44084	—
2013	825134	60080	81265	426183	57324	32498	29136	10498	—	3571	375	27766	96438	—
2014	1078192	78780	91168	500217	98367	19421	36434	10038	—	7120	312	—	199616	36719
2015	1306665	92213	107696	599711	116612	35715	51300	13558	—	10964	331	—	248885	29680

1992—2006年永州市本级经济建设类支出统计表（一）

表 1-2-8 单位：万元

年份	合计	分类支出																			
		基本建设支出	企业挖潜改造资金	简易建筑费	科技三项费用	支援农村生产支出	农林水利气象等部门的事业费	工业交通等部门的事业费	商业部门事业费	城市维护费	城镇青年就业费	其他部门事业费	支援不发达地区支出	农业综合开发支出	地质勘探费	流通部门事业费	税务等部门的事业费	海域开发建设和场地使用支出	农业支出	林业支出	水利和气象支出	车辆税费支出
1992	1670	—	16	—	22	269	644	171	64	3	35	436	10	—	—	—	—	—	—	—	—	—
1993	2595	—	395	28	19	790	698	230	64	48	33	285	5	—	—	—	—	—	—	—	—	—
1994	3438	240	287	55	51	995	856	254	83	85	—	527	5	—	—	—	—	—	—	—	—	—
1995	6611	2325	528	67	285	551	941	412	129	225	—	665	85	398	—	—	—	—	—	—	—	—
1996	11983	2319	1365	87	263	898	1138	615	136	3056	—	1167	416	523	—	—	—	—	—	—	—	—
1997	10517	2600	456	216	231	667	1016	401	173	3623	—	872	19	243	—	—	—	—	—	—	—	—
1998	10360	2960	315	203	203	824	766	430	—	3184	—	—	91	278	—	188	918	—	—	—	—	—
1999	8907	2230	346	—	166	912	828	505	—	2349	—	—	156	302	—	217	886	10	—	—	—	—
2000	7870	1342	200	—	180	790	809	333	—	2647	—	—	147	348	—	206	868	—	—	—	—	—
2001	9036	900	1026	—	195	681	1069	411	—	2987	—	—	165	347	2	236	1017	—	—	—	—	—
2002	10603	758	545	—	260	759	1705	439	—	3646	—	1677	171	387	—	249	—	7	—	—	—	—
2003	13525	2160	651	—	189	—	—	697	—	3963	—	2479	233	—	—	286	—	7	1622	704	534	—
2004	18971	4827	921	—	622	—	—	1179	—	5193	—	2588	230	—	—	349	—	12	2159	600	291	—
2005	20885	5121	1979	—	278	—	—	1300	—	5096	—	2941	299	—	—	406	—	10	2204	667	485	99
2006	30832	6640	940	—	418	—	—	3187	—	7316	—	2964	187	—	10	506	—	—	2258	680	477	5249

2007—2015 年永州市本级经济建设类支出统计表（二）

表 1-2-9　　单位：万元

年份	合计	分类支出												
		节能环保支出	城乡社区支出	农林水事务支出	交通运输支出	工业商业金融等事务支出	资源勘探电力信息等支出	粮油物资储备管理等事务支出	储备事务支出	国债还本付息支出	金融监管等事务支出	国土资源气象等支出	住房保障支出	国土海洋气象等资源支出
2007	21022	1708	8294	5897	2118	3005	—	—	—	—	—	—	—	—
2008	30290	2366	11339	7243	2660	6682	—	—	—	—	—	—	—	—
2009	68677	7781	12200	8263	33298	—	5068	2067	—	—	—	—	—	—
2010	76257	4134	13668	8741	32623	3001	5314	902	—	—	30	2665	5179	—
2011	95156	9239	26387	12937	22960	3658	8563	601	19	—	20	2522	8250	—
2012	125961	10412	29755	37042	24492	5317	10151	993	—	599	5	3254	3941	—
2013	175876	11698	29907	65700	24614	8794	10784	1032	—	760	5	9942	12640	—
2014	204271	11225	33747	79831	34032	8287	10770	1801	—	1042	—	12529	11007	—
2015	238533	12363	33445	100030	37325	8944	11165	2344	—	1495	—	—	23821	7601

一、基本建设支出

基本建设支出包括国有企业的新建扩建等基本建设投资、农田水利建设投资和行政机关、事业单位等房屋建筑物的工程费用，机器设备、生产工具等设备的购置和安装，还包括城市建设中属于基本建设的各项公用事业支出。1992年，零陵地区基本建设支出150万元，主要是江永县支出98万元，蓝山县支出52万元，地本级和其他县（市）没有这项支出。1995年，全区基本建设支出登上千万元台阶，达到2523万元。此后几年，这项支出呈波浪状增长态势，到1998年该项支出达到3059万元。自1999年起逐年下降，2002年该项支出降为821万元。自2003年起全市基本建设支出重新恢复增长，2006年该项支出突破亿元大关，达到1.75亿元，占全市财政一般预算支出总额的3.31%。其中，市本级支出6640万元，县（区）支出1.09亿元。2007年，实施政府收支分类改革后，取消基本建设支出科目，该科目反映的支出调整到相关支出功能科目。

（一）投资

1992年，零陵地区固定资产投资比1991年增加1倍。1993年，国家决定从1993年至1997年再次动用库存粮食、布、食用油和中低档日用工业品开展以工代赈，加强对中西部贫困地区的投入。是年9月，湖南省印发《湖南省第六批以工代赈实施管理办法》，决定在全省实施第六批以工代赈，将国家和省扶持的30个贫困县（市、区）纳入实施范围，同时对包括零陵地区宁远县在内的7个县尚未解决温饱的乡（镇）也给予适当照顾。1997年5月，省计划委员会、省教育委员会决定从1996年起，省里对地（市）所属中等师范学校（以下简称中师）的建设在预算内基建经费中给予一定的补助，补助范围仅限中师教学用房、学生生活用房和学生田径运动场、风雨操场。2003年，省建设厅、省发改委、省财政厅明确，对全省14个大中城市改造供水管网760公里投资5.6亿元，确保在2005年年底前完成改造。为落实供水管网改造配套资金，要求各市（州）可利用水价机制，将管网改造的投资费用计入水价，同时推进居民生活用水实行阶梯式水价，对非居民生活用水继续实行计划用水和定额管理，对超计划和超定额用水累积加价收费制度。

（二）基本建设

1992年11月，零陵地区财政局决定对全区行政事业单位的住房基金实行财政专户储存、计划管理、财政审批、银行监督的管理方式。1995年2月，地区财政局转发省财政厅《关于基本建设支出管理的暂行办法》，决定在全区比照执行。

1997年8月，市财政局制订《永州市本级城市维护建设资金管理办法》，将城建资金收入界定为城市维护建设税、国有土地使用权有偿收入等一般预算收入和城镇公用事业附加、城建部门收入、城市增容费、其他用于城市建设的收入等基金预算收入，对城建资金管理坚持“先收后用、量入为出、专款专用以及先维护、后建设”的原则，并明确城建资金申报、拨付、使用流程。

1998 年 10 月，市建设委员会、市财政局联合对市本级工程建设指挥部工程建设管理和财务收支行为进行规范。在指挥部工作人员配备管理上，根据工程项目造价来限定工作人员数，其中，工程造价在 1000 万元以内的，指挥部人员不得超过 5 人；工程造价在 1000 万~3000 万元以内的，人员不得超过 7 人；工程造价在 3000 万~5000 万元以内的，人员不得超过 10 人；工程造价在 5000 万元以上的，人员不得超过 12 人。在指挥部管理费开支上，对不同开支项目明确标准，其中，临时聘用人员按 500 元/月 · 人的标准计发；外勤补助根据实际出外勤天数按 4 元/天 · 人的标准计发，法定假日出外勤按 20 元/天 · 人的标准计发；市内交通费补贴根据实际出勤天数按 1 元/天 · 人的标准计发；通信费用只限定指挥部主要负责人每月可凭票据报销 200 元以下；业务招待费实行总额标准控制，工程造价 1500 万元以下的不超过工程造价的 5‰，工程造价在 1500 万~5000 万元以内的不超过该部分的 3‰，工程造价在 5000 万~10000 万元以内的不超过该部分的 2‰，工程造价超过 1 亿元的不得超过该部分的 1‰。

2000 年 8 月，市财政局将财政性基本建设项目的工程预算（标底）、结算、竣工财务决算等投资评审业务委托财政部门的评审机构和有资质的社会中介机构（会计师事务所、投资评审机构）进行评审。

2002 年 12 月，市财政局进一步明确市本级基本建设的竣工财务决算报批程序，对市政府或市财政局确定的重点项目及省财政或市财政拨款超过 50 万元的小型项目，其竣工财务决算经主管部门审核后报市财政局审批，或由市财政局授权主管部门审批；其他项目竣工财务决算报主管部门审批。市级中型项目基本建设项目竣工财务决算，经主管部门审核后报市财政局审批。对市级大型项目、市政府或市财政局确定的重点小型项目以及省、市财政拨款超过 50 万元的小型项目的竣工财务决算审批实行“先审核、后审批”的办法，即项目单位上报竣工财务决算前，需先由投资评审机构或经财政部门认可的中介机构对项目单位编制的项目财务决算进行审核，项目单位凭评审报告（或审计报告）按规定报批。

2005 年 8 月，市财政局对市本级行政事业单位基建程序作出规定，要求建设单位将建设项目的工程造价预算报财政部门审核后，才能进行项目招投标。

2006 年 8 月，市财政局对中心城市基础设施建设项目单位委派会计人员，加强对项目单位的资金和财务管理。

2010年12月，市财政局对《永州市本级城市维护建设资金管理办法》进行修订，重新界定城建资金的来源和使用范围，明确城建资金不得用于城市公共交通、供水、煤气、集中供热、市政工程施工、规划设计等单位的财务开支。该办法沿用至2015年。

二、企业挖潜改造资金

企业挖潜改造资金是国家预算拨款、企业上缴的基本折旧基金等用于企业挖掘生产潜力、革新技术、改进技术条件的资金。1992年，零陵地区企业挖潜改造资金支出348万元，占全区财政一般预算支出总额的0.62%。其中，地本级支出16万元，县（市）支出332万元。这些资金主要用于工业企业。

1994年，全区企业挖潜改造资金支出登上千万元台阶，达到1689万元，其中，地本级支出287万元，县（市）支出1402万元。资金重点用于支持企业技改。此后，随着财政体制改革开始向构建公共财政体制框架迈进，财政支出结构不断调整，企业改革也以改制改组为重点进行，企业挖潜改造资金主要由企业自行解决，财政只对重点项目、较大的技改项目按规定给予补助。

2008年4月，省财政厅党组书记、厅长李友志（右三）在长丰集团有限责任公司调研指导工作，永州市委书记黄天锡（右四）陪同调研

1998年6月，市财政局转发财政部、国家经贸委关于印发技术改造专项贷款项目贴息资金管理办法的通知，明确贴息资金的使用范围、申请条件和贴息标准、申报及审查和下达、使用及跟踪管理，并要求按企业隶属关系审核项目，填写项目贴息资金申请表，在每年12月25日、6月25日前将有关资料报送市财政局、市经贸委，统一汇总向上申报。

2006年，全市挖潜改造资金支出达到2052万元，是1992年的5.90倍，年均增长13.51%，占全市财政一般预算支出总额的0.39%。其中，市本级支出940万元，县（区）支出1112万元。2007年，实施政府收支分类改革，取消企业挖潜改造资金类级科目，该科目反映的支出调整到相关支出功能科目反映。

三、科技三项费用

科技三项费用是用于支持科技事业发展而设立的新产品试制费、中间试验费和重大科研项目补助费。该项费用一般按冶金、有色金属、煤炭等行业和部门归口设置款级科目。1992 年，零陵地区科技三项费用支出 120 万元，其中，地本级支出 22 万元，县（市）支出 98 万元。此后，全区科技三项费用支出总体呈不断增长趋势，对新产品的研发和制造起到促进作用。1997 年，市财政局出台《永州市科技三项费用管理暂行办法》，对科技三项费用的管理进行规范。

2002 年，为适应建立公共财政框架和 WTO 规则的要求，国家规定由国家计委、国家经贸委归口管理的科技三项费用从原来科技三项费用中分离出来，更名为产业技术研究与开发资金，专项用于支持产业技术的研究与开发；归口科技部管理的科技三项费用仍维持现行管理体制不变。是年 1 月，市科学技术局、市财政局制订《永州市科技计划项目管理暂行办法》，明确市科技计划每年突出 5~8 个重点项目，经费须占全市当年市科技三项经费的 70%左右。对市科技计划项目经费实行有偿使用，滚动发展。对科技攻关计划项目实行适当经费补助；对新产品开发、成果应用推广等技术成熟的项目以及产业化的项目均实行经费有偿使用，使用期限为 1~2 年；回收的费用用于充实科技发展资金。市本级科技三项经费主要用于市属重点项目。是年，全市科技三项费用达到 763 万元。

2006 年，全市科技三项费用支出达到 2220 万元，是 1992 年的 18.5 倍，年均增长 23.17%。其中，市本级支出 418 万元，县（区）支出 1802 万元。2007 年实行政府收支分类改革后，取消科技三项费用类级科目，设立科学技术类级科目，原科技三项费用在科学技术类下有关款、项级科目中反映。

四、支援农业支出

1992 年，支援农业支出主要有支援农村生产支出、农林水气象等部门的事业费支出、支援不发达地区支出 3 个类级科目，零陵地区支援农业支出 6556 万元，占全区财政一般预算支出总额的 11.61%。其中，地本级支出 923 万元，县（市）支出 5633 万元。此后，全区支援农业支出的相关科目不断变化调整。

1995 年，支援农业支出增加农业综合开发支出类级科目。2003 年，实施预算科目改革后，取消支援农村生产支出、农林水气象等部门的事业费支出、农业综合开发支出 3 个类级科目，将这些科目反映的支出分别归入新设的农业支出、林业支出、水利和气象支出 3 个类级科目。

2004 年 1 月，针对全国农民人均纯收入连续增长缓慢的情况，中央下发《中共中央国务院关于促进农民增加收入若干政策的意见》，成为改革开放以来中央的第6个“一号文件”，也是时隔18年中央“一号文件”再次回归农业。此后，中央每年发布的“一号文件”都聚焦“三农”。市财政局认真贯彻中央“一号文件”精神，把支持“三农”作为工作的重点之一，投入“三农”的资金总量持续增加，比例稳步提高。

2007年，实施政府收支分类改革，取消支援不发达地区、农业支出、林业支出、水利和气象支出等类级科目，将这些科目反映的支出归入到按支出功能设立的农林水事务支出类级科目，全市农林水事务支出8.14亿元。2015年，全市农林水事务支出59.97亿元，是1992年的91.48倍，年均增长21.70%。

（一）支援农村生产支出

支援农村生产支出类级科目属于财政支援农业生产性支出，是财政支援农村集体组织以及承包户、种植户、养殖户的各项生产支出。1992年，零陵地区支援农村生产支出下设小型农田水利和水土保持补助费、支援农村合作生产组织资金、农村农技推广和植保补助费、农村草场和禽畜保护补助费、农村造林和林木保护补助费、农村水产补助费、农业发展专项资金、发展粮食生产专项资金8个款级科目。为更好地支持农业生产发展，是年9月，地区财政局印发《关于财政支农周转金管理办法的规定》，明确财政支农周转金统一由财政部门农业财务管理机构安排、发放和管理；履行合同规定期限，到期回收支农周转金；实行支农周转金综合考评管理，从周转金基金增长率、回收率、周转次数3个方面进行考评，加强对支农周转金的管理。是年，全区支援农村生产支出3491万元，占全区财政一般预算支出总额的6.18%。其中，地本级支出269万元，县（市）支出3222万元。

1994年3月，地区财政局组织开展全区1992—1993年度支农周转金的安排、使用、回收及管理情况检查，并要求相关县（市）对存在的问题进行整改。全区支援农村生产支出达5789万元，是支出最多的一年，此后该项支出下降到3000万元左右。

1995年，取消支援农村生产支出类级科目下设的农业发展专项资金支出款级科目。地区财政局安排资金推进世行红壤开发项目的落地开发，推动甸尾头等16条小流域的开发整理。

1996年，财政部在各省（区）重点扶持一批上档次、上规模、高效益的龙头项目和名特优新农产品基地。市财政局通过争取，将江永县10万亩香柚基地挤进财政部扶持的农业产业化试点县，国家、省、市三级财政先后投入为期3年的支农周转金850万元。

1997年，将支援农村生产支出类级科目下的发展粮食生产专项资金款级科目调整为粮食自给工程资金款级科目。4月，市财政局、市农业局印发《关于对1997年全市国有农垦企业实行目标管理及奖励办法的通知》，建立起对国有农垦企业的考核奖励制度，调动和发挥农垦企业的积极性。

1998年，市财政局通过向上争取，芝山区的“永州异蛇”系列产品开发被财政部、湖南省财政厅列为重点扶持的农业产业化项目，投入无偿资金200万元，促进该项目的发展壮大。1999年，宁远县瘦肉型生猪基地被列为财政部和省财政厅重点扶持的农业产业化项目。2000年，东安县紫皮大蒜综合利用项目被财政部列为重点扶持项目；湖南罐头食品有限公司技改、冷水滩区渔业基地被省财政厅列为重点扶持项目；祁阳县的鲁西黄牛、芝山区的百合、道县和双牌县的反季节蔬菜、江华县的波尔羊被省财政厅列为扶持项目，共争取无偿资金300多万元，有效促进全市农业产业结构调整。

2002年9月，全市执行省财政厅转发财政部的《农业科技推广与服务专项资金管理办法》，明确专项资金支持农业新品种、新技术和新产品的区域试验、中间试验或生产性试验；国际先进农业技术的引进及其吸收、创新、推广；对农民进行实用技术、政策、法律法规培训；农业市场和信息服务；农产品质量安全检测和农业转基因生物安全管理；农业资源和环境的监测和保护；农产品、农业投入品、生态环境等农业标准的制（修）订示范和实施7个方面。专项资金支出内容主要包括试验费、检测费、仪器设备费、劳务费、差旅费、资料信息费、会议费、培训费、技术引进费9项。是年，全市支援农村生产支出3395万元，占全市财政一般预算支出总额的1.39%。其中，市本级支出759万元，县（区）支出2636万元。

2003年，实施预算科目改革，取消支援农村生产支出类级科目，将其反映的支出分别并入农业支出、林业支出、水利和气象支出等类级科目。

（二）农林水利气象等部门事业费

农林水利气象等部门事业费主要是财政拨付给国有农业、林业、水利、气象、土地管理等部门的事业费。1992年，零陵地区农林水利气象等部门事业费支出下设农垦事业费、农场事业费、农业事业费、畜牧事业费、农机事业费、林业事业费、水利事业费、水产事业费、气象事业费、乡镇企业事业费、农业资源调查和区划费、土地管理事业费、其他农业事业费13个款级科目，全区该项支出2824万元，占全区财政一般预算支出总额的5.00%。其中，地本级支出644万元，县（市）支出2180万元。此后，随着农林水利气象事业发展，该类级科目下设的款级科目不断调整。

1994年，农林水利气象等部门事业费类级科目下增设森林工业事业费款级科目。1997年，增设森林警察部队经费款级科目。1999年，增设天然林保护经费款级科目。2002年，取消警察部队经费款级科目，增设退耕还林补助费款级科目。

2002年1月，省财政厅、省林业厅印发《湖南省森林生态效益补助资金试点工作实施意见》，决定在全省开展森林生态效益补助资金试点，将集中连片的重点防护林和特种用途林划为试点范围，全省试点面积3000万亩。中央财政对重点防护林、特种用途林的管护人员费用，森林防火、森林公安和森林病虫害防治费，资源监测管理费，林区道路维护费等进行补助。补助标准为每亩每年5元，其中，管护人员费用不低于补助标准的70%，人均管护面积一般为2000~3000亩；其他3项支出合计不高于补助标准的30%。省林业厅、省财政厅批准永州市实施森林生态效益补助资金试点面积419.8万亩，其中，重点防护林342.01万亩、重点特种用途林77.79万亩。是年，全市农林水利气象等部门事业费支出1.34亿元，是1992年的4.74倍，年均增长16.84%，占全市财政一般预算支出总额的5.48%。其中，市本级支出1705万元，县（区）支出1.17亿元。

2003年，实施预算科目改革后，取消农林水利气象等部门事业费类级科目，将其反映的相关支出分别并入农业支出、林业支出、水利和气象支出等类级科目。

（三）农业综合开发支出

1989年，国家批准零陵地区、郴州地区、衡阳市立项实施湘南农业综合开发。在1995年之前，农业综合开发支出在支援农村生产支出类级科目下的农业发展专项资金款级科目中反映。1995年，取消该款级科目，单独设立农业综合开发支出类级科目，用于反映农业综合开发的相关支出，并根据项目投资的来源不同，下设中央立项开发的项目投资和地方立项开发的项目投资2个款级科目，农业综合开发资金的管理和业务工作也由各级政府的农业综合开发管理办公室负责。是年，全区农业综合开发支出1165万元，占全区财政一般预算支出总额的1.25%。其中，地本级支出398万元，县（市）支出767万元。

1996年，全市农业综合开发支出1303万元，是支出最多的一年。此后，全市该项支出下降到1000万元以下，2002年全市农业综合开发支出956万元，占全市财政一般预算支出总额的0.39%。其中，市本级支出387万元，县（区）支出569万元。

2003年，实施预算科目改革后，取消农业综合开发支出类级科目，将其相关支出归并到农业支出类级科目下的农业综合开发款级科目反映。

（四）支援不发达地区支出

支援不发达地区支出主要包括财政扶贫资金、边境建设事业补助费、少数民族地区补助费、扶贫贷款贴息支出、民族工作经费等支出。1992年，零陵地区财政支援不发达地区支出类级科目下只设有支援不发达地区发展资金1个款级科目，全区该项支出241万元，占全区财政一般预算支出总额的0.43%。其中，地本级支出10

万元，县（市）支出231万元。此后，该类级科目下的款级科目不断调整。

1998年，支援不发达地区类级科目下增设边境建设事业补助费、少族民族地区补助费2个款级科目。1999年，该类级科目下增设扶贫贷款贴息支出款级科目。2000年，该类级科目下设的款级科目调整为财政扶贫资金、边境建设事业补助费、民族工作经费3款。

2001年8月，全市贯彻执行省财政厅、省扶贫开发领导小组办公室、人民银行长沙中心支行、农业银行湖南省分行转发《扶贫贴息贷款管理实施办法》，明确扶贫贴息贷款主要用于国家扶贫开发工作重点县，支持能够带动低收入贫困人口增加收入的种养业、劳动密集型企业、农产品加工企业和市场流通企业，以及基础设施建设项目。扶贫贴息贷款的期限以1年为主，最长不超过3年。扶贫贴息贷款统一执行年利率为3%的优惠利率，贷款超过贴息期和展期、逾期的不再享受贴息政策。同时，进一步明确贴息贷款的发放对象必须是经扶贫办推荐和农业银行审批进入预选库的项目。

2003年4月，市财政局发文明确要求对财政扶贫资金实行专户专账管理，并明确财政扶贫资金的报账程序和要求。到2006年，全市支援不发达地区支出增长到4931万元，占全市财政一般预算支出总额的0.93%。其中，市本级支出187万元，县（区）支出4744万元。

2007年，实施政府收支分类改革，将支援不发达地区支出并入按支出功能设立的农林水事务支出类级科目。5月，省扶贫开发办公室发出通知，决定从是年起，将财政扶贫资金扶贫办专项部分项目试行市（州）审批，市（州）审批的财政扶贫资金扶贫办专项占全省相应存量的近60%，资金集中用于技能培训、基础设施建设、生产发展（含湘西地区开发基地建设）和农村沼气建设4大项目。省将任务和资金安排到县，实行目标管理，共安排永州市1782万元。其中，中央资金1477万元，省资金305万元。

（五）农业、林业、水利和气象支出

2003年，实施预算科目改革，取消支援农村生产支出、农林水气象等部门事业费支出、农业综合开发支出3个类级科目，将支援农村生产支出、农业综合开发支出和农林水气象等部门事业费类级科目下的农垦事业费、农场事业费、农业事业费、畜牧事业费、农机事业费合并为农业支出，下设有行业管理、自然灾害救助、农业生产资料补助、农业资源和环境保护、土地管理支出、农业综合开发、其他农业支出7个款级科目。将农林水气象等部门事业费类下的林业事业费、天然林保护经费、森林工业事业费等调整为林业支出，下设有行业管理、森林救灾、天然林保护、退耕还林、森林生态效益、森工、造林、防沙治沙、其他林业支出9个款级科目。将农林水气象等部门事业费类下的水利事业费、水产事业费、气象事业费等调整为水利和气象支出类级科目，下设有水利行业管理、防汛抗旱、水文水质水土水资源管理、水利建设、气象支出5个款级科目。

2003年3月，市财政局、市林业局决定对森林公安、林业检法机构财务收支实行“收支两条线”管理，财政预算按省政府明确的标准保障森林公安、林业检法机构人员经费、公务费、业务费、跨区域大案要案需要、装备费和基础设施经费，杜绝“以罚养警”现象。是年，全市实施农场体制改革，重点对江永县铜山岭农场、芝山区园艺场实施体制改革。是年，全市农业支出8831万元，占全市财政一般预算支出总额的3.23%。其中，市本级支出1622万元，县（区）支出7209万元。全市林业支出6449万元，占全市财政一般预算支出总额的2.36%。其中，市本级支出704万元，县（区）支出5745万元。全市水利和气象支出3191万元，占全市财政一般预算支出总额的1.17%。其中，市本级支出534万元，县（区）支出2657万元。此后，全市这3项支出逐年增长。

2004年，为调动水稻主产区农民种植水稻的积极性，国务院决定由中央财政安排水稻良种推广补贴资金，支持湖南省、湖北省、江西省、安徽省、黑龙江省、吉林省、辽宁省的水稻良种推广，补贴面积以2003年计税耕地为基础的水稻种植实际面积，补贴标准为早稻每亩补贴10元，收割后再种晚稻的每亩补贴标准另定；湖南省及湖北省、江西省、安徽省一季稻每亩补贴15元。补贴资金按照谁种粮就补贴给谁的原则，直接发放到实际种粮农民。为鼓励和支持农民使用先进的农业机械，提高农业综合生产能力，促进农民增收，中央财政设立农业机械购置补贴专项资金，补贴对象是农民个人和直接从事农业生产的农机服务组织；补贴标准按不超过机具价格的30%进行补贴，具体补贴标准由各省（区、市）制订；补贴种类是符合国家农业产业政策、农业可持续发展和环境保护的要求，且经农机鉴定机构检测合格，用于小麦、水稻、玉米、大豆4大粮食作物作业的机械，包括大中型拖拉机等农用动力机械，耕整、种植、植保、收获和秸杆还田等作业机具，粮食及农副产品的产后处理机械，秸秆、饲草加工处理及养殖机械等种类。同时，规定享受补贴购买的农机具，2年内不得擅自转卖或转让。为规范农业机械购置补贴资金管理，财政部出台《农业机械购置补贴专项资金使用管理暂行办法》。

2004年6月，市林业局、市财政局决定重新对全市重点公益林进行区划界定，主要区划范围包括5个方面：1. 湘江干流流域两岸：东安县、芝山区、冷水滩区、祁阳县。2. 潇水流域两岸及源头（为湘江一级支流）：蓝山县、江华县、道县、双牌县、芝山区。3. 都庞岭自然保护区。4. 双牌水库。5. 亚热带岩溶地区基岩裸露率在35%~70%，且集中连片30公顷以上的石漠化山地。

财政支持新农村建设。图为2015年祁阳县石洞源水库一角

2005年，中央财政设立小型农田水利工程建设补助专项资金，启动“民办公助”方式，重点支持小型水源、渠道、机电泵站等工程设施的修复、新建、续建与改造，对建设项目的材料费、设备费和施工机械作业费等给予补助，资金直接补助到实施项目的农户、农民用水户协会或其他专业合作组织和村组集体，资金管理实行县级财政报账制。省财政整合有关资金支持小型农田水利工程建设。中央和省财政根据各地农村经济发展水平不同，对不同地区实施差别比例补助，其中，对国家和省扶贫县，中央补助30%、省补助25%、市县补助5%、群众投入40%；对长株潭以外的其他地区，中央补助30%、省补助20%、市县补助5%、群众投入45%。是年，分配永州市中央小型农田水利工程建设补助资金240万元、省补助资金190万元，市县财政配套40万元。

2006年4月，市农业局、市统计局、市财政局、市审计局联合发文明确各县（区）统计上报水稻良种补贴面积具体时间，其中，双季早稻5月15日，一季稻（包括中稻和一季晚稻）7月15日，双季晚稻8月15日前统计上报，执行的补贴标准是：早稻每亩10元、中稻每亩15元、晚稻每亩7元。是年，市财政局、市农机局制订2006年农业机械购置补贴项目实施方案，按照突出重点与兼顾特色相结合的原则，确定2006年中央财政农机购置补贴项目县4个，分别为祁阳县40万元、道县50万元、宁远县30万元、江永县30万元；省级财政农机购置补贴项目县6个，分别为蓝山县20万元、江华县20万元、双牌县15万元、新田县20万元、东安县20万元、回龙圩管理区10万元；补贴资金用于补贴大中型拖拉机、耕作机械、种植机械、收获机械、粮食干燥机械、池塘清淤机6大类13个品种的机具。使用中央资金的补贴率不超过机具的30%，且单机补贴额原则上不超过3万元；一户农民或一个农机服务组织年度内享受补贴的购机数量原则上不超过一套（3台，即1台主机和与其匹配的2台作业机具）。

2006年5月，根据财政部推进支农资金整合工作要求，省财政厅决定从是年开始，在全省开展支农资金整合试点工作，坚持以县级整合为主、专项整合并举的方式，每个市（州）选择1个县（市、区）作为试点单位；省财政对整合试点成绩突出的试点县（区）在支农资金项目安排上予以适当倾斜。永州市将道县列为市财政支持的支农资金整合试点县。

2007年，冷水滩区被确定为中央财政支农资金整合试点县（区），该区10万亩柑橘产业项目获中央、省财政支持，其中，中央财政每年支持700万元、省财政每年配套资金100万元，连续扶持3年。6月，市财政局决定从是年起，对全市各县（区）农业财政工作进行考核管理，主要考核支农资金预算安排和执行、专项资金管理、基础工作等方面，考核结果作为安排专项资金和工作经费的一个因素，予以适当的奖励性分配。是年，实施政府收支分类改革后，全面取消农业支出、林业支出、水利和气象支出3个类级科目，将在这3个科目下反映的相关支出全部归并入根据支出功能设立的农林水事务支出类级科目。是年，全市农业支出2.67亿元，是2003年的3.01倍，年均增长44.39%，占全市财政一般预算支出总额的5.05%。其中，市本级支出2258万元，县（区）支出2.44亿元。全市林业支出8996万元，是2003年的1.39倍，年均增长11.60%，占全市财政一般预算支出总额的1.7%。其中，市本级支出680万元，县（区）支出8316万元。全市水利和气象支出5328万元，是2003年的1.67倍，年均增长18.64%，占全市财政一般预算支出总额的1.95%。其中，市本级支出477万元，县（区）支出4851万元。

（六）农林水事务支出

2007年，实施政府收支分类改革，取消按经费性质设立的农业支出、林业支出、水利和气象支出和支援不发达地区支出类级科目，根据支出功能设立农林水事务支出类级科目，类下设置农业、林业、水利、南水北调、扶贫、农业综合开发、其他农林水事务7款，原农业支出、林业支出、水利和气象支出、支援不发达地区支出，按功能分类归入农林水事务支出下的相关款级科目。是年，全市农林水事务支出8.14亿元，占全市财政一般预算支出总额的11.14%。其中，市本级支出5897万元，县（区）支出7.55亿元。此后，全市农林水事务支出稳步增长。是年，为调动农民养殖母猪的积极性，国家设立能繁母猪补贴资金，对饲养能繁母猪的养殖者给予补贴，补贴标准为每头能繁母猪补贴50元，湖南省补贴资金中央负担60%，省、市、县三级财政分别负担20%、10%、10%。

2008年，中央将每头能繁母猪补贴提高到100元，分级负担标准未变。全市补贴能繁母猪46.02万头，发放补贴资金4601.82万元，其中，中央财政下达补贴资金2287.08万元，省财政下达补贴资金725.71万元。2008年，中央对良种补贴部分标准进行调整，将晚稻每亩补贴标准从2007年的7元提高到15元，全市水稻良种补贴资金达7786万元，比2007年增加近3000万元。早稻种植面积280.81万亩，补贴2808.1万元。是年，全省开展农业保险试点工作，主要针对水稻生产的洪涝、干旱等自然灾害开展并推广水稻种植保险，每季每亩保险额240元，基本保费每亩12元，综合保费每亩16.8元。中央和省各负担25%，市、县不少于10%，农民负担40%。全市农业保险试点面积67.28万亩，中央和省保费补贴563.74万元，市、县配套补助112.75万元。12月，省财政厅、省水利厅联合发出通知，决定设立湖南省国家规划内重点小型病险水库除险加固项目财政专项补助资金，对已经纳入国家3年治理规划内的510座重点小型病险水库的除险加固进行补助。

2013年3月，省政府出台《关于发展特色县域经济强县的意见》，决定在5年内，省财政筹措81亿元分3轮扶持27个县（市、区）发展特色县域经济，每年重点扶持3个特色产业，每个特色产业每年扶持3个重点县，对每个重点县滚动扶持3年，省财政每年对每个重点县的资金支持不低于1亿元，3年累计支持不低于3亿元。为争取省政府扶持政策，市政府下发紧急通知，对全市第一轮特色县域经济重点县申报工作进行安排，要求各县（区）在3月底前将申报材料报市里，市里统一研究后向省里申报。5月，经过省里评审后，省政府常务会研究决定，将永州市祁阳县的农副产品加工业列入全省第一轮特色县域经济重点县扶持范围。

2015年2月，经过评审后，省政府常务会议研究决定，在全省第三轮（2015—2017年）特色县域经济重点县遴选中，江华县入围特色制造产业重点县，双牌县、宁远县联合申报入围文化旅游产业重点县。12月，市财政局印发《永州市本级农业发展资金管理办法》，对市本级预算安排的蔬菜发展资金、茶叶产业发展资金、油茶开发基金、农业产业化专项资金和农民专业合作组织扶持资金的使用管理作出规定，明确这些资金主要用于市本级及所辖区（冷水滩区、零陵区、回龙圩管理区、金洞管理区和永州市经济技术开发区）蔬菜、茶叶、油茶产业开发、以及农业产业化龙头企业、农民合作组织的扶持和市直农口职能部门的一些重要专项开支。蔬菜产业发展资金安排重点为：市、区农业行政主管部门登记造册，区人民政府审核并以文件形式公布的城区专业蔬菜基地或按规划正在建设的城区专业蔬菜（食用菌）生产基地建设；蔬菜科技成果转化；蔬菜标准园和标准化生产示范园建设；蔬菜服务体系建设等。茶叶产业发展资金安排重点为：市本级及所辖区茶叶良种繁育基地、茶树良种补贴、基础配套设施、标准茶园建设和龙头企业品牌培育、技术改造、市场开拓等。油茶产业开发基金安排重点为：市本级及所辖区规划内的产业办点示范、良种繁育、基地建设、低改垦复等实行以奖代补以及龙头加工企业的扶持。农业产业化专项资金安排重点为：市本级及所辖区市级以上农业产业化龙头企业和三星级以上休闲农庄新产品研发、技术改造、新建生产项目以及原料收购、基础建设等有关贷款贴息和以奖代补。农民专业合作组织扶持资金安排重点为：扶持组织机构健全、管理规范、服务能力强和带动效应明显的农民合作社开展信息、技术、培训、市场营销、基础设施建设等服务。资金使用由市财政部门与相关职能部门共同研究提出资金安排使用方案，报市政府审批后下达。同时，对资金使用情况纳入预算绩效评价范围，对项目不能如期竣工、支出进度缓慢、预期效益目标不能实现，市财政部门将会同市级相关农口职能部门根据评价结果对有关项目的资金予以核减或收回，并作为对下年度同类项目立项的重要参考依据。是年，全市农林水事务支出59.97亿元，占全市财政一般预算支出总额的16.98%。其中，市本级支出10.00亿元，县（区）支出49.97亿元。

五、工业交通等部门事业费

1992年，工业交通等事业费支出类级科目按冶金、有色金属等老的主管部门或行业设置款级科目，主要有勘察设计费、干部训练费、其他冶金工业事业费、中等专业学校经费、技工学校经费5个项级科目。是年，零陵地区工业交通等事业费支出327万元，占全区财政一般预算支出总额的0.58%。其中，地本级支出171万元，县（市）支出156万元。1994年，该类级科目下的其他冶金工业事业费款级科目变更为其他工业事业费。1998年，该类级科目下只保留勘察设计费、干部训练费、其他工业事业费3款。

2002年，市财政局转发省财政厅关于企业实行财务预算管理的指导意见，要求全市企业建立财务预算管理制度，企业编制财务预算按照先业务预算、资本预算、筹资预算，后财务预算的流程进行，按照上下结合、分级编制、逐级汇总的程序进行编制。要求企业财务管理部门对董事会或经理办公会审议批准的年度总预算和财务预算调整方案，应当在下达执行15日内报送主管财政机关备案。预算终了，企业财务预算执行报告应当在年度财务会计报告编妥后20日内报送主管财政机关备案。是年，制订出台《永州市国有企业产权制度改革实行办法》《永州市市直国有企业置换职工身份实行办法》，决定在全市全面推进国企改革，计划用3年时间将全市国有企业全部完成产权制度改革。是年，时代阳光、哈陵焊剂、恒伟药业、永州生化等国有企业完成改制。

2003年，市政府将冷水滩耐火材料厂、冷水滩纺织厂、观音滩煤业公司、黎家坪塑料厂、祁阳煤矿、零陵煤矿、零陵轻机厂、零陵无线电厂、零陵美术印刷厂等企业列为当年产权制度改革计划，并先后批复同意市第二工程公司、市商业城、市工商联合公司、市百货公司、市食品公司、冷水滩纺织品站、市糖酒公司、市劳保用品公司、市水利水电站建设公司、市无线电厂、市黎家坪塑料厂、市物资产业集团公司、市副食品公司、冷水滩纺织厂、香穗米业公司、市商储工贸公司、零陵粮库等企业实施改制，改制截止时间为当年12月31日。是年8月，出台《市直国有及国有控股企业破产操作与职工安置程序》，对国企破产申报、破产清算、职工安置等各阶段的工作流程作出规范。

2005年4月，出台文件对改制企业军转干部托管问题予以明确：在企业改制、破产后，该企业的军转干部，在企业改制（破产）终结审计完成前，由原企业负责管理。在改制终审完结，成立临时管理办公室后，暂由临时管理办公室负责管理和安排工作。待临时管理办公室撤销后，再由各事务办或归口管理部门进行托管。军转干部不占用临管办的指标。军转干部的工资待遇按军转干部的有关政策执行。

2006年5月，市财政局、市国资委对市直国有企业处置不良资产进行规范，明确规定市属企业申报核销的不良资产，总额在200万元以上的，先由市国资委委托专家审核委员会进行审核，并形成专家审核意见，然后按程序和权限进行审批核销：不良资产总额在500万元以下的，直接由市国资委审批；不良资产总额在500万元以上（含500万元）的由市国资委审核报市人民政府批准。是年，全市工业交通等事业费支出达7087万元，是1992年的21.67倍，年均增长24.57%，占全市财政一般预算支出总额的1.34%。其中，市本级支出3187万元，县（区）支出3900万元。

2007年，实施政府收支分类改革，取消工业交通等部门事业费类级科目，将其相关支出按行业并入工业商业金融等事务类级科目，部分支出按项并入一般公共事务、环境保护、交通运输等类级科目。2月，《湖南省中小企业信用担保机构风险补偿资金管理暂行办法》出台，省财政调度给永州市中小企业信用担保风险补偿资金1亿元。市财政局、市经委根据政策要求，加强对担保机构风险补偿资金管理。明确担保风险补偿标准。根据担保机构年日均贷款担保责任额的一定比例予以核定风险补偿金，补充担保机构风险准备金；补偿标准在当年日均贷款担保责任额的1%以内予以担保风险补偿。明确代损补偿标准。对担保机构为中小企业贷款担保发生的代偿损失给予适当补偿。当年发生代偿损失的，应先以担保机构提取的风险准备金未到期责任准备金弥补；不足弥补的部分，在年末担保责任余额5%以内按20%的比例予以一定补偿。对当年安排了代损补偿资金的，原则上不另安排担保风险补偿资金。对单个担保机构的风险补偿资金，原则上年度最高补偿额不超过200万元。扩充担保机构资本金。对政府出资设立，经济效益和社会效益显著的担保机构，适当补充其资本金，增强担保机构的资本实力和担保能力。

2008年4月，财政部发出通知，对企业新旧财务制度衔接的有关问题处理进行明确，市财政局按财政部通知要求，对全市企业实行新修订的《企业财务通则》过程中，企业补充养老保险费用列支、应付工资结余处理等问题按政策规定进行规范和处理。5月，省财政厅、省经委印发节能技术改造财政奖励资金管理办法，决定在2008年至2010年12月，省财政安排专项资金采取以奖代补方式，对企业节能技术改造项目给予支持，奖励金额按项目实际节能量与规定的标准确定，具体为对年节能量在5000吨标准煤以上、1万吨标准煤以下的节能技术改造项目按50元/吨标准煤奖励。

2009年8月，市财政局将省财政调度给永州市的1亿元专项资金，借给市中小企业信用担保有限责任公司4000万元，借款期限至2011年5月10日，用于全市境内中小企业融资担保的保证金。

2012年8月，市财政局、市国资委明确国企改革专项资金的4个来源，即财政预算资金、市级国有资产收益、市级国有改制企业的土地使用权转让收入、其他收入。专项资金实行“收支两条线”、财政专户管理。专项资金主要用于6个方面：市级国有改制企业职工安置补偿费用、市级国有改制企业按规定清理核定欠发的职工工资、市级国有企业改制职工社会保险费、市级国有改制企业依法解决金融债务所需资金、市级国有改制企业破产清算费用、市级国有企业改革中按规定的其他支出。是年10月，市财政局出台文件，对2012年10月1日至2013年12月31日期间，新购长丰猎豹汽车并在永州市内落户的购户，由各级受益财政按每台车款5%的标准（最高不超过5000元）予以补贴；新购使用猎豹汽车并在永州境内注册的租赁公司，由市财政按每台车1000元予以补贴；补贴款由猎豹汽车永州直营店先行兑付给购户。与此同时，市财政局、市建材行管办决定从2013年1月1日起，将散装水泥专项资金用于散装水泥生产技术改造和设备更新的贴息和补助、散装水泥应用技术的研发和推广、散装水泥推广应用示范项目和农村散装水泥推广应用示范建设及试点工程的补贴、发展散装水泥工作有关的其他开支。

2013年8月，市财政局、市经信委决定将市本级财政预算安排的工业发展资金中切块的中小微企业发展专项资金，用于支持成长性好、科技含量高的中小微工业及生产性服务企业扩能改造、技术升级项目贷款贴息及服务体系建设；专项资金的80%以上（含80%）直接用于支持中心城区范围内中小微工业企业。

2014年8月，市财政局、市经信委对市本级中小微企业发展专项资金使用管理进行规范，明确专项资金主要用于支持符合国家产业政策，成长性好、科技含量高、市本级税收独享或分享的中小微工业企业及生产性服务企业扩能改造和服务体系建设等。支持的重点领域是先进装备制造、电子信息、农产品深加工、生物医药、新能源新材料等产业。主要采用无偿资助、股权投资、政府购买服务等支持方式，其中，无偿资助分为贷款贴息、担保费补贴、服务项目补助、技术设备购置补助4种形式。每个项目单位每个年度只能申报一种支持方式。

2015年12月，市财政局明确市本级工业发展专项资金采取财政贴息、配套、奖补及股权投资等方式支持工业发展。支持市本级重点工业企业技术改造、产业升级、扩能增效。重点企业是指年产值在1亿元以上、缴税额在300万元以上的传统工业企业，年产值在5000万元以上、缴税额在200万元以上的战略性新兴产业企业，列入湖南省上市后备企业的市本级工业企业，落户永州市内、且市本级财政直接受益的上规模的央企、省企、国内100强、世界500强工业企业。鼓励招商引资。凡为市本级引进符合“两型”（资源节约型、环境友好型）要求、达到入园条件且固定资产投资额1亿元以上的传统工业项目或5000万元以上的战略性新兴产业项目，项目建成投产后，按实际到位资金的1%给予项目引进单位和个人一次性奖励，奖金最高为200万元。对央企、省企和世界500强、国内100强、上市公司来永州市投资并在市本级注册成立公司的，项目建成投产后，按实际到位固定资产投资额的1%一次性奖励给企业，奖金最高为200万元。支持园区工业发展，加大对永州经济技术开发区等中心城区工业园区标准厂房贷款贴息和基础设施建设投入，落实市委、市政府有关园区发展激励机制。落实优惠奖励政策，支持市委、市政府出台的支持新兴产业、本地产品、工业园区等方面的“一事一议”优惠政策。建立市本级中小企业担保公司财政引导机制。是年，市财政局明确市本级国有资本经营预算收入包括利润收入、股利股息、清算收入、产权转让收入、其他国有资本经营收入、按现行预算管理制度核定的上年结转收入，预算支出包括资本性支出、费用性支出、其他支出，并对预算管理职责、预算编制和审批、预算执行、预算调整、决算编制、监督管理及绩效评价等作出规范。明确市本级企业国有资本收益包括企业应缴利润、国有股股利股息、国有产权转让转入、企业清算收入、其他国有资本经营收入，收益直接上缴市财政，纳入市本级国有资本经营预算收入管理。

六、流通部门事业费

1992年，零陵地区商业部门事业费类级科目下设干部训练费、技工学校经费、中等专业学校经费、其他事业费4个款级科目，全区商业部门事业费支出64万元。是年，湖南省人民政府批转省体改委等单位《关于粮食价格和经营放开实施意见的通知》，明确从1992年11月1日起放开粮食销售价格。为了不使城镇居民生活受到太大影响，省财政厅、省物价局决定1993年1月起，对职工及有关人员发给粮价补贴，并将放开粮食销售价格发给职工的粮价补贴和原按城镇居民发放的猪肉价差补贴合并为统一按职工发放，补助标准由1991年的6元/月·人提高到11元/月·人，对特殊困难的纯居民户给予适当补助。粮食、猪肉补贴合并后增加的开支，各级行政事业单位由省财政负担，企业单位计入成本费用。10月，人民银行零陵地区支行、地区财政局、地区粮食局联合发出通知，明确对国家专项储备粮食和省储备粮食的调拨和销售实行统一计划，严格管理，分级落实制度。在销售上，经批准销售的国储粮销售价格由中央核定，经批准销售的省储粮销售价格由省财政厅与省粮食局核定。

1998 年，商业部门事业费类级科目更名为流通部门事业费类级科目，下设干部训练费、其他流通事业费 2 款，该项支出继续保持一定增长。

2004 年，国家全面放开粮食收购和销售市场，建立对农民的直接补贴制度。省财政厅决定将粮食风险基金使用范围调整为对种粮农民的直接补贴、省级储备粮油的利息费用补贴、政策性挂账的利息补贴。其中，明确 2004 年用于直接补贴的资金为全省粮食风险基金总规模的 40%，以后年度逐年增加，经过 3 年时间，达到现有粮食风险基金规模的一半。2005 年，市财政局按照中央、省里政策规定，以 2003 年农业税计税面积中的实际种粮面积核定补贴面积，按省财政厅确定的每亩 13 元的标准发放补贴资金，在 8 月底之前按核实后的直补面积将补贴资金一次性发放到农民手中。

2006 年，国务院实施石油价格形成机制改革，建立对部分弱势群体和公益性行业的补贴制度，包括粮食综合直补等补贴政策。根据中央和省政策要求，永州市决定实施粮食综合直补政策，补贴面积、发放方式和时间与粮食直补一致，补贴标准为每亩 14.1 元，全市发放粮食直补资金共 5147 万元。为确保粮食直补和粮食综合直补发放到位，市财政局提出“七不准”要求：不准擅自改变补贴的标准和数额，不准截留、挪用、挤占补贴资金一分一毫，不准乡（镇）和村组干部代领补贴资金，不准用补贴资金抵扣任何税费，不准乡（镇）和村组干部代保管补贴资金存折，不准拖延补贴兑付时间，不准以任何理由增加农民负担。同时，市财政局对粮食综合直补之外的其他补贴对象的补贴标准予以明确：渔民和渔业企业，以 2005 年年底申报省农业厅的渔业捕捞许可证渔船数量为依据，每艘补贴 168.16 元；国有林业企业和林场苗圃以上报省林业厅的 2005 年国有林业企业和林场苗圃油耗量为依据，按 233 元/吨的补贴标准、9.5 个月的补贴时间进行核定；城市公交以公交企业车辆台数和功率为依据，按大巴 4500 元/台、中巴 3200 元/台的补贴标准进行核定；农村客运业以农村道路客运车辆座位数为分配依据，按 60.5 元/座的标准进行核定；出租企业以实际运营的出租车台数为依据，按 356 元/台的标准进行核定。对其他补贴对象的补贴资金在 5 月底前发放到补贴对象手中。2006 年，全市流通部门事业费支出 1877 万元，是 1992 年的 29.33 倍，年均增长 27.29%，占全市财政一般预算支出总额的 0.36%。其中，市本级支出 506 万元，县（区）支出 1371 万元。

2007 年，湖南省实施生猪调出大县奖励制度，省财政厅明确奖励资金用于常年存栏生猪300头以上的规模化生猪户（场、小区）的猪舍标准化改造、良种引进、粪污的无害化处理、防疫费用以及生猪养殖大户购买公猪、母猪、仔猪和饲料等的贷款贴息。奖励标准为：常年存栏生猪300～499头的规模化养殖户（场、小区），每户可以安排奖励资金5万～10万元；常年存栏生猪500～1499头的规模化养殖户（场、小区），每户可以安排奖励资金10万～20万元；常年存栏生猪1500～2999头的规模化养殖户（场、小区），每户可以安排奖励资金20万～40万元；常年存栏生猪3000头以上的规模化养殖户（场、小区），每户可以安排奖励资金40万～60万元。是年，实施政府收支分类改革，取消流通部门事业费类级科目，其支出按照功能分解归入工业商业金融等事务类级科目下的粮油事务、商业流通事务、物资储备等款级科目。

七、环境保护支出

2001年7月，财政部、国家环保总局印发《关于加强排污费征收使用管理的通知》，要求将排污费全部纳入地方财政预算，实行“收支两条线”管理。市财政局、市环保局予以转发执行，对排污费严格实行“单位开票、银行代收、财政统管”的缴款方式，明确将排污费用于污染源治理和区域性污染防治，不得修建楼堂馆所，不得截留、挪用和私设小金库。

20世纪90年代以来，永州市各级财政大力实施“生态环保效益型经济”发展战略。左上为北控水务集团公司；右上为下河线污水处理厂；左下为巴洲岛；右下为阳明山“神仙谷”

2004 年 3 月，市财政局、市环保局明确环保机构按规定应当上缴的各项收费要及时足额上缴国库，同级财政将环保机构的人员经费、公用经费、监督经费、仪器设备购置经费以及基础设施经费等纳入预算予以保障。

2007 年，实行政府收支分类改革后，为反映政府在履行环境保护职能方面的活动，设立环境保护类级科目，并根据其支出的具体内容，下设环境保护管理事务、环境监测与检查、污染防治、自然生态保护、天然林保护、退耕还林、风沙荒漠治理、退牧还草、已垦草原退耕还草、其他环境保护支出 10 个款级科目。是年 12 月，财政部、国家发改委出台《节能技术改造财政奖励资金管理暂行办法》，明确在“十一五”期间，中央财政安排专项资金，采取“以奖代补”方式对燃煤工业锅炉（窑炉）改造、余热余压利用、节能和替代石油、电机系统节能和能量系统优化等 10 大重点节能工程给予支持和奖励，中西部地区按 250 元/吨标准煤奖励。市财政局、市经委联合进行转发执行，并积极向上申报争取奖励资金。是年，全市环境保护支出 5741 万元，占全市财政一般预算支出总额的 0.79%。其中，市本级支出 1708 万元，县（区）支出 4033 万元。此后，全市该项支出逐年快速增长，相关支出科目根据财政部的要求不断调整。

2008 年，环境保护类级科目下增设能源节约利用、污染减排、可再生能源 3 个款级科目。3 月，省财政厅要求各市（州）对电力、炼铁、炼钢、电解铝、铁合金、电石、焦炭、水泥、玻璃、造纸、酒精、味精、柠檬酸 13 个行业的淘汰落后产能企业进行申报，争取中央奖励资金。市财政局按省财政厅要求组织开展申报工作，积极向上争取奖励资金。

2009 年，环境保护类级科目下增设资源综合利用、能源管理事务 2 个款级科目。4 月，财政部印发《太阳能光电建筑应用财政补助资金管理办法》，决定中央财政从可再生能源专项资金中安排部分资金，支持太阳能光电在城乡建筑领域应用的示范推广，补助标准原则上定为 20 元/瓦，具体标准根据与建筑结合程度、光电产品技术先进程度等因素分类确定。6 月，财政部印发《中央农村环境保护专项资金管理暂行办法》，决定中央财政设立农村环境保护专项资金，采取“以奖促治”的方式支持村庄开展农村环境综合整治，对通过生态环境建设达到生态示范建设标准的村实行“以奖代补”。市财政局及时转发财政部的 2 个文件，并牵头组织开展项目申报工作，向上争取专项资金。

2010 年 4 月，市财政局、市环保局加强对全市环境保护专项资金的使用管理，规范环境保护项目管理，促进污染治理，提高环境质量。

2011 年 7 月，湖南省出台可再生能源建筑应用示范地区管理办法，决定采取财政补助等方式，支持可再生能源建设应用示范地区、示范项目建设。市财政局、市住建局联合转发，并组织开展项目申报，向省里争取补助资金。

2012 年，将环境保护类级科目调整为节能环保类级科目。2 月，省环保厅、省财政厅决定对县域生态环境质量考核工作落实到县（区），并将考核结果作为全省重点生态功能区转移支付资金增减调整依据。永州市双牌县、宁远县、蓝山县、新田县被纳入考核范围。

2015 年，取消环境保护类级科目下的资源综合利用款级科目，增设循环经济、江河湖库流域治理与保护 2 个款级科目，全市节能环保支出 9.22 亿元，是 2007 年的 16.06 倍，年均增长 41.49%。其中，市本级支出 1.24 亿元，县（区）支出 7.98 亿元。

双牌县何家洞造纸厂关停后，于 2015 年启动龙洞文化艺术产业园建设

八、交通运输

2004 年 5 月，湖南省出台《湖南省县际及县到乡（镇）公路改造资金管理暂行办法》，明确国家补助资金（包括国债拨款和国债转贷资金）的补助标准是湘西自治州县际公路每公里补助 50 万元，其他市、县到乡（镇）公路每公里补助 30 万元；省级配套资金按地区不同类别给予不同补助，作为三类地区的永州市，省级每公里平均补助 10 万元，对国家级、省级扶贫重点县省级每公里平均补助 13 万元。

市财政局转发执行该办法，要求对县际及县到乡（镇）公路改造工程资金，必须按照国债项目资金管理的要求纳入专户管理，单独建账，单独核算；国家用于县际及县到乡（镇）公路改造的中央专项基金、国债资金只能用于支付县际及县到乡（镇）公路改造工程款，不得用于偿还银行贷款和支付其他工程拖欠的工程款。

2007年，实行政府收支分类改革，为反映政府交通运输方面的支出，设立交通运输类级科目，下设公路水路运输、铁路运输、民用航空运输、其他交通运输支出4个款级科目。7月，市财政局、市交通局联合发出通知，要求从是年1月1日起，将拖摩（拖拉机、摩托车，下同）养路费收支纳入市财政基金预算管理，收入全额解缴市国库，用于公路建设、养护、技术改造、设施改善等建设性支出及公路管理、安全管理、征收业务费等非建设性支出。其中，按拖摩养路费征收计划中的73%安排公路建设与养护工程经费，按拖摩养路费征收计划的27%安排非建设性支出。12月，市财政局、市交通局决定从2007年开始对普通公路车辆通行费和交通规费的征收管理实行考核奖励，根据征收数超过考核目标的情况，按超收部分的不同比例进行奖励。其中，对县（区）征收交通规费超收的予以奖励，奖励资金作为地方政府交通建设项目配套资金，由县（区）政府统一安排。是年，全市交通运输支出3.09亿元，占全市财政一般预算支出总额的4.22%。其中，市本级支出2118万元，县（区）支出2.88亿元。此后，该类级科目下的款级科目有所调整。

2009年，在交通运输类级科目下增设石油价格改革对交通运输的补贴、邮政业支出2款。2010年，该类级科目下增加车辆购置税支出款级科目。4月，财政部、交通运输部印发《城乡道路客运成品油价格补助专项资金管理暂行办法》和《岛际和农村水路客运成品油价格补助专项资金管理暂行办法》，决定实施成品油价格补贴制度，当国家确定的成品油分品种出厂价，高于2006年成品油价格改革时的分品种成品油出厂价（汽油4400元/吨、柴油3870元/吨）时，启动补贴机制；低于上述价格时，停止补贴。补贴标准以国家确定的成品油出厂价与2006年成品油价格机制改革前油价（汽油4400元/吨、柴油3870元/吨）之间的差价为基础，全年加权平均测算确定油价补贴的标准。市财政局、市交通局对2个办法进行转发执行。

2014年，永州市启动创建国家交通管理模范城市

2015年，全市交通运输支出11.66亿元，是2007年的3.78倍。其中，市本级支出3.73亿元，县（区）支出7.93亿元。

九、住房保障支出

1992年10月，零陵地区财政局转发执行财政部《关于住房资金的财务管理试行办法》，并按照省财政厅要求，对财政用于住房方面的资金，在预算上难以与其他经费划分开的，由财政部门根据各自的财务状况自行确定划转办法；各部门、各单位自管旧住房出售收入免征能源交通重点建设基金和国家预算调节基金，免征部分在年终转入财政住房专用基金；经批准提租发补贴的单位发给职工的住房补贴，不计提福利基金、工会经费、职工教育经费、退休统筹和待业保险等各项基金。11月，地区财政局决定，对全区和省驻零陵地区行政事业单位的住房基金实行财政部门专户储存、计划管理、财政审批、银行监管的办法进行管理。实行专户储存的住房资金其所有权不变；资金仍按银行有关规定计息，利息由财政定期转入各单位住房资金账户。各单位使用住房资金时，向地区财政局报送用款计划，经财政审批后，拨给单位支出账户使用。

1994年3月，省财政厅对零陵地区、长沙市、衡阳市开展公有住房出售收入专项检查，检查发现零陵地区存在着公有住房出售收入统筹比例低，收取的统筹金未能及时上缴财政，地区房改办财务管理混乱等现象，要求零陵地区进行整改。

1999年3月，湖南省出台《湖南省住房公积金会计核算办法（试行）》，对住房公积金会计核算的会计期间划分、会计核算依据、会计记账方法、会计科目使用、会计报表编制等作出规定，市财政局进行转发执行。5月，市财政局、市房改办将市委机关大院所属单位在职职工一律纳入住房公积金补贴发放范围，补贴资金单位负担部分经审核后从市委机关事务管理局的住房资金专户中（含上缴财政部分）列支；但单位住房资金未纳入市委机关事务局统管的，一律从单位预算外资金中列支。8月，市财政局转发执行财政部《住房公积金财务管理办法》，并结合本市实际作出补充规定：（一）住房公积金增值收益分配的具体比例由各县（区）根据财政部有关规定和本地实际情况一年一定。（二）住房公积金中心归集和运作住房公积金以外的资金，在8月底前将城市住房基金部分上缴本级财政管理，并将单位售房收入和职工集资建房资金等退还单位住房基金专户管理，由指定银行凭财政部门会同房改部门批准的支出预算监督支付。住房公积金管理中心历年结余的住房发展基金和未分配收益，在9月底前上缴同级财政专户，作为管理费用或住房补贴资金来源。

2008年，全市明确享受廉租住房保障条件的最低收入家庭收入标准是：中心城区为人均月收入低于190元，其他各县为人均月收入低于175元；住房困难标准为：人均住房建筑面积10平方米以下，住房保障面积按人均住房建筑面积12平方米给予补助。全市筹集廉租住房保障资金7063万元，其中，住房公积金增值收益80万元、土地出让金净收益1050万元、市区财政预算安排1023万元、上级财政补助4910万元。是年，为全市低收入家庭和住房困难家庭实物配租1038户，投资5374万元；实行租赁补贴9625户，补贴资金1382万元。

财政支持项目——2009年招标建设的永州市长丰新村廉租房工程

2009年10月，湖南省制订2009—2011年廉租住房保障规划，提出从2009年到2011年，全省新增廉租住房28.4万套，新增租赁补贴7.1万户。在资金筹措上，要求各市（州）、县（市、区）申报争取中央补助资金，将2009年中央财政代理发行的地方政府债券重点支持廉租住房建设和棚户区改造项目，市（州）、县（市、区）财政将廉租住房保障资金纳入年度预算安排，住房公积金增值净收益全部用于廉租住房建设，保证土地出让净收益用于廉租住房保障的比例不低于10%。是年，全市确定享受廉租住房保障条件，最低收入家庭收入标准是：中心城区为人均月收入低于190元，其他各县为人均月收入低于175元；住房困难标准为：人均住房建筑面积10平方米以下，住房保障面积按人均住房建筑面积10~15平方米给予补助。全市共筹集廉租住房保障资金2.18亿元，其中，住房公积金增值收益249万元、土地出让金净收益3590万元、市区财政预算安排2028万元、上级财政补助1.59亿元。为全市低收入家庭和住房困难家庭实物配租4712户，投资2.06亿元；实行租赁补贴1.52万户，补贴资金1308万元。

2010年，为集中反映政府用于住房方面的职能支出，全市各级财政按规定将在社会保障和就业类级科目下反映的保障性住房支出等相关支出调出，设立住房保障支出类级科目，下设保障性安居工程支出、住房改革支出、城乡社区住宅3个款级科目。是年，全市住房保障支出5.10亿元，占全市财政一般预算支出总额的3.53%。其中，市本级支出5179万元，县（区）支出4.58亿元。此后，随着国家对住房保障的重视，全市该项支出快速增长，占财政一般预算支出的比重逐步提高。

2012 年 9 月，省住房和城乡建设厅（以下简称省住建厅）、省财政厅、省国资委、省总工会印发《2012 年湖南省“双联”和困难职工帮扶工作“困难职工和进城务工人员保障性住房项目”实施方案》，要求将符合条件的困难职工和进城务工人员分别纳入廉租住房、经济适用住房、公共租赁住房或货币补贴等租房保障范畴，解决其住房困难；推动城市和国有工矿集中棚户区改造，改善困难职工住房条件。加大公共财政投入，将土地出让收入提取办法从国家规定的不得低于土地出让净收益 10%调整为不得低于土地出让总价款的 5%；对各类保障性住房、棚户区改造项目，免征各种行政事业性收费和政府性基金，经营性服务收费按低限减半征收；加大补助力度，将廉租住房由 2011 年省级补助 100 元/平方米提高到 150 元/平方米，公共租赁住房由 50 元/平方米提高到 100 元/平方米。永州市按政策要求加大对住房保障的财政投入。

2015 年 6 月，市财政局、市房产局明确将国家开发银行股份有限公司湖南省分行为永州市实施棚户区改造所发放的贷款资金，专项用于市本级及所属区纳入国家 2013—2017 年棚户区改造规划的棚户区改造项目，包括改造地块的征地、房屋征收（拆迁）、土地平整等配套设施建设以及安置支出。将贷款资金纳入地方政府性债务管理，执行地方政府性债务管理的统一政策。10 月，市财政从土地出让收入中按土地出让总价款 5%比例提取保障性安居工程建设资金，用于公共租赁住房项目和城市棚户区改造工程。资金安排标准为：公共租赁住房项目按财政投资评审审定造价总额剔除上级财政安排的资金后，对缺口资金予以补助；城市棚户区改造工程按财政投资评审审定造价总额的 20%予以奖补。是年，全市住房保障支出 24.89 亿元，是 2010 年的 4.88 倍，年均增长 37.32%，占全市财政一般预算支出总额的 7.05%。其中，市本级支出 2.38 亿元，县（区）支出 22.51 亿元。

十、国土资源气象等事务支出

1992 年 7 月，零陵地区财政局发出通知，要求各县（市）进一步加强国有土地使用权有偿出让收入管理，决定从是年 1 月 1 日起，由各县（市）国土管理部门向同级财政部门报送国有土地使用权有偿出让收入季度报表；在季度终了后的 5 日内，各县（市）财政部门将本县（市）国有土地使用权有偿出让收入季度报表报地区财政局。地区财政局汇总后上报省财政厅。

1993 年 1 月，省财政厅向各地（州、市）财政局转发财政部《关于国有土地使用权有偿使用收入征收管理的暂行办法》和《关于国有土地使用权有偿使用收入若干财政问题的暂行规定》，明确要求凡未经省政府或省财政厅授权而自行决定收取土地收益金（或土地增值费）的有关规定一律停止执行，已征收的全额上缴当地财政；不准任何部门对国有土地使用权有偿使用收入征收任何费用；土地出让金、土地收益金（或土地增值费）纳入国家预算管理；从 1992 年起 3 年内，省、地（州）财政暂不参与国有土地使用权有偿使用收入分成。地区财政局严格按文件要求加强对国有土地使用有偿收入的管理。

1997 年 8 月，省地质矿产厅、省财政厅、中国人民银行湖南省分行作出决定，从 1997 年 7 月 3 日起，将矿产资源补偿费的征收入库改为按 50%：50%的比例就地缴入中央金库和省金库；留存省级财政的收入部分，由省财政厅会同省地质矿产厅根据省现行规定比例，原则上按季逐级通过预算支出指标形式返还。1998 年 2 月，市财政局、市地质矿产局对全市矿产资源补偿费征收管理权限进行调整：市属及市属以上国有矿山的矿产资源补偿费由市地质矿产局负责征收。矿区范围跨县级行政区域的矿山企业矿产资源补偿费仍由市地质矿产局负责征收。县属及其以下的企业（不含跨县级行政区域的矿山）的矿产资源补偿费由县地质矿产局负责征收。各级征收机关必须使用财政部门监制的《矿产资源补偿费征收专用收据》和《矿产资源补偿费专用缴款书》，凡使用其他票据均作违反财政法规及票据管理法规处理。是年 5 月，省财政厅明确将矿产资源补偿费纳入国家预算，实行专项管理，不收取行政性收费年检费。

1999 年 11 月，省财政厅、省国土测绘管理局对国有土地收益金征收管理和划缴进行规范，明确规定对协议出让国有土地使用权，应缴纳金库的土地纯收益不得低于基准地价的 25%；土地租金、土地收益金等以年为单位收取的土地有偿使用费不得低于基准地价的 2%，并视经济发展水平定期调整。新增建设用地土地有偿使用费作为基金预算收入，上缴中央 30%，上缴省 70%；现有建设用地土地有偿使用费仍按老办法作为一般预算收入，缴入各级金库。缴入省级金库的新增建设用地土地有偿使用费的 30%留省财政，70%通过财政预算下拨有关市（州）财政。

2000 年 2 月，湖南省出台《湖南省国有土地有偿使用费收缴使用管理办法（以下简称《办法》），对国有土地有偿使用费管理进行规范。市财政局、市国土资源局转发执行，并根据永州市实际情况，对《办法》的第九条、第十三条作出具体规定：在县（区）的市属国有企业改组、改制涉及划拨土地使用权处理置应缴纳的国有土地使用费，由市国土资源局代征，缴入市财政。县（区）缴入省级金库的新增建设用地有偿使用费，省财政留 30%后，市财政分成 30%，县（区）财政分成 40%；县（区）分成部分通过市财政预算下拨。是年 12 月，市财政局会同市国土资源局对全市矿产资源补偿费征收管理进行规范，明确矿产资源补偿费的征收主体是地矿部门和财政部门，地矿部门负责具体征收工作，财政部门予以协助和监督；不准任何部门和单位自行制订补偿费的减免政策。从是年起实行“三挂钩”制度：将省下达的补偿费征收入库任务的完成情况与征管部门的领导考核、评先、任用意见挂钩，年度进行考评，按奖罚办法和责任书予以奖励或处罚，并将工作业绩、奖罚情况向当地人民政府进行通报；与地质勘查、地质灾害防治项目的立项和补助挂钩，对完成任务好的地区予以优先支持；与征管部门的经费补助和奖励挂钩，完成任务好的，加大补助和奖励的额度，对没有完成的，不给予经费补助。

2003年11月，市财政局、市国土资源局要求各县（区）对1999—2002年上半年矿产资源补偿费的征收、使用和管理中存在的问题进行整改，对江永县银铅锌矿、观音滩煤业有限公司欠缴的26.05万元矿产资源补偿费，要求矿山企业在年内进行清缴；对全市各级征管机构和财政部门挪用的239.2万元补偿费，要求在11月底前补缴中央金库，逾期不补缴的，在年终结算予以抵扣。

2007年9月，市财政局、市国土资源局对土地开发整理项目资金管理进行规范，明确项目资金包括市本级集中使用的新增建设用地有偿使用费、耕地开垦费、土地出让金用于农业土地开发部分、土地复垦费以及其他用于土地开发整理的财政性资金。项目资金管理遵循分类管理、相对均衡，分级管理、分级负责，专户管理、专账核算，专款专用、追踪问效的原则，市财政局负责资金拨付、管理和监督，市国土资源局负责组织具体项目的实施、管理及部分资金的拨付。项目资金用于土地开发整理项目的组织、实施、管理发生的各项支出，以及国土资源信息与监督系统建设支出（按项目资金总额的8%提取）、相关业务支出（按项目资金总额的6%提取）。

2010年，为反映政府用于国土资源、海洋、测绘、地震、气象等公益服务事业方面的支出，将在一般公共服务类级科目下反映的相关支出调出，设立国土资源气象等事务类级科目，下设国土资源事务、海洋管理事务、测绘事务、地震事务、气象事务5个款级科目。是年6月，财政部、国土资源部、中国人民银行联合发出通知，要求加强土地成交价款管理，规范资金缴库行为。市财政局、市国土资源局、中国人民银行永州市中心支行联合转发这一文件，明确将用地申请人已缴纳的耕地占用税，开展土地出让已缴纳的政府性基金和行政事业性收费，以及为出让土地而向中介机构支付的各种经营服务型成本费用，一律计入土地出让底价，不得在土地成交价款外单独收取。明确由农用地转用审批文件所标明的建设用地人缴纳的耕地占用税不列入土地成交价款，由土地受让人承担的政府性基金和行政事业性收费一律在土地成交价款之外单列收入，土地受让人向中介机构支付的经营服务性费用不得与土地成交价款一并收取。是年，全市国土资源气象等事务支出1.48亿元，占全市财政一般预算支出总额的1.02%。其中，市本级支出2665万元，县（区）支出 1.21 亿元。此后，该类级科目下的款、项科目有所调整，支出规模不断增长。

2011 年 9 月，市财政局、市水利局对土出让收入计提农田水利建设资金作出规定，明确从是年 1 月 1 日起，市本级及各县（区）统一按照当年实际缴入国库的招标、拍卖、挂牌和协议出让国有土地使用权取得的土地出让收入，扣除当年从国库中实际支付的征地和拆迁补偿支出、土地开发支出、计提农业土地开发资金支出、补助被征地农民社会保障支出、保持被征地农民原有生活水平补贴支出、支付破产或改制企业职工安置费支出、支付土地出让业务费、缴纳新增建设用地土地有偿使用费等相关支出项目后，作为计提农田水利建设资金的土地出让收益口径，严格按照 10%的比例计提农田水利建设资金，专项用于农田水利设施建设。按省里政策要求从是年 9 月 1 日起，将计提的农田水利建设资金统筹 20%到省财政。10 月，市财政局、市国土资源局对土地整理复垦开发项目资金使用管理作出规范，明确该项目资金包括市本级集中使用的新增建设用地有偿使用费、耕地开垦费、土地出让金用于农业土地开发部分以及其他用于土地整理复垦开发项目的资金，项目资金专项用于基本农田建设支出、土地整理复垦支出和耕地开发支出。项目资金管理遵循分级安排与统筹使用相结合，资金相对均衡、专项调度、专账核算、追踪问效的原则。项目资金支出范围包括前期工作经费、工程施工费、设备购置及拆迁补偿费、竣工验收费、业主单位管理费、乡村工作经费补助和不可预见费。

2012 年，国土资源气象等事务类级科目下增设其他国土资源气象等事务支出款级科目。2014 年，该类级科目调整为国土海洋气象等支出类级科目，下设 6 个款级科目。2015 年，全市国土海洋气象等支出 2.97 亿元，是 2010 年的 2.01 倍，年均增长 14.96%，占全市财政一般预算支出总额的 0.84%。其中，市本级支出 7601 万元，县（区）支出 2.21 亿元。

第三节 文教科卫类支出

1992 年，零陵地区文教科卫类支出主要包括文教卫生事业费、科学事业费 2 个类级科目，全区文教科卫类支出 2.12 亿元，占全区财政一般预算支出总额的 37.47%。其中，地本级支出 2011 万元，县（市）支出 1.92 亿元。此后，该类支出的科目不断调整，支出规模快速增长。

1996 年，将文教卫生事业费类级科目拆分为文教事业费、卫生经费 2 个类级科目。1998 年，将文教事业费类级科目拆分为教育事业费、文体广播事业费 2 个类级科目。2003 年，政府预算收支科目再次调整，将教育事业费类级科目改为教育支出类级科目，科学事业费类级科目改为科学支出类级科目，卫生经费类级科目改为医疗卫生支出类级科目。至此，文教科卫类支出包含有教育支出、科学支出、医疗卫生支出和文体广播事业费 4 个类级科目。

2007 年，实施政府收支分类改革，不再保留过去按经费性质设置的支出科目，按政府职能和活动重新设置支出功能分类科目。改革后，文教科卫类支出包括教育、科学技术、医疗卫生、文化体育与传媒 4 个类级科目，全市文教科卫类支出快速增长。到 2015 年，全市文教科卫类支出 111.65 亿元，占全市财政一般预算支出总额的 31.61%，是 1992 年的 52.75 倍，年均增长 18.82%。其中，市本级支出 9.11 亿元，县（区）支出 102.54 亿元。

1992—2015 年永州市文教科卫类支出统计表

表 1-2-10 单位：万元

年份	合计	文教卫生事业费	教育事业费	教育支出	科学事业费	科学支出	科学技术支出	卫生经费	医疗卫生支出	文体广播事业费	文化体育与传媒支出
1992	21164	20953	—	—	211	—	—	—	—	—	—
1993	25545	25334	—	—	211	—	—	—	—	—	—
1994	32238	31961	—	—	277	—	—	—	—	—	—
1995	35205	34836	—	—	369	—	—	—	—	—	—
1996	39141	32477	—	—	433	—	—	6231	—	—	—
1997	36279	29887	—	—	321	—	—	6071	—	—	—
1998	39016	—	28260	—	325	—	—	6443	—	3988	—
1999	45433	—	33459	—	371	—	—	7145	—	4458	—
2000	49686	—	37460	—	388	—	—	7294	—	4544	—
2001	63529	—	49533	—	441	—	—	8299	—	5256	—
2002	77375	—	61208	—	534	—	—	7886	—	7747	—
2003	83046	—	—	63632	—	577	—	—	10113	8724	—
2004	94129	—	—	72061	—	791	—	—	11304	9973	—
2005	115990	—	—	88577	—	972	—	—	14586	11855	—
2006	138383	—	—	103457	—	1176	—	—	19367	14383	—

续表1-2-10

年份	合计	文教卫生事业费	教育事业费	教育支出	科学事业费	科学支出	科学技术支出	卫生经费	医疗卫生支出	文体广播事业费	文化体育与传媒支出
2007	217141	—	—	163043	—	—	4561	—	41504	—	8033
2008	299299	—	—	221578	—	—	5748	—	61980	—	9993
2009	404041	—	—	266338	—	—	6906	—	114582	—	16215
2010	463008	—	—	300649	—	—	8479	—	137393	—	16487
2011	634158	—	—	400399	—	—	10691	—	203597	—	19471
2012	788050	—	—	516610	—	—	10922	—	234916	—	25602
2013	828950	—	—	516685	—	—	15492	—	268352	—	28421
2014	960204	—	—	556312	—	—	17186	—	339638	—	47068
2015	1116464	—	—	623193	—	—	21665	—	398998	—	72608

1992—2015 年永州市本级文教科卫类支出统计表

表 1-2-11 **单位：万元**

年份	合计	文教卫生事业费	教育事业费	教育支出	科学事业费	科学支出	科学技术支出	卫生经费	医疗卫生支出	文体广播事业费	文化体育与传媒支出
1992	2011	1875	—	—	136	—	—	—	—	—	—
1993	2019	1890	—	—	129	—	—	—	—	—	—
1994	2557	2369	—	—	188	—	—	—	—	—	—
1995	2936	2663	—	—	273	—	—	—	—	—	—
1996	3690	1969	—	—	323	—	—	1398	—	—	—
1997	3244	1732	—	—	198	—	—	1314	—	—	—
1998	3732	—	1034	—	205	—	—	1481	—	1012	—
1999	4407	—	1491	—	231	—	—	1635	—	1050	—
2000	4690	—	1770	—	257	—	—	1521	—	1142	—
2001	5437	—	2093	—	291	—	—	1837	—	1216	—
2002	5946	—	2378	—	336	—	—	1592	—	1640	—

续表1-2-11

年份	合计	文教卫生事业费	教育事业费	教育支出	科学事业费	科学支出	科学技术支出	卫生经费	医疗卫生支出	文体广播事业费	文化体育与传媒支出
2003	6960	—	—	2709	—	356	—	—	1978	1917	—
2004	6760	—	—	2513	—	518	—	—	1886	1843	—
2005	8344	—	—	3064	—	600	—	—	2796	1884	—
2006	10064	—	—	3795	—	697	—	—	2938	2634	—
2007	16330	—	—	8079	—	—	1219	—	4354	—	2678
2008	24323	—	—	12978	—	—	1622	—	7551	—	2172
2009	36842	—	—	15293	—	—	1649	—	16921	—	2979
2010	35530	—	—	16498	—	—	2165	—	13443	—	3424
2011	61709	—	—	41836	—	—	2553	—	13745	—	3575
2012	77265	—	—	53195	—	—	3241	—	14162	—	6667
2013	68696	—	—	40786	—	—	5622	—	18615	—	3673
2014	83785	—	—	44951	—	—	5833	—	27826	—	5175
2015	91125	—	—	46418	—	—	6794	—	29782	—	8131

一、教育支出

1992年前，教育事业费支出属于文教卫生事业费类级科目下的款级科目，包含有高等学校经费、留学生经费、中等专业学校经费、职业教育经费、中学经费、小学经费、幼儿教育经费、成人高等教育经费、普通业余教育经费、教师进修及干部培训经费、民办教师补助费、特殊教育经费、广播电视教育经费、其他教育事业费14个支出项目。是年，零陵地区教育事业费支出1.48亿元，占全区财政一般预算支出总额的26.16%。其中，地本级支出496万元，县（市）支出1.43亿元。此后，该类支出科目不断调整。

1996年，将文教卫生事业费类级科目拆分成文教事业费、卫生经费2个类级科目。1998年，将教育相关支出从文教事业费类级科目调出，单独设立教育事业费类级科目，下设的款级科目仍为14个。

1999年，永州市开展规范中小学收费工作，严禁部门搭车收费行为，严禁学校及教师擅自确定项目、提高标准或扩大范围收费。2000年，根据湖南省调整义务教育阶段教师队伍和学校布局的安排，市财政局会同市教委按照“相对集中，扩大规模，方便入学，改善条件，提高效益”的要求，开展县（区）农村中小学教育布局调整规划。

2001年，国家实施中小学危房改造工程，中央财政对中西部地区的中小学危房改造工程提供适当补助，省级财政安排必要的配套资金，其中，纳入西部开发的12个省（自治区、直辖市）按与中央专款1∶0.5的比例安排配套资金，其他省份按与中央专款不低于1∶1的比例安排配套资金。

2002年11月，省财政厅分类核定全省农村中小学公用经费定额标准，永州市各县（区）农村中小学公用经费定额标准被确定为第一类标准，其中，芝山区和冷水滩区的中学、小学公用经费标准分别为每生每年200元、155元，祁阳县、东安县、道县、江永县、蓝山县的中学、小学公用经费标准分别为每生每年190元、150元，双牌县、宁远县、新田县、江华县的中学、小学公用经费标准分别为每生每年185元、145元，凤凰园经济开发区、回龙圩管理区分别参照冷水滩区、江永县的定额标准执行。12月，市财政局、市教育局、市农村税费改革领导小组办公室发出通知，要求各县（区）对农村税费改革转移支付资金用于农村中小学的应按高于60%的比例安排，其中，用于农村中小学危房改造的资金不低于10%；农村税费改革转移支付教育资金必须全额用于确保农村中小学教职工工资、危房改造和学校公用经费，不得用于顶抵财政预算安排给教育的其他任何资金。

2003年，政府预算收支科目进行调整，教育事业费类级科目改为教育支出类级科目，根据教育的不同类型分设普通教育、职业教育、成人教育、广播电视教育、留学教育、特殊教育、教师进修及干部教育、其他8个款级科目。是年，根据省政府的政策要求，新田县、江华县2个国家扶贫开发工作重点县农村义务教育阶段试行“一费制”，标准为农村小学每生每期96元，农村初中每生每期156元，在开学时由学校一次性向学生收取；另外计算机维护费、技术费、搭餐费和借读费由学生及其家长自愿选择，此外不得向学生收取任何费用。考虑到国贫县财力紧张的实际情况，对试行“一费制”后农村中小学公用经费的缺口，采取由省、市、县三级负担的办法，其中，省财政负担50%、市财政负担20%，其余部分由县财政安排。

2005年3月，全市对农村义务教育阶段贫困家庭学生“两免一补”（免课本费、免杂费、补助寄宿生生活费）按新的标准和范围实施。具体标准为：免费教科书，小学每生每期35元，初中每生每期70元，特教每生每期35元。免杂费，小学每生每期70元，初中每生每期90元，特教每生每期70元。国贫县按实际标准免除贫困家庭学生杂费。寄宿生生活费补助标准由地方根据当地实际情况确定，但每生每年不少于 50 元，到 2007 年要逐步提高到每生每年不少于 200 元。免费提供教科书专项资金由中央财政承担，国贫县和省贫县免杂费专项资金由省财政承担，国贫县、省贫县根据财力情况对贫困寄宿生给予适当生活补助。

2007 年，实施政府收支分类改革，将教育支出类级科目变更为教育类级科目，用于反映政府教育事务支出，其下设的款级科目在原科目的基础上，增加教育管理事务、教育附加及基金支出 2 款。改革后，教育类级科目涵盖的支出范围除原教育事业费之外，还包括原来专项支出中的各项教育附加支出以及原行政管理费、基本建设支出等安排的用于教育方面的支出，原城市维护费中用于中小学维修的补助费也列入教育。是年，从春季学期开学开始，全市全面实施农村义务教育阶段学生免收学杂费，补助资金地方承担部分由省、市、县按比例分担，分担比例根据 2004 年各县（市、区）人均可用财力（按财政供养人口计算）的不同分为 4 类：国家和省级扶贫开发重点县由省、市、县按 80%：10%：10%比例分担。人均可用财力在 2 万元以下的县（市、区），由省、市、县按 60%：10%：30%比例分担。人均可用财力 2 万元至 3 万元的县（市、区），由省、市、县按 50%：10%：40%比例分担。人均可用财力在 3 万元以上的县（市、区）全部由县（市、区）财政承担。7 月，全市落实普通高等学校毕业生国家助学贷款代偿资助政策，由财政对符合政策规定的普通高校应届毕业生在校学习期间获得的国家助学贷款本金进行代为偿还，财政代偿金按学生毕业高校行政隶属关系和经费来源渠道由同级财政安排。10 月，全市对中等职业学校实施国家助学金政策，对在省级教育和劳动保障行政管理部门注册、具有中等职业学校全日制正式学籍的在校一、二年级所有农村户籍的学生和县镇（含县级市）非农户口的学生以及城市家庭经济困难学生，按每生每年 1500 元的标准进行资助，助学金由中央和地方财政按比例分担。

2008 年，全市从春季学期开始全面启动免除城市义务教育阶段学生学杂费试点，全部免除城市义务教育阶段学生学杂费；保障城市义务教育阶段中小学公用经费，生均公用经费补助标准按小学每生每年 280 元，初中每生每年 417.5 元核定；对城市家庭贫困学生继续免费提供教科书，对寄宿的家庭经济困难学生补助生活费；对进城务工人员随迁子女按就近入学的原则安排在公办学校就读，与所在城市义务教育阶段学生享受同等政策。8 月，对民办义务教育免学杂费、免教科书政策进行调整和完善，规定在接受政府委托、承担义务教育办学任务的民办学校就读的所有学生（含进城务工人员随迁子女），按照和公办学校学生一样的标准享受免学杂费（含信息技术教育费）政策，具体按照 2007 年公办义务教育学校学生免除学杂费（含信息技术教育费）的标准执行。是年，全市全面实施农村义务教育“普九”债务化解工作。

2009年2月，全市根据2005年农村义务教育阶段学生人数，按照小学生生均每年300元、中学生生均每年500元的标准，将本级应分担的农村义务教育阶段公用经费补助资金列入财政预算予以保障；城市义务教育阶段免学杂费补助标准仍按小学生生均每年280元、初中生生均每年417.5元执行。

2010年，全市从秋季学期起建立普通高中国家助学金制度，对普通高中在校生中家庭经济困难学生给予资助。平均资助面为普通高中在校学生总数的20%，平均资助标准为每生每年1500元。助学金所需资金由中央与地方按60%：40%的比例分担，地方负担部分由省、市、县财政按两个原则分担，即：省本级和市（州）本级所属学校，分别由同级财政负担；县（市、区）所属学校，省直管县（市）由省、县两级分担，其他非省直管县（区）由省、市、县三级分担。同时实施中等职业学校农村家庭经济困难学生和涉农专业学生免学费政策，免学费补助资金由中央与地方财政按比例分担。中央财政统一按照每生每年平均2000元标准承担60%；其余资金（含收费标准高出2000元部分）由省、市、县分别负担。

财政支持项目——21世纪10年代，建设中的永州市第四中学

2011年8月，全市对中等职业学校家庭经济困难学生和涉农专业免学费政策进行调整和完善，从是年春季学期起，将免学费范围扩大至城市家庭经济困难学生，享受免学费政策的城市家庭经济困难学生按在校城市学生的10%确定；并对公办中等职业学校顶岗实习的家庭经济困难学生顶岗实习阶段免学费资金予以补助。10月，制订普通高中国家助学金管理办法，明确全市普通高中国家助学金的平均资助面为在校学生总数的20%，资助标准分三档，一等助学金每生每年3000元，占资助总人数的10%；二等助学金每生每年2000元，占资助总人数的30%；三等助学金每生每年1000元，占资助总人数的60%。助学金所需资金由中央与地方按60%：40%的比例分担，其中，市属高中助学金地方承担部分由市财政承担，市辖区所属高中助学金地方承担部分由市、区按比例承担。

2013年5月，市财政局、市教育局决定对市本级及所辖区公办幼儿园及教育行政部门审批设立的普惠性民办幼儿园的家庭经济困难在园幼儿予以资助。享受政策的家庭困难幼儿资助比例为，冷水滩区、零陵区、金洞管理区为7.5%，回龙圩管理区为15%。资助标准为每生每期500元。市本级所属幼儿园资助金经费由市财政负担；所辖区由省、市、区三级分担，分担比例为：零陵区20%：40%：40%，冷水滩区10%：40%：50%；金洞管理区、回龙圩管理区30%：40%：30%。

2014年1月，市政府决定加强中心城区义务教育学位建设，计划用3年左右时间，逐步化解中心城区入学难、大班额问题。从5个方面筹集学位建设资金：教育附加和地方教育附加，分别按实际缴纳的增值税、营业税、消费税合计额的3%和2%足额征收入库；从2013年起，土地出让收益按10%提取教育资金，若年度计提教育资金数额少于全年土地出让总收入2.5%的，则按当年土地出让总收入2.5%的比例清算计提；城市维护建设税从2014年起按15%的比例安排教育资金纳入年初预算，今后逐年增加安排比例，年终超收的城建税也按同比例计提安排教育资金；城市基础设施配套费，从2013年起按实际征收的城市基础设施配套费，剔除征管经费后的20%，划转为城市义务教育设施配套费，用于城区义务教育学校建设。从2014年起，零陵区在区级教育费附加和地方教育附加等政策性教育专项经费中，每年预算安排1000万元以上资金专项用于城区学位项目建设。市政府在本级教育专项资金中每年设立中心城区学位建设奖补资金500万~1000万元，对完成年度学位建设任务的实行“以奖代补”。

2015年，全市教育支出62.32亿元，是1992年的42.11倍，年均增长17.66%，占全市财政一般预算支出的17.64%。其中，市本级支出4.64亿元，县（区）支出57.68亿元。

二、科学技术支出

1992年，零陵地区科学事业费支出211万元，占全市财政一般预算支出总额的0.37%。其中，地本级支出136万元，县（市）支出75万元。此后，科学事业费类级科目不断调整。2003年，将科学事业费类级科目改为科学支出类级科目。

2005年，财政部、科技部实施科技富民强县专项行动计划，设立专项资金，实行项目管理，项目周期一般为2年。专项资金围绕区域特色产业发展，重点支持西部地区和中部欠发达地区在技术引进、消化吸收、示范推广、技术培训方面的工作。

2007年，实施政府收支分类改革，取消原按经费性质设置的科学支出类级科目，按支出功能分类设立科学技术类级科目，以反映用于科学技术方面的支出，科目下设科学技术管理事务、基础研究、应用研究、技术研究与开发、科技条件与服务、社会科学、科学技术普及、科技交流与合作、其他科学技术支出9个款级科目。是年6月，湖南省实施专利申请资助制度，省政府设立专利申请资助专项资金，对全省企事业单位、发明人专利申请的部分费用进行资助，资助标准为：国内发明专利，职务发明每件资助2000元，非职务发明每件资助1000元；国内使用新型、外观设计，职务发明每件资助400元，非职务发明每件资助200元；向国外申请专利，每件专利资助总额不超过5万元。永州市财政支持市内企业单位和个人向上申请争取专利资助。

2008年，湖南省建立产学研结合专项资金，3年内省政府安排专项支持产学研结合创新资金5亿元，用于支持企业与高校、科研机构联合开展的产学研结合创新活动，主要采取拨款补助、贷款贴息、资本注入和奖励等方式予以支持，对市（州）给予配套和项目单位配套充足的项目予以优先支持。永州市财政大力支持企业向上争取专项资金。

2011年11月，湖南省制订专利资助办法，设立专利资助专项资金，对本省辖区地址申请专利的企业事业单位或个人进行资助。资助标准为：国内专利。职务发明每件资助3000元，实用新型、外观设计专利每件资助400元；非职务专利资助标准按职务专利资助标准的50%给予资助。国外专利。采取PCT方式申请的，进入国际阶段，每件资助1万元；进入欧、美、日国家阶段，每件专利申请资助1万元，每件国外专利资助总额不超过5万元；非职务国外专利按上述额度的50%给予资助。享受国家资助的项目不再重复资助。永州市财政支持和配合市内企事业单位和个人向上争取专利资助。

2012年，财政部、中国科协在2006年以来实施“科普惠农兴村计划”的基础上，拓展工作范围和内容，将社区科普工作纳入奖补范围，并将计划名称调整为“基层科普行动计划”，由中央财政设立“基层科普行动计划”专项资金，专项用于奖励和补助基层科普工作中作出突出贡献的先进单位和个人在开展基层科普相关工作所需经费，主要包括科普专用资料和设备费、科普活动费等。

2014年8月，市财政局、市科技局印发《永州市本级科技创新及应用研究资金、项目管理办法》，决定采取无偿资助、贷款贴息、政府购买服务、股权投资等方式，对市中心城区及回龙圩管理区、金洞管理区范围内能够获取自主知识产权、提升核心竞争力、为社会发展提供科技支撑的自主创新活动予以支持；集中80%以上资金，用于重点支持能够明显提高企业自主创新能力和利润的重大科技攻关和成果转化项目。支持方式主要有2种，一是无偿资助。对基础性、前沿性、战略性、公益性、共性技术项目及科技环境与能力建设等的软科学研究项目，主要实行前资助方式支持，支持额度最高不超过10万元；对科技成果工程化产业化项目、科技创新服务平台的建设等，主要实行后补助方式支持，支持额度最高不超过50万元。

二是贷款贴息。对已获得1年期以上的银行贷款科技创新、科技成果转化项目，根据贷款用于项目的实际支出水平，贷款贴息额为当年发生利息额的50%，贴息时间不超过2年，贴息总额度最高不超过100万元。

2015年，全市科学技术支出2.17亿元，是1992年的102.68倍，年均增长22.31%，占全市财政一般预算支出的0.61%。其中，市本级支出6794万元，县（区）支出1.49亿元。

四、文化体育与传媒支出

1992年，文体广播事业费支出在文教卫生事业费类级科目下相关款级科目反映，主要用于文化出版、体育、广播影视部门的经费支出。

1998年，单独设立文体广播事业费类级科目，下设文化事业费、出版事业费、文物事业费、体育事业费、档案事业费、地震事业费、海洋事业费、通讯事业费、广播电影电视事业费、计划生育事业费、党政群干部训练事业费、其他文体广播事业费12个款级科目。是年，党中央、国务院决定启动广播电视村村通工程。永州市文体广播事业费支出3988万元，占全市财政一般预算支出总额的3.21%。其中，市本级支出1012万元，县（区）支出2976万元。

1999年7月，省财政厅为落省委关于“广播电视村村通”的办公会议精神，通知各市（州）财政部门及时支付“村村通”设备器材款，并抓紧抓好组织设备器材政府采购工作，要求各市（州）所属县（市、区）的设备器材配套经费，统一调度到各市（州）财政局专门的账户上，保证资金及时拨付与专款专用；各市（州）财政局按照采购合同要求，及时与供货厂家结算有关款项；集中在专户的“村村通”专项资金，一律用于设备器材的采购，不能挪作他用或作临时周转。

2002年1月，根据政策要求，永州市对市中波转播（试验）台隶属关系进行调整，将其人、财、物、播统一上交到省广播电视局，从4月起，上划台按新的管理体制运行。

2006年，党中央、国务院决定继续实施“广播电视村村通”工程，按照“巩固成果、扩大范围、提高质量、改善服务”的要求，构建农村广播电视公共服务体系。新一轮“广播电视村村通”工程的目标是：到2010年年底，全面实现20户以上已通电的自然村全部通广播电视。全市按照中央要求，大力实施“广播电视村村通”工程。

2007年，实施政府收支分类改革，取消原按经费性质设立的文体广播事业费类级科目，按支出功能设立文化体育与传媒类级科目，下设文化、文物、体育、广播影视、新闻出版、其他文化体育与传媒支出6款。将原类级科目下的档案事业费、地震事业费、海洋事业费、计划生育事业费、党政群干部训练事业费等支出分别在一般公共服务、教育2个类级科目下反映。此后，全市文化体育与传媒逐年较快增长。是年3月，中央决定在全国范围内实施“农家书屋”工程，按照“政府组织建设，鼓励社会捐助，农民自主管理，创新机制发展”的思路组织实施，到2010年年底实现全国建立20万个“农家书屋”的目标。全市各级财政按中央要求，支持“农家书屋”建设。

2008年，全市实施农村电影公益放映工程，对农村每村每月放映一场电影，财政对每场农村电影公益放映补贴100元，补贴资金由中央财政负担50%，其余部分由省、市、县（区）按比例承担，具体为：国家、省级扶贫开发工作重点县和少数民族县（四类县）由省、市财政按照90%∶10%的比例分担；人均财力在2万元以下的县（市、区）（三类县）由省、市、县财政按照60%∶10%∶30%的比例分担；人均财力在2万元至3万元之间的县（市、区）（二类县），由省、市、县财政按照50%∶10%∶40%的比例分担；人均财力在3万元以上的县（市、区）（一类县），全部由县级财政承担。补贴采取先放映后补助的办法，在每年7月和次年1月实施补助。

21世纪以来，各级财政积极支持永州市历史文化名城建设。从上至下依次为省财政厅党组书记、厅长李友志（中）考察宁远县舜帝陵，零陵区柳子庙，零陵区萍洲书院，新田县孝文化主题公园

2009年5月，湖南省决定用4年时间完成全省乡（镇）综合文化站的新建和改扩建。全市按政策要求实施乡（镇）文化站建设，项目投资由中央补助和

省级配套解决，其中：国贫县建设项目中央补助20万元，省财政配套补助4万元；西部政策县和比照西部政策县中的非国贫县建设项目，中央补助16万元，省财政配套补助6万元，市、县（区）配套补助2万元；其他县建设项目，中央补助12万元，省财政配套补助6万元，市、县（区）配套补助6万元。

2011年1月1日，全市按政策提高艰苦广播电视台站津贴标准，将一至六类艰苦广播电视台站津贴标准由现行每人每天5元、4元、3元、2元、1.5元、1元分别调整为每人每天40元、32元、24元、16元、12元、8元。调整津贴标准所需经费，由同级财政解决。同时决定“十二五”期间在全市开展“送戏下乡、演艺惠民”活动，演出所需经费由各级财政分级负担，市财政补助按平均每场不低于4000元的标准执行。是年5月，根据中央和省里的统一政策要求，决定在2011年10月1日前，将全市的美术馆、图书馆、文化馆（站），已建成投入使用的乡（镇）文化站（以下简称“三馆一站”）全部免费开放，公共空间设施场地全部免费开放，所提供的基本服务项目全部免费。“三馆一站”免费开放所需经费，由中央、省、市按比例给予补助，并逐年提高补助标准。

2012年2月，永州市决定将农村电影放映场次财政补助标准由原来的每场补助100元提高到每场补助200元。补助资金中央财政每场负担100元，地方财政配套100元。地方财政配套资金由省、市、县按比例分担，一类县全部由县级财政负担；二类县由省、市、县按照50%：10%：40%的比例分担，其中，省直管县由省、县财政按50%：50%的比例分担；三类县由省、市、县按照60%：10%：30%的比例分担，其中，省直管县由省、县财政按60%：40%的比例分担；四类县由省、市按照90%：10%的比例分担，其中，省直管县由省、县财政按90%：10%的比例分担。

2013年，财政部出台中央补助地方农村文化建设专项资金管理办法，明确行政村文化设施维护和开展文化体育活动等支出基本补助标准为每个行政村每年1万元，中央财政对东部、中部、西部地区（包括比照享受西部政策的东中部地区）分别按照基本补助标准的20%、50%、80%安排补助资金，其余部分由地方统筹。为落实这一政策，湖南省财政厅对地方配套资金的分担比例进行明确，由省级承担地方配套的40%，省直管县由县级财政承担60%，非省直管县由市（州）、县（市、区）财政共同承担60%。是年，财政部、文化部对“三馆一站”免费开放基本补助标准进行明确，具体为：地（市）级美术馆、公共图书馆、文化馆每馆每年50万元；县级美术馆、公共图书馆、文化馆每馆每年20万元；乡（镇）综合文化站每站每年5万元。中央财政对东、中、西部地区分别按照基本补助标准的20%、50%和80%的比例安排补助资金，其余部分由地方财政负责安排。12月，省财政厅对全省地方资金配套作明确规定：市（州）级“三馆一站”所需地方配套资金由市（州）财政配套解决。比照西部政策县的省直管县（市）“三馆一站”，每年每馆、站省财政分别补助7万元和2万元，不足部分由县（市）财政配套；比照西部政策县的市辖区以及农业人口大区（包括永州市零陵区）的“三馆一站”，每年每馆、站省财政分别补助6万元和1.5万元，不足部分由市、区财政配套。其他省直管县（市）“三馆一站”，每年每馆、站省财政分别补助5万元和1万元，不足部分由县（市）财政配套；市辖区的区级“三馆一站”，每年每馆、站省财政分别补助3万元和1万元，不足部分由市、区财政配套。根据省里要求，全市各级财政将地方配套资金纳入年度同级财政预算予以保障。

2015年12月，市财政局制订市本级文化产业发展专项资金管理办法，设立文化发展资金，采取无偿补助的方式，用于支持市本级文化领域的事业活动和产业发展。是年，全市文化体育与传媒支出7.26亿元，是1998年的18.21倍，年均增长18.61%，占全市财政一般预算支出总额的2.06%。其中，市本级支出8131万元，县（区）支出6.45亿元。

五、医疗卫生支出

1992年，卫生经费在文教卫生事业费类级科目下相关款级科目反映，主要用于卫生部门、中医药管理部门、食品药品管理部门的事业支出以及财政部门集中安排的行政事业单位医疗支出。是年，零陵地区改革公费医疗管理办法，推行公费医疗由“公费医疗办管理，医院参与，单位承包，超支由国家、集体和个人三者负担”或“社会保险”的管理办法，将指标包干到单位，由单位按工龄分档次落实到人，超指标支出个人负担10%~20%，但个人负担金额每年最高不超过300元，控制公费医疗支出过快增长。

1996年，为反映医疗卫生方面的支出，将相关支出从文教卫生事业费类级科目调出，单独设立卫生经费类级科目，下设卫生事业费、中医事业费、公费医疗经费、其他卫生经费4个款级科目。是年，永州市卫生经费支出6231万元，占全市财政一般预算支出的6.07%。其中，市本级支出1398万元，县（区）支出4833万元。

1999年1月，国务院决定在全国范围内进行城镇职工医疗保险制度改革，明确基本医疗保险原则上以地级以上行政区为统筹单位，建立基本医疗保险统筹基金和个人账户；基本医疗保险费由用人单位和职工共同缴纳，其中，用人单位缴费率应控制在职工工资总额的6%左右，职工缴费率一般为本人工资收入的2%。根据中央政策，湖南省决定从2000年1月1日起，在省内部分地区试运行新医疗保险制度，

1993年8月6日，省财政厅党组书记、厅长章锐夫（中）到宁远县走访慰问贫困户，自掏腰包给农民治病

此后逐渐扩大。

2001年，永州市印发全面推进城镇职工基本医疗保险制度的通知，并出台市本级公务员医疗补助办法，对基本医疗保险基本原则、参保范围、公务员医疗补助范围和标准、医疗保险基金与补助资金的管理等方面作出规定。到年底，市本级基本医疗保险覆盖率达到100%，征缴基本医疗保险费1292.41万元，征缴率达到97.7%。

2003年，根据财政部统一要求，对政府预算收支科目进行调整，将卫生经费类级科目改为医疗卫生支出类级科目，下设卫生、中医、食品和药品监督管理、行政事业单位医疗4个款级科目。

2005年，在新田县实施新型农村合作医疗试点。2006年，将东安县、双牌县纳入新型农村合作医疗试点范围，3个试点县69万多名农民从中受益。2007年，在全市全面推行新型农村合作医疗，比全省提前一年实现全覆盖目标。

2007年，实施政府收支分类改革，为反映政府医疗卫生方面的支出，设立医疗卫生类级科目，下设医疗卫生管理事务、医疗服务、社区卫生服务、医疗保障、疾病预防控制、卫生监督、妇幼保健、农村卫生、中医药、其他医疗卫生支出10个款级科目。原类级科目下反映的相关支出，除食品和药品监管管理支出归入一般公共服务类级科目下相关款、项科目反映，其他支出根据其具体功能归入医疗卫生类级科目下相关款、项。是年6月，全市对退出现役的一至六级残疾军人按照属地原则参加城镇职工基本医疗保险和大病互助，按规定缴费，并在此基础上享受残疾军人住院和门诊医疗补助。对残疾军人医疗住院补助，政策内个人自负部分进行全额补助；门诊补助凭门诊发票全额补助。医疗补助经费由残疾军人参保所在地财政负担。

2009年，全市全面启动城镇居民基本医疗保险工作，按照“市级统筹、属地管理、分级经办”的模式，在全省率先实现城镇居民基本医疗保险市级统筹，并决定从是年1月1日起，将具有本市城市居民户籍且在本市行政区域内享受定期抚恤和定期定量生活补助的优抚对象纳入医疗保障范围。优抚对象医疗补助资金来源为各级财政安排资金、福利彩票公益金、社会捐助金、其他资金，补助资金实行专账管理，单独核算，专款专用。是年，湖南省将新农合财政补助标准提高到40元/人·年，补助资金配套比例为：对纳入湘西开发地区的县（市、区）以及永州市、邵阳市的省贫县、国贫县（市、区），按28∶6∶6的比例分担；对永州市、邵阳市的其他县（市、区）按26∶6∶8的比例分担。

2010年1月，实施基本药物制度试点，冷水滩区被纳入全省第一批36个市、区实施基本药物制度试点县范围。到年底，新增江华县、蓝山县、新田县、道县、双牌县为实施基本药物制度试点县。11月，转发落实《湖南省2010—2018年消除疟疾行动计划》，目标是全省三类县到2012年实现无本地感染病例，全省5个二类县（包括江华县、道县）到2014年实现本地无感染病例，到2018年全省实现消除疟疾目标。要求财政将消除疟疾所需经费纳入财政预算，加大疟疾防治工作投入，并加强对专项资金的监管，确保专款专用。

财政支持项目——21世纪10年代，建设中的永州市中心医院

2011年12月，将全市行政村村卫生室纳入基本药物制度实施范围，实行药品零差率销售。实施基本药物制度后，通过3种途径进行补偿：对村卫生室按规定要求完成的基本公共卫生服务，原则上按照政府安排的人均基本公共卫生服务经费标准的20%~30%安排补助经费。对村卫生室提供的基本医疗服务，通过设立一般诊疗费项目由个人和新农合基金进行补偿，一般诊疗费统一核定为每门诊人次5元，其中，参合农民患者自负1元，其余4元纳入新农合基金支付范围。各级财政对村卫生室实施基本药物制度进行专项补助。

2012年，中央合并调整城镇居民医保和新农合中央、省财政补助资金拨付办法。全市按政策要求将城镇居民医保和新农合财政补助标准提高到240元，其中，中央财政按照实际参保人数补助每人每年132元，地方财政补助每人每年108元；同时，将基本公共卫生服务财政补助标准提高到25元/人·年。是年，蓝山县首创"10+100"新农合支付方式改革〔参合农民在本县内新农合定的乡（镇）卫生院自付10元门诊看病，自付100元住院治病，其余资金由新农合基金全额补偿〕，在此基础上在县级医院还实行"50+600""20+300"新农合付费改革，有效解决"看病难，看病贵，报账难”问题。

2013年，祁阳县启动公立医院改革，被列为全国311个县级公立医院改革试点县之一。2014年，国务院实行机构改革，将卫生和计划生育部门整合成一个机构，由此将原在一般公共服务支出类级科目下反映的人口与计划生育事务调出，归入医疗卫生类下反映，并更名为医疗卫生与计划生育支出类级科目。是年，永州市新型农村合作医疗结算中心运行，在全省率先启动市级新农合定点医疗机构即时结报制度和疾病应急救助制度。

2015年，全市按政策要求将城镇居民医保、新农合人均财政补助标准提高到380元/人·年，基本公共卫生服务项目财政补助标准提高到40元/人·年。并在4月全面启动县级公立医院综合改革，9个县县级公立医院取消药品加成政策。10月，出台城镇职工基本医疗保险实施办法和城镇居民基本医疗保险实施办法，按照“市级统筹、属地管理、分级经办”的原则管理2项医疗保险。城镇职工医保。缴费基数为上年度职工工资总额，缴费比例分别为：用人单位8%、职工2%，城镇灵活就业人员10%；所有参保人员均应参加大病医疗互助，缴费标准是每人每年110元；保险基金由统筹基金和个人账户构成，划入个人账户的划转比例为2.7%。保障待遇为：参保人员在本统筹地区城镇职工医保定点医疗机构发生的符合规定的住院医疗费用，起付标准以下部分由个人自负，起付标准以上、基本医疗最高实际支付限额以下的部分，统筹基金支付比例为90%，个人自负10%，基本医疗最高实际支付限额以上、大病医疗互助最高实际支付限额以下的部分统筹基金支付比例为95%，个人自付5%。最高实际支付限额以上部分由个人负担。城镇居民医保。实行个人缴费与政府补贴相结合，缴费标准为：在校学生、少年儿童、非学生儿童的低保对象、丧失劳动能力的重度残疾人、低收入家庭60周岁以上的老年人每人每年90元；其他城镇居民每人每年190元；城镇无劳动能力、无生活来源、无法定赡（扶、抚）养义务人的“三无”人员免缴费。保障待遇为：参保人员在城镇居民医保定点医疗机构发生的、符合规定的住院医疗费用，其金额在起付标准以下的部分由个人自负，起付标准以上的部分，由统筹基金和个人共同负担，其中，市内一级医院（含社区卫生服务机构）基金支付85%，市内二级医院基金支付80%，市内三级医院基金支付75%。与此同时，全市在2015年年底前全面开展重特大基本医疗救助工作，最低生活保障家庭成员和特困供养人员为医疗救助重点。是年，全市医疗卫生支出39.9亿元，是1996年的64.03倍，年均增长24.47%，占全市财政一般预算支出总额的11.30%。其中，市本级支出2.98亿元，县（区）支出36.92亿元。

第四节 社会保障类支出

2008 年 11 月，省财政厅副厅长李良田（居中）到永州市调研新型农村合作医疗工作

1992 年，社会保障类支出有抚恤和社会福利救济费、价格补贴支出 2 个类级科目，主要用于抚恤和社会福利救济费、社会保障补助支出、政策性价格补贴支出和行政事业单位离退休经费等方面。是年，零陵地区社会保障类支出 8710 万元，占全区财政一般预算支出总额的 15.42%。其中，地本级支出 6499 万元，县（市）支出 2211 万元。此后，随着经济和社会事业发展，该类支出内容不断发生变化，支出规模也迅速增长。

1996 年，将抚恤和社会福利救济费类级科目下的离休、退休退职等相关支出调出，设立行政事业单位离退休经费类级科目。1997 年，将价格补贴支出类级科目调整为政策性补贴支出类级科目。1998 年，为反映社会保障方面的相关支出，设立社会保障补助支出类级科目。

2007 年，实施政府收支分类科目改革，为反映政府在社会保障与就业方面的支出，取消上述按经费性质设置的类级科目，按支出功能设立社会保障就业类级科目，下设 17 个款级科目。到 2015 年，全市社会保障就业支出 56.09 亿元，是 1992 年的 64.40 倍，年均增长 18.95%，占全市财政一般预算支出总额的 15.88%。其中，市本级支出 6.57 亿元，县（区）支出 49.52 亿元。

1992—2015 年永州市社会保障类支出统计表

表 1-2-12　　单位：万元

年份	合计	抚恤和社会福利救济费	价格补贴支出	行政事业单位退离休经费	政策性补贴支出	社会保障补助支出	社会保障就业支出
1992	8710	1498	7212	—	—	—	—
1993	5717	1902	3815	—	—	—	—
1994	3968	2377	1591	—	—	—	—
1995	3541	2361	1180	—	—	—	—
1996	4408	2468	1920	20	—	—	—
1997	13990	2519	—	9804	1667	—	—
1998	17757	2834	—	10903	1453	2567	—
1999	23541	4000	—	13125	1438	4978	—
2000	27305	4334	—	15156	1591	6224	—
2001	38230	6630	—	19167	1122	11311	—
2002	54858	11233	—	22809	743	20073	—
2003	59220	15295	—	23522	973	19430	—
2004	69920	17622	—	28296	741	23261	—
2005	82913	22033	—	35167	637	25076	—
2006	109359	30339	—	42268	1021	35731	—
2007	143989	—	—	—	—	—	143989
2008	198443	—	—	—	—	—	198443
2009	233276	—	—	—	—	—	233276
2010	258124	—	—	—	—	—	258124
2011	326517	—	—	—	—	—	326517
2012	351304	—	—	—	—	—	351304
2013	432492	—	—	—	—	—	432492
2014	487404	—	—	—	—	—	487404
2015	560887	—	—	—	—	—	560887

1992—2015 年永州市本级社会保障类支出统计表

表 1-2-13　　单位：万元

年份	合计	抚恤和社会福利救济费	价格补贴支出	行政事业单位退离休经费	政策性补贴支出	社会保障补助支出	社会保障就业支出
1992	6499	93	6406	—	—	—	—
1993	2875	135	2740	—	—	—	—
1994	1132	301	831	—	—	—	—

续表1-2-13

年份	合计	抚恤和社会福利救济费	价格补贴支出	行政事业单位退离休经费	政策性补贴支出	社会保障补助支出	社会保障就业支出
1995	992	318	674	—	—	—	—
1996	1701	246	1449	6	—	—	—
1997	2234	349	—	1035	850	—	—
1998	3646	553	—	1227	778	1088	—
1999	4039	648	—	1493	178	1720	—
2000	5141	661	—	1813	561	2106	—
2001	7730	741	—	2159	351	4479	—
2002	9066	855	—	2490	106	5615	—
2003	11340	1018	—	2824	201	7297	—
2004	13623	1438	—	3598	30	8557	—
2005	18534	1910	—	4046	37	12541	—
2006	24940	2083	—	4948	89	17820	—
2007	24742	—	—	—	—	—	24742
2008	31623	—	—	—	—	—	31623
2009	36695	—	—	—	—	—	36695
2010	35896	—	—	—	—	—	35896
2011	42509	—	—	—	—	—	42509
2012	49051	—	—	—	—	—	49051
2013	53286	—	—	—	—	—	53286
2014	53254	—	—	—	—	—	53254
2015	65723	—	—	—	—	—	65723

一、抚恤和社会福利救济费

1992 年，抚恤和社会福利救济费包括抚恤事业费、社会救济福利事业费、救灾支出和其他民政事业费等支出。该类级科目下设抚恤事业费、离休费、退休退职费、社会救济福利事业费、自然灾害救济事业费、其他民政事业费 6 个款级科目。是年，零陵地区抚恤和社会福利救济费支出 1498 万元，占全区财政一般预算支出总额的 2.65%。其中，地本级支出 93 万元，县（市）支出 1405 万元。

1996 年，将抚恤和社会福利救济费类级科目反映的离休、退休退职等相关支出调出后，增设军队移交地方安置的离退休费用、特大自然灾害救济补助费、特大自然灾害后重建补助费等款级科目。2007 年，实施政府收支分类改革后，取消该类级科目，其反映的相关支出归入到按支出功能分类设立的社会保障就业类级科目反映。

（一）救灾救济

1998 年，民政部、财政部发出通知，决定建立中央级救灾物资储备制度，加强对中央级救灾储备物资及经费使用管理。1999 年 6 月，《中华人民共和国公益事业捐赠法》颁布，将救助灾害列为公益事业受赠范围。

2003 年，市民政局、市财政局印发《永州市救灾救济资金使用管理暂行办法》，明确救灾款用于救灾救济、春荒生活救济、冬令生活救济、加工及储运救灾物资。对各项救灾救济资金建立财政专户，实行专项专账管理，专款专用，专人负责。救灾救济款的发放方式提倡以发放实物为主，发放资金为辅。

2010 年 7 月，国务院颁发《自然灾害救助条例》，明确由县级以上人民政府财政部门、民政部门负责自然灾害救助资金的分配、管理并监督使用情况。2011 年 11 月，财政部、民政部印发《自然灾害生活救助资金管理暂行办法》，明确中央补助地方项目和补助内容，要求地方财政部门根据常年灾情和财力可能编制自然灾害生活救助年度预算，并在执行中根据灾情程度进行调整。对遭受特大自然灾害地区所需自然灾害生活救助资金，由中央财政与地方财政共同负担，其中，湖南地区的分担比例是中央 70%、地方 30%。根据中央文件要求，永州市财政部门对自然灾害生活救助资金实行专账核算，确保专款专用。

2012 年，省民政厅、省财政厅在全省部署开展自然灾害生活救助资金社会化发放（一卡通）试点工作，决定从是年 9 月 1 日起，将过渡性生活救助资金、因灾倒损住房恢复重建补助资金、旱灾临时生活困难救助资金、冬春临时生活困难救助资金纳入财政惠农补贴“一卡通”直接发放到人、到户。双牌县被纳入试点范围。

2013 年 6 月，省民政厅、省财政厅决定扩大自然灾害生活救助资金社会化发放试点，冷水滩区、零陵区、祁阳县、新田县、宁远县、江华县被纳入扩大试点范围。

2014 年 3 月，省民政厅、省财政厅决定在全省全面实行救灾资金社会化发放。11 月，省财政厅、省民政厅制订《湖南省自然灾害生活救助资金管理办法》，明确救助资金用于遇难人员家属抚慰、过渡性生活救助、倒损住房恢复重建补助、旱灾临时生活困难救助、冬春临时生活困难救助、救灾储备物资采购和管理费等方面。同时，明确遭受重大自然灾害地区所需自然灾害生活救助资金，由省级财政和省以下财政按 60%：40%的比例分担。

(二) 社会抚恤

2000年1月1日，全市提高革命伤残军人（警察、国家机关工作人员、民兵民工）的残疾抚恤金，在1999年标准的基础上，特等每人每年提高660元，一等提高600元，二等提高360元，三等提高150元；在职革命伤残人员的伤残保健金，在1999年标准的基础上，特等、一等每人每年提高180元，二等、三等提高60元。将烈属、因公牺牲军人家属定期抚恤金调整为农村115~120元/月、小城镇125~130元/月、大中城市130~135元/月，将病故军人遗属定期抚恤金调整为农村110~115元/月、小城镇120~125元/月、大中城市125~130元/月，将在乡退伍红军老战士、在乡西路军红军老战士、红军失散人员生活补助分别调整为500元/月、370元/月、110元/月，调标所需资金由中央财政负担。此后，随着经济社会的发展，多次调整上述优抚对象抚恤金和生活补助。

2007年，全市从2004年10月1日起，调整工作人员死亡一次性抚恤金发放标准，具体为：批准为烈士的为本人生前80个月工资；因工死亡的为本人生前40个月工资；病故的为本人生前20个月工资。计发基数为国家规定的本人生前最后一个月基本工资或基本离休退休退职费总额。从8月1日起，对县级以上民政、劳动和社会保障部门核定的1953年12月31日前参军后在企业退休的军队退役士兵，按每人每月150元的标准发放补助。所需资金按“属地管理”原则和企业基本养老统筹层次，由同级财政统筹安排，省财政根据各级财政人均财力状况，分别给与60%~90%的补助。与此同时，对在部队担任师级、团级、营级和连排级职务的企业退休军转干部，每人每月增发生活困难补助120元、90元、80元和70元；在此基础上，对1953年12月31日以前入伍的企业退休军转干部，每人每月再增加生活困难补助30元。对原8023部队退役人员不符合和享受带病回乡退伍军人生活补助条件，但患病或生活困难的农村和城镇无工作单位的每人每月补助100元，所需资金由省与县（市、区）共同分担。

2008年1月1日，全市调整因工死亡职工供养亲属抚恤金，对2007年12月31日前已认定为因工死亡职工供养亲属并已领取供养亲属抚恤金的人员，每人每月增加抚恤金40元。此后多次调整，2011年1月每人每月增加56元，2013年1月每人每月增加60元。同时，从2008年8月1日起，将部分军队退役人员生活补助每人每月增加50元，调整范围包括：1954年10月31日前入伍的在乡老复员军人、1954年11月1日以后入伍具有参战身份的农村和城镇无工作单位的军队退役人员、1954年11月1日以后入伍“带病回乡”的退伍军人、具有参战身份且达不到评残等级的在农村和城镇无工作单位的军队退役人员、1953年12月31日前参军后在企业退休的军队退役士兵。

2009年和2013年，全市两次提高机关事业单位工作人员死亡后丧葬费标准：病故的工作人员丧葬费由4000元调整为5000元，2013年调整为7000元；因工（公）死亡的工作人员丧葬费由5000调整为6500元，2013年调整为9000元，所需费用由单位自行解决。同时，调整遗属困难补助费标准，遗属是非农业人口的，一人者每人每月补助费由210元调整为285元，2013年再调整为425元；二人或二人以上者每人每月补助费由190元调整为260元，2013年再调整为385元。遗属系农业人口的，一人者每人每月补助费由170元调整为225元，2013年再调整为335元；二人或二人以上者每人每月补助费由150元调整为190元，2013年再调整为285元。对组织确认因工（公）死亡工作人员的遗属在前述标准的基础上每人每月由现行增发65元调整为85元，2013年再调整为125元；抗日战争时期参加革命工作的遗属每人每月由现行增发80元调整为100元，2013年再调整为140元；红军遗属每人每月由现行增发100元调整为120元，2013年再调整为160元；遗属系孤身一人无直系亲属者每人每月由现行增发70元调整为90元，2013年再调整为130元。所需费用由单位从运行经费中解决。

2011年8月1日，全市调整一次性抚恤金发放标准：烈士和因公牺牲的，为上一年度全国城镇居民人均可支配收入的20倍加本人生前40个月基本工资或基本离退休费；病故的，为上一年度全国城镇居民人均可支配收入的2倍加本人生前40个月基本工资或基本离退休费。发放一次性抚恤金所需经费仍按现行渠道解决。

2012年1月1日，全市调整企业工伤人员伤残津贴和因工死亡职工供养亲属抚恤金。伤残津贴调整标准是：符合调整伤残津贴范围的工伤人员，其伤残津贴每月增加180元；调整后，伤残津贴低于2011年统筹地区最低工资标准的，补足到统筹地区最低工资标准。抚恤金调整标准是：符合调整增加供养亲属抚恤金范围的因工死亡职工供养亲属，其供养亲属抚恤金每人每月增加72元。

2013年1月1日，全市免除冷水滩区、零陵区、凤凰园经济开发区、回龙圩管理区和金洞管理区城乡困难群众的基本殡葬服务费用，免费对象是城乡低保对象、城镇“三无”人员、农村“五保”供养对象、县级以上公安机关确认的无名尸体；市直单位困难群众基本殡葬服务费由市本级财政负担，各区所需经费由各区财政负担。

（三）社会救济福利

2006年，国务院提出建立完善城乡社会救助体系，进一步加强临时救助制度建设。2007年，永州市人民政府印发《关于建立全市城乡社会救助体系的通知》，要求健全因突发自然灾害、突发性事件等特殊情况给人民群众的生命财产造成损失，暂时影响家庭基本生活的临时救助制度，对暂不符合城乡低保条件的对象，实施临时救助。

2007 年 8 月 1 日，永州市决定提高离休干部高龄护理费，发放标准为：1. 抗日战争时期参加革命工作的离休干部，高龄护理费标准提高到每人每月 300 元；2. 解放战争时期参加革命工作且年满 75 周岁以上的离休干部，高龄护理费标准提高到每人每月 200 元。行政事业单位调整高龄护理费标准所需经费，按原经费渠道解决；企业单位调整高龄护理费标准所需经费，凡参加企业职工基本养老保险社会统筹的，从基本养老保险基金中解决；未参加企业职工基本养老保险社会统筹的，按原经费渠道解决。凡符合文件规定范围、因瘫痪等原因生活长期完全不能自理的离休干部的病残护理费，标准仍维持每人每月 200 元不变，可与高龄护理费同时享受。

2008 年 1 月 1 日，全市调增企业工伤人员伤残津贴，调整范围是 2004 年 1 月 1 日实施《工伤保险条例》后到 2007 年 12 月 31 日前，按规定已享受伤残津贴的在职工伤人员，其伤残津贴每人每月增加 100 元；调整后伤残津贴低于 2007 年统筹地区最低工资标准的，补足到统筹地区最低工资标准。此后，在 2011 年 1 月将伤残津贴每人每月增加 140 元，在 2013 年 1 月将伤残津贴每人每月增加 150 元。2008 年 5 月，永州市决定从是年 1 月起，调整因瘫痪等原因生活长期完全不能自理的离休干部伤残护理费标准，由原每人每月 200 元调整为每人每月 600 元。

2009 年 3 月，全市从 2008 年 12 月 1 日起，调整离休干部无固定收入的遗孀、配偶及新中国成立前参加革命工作新中国成立后退职干部生活补助费标准：1. 对第一、二次国内革命战争时期参加革命工作的离休干部的遗孀生活补助费提高到 700 元/人·月，配偶提高到 400 元/人·月；抗日战争时期参加革命工作的离休干部的遗孀生活补助费提高到 600 元/人·月，配偶提高到 370 元/人·月；解放战争时期参加革命工作的离休干部的遗孀生活补助费提高到 580 元/人·月，配偶提高到 350 元/人·月。2. 对新中国成立前参加革命工作，新中国成立后经组织批准退职的干部按本人参加革命工作的不同时期计发生活补助费，第一、二次国内革命战争时期的提高到 700 元/人·月，抗日战争时期的提高到 600 元/人·月，解放战争时期的提高到 580 元/人·月，并由其原工作单位负责落实其参加当地基本医疗保险和大病互助。7 月，全市从是年 1 月 1 日起，调整部分离休干部高龄护理费，并扩大发放范围，1937 年 7 月 7 日到 1945 年 9 月 2 日参加革命工作的离休干部，高龄护理费标准为 400 元/人·月；1945 年 9 月 3 日到 1949 年 9 月 30 日参加革命工作的离休干部，高龄护理费标准为 200 元/人·月。

2009 年 12 月底，市政府印发《永州市城乡贫困家庭临时性生活困难救助暂行办法》，明确对城乡低保家庭人员、“三无”人员、城乡低收入家庭人员、当地政府认定的其他特困家庭人员、在当地居住一年以上的低收入农民工家庭等5类家庭因危重疾病、意外伤害、突发性意外事件等原因导致家庭基本生活难以维持的，给予临时救助；救助标准为，符合临时救助条件的对象视困难程度可给予1000～5000元的一次性救助。对重大的特殊困难，经县级以上人民政府批准，还可适当提高救助资金额度。救助资金由各级财政根据临时救助需要及经济发展水平和财政状况确定预算额度，并从福彩公益金中每年提取不低于5%、从社会捐助资金中每年列支10%的资金用于临时救助，在保证足额发放城乡低保金的前提下，可从城乡低保预算中适当列支临时救助资金。

2011年，全市提高离休干部生活补贴标准并扩大发放范围，具体为1937年7月6日前参加革命工作的离休干部，生活补贴由原每人每年增发2个月的基本离休费，提高到每人每年增发3个月的基本离休费；1937年7月7日至1942年12月31日参加革命工作的离休干部，生活补贴由原每人每年增发1.5个月的基本离休费，提高到每人每年增发2.5个月的基本离休费；在1943年1月1日至1945年9月2日参加革命工作的离休干部，生活补贴由原每人每年增发1个月的基本离休费，提高到每人每年增发2个月的基本离休费；对1945年9月3日至1949年9月30日参加革命工作的离休干部，每年增发1个月的基本离休费作为生活补贴，所需费用按现行开支渠道解决。

2015年12月15日，全市实施临时救助制度，对符合一定条件的持有本地常住户口的家庭和个人给予临时救助。临时救助标准按照保障申请人家庭或个人基本生活的原则确定，每人每月不超过当地同期城市居民最低生活保障标准，救助期限一般为3个月，最长不超过6个月；同一家庭就同一事由每年度申请享受临时救助原则上不超过一次，户救助金额不超过5000元。临时救助资金来源有：县（区）财政按本地人口总数每人不低于1元、市级财政按市辖区人口总数每人不低于0.5元的标准在预算中安排，并随经济社会发展水平自然增长；从发行的社会福利彩票筹集公益金中，每年提取不低于5%的资金用于临时救助；从接受的社会捐助资金中，每年列支不低于10%的资金用于临时救助；城乡居民最低生活保障资金有结余的地方，可安排部分资金用于低保对象的临时救助；上级补助资金；在上级补助及本级预算、提取资金不足时，由县（区）财政调整支出结构，实行兜底发放。临时救助所需工作经费列入各级财政预算。

（四）医疗救助

2002年，中共中央、国务院印发《关于进一步加强农村卫生工作的决定》，提出要积极引导农民建立大病统筹为主的新型农村合作医疗制度和医疗救助制度，使农民人人享有初级卫生保健。2003年，财政部、民政部、卫生部联合印发《关于实施农村医疗救助的意见》，对全面建立农村医疗救助制度进行部署。2004 年，永州市在东安县、新田县开展农村大病医疗救助试点，同时组织测算住院医疗救助资金总额、住院医疗救助标准。

2005 年 3 月，市政府决定由市财政按全市总人口每人每年 0. 1 元、县（区）财政按本县（区）总人口数每人每年 0. 5 元的标准安排医疗救助资金，在全市建立城乡一体的医疗救助制度。救助对象为本市农村五保户、城市低保户、农村特困户（农村低保户）家庭中患大病的对象。救助标准为 500～3000 元，每年救助 1 次。是年，全市筹集医疗救助资金 754. 8 万元，支出 549. 6 万元。

2006 年，东安县、新田县、双牌县开展新农合试点，3 个县对 2. 31 万名农村困难群众按人均 10 元的标准资助其参加新农合，资助金额 23. 15 万元。在冷水滩区、道县开展“慈善药店”试点，实行常用药品零利润或低利润供给制度，向救助对象出售低于市场价格的常用药品，发放资金 192 万元。

2007 年，全市适当提高医疗救助标准，将救助标准由原来的 500～3000 元提高到 1000～4000 元。扩大城乡医疗救助对象范围，把患大病的城乡低保边缘户家庭纳入救助范围。

2008 年，全市启动城乡医疗救助制度改革，对城乡低保户、五保户、百岁老人、城乡低保边缘户等救助对象实行资助救助、门诊救助、住院救助、临时救助、慈善援助相结合，与城镇居民医疗保险、新型农村合作医疗救助制度有机衔接的“五位一体”的新型医疗救助体系，并在冷水滩区、宁远县开展试点。全市共筹集城乡医疗救助资金 4081. 5 万元，救助城乡医疗救助对象 25. 6 万人。

2009 年，市财政局、市民政局、市劳动局、市卫生局决定对农村五保户、百岁老人和农村低保户中丧失劳动能力的重残、重病人员参加城镇居民医保或新农合的个人缴费部分实行全额资助，对其他低保对象参保实行部分资助。对门诊医疗救助，分为日常门诊救助、特殊门诊救助、特大疾病定额门诊救助，救助标准限额分别不超过 200 元、500 元、1000 元。对救助对象因病住院的，经医保或农合补偿、医疗机构减免后，剩余的自付费用，按比例给予 20%～80%的救助。其中，农村五保户在乡、县住院救助比例分别为 80%、60%，其他农村低保对象在乡、县住院救助比例分别为 60%、30%，转市外就诊的救助比例为 20%，救助金额原则上不超过 3000 元。对农村五保户、城乡低保户以外的其他低收入家庭成员，患恶性肿瘤、白血病、尿毒症、肝硬化腹水或其他特殊病种导致医疗费用过高，造成家庭生活特别困难的，依其家庭困难程度和患病种类给予不超过 1000 元的临时救助金。到 2010 年，全市各县（区）均建立“五位一体”的城乡医疗救助制度。

2012 年，全市对五保老人在县、乡两级定点医院看病实行零支付政策，其他对象的住院救助比例均提高到55%以上，封顶线提高到5000元以上。

2014年2月21日，国务院颁布《社会救助暂行办法》，将医疗救助纳入社会救助体系范畴。2015年，全市建立健全医疗救助资金筹集管理机制、“一站式”即时结算机制和社会力量参与的衔接机制。是年，全市累计实施医疗救助72万人次，支出救助金1.33亿元。

二、社会保障补助支出

1998年，新设立社会保障补助支出类级科目，下设帮困解困资金、财政对社会保险基金的补贴支出、社会保险经办机构经费、城镇就业补助费、下岗职工基本生活补助、其他社会保障补助支出6个款级科目。是年，永州市社会保障补助支出2567万元，占全市财政一般预算支出总额的4.54%。其中，市本级支出1088万元，县（区）支出1479万元。此后，该类支出规模逐年较快增长。2007年，实施政府收支分类改革后，取消社会保障补助支出类级科目，设立社会保障和就业类级科目反映政府在社会保障与就业方面的支出，下设17款。2015年，全市社会保障和就业支出56.09亿元，是1998年的218.5倍，年均增长37.28%，占全市财政一般预算支出总额的15.88%。其中，市本级支出6.57亿元，县（区）支出49.52亿元。

（一）就业再就业

2003年3月，市财政局、市民政局转发执行《湖南省下岗失业人员再就业资金管理暂行办法》，明确再就业资金来源于财政预算安排、失业保险基金用于失业人员职业培训和职业介绍等方面的资金，使用范围包括6个方面。同时，明确中央及省级财政增加的再就业补助资金用于小额担保贷款贴息的全部资金、社会保险补贴的部分资金、公益性岗位补贴的全部资金、就业服务补贴的部分资金。

2006年8月，市财政局制订市本级就业再就业资金分配和拨付管理办法，在商业银行设立市再就业资金财政专户或市基本生活保障资金财政专户，并将就业再就业资金全部纳入专户管理。资金分配由劳动保障部门和财政部门共同组织实施。

2012年3月，全市从秋季学期起对未继续升学的、15~25岁、入读省内技工院校进行1年以上劳动预备制培训的城乡初高中毕业生实施培训补贴，补贴标准是1600元/人。5月，实施“城镇百万残疾人就业工程”，计划在“十二五”期间全市新增残疾人就业3700人。通过采取措施推动机关、社会团体、企事业单位和民办非企业组织按照1.5%的比例安排残疾人就业；加强残疾人就业保障资金管理，重点用于开展残疾人职业教育和培训，给予残疾人岗位补贴和社会保险补贴，扶持残疾人就业。根据各地城镇残疾人就业工程年度完成情况，省财政残疾人就业保障金按照平均500元/人的标准对各地给予补助。

2013年3月，对全市在法定劳动年龄内，有劳动能力和就业（培训）愿望的城镇登记失业人员、农村转移就业劳动者、毕业年度内未就业高校毕业生、城乡未继续升学的应届初、高中生，每人每年享受一次就业技能培训补贴，补贴标准按就业技能培训职业（工种）类别的不同，给予每人A类1200元、B类800元、C类500元的补贴，超出补贴部分的培训费用，由本人或企业自负；补贴资金从就业专项资金中列支。6月，按照中央和省里政策实施高校毕业生“三支一扶”计划（支教、支农、支医和扶贫），全市名额分配计划22个，中央财政补助标准为人均1.5万元/年。

2014年10月，市委、市政府实施就业优先战略，计划全市在2014—2016年新增农村劳动力转移就业20万人，实现城镇新增就业18万人，建成为省级创业型城市。扶持政策有：对符合条件的资助创业的妇女按规定可享受不超过8万元、毕业后5年内的高校毕业生按规定不超过10万元贷款额度的财政贴息支持。实行园区企业农民工参加社会保险灵活办法，农民工选择参加城乡居民养老保险的，由企业负责缴纳每年800~1000元的保险费。实施养老保险缴费费率过渡政策试点，2014年工业园区企业养老保险缴费费率按12%执行，自2015年起每年提高1%，对提高部分按就业属地原则由当地政府给予补贴，力争3年内缴费费率保持12%不变。对企业新招用就业困难人员就业并符合相关用工规定的，按规定标准给予3年的社保补贴；承接产业转移企业新招用本市员工且符合相关用工规定的，3年内按每年2个月、每月200元/人的标准发放试用期用工补贴。当年，市本级安排就业资金1000万元以上支持就业工作；全市安排专项资金1000万元鼓励支持高校毕业生创业就业，其中，市本级投入500万元。

（二）养老保险

1999年，市财政局对养老保险基金开展“三清两管”，即清理养老保险基金的收支余额、清理银行账号并进行重新认定、清理违纪违规问题并进行认真处理，加强经办机构的经费和财务管理、加强养老保险基金的管理。在年底建立市本级社会保障基金财政专户，将企业职工养老保险基金、失业保险基金、机关事业单位养老保险基金、农村养老保险基金和公费医疗经费资金均纳入财政专户，实行“收支两条线”管理。

2005年，全市从是年7月1日起，调整增加2004年12月31日前已按规定办理退休手续的企业退休（退职）人员基本养老金，调整标准是每人每月增加35元，并对一些符合相关条件的退休人员另行每月再增加部分养老金。此后，根据政策要求，全市企业退休（退职）人员退休金基本每年都予以调增。资金来源是：参加企业职工基本养老保险社会统筹并由统筹基金支付基本养老金的退休人员增加的基本养老金，由基本养老保险统筹基金支付。统筹基金所需增加的资金按属地管理原则由同级财政筹措，中央和省财政给予适当补助。未参加企业职工基本养老保险社会统筹的企业退休人员，调整基本养老金所需资金按原渠道解决。

2007 年 10 月，全市对建立企业基本养老保险统账结合制度以来，各级社保经办机构拖欠参保企业退休人员统筹项目内的基本养老金进行补发。拖欠按成因明确补发责任，属社保经办机构拖欠的，由社保经办机构负责补发；属企业拖欠的，由企业负责补发；企业已破产改制的，由同级人民政府负责补发。各级社保经办机构 2001 年年底前拖欠的企业退休人员基本养老金，先动用本级结余基金补发，结余基金不足以补发的由上级结余基金补助；企业改制破产无力补发的由同级政府筹资补发。

2009 年 9 月，湖南省开展做实企业职工基本养老保险个人账户试点，做实个人账户所需资金，中央和省财政将继续按半动态的方式予以补助，市、县财政补助予以足额配套到位。全市地方财政应补助 246 万元，其中，市本级补助 65 万元。

2012 年 5 月，推行城镇贫困残疾人个体户参加基本养老保险补贴制度，对全市具有当地户籍，且持有第二代残疾证和有效个体工商营业执照并从事个体生产经营，已按城镇个体户参加基本养老保险规定参保并按时足额缴费，本人年收入低于上年度本县（区）在岗职工平均工资的城镇贫困残疾人个体户，对其参加基本养老保险所缴纳的保险费（缴费基数最高不得超过全市上年度在岗职工平均工资）给予 20%~50%的补贴，累计补贴不超过 15 年；补贴资金从残疾人就业保障金中安排。

（三）其他社会保险

2007 年 1 月，永州市根据省劳动和社会保障厅等部门联合印发的《关于事业单位、民间组织工作人员参加工伤保险有关问题的通知》精神，要求全市所有事业单位、民间组织（参照公务员制度管理的事业单位和社会团体除外）按规定参加工伤保险，为其全部在职职工缴纳工伤保险费。保险费缴费费率参照《关于工伤保险费率问题的通知》执行。

2008 年 5 月，制订城镇居民基本医疗保险基金管理办法，将保险基金纳入单独的社会保障基金财政专户，实行“收支两条线”管理，专款专用。财政部门负责保险基金财政专户的核算，审定基金预决算，监督检查基金的收支管理情况。城镇居民医保实行市级统筹、属地管理、分级经办的管理模式。

2009 年 8 月，出台城镇职工医疗生育保险暂行办法，是年 10 月 1 日起，要求市内所有用人单位及城镇灵活就业人员按属地原则参加保险。医疗生育保险费由用人单位和职工个人分别按缴费基数的 8%和 2%缴纳，最低累计缴费年限为男 30 年、女 25 年。所有参加医疗生育保险人员均应参加大病医疗互助，缴费标准暂定为 110

元/人·年。参保人员在城镇职工医疗生育保险定点医疗机构发生符合报销规定的住院医疗费用，起付标准以上、基本医疗实际支付限额以下部分，统筹基金支付比例为在职职工88%，退休职工90%。

2012年，全市对已备案宗教教职人员和宗教专职工作人员，按照属地原则纳入当地社会保障覆盖范围，由宗教教职人员按照自愿原则参加医疗、养老、失业、工伤、生育等社会保障，财政按相关政策给予补贴。

（四）城市低保

1999年4月，市政府印发《永州市城区城市居民最低生活保障实施办法（试行）》，决定在冷水滩区、芝山区、凤凰园经济开发区试行城市居民最低生活保障制度，保障对象为持有非农业户口、家庭月人均收入低于本市城市居民最低生活保障标准的城市居民（含中央、省属企事业单位人员）。最低生活保障标准确定为每户月人均80元，保障资金由市、区两级财政按50%：50%的比例负担，分别列入财政预算。同时，要求其他县在7月1日起启动城市低保制度，保障标准按县（区）分类确定，其中，市辖的3个区和祁阳县、道县、宁远县、江永县、蓝山县为80元/人·月，双牌县、江华县为70元/人·月，东安县、新田县为60元/人·月。9月，根据国务院提高城市低保保障标准的政策要求，全市城区保障标准由80元提高到104元。是年，全市发放城市低保资金111.6万元。

2000年，全市从是年1月1日起，提高城市低保标准，将芝山区、冷水滩区、凤凰园经济开发区低保标准提高到120元/人·月，各县提高到110元/人·月，加上中央财政30%的补助金，中心城区、各县的实际执行标准分别达到156元和143元。

2002年，中央办公厅、国务院办公厅印发《关于进一步安排好困难群众生产和生活的通知》，对城市低保工作提出要实现应保尽保。根据中央和省里政策要求，市本级财政加大对城市低保工作的保障投入，专门安排100万元，支持市低保中心信息化建设，实现城市低保管理的市、县（区）、街道三级联网。

2003年10月，出台《永州市城市居民最低生活保障实施细则（试行）》，对城市居民最低生活保障的管理机制、资金保障机制以及申报条件和工作程序、低保家庭收入核算等内容作出细化规定。

2004年3月，市财政局、市民政局明确城市低保资金分配主要根据县（区）财政当年实际配套低保资金的国库支出数、上年度公安部门统计的非农人口数、财政部门提供的财政困难程度系数、上年底年各县（区）上报的中央和省（市）所属单位保障人数、低保工作绩效5个因素按系数分配法分配，各项系数计算比例为40%：15%：15%：15%：15%。10月，市政府出台扶持城市低保对象的有关优惠政策，明确城市低保家庭可享受每户每月免交 4 吨水 6 度电、子女入学免交义务教育阶段学杂费、医疗服务免收挂号费及诊疗费减半、有线电视收视维护费每户每月不高于 11 元等优惠政策。

2006 年 11 月，市政府决定从是年 10 月 1 日起，提高城市居民最低生活保障标准。冷水滩区、零陵区城市低保户由每人每月 144 元提高到 175 元，其他各县由 132 元提高到 160 元。提标后，全市随即按新标准开展了低保动态管理和年检年审，对"三无"人员按新标准实行全额发放，对其他低保对象根据其家庭收入情况和困难程度，逐户进行重新核定。

2007 年，针对物价上涨给城市低保家庭基本生活带来的影响，财政部、民政部、国家发改委要求各地在正常发放城市低保金的基础上，从 8 月起为所有城市低保对象每人每月发放物价补贴 15 元；10—12 月，每人每月再增加物价补贴 10 元。根据政策要求，全市及时为城市低保对象发放物价补贴。

2008 年，省政府将城市低保纳入为民办实事项目。全市从是年 1 月 1 起将中心城区城市低保标准提高到 190 元/人・月，各县提高到 175 元/人・月。全年按每人每月 25 元的标准发放临时物价补贴 3005 万元，按每户每月 8 元的标准发放燃气补贴 439 万元，按每人每月 15 元的标准发放 2—4 月冰灾补贴资金 440 万元，按当地低保标准为劳动部门代发未参保企业职工生活费 1056.4 万元。此后，连续提高城市低保标准，到 2015 年，全市中心城区城市低保标准提高到 350 元/月，其他各县不低于 310 元/月。

（五）农村低保

2003 年，出台《永州市农村特困户救助暂行办法》，实施农村特困户救济制度，救济范围控制在因病、因残完全或大部分丧失劳动能力，生活不能自理的常年特困户。对因灾及其他突发事件造成暂时性困难的对象，视情况给予临时性救济。而经民政部门核准的农村特困户，发放农村特困户救助证，实行定期定量救济。农村特困户救济实行分级负责，所需资金主要由市、县两级政府负担，省财政给予适当补助。由于中央、省财政没有安排农村特困户救助补助资金，全市农村特困户救助所需资金由市、县两级按 20%：80%的比例解决，其中，市财政每年安排 72 万元。至 2004 年年底前，全市农村特困户救助发放标准为每月人均 5 元。

2005 年，在道县、新田县开展农村低保试点，将农村五保户供养和特困户救助合并纳入低保，分别确定为 A、B、C 三类。道县每月分 50 元、25 元、10 元三个档次按季发放低保金。新田县实行 66 元、20 元、10 元三档分类施救。所需资金采取财政安排、民政筹措、社会捐助的办法解决，按季发放。未试点县（区）实施农村特困户救助制度，为农村特困户对象 24.06 万人发放救助金 478 万元，月人均救助水平为 6.6 元。

2006年，零陵区、冷水滩区、祁阳县、双牌县、宁远县、蓝山县6县（区）纳入农村低保试点范围。祁阳县、双牌县、宁远县、蓝山县4县出台农村低保制度实施办法，并开展农村低保对象摸底排查。至年底，试点县（区）为农村低保对象人均补助30.6元/月。未试点县仍实行农村特困户救助制度，人均补助7.5元/月。

2007年4月，湖南省制订《关于建立农村居民最低生活保障制度的通知》，并将农村低保工作列为省政府“八件实事”之一，明确提出农村低保资金按规定标准100%发放到位。是年，永州市出台《关于在全市农村建立最低生活保障制度的通知》和《永州市农村居民最低生活保障制度实施办法（试行）》，决定全面实施农村最低生活保障制度，保障对象是农村居民中无劳动力、因病因残基本丧失劳动能力、生产生存条件特别恶劣、基本生活长年困难的绝对困难家庭。保障标准以保障在当地的贫困人口的基本生活为依据，原则上不低于国家公布的绝对贫困线（2005年为年人均683元）。农村低保资金按照分级负责、多方筹措原则，纳入财政预算，实行专户管理，专款专用，低保资金实行社会化发放。

2008年，根据中央“一号”文件要求，全市开展农村低保扩面。在保障覆盖面上，考虑国家贫困县和省贫县，以及林区、山区、少数民族地区等因素，分别确定各县（区）的指导保障比例，将11个县（区）分为5类，指导保障比例最高的江华县为5.25%，最低的冷水滩区、零陵区为3.75%。2009年，全市农村低保金逐步实现由按季打卡发放向按月发放过渡。

2011年，全市从是年3月1日起提高农村低保标准。零陵区、冷水滩区由原683元/年提高到1200元/年；其他各县由原683元/年提高到1100元/年。7—9月，根据CPI指数上涨连续3个月超过3%的情况，全市启动价格临时补贴，为所有农村低保对象，按每人每月20元的标准发放3个月临时价格补贴。是年，全市发放农村低保金2.68亿元，月人均补差为70.5元，超过为民办实事考核标准5.5元。

2012年元旦、春节期间，为保障农村低保户过好元旦、春节，全市对28.3万名农村低保对象按每人200元的标准发放一次性补贴5667万元。3月下旬，市政府发出通知，决定从是年4月1日起，将全市农村低保标准统一提高到每年1500元，使全市整体水平达到省、市为民办实事考核要求。

2013年，全市从4月1日起将农村低保保障标准提高到每年1800元。是年全市农村低保月均保障34.9万人，累计发放农村低保资金5亿元（含春补），月人均补助119元，超过省政府确定的为民办实事农村低保月人均补助水平115元的标准。

2014年年初，省政府将永州市纳入完善农村低保应保尽保的重点扶持范围，要求在5月31日前完成应保尽保任务。全市通过全面摸底排查、入户调查、民主评议和申报审批，对农村低保户实行应保尽保，到6月底全市农村低保人数达到39.8

2014年12月，省财政厅总会计师胡良安（左二）到永州市征求驻永州市的省人大代表的意见建议

万人，比2013年年末净增5.2万人。是年，市政府决定从1月1日起农村低保标准全市统一按每月165元执行。

2015年，全市农村低保月人均救助水平不低于165元，农村“五保”人群分散供养标准提高到2900元/年，集中供养水平不低于5700元/年。

第五节 其他支出

1992年，零陵地区财政支出中的其他支出，主要是一些临时性、一次性的开支，这些支出项目不能归入哪一类支出中。其他支出包括其他支出类和专项支出（专款支出）类。其中，专项支出项目是与一般预算收入科目的专项收入类相对应的，属于专款专用、列收列支的项目，对地方财政预算收支影响不大，一般设有排污费支出、水资源费支出、教育附加支出、矿产资源补偿费支出等款。

2007年，实行政府收支分类改革后，其他支出类反映的相关支出按大体用途归并到相应的支出功能分类科目中。

1992—2015年永州市其他支出统计表

表1-2-14 **单位：万元**

年份	合计	专款支出	专项支出	其他支出
1992	2712	699	—	2013
1993	6569	1187	—	5382
1994	6785	1553	—	5232
1995	11213	2218	—	8995
1996	7199	1706	—	5493
1997	7972	—	—	7972
1998	10389	—	2256	8133

续表1-2-14

年份	合计	专款支出	专项支出	其他支出
1999	9050	—	2536	6514
2000	10009	—	2348	7661
2001	11647	—	2676	8971
2002	16224	—	2261	13963
2003	22083	—	2227	19856
2004	27585	—	3443	24142
2005	39172	—	5101	34071
2006	56714	—	6639	50075
2007	35285	—	—	35285
2008	29627	—	—	29627
2009	29454	—	—	29454
2010	30325	—	—	30325
2011	14066	—	—	14066
2012	30664	—	—	30664
2013	15419	—	—	15419
2014	16170	—	—	16170
2015	12995	—	—	12995

1992—2015 年永州市本级其他支出统计表

表 1-2-15 **单位：万元**

年份	合计	专款支出	专项支出	其他支出
1992	438	82	—	356
1993	1253	78	—	1175
1994	836	201	—	635
1995	2107	—	347	1760
1996	2170	—	551	1619
1997	1390	—	—	1390
1998	2338	—	1167	1171
1999	2236	—	1278	958
2000	2444	—	1172	1272
2001	2378	—	1354	1024
2002	2389	—	1039	1350
2003	5037	—	1045	3992
2004	6871	—	1749	5122

续表1-2-15

年份	合计	专款支出	专项支出	其他支出
2005	7762	—	2711	5051
2006	9048	—	3480	5568
2007	14045	—	—	14045
2008	12890	—	—	12890
2009	15631	—	—	15631
2010	15196	—	—	15196
2011	6526	—	—	6526
2012	22944	—	—	22944
2013	10344	—	—	10344
2014	10944	—	—	10944
2015	7857	—	—	7857

第六节　基金支出

基金支出是指有特定专门用途的基金（收费）收入安排的支出。随着国家对经济管理体制和财政体制进行改革和调整，一些部门和单位的理财范围及权力有所扩大，同时由于国家财政比较紧张，有的部门超越其职责范围，擅自出台一些收费项目，扩大收费范围，提高收费标准，并由此带来一系列新的问题。为此，国家采取措施加强对政府收费的监管。1993 年 7 月，中共中央办公厅、国务院办公厅转发《财政部关于对行政性收费、罚没收入实行预算管理的规定》，将 81 项行政事业性收费纳入财政预算管理，所收款项除国家另有规定的外，根据执收部门的行政隶属关系，分别作为本级财政的预算收入，上缴同级国库，执收部门的支出由同级财政安排经费予以保障，不再实行收入按比例分成或以收定支、节余上缴财政的办法。1996 年 7 月，国务院制订《关于加强预算外资金管理的决定》，要求将养路费、车辆购置附加费、铁路建设基金、电力建设基金、公路建设基金、新菜地开发基金、农村教育事业附加费、邮电附加费、港口建设费、市话初装基金、民航机场管理建设费等 13 项数额较大的政府基金（收费）纳入财政预算管理。12 月，财政部印发《政府性基金预算管理办法》，对基金预算编制、科目设置、预算执行、决算编制等作出具体规定，要求从 1997 年 1 月 1 日起执行。将基金全额纳入预算管理，实行“收支两条线”，收入全额上缴国库，先收后支，专款专用；在预算上单独编列，自求平衡，结余结转下年继续使用；同时，明确地方财政部门按国家规定收取的各项税费附加，也要纳入地方财政预算，视同地方政府的基金收入，预算级次为地方预算收入。对未纳入预算管理的政府收费，实行财政专户管理，即收入上缴财政专户，支出由财政部门按使用计划核拨，实行财政“收支两条线”管理。在支出安排上，财政部门在安排部门经费时，将预算内外资金统筹使用。

1997 年，永州市单独编列基金预算支出，基金支出按部门设 7 类：工业交通部门基金支出类、商贸部门基金支出类、文教部门基金支出类、农业部门基金支出类、其他部门基金支出类、地方财政税费附加支出类、其他，类下按基金项目设款。此后，基金支出不断调整，各类基金支出反映的支出内容也相应发生变化。1998 年，增加社会保障基金支出，主要反映职工医疗保险基金支出。1999 年，增加土地有偿使用支出，主要反映耕地开发专项支出。2000 年，增加政府住房基金支出。2007 年，实施政府收支分类改革，取消按部门设类的基金支出，将基金预算支出与一般预算支出进行合并，设置对应科目。为保证基金独立反映、专款专用，按基金项目名称（原科目名称）单独设置项，与原科目一一对应，并按照功能分散在各类功能科目中，包括有：一般公共服务、教育、文化体育与传媒、社会保障和就业、城乡社区事务、农林水事务、交通运输、采掘电力信息等事务、粮油物资储备管理等事务、其他支出等类级科目。

2007 年，市本级财政单独编制政府性基金收支预决算，将防洪保安资金、森林植被恢复费、育林基金、残疾人就业保障金、价格调节基金、散装水泥专项资金、新型墙体材料专用基金、城镇公用事业附加、拖摩养路费 9 项政府性基金（附加）纳入基金预算管理，基金收入全部缴入国库，支出通过基金预算安排拨付；对土地有偿使用收入、政府住房基金收入、社会保险基金收入、文化事业建设费收入暂不纳入基金预算管理范围，继续按原办法实行“收支两条线”管理。此后，纳入基金预算管理的基金项目不断发生小的调整。

2008 年，市本级将政府住房基金收入纳入基金预算管理。2009 年 1 月起，国家取消公路、水路养路费征收，市本级不再编制拖摩养路费基金收支预算，并取消编制政府住房基金预算。从 2010 年起，市本级单独编制社保基金收支预算，包括企业基本养老保险、机关基本养老保险、失业保险、城镇职工基本医疗、生育保险、工商保险 6 项，严格实行“收支两条线”管理。2011 年，市本级取消编制森林植被恢复费基金收支预算。2012 年，市本级将防洪保安资金更名为水利建设基金，并取消编制育林基金收支预算。2013 年，市本级将国有土地使用出让金纳入基金预算管理。2014 年，市本级重新将政府住房基金纳入基金预算管理，并将城镇居民医疗保险纳入社保基金预算编制范围。2015 年，市本级将国有土地收益基金、农业土地开发资金纳入基金预算管理。

2002—2015 年永州市财政基金支出统计表

表 1-2-16　　单位：万元

年份	合计	商贸部门基金支出	文教部门基金支出	社会保险基金支出	农业部门基金支出	土地有偿使用支出	政府住房基金支出	其他部门基金支出	工业交通基金支出	—	—	—	地方财政税费附加支出	其他
2002	1938	9	162	179	268	66	—	—	—	—	—	—	1249	5
2003	7170	45	23	223	829	2088	—	—	—	—	—	—	3523	439
2004	7830	268	22	546	1467	1572	—	1218	1	—	—	—	2736	—
2005	9103	16	86	789	4930	2544	—	65	—	—	—	—	673	—
2006	13785	507	112	928	6593	2933	—	417	1438	—	—	—	848	9
年份	合计	一般公共服务	教育支出	文化体育与传媒支出	社会保障和就业支出	城乡社区支出	农林水支出	交通运输支出	资源勘探电力信息等支出	商业服务业等支出	采掘电力信息等事务	粮油物资储备管理等事务	工业商业金融等事务	其他支出
2007	44600	—	—	268	420	10346	27334	2613	—	—	—	—	1149	2470
2008	56564	3537	—	229	644	16818	27836	4612	—	—	—	—	523	2365
2009	78474	4618	607	65	611	36711	32713	—	—	—	75	125	—	2949
2010	88937	—	1243	256	16890	44651	14101	23	—	—	137	60	—	11576
2011	187220	—	1116	298	16138	134239	17480	—	—	—	714	110	—	17125
2012	157527	—	1147	231	18221	104125	21587	5	1376	90	—	—	—	10745
2013	245207	—	6286	757	25427	166241	25627	30	1614	40	—	—	—	19185
2014	465258	—	10354	401	20749	299003	95795	32	6298	100	—	—	—	32526
2015	597274	—	—	—	34686	519911	1194	2	2472	39	—	—	—	38970

第七节 上解支出

上解支出主要是根据财政体制要求，下级财政将本年度的财政收入上解至上一级财政的支出，分为体制上解、专项上解和其他上解 3 类。体制上解是按财政体制计算的一年一度的收入上解；专项上解支出是由于国家出台改革政策引起原来应由下级财政负担的支出转移到上级财政负担，由此需要下级财政专项上解上级财政的一部分支出，包括农业税价差上解、资源税上解、预算调节基金上解、土地使用税上解、耕地占用税上解、中央借款上解、屠宰税增收上解、向中央贡献数上解、奖金税上解、城建税上建、固定资产投资调节税上解、土地增值税上解、国有土地使用权出让收入上解、粮食风险基金上解、工商经费上划、税务基数上划等。此外，还包括极少数的烤烟税增收上解、行政经费罚款、工农两金农业税新增差价上解、国安上划、再贷款扣款上解等。随着财政体制的改革和调整，上解支出的内容不断发生变化。1992—1993 年，上解支出包括总额分成上解、递增包干定额上解、专项上解。1994 年实行分税制改革后，上解支出内容变成原体制上解、专项上解。此后，上解支出更名为专项转移支付上解和一般性转移支付上解。

1992—2015 年永州市上解支出统计表

表 1-2-17 **单位：万元**

年份	合计	专项转移支付上解	一般性转移支付上解
1992	3811	3811	—
1993	3980	3980	—
1994	3538	3538	—
1995	5386	5386	—
1996	6636	6636	—
1997	7128	7128	—
1998	7821	7821	—
1999	7541	7541	—
2000	8152	8152	—
2001	9950	9950	—
2002	8424	8424	—
2003	8296	8296	—

续表1-2-17

年份	合计	专项转移支付上解	一般性转移支付上解
2004	10082	10082	—
2005	10222	10177	45
2006	10104	9951	153
2007	10725	10169	556
2008	11031	10454	577
2009	7605	7337	268
2010	14795	14451	344
2011	19844	19359	485
2012	19794	19010	784
2013	18897	17883	1014
2014	19882	18736	1146
2015	21431	20285	1146

第三章　财政改革

24 年来，永州市各级财政部门按照中央、省和市委、市政府的决策部署，牢牢抓住改革这一主线，先后进行 8 项重大财政改革，不断理顺上下级政府间财政分配关系、政府与部门间财政分配关系，在创新财政管理体制机制上进行有益探索。

第一节　分税制财政管理体制改革

一、1994 年分税制财政管理体制改革

2015 年 5 月 12 日，湖南省财政改革巡回宣讲团到永州市宣讲

从 1993 年年初开始，零陵地区财政局组建财政体制改革专门班子，收集掌握信息，研究对策措施，提前预判谋划，指导县（市）搞好分析测算，积极组织财税收入入库，争取一个好的收入基数。1993 年 12 月 15 日，国务院印发《关于实行分税制财政管理体制的决定》，按照中央与地方政府的事权划分，确定各级财政的支出范围。根据事权与财权相结合原则，将税种统一划分为中央税、地方税和中央地方共享税，中央与地方共享税包括增值税、资源税、证券交易税。增值税中央分享 75%，地方分享 25%。资源税按不同的资源品种划分，大部分资源税作地方收入，海洋石油资源税作中央收入。证券交易税中央与地方各分享 50%。建立中央税收和地方税收体系，分设中央与地方两套税务机构分别征管。中央财政对地方财政税收返还数额以 1993 年为基期年核

定。1993年中央从地方净上划的收入（消费税+75%增值税-中央下划收入）全额返还地方，并作为以后中央对地方税收返还基数。1994年以后，税收返还额在1993年基数上逐年递增，递增率按全国增值税和消费税的平均增长率的1∶0.3系数确定，即上述“两税”全国平均每增长1%，中央财政对地方的税收返还增长0.3%。如若1994年以后中央从地方净上划的收入达不到1993年基数，则相应扣减税收返还数额。决定自1994年1月1日起施行。

1993年8月8日，省财政厅党组书记、厅长章锐夫（左）到零陵地区调研，召开财政工作座谈会，区领导邹金鹭（中）、卞翠屏（右）出席会议

1994年8月19日，湖南省人民政府办公厅印发《关于实行分税制财政管理体制的通知》，决定从1994年1月1日起，改革现行财政包干体制，对零陵地区实行分税制财政体制：零陵地区收入包括地属企业所得税和上缴利润、除省级收入外的增值税25%部分和营业税、个人所得税、房产税等工商税，以及农业四税。省与零陵地区共享收入为资源税、土地增值税、城镇土地使用税，省与零陵地区各占50%。零陵卷烟厂增值税25%的部分为省级收入。省财政对零陵地区税收返还数额以1993年为基期年核定，同时与零陵地区上划增值税和消费税完成情况挂钩，增量部分按1∶0.2的比例返还。从1994年起，如果某一年净上划中央、省收入达不到上年实际完成数，则相应扣减税收返还数额，同时调减返还基数。原体制中省对零陵地区的补助继续按规定补助。设立国家税务局与地方税务局两套机构，分别征管，实行“税收分立，税种分开，机构分设”。

1994年12月18日，零陵地区行政公署办公室印发《关于实行分税制财政管理体制的通知》，零陵地区比照省对地实行分税制办法，按省统一口径确定地对县（市）分税制体制。

（一）省、地与县（市）收入划分

1. 省级收入包括：（1）省属企业上交的所得税和利润。（2）省级工商税收：中央和省电力企业增值税的25%部分和营业税，包括零陵地区双牌电站、零陵电业局系统；中央石化和有色金属企业增值税25%部分和营业税；长沙、常德、零陵、郴州4家卷烟厂增值税25%部分；省冶金总公司所属企业增值税25%部分，包括零陵地区铜山岭矿；银行保险营业税；省商业集团公司及所属企业交纳的营业税；粮食系统所属企业增值税25%部分〔不含湘南3个地（市）〕；省供销社所属企业所得税；证券交易税地方50%部分；原盐税转为资源税和增值税的25%部分；原省属其他收入。

2. 地区收入包括：（1）地属直企业所得税和上缴利润。（2）地直单位上缴的农业特产税。包括回龙圩农场、金洞林场（不含原产品税转特产税部分）、地区柑橘示范场等。（3）原属地区其他收入。

3. 县（市）收入包括：（1）县（市）企业所得税（不含地方银行和外资银行及非金融企业所得税）和上缴利润。（2）县（市）工商税收：增值税25%部分〔指原属县（市），税制改革后仍留归地方部分，不含前述属于省级的部分〕、营业税（不含前述属于省级的部分）、个人所得税、固定资产投资方向调节税、城市维护建设税、房产税、车船使用税、印花税、屠宰税、遗产和赠予税。（3）农业税、农业特产税（不含前述属地级的部分）、耕地占用税、契税。（4）原属县（市）的其他收入。

4. 省与县（市）共享收入：资源税（不含原盐税改征的资源税）、土地增值税、城镇土地使用税，省与县（市）各分成50%。

5. 地与县（市）分成收入：（1）农业税比1993年新增价差部分，地区分成20%。（2）城市维护建设税，1994年从永州市集中20%，1995年开始从各县（市）集中10%。（3）教育费附加收入分成10%。

（二）省、地与县（市）支出划分

1. 省级支出包括：省级统筹基本建设支出、省属企业的技术改造和新产品试制费、简易建筑费、价格补贴支出、省安排的其他各项专项支出、省本级各项事业行政经费及其他支出等。

2. 地级支出包括：地级自筹基本建设支出、地属企业的技术改造和新产品试制费、简易建筑费、价格补贴支出、地级安排的其他各项专项支出、地本级各项事业行政经费及其他支出等。

3. 县（市）支出包括：县（市）级自筹基本建设支出、县（市）属企业的技术改造和新产品试制费、简易建筑费、价格补贴支出、支农支出、城市维护和建设支出、县（市）本级各项事业行政经费及其他支出。

（三）地区财政对县（市）税收返还数额的确定

地区财政对县（市）税收返还数额以1993年为基数核定。按照1993年各县（市）实际收入以及税制改革前和中央、省、地与县（市）收入划分情况，核定1993年中央、省、地从县（市）净上划的收入数额（即上划消费税加上划75%的增值税减去中央、省和地区上划收入)。1993 年净上划收入，全额给予返还，并以此作为地对县（市）的税收返还基数。省对地（市）的递增率按零陵地区上划消费税和增值税的平均增长率的 1∶0.2 系数确定，地区对县（市）财政的递增率亦与各县（市）上划消费税和增值税的完成情况挂钩，增长率按 1∶0.1 的系数确定，另 0.1 由地区财政集中调剂使用。从 1994 年起，如果某一年净上划中央、省、地收入达不到上年实际完成数，则相应扣减税收返还数额，同时调减税收返还基数。

（四）原体制中地对县（市）的补助、县（市）上解以及有关结算事项的处理

实行分税制财政管理体制后，原体制的分配格局暂时不变。原体制中省、地对县（市）的定额补助继续按规定执行；递增包干上解的县（市）按原规定继续递增上解地区财政。向中央作贡献数、中央借款仍采取固定结算办法，每年年终决算固定上解。原省、地对县（市）的各项专款，该下拨的继续下拨，能下放的尽量下放。

1994 年是分税制改革元年，零陵地区完成上划中央“两税”（消费税和增值税 75%部分）2.57 亿元，省财政按存量部分全额返还，增量部分 1∶0.2 返还，返还零陵地区 2.11 亿元。

1995 年，省财政对分税制进行调整，规定实行递增上解的地区，一律取消递增上解，改为按各地区 1994 年实际上解额实行定额上解。是年，省财政从体制上对零陵地区增加定额补贴，对双牌县、道县、宁远县进行体制微调，增加部分体制补助。对于零陵卷烟厂入库的卷烟增值税省留的 25%超过上一年度的部分，给予零陵地区财政 20%的分成；如果烟厂以后年度入库的消费税和增值税比 1993 年入库的产品税、专项收入下降，则根据下降比例相应扣减所在地（市）当年的定额分成数。1995 年 11 月，经国务院批准撤销零陵地区成立地级永州市。1996 年，永州市发文确定市与芝山区、冷水滩区的分税制财政体制，调整祁阳县、道县的财政收入范围，建立市级财政。

二、2002 年所得税分享改革

为进一步规范中央与地方政府间分配关系，建立合理的分配机制，减缓地区间财力差距的扩大，2001 年 12 月 31 日，国务院出台所得税收入分享改革方案，决定从 2002 年 1 月 1 日起，实行所得税收入分享改革。除少数特殊行业或企业外，对其他企业所得税和个人所得税收入实行中央与地方按比例分享。中央保证各地区 2001 年地方实际的所得税收入基数，实行增量分成。以 2001 年为基期，基数内部分由中央返还地方，超过基数部分由中央与地方按比例分享，2002 年中央与地方各分享 50%，2003 年后中央分享 60%，地方分享 40%。对完不成基数的，中央将调减基数并相应扣减地方分享收入。对中央财政因所得税分享改革增加的收入，按照

公平、公正的原则，采用规范的方法进行分配，对地方主要是中西部地区实行转移支付，转移支付资金首先用于保障地方机关事业单位职工工资发放和机构正常运转等基本需要。

2002年4月27日，永州市根据中央和省关于所得税收入分享改革的有关精神，出台全市所得税收入分享改革方案：(一) 基本原则。所得税地方留成部分，实行省与市、县（区）分享，市不再分享县（区）原留成部分；维护县（区）既得利益，对县（区）净上划中央和省的所得税收入如数返还县（区）。省按比例分享多集中的县（区）收入，通过转移支付方式返还市财政后，市财政再转移支付给县（区）财政；所得税分享范围、比例，实行全市统一；按照简单、规范和便于管理的原则，市保留原属市级的个人所得税和市直企业所得税、中央与省下放的部分企业所得税，分享利息所得税。(二) 分享范围。除铁路运输、国家邮政、中国工商银行、中国农业银行、中国银行、中国建设银行、国家开发银行、中国农业发展银行、中国进出口银行以及海洋石油天然气企业缴纳的所得税作为中央收入。中央跨地区经营、集中缴库企业、省电力公司、高速公路以及长沙卷烟厂、常德卷烟厂、郴州卷烟厂、零陵卷烟厂、华菱管线、省经济建设投资公司和省信托投资公司等企业缴纳的所得税作为中央与省分享收入。原属市级的个人所得税、企业所得税和中央、省下放的部分企业所得税作为中央、省与市级分享收入。利息所得税作为中央、省、市与县（区）的分享收入。其他企业所得税和个人所得税收入实行中央、省与县（区）按比例分享。(三) 分享比例。中央、省、市分享收入的分享比例2002年分别为50%、15%和35%，2003年分别为60%、12%和28%；中央、省、县（区）分享收入分享比例2002年分别为50%、15%和35%，2003年分别为60%、12%和18%；利息所得税，中央、省、市、县（区）分享收入的分享比例2002年分别为50%、15%、10%和25%，2003年分别为60%、12%、10%和18%。2003年以后年份的分享比例根据调整后的中央与地方的分享比例再定。(四) 基数计算。以2001年所得税实际收入为基数，按改革方案确定的分享范围和比例计算，县（区）分享的所得税收入如果小于县（区）实际所得税收入，差额部分由市作为基数返还县（区）；如果大于县（区）实际所得税收入，差额部分由县（区）作为基数上解市。改革方案实施后，如果某县（区）以后年度的所得税收入完成数达不到2001年数额，市将相应扣减对该县（区）的基数返还或调增该县（区）的基数上解。

为保障全市所得税收入分享改革顺利实施，市政府出台实施3条配套措施：明确所得税的征收管理。现行国家税务局、地方税务局征管企业所得税、个人所得税的范围暂不作变动。自改革方案实施之日起，新登记注册的企事业单位的所得税由国家税务局征收管理。妥善处理税收优惠政策。按照中央所得税改革政策要求，中央统一制订的所得税优惠政策，原则上由中央和地方各级按分享比例分别承担，但改革方案实施前已出台的对中央企业先征后返政策，清理后确需保留的，改革后仍由中央财政继续承担。各地不得自行出台所得税优惠政策，否则，一经发现，将如数扣回影响中央和省的财政收入，并按规定追究有关人员责任。严格处理违反税收征管规定的行为。凡属县（区）人为抬高收入基数，或将应属中央、省和市的所得税收入混入县（区）国库等违反税收征管规定的，一经查出，相应扣减市对县（区）的基数返还。

2002 年 11 月 1 日，市财政局对全市所得税收入分享改革基数返还额进行核定。明确所得税基数返还以 2001 年为基期计算确定。各县（区）地方企业所得税基数，在县（区）企业所得税 2001 年 1—9 月增长率不高于全年增长率的情况下，以本县（区）2000 年实际完成数为基础，按 2001 年 1—9 月本县（区）企业所得税实际增长率（负增长按零增长）计算确定。如县（区）企业所得税 2001 年 1—9 月增长率高于 2001 年增长率，则以县（区）2001 年地方企业所得税实际完成数为基础计算确定；中央、省级企业所得税、个人所得税、银行储蓄存款利息所得税基数以 2001 年实际完成数为基础计算确定。按改革方案确定的分享范围和比例计算，县（区）上划的所得税收入大于中央、省下划的所得税收入的差额部分，由市作为基数返还给县（区）。若县（区）2002 年及以后年度的企业所得税和个人所得税完成数达不到核定数，市财政将相应扣减县（区）的所得税基数返还额。据此，核定全市所得税收入分享改革基数返还额为 6124 万元，其中，市本级 746 万元，县（区）5378 万元；核定 2002 年全市地方企业所得税基数为 2124 万元，其中，市本级 402 万元，县（区）1722 万元。

2003 年 4 月 10 日，市财政局、市国税局、市地税局、人民银行永州中心支行联合发出关于所得税收入的预算级次和预算科目的补充通知，从 2003 年起，企业所得税和个人所得税的税款滞纳金、罚没收入采用随正税预算级次走的缴库办法缴库；所得税入库的预算级次按 2003 年中央与省、市、县（区）分享的所得税比例进行调整。

2003 年 5 月 7 日，根据省财政厅文件精神，考虑到湖南南岭民用爆破器材股份有限公司所属祁东县、汨罗市分公司的企业所得税集中在公司总部所在地双牌县统一缴纳，从 2002 年起，调增双牌县省下划企业所得税基数 79 万元，调减双牌县 2002 年所得税基数返还 28 万元。

从 2010 年 1 月 1 日，湖南省调整省以下财政体制，推行财政“省直管县”改革，但分税分享的基本精神和基本架构沿用至 2015 年，与此相适应的转移支付制度亦逐步健全完善。

第二节 收支两条线管理改革

1990 年，中共中央、国务院作出《关于坚决制止乱收费、乱罚款和各种乱摊派的决定》，规定对行政事业性收费要按照资金性质分别纳入财政预算或预算外管理，对集资的资金实行“收支两条线”管理。1992 年，零陵地区财政局组织人员到有关单位调查算账、反复研究，决定将激励机制引入预算外资金管理，提出“专户储存，有奖有息”的管理办法，并向各县（市）推广，全区专储资金累计存入 1.57 亿元，比年初计划数增长 42.7%，创历史最好水平。是年，对行政事业单位住房基金试行“财政专户储存”管理，要求包括中央、省驻零陵地区单位在内的行政事业单位住房基金试行财政专户储存、计划管理、财政审批、银行监督的管理办法。对各类专项资金进行清理，共清理出 8 个部门的 9 种基金合计 1.65 亿元，统一纳入财政管理。

1993 年，出台《零陵地区行政性收费预算管理暂行办法》，明确规定行政性收费收入，属国家财政收入，全部纳入财政管理。要求各级财政部门成立收费办公室，管理本地和中央、省驻零陵地区单位行政性收费的收缴工作。对隐瞒、截留行政性收费的要严肃处理，除追回隐瞒、截留的行政性收费外，对金额 5 万以下的处以 20%罚款，并对责任人和单位领导处以 2 个月基本工资罚款；对 5 万元以上的处以 30%罚款，对责任人和单位领导处以本人 3 个月基本工资罚款，对不按期上缴行政性收费的，由财政部门责令其限期补缴，对拒不上缴的，由财政部门抵减预算拨款。是年，地区财政局对地直行政事业单位和国营企业的房改售房收入（住房资金）、国有土地有偿使用费一律按照预算外资金管理办法，实行财政专户储存、计划管理。

1994 年，成立零陵地区行政事业性收费管理办公室，与地区财政局综合计划科合署办公，负责全区行政性、事业性收费票据的管理和地直单位行政性、事业性收费收入的收缴及其结算。对不同的收入采取不同的管理方式：行政性收费收入作为国家财政收入，纳入预算管理；事业性收费收入按财政预算外收入管理，实行“财政专户储存、计划管理、财政审批、银行监督”的管理方式；专项收费收入在省财政厅新规定出台前，暂按财政专户储存制度管理。地区财政局要求，各县（市）对罚没收入、行政性收费进行全面清缴，收入全额上缴财政，各单位不得以任何名义拒缴或分成、转移、挪用和坐支。否则，停拨预算经费，停止控购审批，停止出售收据，情节严重的追究单位领导及当事人责任。事业性收费及其他预算外资金全额实行财政专户储存，计划管理。对不实行专户储存的单位按储存额的10%处以罚款。所有行政性、事业性收费必须统一使用财政部门印制或监制的收款收据。凡使用自制或非财政印、监制的收款收据进行收费的，均为乱收费，所有收费收入全部没收并进行处罚。任何单位不得私设“小金库”，凡收入不入账或转移收入的，全额收缴财政，并处以50%的罚款。单位用预算外资金发放奖金、补贴、物资及购买专控商品的，一律由财政部门进行单项审批。凡不经审批擅自发放奖金、补贴、物资的按违纪处理。为统筹预算内外资金，兑现公务员工资，各县（市）可根据规定对预算外资金收入征集5%～10%的工资调节基金，纳入财政预算管理。

1995年1月1日，零陵地区执行《湖南省预算外资金管理条例》，推行零基预算管理，对行政事业单位实行“预算内外统筹，收支统管，综合包干”的管理办法，对行政事业单位包括二、三级单位的预算外资金严格实行财政专户存储和“收支两条线”管理，在保证各单位正常支出的前提下，全年共统筹1358万元预算外资金进入零基预算的盘子，开征预算外收入调节基金，全年共征收调节基金229万元。对预算外超收实行奖励政策，凡超额完成预算外收入任务的单位，财政不扣减经费，各单位超收部分，经批准60%可用于职工奖励和福利。与此同时，发挥预算外资金的间隙融通功能，全年融通间隙资金2133万元，支持地方经济发展和财源建设，新增利税648万元。加强住房资金管理，将部分国有住房出售收入划转财政，原从公房出售中上缴的5%统筹金全部转做城市住房基金，专项用于房产开发。建立住房公积金制度，单位和个人按职工工资总额的5%缴纳，并全额纳入财政专户储存，统一管理。

1997年，永州市本级收费征管体制实行改革，市直和中央、省驻市（区）的行政机关、事业单位和社会团体所收取的行政性收费、事业性收费、专项收费和未纳入预算管理的各种专用基金；各部门、各单位受政府委托或以政府信誉取得的未纳入预算管理的各种集资、募捐收入和体现政府职能依法取得的经营服务收入，全部纳入财政专户管理。取消行政事业单位收入过渡户，根据单位收费情况、收费性质和财务管理体制，分别采取委托银行收款、委托单位代收、市收费局直接征收3种征收管理方式。收费收入委托银行收款的单位，经财政批准，只能在银行设立一个预算外资金支出账户；收费收入委托单位代收的，经批准，可在银行开设一个收入待解账户、一个预算外支出账户，支出账户只支不收。在此基础上，推行综合财政改革，将预算内资金和预算外资金及其他资金有机结合起来，由财政部门按照“统一政策、分项管理、收支平衡、略有结余”的原则，进行综合预算分配，编制统一的综合财政收支计划，以保证单位正常支出，发挥资金的最大效益。单位超额完成上年收入基数的，增长部分财政参与分成，单位分成经批准可用于专项支出和奖励、福利支出。单位未完成收入任务的，相应扣减除人员工资、离退休费用、政策性补贴以外的其他开支。单位节约的支出，可继续结转下年度使用，财政不平调，也不抵顶下年度支出。

2008 年 6 月，市财政局举办《湖南省非税收入管理条例》执法检查培训班

1998 年，市政府出台《永州市行政事业性收费（基金）收入管理实施细则》和《永州市罚款决定与罚款分离严格实行“收支两条线”管理实施办法》，财政“两项改革”（收费征管体制改革、综合财政预算改革）扩大到各县（区）。全市缴入财政专户资金 7.29 亿元，比实行“两项改革”前的 1996 年增长 18%，纳入综合财政预算分配的预算外资金 6.5 亿元，增长 38.5%，统筹和调剂预算外资金 5975 万元，增长 34.6%。1999 年 8 月，财政部、监察部、国家计委、审计署、中国人民银行联合印发《行政事业性收费和罚没收入实行“收支两条线”管理的若干规定》。永州市严格执行“收支两条线”管理办法，加大集中宣传力度，在《永州日报》开辟宣传专栏，从 1998 年起，每年开展“收支两条线”检查，严厉查处“三乱”行为，从严约束和控制预算外支出。

2000 年，全市对综合财政预算改革政策作出适当调整，在收入管理上，只下达单位收入计划，不硬性下达收入任务，不搞比例返还或超收分成，对单位实行以奖代补办法；在支出管理上，区别各单位不同情况，核定和下达支出计划，保证重点事业发展资金需要，原则上任何单位都不得突破预算外支出计划；在制订单位财务收支计划时，不再填列和反映结余上缴财政数，财政只依照单位支出计划，按进度分别从预算内和财政专户予以拨款，实现预算外资金财政性的本质归位。推行乡（镇）综合财政预算改革试点，全市 35 个试点乡（镇）纳入乡（镇）财政统一管理的预算外资金达 3688 万元，完成上缴预算收入 575 万元。是年，全面落实“收支两条线”管理规定，加大对预算外资金的稽查力度，选取 20 个收支规模较大和专项基金较多的单位，对预算外专项支出的执行情况和财政专户拨付资金的使用情况实行跟踪调查和建档监管，增强单位预算外支出约束。

2013 年，省非税局局长易继元（左二）到永州市调研非税收入征收管理工作

2001 年，完善财政专户资金管理，推行财政专户封闭运行办法，总结公安、交警、林业、教育部门上缴下拨管理改革经验，对市直所有行政事业单位上缴省主管部门的资金全部通过市本级财政专户直接划缴省财政专户，实现财政专户资金管理的延伸。从严把关综合财政预算财政专户专项支出中用于购置政府采购目录内的物资，由单位提出采购申请，经财政审核资金来源和支出计划后，委托政府采购中心实行统一采购。总结东安县紫溪镇等乡（镇）综合财政预算改革试点经验，全面推动乡（镇）综合财政预算改革，东安县、芝山区、双牌县、蓝山县等县（区）实现乡（镇）综合财政预算改革全覆盖。是年，全市有 81 个乡（镇）实行综合财政预算改革，完成上缴预算收入 1640 万元。

2003 年，推行“收支两条线”管理改革试点，选择市公安、交警、法院、计生、环保 5 个部门进行试点，收入全额进预算，支出通过财政预算统一安排，以解决预算内外资金管理双轨并行的问题。是年，5 个试点部门入库资金 5885 万元，比 2002 年增长 2.4 倍。推行部门预算改革试点，市本级选择市农业局、市教育局、市计生委 3 个单位开展试点，实行“一个部门，一本预算”。省财政厅、中国人民银行长沙中心支行决定自 2004 年 1 月 1 日起，将教育、交通、人事等部门和单位的 15 大类 30 项行政事业性收费纳入财政预算管理，收入全额上缴国库，支出通过财政预算安排，不再作为预算外资金管理。

2005 年，全市推行非税收入规范管理改革，积极探索“单位开票、银行代收、财政统管、综合预算”管理模式。此后，“收支两条线”管理作为预算管理制度改革的重要内容，逐渐融入部门预算改革、政府收支分类改革、国库集中支付改革等更高层次的改革之中。

第三节 政府采购制度改革

1999 年 9 月，永州市设立政府采购中心，专门负责政府采购工作，为财政差额拨款事业单位，归口市财政局管理，正式启动政府采购工作。是年，对市直机关、政法系统的 15 种办公用品进行竞争性招标采购，中标金额 82.62 万元，比预算节约资金 17.38 万元，节减率为 17.7%。

2000 年，市政府出台《永州市政府采购暂行办法》，规定对各级国家机关、事业单位为履行其职能或向社会提供公共服务，使用财政性资金从市场购买商品和劳务的行为，实行政府采购。政府采购的范围包括机关事业单位房屋的购建、改造、租赁和维修；设施、设备、办公用具、通信器材、交通工具的购买、安装和维修；财产保险、会议、印刷和大宗消费性劳务等，是年政府采购的品目 30 多个。通过建立评审专家信息库、供应商和商品信息库、采购资金专户，规范政府采购行为。市财政局专门举办政府采购培训班，进一步明确政府采购目录、工作程序、招标程序，规范政府采购行为。2000 年，全市实施政府采购 38 次（含市本级 15 次），采购对象涉及办公设备、交通工具，车辆的保险、加油和维修等领域，采购金额 470.6 万元，比预算节约资金 88.43 万元，节约率为 15.8%。

2001 年，市财政局出台《永州市市本级 2001 年政府采购目录》《关于永州市市直机关事业单位机动车辆统一保险有关问题的通知》《关于加强教育物资政府采购工作管理的通知》《永州市本级公务用车定点维修实施细则》等文件，政府采购的范围扩大到教学网络、电信工程、印刷、车辆保险、小车维修、市政工程等项目。市本级对市直机关事业单位的车辆保险实行政府采购，保费支出 233.9 万元，节约预算资金 44.4 万元，节支率为 16%，“永州经验”在全省得到推广。全市大多数县（区）亦开展政府采购公开招标活动，新田县对县委、县人大、县政府、县政协的车辆保险、维修，芝山区对“三个大会”实行政府统一采购。是年，全市政府采购中标金额 5115 万元，是 2000 年的 11 倍，节支率为 14%。2003 年，《中华人民共和国政府采购法》正式实施，全市采取多种形式加大宣传力度，推动政府采购规范化运行。是年，全市完成政府采购 1.48 亿元，比 2002 年增长 23.1%，节约资金 2170.7 万元，节支率为 12.8%。

2004 年，市编办印发《关于市政府采购的监督管理和具体操作职能分离等有关事宜的通知》，明确市政府采购中心从市财政局分离出来，由市政务服务中心代管，作为具体操作机构。在市财政局国库科加挂的永州市政府采购管理办公室更名为永州市政府采购监督管理办公室，市本级政府采购监督管理职能与操作职能完全分离，采购办的工作重心转移到编制政府采购预算和计划、制订规章制度、进行政策指导、聘用专家管理、信息公布和监督检查上。是年，全市1/3以上的县（区）实行监管与操作分离，全市完成政府采购额1.76亿元，节约财政资金2300万元，综合节支率为11%。

2005年，全市深化政府采购制度改革，市财政局印发《永州市2005年集中采购目录及政府采购限额标准和公开招标数额标准》，明确政府采购限额标准：货物类，市级单项在2000元以上或者批量在1万元以上金额的货物；县级单项在1000元以上或者批量在5000元以上金额的货物。工程类，市级5万元以上的工程项目；县级2万元以上的工程项目。服务类，市级单项在5000元以上或者批量在1万元以上金额的服务；县级单项在1000元以上或者批量在5000元以上金额的服务。公开招标数额标准：各级预算管理单位采购集中采购目录以内或者限额标准以上的项目，凡达到公开招标数额标准的，应当采用公开招标方式，委托经省级以上政府采购监督管理部门认定资格的政府采购业务代理机构或者集中采购机构实施采购。具体数额标准：30万元以上的单项或者批量货物；20万元以上的单项或者批量服务；80万元以上的工程项目。2005年下半年实行国库集中支付改革试点后，市财政局印发《永州市本级政府采购资金财政直接拨付管理暂行办法》，规定政府采购资金的支付按照国库集中支付管理办法执行。

2006年，全市开展商业贿赂治理，加强政府采购管理，深化政府采购制度改革，开展车辆保险、车辆维修、车辆加油“三定点”政府采购工作。市财政局印发《永州市本级政府采购工作程序》《永州市市直行政事业单位公务车辆统一定点保险管理暂行办法》，规范市本级采购工作程序。2007年，市本级试行出差、会议定点饭店政府采购，开展车辆定点保险，县（区）采购监管职能和操作职能全部分离。2008年，深化政府采购改革，推行协议供货改革试点，提高政府采购效率和服务水平，全市完成政府采购金额4.25亿元，综合节支率达11.3%。

2010年，全市尝试编制政府采购预算，扩大采购范围和规模。2011年，健全政府采购操作规程，加强采购评审专家库建设，强化政府采购监管，逐步将公共工程项目纳入政府采购。2012年，完善政府采购制度，加大服务类、工程类项目政府采购力度，市本级完成政府采购1.3亿元，节支率达10.2%，全市政府采购规模达7.6亿元，比2009年增长16.1%。

2013年，成立永州市公共资源交易中心，为市政府直属单位，市政府采购中心并入公共资源交易中心，改为政府采购交易科。加大工程项目政府采购力度，加强办公设备协议供货和公务用车定点保险、定点加油采购管理，充实政府采购专家评委库，扩大采购范围和规模。是年，市本级完成政府采购2.8亿元，比2012年增长1.2倍，综合节支率5.2%。2014年，持续加强政府采购监管，市本级完成政府采购3.2亿元，比采购预算节约1.3亿元，综合节支率达28.5%。2015年，开展政府购买服务试点，全年市本级审批政府采购项目2103个，采购规模达5.45亿元，节支率为17.7%。

第四节 农村税费改革

1997年8月，湖南省人民政府在武冈市召开全省“费改税”试点工作会议，总结1995—1997年改革试点经验，决定自1998年起，全省每个地（市、州）选择一个县（市）进行“费改税”试点。1998年1月，省财政厅、省经济体制改革委员会印发《关于认真做好“费改税”试点工作的通知》，要求由中央和省两级确定的36个综合改革试点的小城镇从1998年起实行“费改税”试点。根据省里统一部署，1998年永州市在祁阳县进宝塘镇开展“费改税”试点，将向农村收取的村提留和乡统筹改为统一征收农村公益事业建设税，纳入财政预算管理，专项用于农村公益事业。“费改税”实施4个月，征税122万元，计征标准控制在1997年农民人均纯收入的5%以内。

2001年3月9日，市委、市政府召开全市农村税费改革工作会议，对全市农村税费改革作出安排部署。决定在农村税费改革全面铺开之前，在祁阳县茅竹镇、芝山区黄田铺镇和江永县夏层铺镇开展试点。要求各县（区）从3月中下旬开始，办好1至2个乡（镇）试点，通过开展改革试点，全面了解掌握当地农民负担和财政收支真实情况，注意搜集、研究改革中出现的各种矛盾和问题。根据不同乡（镇）、不同村组的具体情况，按照农作物主产区、农民负担轻重、财政收支情况、农村稳定状况等因素进行科学分类，区别不同情况，研究制订具体操作办法，实行分类指导。

2002年4月，省委、省政府印发《关于全面推行农村税费改革的通知》，对全省农村税费改革作出全面部署。6月24日，《永州市农村税费改革实施方案》获省政府办公厅正式批复，全市农村税费改革全面启动，实行“三取消、两调整、一改革”。（一）取消乡统筹费、农村教育集资等专门向农民征收的行政事业性收费和政府性基金、集资。取消乡统筹费后，原由乡统筹费开支的乡村两级九年制义务教育、计划生育、优抚工作和民兵训练费用，由各级政府通过财政预算予以安排。（二）取消屠宰税，原来随屠宰税附征的其他收费项目一并停征。（三）逐步取消统一规定的劳动积累工和义务工，从2002年起用3年时间，逐步取消统一规定的劳动积累工和义务工。2002年每个劳动力承担“两工”最多不超过25个，2003年不超过20个，2004年不超过10个，2005年全部取消。（四）调整现行农业税政策。确定农业税计税土地面积，以农民第二轮土地承包面积为依据，确定全市农业税计税面积为335.38万亩。核定农业税计税常年产量，以1994年至1998年5年正常年景农作物的实际平均产量为依据核定，测定全市亩平常年产量612千克。合理确定农业税税率，全市农业税综合税率确定为6.9%。按此税率依据常年产量、计税面积计算的全市农业税稻谷总量为1.42亿千克。农业税计税价格，按省政府统一确定的价格执行。（五）调整农业特产税政策，对在非农业税计税土地上生产的农业特产品，继续征收农业特产税；对在农业税计税土地上生产的农业特产品，由县人民政府决定只征收农业税或只征收农业特产税，并保持相对稳定。（六）改革村提留征收使用办法，村干部报酬、五保户供养、办公经费，除原由集体经营收入开支的仍继续保留外，由农民上缴村提留开支的，采用新的农业税附加和农业特产税附加方式收取，农业税附加和农业特产税附加比例均为正税的20%。（七）农业税及附加的征收实行代金制，农业税及附加、农业特产税及附加由财政部门负责征收管理，也可由财政部门委托粮食、林业、供销等部门在收购粮食和农副产品时代扣代缴。（八）实行村内生产公益事业一事一议制度，取消“两工”（劳动积累工和劳动义务工）和改革村提留征收使用办法后，村内进行集体生产公益事业所需资金，不再固定向农民收取，实行一事一议。为保障农村税费改革顺利实施，市委、市政府出台系列配套措施。在规范农村收费管理方面，凡自行出台的收费、集资项目一律取消，各地、各部门以后不得以任何理由出台涉及农民负担的收费、基金和集资项目。在乡（镇）机构改革方面，对乡（镇）机关实行分类管理、按类设立内设机构，精简乡（镇）党政机构，归并设置过多、过散的事业单位。适当调整农村教育布局，全市普通高中由44所逐步发展到50所，初中由325所压缩到300所，小学由3315所压缩到3000所，教学点由609个压缩到500个。在乡村不良债务处理方面，根据乡村债务的性质和构成，区别情况，分类处理，逐步化解，对历年形成的农业税、农业特产税和乡统筹村提留尾欠，在摸清底子的基础上，作出清收计划，待税费改革结束后，由乡（镇）农税征收机关按计划组织征收。在财政转移支付方面，将农村税费改革后新增加的农业税和财政转移支付资金主要安排到原取消的乡统筹项目上去，确保乡村基层组织正常运转和农村义务教育经费正常需要。

全市各级各有关部门按照“总体部署，统筹规划，周密安排，分步实施”的原则，分5个阶段开展工作：（一）组建班子，抽调精干力量组成税改工作队伍。（二）制订方案，县（区）改革实施方案报市审核汇总后报省里审批。（三）审批方案，市将省里批复的农村税费改革方案及时批复到县（区），县（区）批复到乡（镇），搞好人员培训，制订完善配套改革政策，实行配套改革与农村税费改革同步推进。（四）组织实施，具体确定乡村及农户的计税土地面积、常年产量、税率、附加比例、农业税任务，以及“一事一议”筹资筹劳办法，以村或组为单位张榜公布，经群众认可，按村逐户造具农业税清册，发放农业税纳税登记卡，农户签字。（五）督查落实，各级政府组织专门力量，深入县、乡、村对实施情况进行督查指导，重点检查政策执行情况和农民负担情况，逐级进行检查验收，总结经验，完善办法，巩固改革成果。到2002年年底，全市农户签字率达到98%，农民人均负担48.72元，亩均负担65.35元，比1999年和2001年分别减负55.9%、52.6%，入库新农业税1.5亿元，圆满完成税收征管任务。

2003年1月，市财政局、市农村税费改革办公室落实农村税费改革转移支付政策，对乡（镇）机构和村级组织出现的政策性收支缺口，市财政通过转移支付办法给予适当补助。农村税费改革转移支付额，根据税费改革前各县（区）乡村两级办学、计划生育、优抚、乡村道路修建、民兵训练、农村教育集资与村级基本支出等统计数据，按照因素法核定各县（区）相关经费开支的标准需求和税费改革后收入减少额以及市对县（区）转移支付系数计算确定。加强对县（区）的监督检查，督促各县（区）严格执行中央和省（市）关于税费改革的有关规定，转移支付资金专项用于补助县、乡农村税费改革所影响的财力收支缺口，其中，用于农村中小学教育经费应高于66%，转移支付资金不得截留、挪作他用，如有违者，市将相应扣减对该县（区）下一年度的转移支付资金。是年，全市采取5条落实措施，深化农村税费改革。（一）落实和完善农业税收政策，切实减轻农民负担。进一步核实农业税计税要素，计税价格继续按51元/50千克执行，一定3年不变。采取直接减免税费等办法，将农户因承包土地较多而加重的负担减下来，确保户户减负。逐步调整农业特产税征收政策，缩小征收范围，降低税率。对在农业税计税土地上生产的农业特产品只征农业税，不征农业特产税。（二）加强和规范农业税征收管理，做好农业税减免工作。按照涉农税收公示制的要求，规范征管程序。创新征管方式，全面推广“定点办税、定时纳税、定额征税”征收方式。县、乡财政按农业税征收总额的12%预留减免机动资金，或在预算中安排相当数量的资金用于农业税减免，解决农村困难群众及受灾农户纳税困难问题。（三）严格执行村内“一事一议”筹资投劳政策。“一事一议”筹资投劳实行上限控制，每人每年最高不超过15元。（四）加强涉农收费管理，防止农民负担反弹。进一步清理整顿涉农收费项目，加强对农村中小学生就学、计划生育、农民建房、农民外出务工等方面乱收费的专项治理。建立健全农民负担督查制度和群众信访查处反馈制度，自觉接受社会监督。（五）探索化解乡村债务的措施和办法。摸清债权债务底数，建立台账，采取多种途径积极稳妥地化解乡村不良债务，防止乡、村两级发生新的不良债务，暂停向农民收缴农村税费改革前的税费尾欠。

2004 年，全市进一步推进农村税费改革，实行“一降三补一取消”政策，降低农业税税率 3 个百分点，实行粮食直补、良种补贴和农机具购置补贴，取消除烤烟以外的农业特产税。由此减少的地方财政收入，由中央财政给予转移支付补助，中央对永州市农业税降点及取消农业特产税给予转移支付补助 1.47 亿元，其中，农业税降点补助 8489 万元，取消特产税补助 6091 万元，特殊事项补助 111 万元。后对道县、双牌县、宁远县分别追加补助 45 万元、35 万元、10 万元。是年，全市农民共减负增收 2.38 亿元，人均政策性增收 54 元，全市粮食播种面积达到 755 万亩，比 2003 年增加 71 万亩，粮食总产达到 28 亿公斤，创历史最好水平。

2005 年 7 月，市政府召开全市财政形势分析会，深入分析免征农业税和农业特产税的影响，研究部署确保完成全年财税收入目标任务的对策措施。市委常委、常务副市长崔永平（中）出席会议并讲话

2005 年 1 月 1 日起，全市全面落实免征农业税和除烟叶外的农业特产税政策。是年，中央和省对永州市免征农业税及取消除烟叶外农业特产税给予转移支付资金 2.59 亿元。其中，免征农业税转移转移支付 1.96 亿元，取消除烟叶外农业特产税转移支付 6091 万元，特殊事项补助 201 万元。后省财政厅对永州市下达新增转移支付 544 万元。是年 12 月 29 日，第十届全国人民代表大会常务委员会第十九次会议通过决定：第一届全国人民代表大会常务委员会第九十六次会议于 1958 年 6 月 3 日通过的《中华人民共和国农业税条例》自 2006 年 1 月 1 日起废止，在中国延续 2600 多年的农业税正式成为历史，农村改革进入以乡（镇）机构、农村义务教育和县乡财政管理体制改革为主要内容的农村综合改革阶段。

2006 年，省财政厅下达永州市 2006 年取消农业税及农业特产税转移支付资金

2.64亿元，同时下达2006年及以后年度农村税费改革转移支付补助2.36亿元，规定以后年度若无变化，不再另行下文。

第五节 部门预算改革

2002年，根据省委、省政府《关于改革预算管理推进依法理财的意见》精神，永州市人民政府办公室印发《永州市本级部门预算管理改革方案》。主要内容：建立以部门预算管理为基础，预算编制、执行、监督相对分离的预算管理运行机制。预算管理的出发点和着力点转移到部门，以部门预算为依托，以财政管理为中心，形成一个开放和健全的财政预算管理系统。改革预算编制形式，实行部门预算。预算编制以部门预算作为基本组织形式，改变财政资金按性质归口管理的做法。取消财政与部门中间环节，凡是直接与市级财政发生经费领拨关系的一级预算单位均作为预算部门，财政将各类不同性质的财政性资金统一编制到使用这些资金的部门。改革预算编制内容，实行综合财政预算。部门预算是一个综合预算，既包括行政单位预算，又包括其下属的事业单位预算；既包括一般预算收支计划，又包括政府基金预算收支计划；既包括正常经费预算，又包括专项支出预算；既包括财政预算内拨款收支计划，又包括财政预算外资金收支计划和部门其他收支计划。按照编制部门预算的要求，制订综合预算管理办法，编制综合财政预算，将各部门及所属单位预算内外资金纳入政府综合财政预算管理。改进预算编制方法，实行零基预算。预算的编制取消基数加增长的编制办法，实行零基预算。对个人工资性支出，按编制内实有人数和国家的工资政策核定；对公用经费，按不同类别的定额标准编制预算；对预算内基本建设、企业挖潜改造、科技三项费用等及其他部门的事业性专项支出，进行项目论证，测定支出概算，将年度预算编制到具体项目。完善预算编制程序，实行标准周期预算。一个预算管理的周期始于上年3月，终止于次年6月。上年3月至12月为预算编制阶段；当年1月至12月为预算执行阶段；次年1月至6月为财政决算阶段。

为保障改革顺利实施，市政府明确5条改革工作要求：（一）按照总体规划、分步实施的原则，积极稳妥搞好部门预算改革。市本级2002年选择市教育局、市计生委、市农业局3个单位编制部门预算。2003年部门预算编制扩大到10个单位，2005年前所有单位都要编制部门预算。（二）清理界定财政供给范围，优化组合事业资源。按照机构改革确定的部门和单位职能，重新界定财政供给范围和标准，实行分类分档管理，该撤并的撤并，该推向市场的推向市场，实现财政职能由计划经济体制下的生产建设型向适应市场经济体制的公共财政型转变。（三）强化预算收入管理，确保财政收入任务完成。财税部门严格按照税收法律法规和预算级次，确保应征的收入及时足额上缴国库或财政专户，不得截留、占用、挪用或者拖欠。（四）加强单位资金管理，规范财政财务行为。严格资金账户和部门财务管理，加大财政统发工资和政府采购力度，加强会计集中核算，并逐步过渡到国库集中支付。（五）规范预算执行，硬化预算约束。预算经人民代表大会批准后，必须严格执行，非经法定程序不得随意追加和调整。年度预算执行中，除特殊事项动用政府预备费外，各部门不得出台新的减收增支政策，需要安排的一般性支出，只能在编制下一年度预算时统筹考虑。

2003 年 9 月 30 日，市财政局印发《永州市本级部门预算编制改革实施办法（试行）》，将市本级与财政直接发生资金缴拨关系的部门和单位，包括党派、机关、事业单位、社会团体等纳入部门预算编制改革实施范围。明确部门预算编制包括收入预算和支出预算两部分，有基金收支的部门或单位应编制政府基金收支预算，按规定纳入政府采购目录范围的支出项目应编制政府采购预算。部门收入预算包括为财政拨款（补助）、预算外资金收入、事业收入（不含预算外资金）、事业单位经营收入、纳入预算管理的政府性基金、上级补助收入、附属单位上缴收入、其他收入等收入，采用综合财政预算原则进行编制。除财政拨款（补助）外，部门收入均要核定到具体收入项目和单位。部门支出包括基本支出和项目支出两部分，按照“先基本支出、后项目支出”原则进行编制。基本支出包括人员支出、一般公用支出、对个人和家庭的补助支出，采取定员定额标准进行编制；项目支出包括专项公用支出，列入部门预算中的国家专门设立的事业发展项目支出；基本建设、挖潜改造、科技三项费用等建设性专项支出等，项目支出建立项目库进行管理，根据财力和项目排序统筹安排。部门预算采取“二上二下”的编制程序：“一上”是部门或单位根据财政部门的通知要求，编制部门预算收支初步建议数，上报财政部门。“一下”是财政部门对部门上报的预算收支建议数进行审核，并结合当年财力提出部门预算控制建议数，下达给部门。“二上”是部门或单位根据财政部门下达的控制数，编制部门预算草案，再报财政部门审核。财政部门对部门上报的预算草案进行审核汇总，经政府审定后，报市人民代表大会审查。“二下”是财政部门根据市人民代表大会批准的部门预算，在 30 日内批复给部门。部门在 15 日内将预算批复到各下属单位。

为保障部门预算的执行，实施办法明确，经市人民代表大会审议批准、财政批复的部门预算具有合法性和约束性，部门或单位必须严格遵照执行。部门和单位应积极组织收入，确保完成当年收入预算。按照“先工资、后运转”，“先基本支出，后项目支出”“先预算外，后预算内”的原则安排经费支出。各部门应每月对本部门及所属单位收支完成情况等进行综合分析，每季度初将上季度部门预算执行分析报送财政部门。对部门预算，要求不得随意调整；确需调整的，应通过法定程序调整。部门和单位将调整请求、相关政策规定及具体方案上报财政部门。经财政部门审核后，纳入一般预算调整方案，汇总上报市政府审定，再按法定程序予以审查批准。部门预算调整方案未经批准前，任何部门或单位不得擅自调整当年部门预算。对部门决算，要求各部门、单位在预算执行年度结束后1个月内，将预算执行情况及有关会计资料（决算报表和决算说明书等）报送财政部门。部门预算必须确保当年收支平衡。出现赤字，财政不予弥补。部门预算单位组织的各项收入超收部分，根据单位必须的支出需要，经财政部门审核按程序报批后追加支出，预算单位不得自行列支；短收部分，则相应调减当年支出预算。部门预算单位当年决算收支结余，原则上结转下年使用，在编制下年度部门预算时综合考虑。

2004年，市本级部门预算试点单位由原来的3个扩大到10个，增加市卫生局、市人事局、市民宗委、市文化局、市内贸办、市水利局、市建设局7个单位，参与改革试点部门的所属单位（不含自收自支单位）均独立编制单位预算，并纳入本部门预算汇总。（一）制订年度工作规划。按部门履行行政职能、事业发展计划及市委、政府工作整体部署的要求，制订切合部门实际的年度工作规划，并在此基础上，拟订部门预算收支总盘子。（二）做好收支测算。对部门前3年收支情况进行统计分析，填报前3年收支调查统计表，并据此测算2004年收支规模及结构。（三）建立项目库。单位申报支出项目，进行可行性论证，提出论证报告。部门汇总单位申报的支出项目，按轻重缓急进行排序，建立部门备选项目库。市委、市政府及上级主管部门统一部署的工作及本部门工作要务优先纳入项目库，避免重点项目支出留下硬缺口。

2005年，市本级部门预算编制改革试点单位为市教育局、市计生委、市文化局、市农业局、市水利局、市卫生局、市人事局、市民宗委、市规划建设局、市物价局、市商务局11个单位。从2005年开始，市本级部门预算编制实现计算机化，所有部门预算单位安装部门预算编制软件，减少单位部门预算编制的工作量，提高工作效率。部门预算打破预算外资金概念，树立起单位所有预算外资金都是财政性资金的观念。部门预算统筹安排单位预算内外资金和其他收入，单位支出先由预算外收入和其他收入安排，不足部分再考虑预算内拨款，改变过去单位预算外资金多收多用，政府调剂难度大的老做法。

2006年，市本级部门预算编制改革试点范围进一步扩大，比2005年增加41个编制单位，达到52个。2007年本级部门预算编制部门（单位）共计62个，对不属于市直7大类机关及群团单位和原纳入参照公务员管理范围的事业单位暂不编制部门预算。是年，全市各县（区）均开展部门预算编制试点工作。

2008年，部门预算改革在市本级全面推开，部门预算编制部门（单位）达159个，市本级全额拨款的行政事业单位全部纳入部门预算编制范围，综合财政预算安排的收支项目通过部门预算编制进一步细化。是年8月底，市财政局召开县（区）部门预算改革布置会，对县（区）全面启动部门预算工作进行安排部署，要求县（区）财政局安装部门预算管理信息系统，提高预算管理的准确性和效率。11月，太极华青长沙公司在各县（区）统一安装、调试部门预算管理软件，实现部门预算编制的信息化。是年，在编制2009年预算时，11个县（区）都不同程度实行部门预算改革，其中，零陵区和江华县全面推行部门预算改革；部门预算改革处于试点阶段的县（区）有冷水滩区、祁阳县、东安县、宁远县；其他县（区）部门预算改革面均达到60%以上。从2010年起，市本级161个一级预算单位全部编制部门预算。

第六节　国库集中支付改革

2005年9月3日，市政府办印发《永州市国库集中收支改革试点方案》。改革的主要内容包括4个方面：（一）建立国库单一账户体系。财政部门在中国人民银行开设国库单一账户，按收入和支出设置分类账；财政部门按资金使用性质在商业银行开设零余额账户，为预算单位开设零余额账户；财政部门在商业银行开设预算外资金财政专户，按收入和支出设置分类账；经同级人民政府批准或授权财政部门开设特殊过渡性财政专户。建立国库单一账户体系后，相应取消各类收入过渡性账户。预算单位的财政性资金账户不再保留，逐步全面纳入国库单一账户管理。（二）规范收入收缴程序。直接缴库的税收收入，由纳税人或税务代理人提出纳税申报，经征收机关审核无误后，由纳税人通过开户银行将税款缴入国库单一账户。直接缴库的其他收入，比照上述程序缴入国库单一账户或预算外资金财政专户。集中汇缴的小额零散税收和法律另有规定的应缴收入，由征收机关在收缴收入的当日汇总缴入国库单一账户。非税收入中的现金缴款，由执收单位比照程序缴入国库单一账户或预算外资金财政专户。（三）规范支出拨付程序。财政直接支付由财政部门开具支付令，通过国库单一账户体系，直接将财政资金支付到收款人或用款单位账户。

财政授权支付由预算单位根据财政授权，自行开具支付令，通过国库单一账户体系将资金支付到收款人账户。（四）集中核算预算单位财政性资金。财政收入直达国库或财政专户后，财政性资金的支付通过国库单一账户体系或财政专户直接支付到商品和劳务的供应者。财政性资金的现金流原则上不再通过预算单位。预算单位仍履行《中华人民共和国会计法》等法律法规赋予的各项职责。同时，明确7项配套措施：进一步深化预算编制改革；修订和制订相关管理制度和办法；清理整顿单位银行账户；建立财政管理信息系统和国库管理操作系统；建立健全现代化银行支付系统；建立财政支付执行机构，在市财政局设立永州市财政国库集中支付中心，负责办理市本级财政直接支付的具体业务，并进行相应的会计核算和监督检查；加强监督制约机制。是年，市政府决定在实行部门预算改革的市农业局、市教育局、市计生委、市卫生局、市人事局、市文化局、市规划建设局、市环保局和市商务局等10个部门单位开展财政国库集中收付改革试点。与此相配套，市财政局印发《永州市财政局财政国库集中支付管理内部操作规程》《关于清理国库集中支付试点单位银行账户的通知》《永州市财政局国库集中支付改革会计核算暂行办法》《永州市预算单位财政国库管理制度改革资金支付管理暂行办法》《永州市预算外财政性资金银行支付清算办法》《永州市本级政府采购资金财政直接支付拨付管理暂行办法》《永州市市级单位财政国库管理制度改革资金银行支付清算办法》等文件。10月17日，市政府召开市本级财政国库集中支付和非税收入管理改革动员大会，对财政两项改革进行全面动员和部署。

2005年，永州市探索会计集中核算向国库集中支付过渡

2006年3月，市本级首批10个国库集中支付改革试点单位正式上线运行，运行情况良好。8月，市本级进行改革扩面，实行会计集中核算的31个单位纳入国库集中支付改革试点，市本级改革试点单位扩大到41个，并实现会计集中核算向国库集中支付改革的平稳过渡。2007年，县（区）借鉴市本级试点经验，启动县级国库集中支付改革试点。零陵区、祁阳县在年初正式上线运行，宁远县在6月初正

式运行，道县、蓝山县和新田县2007年正式上线运行，双牌县等5县（区）在2007年年底、2008年年初先后正式上线运行。是年，市本级共办理集中支付业务8981笔，金额1.6亿元。

2008年，全市对国库集中支付改革试点进行扩面，市本级一级预算单位全部实行国库集中支付改革，市财政局为试点单位开通专用数据线路，配置终端设备，开设零余额账户，对试点单位账户进行全面清理，全面开展支付系统业务培训。11月，第三批41个试点单位正式上线运行，市本级改革试点单位扩大到82个。是年，市本级办理集中支付业务7423笔，支付金额3.39亿元，纠正不合规业务136笔，金额3560万元。年底前，11个县（区）全部实行国库集中支付改革试点。

2009年，市本级二级预算单位全部纳入国库集中支付改革，改革单位扩大到126个，财政直接支付比例亦不断提高。全年市本级共办理集中支付业务1.49万笔，金额7.93亿元，纠正不合规支出3560万元。县（区）改革试点扩面力度加大，祁阳县、零陵县、双牌县和蓝山县4个县（区）将改革推进到一级部门预算单位。与此同时，市本级启动公务卡改革试点，市财政局和市计生委带头试点上线运行，到12月底，所有在工商银行、建设银行开设零余额账户的65个国库集中支付改革单位均进行试点，发放公务卡1236张。

2010年，市本级进一步完善国库集中支付改革，市财政局出台《永州市本级财政国库集中支付制度改革财政直接支付与授权支付范围划分细则》，具体明确财政直接支付的项目，扩大财政直接支付范围，提高财政直接支付比例，是年市本级财政直接支付比例超过30%，比2009年增长25%。2011年，市本级将省下放、市上收和新成立的7个单位纳入国库集中支付改革范围，第四批国库集中支付改革单位在2011年12月运行。祁阳县、零陵区、双牌县、东安县、宁远县、蓝山县等县（区）将改革推进到一级部门预算单位。

2012年，国库集中支付改革进行扩面升级，实现改革全覆盖。市本级一级预算单位基本实现国库集中支付改革全覆盖，全年办理集中支付业务2.60万笔，金额16.82亿元，比2011年增长24%。11个县（区）1443个预算单位纳入改革范围，改革面达99.3%，基本覆盖所有一级预算单位。全面推进国库单一账户体系建设，对财政专户进行清理整顿和撤并，全市共撤销财政专户337个，其中，市本级撤销20个。截至2012年年底，全市共保留财政专户351个，其中市本级保留专户39个。2013年，市财政局与各商业银行重新签订集中支付业务代理协议，并与新入驻永州市的交通银行签订集中支付代理协议，为其政府采购“速贷通”业务提供服务支持。11个县（区）1627个预算单位纳入改革范围，改革面达到100%。

2015年，全市以提高财政直接支付比例和公务卡结算比例为重点，推动国库集中支付改革向纵深发展，市本级共办理财政直接支付业务1.4万笔，金额6.9亿元，分别占国库集中支付业务的37.4%和53.9%，比2014年提高12.4个、3.3个百分点；公务卡结算金额1072万元，比2014年增长11.7倍，占授权支付金额的1.8%，比2014年提高1.7个百分点。

2015年1月，市国库集中支付中心主任马玮（左）参加市政府新闻发布会

第七节 津贴补贴改革

2005年8月4日，中共中央办公厅、国务院办公厅转发《中央纪委、中央组织部、监察部、财政部、人事部、审计署关于做好清理规范津贴补贴工作的意见》，要求在清理归并现有津贴补贴的基础上，合理确定津贴补贴项目和标准，建立规范的津贴补贴发放制度和监督制约机制，遏制津贴补贴发放混乱的现象，着力解决同一地区不同单位公务员之间收入差距过大的问题，逐步缩小地区之间公务员收入差距。是年，省委办公厅、省政府办公厅转发省纪委等6个部门《关于严肃纪律确保全省清理和规范公务员津补贴工作顺利进行的意见》，对清理规范津贴补贴的指导思想和原则、清理范围和项目、实施步骤、工件要求作出具体规定。

2005年8月29日，永州市召开全市清理津贴补贴和规范公务员收入分配秩序大会，对清理规范工作进行具体安排部署。这次清理规范津补贴的实施范围主要是各级国家行政机关、参照公务员制度管理的单位、依照公务员制度管理的事业单位的在编在职工作人员及离退休人员。由财政预算拨款或预算外资金安排经费的其他事业单位，清理工作同步开展。清理规范的项目，包括地方各级政府或政府人事、财政部门在国家统一规定的津贴补贴项目之外，自行出台的工资性津贴补贴和奖金项目；各部门和单位在国家和当地政府统一规定的津贴补贴项目之外，自行出台的工资性津贴补贴和奖金项目。全市各级各有关部门单位按照“统一政策、分级负责、分步实施”的原则，稳妥推进清理规范工作，摸清津贴补贴发放情况，核实津贴补贴项目、标准和资金来源，及时核实和汇总上报清理结果。2006 年 6 月，市财政局、市人事局、市监察局联合印发《关于严格机关事业单位奖金津补贴发放有关问题的通知》，规定自 2006 年 7 月 1 日起，在工资制度改革期间和新的奖金、津补贴规范性文件印发前，严禁市直机关事业单位滥发津补贴和奖金。

2006 年 6 月 14 日，国务院出台《公务员工资制度改革方案》，改革公务员现行工资制度，完善机关工人岗位技术等级（岗位）工资制，完善津贴补贴制度，健全工资水平正常增长机制，实行年终一次性奖金。2006 年 10 月 1 日，省纪委、省委组织部、省监察厅、省财政厅、省人事厅、省审计厅联合印发《湖南省规范公务员津贴补贴实施方案》，其规范原则是：既要有利于保持公务员队伍稳定，又要有利于从制度上规范公务员收入分配秩序；以经济手段为主调节不同市（州）之间的收入差距；以行政手段为主消除部门之间的收入差距；按照属地原则分步实施同城同待遇；严肃纪律，确保规范津贴补贴工作平衡顺利实施。

2006 年 11 月，市财政、人事、组织、编制、纪委等部门联合召开动员会，安排部署全市规范公务员津贴补贴工作。市政府成立永州市规范公务员津贴补贴工作领导小组，明确具体规范性工作由市财政局牵头，市人事局、市纪委、市委组织部、市监察局、市审计局参与，负责拟订全市规范公务员津贴补贴实施方案和市本级具体实施办法，审核各县（区）规范公务员津贴补贴实施方案和各县（区）机关津贴补贴发放水平。

2007 年 5 月 1 日起，执行省政府批复的《永州市规范市直机关单位公务员津贴补贴发放实施办法》。统一项目。在职人员津贴补贴归并为工作性津贴和生活性补贴 2 项，离退休退职人员津补贴归并为离退休退职人员生活性补贴。改革性补贴和奖励性补贴予以保留。确定标准。按照中央、省有关规定，综合考虑市级财政承受能力和相关群体收入水平等因素，合理确定市直机关单位公务员津贴补贴标准。缩小差距。规范后的市直单位津贴补贴职级差，最高标准与最低标准之差要少于规范前；规范后的市直单位公务员津贴补贴与所在城区公务员津贴补贴之差要少于规范前；规范后的津贴补贴同级政府不同部门之间要统一标准。分步实施。按照津贴补贴“标准下管一级，资金同级财政负担”有关精神，以及省确定市（州）2007 年津贴补贴调控线水平为人均 1.8 万元，考虑市本级财政状况，市本级公务员津贴补贴发放水平分 3 年实施到位，2007 年为人均 1.6 万元。实施范围是市级党的机关、人大机关、行政机关、政协机关、审判机关、检察机关、民主党派机关以及批准参照公务员法管理的单位。发放标准是 2007 年在职人员按年人均 1.6 万元发放，其中，工作性津贴占 40%即 0.64 万元，生活性补贴占 60%即 0.96 万元。垂直压缩率（在职正厅级与办事员级津贴补贴水平之比）为 1.71：1；离休人员生活性补贴按在职公务员当年津贴补贴总额的82%发放，退休人员按75%发放，退职人员按57%发放；驻县的市直机关单位和驻北京市、上海市、海南省、深圳市、长沙市的市直机关单位工作人员津贴补贴标准，按市直机关单位发放标准执行；津贴补贴实行统一打卡发放，不发放现金，并依法代扣代缴应缴纳的个人所得税。规范性津贴补贴的资金在年初预算和综合财政预算安排，并通过压缩公用经费标准和专项经费项目，加大非税收入政府调控力度，对行政事业单位国有资产收益进行财政统一管理，实行统一安排，确保资金来源。

为保障规范公务员津贴补贴发放改革顺利实施，市政府出台相关配套措施，制订行政事业单位公用经费调控办法，对市直行政事业单位公用经费超标准部分划类分档征收调节基金。制订行政事业单位经营性国有资产管理办法，对行政事业单位国有资产收益按照“统一管理、分散经营、收益调控”的原则，实行政府调控。完善非税收入政府调控机制，分类测定收费成本，提高政府调控比例，加大财政统筹力度。对县（区）建立津贴补贴调控线，开征津贴补贴调节基金，逐步缩小县（区）收入分配差距。设立津补贴发放专户，用于归集、核算部门预算和综合财政预算中安排的津贴补贴资金。

2007年永州市市直机关在职人员津贴补贴发放标准表

（参照省直垂直压缩率、年人均1.6万元标准）

表1-3-1

职级	元/人·月			年标准（元/人）
	小计	工作性津贴（40%）	生活性补贴（60%）	
正厅	2000	850	1150	24000
副厅	1860	670	1190	22320
正处	1730	650	1080	20760
副处	1600	600	1000	19200
正科	1460	560	900	17520
副科	1340	540	800	16080
科员	1200	450	750	14400
办事员	1170	430	740	14040
高级技师	1570	590	980	18840
技师	1430	550	880	17160
高级工	1310	510	800	15720

续表1-3-1

职级	元/人·月			年标准（元/人）
	小计	工作性津贴（40%）	生活性补贴（60%）	
中级工	1170	450	720	14040
初级工	1040	420	620	12480
试用人员	900	400	500	10800

2008年，市本级加快规范公务员津贴补贴步伐，将市本级公务员津贴补贴标准提高2000元，达到省定市（州）调控线1.8万元，县（区）在职人员按1.1万元（其中，冷水滩区、零陵区1.2万元/人·年）执行。发放范围、垂直压缩率、发放方式及离退休人员享受比例与2007年一致。同时，要求各县（区）义务教育教师平均工资不低于当地公务员的平均工资水平。2009年，将离、退休人员生活性补贴占在职人员津贴补贴的比重，分别从82%、75%提高到85%、78%。9月，根据省纪委等部门印发文件规定，将离休人员生活性补贴占在职人员津贴补贴的比重提升到90%。2011年，省纪委、省委组织部、省监察厅、省财政厅、省人力资源和社会保障厅、省审计厅等联合印发《关于市（州）、县（市、区）机关单位启动公务员第二步规范津贴补贴工作有关事项的通知》，规定市（州）及城市区津贴补贴调控线为2.16万元，县（市）津贴补贴调控线为1.8万元，超过调控线部分需征收调节基金。

2012年8月10日，根据省政府批复的《永州市本级机关单位第二步规范公务员津贴补贴发放实施办法》，市财政局、市人力资源和社会保障局印发《关于提高市直机关津贴补贴水平有关事项的通知》，规定自2010年1月1日起，市直机关津贴补贴提高到年人均1.96万元，垂直压缩率为2.17∶1。离休、退休、退职人员生活性补贴占在职人员津贴补贴的比重维持不变，分别为90%、78%、57%。在提高市直机关公务员津贴补贴的同时，根据有关文件精神，市本级义务教育学校和公共卫生事业单位人员绩效工资水平一并同步提高。

2013年，根据省里的批复，市政府及时批复县（区）公务员第二步规范津贴补贴实施方案，从2011年1月1日起，各县（区）机关单位在职人员津贴补贴水平提高到人均1.76万元/年，离、退休人员生活性补贴占在职人员津贴补贴的比重分别为90%、78%。

2014年，全市启动第三步规范公务员津贴补贴发放工作。2014年9月25日，市财政局、市人力资源和社会保障局印发《关于提高市直机关公务员津贴补贴水平有关事项的通知》，自2014年1月1日起，垂直压缩率为2.0∶1，离休、退休、退职人员生活性补贴占在职人员津贴补贴的比重维持不变。在提高市直机关公务员津贴补贴的同时，统筹做好市本级义务教育学校和公共卫生事业单位人员及其他事业单位工作人员等相关人员待遇落实工作。是年，县（区）第三步规范公务员津贴补贴发放亦启动。

2013 年 11 月，市委副书记、市长严志辉（左中），市委常委、常务副市长易佳良（左三）到市财政局调研指导工作

2015 年，全市公务员津贴补贴发放维持 2014 年标准不变。

2010 年永州市市直机关在职人员津贴补贴发放标准表

表 1-3-2

职级	垂直压缩率	津贴补贴标准（元/人・月）		
		合计	工作津贴	生活补贴
正厅	2. 17	2470	990	1480
副厅	2. 00	2280	910	1370
正处	1. 85	2110	845	1265
副处	1. 71	1950	780	1170
正科	1. 57	1790	715	1075
副科	1. 44	1640	655	985
科员	1. 30	1480	590	890
办事员	1. 25	1430	570	860
试用期人员	1. 13	1290	515	775
高级技师	1. 68	1920	770	1150
技师	1. 54	1760	705	1055
高级工	1. 41	1610	645	965
中级工	1. 27	1450	580	870
初级工	1. 14	1300	520	780
普工	1. 00	1140	455	685

2014 年永州市市直机关在职人员津贴补贴发放标准表

表 1-3-3

职级	垂直压缩率	津贴补贴标准（元/人·月）		
		合计	工作津贴	生活补贴
正厅	2.00	3650	1460	2190
副厅	1.78	3250	1300	1950
正处	1.60	2920	1170	1750
副处	1.44	2630	1050	1580
正科	1.30	2375	950	1425
副科	1.18	2155	860	1295
科员	1.09	1990	800	1190
办事员	1.00	1825	730	1095
试用期人员	1.00	1825	730	1095
高级技师	1.27	2320	930	1390
技师	1.15	2100	840	1260
高级工	1.09	19990	800	1190
中级工	1.05	1920	770	1150
初级工	1.00	1825	730	1095
普工	1.00	1825	730	1095

2014 年永州市县（区）在职人员津贴补贴标准、垂直压缩率和启动时间情况表

表 1-3-4 **单位：元/人·月**

职级 单位	副厅级	正处级	副处级	正科级	副科级	科员	办事员	启动时间
冷水滩区	—	2880	2590	2340	2125	1960	1800	2014.1.1
零陵区	3205	2880	2590	2340	2125	1960	1800	2014.1.1
金洞管理区	—	2690	2420	2185	1980	1830	1680	2014.1.1
回龙圩管理区	—	2690	2420	2185	1980	1830	1680	2014.1.1
祁阳县	—	2690	2420	2185	1980	1830	1680	2014.1.1
东安县	—	2690	2420	2185	1980	1830	1680	2014.1.1
双牌县	—	2690	2420	2185	1980	1830	1680	2014.1.1
蓝山县	—	2690	2420	2185	1980	1830	1680	2014.1.1
道县	—	2690	2420	2185	1980	1830	1680	2014.1.1

续表1-3-4

单位＼职级	副厅级	正处级	副处级	正科级	副科级	科员	办事员	启动时间
江华县	—	2690	2420	2185	1980	1830	1680	2014. 1. 1
江永县	—	2690	2420	2185	1980	1830	1680	2014. 1. 1
新田县	—	2690	2420	2185	1980	1830	1680	2014. 1. 1
宁远县	—	2690	2420	2185	1980	1830	1680	2014. 1. 1
垂直压缩率	1. 78	1. 60	1. 44	1. 30	1. 18	1. 09	1. 00	2014. 1. 1

第八节 政府收支分类改革

1999 年年底，财政部开始启动政府收支分类改革的研究工作，2005 年选择 5 个省（市）和 6 个中央部门进行模拟试点。2005 年 12 月 27 日，经国务院批准，政府收支分类改革正式进入实施阶段。2006 年 2 月 10 日，财政部印发政府收支分类改革方案，对改革作出具体安排部署。

2006 年，永州市财政局按照财政部、省财政厅关于政府收支分类改革的要求，做好政府收支分类改革的前期准备，分期分批组织有关人员进行学习培训。完成有关数据转换，做好新旧科目的衔接，用旧科目编制的 2006 年市本级部门预算及一般收支预算转换为新科目预算，将 2005 年财政总决算转换成新科目，启动预算执行分月数据的新科目转换工作。从 2007 年 1 月 1 日起，全市正式实施政府收支分类改革，改革后政府收支分类体系由收入分类、支出功能分类、支出经济分类 3 部分构成。各类科目按要求进行设置。

一、收入分类。收入分类主要反映政府收入的来源和性质。根据当前中国政府收入构成情况，结合国际通行的分类方法，将政府收入分为类、款、项、目 4 级。其中，类、款两级科目设置情况为：（一）税收收入。分设 20 款：增值税、消费税、营业税、企业所得税、企业所得税退税、个人所得税、资源税、固定资产投资方向调节税、城市维护建设税、房产税、印花税、城镇土地使用税、土地增值税、车船使用和牌照税、船舶吨税、车辆购置税、关税、耕地占用税、契税、其他税收收入。（二）社会保险基金收入。分设 6 款：基本养老保险基金收入、失业保险基金收入、基本医疗保险基金收入、工伤保险基金收入、生育保险基金收入、其他社会保险基金收入。（三）非税收入。分设8款：政府性基金收入、专项收入、彩票资金收入、行政事业性收费收入、罚没收入、国有资本经营收入、国有资源（资产）有偿使用收入、其他收入。（四）贷款转贷回收本金收入。分设4款：国内贷款回收本金收入、国外贷款回收本金收入、国内转贷回收本金收入、国外转贷回收本金收入。（五）债务收入。分设2款：国内债务收入、国外债务收入。（六）转移性收入。分设9款：返还性收入、财力性转移支付收入、专项转移支付收入、政府性基金转移收入、彩票公益金转移收入、预算外转移收入、单位间转移收入、上年结余收入、调入资金。

二、支出功能分类。支出功能分类主要反映政府活动的不同功能和政策目标。根据社会主义市场经济条件下政府职能活动情况及国际通行做法，将政府支出分为类、款、项3级。其中，类、款两级科目设置情况为：（一）一般公共服务。分设32款：人大事务、政协事务、政府办公厅（室）及相关机构事务、发展与改革事务、统计信息事务、财政事务、税收事务、审计事务、海关事务、人事事务、纪检监察事务、人口与计划生育事务、商贸事务、知识产权事务、工商行政管理事务、食品和药品监督管理事务、质量技术监督与检验检疫事务、国土资源事务、海洋管理事务、测绘事务、地震事务、气象事务、民族事务、宗教事务、港澳台侨事务、档案事务、共产党事务、民主党派及工商联事务、群众团体事务、彩票事务、国债事务、其他一般公共服务支出。（二）外交。分设8款：外交管理事务、驻外机构、对外援助、国际组织、对外合作与交流、对外宣传、边界勘界联检、其他外交支出。（三）国防。分设3款：现役部队及国防后备力量、国防动员、其他国防支出。（四）公共安全。分设10款：武装警察、公安、国家安全、检察、法院、司法、监狱、劳教、国家保密、其他公共安全支出。（五）教育。分设10款：教育管理事务、普通教育、职业教育、成人教育、广播电视教育、留学教育、特殊教育、教师进修及干部继续教育、教育附加及基金支出、其他教育支出。（六）科学技术。分设9款：科学技术管理事务、基础研究、应用研究、技术研究与开发、科技条件与服务、社会科学、科学技术普及、科技交流与合作、其他科学技术支出。（七）文化体育与传媒。分设6款：文化、文物、体育、广播影视、新闻出版、其他文化体育与传媒支出。（八）社会保障和就业。分设17款：社会保障和就业管理事务、民政管理事务、财政对社会保险基金的补助、补充全国社会保障基金、行政事业单位离退休、企业关闭破产补助、就业补助、抚恤、退役安置、社会福利、残疾人事业、城市居民最低生活保障、其他城镇社会救济、农村社会救济、自然灾害生活救助、红十字事业、其他社会保障和就业支出。（九）社会保险基金支出。分设6款：基本养老保险基金支出、失业保险基金支出、基本医疗保险基金支出、工伤保险基金支出、生育保险基金支出、其他社会保险基金支出。（十）医疗卫生。分设10款：医疗卫生管理事务、医疗服务、社区卫生服务、医疗保障、疾病预防控制、卫生监督、妇幼保健、农村卫生、中医药、其他医疗卫生支出。（十一）环境保护。分设10款：环境保护管理事务、环境监测与监察、污染防治、自然生态保护、天然林保护、退耕还林、风沙荒漠治理、退牧还草、已垦草原退耕还草、其他环境保护支出。（十二）城乡社区事务。分设10款：城乡社区管理事务、城乡社区规划与管理、城乡社区公共设施、城乡社区住宅、城乡社区环境卫生、建设市场管理与监督、政府住房基金支出、国有土地使用权出让金支出、城镇公用事业附加支出、其他城乡社区事务支出。（十三）农林水事务。分设7款：农业、林业、水利、南水北调、扶贫、农业综合开发、其他农林水事务支出。（十四）交通运输。分设4款：公路水路运输、铁路运输、民用航空运输、其他交通运输支出。（十五）工业商业金融等事务。分设18款：采掘业、制造业、建筑业、电力、信息产业、旅游业、涉外发展、粮油事务、商业流通事务、物资储备、金融业、烟草事务、安全生产、国有资产监管、中小企业事务、可再生能源、能源节约利用、其他工业商业金融等事务支出。（十六）其他支出。分设3款：预备费、年初预留、其他支出。（十七）转移性支出。分设9款：返还性支出、财力性转移支付、专项转移支付、政府性基金转移支付、彩票公益金转移支付、预算外转移支出、预算单位间转移支出、调出资金、年终结余。

三、支出经济分类。支出经济分类主要反映政府支出的经济性质和具体用途。支出经济分类设类、款2级，科目设置情况为：（一）工资福利支出。分设10款：基本工资、津贴补贴、奖金、住房公积金、提租补贴、购房补贴、社会保障缴费、伙食费、伙食补助费、其他工资福利支出。（二）商品和服务支出。分设30款：办公费、印刷费、咨询费、手续费、水费、电费、邮电费、取暖费、物业管理费、交通费、差旅费、出国费、维修（护）费、租赁费、会议费、培训费、招待费、专用材料费、装备购置费、工程建设费、作战费、军用油料费、军队其他运行维护费、被装购置费、专用燃料费、劳务费、委托业务费、工会经费、福利费、其他商品和服务支出。（三）对个人和家庭的补助。分设11款：离休费、退休费、退职（役）费、抚恤金、生活补助、救济费、医疗费、助学金、奖励金、生产补贴、其他对个人和家庭的补助支出。（四）对企事业单位的补贴。分设4款：企业政策性补贴、事业单位补贴、财政贴息、其他对企事业单位的补贴支出。（五）转移性支出。分设4款：不同级政府间转移性支出、同级政府间转移性支出、不同级预算单位间转移性支出、同级预算单位间转移性支出。（六）赠予。分设2款：对国内的赠予、对国外的赠予。（七）债务利息支出。分设6款：国库券付息、向国家银行借款付息、其他国内借款付息、向国外政府借款付息、向国际组织借款付息、其他国外借款付息。（八）债务还本支出。分设2款：国内债务还本、国外债务还本。（九）基本建设支出。分设9款：房屋建筑物购建、办公设备购置、专用设备购置、交通工具购置、基础设施建设、大型修缮、信息网络购建、物资储备、其他基本建设支出。（十）其他资本性支出。分设9款：房屋建筑物购建、办公设备购置、专用设备购置、交通工具购置、基础设施建设、大型修缮、信息网络购建、物资储备、其他资本性支出。（十一）贷款转贷及产权参股。分设6款：国内贷款、国外贷款、国内转贷、国外转贷、产权参股、其他贷款转贷及产权参股支出。（十二）其他支出。分设5款：预备费、预留、补充全国社会保障基金、未划分的项目支出、其他支出。

为实现与现行预算管理方式的衔接，永州市在2007年实行政府收支分类改革后，暂不改变现行预算管理的基本流程和管理模式，不改变预算平衡口径及预算内资金、预算外资金、社会保险基金分别管理的方式。各级财政继续向同级人大报送一般预算、基金预算和债务预算收支情况，财政、国库、税务部门以及各预算单位继续按现行预算资金管理方式和预算编报程序编制预算、组织预算执行。

为保障改革顺利实施，全市实施3项配套措施：对现行制度进行清理，及时修改行政事业单位财务制度以及税收、国库、财政总预算、行政事业单位会计制度。对财政、税务、海关、国库等部门的收入缴库和支出拨款凭证及有关报表体系作相应调整。推进财、税、库网络建设，规范和强化财政信息管理，为改革提供技术支撑。是年，全市政府收支分类改革得以顺利推进。

自2007年实行政府收支分类改革以来，政府收支分类科目虽有个别调整，但大体维持不变，沿用至今。全市通过实行政府收支分类改革，全面、准确、清晰地反映政府收支活动，合理把握财政调控力度，优化支出结构，建立公共财政体系；通过建立集约型的预算管理模式，政府提供公共产品和服务的效率得以提高；进一步推动部门预算、国库集中支付、政府采购等各项改革的深化，增加预算透明度，强化财政监督，更好地从源头上防止腐败。

第四章 财政体制

按照“一级政府，一级财政”的原则，永州市设市、县（区）、乡（镇）三级财政，在中央、省统筹安排和市委、市政府的决策部署下，划分各级财政收支范围和预算管理权限。1992 年以来，全市财政体制经历多次改革调整。

第一节 省对市财政体制

1992 年以前，湖南省对零陵地区实行“定额补贴，一定三年”的包干财政体制，每年定额补贴 6830 万元。在包干期内，屠宰税留归地区财政，不再上缴；农业税附加原规定上缴省的 2%部分也不再上缴；耕地占用税除上缴中央 50%以外，其余留归地区发展农业生产；中央借款按年终财政收入数扣除排污费和奖金税，以及下放粮食、外贸亏损收入后，按 7.5%的比例上解；零陵卷烟厂卷烟税由原分成 10%改为以前一年实际入库数为基数，超基数部分省分成 20%。

1992 年，省财政取消零陵地区、祁阳县原来按 7%的比例递增上缴基数，改为自收自支，县多得的财力部分由省财政负担 70%，地区财政负担 30%；原东安县、道县、宁远县 3 个补贴县在原基础上增加部分定额补贴，县多得的财力部分由省财政全权负担。将原部分省级支出指标下放给地区，下放零陵地区教育事业支出费 1 万元，广播事业费 2 万元。

从 1994 年 1 月 1 日起，中央开始对现行地方财政包干体制进行改革，湖南省对零陵地区实行分税制财政体制。是年，省财政核定零陵地区 1993 年税收返还基数为 1.95 亿元，1993 年收入考核基数为 2.04 亿元，增长率为 20.87%；1994 年收入增长目标为 2.47 亿元。1994 年上划消费税和增值税（75%）完成数达到增长目标的，省财政承认 1993 年税收返还基数，并按 1∶0.2 的系数增加对零陵地区的税收返还。1994 年实际完成数低于上年基数，相应扣减税收返还基数和按增长目标计算中央和省应得部分。1994 年完成数没有达到增长目标但高于上年基数的，先按核定的税收返还基数加当年实际增长率的 1∶0.2 系数递增，计算出应返还数，然后按低于增长目标数计算中央和省少得部分，从应返还数中扣减。

1995 年，湖南省进一步调整分税制财政体制，从体制上对零陵地区增加定额补贴，对双牌县、道县、宁远县进行体制微调，增加部分体制补助。对于零陵卷烟厂入库的卷烟增值税省留的 25%超过上一年度的部分，给予零陵地区财政 20%的分成，如果烟厂以后年度入库的消费税和增值税比 1993 年入库的产品税、专项收入下降，则根据下降比例相应扣减零陵地区当年定额分成数。是年，省财政厅明确各地粮食企事业单位财务盈亏列入地（州、市）财政预算管理，主要包括粮食商业、粮油工业、饲料、运输及其附属企业财务，粮食行政事业单位经费，水库移民用粮食费用补贴等，列地（州、市）财政预算管理的企业原缴省财政的所得税收入留给地（州、市），省财政不再进行基数挂账；补贴基数由省财政厅按照 1994 年补贴并考虑粮食部门实际情况予以核定，其中，地（州、市）经费如数划给地（州、市），列入同级财政预算管理。

1998 年，湖南省停止执行地（市、州）、县农业税附加上解省 2%的规定，原则上全归县（市）所有。1999 年，市、县（区）质量技术监督管理部门上收，省财政厅上划永州市经费基数 153 万元。从 2001 年 1 月 1 日起，市、县（区）质量技术监督部门的行政事业性收费收入全额上缴省财政，罚没收入属于省级财政收入。

2000 年 1 月 1 日，省政府推行工商行政管理体制改革，按照核定编制、定额上划、实事求是、兼顾工商部门和市、县财政既得利益的原则，确定上划财政支出基数。人员根据管办脱钩、定编上划的原则，按照省编办重新核定的全省工商部门编制内上收人数和 1998 年末实有离退休人数全部上收到省。市场服务中心人员和超编人员留归当地。工商部门收取的行政性收费和罚没收入一律上划到省财政纳入预算管理。工商部门收取的市场设施租赁费、交易手续费提成以及市场物业管理费，从是年 1 月 1 日起移交当地政府。鉴于工商体制改革后的分流人员较多，为减轻市（州）财政压力，省财政将工商部门收取的城乡集贸市场管理费和个体工商户管理费收入，按一定比例与市（州）分成，每年在办理决算时予以专项返还。省财政按照上收人数和统一的经费标准计算确定各市（州）财政的上划支出基数。省财政核定永州市工商部门上划人数 2229 人，留永州市人数 1086 人，上划永州市财政支出基数 586 万元，永州市工商收费分成比例为 27.69%。是年，省委、省政府实行国有大中型农场体制改革，按照政企分开、职能配套、权力与责任对等、事权与财权统一的原则，建立健全行政管理体制、司法体制、财政体制和符合现代企业制度要求的企业运行机制。管理区比照县一级建立分税制财政体制，按分税制财政体制确定收入级次，省、市（州）对管理区执行与县（市、区）相同的财政政策。按照新核定的财政供养人员编制，确定合理的财政收支基数，解决支出零基数的历史遗留问题，以确保工资发放和正常运转。省财政考虑到部分市（州）大中型农场体制改革中存在的困难，作个别调整，增加永州市财政定额补助基数 50 万元。2002 年，省政府实行中波台上收，上收永州市 27 人，省财政划转经费基数 46.79 万元。是年，省财政厅确定永州市农业税收征收经费上划基数为每年 200 万元。

2003 年 1 月 1 日，省政府决定关闭新田卷烟厂、江华卷烟厂，省财政厅就两厂关闭后有关财政补偿事项专门发文予以明确：从 2003 年起，省财政相应调减永州市上划中央“两税”（增值税、消费税，下同）基数 6365 万元，调减税收返还基数 3395 万元，其中，属于新田县的上划“两税”基数 5394 万元，税收返还基教 2588 万元；属于江华县的上划“两税”基数 971 万元，税收返还基数 807 万元。调减上划“两税”和税收返还基数后，省财政每年定额补贴永州市 3395 万元，其中，新田县 2588 万元，江华县 807 万元；同时省财政每年从长沙市扣减城建税、教育费附加 450 万元定额补助给永州市，其中，新田县 375 万元，江华县 75 万元。考虑到两县财政困难情况，两烟厂关闭后，省财政每年另外专项补助永州市 550 万元，其中，新田县 350 万元，江华县 200 万元。是年，省政府还决定零陵卷烟厂与常德卷烟厂实行兼并重组，并专门形成《关于常德卷烟厂与零陵卷烟厂兼并重组有关财税问题的会议纪要》，明确省、市财税收入划分：两市有关财税问题处理的总的原则是保证基数，适当照顾；公平算账，体现风格；顾全大局，实现双赢。保持纳税渠道及级次不变。零陵卷烟厂与常德卷烟厂兼并重组后，继续保留低档卷烟生产点。其生产点实现的流转税及附加税收仍按原定级次就地缴库，即增值税的 75%、消费税的 100%缴入中央国库，增值税的 25%缴入省国库，增值税及消费税的地方附加（城建税、教育费附加）缴入永州市国库。确保永州市城建税、教育费附加收入既得利益，并给予适当照顾。同意以 3600 万元作为永州市“两税”附加收入基数。两厂兼并重组后，永州生产点每年实际缴纳的城建税、教育费附加收入低于 3600 万元的部分，经核实后，由省财政厅通过财政决算从常德市财政划转给永州市；高于 3600 万元的部分，应返回给常德市。零陵卷烟厂兼并重组前已调出的 7 万大箱卷烟生产指标应补助给永州市的城建税、教育费附加收入仍按原定的 1071 万元执行，谁用指标谁负责补偿。

2003 年 4 月，省财政厅发文明确，因湖南南岭民用器材股份有限公司所属祁东县、汨罗市分公司的企业所得税，由公司总部集中在总部所在地双牌县统一缴纳。经核实，2001 年南岭公司祁东分公司缴纳的企业所得税 79 万元，汨罗分公司没有缴纳企业所得税。鉴此，调减衡阳市、调增永州市省下划企业所得税基数 79 万元，2002

年调增衡阳市所得税基数返还 28 万元，调减永州市所得税基数返还 28 万元。2003 年以后的所得税基数返还再根据省与市（州）分享统一政策作相应调整。是年 8 月，省财政厅明确工商部门新上收部分人员上划财政支出基数和调整工商“两费”（城乡集贸市场管理费、个体工商管理费）地方分成比例，2003 年永州市新增上收人员 19 人，新增上划财政支出基数 5.13 万元，永州市工商收费分成比例调整为 27.43%。2004 年，省政府决定将省民政厅所属的福田茶场整体移交给永州市管理，省财政厅核定福田茶场共有职工 644 人，2004 年财政补助基数 487.9 万元。从 2005 年开始，省财政按 487.9 万元与永州市结算。

2005 年 4 月，省政府根据中央的统一部署，实行出口退税机制改革，按照“新账不欠，老账要还，完善机制，共同负担，推动改革，促进发展”的原则，对历史上欠税退税款由中央财政负责偿还，确保改革后不再发生新欠，同时建立中央、省与市（州）共同负担的出口退税新机制，促进外贸和经济持续健康发展。核定出口退税基数。根据省国税局提供的各地 2000—2003 年应退税数占全省 4 年应退税数比重（2003 年应退税数按当年 1—8 月一般贸易出口增长率计算确定），乘以中央核定湖南省的退税基教计算确定。分享与分担对称。根据现行财政体制规定，从 2000 年起对增值税地方部分为省级收入的企业和省直外贸企业、出口退税超基数增量 25%部分由省承担，其他属市（州）的企业退税，出口退税超基数增量 25%部分由市（州）承担。累计欠退税由中央财政负担。对截至 2003 年年底累计欠企业的出口退税款和按增值税分享体制影响地方的财政收入，全部由中央财政负担。其中，对欠企业的出口退税款，中央财政从 2004 年起采取全额贴息等办法予以解决。是年，省财政厅下达永州市出口退税基数 603 万元，基数返还额 151 万元。如果年度实际退税数低于核定的基数，省财政将按实际退税数相应调整永州市的基数返还。2005 年 9 月 8 日，省财政厅、省国税局、中国人民银行长沙中心支行就出口退税有关预算问题发出通知，明确经国税机关审批后，自 2005 年 1 月 1 日起办理的出口货物退增值税中属于基数部分抵退税额，继续由中央财政负担；超基数部分的退税额，由中央和湖南省原 75%：25%比例负担改按 92.5%：7.5%的比例分担。中央对湖南省的出口退税基数维持不变。省财政将在维持市（州）原出口退税基数不变的基础上，按属地原则下放原省属外贸企业和增值税地方部分为省级收入的企业的出口退税基数。

2006 年，省政府就湖南中烟工业公司重组后有关财税体制调整问题形成会议纪要，根据 2006 年度省内 4 家卷烟厂（含零陵卷烟厂）实际实现的城建税、教育费附加收入和印花税决算数，计算 4 家卷烟厂各自所占比例，同时适当考虑近年来各卷烟厂的发展趋势，确定 2007 年及以后年度长沙市等 4 个市城建税、教育费附加收入和印花税分享比例，确定永州市城建税和教育费附加收入比例为 2.66%。

为加强全省看守所羁押人员给养经费管理，省财政从 2007 年 1 月 1 日起，将市（州）、县（市、区）看守所羁押人员给养经费支出基数下放到市（州），在省与市（州）财政年终结算时办理。为保证看守所羁押人员给养经费的基本需要，按羁押人员每人每月 157 元的标准和 2004—2006 年实际关押平均人数计算，下放永州市经费 410.90 万元。此项经费从 2008 年起由永州市列入相关部门的年初预算。是年 2 月，省财政厅明确，从 2006 年起，按照《湖南省财政厅关于下达 2003 年退耕还林财政减收转移支付数额的通知》中补助办法，省财政每年补助永州市、县（区）917 万元。是年 11 月，省援藏工作领导小组下达永州市 2008—2010 年援藏资金任务 150 万元，每年上缴援藏资金 50 万元。

为优化教育资源配置，推动全省教育均衡发展，增强省级宏观调控能力，省政府决定，从 2008 年 1 月 1 日起，省财政从各市（州）、县征收的地方教育附加中集中 10%统筹使用，主要用于化解农村义务教育负债和农村义务教育薄弱学校建设，以及城区义务教育学校扩容建设，保障城乡适龄学生和进城务工人员子女平等接受义务教育的权利。是年，省财政下达永州市国有农场税费改革转移支付资金 3324 万元，专项用于补助国有农场因取消类似农村“乡（镇）五项统筹”收费造成的减收；下达铁路分离办社会职能补助资金 341 万元，并明确如无政策调整，以后年度不再发文。

2008 年，中央和省实施成品油价格和税费改革。调整预算管理方式。自 2009 年 1 月 1 日起，取消公路养路费、航道养护费、公路运输管理费、公路客货运附加费、水路运输管理费、水运客货运附加费 6 项收费，并逐步有序取消政府还贷二级公路收费。原通过上述收费收入安排的人员支出以及公路养护和建设、公路运输和站场建设与养护、航道养护和水路管理及中央本级替代性等方面的支出纳入一般预算管理，由财政部门通过部门预算或经财政部门批准的列支渠道予以保障。明确收入预算级次和分配原则。成品油消费税和进口成品油消费税为中央收入，全部缴入中央财政。提高成品油消费税税额后，由此相应增加的地方增值税、城市维护建设税、教育费附加收入由国库部门根据财政部核定的比例自动划转中央财政。新增成品油消费税连同由此相应增加的增值税、城市维护建设税和教育费附加收入具有专项用途，不作为经常性财政收入，不计入对地方“两税”（增值税、消费税）返还，不计入现有与支出挂钩项目的测算基数。除由中央本级安排的替代航道养护费等支出外，其余由中央财政通过规范的财政转移支付方式分配给地方。调整资金拨付。2009 年 1 月 1 日起，取消公路养路费等 6 项收费。为解决交通部门在养护管理、人员安置、公路水运建设等方面支出需要，中央财政已通过资金调度方式向地方财政提前拨付一定额度资金，2009年起，按月向地方财政拨付资金。地方财政部门按照财政国库管理制度有关规定，将中央财政拨付的资金及时足额拨付给相关部门和单位。2009年，省财政厅、省交通厅核定下达永州市成品油税费改革替代性支出基数1.20亿元，下达永州市农村公路养护资金基数2840万元。2010年，下达永州市成品油税费改革转移支付资金1.78亿元，其中，市本级及所辖区7519.88万元，并明确省对地方燃油税替代性支出转移支付基数及农村公路养护资金基数以2010年下达数为准，无调整事项不另行下文。

2009年8月，为进一步提高村干部待遇和村级组织运转保障水平，省财政对村级组织运转建立经费保障机制，下达永州市村级组织运转补助资金4796万元，此项资金纳入补助县（市、区）基数。9月，根据《汶川地震灾后恢复重建对口支援方案》，省财政核定永州市援建资金4026.11万元，要求于11月31日前将尚未到位的援建资金全额拨付到省财政对口支援资金专户。12月，省跃进机电公司、省建华精密仪器公司、省南岭化工厂、省湘南爆破器材有限责任公司4家企业所办中小学校移交永州市所属县（区）人民政府管理，省财政核定中小学校过渡期到期后经费补助基数635万元，从2010年1月1日起划转永州市。

2010年，省委、省政府进一步完善分税制财政体制，推行财政“省直管县”改革，省与永州市本级及所辖区实行分税分享，市本级不再参加辖区内9个县财政的分税分享。5月，省财政厅根据《湖南省委、省政府关于完善财政体制推行“省直管县”改革的通知》，修订非税收入分成规定，取消部分项目的市级分成。9月，中央和省财政按义务教育学校教职工人数、义务教育学校学生人数和财政困难程度等进行计算，下达永州市、县（区）义务教育学校绩效工资补助资金1.45亿元，其中，永州市所辖区2650万元，此项资金纳入补助县（区）基数。11月，中央和省对市、县降低育林基数征收标准后财政减收给予专项转移支付补助，给予永州市补助6321万元，其中，2010年4214万元，并明确以后年度无政策调整，不再另行发文。

从2011年1月1日起，省以下食品药品监督管理机构由省垂直管理调整为地方政府分级管理，下划永州市人员67人，下划财政支出基数288.4万元。矿产资源补偿费收入实行固定比例分成，其中，中央占50%，省级占20%，矿山所在地的县（区）占30%。6月，省政府就郴州天泰烟叶复烤有限责任公司（以下简称天泰）和永州天顺烟叶复烤有限责任公司（以下简称天顺）整合重组有关问题形成会议纪要，对财税收入有关问题进行明确，明确企业所得税征缴程序。天泰、天顺两家企业重组后，企业所得税的征缴按省财政厅、省国税局、省地税局、中国人民银行长沙中心支行《关于财政收入预算管理有关问题的通知》的规定执行，即40%由重组后的企业总部集中缴纳，60%由重组后的两个加工厂就地缴纳。明确企业所得税市级分成部分利益分配。按照郴州市、永州市政府协商的意见，先将重组后企业所得税市级分成部分的5%划归企业总部所在地，余下部分按以下办法分配：65%以两家企业重组前2008年至2010年3年实际缴纳企业所得税的平均数为权重，经省财政厅确认后实行固定比例分配；35%以重组后两个加工厂各年度实际加工量为权重，确定比例，实行动态分配。对企业所得税以外的其他税收，仍按属地管理的原则，由重组后的两个加工厂分别就地缴纳。

2013年，推行营业税改征增值税试点，省财政厅等部门联合发文就有关预算问题予以明确。（一）明确改征增值税试点期间收入归属保持不变。原归属省级的营业税收入，改征增值税后仍全部归属省级；原由省与市（州）县（市）按25%：75%比例分享的营业税收入，改征增值税后仍由省与市（州）县（市）按25%：75%比例分享。改征增值税税款滞纳金、罚款收入归属也按上述规定执行。按照即征即退政策审批退库的改征增值税，由省与市（州）县（市）按照上述规定负担。改征增值税收入不计入市（州）、县（市）上划中央增值税。试点期间因营业税改征增值税发生的财政收入变化，由各级财政按照现行财政体制相关规定分享或分担。（二）明确试点期间营业税改征增值税收入，不纳入省对市（州）、县（市）增值税收入基数考核，继续与其他营业税收入合并纳入省对市（州）、县（市）营业税收入基数考核。（三）明确改征增值税试点前服务贸易出口原免征营业税部分，由省与市（州）县（市）继续按照营业税收入划分比例承担；新增加的改征增值税出口退税按照现行政体制由中央、省、市（州）或县（市）按92.5%：2.5%：5%的比例负担，市（州）、县（市）负担的部分通过年终结算据实上解省。

从2014年1月1日起，调整城镇土地使用税省与市县收入划分办法，城镇土地使用税由全部归属市（州）、县（市），调整为省与市（州）、县（市）按比例分享，分享比例为省30%，市（州）或县（市）70%。核定永州市本级及辖区收入基数4302万元，补助基数1291万元。2015年，维持2014年财政体制不变。

2014年7月，省财政厅副厅长刘崇斌（右三）到永州市调研工业园区建设，市委常委、市委秘书长唐能武（右二）陪同调研

第二节　市对县（区）财政体制

一、市对县财政体制

1992年以前，零陵地区各县（市）执行“分灶吃饭”的财政体制。1992年，省财政取消零陵地区、祁阳县原来按7%的比例递增上缴基数，改为自收自支，县多得的财力部分由省财政负担70%，地区财政负担30%；东安县、道县、宁远县3个补贴县在原基础上增加部分定额补贴，县多得的财力部分由省财政全权负担。这种体制延续到1993年年底。

1994年1月1日起，零陵地区在全区范围内实行分税制财政体制，地区对县（市）财政体制原则上比照省对地区的办法办理，合理划分事权财权，适当调整地区与县（市）的财政收支范围，维护县（市）财政的既得利益。地区只确定县（市）一级的财政管理体制，对乡（镇）财政体制不作具体规定。1995年起，地区财政取消各县（市）原体制上解递增率。各县（市）以1994年实际上解额为基数，实行每年定额上解，不再递增；对原实行定额补贴的县（市）维持原办法不变。

1996年9月13日，全市财政工作会议在祁阳宾馆召开

1996年，撤地建市建立市级财政，按照“事权与财权相统一，兼顾两区既得利益”的原则，确立永州市与芝山区、冷水滩区财政体制，调整祁阳县、道县财政收入范围。

1998年，按照国务院“四分一并轨”的要求，将粮食财务体制下放到县（区），实行“购、调、销”包干，制订实施制止和消化粮食财务挂账方案，全市消化政策性财务挂账393万元。是年，湖南省停止执行对县（区）农业税附加上解省2%的规定，原则上归地方所有。从1998年1月1日起，不再从征收的农业特产税中提取农业特产税发展基金，原定划解到省、地的部分同时取消，增加的收入按规定级次缴入国库。

1999 年，中央调整收入分配政策，市财政将省补助资金专项调度到县（区），保证中央调整收入分配政策落实兑现。是年，县（区）技术监督部门上收省管，根据省政府确定的经费上划原则，市财政局核定 9 个县和市本级经费上划基数分别为 89.6 万元和 63.4 万元。

2000 年，推行工商行政管理体制改革，县（区）工商行政管理部门上收省垂直管理，市财政局核定各县（区）上收人数 2229 人，其中，9 个县 1651 人，市本级及所辖区 578 人；上划财政支出基数 586 万元，其中，9 个县 430 万元，市本级及所辖区 156 万元；分县（区）核定工商收费分成比例。

2002 年 1 月 1 日起，实施所得税分享改革，改革现行按企业隶属关系划分所得税收入的办法，对企业所得税和个人所得税收入实行中央、省、市和县（区）按比例分享。11 月 1 日，市财政局按照统一规范、公开公平与体现对民族地区、特殊困难地区适当照顾的原则，根据《农村税费改革市对县（区）转移支付办法》，分配下达各县（区）2002 年农村税费改革转移支付资金 2.41 亿元。各县（区）按中央关于“三个确保”的要求和市里规定的资金分配比例落实到位。11 月 27 日，市财政局根据 1994 年实施分税制财政体制时关于“各县（区）农业税计税稻谷每担价格超过 24 元部分，作为农业税价差上解地区财政 20%”的规定，考虑到农村税费改革后农业税计税面积、常年产量、税率和计税价格变化较大，为避免加重县（区）财政负担，根据省确定永州市各县（区）农村税费改革前的农业税计税稻谷担数和 2001 年全市实际平均农业税计税价格 47 元/50 千克计算，确定各县（区）上解市财政农业税价差 690 万元，自 2002 年起作为定额上解。

2003 年 8 月 3 日，市财政局根据省政府《关于新田卷烟厂和江华卷烟厂有关问题的纪要》和省财政厅《关于新田卷烟厂和江华卷烟厂关闭后有关财政补偿事项的通知》的规定，就两家烟厂关闭后有关财政补偿事项予以明确：从 2003 年起，根据省财政调减上划收入与税收返还基数，市财政调减新田县上划“两税”基数 2374 万元，税收返还补助基数 2121 万元；市财政调减江华县上划“两税”基数 971 万元，税收返还补助基数 807 万元。调减上划“两税”和税收返还补助基数后，市财政每年定额补贴新田县 2140 万元、江华县 807 万元；根据省财政每年从市扣缴的城建税和教育费附加补贴数，市财政相应补贴新田县 375 万元、江华县 75 万元。考虑到两个县的财政实际困难，烟厂关闭后，省财政每年另外给予两个县的专项补助额，市财政相应补助新田县 350 万元、江华县 200 万元。12 月 1 日，市财政局对移交企业子弟学校给予财政补助予以明确，2003—2005 年对永州市纺织厂子弟学校移交 44 名教师的工资，每年由市财政补助道县财政 22 万元，从市本级教育费附加中列支。

2004年2月2日，市财政局根据所得税分享改革方案，核定下达县（区）所得税基数返还额。所得税分享改革实施后，省对各地的地方企业所得税和个人所得税分别进行考核。市比照省办法，对县（区）的地方企业所得税和个人所得税分别进行考核。如果某县（区）2003年及以后年度的企业所得税和个人所得税完成数达不到核定数，市财政将相应扣减该县（区）所得税基数返还额。8月30日，市财政局下达出口退税基数返还额。从2004年起，以中央核定的退税数为基数，对超基数部分的应退税额，按现行体制规定由中央与地方按75%：25%的比例共同负担。核定市本级和5个县（区）出口退税基数合计603万元，基数返还额151万元。从2004年开始，经国务院批准，湖南省取消除烟叶以外的农业特产税，农业税税率总体降低3个百分点，由此减少的地方财政收入，由中央财政给予转移支付补助。12月8日，市财政局根据省财政厅文件，下达各县（区）中央对地方转移支付资金1.47亿元，其中，9个县1.23亿元，市本级及所辖区2367万元。

从2005年起，省委、省政府决定湖南省全面免征农业税。由此减少的地方财政收入，由中央和省财政给予转移支付补助。地方财政减收额原则上以2002年为基期，并以计征税额为基数，扣除平均减免率后计算补助；农业税附加按补助正税额的40%计算，农业税税率按各县（区）实际执行税率计算。2005年10月8日，市财政局下达2005年免征农业税及取消除烟叶外农业特产税转移支付资金2.59亿元，其中，市本级及所辖区4702万元，9个县2.12亿元。

自2006年6月1日起，全市烟草商业企业取消县级烟草公司法人资格，成立县级营销部，由市烟草公司统一管理，集中核算，企业所得税统一在市本级缴纳。12月12日，市财政局就市烟草商业企业组织结构调整后所得税结算有关问题予以明确。(一）保县（区）财政既得利益。以2003—2005年县（区）烟草公司（营销部）近3年实际缴纳的所得税（以下均指地方实得28%部分）的平均数为基数，由市财政给予县（区）定额补助。(二）共享发展成果。烟草商业企业组织结构调整后，企业所得税作为市本级独享收入，市财政将所得税收入增量的60%分享给县（区）。(三）明确方案自2006年1月1日起执行，暂定5年。同时，明确祁阳县、东安县等6个县烟草商业企业所得税基数补助236万元。12月12日，市财政局下达各县（区）2006年及以后年度农村税费改革转移支付补助2.36亿元，其中，市本级所辖区4023万元，9个县1.96亿元。同一天，市财政局下达各县（区）2006年取消农业税及农业特产税转移支付资金2.64亿元，其中，市本级及所辖区4798万元，9个县2.16亿元。并明确以后年度若无变化，不再另行发文。为支持各地做好退耕还林工作，中央财政对实施退耕还林县（市、区）财政收入减收以转移支付的方式给予适当补助。2007年2月13日，市财政局明确，从2006年起，市财政每年补助各县（区）退耕还林转移支付补助917万元。

2008年1月25日，为解决祁阳县1998年财政供养人员调资补助问题，经请示省财政厅并报请市政府研究同意，市财政局决定以各县（区）1999年中央增资补助系数高于65%部分为依据，扣缴零陵区30万元、东安县61万元、道县32万元、宁远县66万元、江永县16万元、江华县49万元、蓝山县19万元、双牌县12万元，合计285万元补助给祁阳县。各县（区）扣缴资金通过年终决算结算办理，从2007年起执行。7月1日，市政府调整祁阳县与金洞管理区财政管理体制，设立金洞管理区一级财政。

从2010年1月1日起，省委、省政府决定调整省以下财政体制，推行财政“省直管县”。改革后永州市与辖区内9个县在财政管理体制上相对独立，市不再分享9个县收入和新增集中9个县财力。转移支付、资金调度、收入计划由省财政直接下达到市、到县，各类财政结算事项一律通过省财政与市、县统一办理，不再通过市级财政。市对县只保留财政业务指导、工作衔接和监督管理等职能。

2011年7月15日，市政府决定进一步完善理顺市、县（区）交通运输管理体制，将由市公路局垂直管理的11个县（区）公路局和由市地方海事局垂直管理的祁阳县、双牌县、道县、宁远县地方海事处及其职责分别下放所在县（区）政府管理与承担，市、县（区）交通运输行政主管部门及其行业管理机构的财务收支纳入同级财政预算管理，其基本运行经费由同级财政予以保障。

2015年，永州市与辖区内9个县继续执行“省直管县”财政管理体制。

二、市对区财政体制

1995年11月，国务院批准撤销零陵地区，成立地级永州市。与此相适应，零陵地区财政局成立撤地建市财政体制改革工作班子，对原永州市、冷水滩市1995年财政收支基数和上收上划单位的财务情况，以及祁阳县、道县境内6家地属企业上缴税收情况进行调查核实，拟订财政体制改革方案。1996年，市委、市政府印发《关于确立市与芝山区冷水滩区财政体制有关问题的通知》，按照“强市兴区、事权与财权相统一、兼顾两区既得利益”的原则，确定市与两区的财政体制，并对祁阳县、道县的财政收入范围进行调整，建立市级财政。上划或上收的中央、省、市及原永州市、冷水滩市的企业，包括所属的工厂、交通运输、劳动服务公司、批发部、零售商店、招待所或宾馆、饮食服务、娱乐场所、仓储，以及兴办的境内合资、合作、联营、独资、股份制企业等。行政事业单位包括所属的各种经济实体。上收原永州市、冷水滩市行政事业单位及所属经济实体的各种税利，包括各项工商税收、城市规划区内征用土地单位的耕地占用税和市房产局、房产公司代收代缴的契税。上划原永州市、冷水滩市的工商税收、教育费附加收入、契税、耕地占用税、企业收入、排污费收入，按市财税部门核实的1995年实际数划转。行政性收费、罚没收入和国土收入以1995年财政决算反映的收入数划转。上划单位的支出基数以1995年财政实际拨款数剔除非正常因素后划转。预算安排给单位经费，应由两区财政拨足，按拨足后的金额划转。省、地追加的支出、城建税安排的支出不作基数划转。上收单位的行政性收费、罚没收入、国土收入和对应的支出按收入数等额划转，但不作单位的支出基数。上收行政事业单位的编制和人员，按市编委、市人事局、市财政局根据原地委零传电〔1995〕6号文件审核认可的编制和人数划转。上划单位的财产物资，成建制上收的，全部移交；编制及人员部分上收的，产权可以分割的随人员划转，不能分割的，本着实事求是、有利于工作的原则协商处理。上划单位的债权债务，成建制上收的全部划转，部分上收的按人员比例分担。中央、省、市企业及上收单位与原永州市、冷水滩市财政的债权债务全部划转，属城建的财政挂账，经市财政局和市建委审核后划转，其余财政挂账由两区自行消化。财政体制的具体算账，由市财政局拿出意见报市委、市政府审定后执行。祁阳县、道县境内市直工业企业的增值税上划市本级财政后，按市财政核实的1995年实际上缴增值税，相应增加两县定额补贴。定额补贴基数，除增值税25%部分全额补助外，75%部分按税收返还基数占上划中央收入的比例确定。凤凰园经济开发区的财政管理体制，暂时维持现状，待体制决定后另行确定。上收单位的交接，统一使用市财政局印制的有关交接表格及交接文书，经市、区财政局和主管部门及交接双方法人代表签章，办理交接手续。市政府明确冷水滩区1995年财政收入基数5700万元，支出基数8770万元，定额补贴2944万元；芝山区1995年财政收入基数6126万元，支出基数7854万元，定额补贴2249万元；道县1995年上划税收返还收入基数270万元，上划地方财政收入115万元，市财政给予定额补贴385万元；祁阳县1995年上划税收返还收入基数651万元，上划增值税25%部分301万元，市财政给予定额补贴952万元。

1996年10月21日，市政府针对新体制运行以来仍有一些企业、单位和收入征管人员预算次级不清，执行中混库现象较为严重的问题，进一步明确市级财政收入范围：在芝山区、冷水滩区的所有中央、省、市属行政企事业单位的工商税收及附加（省级税收和南津渡电站、农村信用社、农村粮站和福田茶场除外）；市直企业、行政事业单位及其经济实体缴纳的所得税、利润和国有资产占用费；城市规划区内征用土地单位缴纳的耕地占用税（不含市政府划给两区的工业小区）；城市规划区内单位或个人缴纳的契税；金洞林场（部分）、回龙圩农场、市柑橘示范场、市农科所、市农校和市直及市直以上单位所属农林场（所）缴纳的农业特产税；城市规划区内的国土收入（不含市政府划给两区的工业小区）；其他收入、罚没收入、行政性收费等。今后企业名称变动，如没有明确企业上收下划，其原预算级次不变。

1997年，市政府决定建立回龙圩农场一级财政。将回龙圩农场的财政收支纳入市级财政收支范围，市对农场实行“核定收支，递增上解，短收自负，自求平衡”的财政体制。以1996年农场实现的财政收入、市县财政拨款和下属单位上缴的管理费为收入基数，以农场场部1996年的实际支出数为支出基数，收支相抵，1997年上缴市财政260万元，以后每年递增10%。市财政每年补助江永县财政70万元。从1997年起，将芝山区、冷水滩区的园林处、环卫处上收市直管理。

2002年2月，市财政局根据《永州市人民政府办公室关于调整市、区广播电视系统管理体制的通知》，核定上划芝山区、冷水滩区广播电视系统财政支出基数分别为58万元和63万元，从2002年起由两区财政上解市财政。

2002年4月，市委、市政府决定实行回龙圩管理区机构改革，撤销回龙圩农场，设立回龙圩管理区。11月，市财政局对回龙圩管理区比照县一级建立分税制财政体制。回龙圩管理区辖区内的所有工商税收及附加、农业税、农业特产税、耕地占用税、契税、行政事业性收费、罚没收入、国土收入、企业收入和其他收入均属回龙圩管理区，收入直接缴入回龙圩管理区金库，回龙圩管理区的所有行政事业单位支出由回龙圩管理区负担。回龙圩农场改为回龙圩管理区后，省财政定额补助50万元，市财政配套补助50万元，共100万元，但在回龙圩农场建立一级财政体制而影响江永县财政收入，市财政每年从回龙圩农场划转70万元补助江永县财政，从省、市财政补贴100万元中抵减，市财政定额补贴回龙圩管理区30万元。回龙圩管理区财政体制自2002年1月1日执行。

2002年12月1日，市财政局明确湘南器材厂搬迁有关财税问题。湘南器材厂属三线搬迁企业，继续享受国家退税政策。2002年1月1日起，企业上缴的增值税已缴入凤凰园开发区财政，原核定增值税退税基数112万元的25%部分28万元及城建税、教育费附加9万元，已计入凤凰园开发区财政收入，相应减少东安县财政收入37万元。自2002年起，凤凰园开发区财政局定额上解市财政37万元，市财政再定额补助东安县财政37万元。

2002年12月3日，市政府决定适当调整市与芝山区的财政体制。下放给芝山区管理的芝山区公安局、芝山区交警大队实现的各项税收及附加，罚没收入、行政事业性收费仍属市级财政收入。芝山区城区规划内的国有土地出让收入先全额缴入市财政，再由市财政逐月按规定返还芝山区财政。下放给芝山区管理的环境保护、畜牧水产、规划建设、房产、城市管理等企业和行政事业单位实现的各项税收及附加、罚没收入、行政事业性收费属芝山区财政收入。下放原属市级财政收入的个体零散税收，主要是按照属地原则，市直以上行政事业单位的门面经营、酒店、招待所等实现的税收及附加和永州商业城等市场实现的税收及附加。芝山区公安局及其派出所和芝山区交警大队的经费由市财政负担，人员经费、公用经费按照冷水滩区公安分局、交警大队的标准安排。下放给芝山区管理的规划建设、房产、城市管理等行政事业单位的经费由芝山区财政负担。根据上述财政收支范围的调整，以 2001 年实际入库或支出数为基数，剔除一些非正常和不合理因素后，确定下划单位的财政收支基数。如收入大于支出，其差额相应抵减市对芝山区的体制补助；如支出大于收入，其差额相应增加市对芝山区的体制补助。为支持芝山城区的道路维修，市财政在以后年度安排城市维护建设费支出时，对芝山区给予适当补助。为支持芝山城区中小学校建设，市本级教育费附加支出安排上突出重点，兼顾平衡，对芝山城区中小学校资金的安排，以 2002 年确定的计划数为基数，并随市本级教育费附加收入的增长同比例增长。此次体制调整自 2003 年 1 月 1 日起执行。市财政局核定下放支出基数 649 万元，下划地方财政收入基数 100 万元，相应增加市对芝山区定额补贴 449 万元（下放支出基数 649 万元减下划地方收入 100 万元、专项补助 100 万元），下划城建挂账 1984 万元，自 2003 年起执行。

2003 年 1 月 9 日，市政府决定调整中心城市冷水滩城区环境卫生管理体制，建立“两级政府，三级管理，四级落实”的环境卫生管理新格局，将冷水滩环卫所的人、财、物、事全部下放冷水滩区政府管理，冷水滩区环卫所的人员经费、办公经费以 2002 年度实际拨付数，加上 2003 年度预算安排的人员工资、办公经费增加数和 20 万元的背街小巷清扫费为基数，由市财政划拨给冷水滩区财政。其养老保险、医疗保险与市直全额拨款事业单位一样对待。其中，上收前欠缴的养老保险由市里一次性解决。市财政局核定支出基数 502 万元，相应增加市对冷水滩区财政的定额补贴 502 万元，从市本级城市维护建设费中列支。

2003 年 6 月 15 日，市委、市政府决定调整凤凰园经济开发区管理体制，明确为正处级全额拨款事业单位，撤销凤凰园开发区一级财政，将原属开发区的财政收入分别划为市级和冷水滩区级财政收入。根据市政府关于凤凰园经济开发区财政体制调整的有关规定，开发区管委会保留 50 人的人员经费及专项经费由市财政安排，纳入市本级财政年度预算。市财政对开发区管委会的经费安排，实行与 8 家骨干企业及其附属企业上缴税收挂钩的办法，同比例增加或扣减开发区的经费。2003—2005 年市财政共安排 900 万元基础设施建设启动资金，年内拨付到位。开发区土地出让收入，清算征地成本后，再由市财政全额拨付给开发区。新工业园区开发建设上缴市级财政的建安营业税及附加全部用于开发区的基础设施建设。新工业园区开发建设所形成的债权债务由开发区承担。9 月 30 日，市财政局调整凤凰园开发区财政体制市与冷水滩区的财政收支基数。核定划转冷水滩区级地方财政收入基数 586 万元，并相应划转上划中央收入基数 257 万元，税收返还补助基数 40 万元（不抵减支出）。核定人员经费 715 万元、公用经费 65 万元、专项经费 156 万元，合计核定支出基数 936 万元。核定支出基数大于划转地方财政收入基数 350 万元，相应增加市对冷水滩区的定额补贴 350 万元。凤凰园开发区体制调整后，原属开发区管辖的珊瑚乡划转冷水滩区管理，2002 年农村税费改革转移支付补助也相应划转冷水滩区财政，不抵减划转支出基数。确定的财政收支基数及市对冷水滩区的财政补贴自 2003 年 1 月 1 日起执行。

2003 年 12 月 1 日，市财政局对移交企业子弟学校给予财政补助予以明确，长丰集团公司、市冶化总厂、零陵柑橘示范场等企业子弟学校共移交 54 名教师、工资 47 万元，上述企业上缴的所有税收及教育费附加属市级财政收入，从 2003 年起，每年由市财政定额补助冷水滩区财政 47 万元，从市本级教育费附加中列支。

2003 年 12 月 30 日，市委、市政府研究决定，按照“规范征管，抓大放小，核定基数，增量分享”的原则，将属市级财政收入的市及市以上机关企事业单位门面经营的批发和零售业、住宿和餐饮业以及文体娱乐业实现的零散税收下放为冷水滩区级收入，较大的仍保留为市级收入，从 2004 年 1 月 1 日起执行。下放基数以 2003 年实际上缴数为准，确定递增比例，每年由冷水滩区财政上解市财政。市财政局核定下划冷水滩区地方财政收入 83 万元，从 2004 年起，冷水滩区财政每年定额上解市财政 83 万元。

2005 年 7 月 4 日，市财政局确定市粮食干校移交冷水滩区管理的财政补贴基数，核定支出基数 57 万元，相应增加冷水滩区财政定额补贴 57 万元，从 2005 年 1 月 1 日起执行。2007 年 12 月 25 日，市财政局明确冷水滩区国土局机关及下属事业单位、乡（镇）国土所成建制上收后，冷水滩区财政支出划转基数 90 万元，上收其各项资产与债权债务。

2008 年 6 月 12 日，市政府重新明确市与零陵区财政收入范围。列出零陵区范围内属于市级收入的企业（行业）具体名单。明确利息所得税仍按永政发〔2002〕11 号和永财预〔2004〕1 号办法执行，即市分享利息所得税 10%部分，区分享利息所得税 18%部分。明确非税收入按行政隶属关系、管理职能和分成政策，确定市、区收入范围。下放零陵区范围内除上述市级收入外其他原市级税收及附加为区级收入。市财政按照下放收入实际入库额确定划转收入基数。市、区上划中央增值税、消费税“两税”收入返还基数相应进行调整。市财政局核定市财政从零陵区财政划转地方财政收入基数 230 万元，由市财政通过结算给予零陵区一次性补助 167 万元，确定的收支基数自 2008 年 1 月 1 日起执行。

2008年6月12日，市政府对市与冷水滩区财政体制进行调整：以现行财政体制框架为基础，按照“存量不动、增量共享、分税分成”的要求，建立利益共享、风险共担、征管有序、运转高效的财政体制和财税征管新机制。市、区共享收入包括增值税、营业税、企业所得税、个人所得税、房产税、印花税、固定资产投资方向调节税，上述共享收入，增值税市、区按40%：60%比例分享，其他税收市、区按50%：50%比例分享。市、区共享收入及独享收入划转基数以近3年收入实际入库额的平均数为依据。市、区上划中央增值税、消费税返还基数相应进行调整。契税和耕地占用税当年入库额比上年增加部分，市给区10%比例分成。财政体制调整从2008年元月1日执行，7月1日起正式按新的市、区财政体制运行。1—6月实际缴库收入按新体制规定调库。市财政局核定市财政净划转给冷水滩区地方财政收入基数2030万元，相应从冷水滩区划转上划中央“两税”收入基数660万元、税收返还补助基数166万元到市财政，市财政给予冷水滩区固定补助基数166万元；由市财政通过结算从冷水滩区一次性划转补助收入1830万元；考虑到体制调整对冷水滩区财力影响较大及区财政困难的实际情况，2008年度市财政给予冷水滩区体制补助1000万元，其中，一次性补助200万元。以后年度市财政每年给予冷水滩区财政固定补助基数800万元。

2008年7月1日，市政府调整祁阳县与金洞管理区财政管理体制，设立金洞管理区一级财政。除中央、省、市级收入外，金洞管理区境内实现的收入划分为，内下电站管理局及附属企事业单位（含直供电企业）实现的收入为祁阳县级收入；尚在建设过程中的晒北滩电站实现的建安营业税及其他税收收入为祁阳县级收入，电站建成后实现的各项税收收入由祁阳县和金洞管理区按80%：20%比例分享；除上述税收收入外，金洞管理区境内其他企业、行政事业单位、个体工商业者实现的税收收入为金洞管理区收入；金洞管理区境内非税收入（含基金收入）按行政隶属关系、管理职能和分成政策，确定收入范围和管理权限。按照行政管理职能、机构编制设置、人员隶属关系和公共财政职能确定金洞管理区支出负担范围及祁阳县财政支出划转额。按照上述收支基数划转办法计算，若祁阳县划转给金洞管理区的收入大于支出部分，通过市财政结算，每年由金洞管理区定额补助给祁阳县；祁阳县划转给金洞管理区的收入小于支出部分，通过市财政结算，每年由祁阳县定额上解补助给金洞管理区。祁阳县与金洞管理区上划中央增值税、消费税返还基数相应调整。财政体制调整以2006年为基期年，从2008年1月1日起执行。2007年祁阳县与金洞管理区不再进行财政收支结算。市财政局核定市财政每年从祁阳县划转收入基数265万元给金洞管理区；市财政每年从祁阳县划转支出基数1288万元给金洞管理区；收支相抵，市财政每年实际从祁阳县净划转收支基数1023万元给金洞管理区；在划转收入基数的同时，划转祁阳县上划中央“两税”收入基数104万元及“两税”收入返还补助基数36万元给金洞管理区。自2009年1月1日起执行。

从2010年1月1日起，省委、省政府决定调整省以下财政体制，推行财政“省直管县”。为适应省财政体制改革要求，进一步规范市与两区财政收入分配关系，4月22日，市政府对市、区财政收入划分予以进一步明确：继续维持原来的市与零陵区、冷水滩区财政收入划分办法。省下放收入按照以下办法划分：（一）零陵区。省下放的电力企业及附属控股企业实现的税收全部作为省与区共享收入，市财政不参与分享。省财政不再参与分享的土地增值税、城镇土地使用税以及减少比例分享的资源税，仍然按照永政办发〔2008〕19号文件确定的收入划分办法分别增加市与区分享比例。（二）冷水滩区。省下放的电力企业及附属控股企业实现的税收全部作为市与区共享收入；省下放的土地增值税、城镇土地使用税全部作为冷水滩区级收入；下放的资源税作为省与区共享收入，市财政不参与分享。市与两区按照上述收入划分以及《湖南省财政厅关于完善财政体制推行“省直管县”改革基数核定有关问题的通知》要求办理收入基数上划或下划等事项。永政办发〔2008〕19号、永政办发〔2008〕20号文件已列举为市级增值税收入的企业及附属控股企业上划中央增值税，由省与市按照25%：75%比例分摊；列举为区级增值税收入的企业及附属控股企业上划中央增值税，由省与区按照25%：75%比例分摊；市、区共享上划中央增值税由省、市、区按照25%：30%：45%比例分摊。从2010年起，市财政不再集中两区上划增值税和消费税0.1增量返还部分。市财政局核定市本级和零陵区、冷水滩区、回龙圩管理区、金洞管理区2009年增值税和营业税上划数合计8441万元，省级增值税和营业税下划数5953万元，上划省级增值税和营业税基数返还2488万元，所得税及“三小税”（资源税、土地增值税、城镇土地使用税）定额上解数2406万元。

2011年，市委、市政府决定，成建制上收永州一中、永州四中为市管单位，自2011年1月1日起执行。2012年3月20日，市财政局核定分别上划零陵区、冷水滩区人数421人和487人，分别上划零陵区、冷水滩区支出基数1256万元和1484万元。同一天，市财政局核定上划永州市公安局金洞分局财政支出基数，核定上收人数55人，上收财政支出基数156万元。

2013年4月2日，市政府重新建立凤凰园经济开发区财政体制。维持市、区现有财政体制基本框架不变，原则上不打破市与冷水滩区现有财政收入划分管理体制和税收征管体制。恢复开发区一级财政管理体制，设立开发区一级财政和财政金库。重新划定开发区税收收入征管范围和非税收入范围。确定开发区收入支出基数。保基数，开发区税收征管区域范围内，原市与冷水滩区共享收入及独享收入划

2012年3月，市政府党组成员、市财政局局长李光富（左三）到冷水滩区调研

转基数，以该区域2010—2012年3年税收收入实际入库额的平均数为依据，由市财政局核实确定后划转；保增长，以2010—2012年3年平均数核定的税收征管区域范围内，原市区独享或共享的6家企业实现的税收收入为基数，每年按照冷水滩区当年一般预算收入实现的税收收入增幅比例计算上述企业税收收入增幅额，通过结算划转给市与冷水滩区。在确定冷水滩区上解支出基数方面，按照冷水滩区2011年预算安排标准和市委、市政府有关会议纪要确定的人员划转原则，划转冷水滩区仁湾镇和杨家桥街道办事处将军岭社区、长丰社区的人员经费、公用经费及专项经费给开发区。确定市本级划转支出基数。成建制划转原作为市属事业单位管理的开发区人员经费、运转经费和专项经费；按照冷水准区2011年预算安排标准划转人员经费、公用经费和专项经费，划转经费与当年实际执行存在缺口部分由市财政给予开发区适当补助。在市财政支持开发区发展方面，从2013年起，市财政每年安排2000万元用于开发区基础设施和标准厂房建设，支持凤凰园创建国家级经济开发区。明确体制自2013年1月1日起执行，一定3年。市财政局核定市本级划转开发区财政支出基数426万元、财政收入基数68万元，收支两抵，市本级净划转开发区财政支出基数358万元。核定冷水滩区划转开发区财政支出基数826万元、财政收入基数382万元，收支两抵，冷水滩区净划转开发区财政支出基数444万元。

2013年5月，零陵区、冷水滩区文化市场综合执法分局工作人员划转至市文化市场综合执法局，市财政局明确上收两区人员47人，上划支出基数143万元。从2012年起，在计算以后年度（含2012年）中央增加工资政策中央补助时，按核减上划两区文化市场综合执法分局的人数后计算各区增资补助。

2014年1月，福田茶场子弟学校和职工医院移交零陵区管理，市财政局核定划转人数46人，划转财政支出基数160万元。此项补助暂定3年，2014—2016年市财政每年补助零陵区财政160万元。2月，永州市特殊教育学校由零陵区管理上收归口市教育局管理，市财政局核定上收人数50人，上收财政支出基数187万元。

从2014年起，零陵区每年上解市财政187万元。12月31日，市财政局根据《中共永州市委永州市人民政府关于进一步调整和完善中心城区城市建设和管理体制的意见》，将中心城区城管执法、公共绿地养护、环卫清扫等专项经费统一下放至冷水滩区和永州市经济技术开发区，市财政局核定冷水滩区专项经费财政定额补贴基数为4703.8万元，永州市经济技术开发区专项经费财政定额补贴基数为439.2万元，共计5143万元。其中，从市本级一般预算中定额补贴城管执法专项经费402万元，从市本级城市维护费中定额补贴公共绿地养护、环卫清扫等专项经费4741万元。自2014年1月1日起执行。同日，市财政局明确李达故居管理处成建制划归市委办管理的财政支出上收基数，核定上收在职人员12人，上划冷水滩区财政支出基数42.7万元。明确零陵区城乡规划分局体制调整上收基数，核定上收在职人员12人，上收零陵区财政支出基数46.33万元。自2014年1月起执行。

2015年，市与零陵区、冷水滩区财政体制维持不变。

第三节 乡（镇）财政体制

1984年，零陵地区普遍建立乡级财政所（室），全区共461个所（室），配备干部职工771人。自成立以来，零陵地区乡（镇）财政机构按照《湖南省乡（镇）财政管理试行办法》的规定，负责有关国家预算内收支的组织管理，协助乡（镇）企业建立健全财务会计制度，执行国家财政预算、决算制度，乡（镇）财政尝试多种包干管理体制。乡（镇）财政所人员编制、任免、调动、奖罚、工资福利、业务工作由县财政局管理；组织、考勤、计划生育归区、乡（镇）政府管理，思想政治工作由县财政局与当地政府共同管理。1990年，省财政厅开始组织开展创建“文明财政所”活动，零陵地区财政局比照省里的做法，组织开展“文明财政所”考核评比活动，推动乡（镇）财政建设。1991年12月26日，财政部出台《乡（镇）财政管理办法》，要求乡（镇）财政按照“统一领导，分级管理”的原则管理，结合各地具体情况确定乡（镇）财政管理体制。不论实行哪种体制，应尽量实行一定几年不变的办法，以调动基层政权管理财政的积极性。乡（镇）财政应设立预算周转金，并根据财力逐步达到本级预算内支出的2%。乡（镇）财政应积极创造条件，逐步建立乡（镇）一级国库，以利于乡（镇）财政体制的实施。

1992年，零陵地区按照财政部和省财政厅的要求，完善乡（镇）财政管理体制。全区52%的乡（镇）实行财政包干，蓝山县、双牌县、宁远县推行包干体制，

1993 年 8 月 6 日，省财政厅党组书记、厅长章锐夫（右一）率处室负责人到宁远县大界乡财政所考察

实行“核定收支，超收分成，短收分担，超支不补，结余留用”的办法。永州市实行“核定收支，递增包干，超收全留，短收不补，一定三年”的办法。祁阳县、东安县、江永县、新田县、道县实行“核定收支，基数包干，超收全留，短收自负，超支不补，自求平衡”的办法。金洞林场实行“收支两条线”管理，冷水滩市实行“统收统支”体制。是年 6 月 6 日，在永州市召开第四届湘桂毗邻地区农税工作联席会议，就完善乡（镇）财政体制、拓宽理财思路、摆脱县乡两级财政困境进行交流探讨。从是年开始，全区上下组织开展乡（镇）财源建设小“3581”工程，做大乡（镇）财政收入蛋糕。到 1992 年年底，全区乡（镇）财政收入登上中小“3581”台阶的乡（镇）189 个，占 50.4%，其中，上 300 万元台阶的乡（镇）2 个，实现乡（镇）财政收入过 300 万元“零”的突破；上 100 万元台阶的乡（镇）23 个。1993 年，全区各县（市）乡（镇）财政体制基本延续上一年度体制，蓝山县、宁远县实行“收支挂钩，超收分成，短收分担，超支不补，结余留用，一年一定”体制。为加强乡（镇）财政建设，增强乡（镇）财政实力，地区财政局制订并实施《“八五”期间乡（镇）财政财源建设规划》，推动乡（镇）财政收入上中小“3581”台阶，组织开展乡（镇）财政会计工作达标验收活动，提高乡（镇）财政管理管理水平。

1994 年，中央实行分税制财政体制改革，零陵地区因地制宜逐步完善乡（镇）财政体制，永州市率先全面试行乡（镇）分税制财政体制，其他各县（市）普遍实行包干或分成的财政体制，并逐步向分税制过渡。是年，零陵地区开始建立街道一级财政，共建立 7 个街道财政所，其中，永州市设立城南、城北、河西 3 个所；冷水滩市设立城南、城北、城中、河东 4 个所。1995 年，零陵地区开始撤区并乡建镇，全区乡（镇）财政所由 430 个撤并为 188 个，另有街道财政所 8 个。永州市、东安县、江华县对乡（镇）实行分税制财政体制，其他各县基本实行包干或分成体制。继续实施乡（镇）财源建设上中小“3581”台阶工程，东安县白牙市镇、祁阳县城关镇、黎家坪镇财政收入过 1000 万元，实现零陵地区乡（镇）财政收入过

1000万元“零”的突破，过800万元的乡（镇）1个，过500万元的乡（镇）5个。为进一步加强乡（镇）财政管理，地区财政局制订出台《零陵地区乡（镇）财政资金财务管理试行办法》《乡（镇）财政周转金管理办法》及《农税票证管理具体规定》等文件，乡（镇）财政管理基本上做到“三统一分”，即财政统一预算，收入统一管理，支出统一审批，分别设立账户。

1996年撤地建市后，永州市按照分税制的原则，进一步健全乡级财政新体制，把乡（镇）财政建成真正的一级财政，10个县（区）实行分税制管理体制。按照省财政厅、中国人民银行长沙支行《关于建立乡（镇）国库的通知》，推进乡（镇）国库建设，20个乡（镇）建立乡（镇）国库，在祁阳县推行乡（镇）国库试点。1998年，全面推广乡（镇）分税制财政体制改革，要求建立乡（镇）国库面达80%。实行乡（镇）收费制度改革和综合财政预算“两项改革”，推进“收支两条线”管理，在祁阳县进宝塘镇开展农村“费改税”试点工作，将向农民收取的乡（镇）统筹和村级提留改为统一征收农村公益事业建设税。

1996年9月12日，市委常委、常务副市长朱泽民在全市财政工作会议上讲话

1996年9月12日，全市财政工作暨乡镇财政工作会议在祁阳县召开

1998年，市财政局针对乡（镇）财政债务沉重、运转困难的问题，在全市组织开展乡（镇）财政赤字负债调查摸底，到1997年年底，全市乡（镇）财政赤字负债总额2.87亿元，乡均152万元，乡（镇）财政赤字负债问题引起各级党委、政府的高度重视。1999年，市政府出台《永州市乡（镇）财政消赤减债规划》，要求改革和完善乡（镇）预算管理体制，遵循“乡事乡办，乡财乡理，事权与财权相统一”的原则，划分县、乡两级政府的事权，建立以分税制为主体的乡（镇）财政体制。建立乡（镇）消赤减债资金，采取预算安排一点、超收弥补一点、预算外调剂一点、分流人员节支一点、拍卖闲置资产挤出一点、清收各种尾欠筹措一点等办法，加大消赤减债力度，逐步使乡（镇）财政走向良性发展的轨道。计划用3

年时间消化赤字挂账 1. 17 亿元，用 5 年时间基本偿还债务 2. 73 亿元。是年，全市乡（镇）财政消赤减债达 1332 万元，超额完成年度目标。与此同时，在东安县紫溪市镇开展乡（镇）综合预算改革试点，在东安县、宁远县开展建立农业税村级征收网络试点探索。

2000 年，市财政局转发《湖南省乡（镇）财政管理条例》，加大乡（镇）财政改革力度，所有符合条件的乡（镇）必须建立分税制财政体制；加快乡（镇）国库建设；所有乡（镇）全面实行收费制度改革和综合预算改革；推进乡（镇）财税合署办公，形成财税征管合力；加大乡（镇）消赤减债力度。是年，全市乡（镇）消赤减债 9140 万元。2001 年，推进农村税费改革，农民除依法向国家缴纳农业税及其附加、农业特产税及其附加、承担村级“一事一议”筹资筹劳外，不再承担任何面向农民的行政事业性收费和政府性基金。市政府明确要求，农村税费改革要在当 6 月底完成，并在祁阳县茅竹镇、芝山区黄田铺镇和江永县夏层铺镇开展农村税费改革试点。

2002—2005 年，全面推进农村税费改革。2002 年，确定新的农村税费制度框架，全市农民人均负担 48. 72 元，亩均负担 65. 35 元。2003 年，深化农村税费改革，按照“村村减负，户户受益”的原则，减轻农民负担。开展乡（镇）财政综合改革试点，推行农税征管改革，加强农税信息网络建设，设立农税纳税大厅，提升征管效率。2004 年，进一步完善和推进农村税费改革，降低农业税税率 3 个百分点，实行粮食直补、良种补贴和农机具购置补贴，取消除烤烟以外的农业特产税。全市农民共减负增收 2. 38 亿元，人平政策性增收 54 元，粮食播种面积达到 755 万亩，比 2003 年增加 71 万亩；粮食总产达到 28 亿千克，创历史最好水平。2005 年，全面落实免征农业税和除烟叶外的农业特产税政策，从而结束了长达 2600 多年农业税“皇粮国税”的历史。加强农民负担监督管理工作，防止农民负担转移和反弹。

2006—2008 年，继续开展以乡（镇）机构、农村义务教育和县乡财政体制改革为主要内容的农村综合改革试点。财政部印发《关于进一步推进乡财县管工作的通知》，永州市执行中央政策，各县（区）以“预算统编、账户统设、工资统发、采购统办、票据统管”为原则，稳步推进“乡财县管乡用”和“村账乡代管”改革试点。新田县、宁远县改革试点取得成功经验。是年，正式启动国有农场税费改革。

2009—2012 年，全市全面推行“乡财县管乡用”和“村账乡代管”改革，启动农村公益事业“一事一议”财政奖补，开展农村义务教育债务化解和乡村干部垫付农业税债务化解工作，提高村级组织运转经费保障水平，开展标准化财政所创建活动。

2013—2015年，全市强化乡（镇）财政服务职能，加大对乡（镇）财政投入，加强科学化精细化管理，推进标准化财政所建设，规范各类惠农补贴发放，实行“一卡通”发放和管理，乡镇财政所职能全面实现由征收管理型向服务监督型转变。

第四节 省直管县财政体制

2010年1月12日，湖南省人民政府印发《关于完善财政体制推行“省直管县”改革的通知》，决定从2010年1月1日起，调整省以下财政体制，推行财政“省直管县”改革，这是继1994年分税制改革以来最重大的一次财政体制调整。

在收入划分上，将增值税地方部分、营业税纳入分享范围，由省与市（州）或省与县（市）按比例分别分享；将企业所得税地方部分和个人所得税地方部分由省与市（州）分享调整为省与市（州）或省与县（市）按比例分别分享；调整资源税分享比例；原实行分享的土地增值税和城镇土地使用税下放市（州）、县（市）；其他财政收入省与市（州）、县（市）划分范围不变。各个税种的具体划分是：增值税。湖南中烟公司、华菱集团（含所属独立核算企业）的增值税继续作为省级收入。将其他原属省级收入的电力、石化、冶金、有色等增值税下划市（州）、县（市），与原属各市（州）、县（市）的增值税一起，由省与市（州）或省与县（市）分别按25%∶75%比例分享。营业税。除中央所属铁路以外的其他铁路运营环节实现的营业税，高速公路和铁路设计、施工、监理环节实现的营业税继续作为省级收入。将其他原属省级的国家和省重点工程营业税、金融保险系统营业税以及其他省属企业的营业税下划市（州）、县（市），与原属各市（州）、县（市）的营业税一起，由省与市（州）或省与县（市）分别按25%∶75%比例分享。企业所得税。湖南中烟公司、华菱集团（含所属具有法人资格企业）以及部分跨省市总分机构（原中央跨地区经营企业）等企业所得税继续作为省级收入。将原属省级的湘投公司、财信控股等企业所得税下划市（州）、县（市）。企业所得税省与市（州）或省与县（市）分别按30%∶70%比例分享。个人所得税。个人所得税省与市（州）或省与县（市）分别按30%∶70%比例分享。资源税。省与市（州）或省与县（市）分别按25%∶75%比例分享。其他税收收入。土地增值税、城镇土地使用税、房产税、城市维护建设税、印花税、车船税、烟叶税、耕地占用税、契税等其他税收收入作为市（州）或县（市）固定收入。非税收入。除属于省、市（州）、县（市）固定非税收入之外，其他非税收入由省与市（州）或省与县

（市）分别分享。基数核定。增值税、营业税、资源税、土地增值税、城镇土地使用税以及新下放的企业所得税等税收基数，考虑特殊客观因素计算确定。新下放的其他重点工程设计、施工、监理环节实现的营业税实行零基数下放。

按照新体制确定的分享比例，将市（州）、县（市）上划税收与省下划税收相抵后，市（州）、县（市）上划税收大于省下划税收的差额部分由省作为基数返还市（州）、县（市），市（州）、县（市）上划税收小于省下划税收的差额部分由市（州）、县（市）作为基数上解省。以后年度，省对各市（州）、县（市）的增值税、营业税、企业所得税和个人所得税实行分税种考核，对收入达不到基数的市（州）、县（市），省相应扣减其基数返还或增加其基数上解。

在支出划分上，根据省与市（州）、县（市）事权划分，按照公共财政的要求，确定省与市（州）、县（市）的支出划分。省财政支出包括省级一般公共服务支出，省级负担的公共安全、教育、科技、文化、医疗卫生、社会保障、环境保护、城乡社区事务、农林水事务、交通运输等各项支出。市（州）、县（市）财政支出包括市（州）、县（市）一般公共服务支出，市（州）、县（市）负担的公共安全、教育、科技、文化、医疗卫生、社会保障、环境保护、城乡社区事务、农林水事务、交通运输等各项支出。

实行“省直管县”，除市辖区以及湘西自治州所辖县（市）以及长沙县、望城县仍维持省管市（州）、市（州）管县（市）的财政管理体制外，其余79个县（市）实行财政“省直管县”改革。改革后省直管市（州）、县（市）共93个。永州市除零陵区、冷水滩区、永州经济技术开发区、金洞管理区、回龙圩管理区外，东安县、道县、宁远县、江永县、江华县、蓝山县、新田县、双牌县、祁阳县9个县全部实行财政“省直管县”。财政体制。以2009年为基期，对改革前市与县（市）的各类收入划分、补助（上解）、税收返还等基数，按照保既得利益的原则，经市与县（市）双方协商确认后，由省财政统一办理划转。改革后市与县（市）在财政管理体制上相互独立，设区市不再分享所属县（市）收入和新增集中县（市）财力。转移支付。省对下转移支付补助由省财政厅或省财政厅会同省直有关部门直接分配下达到市（州）、县（市）。资金调度。各市（州）、县（市）国库直接对中央、省报解财政收入，省财政直接确定各市（州）、县（市）的资金留解比例和资金调度。债务管理。2009年年底以前的国际金融组织贷款、外国政府贷款、国债转贷资金和中央、省财政有偿资金等，到期后由市（州）、县（市）直接归还省财政。2010年起，新增债务由市（州）、县（市）财政直接向省财政办理有关手续并还款。收入计划。省国税局、省地税局、省非税局等收入征管部门，按照国家有关政策，根据全省和市（州）、县（市）经济发展目标，将收入任务分别直接下达到市（州）、县（市）。财政结算。各类财政结算事项一律通过省财政与各市（州）、县（市）统一办理。

完善配套政策：加大对困难地区的支持力度。省财政因调整财政体制集中的收入增量，全部用于减免财政困难县（市）、国家和省扶贫开发重点县、少数民族县的财政体制上解和增加对财政困难县（市）的转移支付补助。建立促进优势地区和县域经济加快发展的激励机制。省财政建立激励型转移支付制度，对税收收入增长较快、贡献较大的优势地区根据其贡献大小给予挂钩奖励。同时加大“五奖二补”〔五奖：税收增长奖励，县乡保障和提高重点支出水平奖励，撤并乡（镇）、控制精简人员、绩效评价奖励，退出财政困难县及消化赤字奖励，产粮（油）大县奖励；二补：政策性因素影响财政减收增支补助，财政困难县收支缺口补助〕政策实施力度。鼓励设区市继续支持县域经济发展。调整省对市（州）、县（市）的“两税”返还。按照新的增值税和消费税收入口径，重新核定各市（州）、县（市）上划中央“两税”基数和“两税”返还系数，省财政不再按0.1系数集中各市（州）、县（市）的“两税”返还。

2010年3月29日，省财政厅印发《关于完善财政体制推行“省直管县”改革基数核定有关问题的通知》，就收入基数核定、补助基数核定、上解基数核定、出口退税基数核定、基数划转和基数考核6个方面作出明确具体的规定，重点明确省、市、县三级收支基数的核定办法和划转程序。

2010年3月30日，省财政厅、省国税局、省地税局、中国人民银行长沙中心支行印发《关于财政收入预算管理有关问题的通知》，对各级收入的具体范围和缴库退库程序进行明确界定。

2010年4月22日，为适应“省直管县”财政体制改革要求，永州市人民政府办公室印发《关于明确市区财政收入划分（试行）的通知》，进一步明确市与两区的财政收入划分。

2010年5月13日，省财政厅修订非税收入项目分成规定，明确土地价款、农土资金、对彩票公益金等5项收入省与市或县分成比例，对集体林育林基金、森林植被恢复费、河道采砂管理费等13项收入项目调整分成比例，继续对自学考试报名考务费、普通高中学业水平考试费、迁证费等10项收入保留市、县间分成规定。

2010年6月11日，省财政厅发文加强财政监督，重点从财政收入、财政支出、会计信息质量等方面加强财政监督检查。7月1日，省国税局发文对全省跨地区经营企业及各分支机构应缴纳或分摊的企业所得税税款比例进行明确。

2010年9月9日，省财政厅明确永州市收入基数、市对省直管县（市）专项转移支付基数、其他结算补助（上解）基数。核定省下划永州市2009年增值税收入基数1258万元，营业税收入基数1.49亿元；核定永州市2009年增值税收入基数2.21亿元，营业税收入5.28亿元；省对永州市增值税基数返还额为4591万元，营业税基数返还额为2040万元，增值税考核基数为2.34亿元，营业税考核基数6.77亿元。核定永州市企业所得税、资源税、土地增值税和城镇土地使用税定额上解基数4435万元。核定永州市专项转移支付补助3873.74万元；核定永州市需省通过结算划转的专项转移支付补助3873.74万元，作为市上解基数。核定永州市其他结算补助基数22.25亿元，其中，市本级及所辖区6.86亿元，9个省直管县15.39亿元。其他结算上解基数5858万元，出口退税基数603万元。

在财政“省直管县”改革过程中，市财政局及时研究和落实财政“省直管县”改革政策，扎实做好数据测算、收支基数核定和划转等基础工作，积极汇报反映永州市的特殊因素和实际困难，得到省财政厅倾斜照顾，省财政增加永州市本级特殊体制补助105万元，分别增加新田县、双牌县、祁阳县定额补助30万元、43万元和130万元。是年，省财政还增加永州市本级均衡性转移支付资金3000万元。自2010年推行改革以来，“省直管县”财政体制沿用至今。

第五章 财政管理

财政管理是政府为实现其职能运用一定手段对财政活动的全过程进行决策、计划、组织、协调和监督，是财政部门的一项经常性工作。24 年来，随着经济社会的发展和社会主义市场经济体制的建立完善，永州市各级财政部门贯彻落实中央、省有关财政财务管理的政策法规制度，结合工作实际，探索和完善新的管理体制机制和方式方法，为全市财政经济发展提供基础性、制度性保障。

第一节 财政法制建设与财政信息化

一、财政法制建设

1992 年以前，零陵地区财政局没有设立专门的财政法制机构，“二五”普法、财政法规宣传教育等职能由办公室负责，财政制度建设职能放在各相关科（室），办公室对财政制度进行审核把关管理。

1992—1995 年，地区财政局组织开展财税法规宣传月、宣传周活动，采取召开座谈会、接受记者专访、开辟宣传专栏、组织知识竞赛等多种形式，宣传《中华人民共和国预算法》《中华人民共和国会计法》《湖南省预算外资金管理条例》等财政政策法规。

1996 年 10 月，永州市财政局成立财税政策法规科，与办公室合署办公，设立财税政策法规专干负责法制工作，专抓“三五”普法工作和国家工作人员学法用法考试。1999 年 3 月，市财政局将财税政策法规科从办公室分设出来，专职负责税政法规业务，具体负责拟订财政、税收、国有资产管理的地方性法规草案；开展地方税源调查；承担财政行政复议、听证和行政诉讼的应诉代理；管理国家赔偿费用；组织财税普法；组织开展财政执法监督检查等工作。

2001 年，市财政局开展行政审批事项清理，取消财政审批、审核、备案事项 21 项，保留审批、核准、审核、备案事项 55 项。制订《永州市财政系统法制宣传教育第四个五年规划》，正式启动“四五”普法工作。加强财政部门行政执法规章制度建设，出台《财政行政执法责任制》《财政行政执法公示制》《行政执法违法和错案责任追究制度》。是年，市财政局获永州市“三五”普法先进单位称号。2002年，市本级财政依法将国家赔偿费用列入同级财政预算，实行专户管理。

2003—2006年，市财政局深化行政审批制度改革，清理和规范行政审批事项，推行公开办事制、首问责任制和服务承诺制。围绕国务院颁布实施的《财政违法行为处罚处分条例》，加强学习宣传和培训，建立和完善相关程序制度，规范行政执法程序，全面推进财政部门依法理财。贯彻执行《中华人民共和国国家赔偿法》，开展国家赔偿案件的调查核实和资金拨付，促进国家机关依法行政职权。

2007—2013年，市财政局加强财政法制建设，开展行政审批项目、年检年审项目清理和税收政策调查，加强规范性文件清理和合法性、合规性审查。2007年，制订出台《永州市财政局领导干部法律知识考试考核制度》《财政执法人员法律知识培训及考试考核制度》《财政法律宣传教育工作督查制度》《永州市财政行政执法公示制度》《永州市财政行政执法和错案责任追究制度》《永州市财政行政复议和应诉工作规则》《永州市财政局重大决策法律咨询论证审核制度》《永州市财政局财政行政处罚操作规程》等文件，成立永州市财政行政执法责任制和行政执法公示监督检查工作领导小组。2009年，印发《永州市财政局行政处罚裁量权基准》，对17部法律法规和规章中有行政处罚裁量空间的条款37条，每个条款的行政处罚裁量基准按一般违法行为、较重违法行为和严重违法行为3种情形分设3个裁量阶次。2010年，出台《永州市财政局规范性文件管理办法》。2012年，推行存量房交易纳税评估工作。

2015年6月，市财政局举办“六五”普法验收考试

2013—2015年，市财政局深入推进依法理财依法行政，加强“法治财政”建设。印发《永州市财政局依法行政依法理财示范点建设工作方案》，完善行政执法程序，修订出台《永州市财政局行政处罚裁量权基准》。开展财政权力清单、责任清单、负面清单“三单”清理，保留涉及财政资金预算分配、财务收支管理、行政事业单位国有资产管理、财政资金预算绩效评价等方面监管内容权

力清单 22 项。加大普法宣传教育和培训工作力度，顺利通过“六五”普法检查验收。

二、财政信息化

1992—2015 年，随着信息技术的发展和财政改革的不断深入，永州市财政信息化建设和发展大致经历 3 个阶段。

（一）第一阶段（1992—1998 年）

这一阶段主要是推广使用个人计算机。

1992 年上半年，零陵地区财政局组织人员参加省财政厅举办的全省农税干部微机培训班，培训计算机操作知识。此后，全区各级财政部门开始加强财政干部计算机操作知识培训；地区财政局为满足各业务岗位工作需要，先后为相关科（室）购置使用计算机，陆续使用财务会计核算软件，提高工作效能，减少人工差错，降低劳动强度。

（二）第二阶段（1999—2009 年）

这一阶段对部分主要财政业务推广使用信息系统，并建设使用门户网站。

1. 信息系统建设。1999 年下半年，财政部开始规划建立政府财政管理信息系统（“金财工程”），并在 2001 年年初完成政府财政管理信息系统的初步设计，下半年开始试点。永州市各级财政农税部门实行电脑联网，实现省、市、县（区）财政农税部门工作信息通过网络进行上传下达。此后，逐步将信息技术用于农业税收征收管理工作。在取消农业税、农业特产税后，逐步将粮食直补、良种补贴、农机具购置补贴和社保资金等支出纳入信息化管理，实现乡（镇）财政职能由“向农民收钱”转变为“向农民发钱”。2003 年，省财政厅将永州市列为全省 4 个市级部门预算网络化建设和全国 100 个地（市）部门预算网络化建设试点单位，市财政局部署实施“e 财”4.0 部门预算管理软件，对部门预算工作实行信息化管理。是年，按照深化农村税费改革要求，全市加强农税信息网络建设。

2005 年上半年，省财政厅全面推进乡（镇）财税管理信息化建设，全市各级财政部门按要求完成设备采购、网络组建、软件安装与培训、基础数据录入、补贴存折发放等工作，扩大涉农惠农补贴资金“一卡通”发放，并通过省财政厅组织的乡（镇）财税管理信息化验收。是年，为满足信息化发展需要，市财政局对办公楼网络线路进行改造，建成内网、外网两条网络线路。7 月，启动非税收入征管系统建设，首批开通执收单位联网点 53 个、联网代理银行 4 家，实现对非税票据、征收、资金、稽查和分析的信息化管理。9 月，按照国库集中支付改革要求，实施国库集中支付信息系统建设，首批将 10 个市直预算单位纳入国库集中支付。

2007 年 5 月，省财政厅部署建设全省“金财工程”骨干传输网，在年底建成省、市、县三级财政广域网；按照省财政厅要求，市财政局将“金财工程”横向网接入同级政府电子政务内网，带宽确定为8M。2008年8月，全面推进市、县部门预算改革，市财政局部署运行财政部买断版权、指定推广的“e财”部门预算管理和预算指标管理系统，实现部门预算信息化管理。

2009年5月，市财政局启动公务卡结算改革，上线运行公务卡结算系统。9月，启用全省财政内部邮件系统，通过内网发送邮件与省财政厅实现工作联系；同时，开通运行全市电子政务内网公文传输系统，通过系统接收市委、市政府及市直相关部门印发的非涉密公文。10月，市本级及各县（区）财政局开通湖南省财政电子公文传输系统和内部邮件系统，实现省财政厅非涉密公文和信息的电子传输下发。12月，市财政局对财政业务专网线路（财政局域网、财政城域网、财政广域网）进行改造，取消互联网+VPN等不安全网络连接方式，严格实行内、外网物理隔离，严禁财政专网与互联网之间交叉使用存储介质，对非法接入财政专网的计算机采用技术手段进行报警并阻断通信。

2. 网站建设和管理。2009年12月，市财政局与市经济信息中心签订协议，依托市政府信息网络平台建设永州市财政局门户网站，申请一级域名www. yzsczj. gov. cn，并链接到永州市政府网首页。

（三）第三阶段（2010—2015年）

探索财政信息系统资源整合，主要是部署实施财政应用平台，建设财政业务系统，强化网络和信息安全管理。

永州市财政局实施2010—2012年湖南省财政信息化建设“三年行动计划”，图为2012年建设中的标准化机房

1. 应用平台和信息系统建设。2010年10月，省财政厅在全省财政系统启动财政信息化建设“三年行动计划”，计划用3年时间在市（州）财政部门完成应用支撑平台、预算管理系统等17个系统建设。12月，市财政局成立由局长任组长的信息化工作领导小组，对财政信息化工作进行统一领导、整体规划；并申报成立信息科。2011年5月，市政府批准市财政局在办公室加挂信息科牌子，承担全局计算机（网络）信息系统规划、建设、维护和无纸化办公等职能。自此，办公室（信息科）承担起“三年行动计划”确定的财政信息化建设任务。

2010年11月，市财政局上线运行行政事业单位资产管理信息系统，实现对市直行政事业单位资产从入口到出口各个环节的动态管理。2011年3

月，市财政局制订财政应用支撑平台建设方案报省财政厅审批，提出在财政部统一推广的应用大平台基础上，建设符合本市财政业务管理特点的一体化应用系统，4月，省财政厅通过技术审查后批准永州市财政局实施应用平台建设。8月，开始实施财政一体化应用支撑平台建设和启动标准化计算机机房建设，接入信息系统15个，实现对所有财政业务信息系统和设备的集中管理。

2012年1月，市财政局对国库支付用友F3财政管理系统2.0升级到3.0；并将市农业综合开发办公室接入财政业务专网，对农业综合开发信息管理系统实行集中监管。8月，按要求接入市本级电子监察系统，将非涉密的行政许可、行政审批等政务服务事项纳入网上办理。10月，建成财税库银税收收入电子缴款收入横联系统，并连接到省财政厅服务器，实现全市收入数据的上传。11月，市财政局信息化建设“三年行动计划”工作通过省财政厅的考核验收，被评为二等奖。

2013年2月，市财政局制订全市2013—2016年财政信息化发展规划，明确建设业务标准统一、覆盖所有财政性资金、辐射各级财政部门和预算单位的财政管理信息系统，服务财政改革与发展。2014年11月，开发建设融资公司资金管理系统，将市本级融资公司的业务集中在一个平台上进行录入、审核、统计和查询管理。

2015年7月，市财政局通过网上信访信息系统处理和反馈线上和线下信访事项。8月，市编办批复同意市财政局单独设立信息科，明确其工作职责。12月，实施市财政局多功能视频会议室建设。

2. 网络和信息安全。2012年11月，市财政局安装部署财政部统一采购的“金财工程”网络入侵检测和漏洞扫描安全产品，强化财政专网安全防护。12月，部署湖南省财政客户端安全监控管理系统，防止财政专网客户端非法外联等安全问题。

2015年8月，市财政局举办中青年干部财政业务培训班，普及财政信息化等业务知识，图为市财政局党组副书记、副局长唐建华（主席台左）作主持讲话

2013年1月，实施网络及安全系统建设工程，部署核心交换机、内网楼层交换机和银行业务交换机，更换安装内网防火墙，加装网神防病毒网关和入侵防御系统，提升内网安全防护能力；部署实施财政身份认证与授权管理系统，5月正

式上线运行。

2014 年 7 月，部署实施省财政厅统一采购的防病毒防木马攻击私有云监管平台，堵塞财政专网安全漏洞和隐患，强化财政专网安全管理。

2015 年，市财政局按照省财政厅的要求，全面开展信息安全自查，排查安全漏洞和隐患，推进信息系统安全等级保护。

3. 网站建设和管理。2013 年，市财政局利用本局网站公开市本级财政预算。将市司法局、市文广新局、市国土局、市林业局、市商务局 5 个预算公开试点单位的部门预算和“三公”（因公出国出境经费、公务用车购置及运行费、公务接待费，下同）经费预算在市财政局网站上进行公开，同步公开 97 项重大民生专项资金分配情况。

2014 年，根据市本级扩大预算公开范围的工作要求，在市财政局网站公开 31 个市政府工作部门的部门预算和“三公”经费预算，同步公开 2013 年 5 个试点单位的部门决算和“三公”经费决算。是年底，根据市编制委员会办公室要求，市财政局完成网站开办审核和资格复核，加挂政府网站标识。

2015 年，市本级全面实行预算公开，在市财政局网站公开市直 194 个预算单位（1 个涉密单位除外）的部门预算和“三公”经费预算，同步公开 2014 年 31 政府工作部门的部门决算和“三公”经费决算。7 月，委托信息技术专业公司对市财政局门户网站进行改版重建，将网站服务器部署到局计算机机房。改版后，网站首页设立一级栏目 8 个。是年，在政府网站绩效评估中，市财政局网站被市政府评为优秀政府网站。

第二节　预算管理

2015 年，市财政局召开全市学习宣传贯彻实施《中华人民共和国预算法》动员大会暨财政经济形势分析会

预算管理是财政管理的核心内容，包括预算编制、预算执行、预算调整、决算等过程。永州市实行“一级政府，一级预算”，设立市、县（区）、乡（镇）三级预算，各级总预算由本级政府预算（以下简称本级预算）和汇总的下一级总预算组成，县

级以上地方各级人民代表大会常务委员会监督本级总预算的执行，地方各级财政部门具体编制本级预算、决算草案，组织实施本级总预算的各项要求，定期向本级政府和上一级财政部门报告本级总预算的执行情况，并报同级人民代表大会审查、批准。

一、预算编制与预算调整

1992—1995 年，零陵地区行政公署作为省政府的派出机构，没有建立一级完整的财政，财政收支规模小，地直企业实现税收按属地原则上缴“两市两县”（永州市、冷水滩市、祁阳县、道县），支出靠省财政定额补助。每年财政预算按照省财政厅的要求，遵循“先保工资，后搞建设”和“少出赤字，不出赤字”的原则进行编制，财政支出的重点主要是保人员经费和正常经费，保工资改革和农业开发等配套资金，保农业、教育、科技等重点支出。1995 年，零陵地区财政预算编制贯彻落实省委、省政府《关于进一步加强财源建设严格财政管理的决定》和地委、行署《关于进一步加强我区财源建设的意见》，狠抓地方财源建设和增收节支两个重点；逐步建立财政收入增长目标和收支平衡的激励机制，财政收入均衡入库的制约机制，工资发放、正常运转和重点支出合理增长的 3 个机制；努力实现上划中央收入完成 2.7 亿元，地方财政收入达到 5 亿元，确保工资基本兑现，实现当年财政收支平衡 4 个目标。

1992 年 7 月 24 日，零陵地区预算会计学会正式成立，图为参会代表合影

1996 年，撤地建市建立市级财政，全市财政预算编制的原则是按照适度从紧的财政政策，以“实施三大战略、振兴永州财政”为主题，加强财源建设，强化税收征管，从严控制支出，整顿财税和会计秩序，规范财政管理，坚持量财办事，实现当年财政收支平衡，力争 7 个县（区）实现累计平衡。全市财政总收入安排 9.36 亿元，比 1995 年增长 11.4%，支出按低于收入增幅 2 个百分点安排。

1997—2002 年，坚持“量入为出，收支平衡”和“适度从紧，加大调控，确保重点，综合平衡”的原则，编制市本级财政预算，突出特色财源建设和财税征管，建立财政收入增长机制；全面推进非税收入征管体制和综合财政预算两项改革；财政支出重点是保人员经费、基本运转经费和法律法规要求的配套资金，保国有企业下岗职工基本生活费、粮食风险基金和消化粮食挂账资金的基本需要，对单位急需解决的部分专项资金，视财力情况作适当安排，尽力消化历年累计赤字。2000年和2001年，因停征投资方向调节税，取消部分收费项目等政策性因素影响，市本级财政收入预算安排分别比上年下降2.7%和1.2%。1998—2000年和2002年，因预算执行中财政收支变化较大进行预算调整。

2002—2008年，市本级财政预算编制突出改革主线，全面深化农村税费改革，推行部门预算改革和“收支两条线”管理改革，实行零基预算、复式预算、基金预算管理，开展会计委派和会计集中核算改革、国库集中支付改革试点，实施政府收支分类改革，深化政府采购制度改革。收入安排上，加强财源建设和财税征管，建立财政对经济发展的奖励资金，促进产业结构调整，增强中心城市财政整体实力。支出安排上，突出保工资、保运转、保稳定、保重点。2003年，增加工资性支出和社会保障支出，干部职工适当生活补贴在2002年财政负担70%的基础上提高到100%，城市居民最低生活保障费、再就业补助等社保资金实现较大幅度增长。2005年，优化财政资金分配顺序，优先保证工资发放、正常运转等基本支出，逐步兑现人均150元/月的适当补贴；优先保证社会保障、国企改革、“三农”等重点支出；完善政法经费保障机制，提高维护社会稳定的财力保障。按照区别对待、能配则配的原则，对社会保障等关系国计民生的专项资金尽力予以配套，对建设性和发展性项目，视财力情况予以配套。

2006年，将市直单位行政性收费收入全额纳入预算管理，支出通过预算安排。将原在城市维护费列支的市客运办、市房产局等6个单位的正常经费划入到工交等部门事业费中列支，逐步实现城市维护费支出的归位。2007年，围绕确保重点支出的基本需要，用改革的办法调整优化支出结构，压缩各种会议费、接待费、小车费以及出国考察、庆典、参观等一般性支出，节约行政运行成本。完善非税收入政府调控机制，对非税收入结余和超收实行比例调控。多渠道筹集资金，确保机关事业单位工资和公务员津贴补贴的发放，确保各项重点支出的基本需要。2002—2004年、2007—2008年，市本级财政进行预算调整。

2009—2015年，市本级财政预算按照依法理财、综合预算、公共财政、勤俭办事业、收支平衡的原则进行编制，并按地方债券资金需增列当年财政预算“转移性收入——债券转贷收入”的要求，每年市本级财政预算均进行预算调整。2009年，市本级财政预算安排的住房公积金按全额拨款单位在职人员全年应发工资的12%安排，比2008年提高2个百分点。公务经费比2008年压缩10%。在临时人员经费安排上，从2009年起，市委办、市人大办、市政府办、市政协办的临时人员按实安排；其他全额行政事业单位按单位编制数的10%及人均经费1.5万元/年的标准安排。2010年，公务员津贴补贴按1.8万元/人安排，全额事业单位暂按在职、离退休人数及人均0.8万元给予补助。住房公积金按全额拨款单位在职人员全年应发基本工资和统一津补贴的12%测算安排。交通费按照定编车辆每台2.5万元、市级领导每台3万元安排。对部门和单位按每个部门单位4万元、3万元实行会议费包干。2012年，加大民生民本资金配套和产业发展扶持力度，其中，安排新农合配套3439万元，城镇居民医保配套487万元，义务教育保障机制配套601万元，安排各类产业发展资金9290万元。

2015年，探索建立跨年度预算平衡机制，将预算收入从约束性转向预期性，建立市本级预算稳定调节基金。实行全口径预算管理，将所有财政性资金和政府性债务纳入预算管理，加大对各类基金预算、国有资本经营预算的财力统筹力度，提高非税收入统筹比例。扩大财政预算公开，2015年除涉密单位外所有市直全额单位公开部门预决算及“三公”经费预决算，逐步细化公开内容，全面公开公共财政预算和财政决算情况。从严规范公务活动支出范围和标准，严格控制一般性支出，坚持“三公”经费只减不增，把压减下来的资金集中用于改善民生、促进社会事业发展和保障基本公共服务。

二、预算执行

1992年，零陵地区广泛开展财源建设“3581”工程建设，促进经济发展和财政增收，全区财政收入完成3.66亿元，比1991年增长22.8%。改革预算包干办法，实行超支不补，结余留用。加快全额单位向差额单位、差额单位向自收自支单位或企业化管理单位、自收自支单位向为财政作贡献单位“三个过渡”步伐，扶持和鼓励事业行政单位创办经济实体，增强单位自我发展、自我完善的能力。

1993—1995年，突出组织财政收入中心，签订财税收入任务责任书，探索建立收入均衡入库机制和管理办法，县（市）普遍建立“县（市）常委包片、县（市）级领导包企业、部门领导包区乡、乡干部包村组”的财政收入目标管理责任制，并与工资、奖金、评先挂钩。抓住实施分税制改革的机遇，加强税收征管，强化税源控制，大力清缴欠税，努力做到应收尽收，为零陵地区争得和确保一个好的收入基数。1993年，全区完成财政收入5.42亿元，比1992年增长47.99%；1994年和1995年，全区财政总收入增幅亦分别达到27.35%和21.63%。在支出安排拨付上，坚持集中财力办大事、握紧拳头保重点，努力保工资、保正常运转、保重点支出，不留工资性硬缺口，县县不打预算赤字。

1996 年，永州市按照强市兴区、事权与财权相统一的原则，确定市与两区财政体制，调整祁阳县、道县的财政收入范围，建立市级财政。成立市委书记、市长任正、副组长的市财政领导小组，制订市本级财政管理制度，坚持勤俭办事、精打细算，挤出近 1 亿元资金，重点支持机场、城建、教育、卫生和体育场馆等基础设施建设。加大组织财税收入工作力度，采取计划衔接、定期通报、季度结账、协税护税等措施，促进财政收入均衡入库。

1997—1999 年，加大市本级财源建设工作力度，制订市本级财源建设规划和项目责任制，支持国有企业改革，组建潇湘集团，狠抓工商企业扭亏增盈，重点支持 7319 工厂三菱猎豹整车生产等重点项目技术改造。推进社会保障制度改革，制订市本级国有企业下岗职工基本生活保障和再就业财政政策，采取企业、社会、财政 3 家抬的办法，确保下岗职工基本生活费的发放。完善农业开发资金、国家赔偿费用、工程预决算审查等 15 个管理办法，对专项资金建立追踪反馈制度。1999 年，加大向上汇报争取工作力度，争取国家和省国债项目 14 个，专项资金 2.33 亿元，加快永连公路、宋家洲电站、城区路网、环境保护及水利设施建设。8 月份中央调整收入分配政策出台后，及时研究测算和向省里汇报，为永州市争得一个比较好的补助基数。

2000—2001 年，全市以确保工资发放为重点，调整优化支出结构。组织力量对各县（区）工资发放情况进行调查，摸清工资欠发金额、构成和形成的原因。建立工资发放保障机制，市委、市政府印发《关于建立机关事业单位职工工资和离退休金保障机制的通知》，成立工资统发中心，全面实行财政统发工资制度，建立工资资金专户，财政收入按比例划转工资专户，实行资金封闭运行，采取大力清理往来借款，清收财政有偿资金，压缩和推迟一般性支出，科学合理调度资金等措施，尽量满足工资发放的资金需要。2001 年，针对全市卷烟企业面临生存与发展以及上缴财政税收锐减的问题，市财政局主动出击，深入开展烟草行业调查，提出“两烟税利十亿工程”设想和“零烟（零陵卷烟厂）挂大靠强、新烟（新田卷烟厂）华烟（江华卷烟厂）关停转产”的建议，得到省委、省政府和省财政厅的大力支持。零陵卷烟厂通过与常德卷烟厂合并，消化历年潜亏数亿元，获得数亿元技改资金；新田卷烟厂、江华卷烟厂通过关停转产得到大量补助资金，2 个县财政获得比较理想的补助基数。

2003 年，全市积极筹措改革成本资金，支持国有企业改革改制。全年完成国有企业改制 220 家，转换职工身份 3.1 万人。市本级筹集改革成本资金 8000 多万元，支持 30 家国有企业完成改制，其中，6 家改制企业共核销各种债务 2.1 亿元，化解银行和资产管理公司债务 1.08 亿元。积极支持“非典”防治，市、县财政预算内拨付防非资金 2241 万元，确保市委、市政府提出目标的实现。

2004 年，全市按照区别对待、有保有控的原则，调整工作思路和工作重点，加大财源建设工作力度，大力发展县域经济、园区经济、民营经济、旅游经济。2004 年市本级财政总收入连登 5 亿元、6 亿元 2 个台阶，比 2003 年增长 40.8%，为撤地建市以来最高增幅。县（区）财政状况明显好转，历年收入“水分”得到有效压缩，县（区）基本未出现新的挂账，部分县（区）还消化一些老欠。注重改善“弱势群体”生活，全市落实“八件实事”安排财政资金 1.6 亿元，其中，市本级财政配套 2012 万元，较好解决就业再就业、食品药品安全等人民群众普遍关注的热点难点问题。适当提高公务员工资福利水平，市本级省定津贴补贴全部到位，解决市直行政事业单位 2 年的住房公积金补贴。

2007 年，全市依法强化财税征管，加强宏观税负分析，强化重点税源项目监控，完善协税护税机制，开展纳税环境专项整治，拓宽非税收入征缴领域，使经济发展的成果有效反映到财政增收上来。全市财政总收入完成 29.15 亿元，比 2006 年增长 25.46%。中心城市财政实力明显增强，市本级加 2 个区财政总收入占全市收入总量的近一半。收入质量进一步改善，全市税收收入增量占全市财政收入增收总量的 81%。

2008—2009 年，突出两手抓，一手抓财税征管，2009 年，全市财政总收入首次突破 40 亿元大关，提前一年实现“十一五”规划，比 2008 年增长 16.84%，增幅高于全省平均水平 2.1 个百分点。一手抓跑项争资，全市争取上级“普九”义务教育化债补助资金 3.09 亿元，争取到位中央财政扩大内需新增投资 8.4 亿元，争取省财政分配永州市地方债券 2.2 亿元，市本级财政争取支持重点项目建设和优势产业发展的各类融资 7.65 亿元，全面落实家电、汽车摩托车下乡等扩内需政策措施，推动经济社会向前发展。

2010 年，全市适应“省直管县”财政体制改革新形势，转变培财思路，实行市、区联动，增强中心城区财政经济实力。建立和充实工业、农业、文化、旅游等产业发展资金，健全和完善中小企业信用担保体系，支持承接产业转移和新型工业化进程，加快实施“五百工程”（发展一批百亿产业集群，壮大一批百亿产业，培育百家亿元企业，打造两个百亿园区）。建立债务风险预警机制和偿债机制，强化举债审批和债务管理，防范和化解财政风险。建立完善相关机制和绩效评价指标体系，开展财政支出绩效评价，提升财政科学化精细化管理水平。

2012—2015 年，全市推行信息化管税措施，改进零散税源征管方式，开展存量房纳税评估，严格非税收入减免缓征，促进财税收入持续较快增长。2013 年全市财政总收入跨入“百亿俱乐部”，2015 年达到 131.14 亿元，4 年年均递增 16.79%。

落实《党政机关厉行节约反对浪费条例》，实行公用经费和工作性专项资金“零增长”，建立“三公”经费季报制度，开展“吃空饷”“小金库”专项治理。规范公务支出管理，出台市本级公务接待、会议费、差旅费、培训费等管理制度，将公务支出关进制度的笼子里。调整优化支出结构，加快经济发展和民生改善，支持推进承接产业转移、实施工业发展“4年倍增”计划（通过2012年到2015年四年的努力，全市工业经济总量规模企业户数、工业投资、园业建设投入、信息产业占地产方生产总值比重等实现倍增）、“五城同创”（创建国家历史文化名城、国家卫生城市、国家园林城市、国家森林城市、国家知名旅游目的地城市）等重点项目建设，下大力气解决群众最为紧迫的民生实事问题。2015年，全市财政支出完成353.24亿元，比2014年增长16.21%，其中，与民生相关的支出完成278.4亿元，增长20.2%，占全市财政支出的比重达到78.8%。

三、财政决算

1992—1996年，零陵地区严格审查决算，采取多种措施，尽力压减赤字。下达赤字限额，逐县逐市审查决算，深入到困难大、赤字大的县（市）进行重点审查，严格把好决算汇编关。把实现财政收支平衡纳入各县（市）“双文明”竞赛考核内容，地区财政对完成“超收控赤”目标的县（市）党政“一把手”、分管副县（市）长、财政局长、税务局长给予奖励。积极向省政府和省财政厅汇报反映零陵地区本级和各县（市）财政困难，争取体制微调和财力补助，千方百计控制财政赤字。1992年，全区财政赤字1843万元，比年初预算压减赤字1162万元，累计赤字8674万元，全区11个县（市）只有蓝山县没有赤字。1993年，全区自1989年以来第一次实现财政收支当年平衡，其中，蓝山县、永州市、江华县3个县（市）实现累计平衡，冷水滩市、东安县、新田县、双牌县、祁阳县5个县（市）实现当年平衡。1995年，省财政通过决算补助增加零陵地区财力1.65亿元，两次体制微调增加定额补贴1702万元，调整宁远县、道县、双牌县、新田县、地区本级体制增加定额补贴1324万元。1996年，全市赤字县消化历年老赤字1099万元，无赤字县（区）达到5个，全市累计财政赤字下降到4230万元。

1997年，永州市财政总收入完成9.64亿元，比1996年增长7.43%，上划中央收入消化“空转”1800万元。全市财政支出完成11.16亿元，比1996年增长8.62%。是年8月1日起，湖南省开征文化事业建设费，对地方单位和个人征收的文化事业建设费就地缴入省金库，年终决算返还地（市、州）70%，地（市、州）返还70%给县（区）。1998年，财政部、国家税务总局决定各地1998年底欠税总额要比1997年年末减少20%，对没有实现清欠控制目标又没有完成税收收入目标的地区，将扣减税收返还。农业税改按“倒三七”比例价折征代金及提价到 24 元/担的部分上缴省 60%，县（区）留成 40%。从 24 元/担到 60 元/担增加收入的部分，市分成 20%。1998 年各地（市）应到位补贴资金先由省财政垫付，由省财政决算时扣缴。农业税附加各县（区）上解市 3%。是年，中央和省安排永州市国债转贷资金 3435 万元。11 个县（区）和市本级均实现当年收支平衡。2 个赤字县共有赤字 1858 万元，其中，宁远县赤字 908 万元，江永县赤字 950 万元。1999 年，进一步向省政府、省财政厅反映一些财政收支政策对财政的影响，以及永州市财政和单位的困难情况，省财政厅在决算结算时增加财力补助和专项补助。是年，全市上级补助收入增加 2697 元，上解支出减少 370 万元，财政结余增加 2570 万元，其中，市本级财政结余 1000 万元。江永县、宁远县累计财政赤字 1403 万元，其余 9 个县（区）结余 1610 万元。

2000 年，经财政部批准减免的农业税，其影响地方收入的部分，由中央财政给予补助。投资方向调节税 1999 年下半年减半征收，2000 年起暂停征收，对减少部分酌情给予补助，1999 年中央按减半计算补助，2000 年起按全年给予补助。检查、审计中央、省级收入补缴入库实行分成，凡是在全省财务大检查和审计部门在正常审计工作中查出中央和省级企业收入方面的问题，地（市）、县财政按实际补缴入库数分成 20%。建立 3 个机制考核奖励办法，从 1995 年起，按收入增长目标、工资发放、收支平衡考核计分奖励。城建税、教育费附加从各地、县集中 10%。全省征集防洪保安资金，地（市、州）按下达任务上缴省，逾期不缴，省财政在办理决算时扣缴。地方政府拖欠世界银行贷款债务，在规定期限内未归还的，在年终决算通知扣款归还。转贷资金还本付息实行“分批计算、分别支付、年终清算”的办法，对没有在规定期限缴付到位的本金和利息，按逾期转贷资金处理，逾期转贷资金按协议规定的利率加倍计收利息。农村合作基金会贷款按季付息，分年还本，市（州）未按时还本付息，由省财政一并扣减相同数额的转移支付、税收返还。2001 年，转移支付补助按《2000 年转移支付办法》计算，省下达对永州市转移支付补助后，按市财政局核定数计算给县（区）。中央借款上解按 1989 年决算上缴数定额上缴。向中央作贡献数上解，按 1990 年年初全省财政工作会议精神确定的贡献数定额上解。全省征集防洪保安资金，地（市、州）按下达任务上缴省，逾期不缴，由省财政厅在办理决算时扣缴。地方政府拖欠世界银行贷款债务，在规定期限内未归还的，将在年终决算通知扣款归还。

2002 年，国务院决定从 1 月 1 日起实施所得税收入分享改革。除中央独享、中央与省分享、中央与省市分享部分企业所得税外，2002 年所得税收入中央分享 50%，省分享 15%，县（区）分享 35%。所得税基数返还以 2001 年为基期计算确定。市比照省考核办法，考核县（区）的地方企业所得税和个人所得税，如果某县（区）以后年度的企业所得税和个人所得税完成数达不到核定数，市财政将扣减所得税基数返还额。工商部门的行政性收费和罚没收入全额纳入省级财政预算管理，其中，城乡集贸市场管理费和个体工商管理费实行省与市（州）按比例分成，市（州）按比例结算到县（区）。转贷资金还本付息实行“分批计算、分别支付、年终清算”的办法。对没有在规定期限内缴付到位的本金和利息，按逾期转贷资金处理。逾期转贷资金按协议规定的利率加倍计收利息。双牌水库水费、配套资金扣款，按永政办明电〔2002〕56号核定数与芝山区、冷水滩区、双牌县、祁阳县4县（区）结算；涔天河水费扣款，按永政办函〔2002〕23号核定数与道县、江华县结算。2003年，省直管国有土地出让金征收结算，按省财政厅《关于进一步加强省管国有土地出让金征管工作的通知》，中央在湘单位、省直机关和省属企事业单位使用国有土地缴纳的土地出让金，就地缴入当地国库，省分成的40%部分通过年终结算上解省。从2003年起，农业税征收经费统一上划到省，按永财农税〔2003〕20号文件核定数结算。县（区）统计事业费上解、人工降雨经费、援藏资金上解、华融资产管理公司债务扣款等其他上解，按市政府及有关部门通知数结算。

2004年，中央决定对现行出口退税机制进行改革。从2004年起，以中央核定的退税数为基数，对超基数部分的应退税额，由中央和地方按75%：25%的比例共同负担。省财政厅印发《关于下达出口退税基数返还额的通知》，核定对各市（州）的基数返还额。同时，如果年度地方实际退税数低于核定基数，省财政将比照中央政策，按照各地实际退税数相应调减该地的出口退税基数返还额。从2004年开始，湖南省取消除烟叶外的农业特产税，农业税税率总体降低3个百分点。由此减少的地方财政收入，由中央财政给予转移支付。

2005年，经国务院批准，湖南省免征农业税及取消除烟叶外农业特产税，各地由此减少的地方财政收入，由中央和省财政给予转移支付补助。中央重新调整出口退税机制，出口退税改由中央统一退库，相应取消中央对地方的出口退税基数返还，以2004年中央核定的出口退税数为基数，基数内由中央全额负担，对超基数部分的应退税额，由中央、省、市（县、区）按92.5%：2.5%：5%比例负担，各市（县、区）负担部分年终专项上解。按照省政府的决定，土地出让金用于农业土地开发的比例，按各市（州）、县（市）区土地出让平均纯收益的15%确定，其中，30%由省集中安排使用，70%由市（州）、县（市、区）安排使用。从2005年起，省财政对江华县上划中央消费税增值税增量返还比例由1：0.2提高到1：0.3。

2006年，经国务院批准，湖南省全面取消农业税及农业特产税，各地由此减少的地方财政收入，由中央和省财政给予转移支付补助。永州市烟草商业企业组织结构调整后，以2003—2005年县（区）烟草公司（营销部）实际缴纳的所得税（地方28%部分）的平均数为基数，由市财政给予县（区）定额补助。为照顾县（区）利益，共同分享组织结构调整后企业发展成果，市财政将所得税收入增量的60%分享给县（区）。按照《永州市文化事业建设费使用管理办法》，市财政局不再将各县（区）征收的文化事业建设费直接结算到县（区），统一结算到市委宣传部。2007年，鉴于市本级集中县（区）财力少、政策性配套多等因素，从2007年起停止执行《关于市烟草商业企业组织结构调整后所得税结算有关问题的通知》中有关市与县（区）烟草公司企业所得税增量分享办法，市财政不再将市烟草公司企业所得税增量部分与县（区）分享，定额补助部分继续按文件规定执行。

2008年，为鼓励和督促地方政府有效化解农村义务教育“普九”债务，中央财政对地方化解“普九”债务工作安排资金予以补助。对各试点地区化解“普九”债务补助资金金额，根据各试点地区标准“普九”投入缺口以及各试点地区补助系数计算确定。对各试点地区分年度补助额，根据计划期内各试点地区化解“普九”债务的进度确定。从2008年1月1日起，省财政从各市（州）、县征收的地方教育附加集中10%统筹使用，主要用于化解农村义务教育负债和农村义务教育薄弱学校建设。

2009年，财政部对按照专项借款协议规定主动全额归还当年到期借款本金的地方，免收相应借款利息；对地方未能按时归还的借款本金，将全额扣还本金及相应利息。地方财政未按时向中央财政缴付地方政府债券发行费、还本付息资金，由财政部采取中央财政垫付方式代为办理发行费拨付和还本付息资金支付，并按发行兑付办法规定向地方财政收取罚息。

2010年，湖南省推行财政“省直管县”改革。以2009年财政结算中各市（州）、县（市）上划“两税”返还数和所得税返还数，作为省对各市（州）、县（市）的税收返还基数。从2010年起，取消原按0.1系数集中各地的“两税”返还，省按上划中央“两税”增长比例的1∶0.3系数分别对市（州）、县（市）直接计算“两税”返还。2010年计算上划中央“两税”增长比例时，将2009年各市（州）、县（市）上划中央“两税”实际完成数按照新体制进行转换，作为各市（州）、县（市）上划中央“两税”收入的基数。原市对省直管县（市）专项转移支付基数划转，省明确市级具体配套标准和比例的固定补助事项，按应配套资金数确定补助基数；其他相对固定、实质上已形成各县（市）经常性支出的专项转移支付，以2009年市有关指标文件（单）下达的补助数为依据，由市与县协商确认补助基数。市原对省直管县（市）有具体执行期限的专项转移支付，经市与县（市）

协商确认后，由省通过结算办理。省直管县（市）原对市的上解调整为县（市）对省的上解，相应增加省对市的补助；市原对省直管县（市）的补助调整为市对省的上解，相应增加省对县（市）的补助。按保既得利益原则，市与省直管县（市）之间因原收入分享体制形成的定额上解，按核定的基数定额划转。

2011—2013 年，基本维持 2010 年财政结算办法。2014 年，城镇土地使用税收入基数返还，按照市、县 2013 年城镇土地使用税的 30% 部分计算补助基数。津补贴调节基金，按湘财综〔2007〕27 号文件，对市直机关年人均津补贴标准高于调控线的部分，按一定比例征收津补贴调节基金。从土地出让收益中提取农田水利建设资金，按财综〔2012〕43 号文件规定，每年各级财政决算清理期结束后，中央根据各地区土地出让收支情况，对各地区上缴的中央农田水利建设资金进行清算，实行多退少补。2015 年，继续沿用 2014 年财政结算办法。

四、预算绩效管理

2014 年 1 月，市财政局召开绩效培训工作会议

预算绩效管理是将绩效管理理念和绩效管理方法贯穿于预算编制、执行、监督全过程，并实现与预算管理有机融合的一种预算管理模式，是政府绩效管理的重要组成部分。2011 年 4 月 2 日，财政部出台《财政支出绩效评价管理暂行办法》。2012 年 9 月 8 日，湖南省人民政府印发《关于全面推进预算绩效管理的意见》，要求在“十二五”期间，各级政府建立较为完善的预算绩效管理运行机制，实行比较规范的预算绩效管理。

2012 年，永州市财政局成立预算绩效管理科，开展预算绩效评价试点，对 200 万元以上的市本级教育附加费支出项目实行绩效评价管理。

2013 年，市政府印发《关于全面推进预算绩效管理的实施意见》，要求建立健全预算绩效管理工作机制、运作程序和评价体系，完善“预算编制有目标、预算执行有监控、预算完成有评价、评价结果有反馈、反馈结果有应用”的预算绩效管理制度。是年，市财政局建立市预算绩效管理中介机构库、专家学者库和市本级预算

2012年4月，市财政局召开市直教育费附加预算绩效管理工作会议

绩效管理工作联络员制度，组织开展全市预算绩效管理培训。对市本级教育费附加、“绿色永州”建设资金等8项重大民生支出项目实行绩效评价，将评价结果纳入政府绩效考核范围，并作为下年度安排项目资金的重要依据。

2014年，市财政局出台《永州市市直单位预算绩效管理考核办法（试行）》，明确考核内容是基础工作管理、绩效目标管理、绩效跟踪监控管理、绩效评价管理、评价结果管理、结果应用管理共6个方面，考核结果报送市绩效办，由市绩效办纳入对各单位的年终考核评估。出台《永州市预算绩效管理操作办法》，就预算绩效组织管理、预算绩效目标管理、绩效运行监控管理、绩效评价监控管理、绩效评价结果应用等作出明确规定。是年，全市开展预算绩效管理培训，共举办培训班17期、培训3986人次，市本级对2个单位开展整体支出绩效评价，对市直5个涉及到民生民本的专项资金项目进行重点绩效评价。

2015年，市财政局出台《永州市中介机构绩效评价工作质量考核办法》，预算绩效评价体系初步建立，市本级绩效评价涵盖所有财政性资金，全年评价资金30.9亿元，资金使用绩效明显提升。

五、财政投资评审

1994年以前，全国基本建设财务管理职能委托建设银行代行。从1994年起，财政部收回原委托建设银行代行的基本建设财务管理职能。1995年，零编办发〔1995〕16号文件明确，零陵地区财政局内设基本建设科。1996年，地区财政局收回委托建设银行零陵地区分行办理的5项业务，包括负责审查工程预算、结算，参与审查建设项目概算和工程招标、投标的有关工作，具体由基本建设科负责行使。是年，省纪委、省监察厅、省财政厅联合出台《湖南省财政性基本建设投资审查监督办法》，对建设项目前期管理、工程预算的审查监督、建设工程招投标、合同的审查监督、工程结算的审查监督、竣工决算的审查监督等作出明确具体的规定。

1998—2002年，市财政局出台《永州市基本建设投资评审委托业务工作暂行办法》，执行财政部《财政投资评审管理暂行规定》，开展工程预决算审查。1998年，审查大小项目87个，决算送审金额1.56亿元，审定金额1.29亿元，核减率为17.27%。在开展自审业务的同时，委托会计师事务所审查工程决算22个，送审金额1253万元，审定金额1172万元，核减率为6.44%。

2003年1月10日，市编办印发《关于设立永州市财政投资评审中心的批复》，同意设立永州市财政投资评审中心，主要负责财政性资金投资项目的概算、预算、结算、决算审查。6月2日，市财政局出台《永州市财政投资项目评审操作规程（试行）》，对项目评审的依据和程序、项目预算评审、项目竣工决算评审等作出明确具体的规定。是年，市本级共办理投资评审项目286个，送审金额5.76亿元，审定金额4.28亿元，为国家节约建设资金1.48亿元，净核减率达25.7%。审查土地回收成本113宗，审减金额504.6万元，净核减率为15.2%。2003—2005年，零陵区、东安县、蓝山县、道县相继成立财政投资评审中心。

2006年，强化基本建设支出管理，试行中心城区基础设施项目会计委派制，开展工程预决算审查，强化对重点项目资金、打捆贷款等财政性资金的监管。市本级财政投资评审金额完成7.26亿元，审减资金1.13亿元，节支率为15.4%。2006—2009年，新田县、冷水滩区、宁远县成立财政投资评审中心。

2010年，全面加强财政投资评审工作，出台《永州市财政投资项目评审操作规程（试行）》，修订《财政投资评审管理暂行规定》，实行中心城区市管城建项目征地拆迁经费打捆包干管理。全年市本级共办理工程项目评审563个，审减资金3.9亿元，审减率为23.1%。是年，祁阳县、双牌县、江华县成立财政投资评审中心。

2012年，市本级在全省率先引入财政投资评审管理系统，建立“三级复审”（评审人员初审、复核人员二审、评审中心主任或副主任稽核）制度，强化对投资项目的全方位监管，全年市本级评审工程项目1028个，审减资金8亿多元。2013年，在实行“三级复审”的基础上，引入市场竞争机制，引导社会中介机构评审投资项目。全年市本级完成项目评审817个，审减9.6亿元，审减率为18.5%。是年，江永县财政投资评审中心成立。

2015年，确定14家中介机构为市本级财政投资项目评审委托中介机构库成员，创新财政投资评审机制，拓宽评审范围。是年，市本级完成评审项目1143个，审定金额46.4亿元，审减12.1亿元，审减率为20.6%。

第三节 国库管理

国库主要负责办理国家预算资金的收入与支出，按照国家财政体制规定，各级国库库款的支配权属于同级财政机关，中国人民银行负责具体经理。

一、国库资金管理

国库资金管理主要记述财政部门对国库库款管理的有关规定、财政统发工资等支出改革措施。

（一）库款管理

1992 年以前，零陵地区财政局执行国务院颁布的《中华人民共和国国家金库条例》和湖南省财政厅有关规定。国库负责办理国家预算收入的收纳、划分和留解；办理国家预算支出的拨付；向上级国库和同级财政机关反映预算收支执行情况；协助财政、税务机关督促企业和其他有经济收入的单位及时向国家缴纳应缴款项；组织管理和检查指导下级国库的工作。国家的一切预算收入，按照规定全部缴入国库，任何单位不得截留、坐支或自行保管。国家的一切预算支出，一律凭各级财政机关的拨款凭证，经国库统一办理拨付。国库管理职能在预算科。1992 年 12 月，省财政厅发出紧急通报，要求各地从向寿康携带巨额税款潜逃案件中深刻吸取教训，对近 2 年的乡（镇）财政收入和支出进行一次全面清理。同时重申，农业税待结算账户不准提取现金，总预算会计和乡（镇）单位会计严格分开、单独设账，严格禁止会计、出纳一人兼任。

1994 年 1 月 1 日起，中央实行分税制财政体制改革，税收实行分级征管，中央税和共享税由国家税务机构负责征收，共享税中地方分享的部分，由国家税务机构直接划入地方金库，地方税由地方税务机构负责征收。实行分税制以后，地方财政支出有一部分要靠中央财政税收返还来安排，相应建立适应分税制需要的国库体系、税收返还制度和转移支付制度，并且逐步规范化，以保证地方财政支出的资金需要。1995 年 1 月 1 日起，实施《中华人民共和国预算法》，县级以上各级预算设立国库；具备条件的乡、民族乡、镇也应当设立国库。各级国库按照国家有关规定，及时准确地办理预算收入的收纳、划分、留解、退付和预算支出的拨付。各级国库库款的支配权属于本级政府财政部门。国家实行国库集中收缴和集中支付制度，对政府全部收入和支出实行国库集中收付管理。1998 年，市财政局出台《永州市本级财政资金管理程序》，进一步规范资金管理流程，确保财政资金有序、高效、安全运行。

2002年，市财政局新“三定”（定机构、定编制、定职能）方案明确，设立国库科（加挂永州市政府采购管理办公室牌子），国库管理职能从预算科分离。2003年8月5日，市财政局规定，财政资金通过国库科统一开设的国库存款账户、预算外资金财政专户、财政专项资金专户等进行管理、拨付和核算，按照批复的综合财政预算和部门预算分月用款计划、项目进度和规定程序拨付财政资金。8月24—31日，市财政局举办全市财政总预算会计电算化培训，总预算会计管理工作摆脱手工记账，实现电算化管理，为全市推行国库集中支付改革试点及推进“金财工程”建设奠定基础。

2005年10月10日，市财政局、人民银行永州市中心支行明确市直预算单位开立、变更、撤销银行结算账户，实行财政审批备案制度，单位只能开设一个基本存款户。12月25日，市财政局印发《永州市预算外财政性资金银行支付清算办法》《永州市本级政府采购资金财政直接拨付管理暂行办法》。是年，市政府办印发《永州市国库集中收支改革试点方案》，市财政局、人民银行永州市中心支行印发《永州市预算单位财政国库管理制度改革资金支付管理暂行办法》，要求建立国库单一账户体系，规范收入收缴和支出拨付程序，集中核算预算单位财政性资金。财政收入直达国库或财政专户后，财政性资金的支付通过国库单一账户体系或财政专户直接支付到商品和劳务的供应者。市财政局设立永州市财政国库集中支付中心，负责办理市本级财政直接支付的具体业务，并进行相应的会计核算和监督检查。是年，在实行部门预算改革的市农业局、市教育局等10个部门（单位）开展财政国库集中收付改革试点。2006年，市本级国库集中支付改革试点单位扩大到41个，并实现会计集中核算向国库集中支付改革的平稳过渡。市财政局要求全面开展资金安全核查，及时将各类财政资金专户归口到财政国库部门，实行统一规范管理。

从2007年1月1日起，全市实施政府收支分类改革。改革后的政府收支分类体系由收入分类、支出功能分类、支出经济分类3部分构成。与此相适应，及时清理修改相关制度，对相关部门的收入缴库和支出拨款凭证及有关报表体系作相应调整，推进财、税、库网络建设，确保新的政府收支分类能够全面、准确、及时地反映政府收支活动。2009年，市财政局和市计生委率先开展公务卡改革试点。2010年，市财政局印发《关于市直预算单位全面推行公务卡改革试点的通知》，要求全面推行公务卡。

2010年，市财政局出台《永州市本级财政国库集中支付制度改革财政直接支付与授权支付范围划分细则》，具体明确财政直接支付的项目，扩大财政直接支付范围，提高财政直接支付比例。2011 年，市财政局组织对财政专户进行全面自查、清理整顿。对清查出的问题坚决整改，建立健全财政专户规范管理的长效机制。2013 年，执行财政部部门决算管理制度，对部门决算的工作组织、报表设计、编制审核、汇总报送、批复、信息公开、分析利用、数据质量监督检查、数据资料管理以及对部门决算考核评价等方面作出明确具体的规定。

2014 年 2 月 18 日，市财政局印发《永州市贯彻实施〈行政事业单位内部控制规范（试行）〉工作方案》，要求各单位梳理各类经济活动的业务流程，明确业务环节，系统分析经济活动风险，确定风险点，选择风险应对策略，根据国家有关规定建立健全单位各项内部管理制度并督促相关工作人员认真执行。是年，市财政局在市本级、零陵区、宁远县启动和开展 2013 年权责发生制政府综合财务报告试编工作。

2015 年，全市推进盘活财政存量资金工作，明确结转结余资金的范围及清理措施，规范结转结余资金收回程序，建立财政存量资金定期报告制度，提高财政资金使用效益。

（二）财政统发工资

财政统发工资，就是把原来由财政将工资性支出拨给单位，单位到银行提取现金并按工资发放表分发到人的方式，改为由财政直接拨付到个人在银行开设的工资账户上，财政资金按月一次拨付到位。

2000 年 4 月 12 日，永州市人民政府召开全市财政统发工资工作会议。会议通报，到是年 2 月底止，全市 11 个县（区）累计欠发行政事业单位人员工资 2.53 亿元，其中，1999 年年底以前欠发 1.84 亿元，2000 年 1—2 月欠发 0.69 亿元；欠发最多的县（区）达 4500 多万元，最少的也有 400 多万元，尤其是乡（镇）欠发工资更为严重，有的乡（镇）半年未发工资，推行财政统发工资迫在眉睫。会议要求，各级政府成立由政府领导挂帅的专门班子，在财政部门设立工资统发中心，尽快抓好工作落实。市委、市政府印发《关于建立机关事业单位职工工资和离退休金保障机制的通知》，明确工资发放的考核范围、责任和措施，优先确保工资的预算安排和资金拨付。2000 年 4 月、5 月，市政府先后两次召开工资发放工作会议，印发《永州市本级财政负担人员工资统一发放暂行办法》，确定统发工资对象，明确统发工资项目，建立统发工资档案，开立统发工资专户。财政预算部门在国库内开设工资基金专户，优先按月将财政统发的工资资金全额调入专户，确保工资及时足额发放的资金需要。工资统发中心在商业银行开设工资资金专户，将各单位应发工资额拨至各代办银行的工资专户上。2000 年 7 月 1 日起，市本级财政工资统发正式运作，每月 10 日（节假日顺延）为财政统发工资日，纳入财政统发工资的单位包括公检法在内的 105 个行政机关和全额拨款事业单位。与此同时，加强财政收入均衡入库，大力清理往来借款，清收财政有偿资金，压缩和推迟一般性支出，科学合理调度资金，满足工资发放的资金需要。上半年，市本级财政还适当压缩专项资金的拨付进度，加大对县（区）的资金调度力度，县（区）拖欠工资的情况逐步有所缓解。

2001 年 3 月 1 日，市委书记曾庆炎在市委工作会议上向各县（区）委书记、县（区）长宣布确保工资发放的“五条纪律”，要求是年 7 月 1 日以前，各县（区）历年拖欠的老工资必须全部消化；7 月 1 日以后，任何县（区）都不得发生新的工资拖欠，发生新欠的要追究党政“一把手”的责任。3 月 21—31 日，市政府组织 4 个组，从财政、监察、审计 3 个部门抽调 17 名干部，对县、乡工资发放情况进行重点抽查，进一步摸清县（区）、乡（镇）工资欠发底子。4 月 13 日，市政府召开全市财税收入一季度结账暨工资发放工作会，市委书记、市长与各县（区）委书记、县（区）长签订确保工资发放责任书。5 月 15 日，省委、省政府工资发放工作会议后，市财政、监察、审计等部门组成联合检查组，对 11 个县（区）219 个县（区）直单位和 45 个乡（镇）进行重点检查，按照省里工资发放考核口径和“三个不算欠”的原则，进一步核实县（区）欠发工资的底子。全市全面实行财政统发工资制度，建立工资资金专户，核定市本级按 34%、县（区）按 66%~80%的比例划转当日本级收入和税收返还资金进工资专户，资金实行封闭运行，全市单位工资统发面达到 93%，人员统发面达到 94%。市财政局根据中央和省有关政策，逐一核定各县（区）推迟新工资执行时间，并将新增工资资金提前调度给县（区），用来消化工资老欠。加大政府调控力度，压缩非工资性支出，集中资金保工资发放，各县（区）对行政事业单位预算外资金的平均调控比例普遍提高 10 个百分点。加强资金科学调度，推迟专项资金的拨付，并积极争取省财政厅的大力支持，确保工资正常发放和老欠工资的基本兑现，得到省委、省政府和省财政厅的充分肯定，在全省工资发放工作会议上，永州市财政局作题为《采取超常措施努力兑现工资》的典型发言。

2003 年，全市进一步加强工资统发管理，市本级纳入统发的单位 124 个，人数 5742 人。各县（区）采取多种措施兑现和规范工资发放。芝山区组成联合调查组，对全区各行政事业单位自推行工资统发以来的人事编制管理和工资发放情况进行清理检查，重点对无编进人、虚报重领工资、死亡调动多领工资、停薪留职等 13 项情况进行检查，对隐瞒不报者，一经查出，除责令限时追回多发工资外，对单位领导和有关责任人分别处以多发工资 10%的罚款；不能按时追回多发工资的，停发单位领导和有关责任人的工资，直至追回时止，并追究单位主要领导的责任。

2005 年 4 月，永州市国库集中支付中心成立，永州市工资统发中心改组为国库集中支付中心。2006年8月11日，省财政厅、人民银行长沙中心支行印发《关于调整工资专户管理办法有关问题的通知》，明确从2006年9月1日起，市（州）本级不再设立工资专户。调整后的县（区）工资划转比例从2006年9月1日起执行。全市各县（区）工资专户划转比例由60%~85%调整为50%~70%。从2006年9月1日起，省财政厅委托各市（州）财政局审批县（区）工资专户调出资金的申请。

随着财政收入的快速增长和上级转移支付力度不断加大，全市各级财政实力不断增强，工资发放得到充分保障，工资专户管理办法自行废止，但财政统发工资制度沿用至今。

二、国内债务管理

（一）国债发行与兑付

1992年3月，零陵地区国债服务部成立，工作重点由推销转向兑付，全区设立国债服务部9个，采取上门兑付、组织集体兑付、增设临时兑付点兑付等办法，兑付到期国债4875.2万元。是年，国家取消向单位发行特种国债，改为发行5年期国库券，零陵地区完成国债推销1000万元。1993年3月11日，省财政厅出台《1993年国债发行奖励办法》，实行以奖代费，按发行国债的一定比例发给奖金，取消手续费。对承购包销的奖金比例为3.45‰，对各地（州、市）的奖金比例3.55‰。是年发行3年期国库券年息9.5%，发行对象为公民个人和个体工商户；5年期国债年息10.5%，发行对象为劳动部门“两项基金”管理机构。省分配零陵地区任务3400万元，实际完成3758万元，占任务的110.5%。是年，全区国债服务部完成收入98.5万元，实现利润51.5万元。

1992年3月1日，零陵地区国债服务部成立

1994年，省分配零陵地区国债发行任务2450万元，实际完成3000万元，为任务的122.4%，其中2年期2550万元。是年，2年期国库券实行“以旧换新”的优惠政策，全区共“以旧换新”购买1405万元，占完成总额的55%。全区应兑付1991年国库券2261万元（原发行数），共兑付本息2827万元，比1993年增长

49%。1996 年，永州市共发行 4 期国债 3253 万元，比 1995 年增长 50.7%。全市财政兑付到期国债本息共计 4739.2 万元，其中，本金 3189.6 万元，利息 1549.6 万元。全市国债服务部完成收入 176.2 万元，比 1995 年同期增长 1.2 倍；实现利润 107.6 万元，增长 78%。

1997 年，人民银行长沙中心支行转发中国人民银行《证券回购清欠资金专户管理办法》及全国证券回购债务清欠工作会议纪要的通知，同时抄送永州市财政局。通过全面清理，原零陵地委宣传部停薪留职干部陈朝平利用“永州国债”（原县级永州市国债服务部）名义在武汉证券交易中心违规参与国债回购形成巨额债务问题全面暴露，截至 1997 年 12 月 31 日，债务本息总额达 3.2 亿元，经过编链后，金融机构债务 1.79 亿元，财政间债务 1.41 亿元，给芝山区财政造成重大影响。

1998 年，财政部下发《关于做好财政国债中介机构场外债权债务调查工作的通知》，要求各级财政部门做好所属国债中介机构柜台交易及场外债权债务情况的调查摸底，尤其对可能引发局部挤兑危机的地区和机构要进行重点调查。要查清财政证券公司、国债服务部近年来场外债权债务情况，其中，包括柜台上代保管单卖空或直接以“高息债券”等名义向个人筹集资金的余额情况，所筹资金的用途或投向。

1999 年 6 月，国务院转发财政部《整顿财政国债中介机构方案》，规定符合条件的财政国债中介机构转为证券经纪公司或转让、并入其他证券经营机构，彻底与财政部门脱钩；不符合条件的财政国债中介机构要逐步撤销，国债业务交由金融机构办理。要求各级政府和财政部门切实做好财政国债中介机构撤销的善后工作。2000 年，全市各级财政国债服务部在清理整顿的基础上，组织国债发行兑付工作，完成定向债券发行 250 万元，各种国债兑付本息 2073.67 万元。

2001 年，根据国务院的统一部署，财政部门国债中介机构在 2001 年年底必须全部撤销。全市各级财政部门认真开展清产核资，加大债权债务清收清欠力度。全市原有 12 个国债服务部，清理整顿前有债权债务的单位 7 个，各类债权总额 1423 万元，债务总额 3.39 亿元。通过清理整顿，全市共清退临时人员 26 人，清收各类债权 862 万元，清欠债务 1.48 亿元，撤销国债服务部 9 个。祁阳县、双牌县在年底机构改革时撤销国债服务部，其现有债权债务分别移交县财政局。芝山区由于国债回购债务巨大，在一段时期内无法完成清欠工作，暂时保留国债服务部。

2002 年 4 月，为解决芝山区国债回购债务问题，永州市人民政府专门向财政部作《关于陈朝平国债回购债务情况的汇报》，考虑到陈朝平违规拆借资金形成国债回购债务，与芝山区财政没有法律上的直接因果关系。请求财政部对陈朝平国债回购债务借款不采取决算扣款办法，而由芝山区向陈朝平收回后偿还；如果决算扣款办法不能改变，则请求延长决算扣款期限，在 2005 年前暂不从财政决算中扣还，由芝山区收回陈朝平所欠资金后，逐年归还财政部。财政部采纳永州市人民政府的请求建议，不仅没有实行决算扣款，而且对芝山区给予一定的财力补助。芝山区采取动用股票、现金和房产抵债变现等方式，全部收回陈朝平所欠资金。

（二）国债专项资金

1998 年，党中央、国务院根据国际国内经济形势的发展变化，决定由财政部增发 1000 亿元国债，专项用于国民经济和社会发展所急需的基础设施建设。国债专项资金包括两类：一类是中央预算内专项资金，用于中央建设和补助地方项目建设；一类是转贷国债资金，由地方政府用于地方项目建设并还本付息。

永州市抓住中央扩大内需、拉动经济增长的机遇，各级财政部门会同有关部门积极申报汇报，争取到一批对永州经济社会发展起着重要推动作用的基础设施和技术改造项目。1998 年，中央和省安排永州市国债专项资金 1.63 亿元，其中，中央拨款 1800 万元，转贷地方 1.45 亿元，主要用于冷水滩区河东路网、污水处理等项目建设。为切实加强国债资金管理，提高资金使用效益，是年 9 月，市财政局转发省财政厅《湖南省国债转贷资金管理办法》，规定国债转贷资金实行统借统还、统筹使用；转贷资金要直接落实到具体项目，建设项目主要包括农林水利、交通建设、城市基础设施和环境保护建设、城乡电网建设与改造等项目；省财政厅与省级主管部门和市（州）人民政府签订《转贷国债资金协议》，还款期限为 10 年（农村电网还款期 15 年），含宽限期 2 年（农村电网宽限期 10 年），年利率为 5%；省级主管部门和市（州）财政预算部门要开设转贷资金专户，项目实施单位也要开设转贷资金专户；归还转贷资金本金和利息的资金来源是本部门、本地区综合财力，财政部门要会同有关部门和单位就本地区的转贷资金提前做好还本付息的资金预测和准备。对到期不能归还转贷资金本金和利息的地（州、市），省财政将通过扣减该地的税收返还等办法如数扣回。

1999 年，国家和省安排永州市国债项目 14 个，专项资金 2.33 亿元，重点支持永连公路、宋家洲电站、城区路网、环境保护及水利设施建设。2000 年，全市加强国债专项资金的监督管理，对国债资金项目进行全面检查，逐一落实整改意见。清理市本级城建欠债，并纳入信息化管理，建立城建负债项目库。2001 年，进一步加强对国债专项资金的监督管理，市纪委、市财政局、市水电局等单位联合对市本级 14 个国债资金项目进行全面检查。是年，审计署长沙特派办重点对永州市污水处理厂、河东路网、零陵机场、双牌水库管理局 4 个项目进行检查。强化转贷国债资金使用和还本付息责任，市财政局与各项目单位逐一签订转贷国债资金协议。做好国债资金项目的审定申报和还本付息工作。是年，省安排永州市至南风坳公路建设资金 8000 万元，江永县低压电网农网改造建设资金 20 万元，将市治安拘留所和市人民检察院120万元转贷资金转为拨款。

2003年，市财政局组织4个检查组对全市11个县（区）采取抽查的方式，对国债资金使用情况进行重点检查，下达整改通知。按照省财政厅要求，搞好国债转贷利息回收和归还。市财政局、市计委等部门积极向上汇报永州市经济建设情况和困难，争取国债无偿资金1.48亿元，有偿资金5036万元。2004年，全市争取到位国债资金1.32亿元，其中，国债补助资金1.31亿元，国债转贷资金100万元。截止到2006年年底，全市共争取国债转贷资金15.01亿元，其中，国债补助资金9.69亿元，国债转贷资金5.32亿元，重点支持零陵机场、河东路网、水厂建设、垃圾处理、通乡公路改造、水土保持、病险水库除险加固等一大批重大基础设施和公共项目建设，改善城乡基础设施条件和投资环境。

从2007年起，中央和省对永州市停止安排国债转贷项目和资金。2007—2009年，省财政分别下达永州市增发国债补助收入9200万元、1.01亿元和5.82亿元。从2010年起，中央和省财政不再安排下达国债补助资金。到2015年年底，市向家亭污水处理厂、市自来水厂、市坦塘垃圾处理场3个市本级项目尚有国债转贷资金余额582.9万元。

1998—2006年永州市国债专项资金统计表

表1-5-1 **单位：万元**

项目 年份	国债专项资金	国债补助	国债转贷
1998	16300	1800	14500
1999	23340	10274	13066
2000	17902	6465	11437
2001	12622	11002	1620
2002	12220. 5	11020. 5	1200
2003	20569	15533	5036
2004	23156. 34	19546. 34	3610
2005	18316. 523	16503. 523	1813
2006	5629. 34	4692. 34	937
合计	150055. 703	96836. 703	53219

说明：表中数据为省财政厅下达指标文件金额，因拨款与工程进度挂钩、年终指标结转等原因，该数据与当年实际到位资金会存在不一致的现象

第四节 国有资产管理

国有资产管理作为财政工作的重要组成部分，是对国有资产的占有、使用、收益和处置进行管理，实现国有资产保值增值。1990 年 12 月，零陵地区设立专门的国有资产管理机构（国资办）；1995 年设立零陵地区国有资产管理局；2002 年撤销永州市国有资产管理局，职能划转市财政局，设立产权科和统计评价科；2005 年机构合并设置为资产管理与绩效评价科，部分职能划转市国资委；2012 年分设资产管理科和预算绩效管理科，资产管理科具体负责国有资产管理。

一、企业国有资产管理

1994 年 4 月，零陵地区国有资产管理工作会议召开，图为先进代表集体合影

1992 年，零陵地区财政局组织对各级全民所有制企业和企业化管理的事业单位全面开展产权登记，共登记企事业单位 876 家，其中，企业单位 733 家，企业化管理的事业单位 143 家，登记全部资产总额 41.9 亿元，其中，国有资产 16.6 亿元，实现生产总值 16.05 亿元，销售额 23.2 亿元，利润 5049 万元。是年，对 1.16 万家全民所有制单位的 50.79 亿元国有资产存量进行调查，初步摸清全区国有资产分布情况。

1993 年，地区财政局围绕《企业财务通则》和《企业会计准则》的贯彻实施，组织开展宣传培训，清理废止一批过时文件，把该由企业自主管理的财务会计方面的权力还给企业。深入企业调查研究，指导新旧会计制度的顺利对接、平衡过渡，帮助国有企业卸掉一些历史包袱。探索转换企业经营机制的新路子，参与冷水滩水泥厂等 3 家企业股份制改革试点。

1994 年，全区有重点地开展企业清产核资，对 428 家企业进行财产清查、产权界定、价值重估和资金核实。按清查值计算，428 家企业的资产总额为 43.26 亿元，

1992 年 4 月，地区财政局局长沈根元（左三）带队在宁远县酒厂考察调研

清理出流动资产损失 3.76 亿元，固定资产损失 1.03 亿元，清理出盘盈和账外资产共计 1.01 亿元。负债总额为 34.22 亿元，占资产总额的 79.1%。所有者权益 9.04 亿元，占资产总额的 20.9%。共清理出资产净损失 4.24 亿元，资金挂账 3.89 亿元，分别占资产总额的 9.8%、8.99%，分别占所有者权益的 46.9%、43%，2 项损失合计占所有者权益的 89.9%。在 428 家企业中进行产权界定的企业有 15 家，占 3.5%，这些企业界定前被其他单位占用的资产总额为 762 万元。进行固定资产价值重估的企业 399 家，占清产核资企业总数的 93.2%，重估前固定资产原值 18.78 亿元，通过重估增值 6.36 亿元，增幅为 33.85%。1995 年，通过清查资产、重估固定资产价值、估价土地、核实资金，基本摸清全区国有企业家底。全区 735 家企业资产总额 71.33 亿元，负债总额 51.1 亿元，资产负债率 71.64%。为进一步理顺财政与企业单位的关系，从 1995 年开始，地本级取消企业承包上交利润，改征企业所得税。

1996 年，市政府出台《永州市国有资产占用费征收管理规定》，明确凡在市工商行政管理部门进行注册登记的市属企业和行政事业单位兴办的经济实体，以及其他占有国家资产的单位均应缴纳国有资产占用费。企业以资本金和资本公积金之和为基数，按照行业分类年征收率为 1%~4%；行政事业单位以国有资产管理部门核定的国有资产为基数，年征收率为 1%~5%。要求市直企业从 1996 年 1 月 1 日起开始征收，各单位上缴的国有资产占用费，于税前列支，进入成本费用。凡未按规定进行清产核资的企业，其征收率按高限征收，不予减免。经清产核资核定的土地估价增值部分暂不征收国有资产占用费。是年，对市直企业和行政事业单位征收国有资产占用费 351 万元。1997 年，市财政局支持国有企业改革，参与潇湘集团组建，妥善处理组建过程中的有关财政财务问题，参与市冶化总厂烧碱分厂的分离破产清算。狠抓工商企业扭亏增盈，对市直重点企业建立扭亏增盈目标责任制，并纳入市财政局科室“双文明”（物质文明、精神文明）考核的内容。开展多形式、多渠道的“支帮促”活动，遏制企业滑坡的势头，经济效益有所回升。支持特困企业解困，对市化工集团等 23 家特困企业，从 4 月起逐月发放特困职工基本生活费，对零陵煤矿等单位生活费发放进行贷款贴息，对解困任务较重的芝山区、冷水滩区、江华县等县（区）给予适当补助，解决特困企业的生产生活困难问题。支持长丰集团三菱猎豹整车生产等重点项目的技术改造，是年，长丰集团公司上缴“两税”4237万元，比1996年增长2.6倍。

1998年，全市贯彻落实中央和省粮食流通体制改革政策，实行粮食主管部门与企业的职能、收储企业与附营、经营企业分开，全市96家经营企业与政策性业务脱钩；建立粮食风险基金，完善粮食补贴资金管理办法，及时拨付各项补贴资金；清理粮食企业财务挂账，初步认定1992年4月至1998年5月全市11个县（区）政策性新增财务挂账4.38亿元，核减8714万元；落实“三项政策”，清理整顿粮食市场，坚持敞开收购、顺价销售、资金封闭运行。深化国有企业改革，根据企业的不同情况，分门别类地推行组建集团、兼并联营、承包租赁、分块搞活、引资嫁接等多种改制方式。全市地方国有工业上报企改方案155份，批准组织实施114份。是年12月底，全市89家独立核算工业企业亏损总额控制在5800万元以内，亏损面为49.4%，比5月下降7.6个百分点。1999年，全市加大国有企业改革力度，出台《关于国有企业改革与发展的实施办法》，狠抓国有企业改制试点，争取中央、省财政资金112万元，市财政配套37万元，支持冷水滩纺织厂压绽。

2000年，市委、市政府出台《永州市市属国有集体企业产权交易若干规定（试行）》，规定市属国有企业产权出让须报财政、国资部门审核批准。所有出让产权的单位应向市产权交易中心申报交易项目，由市产权交易中心向外发布信息，统一组织公开拍卖。被出让的产权要进行财产清查、资产评估、产权界定，做到定价合理、产权清晰、债权落实。所有产权交易项目在交易前必须按规定通过有关部门报批评估作价。产权交易可以采取标价、竞价拍卖或协议成交等形式进行。加强资金监管，国有企业出让资金上缴市财政局；集体企业出让资金上缴主管部门的财政专户储存。出让资金的使用首先要用于安置职工、发放职工生活补助、支付离退休人员的养老金、退还集资股金、缴纳在职职工养老保险金、偿还银行贷款及各项债务等。产权出让后的净收入由市财政局设立生产发展基金专户进行管理，用于企业发展。

2001年，市财政局进一步探索国有企业改革新路子，先后参与哈陵焊接器材有限公司与化工集团分离、观音滩煤矿稀土厂分离的产权界定及资产分离划转，永州汽车运输总公司所属6个加油站有偿转让，市广播电视局资产重组等。采取买断工龄、经济补偿等办法，先后在道县糖厂、江永糖厂、蓝山冶炼厂、宁远瓷厂、市纺织站等10多家企业进行改制试点。参与零陵制药厂、冷水滩造纸厂、市农药厂的改制；冷水滩造纸厂由岳阳纸业集团公司兼并，生产销售形势大为好转，是年入库税收767万元，比2000年增长29.8%。零陵制药厂全年实现销售收入1150万元，上缴税金110

万元，分别比2000年增长15%和8%。帮助粮食企业扭亏增盈，与11个县（区）和下河线、虎岩、零陵3个市直粮食企业签订扭亏增盈目标管理责任书，2001年全市粮食购销企业亏损比2000年减少10%以上，3个市直粮食企业实现当年财务收支平衡，不挂新账。2002年，市财政局支持国有企业改革，盘活国有资产存量，一批企业通过“三改一加强”（改革、改组、改造和加强管理）焕发新的生机和活力。是年，市本级从社保资金中拨付国有企业改革“两个置换”（置换企业的国有性质，置换职工的全民身份）资金341.5万元，养老金挂账296.6万元，筹集医疗保险经费170万元，支持零陵纺织厂、九嶷制药厂、哈陵焊剂厂、农药厂、观音滩煤矿等9家国有企业改制。截至2002年年底，全市国有资产总量66.20亿元，比2001年增加2.67亿元，增长4.2%。其中，经营性资产15.86亿元，占24%，比2001年减少11.5%；非经营性资产50.34亿元，占76%，比2001年增长10.4%。市本级占用国有资产21.98亿元，占33.2%，县（区）占用国有资产44.22亿元，占66.8%。2003年，筹措改革成本资金，支持国有企业改革改制，建立劣势国有企业退出机制，培育产权交易市场，鼓励民营经济通过参股、控股、兼并、收购等多种形式进入国有经济领域。是年，全市国有企业完成改制220家，置换职工身份3.10万人。市本级通过多渠道筹集改革成本资金800多万元，使市直30家国有企业完成改制，其中，市直6家改制工业企业共核销各种债务2.1亿元，化解银行和资产管理公司债务1.08亿元。是年，全市规模以上工业企业完成总产值95.32亿元，比2002年增长31.5%，实现利税总额15.1亿元，增长46.5%。加强国有资产管理基础工作，完成四套五类报告1977个单位的审编，对54家大中型企业和市本级90家国有或国有控股企业实施基本绩效评价。

2004年，市财政局发挥财政职能作用，强力推动国有企业改革，成立产权交易中心，抽调1名副局长，7名业务骨干专抓国有企业改革。进一步规范产权交易行为，建立统一的交易市场，对国有企业改制拍卖资金实行专户储存，专款专用。市本级共成功举办13次国有资产拍卖会，企业资产成交金额2.25亿元。采取财政预算安排一点、财政有偿资金回收注入一点、企业资产处置变现一点、社保资金用活一点等办法，多渠道筹集资金1.6亿元，支持企业改革改制。支持部分国有企业挂大靠强、做大做强，零陵卷烟厂并入常德卷烟厂后，既消化历年潜亏老欠4亿多元，又增加技改投入3个亿元，是年该厂实现销售收入8.1亿元，税收4亿元。冷水滩造纸厂并入泰格林纸集团后，企业迅速发展壮大，是年实现税收过2000万元，是改革前的近10倍。

2006年，市财政局、市国资委出台《永州市市属国有企业不良资产处置暂行办法》。完善国有企业改革的有关政策，加强改革成本测算，加大筹资力度，市本级筹集资金9450万元，支持推进国企改革进程。利用增值税退税、技改贴息、奖励补助等手段，引导社会资金加大对产业集团和骨干企业投入，长丰集团5万台整车、零陵卷烟厂30万大箱卷烟、湘江纸业集团15万吨高档包装纸配套技改项目一期工程相继完工。

2007年，市财政局继续支持国有企业改革，市本级多渠道筹措资金1.3亿元，按照“职工优先、突出重点”的原则，保证改制企业职工安置、经济补偿和社保资金发放。2009年，支持搭建融资平台，开展行政事业单位资产整合，将49宗资产整合注入市县域经济与产业发展融资中心和市城建投资公司2家融资平台充实资本金，积极争取金融信贷资金。是年，市县域经济与产业发展融资中心争取信贷资金7.65亿元，市城建投资公司争取信贷资金6亿元。2010年，运用财政政策手段，为市本级企业办理政策性退税1052万元，引导担保机构为中小企业担保10.6亿元，筹措资金5276万元支持国有企业改革。2011年，拨付3300万元支持祁阳煤矿等国有企业完成改制，促进工业经济发展。

2013年12月25日，市委办、市政府办出台《永州市本级投融资公司资金管理办法》《永州市本级投融资公司资产管理办法》《永州市本级投融资公司经营业绩考核办法》。在资金管理方面，市财政局主要负责投融资公司投融资计划的审核、项目预决算管理、资金的监管、政府性偿债资金的筹集管理以及债务风险预警等。市财政局建立投融资公司资金管理系统，将全部项目收入、支出纳入系统管理。对投融资公司投资建设的纯公益性项目由市政府按投资规模给予补偿；对有稳定经营收入的公益性项目主要依靠公司自身收益偿还债务或市政府给予适当补偿；对经营性项目实行市场化运作，自主经营，自负盈亏。政府性债务资金原则上用于公益性项目建设，不得用于经常性支出和竞争性项目建设。在资产管理方面，公司资产监督管理坚持政企分开，实行政府监管，公司占有、使用的管理体制。市财政局是市政府负责投融资公司资产管理的职能部门，对公司资产实施综合管理。投融资公司负责对本公司占有、使用的资产实施具体管理。市财政局加强对公司利用国有资产对外投资、出租、出借和担保等行为的风险控制。公司利用政府划入各类资产和特许经营权对外投资、出租、出借和担保等取得的收入缴入公司项目资产专户，实行统一核算，统一管理。公司处置资产，严格履行审批手续，未经批准不得自行处置。在公司经营业绩考核方面，实行年度考核与任期考核相结合，结果考核与过程评价相统一，考核结果与奖罚相挂钩的原则。

2014年，市财政局出台《永州市本级政府公益性项目投资补偿试行办法》，明确规定政府公益性项目投资补偿的概念、补偿范围及标准、补偿资金的使用与管理以及监督检查。从3月起，市本级2家投融资公司的融资合同或协议按照“单位申报，市财政局、市法制办审核，市政府审定”的工作程序进行。从8月起，对市级投融资公司工程项目款、融资费用、政府补偿资金和还本付息资金实行审批制。是年，市财政局自行设计开发市级投融资公司资金管理系统，将全部项目收入、支出纳入系统管理，每笔资金支付在网上申请、审核，实现对投融资公司资金的全过程监管。2015年，市本级2家融资平台公司对接融资项目46个，拟融资金额330亿元，到位资金62亿元，支持中心城区基础设施建设和“五城同创”（创建国家历史文化名城、国家卫生城市、国家园林城市、国家森林城市、国家知名旅游目的地城市）。

二、行政事业单位国有资产管理

1992年，国务院清产核资领导小组出台《国家行政事业单位财产清查登记工作方案》，要求查清和核实行政事业单位占用财产的实物数量，以此为基础相应登记并反映其价值量，将一切应归国家所有的财产都纳入国家财产的管理范围，逐步做到与财政经常性支出预算管理相衔接，建立健全和完善行政机构及事业单位的财产管理制度，达到财产合理、有效、节约使用的目的。是年，零陵地区财政局组织开展行政事业单位财产清查登记工作试点，为下一步全面开展清查登记积累经验。1993年，全面开展行政事业单位国有资产清查登记，对全区4735个行政事业单位进行财产清查登记，其中，行政单位1111个，事业单位3608个，社会团体16个，经清查核定全部资产16.96亿元，比清查前账面数增加4.12亿元，增长32.07%。

1993年3月1日，地区财政局、地区国资办、地区审计局、地区监察局、地区人事局联合发文规定，凡是决定撤销、合并的单位，除正常的财务开支外，对于结余资金、专项资金、固定资产予以冻结，未经国有资产管理部门和财政部门批准同意，任何人不得将单位资产、资金随意变卖调拨。凡决定撤销、合并或合署办公的单位，要成立由单位分管领导、财会人员、财产管理人员、群众代表组成的资产清理移交组。对本单位财产、财务结余进行全面清理核对，造册登记、办理移交。是年5月31日，地区财政局、地区国资办要求，地直行政事业单位资产的报废、报损，原值在3万元以上的（含3万元），报地区国资办审批；3万元以下的，由使用单位提出申请报告，经本单位财务部门签署意见后，报主管部门审批，并抄送地区国资办备案。

1994年至1995年年初，《湖南省行政事业单位非经营性资产转作经营性资产的暂行规定》及实施细则出台，规定行政事业单位将非经营性资产采取出租、出借、租赁、承包经营等形式投入盈利性经营后，资产经营使用者不得转租、转借、再发包。行政事业单位非经营性资产转经营性资产按一定比例征收国有资产占用费，缴纳的资产占用费可在成本、费用中列支或在所得收入中支付。是年，全区行政事业单位征收国有资产占用费79万元。1996年，出台《永州市国有资产占用费征收管理规定》，对市直企业和行政事业单位征收国有资产占用费351万元，到1997年年底止，全市共累计征收入库国有资产占用费1441万元。

1997 年，市政府规定，各级行政事业单位要严格按照有关规定规范资产处置行为。资产处置必须履行报批手续，行政事业单位发生处置土地、房屋建筑物、车辆或设备单价在 1 万元以上的资产，应事先经国有资产管理部门审批，按规定进行评估、确认、公开竞价拍卖，交易价格和出租资产计算租金的价值不得低于国资部门确认的评估价值。资产处置收入实行专户管理，需用时，经国资部门审核，限用于更新购置国有资产。行政事业单位办理国有土地、房产、车辆过户手续时，必须事先取得国有资产管理部门的资产处置批复书。行政事业单位占有、使用的国有资产，未经国有资产管理部门同意，不准用于抵押贷款或担保签证，擅自将国有资产抵押、担保等所签订的合同证件一律无效。对擅自处置国有资产的单位，根据国务院《关于违反财政法规处罚的暂行规定》，追缴处置资产所得的全部价款，并按资产原值处以 20%以上的罚款，罚款和追缴的处置收入全部纳入国有资产保值增值基金。1999 年，组织开展行政事业单位固定资产清理，全市参加行政类报表统计分户单位 1340 个，资产总额 48. 63 亿元，比 1998 年增长 21. 3%；负债总额 12. 67 亿元，增长 12. 8%；国有资产总额 36. 31 亿元。2000 年，市政府办印发《永州市市直行政事业单位国有资产管理办法》。2001 年 12 月 3 日，市财政局要求在机构改革中，所有单位都必须自觉遵守财经纪律，严禁借机构改革擅自处置、转移或隐匿财产，捏造、隐瞒债权债务，以保证国有资产的安全完整。

2002 年 9 月，市财政局印发《永州市行政事业单位财产管理制度》，要求各行政事业单位设置专门管理机构，配备相应的管理人员，建立健全资产管理制度。占有资产数额较大的行政事业单位应设置资产管理机构。建立健全管理账卡，实行三级账卡制度，财会部门设置总账、明细账，管理部门设置管理账，使用部门设置明细卡或以表代卡，全面正确及时地记录固定资产增减变动情况，做到账目清楚，账物相符。各单位的库存材料、存货要建立完善购买、验收、入库、保管和领用、清查盘点等管理制度，做到购买有计划、领用有程序、交接有手续、报废有鉴定、处置有审批。固定资产的购置和修缮要充分考虑工作需要和财力可能，根据工作任务、技术条件和配套设施确定。新增固定资产要按程序报批，纳入政府采购计划。固定资产的处置，包括报废、调转、变卖等都必须按照有关规定报经批准，履行会计手续，做到账账、账实相符。使用的固定资产应经常进行检查，加强日常维修和保养，提高设备利用率，保证或延长固定资产的使用寿命。固定资产应定期进行清查盘点，每年至少进行一次，发生盘盈盘亏，必须查明原因，认真处理。固定资产的转让，经资产评估后确定底价，其变价收入要上缴财政资产处置专户，用于固定资产的更新改造。

2003 年，市财政局组织对市直行政事业单位的经营性资产和非经营性以及 1996 年以来处置的房地产资产进行全面清查。2004 年，在摸清单位公有资产家底的情况下，探索政府公有资产管理改革路子，拟订《关于市直行政事业单位经营性资产整合方案》，提出整体设计、分步实施、坚持“三个不变”和分散经营、收益适度集中的办法，报请市政府第63次常务会议研究通过。

2006年，财政部发布第35、36号令，出台《行政单位国有资产管理暂行办法》和《事业单位国有资产管理暂行办法》，分别就行政单位和事业单位的国有资产管理机构及职责、资产配置及使用、资产处置、资产评估、产权纠纷调处、资产统计报告、监督检查和法律责任作出明确具体的规定。2007年，市财政局组织开展行政事业单位资产清查。经清查汇总，到2006年12月31日止，全市行政事业单位资产总额99.71亿元，其中，行政单位资产总额30.44亿元，占30.5%；事业单位资产总额69.27亿元，占69.5%。在资产总额中，市直单位资产总额22.46亿元，占全市的22.5%；县（区）资产总额77.25亿元，占77.5%。2008年，推进行政事业单位整合资产，对首批纳入的29个市直行政事业单位资产提出整合意见。

2009年4月，市政府办印发《关于市直行政事业单位有关资产产权移交管理的通知》，明确资产移交管理的范围是市直党政机关、全额拨款事业单位兴办和经营的资产，包括宾馆、培训中心、商场、娱乐场所、经营门面、出租出借资产以及对外投资的资产（简称经营性资产）；市直党政机关、全额拨款事业单位闲置暂未使用和搬迁单位的原址资产；原部门兴办的学校（市财校、市林校、市建校、市司法干校）资产；市政府驻北京联络处、长沙办事处、深圳办事处的资产。市财政局采取“统一组织、部门配合、单位参与”和“先易后难、分步进行”的办法，组织有关单位开展资产产权移交，到5月31日，应移交产权的49宗资产全部移交给市县域经济与产业发展融资中心和市城建投资公司，其中，移交市县域经济与产业发展融资中心24宗，移交市城建投资公司25宗，为2家融资平台公司争取银行信贷资金和发行债券，推动中心城市经济发展打下基础。

2010年，市财政局推行全市资产管理信息系统，实施涵盖执行行政事业单位财务和会计制度的各级各类行政事业单位、社会团体；执行民间非营利组织会计制度、并同本级财政部门有经费缴拨款关系的社会团体等单位。资产数据信息录入基准日为2009年12月31日。资产动态数据库部署在财政部门，主管部门和行政事业单位分别通过网络登录到财政部门数据服务器，在线进行相关资产管理业务及申报审批业务事项处理。财政部门在线处理资产日常管理业务。通过加强行政事业单位资产管理信息系统建设，进一步澄清家底。全市实施单位1844个，截至2009年12月底，行政事业单位资产总额149.05亿元，其中，行政单位资产总额35.27亿元；事业单位固定资产总额113.78亿元。2011年，继续深化行政事业单位资产管理改革，建立行政事业单位资产信息管理平台，加强对资产使用、处置及收益的监管，促进国有资产效益最大化。

2012 年 8 月，市政府办出台《永州市市直行政事业单位国有资产管理实施办法》，对市直行政事业单位国有资产管理实行国家所有、市政府监管和单位占有、使用的管理体制，市财政局是市政府负责行政事业单位国有资产管理的职能部门，对行政事业单位国有资产实行综合管理。事业单位的主管部门负责对本部门所属事业单位的国有资产实施监督管理。行政事业单位负责对本单位占有、使用、受托管理的国有资产实施具体管理。是年，市政府办出台《永州市市直行政事业单位国有资产有偿使用收入征收管理实施办法》。

2012 年，加大国有资产处置力度，市本级处置行政事业单位国有资产 18 宗，实现处置收入 3.36 亿元。2013 年，规范行政事业单位国有资产处置审批程序，依法依规处置资产，是年处置资产 42 宗，入库资产处置收入 1.12 亿元。2014 年，按照省纪委和省财政厅统一部署，对全市执法执勤用车问题开展专项整治，经核实，全市应配备执法执勤用车 1683 辆，实有车辆 1655 辆，比编制少 21 辆，无超编超标配车现象。加强资产统计报表汇总编制，截至 2013 年年底，全市 3400 个行政事业单位资产总额 190 亿元，其中，行政单位 45 亿元，占 23.7%；事业单位 145 亿元，占 76.3%。市本级共有行政事业单位 201 个，资产总额 56.3 亿元。2015 年，推进行政事业单位资产管理信息化建设，对资产实行动态管理。加强机构改革单位资产管理，印发《关于市直机构改革单位国有资产及财务清算有关问题的通知》，对做好撤并部门单位财产验收、资产移交、划转手续及剩余资产的处置调剂提出具体要求，对 27 个涉改单位资产进行清查。全面开展事业单位及所办企业产权登记，摸清家底，明晰产权。依法依规处置行政事业单位资产，对市卫生局、市人力资源和社会保障局、市国土局、市农业委等实行车改单位公务用车进行集中处置，共处置车辆 116 台，其中，报废 40 台，拍卖 76 台，起拍价 268 万元，成交价 346 万元，溢价 28%。

第五节　财政信用及政府债务管理

一、财政周转金

为更好支持经济和社会发展，提高财政资金的使用效益，各级地方财政设置具有特定用途的、有偿使用的财政周转金，包括财政支农周转金、行财周转金、工商企业周转金、社保事业周转金、农林特产生产周转金等，各项周转金均相应制订专门的管理办法。从 1992 年开始，零陵地区实施财源建设“3581”工程，相对集中部分财政周转金，对重点财源建设项目给予扶持。是年，地区财政局响应地委、行署的号召，发放周转金 1781 万元，支持行政事业单位开展创收活动，获纯收益 2529 万元。

1995 年，财政部出台《地方财政周转金管理办法》，零陵地区财政局结合自身实际，制订出台《零陵地区财政信用资金管理办法》和《零陵地区财政信用资金核算办法》，对财政信用资金实行“三统一”管理，统一开设专户，统一核算，县（市）借款实行财政统借统还。对财政信用资金实行两级核算，由地区财政局预算科实行总核算，业务科（室）进行分户核算。将财政信用资金的发放和回收工作纳入各科（室）“双文明”竞赛目标考核，县（市）统借统还的财政信用资金纳入县（市）财政局“双文明”竞赛考核内容。是年，加大财政信用资金清理整顿力度，全区查实共有财政信用资金 1.3 亿元，借入周转金 0.7 亿元，发放各种贷款 1.65 亿元。

1996 年 3 月 1 日，市财政局印发《永州市财政周转金管理办法》和《永州市财政周转金挂账、呆账管理暂行规定》。周转金使用坚持“拾遗补缺，注重社会效益”的方针，管理坚持“统一政策，分级管理”的原则。周转金本金的增长幅度要低于本级预算内可用财力的增长幅度，总额不得超过本级预算内可用财力的 15%。周转金主要用于支持农业开发和农村经济发展；支持科学、教育、文化、卫生等各项事业的发展；扶持老少边穷地区经济和社会事业的发展；支持企业小型技术改造和高新技术产品的开发，帮助企业解决资金临时性周转困难。财政周转金不得直接或间接用于股票、证券、期货、房地产等投机性项目；不得用于计划外基本建设项目。周转金占用费的收取遵循“低率、优惠”的原则，不同行业实行差别费率，低于银行同类同期贷款利率，月利率一般为 5‰~8‰，占用费按规定用于必要的开支外，一律转作财政周转金本金。财政周转金的立项、投放与回收，主要由市财政局各业务科（室）负责。县（区）借款实行财政统借统还，各科（室）不得直接对县（区）企事业单位发放周转金。周转金由预算科在湖南省信托投资公司永州市办事处开设专户，下设科（室）分户。各科（室）不得在其他金融机构开户。凡是逾期 3 年以上不能归还的周转金借款和虽然未到期但生产经营已经停止、项目已经停建的周转金借款都应列为待处理财政周转金，进行挂账或呆账处理。形成呆账的财政周转金，根据资金来源的不同，核销周转金直接投放者一级的财政周转金基金；未形成呆账而必须挂账的财政周转金根据资金来源的不同，挂直接投放资金一级的财政周转金基金的账，但必须由有关业务部门提出申请，经局领导集体讨论决定，批准后方可挂账。1996 年 3 月 20 日，市财政局印发《关于财政周转金清理整顿工作的紧急通知》，要求分清理、整顿、验收 3 个阶段对财政周转金进行清理整顿。1998 年，市财政局进一步加强财政周转金的清理检查，逐项逐笔研究呆账处理意见，加大财政周转金回收力度，是年市本级共收回周转金 2315 万元。

1999 年 1 月 1 日，国务院转发财政部《整顿财政周转金方案》，要求各级财政周转金一律只收不贷，对已到期的周转金借款要积极清收。对形成呆账的借款，要根据《财政周转金呆账处理规定》妥善处理。回收的财政周转金一律由财政部门统一安排使用，重点用于弥补历年财政赤字、解决财政挂账、增补预算周转金、安排国有企业下岗职工基本生活保障和再就业以及扶贫、教育等方面。1999 年 6 月 15 日，市财政局制订《永州市本级财政周转金回收规划》和《永州市本级财政有偿资金回收奖励办法》，要求当年 6 月底前完成财政周转金的全面清理登记。规划明确，1999 年至 2000 年年底回收全部借出周转金 8748 万元的 80%即 6998 万元，收回占用费 1132 万元的 60%即 680 万元。对无法收回的周转金呆账，依法依规进行核销或报请豁免。对回收财政有偿资金给予奖励。各级财政部门和有关单位按照“谁承借、谁还款，谁放贷、谁负责”的原则，建立财政周转金回收工作责任制。市财政局与各周转金主管科（室）签订财政周转金回收责任书，与各县（区）财政局和借款单位签订财政周转金回收归还责任书，列入对局机关科（室）、县（区）财政局“双文明”目标考核内容，严格奖罚兑现。是年，市本级共收回财政周转金 4600 多万元。

2003 年，市财政局设立永州市财政有偿资金回收管理中心，财政周转金全部划转资金回收管理中心负责回收和管理。到 2003 年 10 月 31 日止，市本级财政周转金借款本息余额 5054.43 万元，其中，本金 4305.26 万元，利息 749.17 万元。2004 年，市财政局采取“一清、二查、三核对”的办法，加强资金回收管理工作，全年收回贷款本息 341 万元。2005 年 11 月，成立永州市县域经济与产业发展融资中心（以下简称融资中心），2006 年 8 月，市财政周转金划归融资中心管理和回收。此后，对无法收回的财政周转金呆账、坏账逐步报批核销。

永州市本级财政周转金借款汇总表

表 1-5-2　　2003-10-31　　单位：万元

序号	借出科（室）	本金余额	利息余额	备注
1	预算科	477.13	—	
2	财源办	410.00	41.34	
3	企业科	848.40	218.20	含工业发展基金借款 60 万元
4	经建科	1238.00	295.10	
5	行政政法科	266.77	77.80	
6	农业科	492.46	72.72	
7	农税科	365.00	26.70	
8	社保科	74.50	17.31	
9	外经科	133.00	—	
10	小计	4305.26	749.17	

永州市本级财政周转金资产负债表（汇总表）

表 1-5-3　（2003-10-31）　单位：元

	合计	预算科	财源办	企业科	经建科	行政政法科	农业科	农税科	社保科
银行存款	2440924. 38	56800. 00	370784. 38	-498000. 00	842000. 00	345400. 00	547700. 00	761240. 00	15000. 00
其他财政存款	6599915. 90	51053. 28	364218. 54	75309. 60	197605. 95	409968. 78	3895657. 85	905463. 81	700638. 09
财政周转放款	41122630. 42	4771330. 42	4100000. 00	7884000. 00	12380000. 00	2667700. 00	4924600. 00	3650000. 00	745000. 00
借出财政周转金	25421290. 00	170000. 00	—	195000. 00	1454000. 00	1095330. 00	17020000. 00	5386960. 00	100000. 00
待处理周转金	4395000. 00	—	—	—	—	—	3975000. 00	—	420000. 00
暂付款	40890900. 21	7758009. 82	15916712. 00	1657970. 00	4117814. 12	1768606. 53	7694000. 00	992787. 74	985000. 00
财政周转金支出	0. 00	—	—	—	—	—	—	—	—
合计	120870660. 91	12807193. 52	20751714. 92	9314279. 60	18991420. 07	6287005. 31	38056957. 85	11696451. 55	2965638. 09
借入财政周转金	52584000. 00	—	2000000. 00	4950000. 00	16410000. 00	2400000. 00	21650000. 00	4464000. 00	710000. 00
暂存款	16129091. 20	-334189. 97	12196644. 00	4866223. 98	-358113. 31	249759. 02	-620285. 52	—	129053. 00
财政周转金基金	53571451. 37	13141383. 49	6213951. 58	1253055. 62	2939533. 38	3637247. 29	17027243. 37	7232451. 55	2126585. 09
财政周转金收入	13329. 34	—	13329. 34	—	—	—	—	—	—
合计	122297871. 91	12807193. 52	20423924. 92	11069279. 60	18991420. 07	6287006. 31	38056957. 85	11696451. 55	2965638. 09

二、财政信托与融资

1992 年 2 月 10 日，零陵地区财政局印发《湖南省信托投资公司零陵地区办事处（以下简称办事处）纳入预算内管理的通知》，明确从 1992 年 1 月 1 日起，办事处实现利润的 80%上缴地级财政，自留 20%。留利部分按 40%：30%：30%比例分配，即生产发展基金占 40%，福利基金占 30%，奖励基金占 30%，上缴部分由地级财政拨给办事处作为发展基金。是年，办事处一手抓资金筹措发放，支持经济建设；一手抓贷款回收，加速资金回收和周转，收回本金 1199.6 万元，利息 361.2 万元，实现利润 100.3 万元。

1995 年，办事处按照扩大规模、开拓经营、提高效益、树立现代企业形象的思路，在总结 1994 年试行干部聘任制和推行部门经济责任承包制的基础上，完善承包责任制，对 6 个部（室）按目标任务定员定编，组合上岗，实行全员风险抵押承包。1996 年，全面推行《金融信托投资机构资产负债比例管理暂行办法》，出台实施《湖南省信托投资公司永州市办事处贷款管理办法》。是年发放各类贷款 3276.8 万元，比 1995 年净增 1080 万元，增长 49%，回收贷款本息 1184.3 万元，收回土石方工程款 90 万元，按收付实现制计营业收入 172.9 万元，实现利润 19.3 万元。1997 年，围绕提高经济效益、改善资产质量，严密防范和化解信托业务风险这一工作重心，拓展发展空间，巩固和扩大各项资金来源，加大盘活资金存量工作力度。全年结算吸收资金日平均余额为 2360 万元，比 1996 年增长 21.6%，发放各类贷款 881.4 万元，收回各类贷款 919.4 万元，收回利息 336.3 万元，总收入 333.7 万元，实现利润持平。

1999 年，国务院决定对全国信托投资机构进行清理整顿，要求对规模小、问题多的信托投资机构实行撤、并、转，年初办事处停止贷款业务，8 月起停办结算业务，委托湖南省开元会计师事务所对办事处进行清产核资和资产评估。报告以 1998 年 12 月 31 日为基准日，清产核资结果为，资产总额 7945.90 万元，负债 7654.90 万元，所有者权益 291.00 万元。评估后资产总计 7731.25 万元，总负债 7654.97 万元，净资产 76.28 万元。是年，办事处克服各种困难和不利影响，采取按实际回收金额给予分成的奖励办法，加大贷款回收力度，收回贷款本息 1037.82 万元，其中，本金 889.68 万元，利息 148.14 万元，完成总收入 94.29 万元，实现利润 -33.79 万元。

经过一年的清理整顿，到 1999 年年末，办事处资产总额为 8913 万元，负债总额为 5961 万元，所有者权益为 2952 万元。债务总额降为 5957 万元，其中，各项存款 5038 万元，其他应付债务 919 万元。偿还资金来源 5276 万元，其中，现金及银行存款 37 万元，可清收债权 4699 万元，资产 330 万元，存款准备金 210 万元。支付缺口 681 万元。市财政局向中国人民银行申请再贷款 1000 万元，市政府提供全额担保，其中，有效资产担保 500 万元，财政担保 500 万元。

2000 年 2 月 25 日，市财政局制订落实《湖南省信托投资公司永州市办事处债权债务清偿方案》。（一）债权的处置：办事处清偿后的债权由市财政局负责托管，组织专门的班子进行清查、催收和资产保全。（二）债务的处置：1. 信托存款。鉴于此类债务绝大部分是市财政局各科（室）的周转金或专项资金等存款，本着“先外后内”的原则，对财政系统外的存款，在办事处正式撤销前，组织资金全部兑清；对财政系统内的存款，按“先急后缓，债权债务相抵”的原则，由市财政局统一安排，3 年之内逐步付清。2. 委托存款。按委托存款单位对应委托的贷款项目，实行委托存、贷款同时移交，委托存款大于委托贷款部分视同信托存款进行处置。3. 县（区）财政存款及往来账款。由市财政局协调实行债权、债务抵兑，再相互补差的办法进行处置，县（区）财政的债权少于债务的，从市财政局批复县（区）财政 1999 年度决算中扣收；县（区）财政债权大于债务的，从扣回款中给予补足。4. 应付账款和其他应付账款的处置。分清账龄和账款的实际性质，该核销的予以核销，在与债权方协商一致的情况下，能够与其他账款相抵的就抵销，其必须支付的账款，视同信托存款进行处置。

2000 年 4 月，中国人民银行永州支行初审同意湖南省信托投资公司永州市办事处退出市场，待一级行批复撤销后，其资产、负债及其他一切经济、法律责任等，均由永州市财政局承担。2000 年 6 月 27 日，省财政厅下达《关于同意撤销湖南省信托投资公司永州市办事处的批复》，办事处正式撤销。办事处的干部职工保持思想不乱，工作不断，奋力拼博，共渡难关，是年共收回贷款本金 174.18 万元，收回利息及投资收益 78.42 万元，实现利润-74.08 万元。

2001 年 5 月 28 日，中国人民银行武汉分行下达撤销湖南省信托投资公司永州市办事处的通知，从即日起，办事处停止一切金融业务活动，并在是年 9 月 30 日前完成全部撤销工作。市政府组织成立清算组，对办事处进行清算，到 2001 年年底，清算组对其各项长期债权全面进行清查核实，对各项尚未清偿的债务也与有关单位达成协议，逐步统一归还，完成个人债务兑付和各县（区）财政存贷款及往来款项抵兑，中央专项再贷款 1000 万元按规定用途进行兑付。

湖南信托投资公司永州市办事处自 1985 年成立以来，发挥财政信托独特功能，积极融通资金，扩大资金规模，支持地方经济和社会事业发展。到 1999 年年底，共向企业投放贷款 4.12 亿元，扶持技改项目 526 个。同时不断扩大资本积累，资本金由当初 502 万元扩大到 2880 万元，资产规模由 634 万元扩大到 1.04 亿元，累计实现利润2153万元，上缴国家税收927万元。

2002年3月，成立永州市会计委派核算中心，原办事处大部分人员分流到核算中心工作。2003年5月，成立永州市财政有偿资金回收管理中心，原办事处资产和债权债务移交该中心管理。2006年，正式成立永州市县域经济与产业发展融资中心（以下简称融资中心），原信托贷款6480万元和资产划归融资中心回收和管理。融资中心根据融资业务需要，先后成立永州市湘永行政资产经营有限责任公司、永州市新兴农村基础设施建设有限责任公司、永州市顺达基础设施建设有限公司和永州市潇湘投资有限公司4家公司，融资中心及4家公司注册资本金4.5亿元。作为政府的融资平台，融资中心负责融资贷款、资金回收、还本付息和资产管理，承担政府重点项目建设。截至2012年12月底，融资中心及所属公司共借入资金10.24亿元，回收原财政周转金和信托老贷款1138.6万元，形成净资产7.72亿元，加上代建项目待匹配土地1136亩价值3.86亿元，净资产合计11.58亿元，上缴国家税收3200多万元。融资中心成立6年来，承接永州大道第三标

2012年3月，市政府党组成员、市财政局局长李光富（右一）带队调研阳明山·阖苑建设

财政支持项目——2010年8月，永州职业技术学院本部建设基本完成，学院实现实质性合并

财政支持项目——湖南重庆啤酒国人有限责任公司永州分公司筹建于2011年11月，年产10万升啤酒

段、永州大道城区段1.88公里提质扩容项目代建和阳明山·阆苑项目建设，重点支持3条出省跨境公路、永连公路二期加铺、经开区园区基础设施、河东路网、滨江广场、污水处理、垃圾处理和永州职业技术学院、潇湘技师学院、市中心医院、市中医院、市妇幼保健院、市食品药品监督管理局、市公安监管中心、零陵监狱以及湘江纸业、湖南重庆啤酒厂扩能改造等单位和项目建设，支持冷水滩区循环工业园、零陵区永州大道扩建工程建设和市城建投资金周转，有效推动永州市经济和社会事业发展。2013年，市委、市政府决定在永州市县域经济与产业发展融资中心所属4家公司的基础上，组建永州市经济建设投资发展集团有限责任公司，资产和债权债务移交集团公司，融资中心不再履行融资平台公司职能。

三、政府债务管理

永州市政府债务包括政府外债贷款和地方政府性债务。利用外债贷款始于1992年，至2015年，市本级共申请外贷项目7个，签约贷款总额3108万美元，2015年尚有贷款余额1010.9万美元。7个外贷项目中，卫生项目4个，包括世行贷款传染病与地方病控制项目、世行贷款第九个卫生发展项目、日本政府贷款湖南省公共卫生项目、世行贷款结核病控制项目，农业、环保、水利项目各1个，分别是世行贷款第二期红壤开发项目、日本政府贷款环保97项目、亚行贷款湖南城市防洪项目。除亚行贷款湖南城市防洪项目外，都已提款结束。通过使用外贷资金，一定程度上缓解了地方财力不足与加快经济社会发展的矛盾，降低项目的筹资成本，提升项目建设的科技含量和管理水平，有针对性地改善民生民本，助推永州市经济和社会事业发展。

全市政府性债务包括地方政府（含政府部门和机构）直接借入、拖欠或因提供担保、回购等信用支持形成的债务以及经费补助事业单位、公用事业单位、投融资公司等因公益性项目建设直接借入、拖欠形成的债务。2008年以前，全市各县（区）虽然出现过借款垫税、拖欠工资、负债开发建设、盲目“达标升级”等问题，但是随着地方经济的快速发展和财政保障能力的不断增强，以及中央实施加大对财政困难地区转移支付力度，实施农村义务教育“普九”化债和高校化债等政策措施，地方政府性债务金额较小，负债率较低。2008年，为应对国际金融危机，中央出台4万亿元经济刺激计划，地方政府积极跟进，政府性债务开始大量增加。

2010年6月，国务院下发《关于加强地方政府融资平台公司管理有关问题的通知》，9月，财政部下发《关于规范地方各级政府部门举债和担保承诺行为的通知》。为加强政府性债务管理，2011年4月，市财政局成立金融与债务科，政府性债务管理职能从国库科分离，由金融与债务科管理行使，配合省审计厅对市本级政府性债务进行专项审计。到 2011 年年底，市本级政府性债务余额 55.44 亿元，按部门分，行政机关 7.24 亿元，事业单位 18.81 亿元，融资平台公司 29.33 亿元；按来源分，银行贷款 29.66 亿元，发行企业债券 10 亿元，转贷债务 7.19 亿元，其他 8.59 亿元。

2012 年 12 月 24 日，财政部、发改委、人民银行、银监会联合下发《关于制止地方政府违法违规融资行为的通知》。要求严禁直接或间接吸收公众资金违规集资，切实规范地方政府以回购方式举借政府性债务行为，加强对融资平台公司注资行为管理，进一步规范融资平台公司融资行为，坚决制止地方政府违规担保承诺行为。是年，市财政局采取“先内后外、先易后难、重点突破”的工作方式，对政府性债务进行全面核查。

2013 年，根据国务院办公厅《关于做好全国政府性债务审计工作的通知》要求，市财政局配合省审计厅于 8 月 1 日—31 日，按照“见人、见物、见账，逐笔、逐项”的原则，对市本级截至 2012 年 12 月底和 2013 年 6 月底政府负有偿还责任的债务、政府负有担保责任的债务和政府可能承担一定救助责任的其他相关债务进行审计。审计认定市本级（含管理区）2013 年 6 月底政府负有偿还责任的债务 30.20 亿元，政府负有担保责任的债务 5.6 亿，政府可能承担一定救助责任的其他相关债务 34.65 亿元，合计 70.45 亿元。

2015 年 2 月 11 日，市财政局举办 PPP 项目专题讲座，局党组书记、局长杨军元主持会议

2014 年 10 月，财政部出台《地方政府存量债务纳入预算管理清理甄别办法》。11 月，国务院印发《关于创新重点领域投融资机制鼓励社会投资的指导意见》。全市按照债务单位先清理、财政和审计再审核的方式，实事求是地对本级债务单位的存量债务进行核查清理和甄别。截至 2014 年 12 月 31 日，全市政府性债务存量 375.39 亿元（不包括粮食、供销企业挂账）。其中，市本级 134.83 亿元，县（区）（含管理区、经开区）240.56 亿元。按债务性质分：政府负有偿还责任的债务 348.04 亿元，政府负有担保责任的债务 9.29 亿元，政府可能承担一定救助责任的债务 18.06

亿元。根据甄别原则，全市对政府负有偿还责任的债务存量348.04亿元进行甄别，一般债务存量191.27亿元，专项债务存量156.77亿元。

第六节　财务与会计管理

一、企业财务与会计

1992年，地区财政局召开全区工交企业第二届会计基础工作评比、财务会计先进工作者表彰大会，图为与会代表合影

1992年11月30日，财政部以第4号、第5号部长令颁布《企业财务通则》《企业会计准则》，从1993年7月1日起正式施行。1993年，零陵地区财政局就实施新财务会计制度中几个具体问题作出补充规定：企业在6月末的固定基金、流动基金、专用基金中的更新改造基金以及国家专项拨款中的挖潜更新改造拨款余额全部转作国家资本金。企业在新旧制度转换过程中，按文件规定经同级财政部门批准冲减国家资本金的，其冲减的最高额度以实收资本保留注册资金为限。为统一口径，给企业创造公平竞争环境，7月1日前已进行利润分配的企业可全部冲回，返回到未分配利润项目，待12月按新规定一次性进行分配。但所得税先按承包数上缴。在转换时，对资源已经枯竭，转产比较困难，近几年内盈利无望的煤炭等特困企业，可适当放宽处理，对历年挂账的亏损不区分时间的长短，在用后备基金、承包风险基金、生产发展基金、新产品试制基金、更新改造基金、大修理基金6项专用基金全额弥补后，不足部分，用固定基金、流动基金和其他单位投入资金按比例弥补。同时规定，实施新制度后，企业的业务招待费应严格按照新财务制度的规定提取，按合理、节约的原则使用。企业原则上不再提取承包风险基金，但对经济效益较好的企业，经同级财政部门批准后，可继续提取承包风险基金，在提取时，一律通过利润分配——提取承包风险基金账户反映。企业的各种罚款、滞纳金支出，应在盈余公积科目下设各种罚没支出明细科目反映。企业自

行发放的各种补贴，除山区补贴、书报费按规定可进成本外，其余的（如煤气补贴）均在应付福利费中列支。是年，全区各级财政部门帮助企业建立和完善各项规章制度，严格控制非生产性支出，将职工福利基金和工资基金的使用与企业效益挂钩，凡效益不好又没有福利基金和工资基金结余的企业，则压缩工资和福利性补贴；对专控商品，除严格按照有关规定办理外，同时还与企业的效益和上缴收入完成情况挂钩，对亏损和未完成上缴任务的企业，一律停止专控商品的审批。严格控制成本开支范围和标准，对企业差旅费实行上限控制。参与国有企业股份制改革，加强内部财务管理。冷水滩水泥厂改组为九嶷水泥股份有限公司后，1993 年实现利润 2100 万元，比 1992 年增长 2.5 倍；零陵金属材料公司改制为股份公司，实现利润 600 万元，比 1991 年增长 1.3 倍。

1994 年 1 月 1 日起，零陵地区执行《中华人民共和国企业所得税暂行条例》，地区财政局对 12 家地直企业开展实行新税制后税负调查，工业企业平均增加税负 2.53 个百分点，商业批发企业税负增加 1.8 个百分点，商业零售税负下降 1.5 个百分点。祁阳县祁山水泥厂，1993 年平均税负 11.86%，税制改革后税负达到 14.5%，按 1993 年销售收入计算，减少利润 102 万元。

1996 年，地区财政局召开全区工交企业财务决算工作会

1995 年 10 月，地区财政局转发省财政厅《关于国有企业有关财务管理若干问题的通知》，要求企业必须加强各项资产的管理与核算，有效控制资产损失。企业处理资产损失，必须由经办人填报能够列明具体事项、损失原因及金额的资产损失审批单，经部门负责人审核，财务部门审查并提出处理意见，报企业法定代表人审批。如属于超出权限的资产损失，由企业提出处理意见，报经主管财政机关和国资部门审批。

1996 年，凡在永州市的中外合资企业、中外合作企业、外商独资企业均于是年 11 月底之前到当地财政部门办理财政登记手续。企业不办理财政登记的，会计师（审计）事务所不得受理其验资查账的申请，财政机关将视其情节轻重，依照《外商投资企业执行新财务制度的补充规定》等有关法规予以处罚。是年，按照分税制财政体制的要求，市本级取消企业承包费上缴，改征企业所得税，对国有企业开征国有资产占用费。

1997 年，永州市对国有企业实施股份制改造有关财务问题予以进一步明确。企业进行股份制改造，对资产进行全面清查登记，对各项资产损失以及债权债务进行全面核对查实，在此基础上编制资产负债表、损益表和利润分配表，连同财产清查清册报主管财政机关审批。采取剥离方式进行改造的，必须理顺原企业与股份公司的产权和财务关系，实行剥离的资产与股份公司的资产应严格分离。是年，对国有工交企业解困工作若干财政财务问题作出规定，要求用足、用活、用好现行解困政策措施。一定时期内不能按时发放职工工资的困难企业要在银行开设工资预留户，根据保证职工最低工资和下岗职工基本生活费发放的原则，按照薪、税、贷、货、利的顺序，将用于工资部分的销货回笼款、回收拖欠工程款转入预留户预留 3 个月的职工最低基本生活费。1998 年，国有企业的年度会计报表仍由同级财政部门审核汇编和批复。军工、监狱劳教、农场、地方金融、粮食收储、副食品储备企业、建立现代企业制度试点企业，2000 年前继续实行投入产出总承包（经营承包）企业以及国有企业在境外投资兴办的企业暂不实行年度会计报表注册会计师审计制度，这部分企业的年度会计报表仍由同级财政部门直接审查汇总，上述企业以外的国有企业可委托注册会计师对其年度会计报表进行审计。企业应将注册会计师审计的年度会计报表，连同注册会计师审计报告，在规定的时间内报同级财政部门。

2000 年，市委、市政府出台《永州市市属国有集体企业产权交易若干规定（试行）》，市属国有企业及集体企业的产权出让，由该企业改制领导小组根据企业的实际情况，提出企业资产的处置转让方式、职工的安置、离退休人员的养老金支付、债权债务的处理、资金使用的方案，召开职代会讨论通过，报主管部门审核同意、市政府批准后进行。国有企业出让资金上缴市财政局；集体企业出让资金上缴主管部门的财政专户储存。出让资金的使用首先用于安置职工、发放职工生活补助、支付离退休人员的养老金、退还集资股金、缴纳在职职工养老保险金、偿还银行贷款及各项债务等。产权出让后的净收入由市财政局设立生产发展基金专户，用于企业发展。是年，市财政局出台支持国有企业改革 4 条具体措施：（一）参与企业股份制改革，促进现代企业制度的建立。（二）多渠道筹集资金，加大重点企业技术改造力度。市本级财政预算安排中小企业信用担保资金 300 万元，为企业向银行贷款提供担保。（三）做好社会保障和减负工作，为改革创造宽松的环境。落实下岗职工基本生活费“三三制”筹资政策，足额安排应由财政负担的经费。（四）帮助企业加强财务管理，提高经济效益。

2002 年，全市执行关于企业实行财务预算管理的指导意见，企业财务预算围绕企业的战略要求和发展规划，以业务预算、资本预算为基础，以经营利润为目标，以现金流为核心进行编制，并主要以财务报表形式予以充分反映。企业编制财务预算按照先业务预算、资本预算、筹资预算，后财务预算的流程进行，并按照各预算执行单位所承担经济业务的类型及其责任权限，编制不同形式的财务预算。财务预算主要以现金预算、预计资产负债表和预计损益表等形式反映。企业财务预算一经批复下达，各预算执行单位就必须认真组织实施，将财务预算指标层层分解，从横向和纵向落实到内部各部门、各单位、各环节和各岗位，形成全方位的财务预算执行责任体系。是年，市委、市政府提出3年内全市国有工业企业全部完成产权制度改革的目标，时代阳光、哈陵焊剂、恒伟药业、永州生化等企业完成改革。

2003年2月6日，市政府出台《关于鼓励外商投资兴办工业的若干意见》，全市财政部门认真落实兑现优惠政策。外商在永州市境内投资兴办工业企业，从投产之日起，除享受国家给予的税收优惠政策外，企业上缴的各种税收，其地方财政享有部分，第1~3年奖励给企业50%，第4~6年奖励给企业30%，用于企业扩大再生产。新办的外商投资工业企业，各种行政事业性规费除上缴中央、省里部分外，地方所得部分按最低标准减半征收。实际到位外资达100万美元或年缴税收50万元以上的外商投资工业企业，特批一辆小车在本市行政区域内免收过路过桥通行费。全市涉外单位实行“一站式”对外办事，“一个窗口”对外收费。在全市外商投资工业企业全面推行税外负担登记制度。鼓励外商以租赁方式使用土地。外商租赁国家、集体土地兴办工业项目的，前3年土地租金由同级财政负担，3年后根据外商意愿可改办出让手续，出让价格按优惠地价标准执行。外商租赁、购买国有或集体企业现有场地投资兴办工业企业的，经营期在10年以上，从项目投产年度起5年内免缴土地使用费。外商投资工业企业以出让方式取得土地使用权的，按行业用地标准提供生产经营用地。工业项目使用城市规划区内的土地按本市基准地价的30%缴纳土地出让金。在凤凰园经济开发区、长丰汽车配套招商工业园和萍洲高科技工业园投资兴办工业项目的，土地出让金每亩控制在3万元以内（包括办妥一切手续），不再收取其他任何费用；固定资产投资在100万美元或人民币1000万元以上的工业项目，报市政府个案优惠。对投资额在300万美元以上的高新技术工业项目，无偿提供生产性用地，免缴土地出让金和土地使用费。

2003年8月，市财政局落实市国有企业改革领导小组印发《永州市市直国有及国有控股企业转换国有产权及职工身份的补充规定》，产权改制企业且实行资产重组的，职工安置费或一次性补偿费采用“认钱、认债、认股”与重组企业形成3种契约关系。产权改制企业职工的安置费和经济补偿金的计算标准为：凡企业上年职工个人工资收入高于上年市直国有企业在岗全体职工平均工资收入的，按企业上年职工个人月工资收入计算；凡低于的，则按上年市直国有企业全体在岗职工月平均工资收入水平计算。凡实行依法破产、关停和其他改制企业职工身份置换标准，全民固定工发给一次性安置费，以本人参加工作年限连续累计计算，工龄不超过10年（含）的，可按每年发给1.5个月相当于本人上年月平均工资的安置费；工龄10年以上的，按每增加一年发给2个月相当于本人上年月平均工资的安置费。分段计算，累计最多不超过36个月。领取一次性安置费的职工不再享受失业保险待遇。全民合同制职工在解除劳动关系时，可选择按全民固定工发给一次性安置费的办法发给安置费，不再享受失业保险；也可选择按每满一年工龄发给相当于1个月本人上年月平均工资的经济补偿金，并可按照规定进入失业保险，继续领取失业保险金，领取时间最长可达24个月。改制企业资产变现（含土地出让金）所得收入，按政策按规定标准优先用于置换职工身份的职工安置费（经济补偿金）清偿企业拖欠职工的工资、基本生活费、集资款等债务，清缴企业所欠和应缴的养老保险费、养老保险金、失业保险费、医疗保险费用和企业为职工改水改电由企业承担50%的支出等部分。上述各项安置补偿后，企业资产还有剩余的，移交市财政专户，由政府统一调剂使用。若企业资产不足以安置（经济补偿）和无力清缴的，在安置费没有超过规定标准的，其养老保险、失业保险、医疗保险经核实批准实行财政挂账，逐年拨付。

2007年9月，全市执行财政部关于企业加强研发费用财务管理的若干意见，要求企业明确研发费用的开支范围和标准，严格审批程序，并按照研发项目或者承担研发任务的单位，设立台账归集核算研发费用。对技术要求高、投资数额大、单个企业难以独立承担的研发项目，或者研发力量集中在集团公司、由其统筹管理集团研发活动的，集团公司可以在所属全资及控股企业范围内集中使用研发费用。集团公司集中使用的研发费用总额，原则上不超过集团合并会计报表年营业收入的2%。使用后的年末余额连续3年超过当年集中总额20%或者出现赤字的，集团公司应当调整集中的标准。企业可以建立研发准备金制度，研发费用按实际发生额列入成本（费用）。

2012年10月，市财政局出台《购买长丰猎豹汽车申请财政补贴操作规程》，对2012年10月1日至2013年12月31日期间，新购长丰猎豹汽车并在永州市内落户的购户，由各级受益财政按每台车款5%的标准（最高不超过5000元）予以补贴。新购使用长丰猎豹汽车并在永州市境内注册的租赁公司，由市财政按每台车1000元予以补贴。购户在永州市行政区域内办理上牌并提供所需资料后，补贴款由猎豹汽车永州直营店先行兑付给购户。2013年8月8日，市财政局、市经信委从市本级财政预算安排工业发展专项资金中切出一块资金，主要用于支持成长性好、科技含量高的中小微工业及生产性服务企业扩能改造、技术升级项目贷款贴息及服务体系建设等。专项资金的80%以上直接用于支持中心城区范围内中小微工业企业。

2015年7月13日，市政府出台《关于促进外贸稳定增长的若干意见》，市财政安排外贸发展专项资金200万元，用于鼓励扩大出口，引导和扶持落户在冷水滩区和永州经济技术开发区的进出口企业加快转型升级，加快产业集聚，加强公共服务平台建设；各县（区）财政安排一定的资金支持外贸稳定增长。对符合国家《鼓励类进口技术和产品目录》和《湖南省鼓励类进口技术和产品目录》以一般贸易方式进口的先进技术设备、关键零部件、短缺资源性产品及一般消费品给予贴息支持。12月28日，市财政局出台《永州市本级招商引资专项资金管理办法》，市本级财政预算安排招商引资资金，专项用于支持市本级招商引资活动，其中，用于对招商引资落地项目补助和异地永州商会的补助不低于20%。招商引资资金主要用于市政府和政府招商职能部门为推动市域外资金来本市投资所开展的招商引资活动。招商引资资金按照每次招商引资活动内容实行专账核算，专款专用，确保资金安全和完整。

二、行政事业财务与会计

（一）全额预算管理

1992年，零陵地区各级财政部门执行财政部《社会文教行政单位预算支出定额制订规则（试行）》，对事业行政单位实行定员定额管理，以各级编制部门核定的编制人数为基数，经费定额包括人员经费、公务费、业务费、小车燃料修理费和公费医疗经费，原则上以前3年平均数为基数，并考虑当年财政承受能力及新增因素确定。经费包干后，超支不补，结余留用。对会议费实行定额包干、结余留用、超支不补的办法。对专项资金安排和使用，坚持“统一审批、区别对待、突出重点、集中使用、讲究效益”的原则，实行项目管理、跟踪反馈制度。对公费医疗经费推行“公费医疗办管理、医院参与、单位承包、超支由国家集体个人3者分担”和“社会保险”的办法。

1993年，全区改革财政预算管理方法，推行“零基预算”，改变过去的基数增长法，以前年度的基数仅作参考，不作为编列预算的标准。对会议费支出采取“定人员、定标准、定时间”及“会前预算、会后审查”的方法进行控制，并压缩会议次数，提高会议效率。对公费医疗管理在实行保险的基础上，实行财政、保险、医院、单位4家共同管理，对超支经费按“四三三”的比例负担，减轻财政负担。对预算外资金采取“有奖有息”的激励机制和经济、行政、法律手段等约束机制，加大调控力度，是年全区预算外资金专户储存累2.17亿元，比1992年增加6000万元，增长38.2%。1994年，对行政事业单位继续实行经费包干制度，各级财政部门在年初与单位签订包干使用责任书，实行“超支不补、结余留用”的办法。继续支持行政事业单位开展创收，地区财政局借出行财周转金1144万元，支持单位161个，共创纯收入3336万元，比1993年增长20.5%，弥补经费不足2611万元，创办经济实体352个，分流富余人员638人。1995年，地本级统筹预算外资金1358万元，实行零基预算，并与各单位签订经费包干责任书，建立人员经费和专项资金专户，同时征收预算外收入调节资金233万元。

从1998年1月1日起，永州市各级行政机关和实行行政管理的其他机关贯彻执行《行政单位会计制度》，取消原来的3种预算管理方式的核算办法，会计核算一般采用收付实现制，但经营性收支业务核算可采用权责发生制，会计记账采用借贷记账法，会计科目分为资产、负债、净资产、收入、支出5大类共17个科目。是年，执行《事业单位会计制度》，会计记账同样采用借贷记账法，通用的会计科目分为资产类、负债类、净资产类、收入类、支出类5大类共42个，事业单位的会计报表包括资产负债表、收入支出表、事业支出明细表和经费支出明细表。2002年，贯彻执行财政部《行政事业单位会计决算报告制度》，通过建立决算报告制度，收集汇总行政事业单位财务收支、经费来源与运用、资产与负债、机构、人员与工资等方面的基本数据，全面、真实反映行政事业单位财务状况和预算执行结果，为财政部门审查批复决算和编制后续年度财政预算提供基本依据。

2002年，全市在2001年对部分市直和县（区）行政事业单位开展会计委派制试点的基础上，探索由会计委派向会计集中核算过渡。3月，市财政局设立永州市会计委派核算中心。4月4日，市政府印发《永州市本级会计集中核算暂行办法》。5月21日，市财政局印发《永州市本级会计委派核算中心内部会计核算暂行办法》《永州市本级会计集中核算单位财务报账暂行办法》等一系列文件。5月22日，市财政局印发《关于对市委、市人大、市政府、市政协、市纪委等单位实行会计集中核算有关事项的通知》，明确实行会计集中核算的单位，要求单位配备好管理员，接受岗位培训。7月1日起，市本级会计委派集中核算正式运作，纳入集中核算的单位有市委办、市人大办、市政府办、市政协办、市纪委等27个单位。实行会计集中核算半年，市本级拒绝和纠正不合理开支270笔110万元，全市9个县（区）相继实行会计集中核算或会计委派。到2002年年底，全市纳入会计集中核算单位873个，杜绝不合理开支328笔，节约资金650万元，防止预算外收入不缴库、白条报账、滥发钱物甚至私设“小金库”等违纪违规现象的发生。2003年，进一步规范会计集中核算管理，全市各县（区）纳入会计核算单位1233个，实行会计委派单位57个，占应纳入单位的80%以上。市本级纳入集中核算的单位增加到38个，全年共拒绝和纠正不合法不合规开支304笔100万元。江华县将财政拨款的县直和县城内中小学校等110个行政事业单位全部纳入会计集中核算管理。

图为2005年8月1日永州市本级会计集中核算服务窗口

2004年，按照财政部《关于深化地方财政国库管理制度改革有关问题的意见》和省财政厅的统一部署，全市暂时停止会计集中核算扩面，实行国库集中收付制度改革试点。市本级选择3个一级预算单位进行试点，实行会计集中核算向国库集中收付制度改革过渡转轨。是年，通过加强和规范会计集中核算管理，市本级共拒绝和纠正不合法合规支出356笔，金额356万元。2005年，永州市国库集中支付中心成立，市本级国库集中收付制度改革试点单位扩大到10个。会计集中核算工作顺应全国、全省国库集中支付制度改革的大势，探索如何实现会计集中核算向国库集中支付制度改革平稳过渡。截至2005年年底，全市各县（区）纳入集中核算单位1534个，占应纳入单位的90%以上，县（区）会计核算中心12个，干部职工361人。

2006年，市财政局制订《永州市财政局国库集中支付制度改革会计核算暂行办法》，全面实行财政国库管理制度改革。改革后，行政事业单位的会计核算仍执行现行的《行政单位会计制度》《事业单位会计制度》，在资产类增设零余额账户用款额度科目进行会计核算。零余额账户用款额度科目用于核算预算单位在财政下达的授权支付额度内办理的授权支付业务。对财政直接支付的支出，预算单位根据市财政国库支付中心开具的《财政资金直接支付入账通知单》及原始凭证分预算内、预算外资金进行会计核算。一级预算单位和上级单位对所属单位通过集中支付系统支付的资金，仍然按《行政单位会计制度》《事业单位会计制度》登记相关账务，进行会计核算。

从2007年1月1日起，对实行政府收支分类改革后行政单位、事业单位会计核算作如下处理：（一）行政单位。401拨入经费科目在基本支出和项目支出2个二级科目下，按《2007年政府收支分类科目》中支出功能分类科目的项级科目设置明细账。404预算外资金收入科目在基本支出和项目支出2个二级科目下，按

《政府收支分类科目》中支出功能分类科目的项级科目设置明细账。501 经费支出科目在基本支出和项目支出 2 个二级科目下，按《2007 年政府收支分类科目》中支出经济分类科目的款级科目设置明细账。（二）事业单位。事业单位在财政补助收入科目下设置基本支出和项目支出二级明细科目，并在二级明细科目下按照《2007 年政府收支分类科目》中支出功能分类科目的项级科目设置明细账，进行明细核算。事业单位在事业支出科目下设置基本支出和项目支出二级明细科目，并在二级明细科目下按照《2007 年政府收支分类科目》中支出经济分类科目的款级科目设置明细账，进行明细核算。同时，事业单位设置财政拨款支出备查簿，逐笔登记每一项财政拨款支出的具体情况，并反映每个会计期末的财政拨款结余情况。执行《医院会计制度》《测绘事业单位会计制度》《高等学校会计制度》《中小学校会计制度》《科学事业单位会计制度》的事业单位，按照上述方法作相应调整。

2008 年 12 月，市财政局印发《永州市本级预算单位公务卡管理试行办法》，在市本级推进公务卡管理，银行业金融机构为市级预算单位在职职工发放公务卡，公务卡具有透支功能，主要用于公务活动开支和财务报销业务的一种贷记卡（信用卡）。公务卡结算的适用范围为预算单位财政授权支付业务中原使用现金结算的公用经费支出，包括差旅费、招待费和 1 万元以下的零星购买支出等。公务卡主要用于公务支出的支付结算。持卡人因公务支出需要，根据公务卡受理环境和单位财务规定，先以个人名义进行刷卡消费，并取得相应报销凭证和有关银行卡消费凭证。持卡人使用公务卡消费的各项公务支出应在发卡行规定的免息还款期内，到所在单位财务部门报销。

2009 年，永州市出台 6 项量化式控制指标，压缩非生产性支出。规范因公出国（境）管理，2009 年各级各部门因公出国（境）经费支出要在近 3 年平均数的基础上压缩 30%。严格公务用车配备使用管理，车辆购置及运行费用支出要在近 3 年平均数的基础上至少降低 15%，市本级公务购车经费比 2008 年压减 30%。强化公务接待管理，接待经费要比 2008 年压减 10%。严格控制各类节会支出，会议经费支出实行零增长。严格控制党政机关楼堂馆所建设，市级行政基建经费要比 2008 年压减 10%。严格控制其他一般性支出，2009 年各地、各单位节电、节油、节水指标要在 2008 年的基础上降低 5%。是年，全市因公出国（境）经费支出 173. 6 万元，比前 3 年平均数压减 35. 2%；车辆购置经费支出 4487 万元，比前 3 年平均数压减 19. 2%；车辆运行经费支出 1. 50 亿元，比前 3 年平均数压减 16. 5%；会议经费支出 7397 万元，比 2008 年压减 13. 8%；接待经费支出 2. 10 亿元，比 2008 年压减 12. 3%；机关水电费支出 1. 09 亿元，比 2008 年压减 6. 3%。

从 2012 年 4 月 1 日起施行新修订后的《事业单位财务规则》，2013 年 1 月 1 日起施行新的《事业单位会计制度》和《行政单位财务规则》，2014 年 1 月 1 日起执行新的《行政单位会计制度》和《部门决算管理制度》。

2014 年，市本级试编权责发生制政府综合财务报告，市财政局组织各部门各单位清查核实固定资产、无形资产以及代表政府管理的储备物资、公共基础设施、企业国有资产、应收税款等资产，按规定界定产权归属、开展价值评估，分类清查核实部门负债情况。组织各单位在政府会计准则体系和政府财务报告制度框架体系内，编制以资产负债表、收入费用表等财务报表为主要内容的财务报告，各部门合并本部门所属单位的财务报表，编制部门财务报告，并接受审计，财政部门按规定向社会公开。是年，市直单位“三公”经费实行季报制度，每个季度上报年度预算数和实际支出数。

2015 年 1 月，全市各级财政部门落实市委、市政府出台的《永州市实施〈党政机关厉行节约反对浪费条例〉细则》，组织各级党政机关按照综合预算的要求，将各项收入和支出全部纳入部门预算，遵循先有预算、后有支出的原则，严格执行预算，严禁超预算或者无预算安排支出，严禁虚列支出转移或者套取预算资金。党政机关采购年度政府采购目录以内的货物、工程和服务，遵循公开透明、公平竞争、诚实信用、物有所值原则，严格执行政府采购法律法规。建立健全并严格执行国内差旅内部审批制度，从严控制国内差旅人数和天数，严禁无明确公务目的的差旅活动，严禁以公务差旅为名变相旅游，严禁异地部门间无实质内容的学习交流和考察调研。严格执行因公出国（境）限量管理规定，不得把因公出国（境）执行公务作为个人待遇，从严控制跨地区跨部门团组和团组人数、国家数、在外停留天数。建立公务接待集中管理制度和审批控制制度，严格控制公务接待范围和标准。坚持社会化、市场化方向，改革公务用车制度，合理有效配置公务用车资源。严格控制会议时间，执行会议费开支范围和标准，控制会议规格，会议费开支实行综合定额控制，会议召开场所实行政府采购定点管理。从严控制党政机关办公用房建设和使用，推进办公用房资源的公平配置和集约使用。实行党政机关资源节约集约利用，加强全过程节约管理。建立共享共用机制，加强资源整合，防止资源浪费。

（二）差额预算管理

1992 年，零陵地区各级财政加快“三个过渡”步伐，根据单位经济自立程度，重新确定不同的预算管理形式，积极创造条件，促使全额单位向差额单位、差额单位向自收自支或企业化管理单位、自收自支单位向为财政作贡献单位过渡。

1993 年，全区对社会文教事业差额管理单位采取以下措施：对差额预算管理单位实行核定收支、差额（定额或定项）补助、增收节支留用、减收超支不补的管理办法。有条件的事业单位可以实行多种形式的承包责任制。对实行承包经营责任制的事业单位，采取确定差额（定额或定项）补助、一定几年不变或逐年递减的管理办法。事业单位的各项收入，以及附属的独立核算的经营服务单位上缴的收入，全部列入预算内，与财政拨款统一核算管理。开展有偿服务的行政事业单位建立医疗基金、修购（折旧）基金、周转（流动）资金、事业发展基金、职工福利基金、职工奖励基金。对农口事业单位开展有偿服务和兴办实体后，各级财政部门安排的事业费总的预算指标不减少，并保持一定的增长。财政资金扶持方式则以有偿使用为主，将一部分有收入来源的事业支出和专项支出由无偿改为有偿，建立专项周转基金，有偿使用的资金可视扶持项目的社会经济效益情况，在资金占用费率、还贷期限等方面区别对待。是年，加快“三个过渡”，对有收入来源的一些差额单位除实行“断奶”或逐步“断奶”外，还积极帮助他们加强内部管理，提高经济效益；对那些能够利用现有人力、财力进行创收的单位，鼓励他们积极创收，减轻财政负担。

1997 年 1 月起，永州市执行财政部《事业单位财务规则》，对差额管理的事业单位实行核定收支、定额或者定项补助、超支不补、结余留用的预算管理办法。在确定定额或者定项补助标准时，根据事业特点、发展计划、收支状况以及国家财政政策和财力可能等诸多因素审慎确定。事业单位的各项收入全部纳入单位预算，统一核算，统一管理。事业单位的支出严格执行国家有关财务规章制度规定的开支范围及开支标准，遵守有关财务制度。

从 2006 年开始，市本级适当增加市农科所、市林科所、市农机所科技人员工资补助，对其他差额单位继续实行财政定额补助，维持 2005 年水平不变。2010 年，对市农科 4 所（含柑橘科研所）的科技及管理人员的津贴补贴视同全额事业单位对待，市财政按在职、离退休及人均 8000 元/人·年的标准安排。2012 年，考虑到政策性减收，安置退伍转业军人增加，市直部分差额事业单位困难日益加重，群体性上访事件不断发生的实际，适当增加困难差额单位定额补助，其中，福田茶场增加 50 万元，市建校增加 15 万元，市体育中心增加 10 万元，市水电局下属 4 个差额单位增加 20 万元，市妇幼保健院增加 20 万元。

2013 年，考虑到高中及中高级职业技术学校的特殊性，市财政分别按市直全额事业单位绩效工资人均额的一定比例补助安排学校在职教师绩效工资，不足部分在学校学杂费等收入中统筹安排。其中，永州一中、永州四中及机关幼儿园在职人员绩效工资额按照在职人数及人均绩效工资 1.96 万元的 85%测算安排；道县师范、祁阳师范、潇湘技师学院、市广播电视大学、永州职业技术学院等中高级职业技术学校在职人员按 2012 年财政负担标准 1.16 万元/人测算安排。开征事业单位绩效工资调节资金，对超标准发放绩效工资的事业单位按一定比例征收调节资金。2014

年，根据中央和省里相关政策要求，对市直中高级职业技术学校实行生均经费制度，由市财政按照在校学生人数及生均经费标准测算安排在职教师绩效工资。2015年，继续对市直中高级职业技术学校实行生均经费制度，适当提高负担标准。

（三）自收自支管理

1992年，零陵地区执行1989年1月财政部印发的《关于事业单位财务管理的若干规定》，对有稳定的经常性收入，可以解决本单位的经常性支出，但尚未具备企业管理条件的事业单位，实行自收自支管理。对自收自支管理单位实行核定收支、增收节支留用、减收超支不补的办法。收大于支较多的单位，在核定其收支数时应规定其收入的一部分上缴财政，或上缴主管部门。上缴主管部门的可抵顶财政对该部门的事业费拨款，具体比例或数额由财政部门会同单位主管部门核定。实行自收自支管理的事业单位，其单位的事业性质不变，职工的工资、福利、奖励等均执行国家对事业单位的有关规定。实行自收自支管理的事业单位仍属预算内事业单位，按规定编报年度财务收支计划和决算，接受财政监督。对有条件向企业管理过渡的自收自支管理单位，主管部门和财政部门规定期限，促其实行企业管理。实行企业管理后，执行国家对企业的有关规定。自收自支管理单位逐步建立修购基金制度，修购基金从收入中提取。有条件的自收自支单位逐步建立折旧制度。单位通过增收节支结余的经费（资金），建立事业发展基金、职工福利基金和职工奖励基金；有条件的自收自支单位可建立后备基金。事业单位发放奖金的免税限额由财政部门核定，发放的奖金及超限额发奖缴纳的奖金税，均在单位职工奖励基金中开支。事业单位发给职工的各种津贴、补贴，职工的劳保福利待遇，按照国家有关规定执行，各事业单位不得自行规定。

1993年，全区对自收自支管理单位继续实行核定收支、增收节支留用、减收超支不补的办法。1996年，永州市改为对少数非财政补助收入大于支出较多的事业单位，实行收入上缴办法。但各项收入要全部纳入单位预算，统一核算管理，支出要按照国家有关财务规章制度执行，并且要定期向主管部门和财政部门报送有关报表，提供财务报告。1997年，对市直行政事业单位实行财务收支统管，凡各单位的一切财务收支活动必须归口单位财务主管部门，实行统一管理，统一核算，实行“核定经费自给率，以收定支或定额定项补助，超支不补，结余留用”的办法。

从2006年7月1日起，全市执行人事部、财政部联合出台的《事业单位工作人员收入分配制度改革方案》，建立岗位绩效工资制度，事业单位岗位绩资工资由岗位工资、薪级工资、绩效工资和津贴补贴4部分组成，其中，岗位工资和薪级工资为基本工资。对从事公益服务的事业单位，根据其功能、职责和资源配置等不同情况，实行工资分类管理。基本工资执行国家统一的政策和标准，绩效工资根据单位类型实行不同的管理办法。完善工资正常调整机制，正常增加薪级工资，在年度考核的基础上，对考核合格及以上等次的工作人员每年正常增加一级薪级工资。调整津贴补贴标准，国家根据经济发展、财政状况及调控收入分配关系的需要，适时调整艰苦边远地区津贴标准和特殊岗位津贴补贴标准。建立统分结合、权责清晰、运转协调、监督有力的宏观调控机制，将事业单位工作人员的工资收入纳入调控范围。经费来源，事业单位收入分配制度改革所需经费，按单位类型不同，分别由财政和事业单位负担。

三、会计管理

（一）会计继续教育与会计达标升级

1992—1999年，零陵地区各级财政部门依托中华会计学校零陵地区分校这一平台，加强会计后续教育和会计人才培养。围绕实施《中华人民共和国会计法》《企业财务通则》《企业会计准则》《湖南省会计条例》等会计法规，开展多种形式的宣传教育活动，举办多层次的培训班，加强会计技能培训，普及会计法规知识。1992年，零陵地区函授分校被全国总校评为先进办学单位。1994年，地区财政局组织财政法规知识竞赛，宣传《中华人民共和国会计法》，全区参赛5850人，其中，2153名财政干部全部参加，部门和社会人员参赛3697人，县（市）委书记、县（市）长以上领导有12人参加，区、乡（镇）领导有550人参加。广泛开展会计达标升级活动，逐步解决会计基础工作滑坡、会计信息失准失真问题。1996年，按照朱镕基副总理提出的“约法三章”，永州市在全市范围内开展整顿会计工作秩序活动，重点检查419个单位，发现有107个单位不同程度地存在问题，及时作出限期整改、调账、违纪罚款和追究有关责任人责任等处理。开展会计论文评选活动和优秀会计工作者评选活动，加强学术交流，表彰先进典型，同时对击报复财会人员的事件进行严肃查处。

2000—2007年，全市宣传新修订的《中华人民共和国会计法》和《湖南省实施〈中华人民共和国会计法〉办法》，市委常委、常务副市长崔永平发表署名文章，市财政局局长刘尤碧接受《永州日报》记者专访，举办培训班和宣传专栏，开展“我与诚信会计”征文活动。结合整顿和规范市场经济秩序活动，开展会计法执行检查和会计从业资格专项检查，促进单位整改落实、建章立制和加强会计基础工作。2006年，全市1905个单位开展自查，重点检查281个单位，在重点检查单位1125个会计人员中，有201人无会计从业资格证，有112人未办理调转登记，有323人未完成会计人员继续教育。针对发现的问题，采取限期整改、适当罚款等措施，共处罚单位78个，罚款28.3万元，建议调离会计工作岗位47人。是年，市财政局筹建永州会计网站，完善会计服务场所。加强对会计师事务所的行业管理，组织开展注册会计师和资产评估行业治理商业贿赂专项行为，规范执业行为。

20世纪90年代，地区财政局广泛组织开展会计工作达标升级活动。图为全省会计工作达标升级暨经验交流会在零陵地区永州市召开，部分与会代表合影

2008年，全市开展会计人员继续教育培训，采取集中办班与集团办班相结合、培训记录注册与培训考勤考试相结合、行政事业单位和企业单位分开办班、调整充实培训内容等办法，分期分批进行培训。2009年，组织力量对全市会计人员基本情况进行全面调查，全市共有在岗会计人员1.12万人，其中，行政单位2753人，事业单位4787人，企业单位2928人，其他单位734人。对农村财会人员进行摸底调查，全市共有在职农村财会人员6852人。2011年，推进会计人员管理精细化，落实会计从业人员基本信息采集，全市2.23万名会计人员当年完成信息采集1.09万人。强化会计人员继续教育和培训，举办会计人员继续教育培训班7期，培训2200人，开展农村财会人员支农政策培训，培训2230人。

2012年，全市执行《湖南省会计基础工作规范化考核办法》，通过开展会计基础工作规范化考核，提高会计管理工作水平。考核采取单位自报和现场考核的方式。各单位对照考核标准进行自我考核打分，每3年向同级财政部门报送一次自我考核情况。同级财政部门派出考核工作组到单位，对自评优秀单位进行现场考核，经考核为优秀的由同级财政部门颁发奖牌；对自评合格单位进行抽查核实，经核实未达到合格等次的限期整改；对自评不合格单位，帮助建章建制，提高会计基础工作水平，直至合格；对未按规定报送自我考核报告的单位，同级财政部门对其进行通报，并组织检查组按程序进行检查。

2014年，财政部《行政事业单位内部控制规范（试行）》正式施行。市财政局制订《永州市贯彻实施行政事业单位内部控制实施工作方案》，成立咨询委员会，召开联席会议，聘请会计专业资深教授讲解最新经济改革政策，咨询解答贯彻实施中的疑难问题，为内部控制顺利实施提供技术支撑和保障。是年，将会计人员继续教育培训延伸到每个乡村，全市参加财政支农培训6500人，乡（镇）干部培训1800人。围绕研究探讨新形势下财政与会计改革中出现的新情况新问题，组织开展学术研讨暨论文评选活动，共收到论文62篇，评出特别奖1篇、一等奖2篇、二等奖4篇、三等奖6篇、优秀奖15篇。

2015年，全市加大会计人才培养培训工作力度，选拔优秀会计领军人才参加省财政厅组织的高级人才培训班进修学习，建立会计人才等级档案。扩大会计从业人员继续教育培训，加大网络培训。开展行政事业单位、驻永州市国有企业在岗会计从业人员摸底调查，将在岗会计从业人员纳入财政日常业务管理，加强在岗会计人员监管和会计队伍建设。

（二）会计证制度

1992年，零陵地区组织会计证考试，合格率为50%。对全区1.12万名会计人员会计证进行年检年审，取消786名不合格人员的会计证，评审会计员772人。1993年，扩大报考范围，在岗或不在岗人员均可报考，全区会计证考试报名3365人，考试合格1376人，合格率42.8%。是年，在全区范围内实行会计人员注册制度，做到每个会计人员1本证，每年登记注册1次，每人1份档案。

1996年11月，永州市财政会计学会第四届理事会召开，图为与会代表合影

1997年，永州市加强会计证考试宣传和制度完善，全市参加会计证考试报名4406人，参考3877人，参考率为88%，合格1583人，合格率40.8%。完善会计证管理，建立审核发证制度，严格发证程序。实行会计证注册登记、年检制度，对全市换发的会计证实行统一编号、分类管理、分级建档，为实行会计人员管理电脑化、建立会计人才库创造条件。是年，组织2次会计电算资格证考试，全市报名581人，参考536人，参考率92%。组织2次全市珠算等级鉴定，参加定级人数2368人，一至三级合格131人，四至五级合格1207人，合格率为56.5%。

1999年，市财政局电算会计培训中心和6个县（区）共投入资金108万元，增添微机194台、空调11台，改善培训条件。6月5日和12月4日，2次组织电算会计资格证考试，参考2629人，合格率53.1%。对全市3139名参加珠算定级人员进行定级考试，其中，达到一至三级340人，四至六级2028人，合格率75.4%。办理会计证的换证、发证以及注册登记，全市共有会计人员2.38万人。2003年，开展会计证年检，实行“三个不年检”：凡不参加会计人员后续教育培训的一律不年检；凡未通过会计后续教育培训考试的一律不年检；凡有其他违反会计法规行为的一律不年检，全市完成年检总人数1.18万人。

2004年，全市执行《湖南省会计从业资格管理办法》，湖南省原会计证统一更换为会计从业资格证，同时实行原会计证电算证两证合一。2005年，调整考试政策，会计从业资格考试把原来电算会计的理论考试和上机考试合并成上机考试一门，全市报考会计从业资格证2328人，参加考试2016人，参考率86.6%，合格765人，合格率37.95%，高于全省平均水平。加强全市会计从业资格证换证和建档，按照省财政厅“一人一档”的要求，建立全市会计从业人员管理信息库。

2006年，全市贯彻落实行政许可规章，依法办理会计管理事项，在各类会计培训考试中，实行考生自愿订购考试用书，不准强行要求考生购买考试用书，不允许搭售其他考试辅导资料。严格按操作规程实施监考，将11名严重舞弊的考生上报省财政厅给予处分。2008年，加强硬件设施建设，一次性购买50部屏蔽仪，防止考生利用移动手机作弊。

2009年，为解决部分持有2004年前（含2004年）会计从业资格证无电算证而无法注册人员的上岗注册问题，市财政局于2009年10月25日在市高级技工学校组织最后一次会计电算化上机考试，通过考试解决电算上岗注册遗留问题。2011年，落实会计从业人员基本信息采集，全市2.23万名会计人员完成信息采集1.09万人，占48.8%，完成进度排全省第5位。规范会计人员调转管理，逐步实行网上申报、现场审批的管理模式。2012年，会计从业资格考试实行无纸化，报考人数激增，全市上半年和下半年两次考试共报考4903人，比2011年增加879人，合格1401人。

2013年，全市执行《湖南省会计从业资格管理办法》，要求在国家机关、社会团体、企业、事业单位和其他组织中担任会计机构负责人（会计主管）的人员应当取得会计从业资格。单位不得任用（聘用）不具备会计从业资格的人员从事会计工作。会计从业资格的取得实行考试制度。因有提供虚假财务会计报告，做假账，隐匿或者故意销毁会计凭证、会计账簿、财务会计报告，贪污、挪用公款，职务侵占等与会计职务有关的违法行为，被依法追究刑事责任的人员，不得参加会计从业资格考试，不得取得或者重新取得会计从业资格证书。会计从业资格各考试科目必须一次性通过。持证人员应当接受继续教育，提高业务素质和会计职业道德水平。持证人员参加继续教育采取学分制管理制度。会计从业资格证书实行6年定期换证制度。

2014年，市财政局创新考试监管机制，与考场承办学校签订考试责任书，约定凡省、市巡考人员在巡考期间没有发现1例代考舞弊行为的，奖励学校5000元；每发现1例代考舞弊行为的，对学校罚款200元。是年考试期间，学校老师清出代考舞弊人员27人，按照会计考试规定对上述违纪考生禁考2年。2015年，市财政局加强会计从业资格证组考和服务工作，全市报考5947人，参考4138人，合格1170人，合格率28.3%。是年，根据财政部会计证换发工作的规定，对满6年的会计从业资格证进行换证。

（三）会计专业技术资格评审

1992年，零陵地区实行会计系列职称以考代评制度。会计专业技术资格实行统一考试制度，资格考试分为会计员、助理会计师、会计师资格考试。实行统一考试后，不再进行相应会计专业职务任职资格评审。按规定通过统一考试获得会计专业技术资格的会计人员，表明已具备担任相应会计专业职务的水平和能力，但获得的专业技术资格不与工资待遇挂钩。在企事业单位工作，具有正规院校财经专业毕业学历的会计人员，经考核可聘任相应的会计专业职务；获得硕士学位从事会计工作满3年，或获得博士学位胜任主要会计岗位工作的，可聘任会计师职务；大学专科毕业见习期满后从事会计工作满2年，或大学本科毕业见习期满，胜任一般会计岗位工作的，可聘任助理会计师职务；中等专业学校毕业见习期满，胜任所任工作的，可聘任会计员职务。助理会计师、会计师资格考试分甲、乙两种。甲种考试为相应专业技术资格应具备的专业水平和业务能力的考试，乙种考试为财会基础理论和专业知识的考试。凡不具备规定相应学历的会计人员，必须取得规定档次的乙种考试合格证书，方能参加相应档次的甲种考试；会计员资格考试只设专业知识和业务能力的一种综合性考试。会计员资格考试和助理会计师、会计师资格的甲种考试每年进行一次，考试合格者发给相应的会计专业技术资格证书。1992—1994年，全区1.44万人参加会计专业技术资格考试报名。

1995年，财政部改进会计专业技术资格考试办法，将助理会计师、会计师资格考试的甲、乙两种考试改为分设A、B两类的考试办法。A类为具备规定学历人员的考试，B类为不具备规定学历人员的考试。会计人员按规定报考条件，分别参加相应种类的考试，合格者均可获得相应档次的会计专业技术资格。1997年，全市报名3926人，参考率为55.9%，A类考试合格485人，其中，会计师合格148人，合格率24.1%；助理会计师合格240人，合格率20.3%；会计员合格97人，合格率18.6%。1998年，市财政局对以往年度具有会计专业技术资格的会计人员进行清理，尤其对会计师以上职称的会计人员进行登记、注册，建立会计人才档案，全市有高级会计师 11 人；会计师 1753 人，其中，1992 年以前通过评审的会计师 765 人，1992 年以后通过考试合格的会计师 988 人。

1999 年，财政部将会计员、助理会计师、会计师 3 个级别的考试合并为 2 个级别的考试，即将会计员和助理会计师合并为初级资格考试，会计师则为中级资格考试，取消 B 类考试。是年，全市分为 3 个考点 98 个考场进行考试，报考人数 2905 人，实际参考人数 1657 人，参考率 57%；合格人数 595 名，合格率 35. 9%，其中：中级合格人数 237 名，合格率 35. 1%；初级合格人数 358 名，合格率 36. 4%。

2000 年 9 月，财政部对会计专业技术资格考试作部分改革，会计专业技术资格分为初级资格、中级资格和高级资格 3 种资格考试。凡取得初级资格者，单位根据规定聘任相应的专业技术职务。大专毕业担任会计员职务满 2 年，中专毕业担任会计员职务满 4 年；不具备规定学历，担任会计员满 5 年者，可聘任为助理会计师。不符合上述条件，只可聘任为会计员。凡取得中级资格并符合国家有关规定，可聘任会计师职务。高级会计师资格实行考试与评审结合的评价制度。会计专业技术初级、中级资格考试合格者颁发人事部统一印制，财政部、人事部用印的会计专业技术资格证书。

2005 年，会计专业技术资格考试由原来的中级会计实务一、实务二 2 门考试合并为中级实务 1 门。全市报考 2030 人，其中，初级报考 612 人，中级报考 1418 人。考试合格 297 人，其中，初级合格 123 人，中级合格 174 人，合格人员的资格经市人事部门审核确认，到省财政厅和省人事厅办理证书。是年，全国高级会计师资格考试实行考评结合，全市报考 65 人，国家线合格 5 人，省级线合格 10 人。

2008 年，因四川汶川地震，财政部调整会计专业技术资格考试时间，各级财政部门适时搞好跟进服务，确保考试顺利进行。全市报名 1541 人，其中，初级资格报名 630 人，平均参考率 63. 65%，考试合格 134 人，合格率 33. 42%；中级资格报名 911 人，平均参考率 42. 62%，考试合格 92 人，合格率 23. 69%。全市有 1 人进入全省中级资格“银榜”（考试成绩前 30 名），2 人进入全省初级资格“银榜”。是年，全市高级会计师考试报名 25 人，达到国家合格标准的 15 人，达到省级合格标准的 1 人，通过评审，熊华清、陈焕林、安青 3 人被评为高级会计师。2011 年，开展高级会计师人员情况调查，全市高级会计师人员共 17 人，其中，在行政事业单位 16 人，企业 1 人。

2012 年，会计专业技术资格实行无纸化考试，市财政局投资 20 万元加强考场视频监控系统建设，建立考试专用监控室，实行全程全方位实时监控录像。全市会计专业技术资格考试报考 1607 人，合格 201 人；高级会计师考试报考 15 人，合格

5人。2014年，市财政局创新考试监管机制，与考场承办学校签订考试责任书，严格奖罚兑现，严明考风考纪。2015年，全市会计技术资格初级考试报考852人，参考率65.26%，合格率36.69%；会计师考试报考736人，参考率36.26%，合格率7.4%。

四、注册会计师管理

1992年，零陵地区注册会计师经省财政厅考试合格，报财政部注册会计师全国考试委员会同意，第一次考核15人。是年，全区会计师事务所发挥注册会计师的作用，验资1000家，资产评估12户，委托算账51件，对粮食部门130个单位1991年决算进行审查认证，查处违纪金额580万元，创收50万元。1993年，地区财政局安排注册会计师事务所组织参加全国注册会计师第二次考试，全区报名801人次，实际参考345人次，全部合格6人，单科合格65人次。

1993年，零陵地区注册会计师事务所召开成立大会

1994年1月1日，《中华人民共和国注册会计师法》正式施行。1995年7月3日，省财政厅印发《关于成立地（州、市）注册会计师协会的通知》。1996年，市委“三定”方案明确，设立永州市注册会计师协会，归口市财政局管理。1997年3月，永州市注册会计师协会（简称市注协）成立，通过协会章程，选举产生42名理事、21名常务理事，选举沈根元为会长，刘新伟、刘尤碧、袁火林、雷隆相为副会长，协会单位会员14个，个人会员340名。

1998年，市财政局、市审计局联合成立永州市注册会计师行业清理整顿工作领导小组，两局局长任正副组长，先后转发《湖南省合伙会计师事务所设立及审批暂行管理办法》《关于会计师（审计）事务所终止的若干事项》等一系列文件。是年，对全市24个会计师事务所开展清师、清所、清业务、清财务“4项清理”，通过清理整顿，全市合格会计师事务所5家，占会计师事务所总数的25%。1999年3月26日，省财政厅、省注册会计师协会召开第一次湖南省会计师（审计）事务所脱钩改制会议，确定事务所与主办单位或挂靠单位必须按规定的期限和要求实行彻底脱钩。市财政局和市注协及时布置“两所”（会计师事务所、审计师事务所）合并工作，通过政府和挂靠单位的协商协调，市本级和6个县（区）完成“两所”合并，全市事务所脱钩改制后有新所8家，其中，永州会计师事务所脱钩改制设立永州恒兴有限责任会计师事务所。至此，永州会计师事务所自1989年1月成立以来，挂靠市财政局管理10年后全面脱钩、走向市场。

2000年，市财政局、市注协拟订《永州市注册会计师行业自律公约》，经各事务所注册会计师讨论后签字生效。根据《永州市人民政府办公室关于清理整顿经济鉴证类社会中介机构的通知》精神，市财政局和市注协组织开展清理整顿和脱钩改制，经过调查摸底，全市经济鉴证类社会中介机构分为注册会计师、律师、价格鉴定师、注册会计师、土地估价师、房地产估价师、注册资产评估师、拍卖师、造价师、其他10类，有执业的中介机构70个，已经完成脱钩改制的15个，企业性质不需要改制4个，按照文件规定不需要脱钩改制的12个，尚需脱钩改制的39个。2001年，继续清理整顿经济鉴证类社会中介机构，通过清理整顿，35个中介机构实行脱钩改制，走向市场，自主执业；50个不具备社会中介机构设立条件的将被撤销，全市原各物价事务所变更为涉案物品价格鉴定中心，退出中介市场。2002年2月20日，市财政局转发财政部《会计师事务所年检暂行办法》，市注协对全市境内的会计师事务所开展年检。是年12月底，出台《永州市CPA行业执业收费实施办法》和《永州市CPA行业自律公约》。

2003年，市注协组织开展做一单业务、交一批朋友、创一个品牌、拓一方市场“四个一”活动，加强行业诚信建设，全市会计师事务所实现业务收入480万元，比2002年增长54%。按照规范市场、做大做强的发展思路，经充分酝酿，反复协商，原永州恒兴所和永信达合并为湖南永一会计师事务所有限责任公司。市注协会同市纪委、市监察局等相关部门，对全市注册会计师行业的执业环境进行全面清理整治，部门干预、限制事务所执业和指定业务的问题得到遏制。是年，加大注册会计师全国统考宣传组织工作力度，全市报考人数首次突破1000人。

2004年9月30日，市财政局终止委托永州市注册会计师协会行使行政管理职能，会计师事务所的设立、合并、终止、变更的审核、申报，会计师事务所申请证券、期货等相关业务许可证和年检材料的审核及申报、对注册会计师注册名单实行备案等行政职能由会计科行使。对会计师事务所和注册会计师的行政监督检查和行政处罚职能由财政监督科行使。对会计师事务所和注册会计师的行政处罚的听证等职能由税政法规科行使。市注册会计师协会负责本行业自律管理。2006年，出台《关于进一步规范我市注册会计师、资产评估机构执业收费的有关意见》。

2007年，市注协狠抓执业质量，设立举报电话，建立奖励举报机制，是年市注协共收到违反执业质量、违反行业自律公约和违规设立业务点等各类举报5起，对3家事务所的违规行为及时进行查处。2008年，开展两年一度的非执业会员年检，共为136名非执业会员办理年检手续，参检率为94%。是年5月四川汶川地震发生后，积极响应省注协号召，在全市行业中开展“情系地震灾区，奉献赤诚爱心”赈灾募捐活动，发动全市会计师事务所为灾区募捐1.35万元，体现行业社会责任和道德情怀。2009年，改革注册会计师考试制度，实行2次报名2次考试。推行业务报告粘贴防伪标识制度，杜绝社会上出具虚假报告等情况的发生。

2010年，为加强全市注册会计师行业基层党组织建设，实现党组织的广泛覆盖和开展党建活动，经批准成立永州市注册会计师协会联合党支部。2012年，市注协起草《湖南省注册会计师和资产评估行业公约实施细则永州市补充实施细则》，召集事务所、资产评估机构主要负责人签订公约补充规定，并成立行业公约监督委员会。创新信息网络，强化信息技术，选择条件较好的2家会计师事务所开展信息系统二期试运行工作；根据行业工作分散、集中有困难的特点，充分利用网络平台，实现行业创先争优网络化。2013年，注册会计师考试报名工作采取网络报名与现场资格审查相结合的方式进行，全市455人参加注册会计师考试报名。

2015年，对注册会计师考试报名方式、系统安全、考试大纲和组织实施等多方面进行改革，全市共有643人报名参考，报考1608科次。全面落实防伪标识，杜绝虚假报告，是年共发放防伪标识540枚。修订行业公约细则，对《湖南省注册会计师和资产评估行业公约实施细则永州市补充实施细则》进行修改完善。到2015年年底，全市有会计师事务所6家，资产评估机构1家，资产总额1756万元，年业务收入991万元，分别是协会成立初期的17.56倍和6.35倍，全市注册会计师行业有执业和非执业注册会计师共有196人。

第七节 财政监督与接受人大审计监督

1992—2015年，永州市各级财政部门依法对财政运行中的相关主体的财政财务收支行为实施监控、检查、稽核、制裁、督促和反映。与此同时，向同级人民代表大会报告上一年度财政预算执行情况和本年度财政预算（草案），提请人民代表大会审议批准。按规定将预算管理重大问题、预算调整、财政决算等向人大常委会作报告，接受审查并作出决定。接受同级和上级审计机关依法对本级预算执行情况、其他财政收支等进行审计监督。

一、财政收支监督检查

1992年，零陵地区各级财政部门按照省财政厅的统一部署，对8个县（市）财政、49个乡（镇）财政、22个行政事业单位开展财政财务收支检查，立案查处违纪案件17起。对全区罚没收入收缴情况进行全面检查，开展财政系统内部会计基础工作检查和各项周转金检查，健全周转金管理办法。1993年，开展执法检查，重点对国家财政拨款（包括补贴、津贴等）执行法律规章的情况进行检查。开展县（市）和乡（镇）财政收支情况检查，特别是对经济条件不差，但连年发生赤字的县、乡财政预决算进行检查，针对存在的问题剖析原因，帮助整改建制。是年，地区财政局建立内部审计制度，对各科（室）财务收支进行审计，按照整顿经济秩序"约法三章"的要求，开展财政机关与所办经济实体的清理脱钩，对各项周转金和专项资金进行清理检查。

1994年，全区组织开展控购大检查，自查单位1122个，占应自查面的99.66%；违控单位78个，违控案件286起，违规金额800余万元。县一级单位通过自查自纠违规购买和换乘小汽车27辆，处理21辆，金额221.8万元，封存超标轿车13辆，没收奥迪轿车1辆。是年，对财政支农周转金开展全面检查，对县（区）和地区劳动局、地区工商局、零陵电视台等单位开展财务收支检查。1995年3—5月，组织各县（市）财政局对所有区、乡（镇）的账目、财产、资金、债务进行全面清理，积极配合撤区并乡建镇改革，确保国有资产不流失。有重点地对乡（镇）财政及行政、企事业单位财务收支开展检查，全区共检查66个乡（镇），23个行政事业单位，16个企业单位，共查出违规金额1067.8万元，应收缴财政335.6万元。地区财政局还重点检查永州市火湘桥乡等8个乡（镇）1994年度财政财务收支情况，配合审计部门或单独检查永州市、冷水滩市、祁阳县、江永县4个县（市）1994年度财政决算。

1996年，永州市财政局出台《1996年永州市监察工作考核评比办法》，对各县（区）财政局开展监督检查、处理群众来信来访、专题调查、内部财务收支监督检查等实行量化考核。出台《1996年机关财务管理考核办法》，将会计基础工作、财政信用资金管理等量化细化到具体考核项目。1997年，组织力量对全市94个行政企事业单位和66个乡（镇）财政所进行日常监督检查，对27家外商投资、股份制和国有企业1996年财务决算进行审计。对人民群众比较关心的公费住宅电话和移动电话进行清理，并作出一次性处理，收回资金600多万元。

1998年，市财政局转发执行财政部《关于财政部门追究扰乱财经秩序违法违纪人员责任若干具体问题的通知》。1999年，转发执行财政部《财政检查工作规则》和《财政检查审理工作具体规则》，进一步明确财政检查的一般规则、检查规则、处理规则和财政检查审理工作的具体运作程序。在全市组织开展教育、计生、水利、卫生经费专项调查和检查，市直行政事业单位固定资产清查，市本级乡镇企业发展资金、国土收入检查，“收支两条线”检查，“三区”（零陵区、冷水滩区、凤凰园开发区）预算级次检查等，全年对全市254个单位进行检查，查出有违法违纪行为的单位239个，违纪违规金额1637.8万元，应收缴财政488.1万元，入库397.7万元；受到经济处罚的单位145个，受到经济处罚人员43人，受到党纪政纪处分1人，移交司法机关处理2人。

2000年5月，《湖南省财政监督条例》经省九届人大常委会第十六次会议通过，永州市采取党报开辟宣传专栏、财政局长发表电视讲话、发放条例单行本、举办学习培训班等多种形式，加大宣传和贯彻落实力度。市财政局、市纪委、市劳动局3家联合对市直24家国有特困企业下岗职工基本生活费、养老保险金、失业保险金以及再就业中心进行全面检查；市纪委、市监察局、市财政局联合开展1次国债专项资金检查，对国有企业治乱减负工作进行2次检查，取消收费项目16个；组织有关部门对社会保障资金进行重点检查，对广播系统资金和农业开发资金进行专项跟踪检查。在全市范围内组织开展预算外资金“收支两条线”检查，市本级共检查205个单位，查出各种违纪违规资金9983万元，对89个有违规违纪行为的单位下发处罚决定书。2001年，配合市委、市政府开展“整顿和规范市场经济秩序”活动，市财政局组织开展“收支两条线”检查、预算级次检查，《中华人民共和国会计法》《中华人民共和国预算法》和《湖南省乡（镇）财政管理条例》执法大检查，开展国债资金、计生专项资金、农村电网改造资金等专项检查，对经济鉴证类社会中介机构开展清理整顿。

2002年，市财政局转发执行财政部《财政部门内部监督检查暂行办法》，要求财政部门内部监督检查定期开展，每年对本单位有预算资金管理职能的机构检查面力争达到100%，最少不得低于30%。是年，市直机关“收支两条线”检查查出有违纪违规行为的单位73个，违纪违规金额3029万元，处罚金额105万元；移交市纪委立案查处的单位6个，收缴处罚金额18万元。是年，市财政局会同市纪委、市监察局、市物价局等单位对市直单位所有收费项目进行全面清理，共清理收费文件1216个，收费项目4205个，通过严格审查，收费项目减少到3151个，比清理前减少25.1%；取消项目885个，占21.1%；降标收费项目896个，占清理项目21.3%。

2003年，按照市委、市政府关于开展创“四优”活动和财政监督法规政策的要求，对外检查实行计划管理，年初，市财政局印发《关于下达2003年财政检查调查计划的通知》。5月，出台《永州市财务监察员聘用及管理办法》，第一批在6家企业聘用6名财务监察员，要求他们围绕经济建设中心、党和政府工作大局、反腐倡廉工作任务，加强对党政机关、司法机关、经济监督部门、企事业单位贯彻执行国家财政法规政策的情况进行监督，着力为纪检监察机关查办案件、执法监察和从源头上治理腐败服务。7月，出台《永州市财政监督质量考核暂行办法》。2004年，市财政局转发《财政部内部监督检查工作规则（试行）》和省财政厅《湖南省财政部门内部监督检查办法》。组织开展社保资金、国债资金、教育资金、农业开发资金等专项检查，进一步完善专项资金管理；开展《中华人民共和国会计法》《中华人民共和国农业法》《中华人民共和国民族区域自治法》《中华人民共和国义务教育法》等执法大检查；开展“收支两条线”重点检查和财政收入“打假工程”；对全市有评估资格的事务所近3年的评估报告进行全面检查；会同有关部门联合组织开展全市机关、事业单位吃财政“空饷”问题清理整顿。2005年，组织开展全市清理津贴补贴工作，规范公务员收入分配秩序；组织开展银行账户清理和“小金库”清理；组织开展“收支两条线”大检查，以及社保资金、防洪保安资金、国债资金、城建资金、粮食风险基金、农业开发资金、住房资金专项检查；对教育资金投入使用、城建工程欠款、政法补助、招商引资项目税源及纳税情况等开展专项调查。

2008年，市财政局出台《永州市创新财政监督机制实施方案（试行）》，逐步建立预算编制、执行和监督相互分离、相互制约的财政运行机制。组织开展支农惠农政策及资金管理使用情况集中监督检查，严厉查处在惠农政策的落实、惠农资金的使用，以及救灾资金、物资的使用中出现的挤占、挪用、私分、贪污等违纪违法行为，维护农民切身利益。2009年，配合市纪委对新增中央投资项目开展专项检查，对市直14个单位进行“收支两条线”重点检查。推进全市行政事业单位“小金库”专项治理，全市1631个单位开展自查自纠，按照重点检查面不低于纳入治理范围单位总数的10%，重点领域、重点部门和重点单位的检查面不低于30%的要求开展重点检查，全市共查处“小金库”21个，涉及金额1400多万元。

2010年，为适应财政“省直管县”改革的需要，省财政厅印发《关于加强财政监督的意见》，继续保留设区市（州）对县（市）财政业务指导、工作衔接和监督管理职能。市财政局会同市纪委开展强农惠农资金专项清理检查，对2007—2009年9大类149项强农惠农资金进行全面清查，督促县（区）及时整改各种违规违纪问题。联合市纪委、市监察局、市审计局、市物价局等部门，对市体育局、市旅游局等13个部门及所属单位开展2009年度落实“收支两条线”管理情况重点检查，共查出违法违纪事实21起，涉及金额1520万元，其中，应缴未缴财政预算（专户）收入1348万元，违规使用票据87.3万元，违规发放补贴津贴27.3万元，对检查发现的违法违纪行为依法进行处罚。2011年，开展重点项目和重点领域建设资金、民生民本资金专项检查，依法从严查处违规违纪行为；开展“小金库”专项治理、“收支两条线”重点检查、会计信息质量专项检查，全年共查出各类违纪违规资金7354万元。

2010年8月，市财政局召开全市强农惠农资金专项清理和检查工作会议

2012年，市财政局贯彻落实财政部《财政部门监督办法》，制订《关于开展财务会计监督检查工作方案》，对市直60个行政事业单位进行财务会计大检查，对15个单位进行“收支两条线”重点检查，查出违规违纪资金6970万元，查补财政收入770万元。2013年，会同物价、监察、优化办在全市开展“发展环境优化年”收费专项检查，对扶贫等惠民专项资金进行监督检查，实施市直单位部门预算和会计信息质量专项检查，查补财政收入147万元，纠正违规违纪资金1.3亿元。

2015年，市财政局推行财政监督常态化管理，对市直单位财务会计大检查实行“三年一检、一检三年”的办法，组成10个检查小组对46个市直行政事业单位进行财务会计大检查，共查出各类违纪违规问题18个，查处违纪违规金额8400万元。市财政局集体研究通过2015年度财务会计监督检查处理意见，对无证上岗的单位处以5000元罚款，对购买商品或服务未依法实行政府采购的单位处以所购商品或服务交易价格10%的罚款，其他问题责令单位依据相关法律法规进行整改，发挥财政监督检查的震慑作用。

二、税收财务物价大检查

1985年，零陵地区开展税收、财务、物价大检查（以下简称三大检查），1988年成立零陵地区三查办，挂靠地区财委，1994年年底归口地区财政局管理，具体负责组织推动三大检查、处理查出的各种违反财经纪律的问题、提出整改建制的意见建议、查处群众举报的违反财经法纪行为。

1992年，按照国务院《关于开展1992年税收财务物价大检查的通知》要求，从9月开始至年底，零陵地区开展税收、财务、物价大检查，所有国营、集体、私营和联营企业，行政事业单位和社会团体，以及个体工商户都进行自查，主动纠正自身存在的违反财经法纪问题。在普遍自查的基础上，对部分企业和单位进行重点检查，重点检查面不得少于30%，对查出的违反财经法纪问题，按照“自查从宽，被查从严，实事求是，宽严适度”的原则处理。是年，全区各级财政部门组织开展罚没收入大清查、农业四税大清查和财务大检查，全区罚没收入完成1790万元，超计划96%。祁阳县在6月和12月组织两场突击战，组织数百人开展税收大清查，2个月完成全年工商税收任务的31.3%。1993年，全区开展三大检查查出违纪金额4622万元，收缴入库2736万元，比1992年增长43.2%。1994年，全区各级财政部门按照省政府的统一布置，组织开展三大检查，对全区70%以上的行政、企事业单位和55%的个体私营户的税收、财务情况进行检查，查出各类违纪金额7300万元，入库5309万元，入库率为98%。

1995年，零陵地区执行财政部出台的《财政税收财务大检查工作规定》，组织开展三大检查，全区1.92万户开展自查，自查发现有问题的3960户，占20.65%，自查查出违纪金额1545.35万元，入库990.69万元。从10月下旬开始，全区共抽调3586人组成878个组，对2328个单位和9112个个体工商户进行重点检查，查出违纪金额5195.97亿元，入库4113.09万元。全区自查和重点检查查出违纪金额6744万元，入库5104万元，分别比1994年减少556万元和192万元，入库率为98%。

1996年4月25日，市财政局、市政府三查办联合转发执行省财政厅《关于大检查分成收入提取及开支范围的通知》。5月29日，市财政局出台《永州市1996年税收财务物价大检查考核评比办法》。是年，全市三大检查共对1.30万个单位和个体工商户进行重点检查，检查面达65.4%，共查出违纪金额6394万元，应上缴财政4627万元，入库4446万元，分别比1995年增加1195万元、408万元和342万元。

1997年，省财政厅、省政府三查办印发《关于禁止下达三大检查创收任务的通知》，要求从1997年开始，各地不得再向三大检查办公室下达收入任务，也不得将大检查收入列入年初预算。是年，永州市三大检查共查出违纪金额7302万元，入库6186万元。

从1998年开始，按照上级要求和部署，全市取消税收财务物价大检查，将过去那种突击性、集中性的大检查，转变为事前、事中、事后全过程经常性的监督，形成新的财政监督机制。

三、接受人大监督

1996—2015 年，永州市各级财政部门按照国家有关法律法规，每年代表人民政府向同级人民代表大会报告上一年度财政预算执行情况和本年度财政预算（草案），提请人民代表大会审议批准。人民代表大会闭会期间，按规定将预算管理重大问题、预算调整、财政决算等向人大常委会作报告，接受审查并作出决定，认真办理人大代表建议和政协委员提案。

报告财政预算草案。每年第四季度，市财政局根据预算调查情况，拟订下一年度市本级财政预算草案，提出预算编制的基本原则、经费标准和重大项目安排等情况，先后报市政府常务会议和市委常委会议研究决定，再报市人大财经委和市人大常委会主任会议讨论通过，形成预算草案报告。市人大、政协“两会”期间，市财政局局长代表市人民政府向大会作市本级财政预算草案的报告，详细报告过去一年全市财政工作以及落实人大预算决议情况，本年度预算安排以及实现预算目标的工作措施，接受人大代表审议，并请政协委员提出意见。从 2010 年起，预算审查范围进一步扩大，市本级所有一级预算单位的部门预算报市人民代表大会审查。“两会”期间，市财政局专门安排局领导和相关科（室）负责人，参加各代表团和各界别对预算报告的审议，广泛听取代表、委员的批评、意见和建议。

2010 年 6 月，市政协主席陈金荣（中）带队到市财政局调研财政工作

报告财政决算和调整预算。每年年中，市财政局汇总市直部门决算和县（区）财政决算，编成全市财政总决算，报市人民政府审定盖章后上报省财政厅。省财政厅批复后，市财政局局长代表市人民政府向市人大常委会报告全市财政总决算，详细说明省财政厅审核批复后的全市财政决算与向市人民代表大会报告的财政预算执行情况相比，因上级补助收入、上解支出等发生变化而带来的财政收入、财政支出和财政结余发生变化的情况。每年第四季度，如因预算执行过程中一些收支项目发生较大变化，需要进行调整，市财政局拟订调整预算报告，报市委、市政府研究审定后，由财政局长代表市人民政府向市人大常委会报告

2015 年 6 月，市财政局邀请部分人大代表座谈，征求代表对意见、建议办理工作的意见

预算调整情况，接受人大常委会审议批准。1998—2000 年、2002—2005 年、2007—2008 年因市本级财政收支变化较大，2009—2015 年因地方债券资金增列财政预算，需要对市本级财政预算进行调整，市财政局局长专门向市人大常委会作调整预算报告。

办理人大代表建议和政协委员提案。1996—2015 年，市财政局共受理市政府交办的建议、提案 618 件，其中，人大代表议案建议 372 件，政协委员提案 246 件。最多的 2001 年，市财政局接受建议、提案办理任务 58 件，占政府系统办理总件数的 10.9%。市财政局对建议提案办理工作高度重视，建立局长负总责、分管领导主抓、办公室协调督办、责任科（室）具体承办的工作机制，采取走访了解、发送短信、电话沟通、召开协调会等方式，充分听取代表、委员的意见、建议，及时反馈办理进展情况，积极采纳合理化建议，耐心解释条件不成熟一时难以解决或留作参考的问题，得到代表、委员的理解支持和广泛好评。20 年来，市财政局已经解决或纳入计划解决的 A、B 类建议提案在 50%以上，答复率、满意率做到两个 100%，连年被市政府办、市政协办授予建议、提案办理工作先进单位荣誉称号。

四、接受审计监督

1995—2015 年，根据有关规定，永州市、县两级财政每年接受同级审计，审查上一年度财政预算收支活动的合规性、财务报表的真实性以及有关经济活动的有效性。从 1995 年开始，每隔 1~2 年，接受省审计厅对市本级财政决算、税收入库级次及其他财务收支情况进行审计。市财政局对审计监督工作高度重视，专门安排财政监督科、国库科或预算科与审计组联络对接，各科（室）亦明确一名联络员具体负责提供相关资料。审计期间，各科（室）妥善安排时间和精力，确保科（室）负责人在岗接受审计和问询。对审计发现的问题，专门召开局长办公会或局务会进行认真研究，制订详细的整改方案。及时与审计组和审计部门沟通协调，该说明解释的问题说明解释，积极争取上级审计部门的谅解与支持，尽量少从永州市收走资金、少进行罚款，不影响或少影响上级财政对永州市的资金分配。该整改的问题认真整改，任务落实到分管领导、具体科（室）和相关责任人员，实行结账销号、及时反馈。坚持问题导向、举一反三，对经常反复出现的问题，从体制和机制上找原因，建立和完善相关管理制度，堵塞管理漏洞。

1995 年 10 月至 1996 年 2 月，根据湖南省人民政府颁布的《湖南省预算执行情况审计监督实施办法》，零陵地区财政局接受地区审计局对地区本级 1995 年预算执行和其他财政收支情况进行审计，地区本级查出应列未列收入 70 万元，预算内转预算外收入 22 万元，财政周转金占用费收入少转周转金基金 68 万元，地区财政局按审计要求及时进行整改。

1997—2003 年，市审计局派出审计组对市财政局和市地税局具体组织执行的上年度市本级财政预算进行审计，并就与预算收支相关的事项对部分市直单位进行延伸审计，重点审查预算收入依法及时、足额征收和按预算级次及程序规定划分、留解的情况；预算收入退库及税务机关税收退库情况；财政、税务部门提取代征代扣税收手续费的情况；财政专项拨款、上级财政拨付的专项补助和追加预算支出指标的拨付、使用情况；政府各部门执行年度支出预算的财政、财务制度，以及相关的经济建设和事业发展情况等。财政、税务部门和被延伸审计单位对照《审计结果报告》，认真抓好整改落实。

2004—2011 年，审计部门在加强常规性同级审计的同时，进一步加大对重大项目、重大资金、重大民生政策的延伸审计。2004 年，根据市二届人大常委会 19 次会议的要求，在预算执行审计中对永州大道、污水处理厂、滨江广场等城建打捆贷款项目进行延伸审计和调查。2005 年，按照省审计厅的安排，对 2004 年中央和省级财政安排的粮食直补、良种补贴和农机购置补贴资金及其地方配套资金的投入、分配、管理、发放和使用效益情况进行审计调查。2010 年，将“三公”经费纳入同级审计的工作重点。2011 年，省审计厅调查组对 2009 年、2010 年永州市本级地方政府债券资金使用管理情况进行审计调查。财政部门积极适应形势，配合审计要求，全面接受“体检”，认真整改审计发现的问题。

2012—2015 年，各级政府和财政部门加大审计报告反映问题的整改落实力度。2014 年，根据市政府要求，由市政府督查室牵头，组织监察、财政、审计等部门组成联合督查组，对市政府审定的《关于 2011 年度市本级预算执行和其他财政收支的审计结果报告》提出问题的相关部门整改情况进行督查。2013 年 8 月，市政府办印发《关于做好审计发现问题整改工作的意见》，就加强审计发现问题整改工作管理、健全审计发现问题整改工作机制、完善审计发现问题整改工作制度提出具体意见和要求。

2015 年 3—7 月，市审计局审计组对市财政局和市地税局直接办理的 2014 年度市本级预算执行和其他财政收支进行审计，延伸审计市国土资源局、市经信委、市民宗委 3 个单位；结合经济责任审计，对市计生委、市粮食局、市物价局、市体育局 4 个机构改革中撤并单位的 2014 年度部门预算执行情况进行审计。审计反映，市本级财政大量存在结存结转和滞留未拨资金；专项资金使用管理方面存在未做到专款专用，没有发挥应有效用；部门预算执行中预算编制不完整，决算与预算差异大，“三公”经费和会议费超预算等问题。市财政局对此高度重视，及时组织各单位开展财政存量资金清理，对清理出来的结转结余资金 2. 68 亿元，集中划转到财政代保管资金专户，为下一阶段统筹使用结转结余资金奠定基础。代市政府起草并印发《关于加强市本级财政预算管控的实施意见》，出台 13 项大额专项资金管理办法，加大预算绩效评价工作力度，实行财政监督“三年一检、一检三年”常态化管理，推动审计反映问题的全面落实。

第六章　财政机构队伍

1992—2015 年，永州市各级财政部门抓住改革发展的有利时机，转变财政机关职能，理顺机构管理体制机制，精简机关人员，充实基层一线力量，加强机关队伍建设，广泛开展创先争优活动，推动财政工作有效开展。

第一节　机构及负责人

1992 年，地区财政局召开全区财政工作会议

随着经济社会的发展和改革的深入，财政机构亦相应进行多次调整。1984 年 2 月，零陵地区行政公署财政税务处撤销，分设为财政处和税务处，是年，零陵地区财政处更名为零陵地区财政局。至 1991 年 12 月，零陵地区财政局内设办公室、综合计划科（零陵地区国库券推销办公室）、预算科、行政事业财务科、工交企业财务科、商贸企业财务科、农业财务科、监察科、政工科、会计事务管理科、农业税征管科；归口管理湖南省信托投资公司零陵地区办事处、中华会计函授学校零陵分校、零陵地区国有资产管理办公室、零陵地区财税职工中等专业学校、零陵会计师事务所。1992 年 9 月，在商贸企业财务科的基础上设立外经企业财务管理科，实行两块牌子一套人马合署办公；成立零陵地区国债服务部，作为零陵地区财政局的下属单位，主要负责国债兑付。是年，零陵地区财政局共有干部职工 104 人。

1993 年 1 月，成立零陵地区财兴实业有限公司。2 月，成立零陵地区会计服务中心。6 月，成立零陵地区财盛房地产开发总公司。12 月，设立零陵地区行政事业性收费管理办公室，均归口零陵地区财政局管理或作为下属单位。1994 年 10 月，零陵地区税收、财务、物价大检查领导小组办公室归口零陵地区财政局管理。

1995 年 2 月，设立零陵地区国有资产管理局（副处级），为全区专司国有资产管理机构。8 月，零陵地区财政局增设社会保障科、基本建设科。10 月，在零陵地区行政事业收费管理办公室的基础上设立零陵地区收费管理局。2 个副处级单位均归口零陵地区财政局管理。

1995 年 11 月，经国务院批准，撤销零陵地区建立地级永州市。1996 年 5 月，批准成立永州市财政局。7 月上旬，永州市财政局从芝山区搬迁至冷水滩区办公。7 月 29 日，零陵地区财政局正式更名为永州市财政局，并启用所属科（室）印鉴。

1996 年 10 月，永州市财政局执行新的“三定”方案，调整职能配置、内设机构和人员编制。局机关设办公室、预算科、综合计划科、工业交通科、商业科、对外经济贸易科、文教行政科（加挂永州市人民政府控制社会集团购买力领导小组办公室牌子）、农业科、社会保障科、农业税征收管理科、基本建设科、财税政策法规科、会计科、财政监督科（加挂永州市人民政府税收、财务、物价大检查办公室牌子）、人事教育科 15 个职能科（室）及机关党委（纪检监察室）。是年，根据新的“三定”方案，下属单位相应更名，永州市财政局归口管理永州市国有资产管理局，下辖永州市收费管理局、中华会计函授学校永州分校、永州市国债服务部、永州市会计师事务所、湖南省信托投资公司永州办事处、永州市财税职工中等专业学校、永州市注册会计师协会（新设）、永州市财政招待所（新设）8 个单位及永州市人民政府税收、财务、物价大检查领导小组办公室（科级）、永州市人民政府控制社会集团购买力领导小组办公室（科级）2 个议事协调机构。

1997 年 8 月，永州市财政局增设科研科。是年，设立永州市农业税收征收管理局（副处级），为归口永州市财政局管理的事业单位。1999 年 9 月，设立永州市政府采购中心，为财政差额拨款事业单位，归口永州市财政局管理。2000 年 5 月，成立永州市工资统一发放中心，为永州市财政局下属事业单位。

2002 年 3 月，永州市财政局执行新的“三定”方案。局机关设办公室、综合规划科、税政法规科、预算科（加挂永州市人民政府控制社会集团购买力领导小组办公室牌子）、国库科（加挂永州市政府采购管理办公室牌子）、行政政法科、教科文科、经济建设科、农业科、社会保障科、企业科、对外经济贸易科（加挂永州市外国政府贷款管理办公室牌子）、会计科、产权科、统计评价科（加挂永州市清产核资办公室牌子）、财政监督科（加挂永州市财政监督检查局牌子）、政工科 17 个职能科（室）及机关党委、纪检监察室。归口管理永州市国有资产管理局、永州市非税收入管理处（新设）、永州市农业税收征收管理处（新设）。下辖永州市人民政府税收、财务、物价大检查领导小组办公室、永州市人民政府控制社会集团购买领导小组办公室、永州市注册会计师协会、永州市政府采购中心、永州市工资统一发放中心、中华会计函授学校永州分校、永州市国债服务部、永州市会计委派中心（新设）、永州市预算审核中心（新设）、永州市财政投资评审中心（新设）、永州市财政有偿资金管理中心（新设）、永州市财政局后勤服务中心（新设）、永州市财政招待所13个事业单位。3月，设立永州市会计委派核算中心。12月，设立永州市国有产权交易管理中心。

2003年1月，正式运作永州市财政投资评审中心（副科级）。5月，设立永州市财政有偿资金回收管理中心。10月，永州市农业税收征收管理处更名为永州市农业税收征收管理局，均归口永州市财政局管理。

2004年2月，国库科原加挂的永州市政府采购管理办公室更名为永州市政府采购监督管理办公室。永州市政府采购中心从永州市财政局归口管理中分离，由永州市政务服务中心代管。

2005年1月，永州市国有产权交易管理中心调整为归口永州市国有资产监督管理委员会管理。4月，产权科和统计评价科职能整合调配，机构合并设置为资产管理与绩效评价科（加挂永州市清产核资办公室牌子）；永州市工资统一发放中心改组为永州市国库集中支付中心。8月，设立永州市税费改革办公室，为非内设科（室）。11月，永州市非税收入管理处更名为永州市非税收入征收管理处；撤销永州市财政有偿资金回收管理中心，设立永州市县域经济与产业发展融资中心。

2006年12月，永州市农业综合开发管理办公室由政府直属管理调整为归口永州市财政局管理。2009年9月，永州市财政投资评审中心机构级别由副科级升格为正科级。

2011年4月，永州市非税收入征收管理处更名为永州市非税收入征收管理局；永州市会计委派核算中心更名为永州市投资会计核算中心。5月，永州市财政局执行新的“三定”方案，调整确定局机关的主要职责、机构设置和人员编制。局机关设办公室（加挂信息科牌子）、综合规划科（永州市津贴补贴工作办公室）、税政法规科、预算科、国库科、行政政法科、教科文科、经济建设科、农业科、社会保障科、企业科、对外经济贸易科、会计科、资产管理与绩效评价科（永州市清产核资办公室、永州市人民政府控制社会集团购买力领导小组办公室）、政府采购科、财政监督科（永州市财政监督检查局）、金融与债务科、人事教育科18个内设科（室），另设纪检监察室、机关党委（工会）。

2012年10月，资产管理与绩效评价科（永州市清产核资办公室、永州市人民政府控制社会集团购买力领导小组办公室）分设为预算绩效管理科和资产管理科（永州市清产核资办公室、永州市人民政府控制社会集团购买力领导小组办公室）。2013年3月，永州市农业税收征收管理局更名为永州市乡（镇）财政管理局。

2014年3月，永州市县域经济与产业发展融资中心加挂永州市融资与债务管理办公室牌子。12月，经永州市机构编制委员会办公室审定，永州市县域经济与产业发展融资中心（永州市融资与债务管理办公室）、永州市非税收入征收管理局、永州市财政投资评审中心、永州市国库集中支付中心、永州市投资会计核算中心、永州市农业综合开发管理办公室为公益一类事业单位。

2015年8月，机构改革调整永州市财政局部分职责，调整后永州市财政局设办公室、政工科（更名）、综合规划科（永州市津贴补贴工作办公室）、税政法规科、预算科、国库科、行政政法科、教科文科、经济建设科、农业科、社会保障科、企业科、对外经济贸易科、会计科、预算绩效管理科、资产管理科（永州市清产核资办公室、永州市人民政府控制社会集团购买力领导小组办公室）、政府采购科、财政监督检查科（永州市财政监督检查局）、金融与债务科（加挂永州市政府和社会资本合作办公室牌子）、乡（镇）财政管理科（增设）、永州市农村综合改革办公室（增设）、信息科（增设）22个内设科（室）及机关党委（工会）、纪检监察室。永州市农业综合开发管理办公室由正处级事业单位调整为副处级事业单位；永州市非税收入征收管理局撤销计划财务管理科，其承担的行政职能划入永州市财政局机关；撤销永州市乡（镇）财政管理局，其职能划转到永州市财政局机关。调整后，永州市财政局归口管理永州市农业综合开发管理办公室、永州市非税收入征收管理局、永州市国库集中支付中心、永州市财税职工中等专业学校、永州市注册会计师协会、中华会计函授学校永州分校、永州市县域经济与产业发展融资中心（永州市融资与债务管理办公室）、永州市财政投资评审中心、永州市投资会计核算中心、永州市财政招待所10个下属单位。是年年底，永州市财政局共有在职干部职工153人。

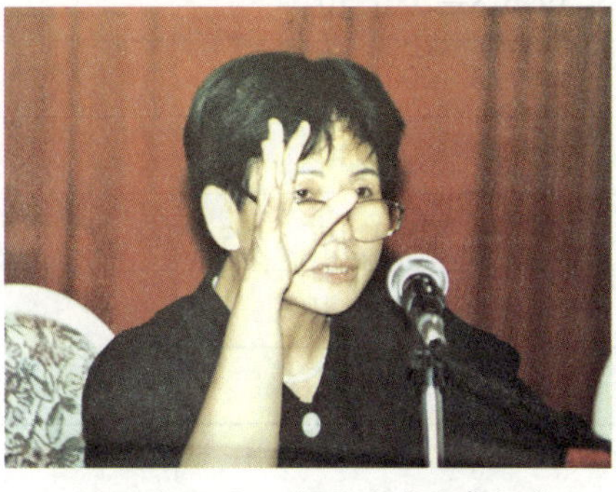

1995年9月，地区财政局党组书记、局长沈根元在全区财政工作会议上讲话

2005年7月，市财政局党组书记、局长刘尤碧在局领导班子成员会议上安排部署财政工作

2010年6月，市政府党组成员、市财政局局长李光富在全局干部职工大会上安排部署财政工作

2014年，市财政局党组书记、局长杨军元上党课

1992—2015年永州市财政局历任领导名录

表1-6-1

时段	职务	姓名	任职时间
1992年1月至2001年10月	局长	沈根元	1992.1—2001.10 1996.3—2003.6（市政协副主席）
	党组书记	陆顺元	1992.1—1994.9
		沈根元	1994.9—2001.10
	党组副书记	李天智	1994.9—1997.3
	党组成员	李天智	1992.1—1994.9
		范贤洋	1993.6—2001.5
		雷隆相	1994.9—2001.10
		刘新伟	1996.8—2001.10
		刘尤碧	1997.3—2001.10
		方璋兰	1999.2—2001.10
		张培俭	1999.2—2001.10
		龚跃林	2000.12—2001.10
	副局长	李天智	1992.1—1997.3

续表1-6-1

时段	职务	姓名	任职时间
1992年1月至2001年10月	副局长	刘新伟	1992.3—2001.10（按调研员提前离岗，2002年3月退休）
		雷隆相	1994.10—2001.10（按调研员提前离岗，2003年1月退休）
		刘尤碧	1997.3—2001.10
		袁火林	1997.3—2000.10
	纪检组长	范贤洋	1993.6—1996.5 任副处级纪检员 1997.11—2001.5
	总会计师	张培俭	1998.12—2001.10
	总经济师	王焕岳	1998.12—2001.10（提前离岗）
	湖南省信托投资公司永州办事处经理	王焕岳	1994.12—1998.12
		张培俭	1998.12—2001.10
	永州市国有资产管理局局长	张培俭	1994.12—1998.12
		蒋长东	1998.10—2001.10
	永州市收费管理局局长	方璋兰	1996.10—2001.10
	永州市农业税征收管理局局长	黎立平	1998.5—2001.10
	机关党委书记	雷明忠	1996.9—2001.10
	调研员	陆顺元	1993.6—1996.7
		李天智	1997.3—1998.2
	副处级干部	雷明忠	1993.7—1996.8
	助理调研员	雷明忠	1996.8—2001.10（提前离岗）
		蒋志夏	1999.2—2001.10
2002年4月至2009年11月	局长	刘尤碧	2002.4—2009.11
	党组书记	沈根元	2001.10—2003.6
		刘尤碧	2003.6—2009.11
	党组副书记	刘尤碧	2002.4—2003.6
		龚跃林	2003.12—2009.11
		罗建华	2006.6—2007.3
		吴起军	2007.6—2009.11
	党组成员	龚跃林	2001.10—2003.12

续表1-6-1

时段	职务	姓名	任职时间
2002年4月至2009年11月	党组成员	蒋东智	2002. 11—2009. 11
		方璋兰	2002. 11—2009. 11
		黎立平	2002. 11—2009. 11
		蒋志夏	2002. 11—2009. 11
		何代林	2005. 12—2009. 11
	副局长	刘尤碧	2001. 10—2002. 4
		龚跃林	2001. 11—2009. 11
		蒋东智	2002. 11—2009. 11
		方璋兰	2002. 11—2009. 11
		黎立平	2002. 11—2009. 11
		刘亚屏	2002. 11—2009. 11
		何代林	2005. 12—2009. 11
		罗建华	2006. 6—2007. 3
	纪检组长	蒋志夏	2002. 11—2009. 11
	总会计师	蒋长东	2002. 11—2009. 8
	总经济师	张金生	2002. 11—2009. 11
	永州市非税收入征收管理处（局）主任（局长）	刘亚屏	2002. 11—2006. 7
		赵国平	2006. 7—2009. 11
	永州市农业税征收管理处(局) 主任 (局长)	欧阳正才	2002. 11—2009. 11
	永州市会计委派核算中心主任	谢交发	2002. 11—2007. 12
		刘林秀	2008. 10—2009. 11
	永州市国库集中支付中心主任	马　玮	2006. 7—2009. 11
	永州市县域经济与产业发展融资中心主任	程湘晖	2006. 7—2007. 8
		谢交发	2007. 12—2009. 11
	永州市农业综合开发管理办公室主任	吴起军	2006. 6—2009. 11
	机关党委书记	蒋志夏	2001. 10—2003. 4
		蒋东智	2003. 4—2004. 5
		蒋飞进	2004. 5—2009. 5

续表1-6-1

时段	职务	姓名	任职时间
2002 年 4 月至 2009 年 11 月	机关党委书记	欧阳小平	2009. 5—2009. 11
	调研员	蒋长东	2009. 8—2009. 11
	助理调研员（副调研员）	张培俭	2001. 10—2003. 6（提前离岗）
		黎立平	2001. 10—2002. 11
		方璋兰	2001. 10—2002. 11
		蒋长东	2001. 10—2002. 11
		蒋志夏	2001. 10—2002. 11
		蒋飞进	2003. 12—2009. 11
		顾新华	2003. 12—2009. 11
		欧阳小平	2008. 12—2009. 11
		田慧民	2009. 6—2009. 11
2010 年 2 月至 2014 年 2 月	局长	李光富	2010. 2—2014. 2（兼任市政府党组成员）
	党组书记	龚跃林	2011. 1—2013. 12
		李光富	2013. 12—2014. 1
	党组副书记	龚跃林	2009. 11—2011. 1 2013. 12—2014. 1
		李光富	2009. 11—2013. 12
		吴起军	2009. 11—2014. 2
	党组成员	黎立平	2009. 11—2014. 2
		蒋东智	2009. 11—2012. 5
		方璋兰	2009. 11—2010. 6
		蒋志夏	2009. 11—2010. 1
		何代林	2009. 11—2014. 2
		欧阳正才	2012. 5—2014. 2
	副局长	龚跃林	2009. 11—2014. 1
		蒋东智	2009. 11—2012. 5
		方璋兰	2009. 11—2010. 6
		黎立平	2009. 11—2014. 2

续表1-6-1

时段	职务	姓名	任职时间
2010年2月至2014年2月	副局长	何代林	2009.11—2014.2
		刘亚屏	2009.11—2014.2
		吴起军	2010.6—2014.2
	纪检组长	蒋志夏	2009.11—2010.1
		郭齐民	2013.8—2014.2
	总会计师	谢交发	2010.6—2014.2
	总经济师	张金生	2009.11—2014.2
	永州市非税收入征收管理局局长	赵国平	2009.11—2014.2
	永州市农业税收征收管理局局长	欧阳正才	2009.11—2013.8
	永州市乡（镇）财政管理局局长	欧阳正才	2013.8—2014.2
	永州市国库集中支付中心主任	马　玮	2009.11—2014.2
	永州市会计委派核算中心主任（机构更名：永州市投资会计核算中心主任）	刘林秀	2009.11—2014.2
	永州市县域经济与产业发展融资中心主任	谢交发	2009.11—2010.6
		陈晓旺	2010.6—2014.2
	永州市财政投资评审中心主任	刘世荣	2010.6—2014.2
	永州市农业综合开发管理办公室主任	吴起军	2009.11—2014.2
	机关党委书记	欧阳小平	2009.11—2014.2
	调研员	蒋长东	2009.11—2013.10
		蒋志夏	2010.1—2013.5
		方璋兰	2010.6—2013.6
		蒋东智	2012.5—2014.2
	副调研员	蒋飞进	2009.11—2014.1
		顾新华	2009.11—2013.4
		欧阳小平	2009.11—2014.2
		田慧民	2009.11—2014.2
		李竹青	2011.2—2014.2

续表1-6-1

时段	职务	姓名	任职时间
2014年2月至2015年12月	局长	杨军元	2014.2—2015.12
	党组书记	杨军元	2014.1—2015.12
	党组副书记	吴起军	2014.2—2015.4
		唐建华	2015.4—2015.12
	党组成员	李光富	2014.1—2015.4
		黎立平	2014.2—2015.6
		欧阳正才	2014.2—2015.9
		何代林	2014.2—2015.12
		郭齐民	2014.2—2015.12
		彭　剑	2014.9—2015.12
		谢交发	2014.9—2015.12
		唐小明	2015.4—2015.12
	副局长	黎立平	2014.2—2015.6（提前退休）
		吴起军	2014.2—2015.4（提前退休）
		何代林	2014.2—2015.12
		谢交发	2014.9—2015.12
		刘亚屏	2014.2—2015.12
		唐建华	2015.4—2015.12
	纪检组长	郭齐民	2014.2—2015.12
	总会计师	谢交发	2014.2—2014.9
		彭　剑	2014.9—2015.12
	总经济师	张金生	2014.2—2015.6
	永州市非税收入征收管理局局长	赵国平	2014.2—2014.9
		杨　迪	2015.11—2015.12
	永州市乡（镇）财政管理局局长	欧阳正才	2014.2—2015.9
	永州市国库集中支付中心主任	马　玮	2014.2—2015.12
	永州市投资会计核算中心主任	刘林秀	2014.2—2015.12
	永州市县域经济与产业发展融资中心主任	陈晓旺	2014.2—2015.12

续表1-6-1

时段	职务	姓名	任职时间
2014年2月至2015年12月	永州市财政投资评审中心主任	刘世荣	2014.2—2015.12
	永州市农业综合开发管理办公室主任	吴起军	2014.2—2015.4
		唐小明	2015.4—2015.12
	机关党委书记	欧阳小平	2014.2—2015.12
	调研员	蒋东智	2014.2—2014.11
		张金生	2015.6—2015.12
		欧阳正才	2015.9—2015.12
	副调研员	欧阳小平	2014.2—2015.12
		田慧民	2014.2—2015.6（提前退休）
		李竹青	2014.2—2015.6（提前退休）

1992—2015年永州市财政局内设科（室）及历任主要负责人名录

表1-6-2

科（室）名称	机构沿革	科（室）历任主要负责人
办公室	1984年2月设立办公室；2011年5月至2015年8月办公室加挂信息科牌子	1992.5—1995.2 黎立平 1995.2—1999.3 邓跃南 1999.3—2002.8 蔡德金 2002.8—2008.5 陈晓旺 2008.5—2009.2 雷宏鸣 2009.2—2013.8 黄小明 2013.8—2014.11 陈晓旺（代管） 2014.11—2015.12 邓楚才
政工科	1986年5月设立政工科；1996年10月更名为人事教育科；2002年3月恢复为政工科；2011年5月再次更名为人事教育科；2015年8月再次恢复政工科	1992.1—1993.8 范贤洋 1993.8—1999.3 蒋志夏 1999.3—2003.12 蒋飞进 2003.12—2008.5 秦爱军 2008.5—2009.12 田慧民 2009.12—2012.5 刘贤华 2012.5—2013.7 唐小刚 2014.12—2015.12 宋芙蓉
综合规划科（永州市津贴补贴工作办公室）	1986年3月设立综合计划科；2002年3月更名为综合规划科；2011年5月综合规划科加挂永州市津贴补贴工作办公室牌子	1992.1—1993.2 蒋姣云 1993.2—1996.5 方璋兰 1996.5—1999.2 方璋兰（兼） 1999.3—2002.8 赵国平 2002.8—2008.5 程国顺 2008.5—2014.11 张爱华 2014.11—2015.12 蔡德金

续表1-6-2

<table>
<tr><th>科（室）名称</th><th>机构沿革</th><th>科（室）历任主要负责人</th></tr>
<tr><td>税政法规科</td><td>1996 年 10 月设立财税政策法规科；2002 年 3 月更名为税政法规科</td><td>1999. 3—2002. 8 田慧民
2002. 8—2003. 12 杨林桂
2003. 12—2006. 12 欧阳运瑞
2006. 12—2012. 3 罗文峰
2012. 3—2015. 12 欧雨祥</td></tr>
<tr><td>预算科</td><td>1984 年 2 月设立预算科；2002 年 3 月至 2011 年 5 月预算科加挂永州市人民政府控制社会集团购买力领导小组办公室牌子</td><td>1992. 1—1992. 3 李水清
1995. 2—1996. 5 袁火林
1997. 3—2001. 11 龚跃林
2002. 8—2005. 6 马　玮
2005. 6—2008. 10 刘林秀
2009. 12—2015. 12 杨　迪</td></tr>
<tr><td>国库科</td><td>2002 年 3 月设立国库科；2002 年 3 月至 2011 年 5 月国库科加挂永州市政府采购管理办公室牌子</td><td>2002. 8—2003. 12 赵国平
2003. 12—2005. 6 刘林秀
2005. 6—2006. 7 马　玮（兼）
2006. 7—2015. 12 马　玮（兼）</td></tr>
<tr><td>▲行政事业财务科</td><td rowspan="4">1980 年 10 月成立零陵地区控制社会集团购买力领导小组办公室；1984 年 2 月设立行政事业财务科；1996 年 10 月设立文教行政科（加挂永州市人民政府控制社会集团购买领导小组办公室牌子）；2002 年 3 月设立行政政法科、教科文科</td><td rowspan="2">1993. 2—1994. 12 张培俭
1995. 2—1998. 10 蒋长东
1999. 3—2002. 8 刘贞宏</td></tr>
<tr><td>▲文教行政科(加挂永州市人民政府控制社会集团购买力领导小组办公室牌子)</td></tr>
<tr><td>行政政法科</td><td>2002. 8—2002. 11 张金生
2003. 12—2006. 7 程湘晖
2008. 5—2010. 6 陈晓旺
2012. 3—2013. 12 程国顺
2014. 11—2015. 12 张爱华</td></tr>
<tr><td>教科文科</td><td>2002. 8—2008. 5 田慧民
2008. 5—2014. 11 杨林桂
2014. 11—2015. 12 胡　钢</td></tr>
<tr><td>经济建设科</td><td>1995 年 8 月设立基本建设科；2002 年 3 月更名为经济建设科</td><td>1995. 12—2004. 12 陈荣光
2005. 6—2010. 6 刘世荣
2012. 3—2015. 12 周进瑜</td></tr>
<tr><td>农业科</td><td>1984 年 2 月设立农业财务科；1996 年 10 月更名为农业科</td><td>1992. 1—1995. 2 胡　桃
1995. 2—1998. 10 顾新华
1999. 3—2002. 11 欧阳正才
2003. 12—2006. 12 李竹青
2006. 12—2009. 2 欧阳运瑞
2009. 2—2015. 12 秦爱军</td></tr>
</table>

续表1-6-2

科（室）名称	机构沿革	科（室）历任主要负责人
社会保障科	1995年8月设立社会保障科	1995.12—2002.8 张金生 2002.8—2006.12 蔡德金 2006.12—2008.10 刘安球 2009.2—2014.11 欧阳运瑞 2014.11—2015.12 杨林桂
▲工交企业财务科 ▲工业交通科 企业科	1988年5月企业财务科分设为工交企业财务科、商贸企业财务科；1996年10月设立工业交通科；2002年3月设立企业科	1992.5—1993.4 文善林 1997.3—1999.3 蔡德金 1999.3—2002.8 顾新华（负责） 2002.8—2003.12 顾新华 2003.12—2006.12 刘安球 2006.12—2011.2 李竹青 2012.3—2015.12 罗文峰
▲商贸企业财务科 ▲商业科	1988年5月企业财务科分设为工交企业财务科、商贸企业财务科；1996年10月设立商业科，2002年3月撤销	1992.1—1993.2 张培俭 1993.2—1995.7 刘尤碧 1997.3—2002.8 刘亚屏
对外经济贸易科	1992年9月在原商贸企业财务科的基础上设立外经企业财务管理科，实行两块牌子，合署办公；1993年2月至1995年2月与商贸企业财务科合署办公；2002年3月至2011年5月加挂永州市外国政府贷款管理办公室牌子	1995.2—1998.10 胡　桃 1999.3—2003.12 邓跃南 2003.12—2008.5 欧阳小平 2008.5—2014.11 蔡德金 2014.11—2015.12 欧阳运瑞
会计科	1986年9月设立会计事务管理科；1996年10月更名为会计科	1992.1—1992.3 刘新伟 1993.2—1995.2 何阿雅 1995.2—1999.3 欧阳小平 1999.3—2002.8 宾凤玉 2002.8—2008.5 邝景星 2008.5—2014.11 张红旗 2014.11—2015.12 宾波涌
▲产权科（加挂永州市清产核资办公室牌子）	2002年3月永州市国有资产管理局撤销后，其职能划转到永州市财政局，设立产权科、统计评价科；2005年4月产权科与统计评价科合并为资产管理与绩效评价科，加挂永州市清产核资办公室牌子	2002.8—2005.6 张红旗
▲统计评价科		2002.8—2003.12 欧阳运瑞 2003.12—2005.6 张爱华
▲资产管理与绩效评价科		2005.6—2008.5 张红旗 2008.5—2013.4 邝景星

续表1-6-2

科（室）名称	机构沿革	科（室）历任主要负责人
预算绩效管理科	2011年5月加挂永州市清产核资办公室、永州市人民政府控制社会集团购买力领导小组办公室牌子；2012年10月资产管理与绩效评价科分设为预算绩效管理科、资产管理科（永州市清产核资办公室、永州市人民政府控制社会集团购买力领导小组办公室）	2013.4—2015.12 陈水平
资产管理科(永州市清产核资办公室、永州市人民政府控制社会集团购买力领导小组办公室)		2013.4—2015.12 陈春明
政府采购科	2002年3月设立永州市政府采购管理办公室，在国库科加挂牌子；2004年2月采管分离后，永州市政府采购管理办公室更名为永州市政府采购监督管理办公室，单独办公；2011年5月更名为政府采购科	2003.12—2007.1 李冬祥 2008.5—2009.12 刘贤华 2013.4—2014.11 蒋绍意 2014.11—2015.12 唐　渠
财政监督检查科（永州市财政监督检查局）	1984年2月设立监察科；1996年10月设立财政监督科（加挂永州市人民政府税收、财务、物价大检查领导小组办公室牌子）；2002年3月财政监督科加挂永州市财政监督检查局牌子；2011年5月更名为财政监督检查科（永州市财政监督检查局）	1992.5—1995.2 蒋长东 1995.2—1999.3 宾凤玉 1999.3—2003.12 李竹青 2003.12—2008.5 杨林桂 2008.5—2014.11 唐　渠 2014.11—2015.12 欧阳景
金融与债务科	2011年5月设立金融与债务科；2015年8月加挂永州市政府和社会资本合作（PPP）办公室牌子	2012.3—2015.12 凡易龙
乡（镇）财政管理科	1988年6月设立农业税征管科；1996年10月更名为农业税征收管理科；1997年11月撤销，设立永州市农业税收征收管理局，为副处级事业单位，归口永州市财政局管理；2013年8月更名永州市乡（镇）财政管理局；2015年8月机构改革，撤销永州市乡（镇）财政管理局，其职能划入永州市财政局，设立乡（镇）财政管理科	1988.6—1993.7 雷明忠 1995.2—1998.5 黎立平 （农税局、乡财局正职、副职名录见二级机构领导名录） 2015.8—2015.12 邓跃南
永州市农村综合改革办公室	2005年8月设立永州市税费改革办公室（非内设科室，编制从局机关调剂）；2015年8月设立永州市农村综合改革办公室	2006.12—2012.3 周进瑜 2012.3—2015.12 许　琨
信息科	2011年5月设立，在办公室加挂牌子；2015年8月至2015年12月，单独设立信息科，与办公室合署办公	
▲永州市人民政府税收、财务、物价大检查领导小组办公室(三查办)	1985年至1986年为临时机构，挂靠零陵地区财政局；1988年10月成立；1987年至1994年作为行署办事机构挂靠零陵地区财贸委员会；1994年10月归口零陵地区财政局；1996年10月在永州市财政局财政监督科加挂牌子，合署办公；2002年3月撤销	1994.11—1995.2 蒋长东（兼） 1995.2—1999.3 宾凤玉（兼） 1999.3—2002.3 李竹青（兼）

续表1-6-2

科（室）名称	机构沿革	科（室）历任主要负责人
永州市人民政府控制社会集团购买力领导小组办公室（控购办）	1980年9月成立零陵地区控制社会集团购买力领导小组办公室；1996年10月在文教行政科加挂永州市人民政府控制社会集团购买力领导小组办公室牌子，单独办公；2002年3月、2011年5月、2012年10月分别在预算科、资产管理与绩效评价科、资产管理科加挂永州市人民政府控制社会集团购买力领导小组办公室牌子	1992.8—1999.3 顾新华（副主任，正科级）
▲科研科	原拟设立财政科研所，1997年8月设立科研科	1999.3—2002.8 陈晓旺

说明：(1) ▲为已撤销机构。

(2) 政工（人事）、机关党委、纪检监察室主要负责人的任职时间按实际到岗时间填写，一般早于下文时间。

1992—2015年永州市财政局机关党委负责人名录

表1-6-3

机构沿革	历届书记	历届专职副书记
党总支	李天智 1992.1—1993.6 雷明忠 1993.6—1996.9	
1996年4月，经中共永州市直属机关工委批复同意，设立中共永州市财政局机关委员会	雷明忠 1996.9—2001.3 蒋志夏 2001.3—2003.4 蒋东智 2003.4—2004.5 蒋飞进 2004.5—2009.5 欧阳小平 2009.5—2015.12	1998.5—2002.8 唐爱琼 2002.8—2003.12 程湘晖 2003.12—2008.5 胡　钢 2008.8—2008.12 欧阳小平 2009.5—2012.3 许　琨 2012.5—2014.11 邓楚才 2014.11—2015.12 金湘红

1992—2015年永州市财政局纪检监察室及负责人名录

表1-6-4

机构沿革	纪检组长（副处级纪检员）	纪检监察室主要负责人
1991年2月，经中共零陵地委批复同意，恢复纪检组；1997年，设立纪检监察室	1993.6—1996.5 范贤洋（副处级纪检员） 1997.11—2001.5 范贤洋（纪检组长，下同） 2002.11—2010.1 蒋志夏 2013.8—2015.12 郭齐民	1997.3—1997.10 蒋飞进（副主任，正科级） 1997.10—1999.3 蒋飞进（纪检组副组长兼监察室主任，下同） 1999.3—2008.5 刘雄峰 2008.5—2013.4 邓文志 2013.6—2015.12 刘文艳

1992—2015 年永州市财政局二级机构及历任领导名录

表 1-6-5

单位	机构沿革	正职	副职
永州市非税收入征收管理局	1993 年 12 月，设立零陵地区行政事业收费管理办公室，为零陵地区财政局直属的科级事业单位		
	1995 年 10 月，在零陵地区行政事业收费管理办公室的基础上设立零陵地区收费管理局，为副处级事业单位，归口零陵地区财政局管理。下设办公室、收费征管科、计划财务科（均为副科级）。1996 年撤地建市后更名为永州市收费管理局	局长（副处级）： 方璋兰 1996. 11—2002. 3	副局长（正科级）： 程国顺 1997. 3—2002. 8
	2002 年 3 月，设立永州市非税收入管理处，为副处级全额拨款事业单位，内设征收稽查管理科、计划财务管理科（均为副科级）。2005 年 11 月，更名为永州市非税收入征收管理处，内部增设综合科。2011 年 4 月，更名为永州市非税收入征收管理局。2015 年 8 月，撤销计划财务管理科，原承担的行政职能划入永州市财政局	主任（局长）（副处级）： 刘亚屏 2002. 11—2006. 7 赵国平 2006. 7—2014. 9 杨　迪 2015. 11—2015. 12	副主任（副局长）　（正科级）： 刘亚屏 2002. 8—2002. 11 张爱华 2005. 6—2008. 5 刘雄峰 2008. 5—2015. 12 魏远荣 2013. 4—2015. 12
永州市国库集中支付中心	2000 年 5 月，设立永州市工资统一发放中心，归口永州市财政局管理，为全额拨款的正科级事业单位。2005 年 4 月，改组为永州市国库集中支付中心	主任（正科级）： 张爱华 2002. 8—2003. 12 唐　渠 2003. 12—2005. 4 主任（高配副处级）： 马　玮 2006. 7—2015. 12	副主任（高配正科级）： 马　玮 2005. 6—2006. 7 唐　渠 2005. 4—2008. 5 凡易龙 2006. 12—2012. 3 程国顺 2008. 5—2012. 3 胡　钢 2012. 3—2014. 11 龚华汉 2012. 3—2015. 12 何云芳 2014. 11—2015. 12
永州市注册会计师协会	1996 年 7 月，经省财政厅批复同意成立；是年 10 月，设立永州市注册会计师协会，为永州市财政局所属的全额拨款正科级事业单位	秘书长（正科级）： 邝景星 1996. 5—2002. 8 邓文志 2002. 9—2008. 5 胡　钢 2008. 5—2012. 3 盘　铮 2012. 3—2015. 12	

续表1-6-5

单位	机构沿革	正职	副职
中华会计函授学校永州分校	1987年3月，设立零陵地区会计函授辅导站（正科级事业单位），11个县（市）均设立会计函授辅导站，后改为中华会计函授学校零陵分校。1996年撤地建市后更名为中华会计函授学校永州分校，与会计科合署办公	副校长（正科级） 1991.6—1995.2 欧阳小平、范贤洋（兼） 2002.8—2003.12 秦爱军 2003.12—2009.2 唐振杰 2009.2—2012.3 欧雨祥 2012.3—2014.11 毛林艳 2014.11—2015.12 蒋绍意	副校长（副科级）： 1988.4—1991.6 欧阳小平 1997.2—2002.8 刘安球
永州市县域经济与产业发展融资中心	2003年5月，设立永州市财政有偿资金回收管理中心，为正科级全额拨款事业机构，归口永州市财政局管理	主任（正科级）： 周进瑜 2003.12—2005.11	
	2005年11月，撤销永州市财政有偿资金回收管理中心，设立永州市县域经济与产业发展融资中心，为正科级全额拨款事业单位，隶属永州市财政局管理。2014年3月，加挂永州市融资与债务管理办公室牌子	主任（高配副处级）： 程湘晖 2006.7—2007.8 谢交发 2007.12—2010.6 陈晓旺 2010.6—2015.12	副主任（高配正科级）： 蔡德金 2006.12—2008.5 秦爱军 2008.5—2009.2 陈蓓蕾 2008.5—2013.8 雷宏鸣 2009.2—2013.12 唐振杰 2009.2—2010.10 贾志军 2013.4—2015.12 林　军 2014.11—2015.12 张　群 2014.11—2015.12
永州市财政投资评审中心	2003年1月，设立永州市财政投资评审中心，为副科级全额拨款事业单位	主任（副科级）： 陈晓春 2004.3—2005.6 贾志军 2008.5—2009.9	
	2009年9月，机构级别由副科级升格为正科级	主任（高配副处级）： 刘世荣 2010.6—2015.12	副主任（高配正科级）： 金湘红 2013.4—2014.11 欧阳景 2013.4—2014.11 毛林艳 2014.11—2015.12 吴小俭 2014.11—2015.12
永州市投资会计核算中心	2002年3月，设立永州市会计委派核算中心，为正科级全额拨款事业单位。2011年4月，更名为永州市投资会计核算中心	主任（高配副处级）： 谢交发 2002.11—2007.12 刘林秀 2008.10—2015.12	副主任（高配正科级）： 谢交发 2002.8—2002.11 凡易龙 2002.8—2006.12 罗文峰 2003.12—2006.12 罗　明 2013.4—2015.12 吴小俭 2013.4—2014.11 张红旗 2014.11—2015.12

续表1-6-5

单位	机构沿革	正职	副职
永州市财政招待所	1996年10月，设立永州市财政招待所，为永州市财政局所属的自收自支正科级事业单位。1997年5月，挂翠园宾馆牌子正式对外营业。2004年5月，宾馆停止对外营业，招待所转为内部接待、后勤服务管理，对内改称后勤服务中心	翠园宾馆总经理： 欧阳正才 1997.3—1999.3 所长： 刘孝生 2001.2—2013.2（正科级） 后勤服务中心负责人： 魏长跃 2006.4—2008.6 奉花娥 2008.6—2015.12	副所长： 刘孝生 1997.7—2001.2（副科级，兼翠园宾馆副总经理）
▲零陵地区会计服务中心	1993年2月成立，为自收自支事业单位，归口零陵地区财政局领导和管理	总经理： 邝景星 1993.2—1996.5	
▲湖南省信托投资公司永州市办事处	1985年8月，设立湖南省信托投资公司零陵地区分公司。1991年1月，更名为湖南省信托投资公司零陵地区办事处，为副处级全民所有制地方金融事业单位，下设办公室、财务部、业务一部、业务二部，行政上归口零陵地区财政局管理，业务上受地区人民银行管理并接受省公司在业务上的指导和各项贷款指标的分配。1992年9月，增设投资联营部。1993年1月，业务一部、二部合并为信贷业务部。1996年撤地建市后更名为湖南省信托投资公司永州市办事处（以下简称为办事处）。1999年，根据国务院关于对信托投资公司进行全面清理整顿的精神，办事处先后停办贷、存款业务，集中力量做好清产核资、回收贷款本息等工作，主管部门永州市财政局于11月份向省财政厅、省信托投资公司提交申请撤销报告。2000年6月，省财政厅批复同意撤销湖南省信托投资公司永州市办事处	经理（副处级）： 王焕岳 1994.12—1998.12 张培俭 1998.12—2001.11（市财政局总会计师，兼）	历任副经理： 李贻标 1992.5—1992.10（正科级） 王焕岳 1992.10—1994.12（正科级） 邓文志 1993.1—1995.9（副科级），1995.9—2002.8（正科级） 谢交发 1993.1—1995.9（副科级），1995.9—2002.8（正科级） 周进瑜 1993.4—2002.8（正科级）

续表1-6-5

单位	机构沿革	正职	副职
▲永州市国债服务部	前身为零陵地区国库券推销办公室，自1986年3月并入综合计划科合署办公。1992年9月，成立零陵地区国债服务部，为自收自支正科级事业单位，直属零陵地区财政局领导和管理。1996年撤地建市后更名为永州市国债服务部。2002年机构改革时撤销		副主任： 刘先琨 1991.6—1997.2（正科级） 程国顺 1995.2—1997.2（副科级） 赵国平 1997.2—1999.3（副科级，兼）
▲永州市会计师事务所	1989年1月，成立湖南省会计师事务所零陵分所，为独立核算、自收自支的科级事业单位，行政上接受零陵地区财政局的管理和监督，业务上接受湖南省会计师事务所指导，下设11个县（市）办事处。1991年8月，更名为零陵会计师事务所，下设11个县（市）分所及凤凰园分所。1996年9月，撤地建市后更名为永州市会计师事务所。1999年10月，脱钩改制	所长： 张红旗 1995.2—1997.3 刘林秀 1997.3—1999.12 周大连 1999.5（聘任）	副所长： 张红旗 1992.1—1995.2 刘林秀 1995.2—1997.3 李竹青 1997.3—1999.3
▲永州市国有资产管理局及所属单位	1990年12月，设立零陵地区国有资产管理办公室，为正科级事业单位，归口零陵地区财政局管理		副主任（副科级）： 欧阳运瑞 1991.6—1995.2 刘雄峰 1993.2—1995.2
	1995年2月，设立零陵地区国有资产管理局（副处级），归口零陵地区财政局管理，下设办公室、企业科、行政事业资源科（均为副科级）		
	1996年12月，执行新的“三定”方案，设立永州市国有资产管理局，为归口永州市财政局管理的副处级行政机构，内设办公室、企业科、行政事业资源科、资产评估管理科，并设立直属事业单位永州市资产评估事务所，为自收自支副科级事业单位。2002年机构改革时撤销，职能划转永州市财政局（设立产权科、统计评价科）。2005年1月，将国有资产管理相关职能划转到新组建的永州市国有资产监督管理委员会	局长（副处级）： 张培俭 1994.12—1998.12 蒋长东 1998.12—2002.8	副局长（正科级）： 张红旗 1997.3—2002.8 欧阳运瑞 1997.3—2002.8

续表1-6-5

单位	机构沿革	正职	副职
▲永州市国有资产管理局及所属单位	1996年12月，设立永州市资产评估事务所，为直属永州市国有资产管理局管理的自收自支副科级事业单位。2002年脱钩改制	所长（正科级）： 罗养臣 1997.3—1997.7	副所长（副科级）： 席宏彪 1998.11—2002.8
▲永州市乡（镇）财政管理局	1997年11月，设立永州市农业税收征收管理局，为副处级事业单位，归口永州市财政局管理，下设办公室、征收管理科、乡（镇）财政科（均为副科级）。2002年3月，设立永州市农业税收征收管理处，为副处级全额拨款事业单位，内设乡（镇）财政管理科、征收管理科（均为副科级）。2003年10月，更名为永州市农业税收征收管理局，内部增设综合科。2013年3月，更名为永州市乡（镇）财政管理局。2015年8月，撤销永州市乡（镇）财政管理局，职能划转到永州市财政局	局长（主任）（副处级）： 黎立平 1998.6—2001.10 欧阳正才 2002.11—2015.8	副局长（副主任、正科级）： 欧阳小平 1999.3—2003.12 邓跃南 2003.12—2015.8
▲永州市政府采购中心	1999年9月，设立永州市政府采购中心，为财政差额拨款正科级事业单位，归口永州市财政局管理。2000年8月，人员经费由差额拨款改为全额拨款。2004年2月，按照实行政府采购监督管理和具体操作职能相分离的要求，从永州市财政局归口管理中分离出来，由永州市政务服务中心代管，作为政府采购具体操作机构	主任（正科级）： 刘林秀 1999.12—2003.12	
▲永州市国有产权交易管理中心	2002年12月，设立永州市国有产权交易管理中心，为正科级全额拨款事业单位。2005年1月，调整为归口永州市国有资产监督管理委员会管理	主任（正科级）： 刘世荣 2003.12—2005.1	

续表1-6-5

单位	机构沿革	正职	副职
永州市财税职工中等专业学校	前身是零陵地区财政干部学校。1984 年 12 月，湖南省教育厅批准成立零陵地区财税职工中等专业学校。1985 年 1 月，撤销零陵地区财政干部学校，零陵地区编制委员会办公室明确零陵地区财税职工中等专业学校为相当县级（正处级）事业单位，隶属零陵地区财政局管理。下设办公室、人保科、教务科、总务科、膳食科。1996 年，撤地建市后更名为永州市财税职工中等专业学校。2003 年，正式停止对外招生，人员分流、资源整合。2009 年，资产及债务移交市城建投资公司。	校长（书记）： 姜益敏（前身财政干校、支部书记） 1984. 1—1985. 3 王纯珑（副校长） 1985. 4—1986. 9 贺庆久（副校长） 1986. 9—1987. 6 贺庆久（校长） 1987. 6—1990. 3 徐绍明（党委书记） 1990. 3—1994. 8 龙显博（校长） 1994. 9—1998. 6 曾细生（校长） 1998. 6—2001. 4 欧阳满清（副校长） 2001. 4—2010. 6 欧阳满清（正校级干部） 2010. 6—2013. 5 盘全政（副校长） 2013. 5—2015. 12	副校长（副书记）： 何尚智 1985. 7—1990. 6 徐绍明 1986. 1—1990. 3 苏运志 1986. 7—1993. 7 刘运武 1990. 5—1990. 9 刘家寿 1990. 12—1993. 7 李德昭 1990. 6—2001. 10 曾宪林 1991. 10—2000. 10 李水清 1992. 3—2003. 2 欧阳满清 1998. 6—2001. 4 盘全政 1998. 6—2013. 5
永州市农业综合开发管理办公室	1989 年 1 月，设立零陵地区湘南农业综合开发协调领导小组，为临时机构。1992 年 7 月，成立零陵地区农业综合开发管理办公室，为正处级事业单位，下设综合科、项目科、财务科。1996 年 8 月，撤地建市更名为永州市农业综合开发管理办公室。2006 年 12 月，永州市农业综合开发管理办公室由政府直属事业单位调整为归口永州市财政局管理的事业单位。体制调整后，机构级别、人员编制、内设机构维持原定不变。2012 年 4 月，项目科分设为土地项目科和产业化项目科。2015 年，永州市农业综合开发管理办公室由正处级事业单位调整为副处级事业单位，撤销党组，归口永州市财政局管理	罗质素 1992. 1—1993. 8 胡献璞 1993. 8—1995. 2 关寅生 1995. 2—1996. 6 秦　坤 1996. 6—2005. 6 秦福民 2004. 10—2007. 9（调研员） 王国华 2005. 6—2006. 6 2010. 10—2011. 5（调研员） 吴起军 2006. 6—2015. 4 唐冬元 2007. 3—2015. 6（调研员） 唐小明 2015. 4—2015. 12	副主任（副处级）： 秦福民 1992. 8—2004. 1 卢作云 1995. 1—2001. 1 张　智 2000. 9—2015. 12 夏艳萍 2003. 3—2009. 9 蔡启德 2003. 6—2006. 6（纪检组长） 何红专 2004. 4—2015. 12 刘　勇 2007. 7—2015. 10（纪检组长）2015. 10—2015. 12（副主任） 范桑洪 2009. 1—2010. 10（党组副书记、副主任） 龚文生 2009. 6—2012. 2 鲁　强 2011. 4—2015. 10（副调研员）2015. 10—2015. 12（副主任） 邓美光 2011. 11—2015. 12 蒋祝君 2012. 16—2015. 6

说明：(1) ▲为已撤销、划出、脱钩改制单位

第二节　创先争优

2010 年 7 月，市财政局召开党组织和党员创先争优动员大会

1992—2015 年，永州市各级财政部门坚持“两手抓、两手硬”的方针，一手抓物质文明建设，一手抓精神文明建设，根据财政部门的自身特点，多层次多形式开展创先争优活动，调动财政干部的工作积极性、主动性和创造性。市财政局在局机关各科（室）开展“双文明”竞赛活动，争创先进科（室）；在县（区）财政局推行财政工作目标管理，争创先进单位；在乡（镇）基层财政部门中，开展争创先进财政所活动；在局机关党员干部中，开展争创先进党支部、优秀党员、先进工作者活动，形成“学、赶、帮、超”的生动局面，永州市财政局获得全国民族团结进步模范集体、全国财政系统先进集体、全省先进基层党组织、省级文明单位、省级园林式单位、全省百佳文明卫生单位等荣誉称号，全市财政系统涌现出沈根元、袁小华、周国平等一大批先进典型。

1992 年起，零陵地区财政局决定在全区财政系统开展“双文明”目标管理竞赛活动，分精神文明建设责任指标和物质文明建设责任指标两部分，量化考核指标，评选“双文明”目标管理竞赛先进集体、先进工作者。是年，对全区先进财务工作集体和先进会计工作者进行表彰。1993 年，地区财政局、地区人事局联合对全区财政系统“双文明”目标管理先进单位、先进个人进行表彰，地区财政局对第二批文明财政所进行表彰。

1996 年，永州市财政局搬迁至冷水滩区办公后，创新机关管理机制方法，在全局上下组织开展以“思想教育经常化、队伍建设专业化、工作目标具体化、政务活动公开化、内部管理制度化、环境卫生园林化”为主要内容的机关规范化管理活动。1997 年，将机关“六化”管理模式推广到各县（区）财政局。

1999 年，永州市财政局被国务院授予全国民族团结进步模范单位称号

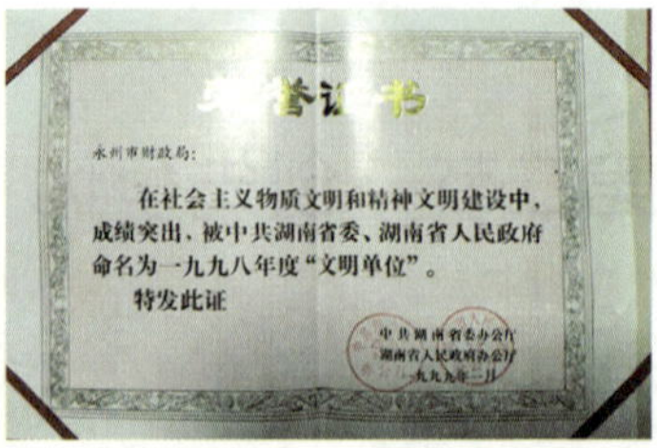

1999 年，永州市财政局被省委省政府命名为 1998 年度文明单位

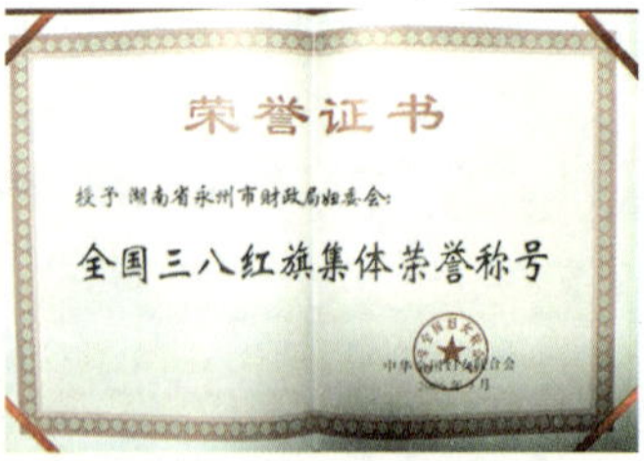

2006 年，永州市财政局荣获全国三八红旗集体称号

从 2006 年开始，市财政局、市人事局对全市财政系统先进集体、先进个人实行五年一次评选表彰。

2010 年 2 月，市财政局对 2009 年度县（区）财政工作目标管理考评先进单位进行表彰。是年推行财政“省直管县”体制改革后，市财政局不再对县（区）财政局实行年度财政工作目标考核，工作重心转移到完成政府绩效管理目标、争创一流业绩上。

2015 年 10 月，市财政局召开再次创建市级文明单位动员大会

2015 年，市财政局以开展“三严三实”教育为主线，以再创文明单位为抓手，扎实开展弘扬雷锋精神主题活动、文明礼仪教育活动、机关文化建设活动、文明服务窗口创建活动、争创卫生文明园林单位等活动，深入推进财政干部队伍建设和创先争优。是年，市财政局获得市级绩效评估经济管理部门类优秀等级，党建工作优秀单位，党风廉政建设和反腐败工作先进单位，“三项改革”（行政体制改革、社会治理机制改革、农村产权制度改革）工作优秀单位，六件惠民实事（为民办实事）工作优秀单位，新型工业化工作“工业企业服务年”活动优秀单位，开放型经济发展工作优质服务单位，“三项优先”（就业优先、教育优先、生态优先）工作优秀单位，政务公开政务服务工作先进单位，推进依法行政工作先进单位，市直优化经济环境和机关效能建设工作“满意单位”，社会管理综合治理先进单位等 18 项荣誉称号。

1992—2015 年永州市财政系统获得市以上荣誉统计表

表 1-6-6

年份	荣誉名称	获奖单位	颁奖单位
		一、国家级奖励	
1999	全国民族团结进步模范单位	永州市财政局	国务院
2005	全国民族团结进步模范单位	永州市财政局	国务院
		二、省部级奖励	
1995	全省老龄工作先进单位	零陵地区财政局	湖南省人民政府
1996	一九九五年财政收入增长速度考评第三名	零陵地区	中共湖南省委、湖南省人民政府
1998	全省财政收入增幅第二名	永州市	中共湖南省委、湖南省人民政府
1998	全国财政系统先进集体	永州市财政局	人事部、财政部
1999	湖南省文明单位	永州市财政局	中共湖南省委、湖南省人民政府
2001	全省先进基层党组织	永州市财政局机关党委	中共湖南省委办公厅
2006	全国三八红旗集体	永州市财政局妇委会	中华全国妇女联合会
2010	2006—2010 年全国财政法制宣传教育先进集体	永州市财政局 祁阳县财政局	财政部
		三、地厅级奖励	
1992	全省财政系统先进集体	冷水滩市财政局 东安县财政局	湖南省财政厅
1992	全省文明财政所	零陵地区永州市七里店乡财政所、祁阳县金洞镇财政所、祁阳县茅竹乡财政所、东安县紫溪市镇财政所、东安县白牙市镇财政所、冷水滩市水口桥乡财政所、宁远县城关镇财政室、新田县金陵乡财政所、蓝山县浆洞乡财政所、江华县沱江镇财政所、双牌县蔡里口乡财政所（11 个）	湖南省财政厅
1993	全省财政系统“双文明”目标管理竞赛先进集体	祁阳县财政局、蓝山县财政局	湖南省财政厅、湖南省人事厅
1994	全省财政系统先进集体	蓝山县财政局	湖南省财政厅、湖南省人事厅

续表1-6-6

年份	荣誉名称	获奖单位	颁奖单位
1994	全省文明财政所	零陵地区江永县源口瑶族乡财政所、新田县骥村镇财政所、宁远县香花铺乡财政所、道县乐福堂乡财政所、江华县濠江乡财政所、双牌县城关镇财政所、东安县大庙口镇财政所、东安县白牙市镇财政所、冷水滩市仁湾乡财政所、祁阳县石坝乡财政所、祁阳县金洞镇财政所、祁阳县黎家坪镇财政所、永州市接履桥乡财政所、永州市七里店乡财政所	湖南省财政厅
1994	全省财源建设先进县（市）	冷水滩市财政局	湖南省财政厅
1995	零陵地区文明单位	零陵地区财政局	中共零陵地委、零陵地区行政公署
1996	全省财政系统先进财政所	永州市蓝山县塔峰镇财政所、新田县龙泉镇财政所、江华县水口镇财政所、祁阳县黎家坪镇财政所、祁阳县大村甸镇财政所、东安县大庙口镇财政所、东安县白牙市镇财政所、芝山区水口山镇财政所、芝山区珠山镇财政所、江永县粗石江镇财政所、道县清塘镇财政所、冷水滩区珊瑚乡财政所	湖南省财政厅
1997	中心组理论学习先进集体	永州市财政局党组	中共永州市委办公室
1998	省级园林式单位	永州市财政局	湖南省建设委员会
1998	机关后勤工作先进集体	永州市财政局	中共永州市委办公室、永州市人民政府办公室、永州市人事局
1998	湖南省财政系统先进集体	永州市财政局	湖南省财政厅
1999	全省百佳文明卫生单位	永州市财政局	湖南省爱国卫生运动委员会
1999	1992—1998年度湖南省机关后勤系统先进集体	永州市财政局办公室	湖南省人事厅、湖南省人民政府机关事务管理局
2000	工业企业扭亏增盈先进单位	永州市财政局	永州市人民政府

续表1-6-6

年份	荣誉名称	获奖单位	颁奖单位
2003	全省财政系统先进财政所	祁阳县大忠桥镇财政所、祁阳县观音滩镇财政所、冷水滩区上岭桥镇财政所、双牌县尚仁里乡财政所、道县白马渡镇财政所、江华县清塘乡财政所、江永县潇浦镇财政所、宁远县仁和镇财政所、新田县知市坪乡财政所	湖南省财政厅、湖南省人事厅
2003	全省财政系统先进集体	芝山区财政局会计管理中心、东安县非税收入管理局、永州市财政局人事教育科	湖南省财政厅、湖南省人事厅
2005	人口和计划生育综合治理先进单位	永州市财政局	中共永州市委办公室、永州市人民政府办公室
2005	“双联”工作先进单位	永州市财政局	永州市“双联”工作领导小组
2005	2004年度目标管理优胜单位	永州市财政局	永州市人民政府办公室
2006	湖南省财政系统先进集体	永州市宁远县乡镇财政管理局、永州市农业税收征收管理局、祁阳县非税收入征收管理局、零陵区财政局财政监督股、冷水滩区竹山桥镇财政所、祁阳县浯溪镇财政所、东安县石期市镇财政所、江永县夏层铺镇财政所、蓝山县大桥乡财政所、道县祥霖铺镇财政所、新田县龙泉镇财政所、双牌县何家洞乡财政所	湖南省财政厅、湖南省人事厅
2008	2007年度完成政府主要工作目标任务先进单位	永州市财政局	永州市人民政府办公室
2008	二〇〇七年度社会治安综合治理先进单位	永州市财政局	中共永州市委办公室、永州市人民政府办公室
2008	二〇〇八年北京奥运会期间信访维稳工作先进单位	永州市财政局	中共永州市委办公室、永州市人民政府办公室
2009	2008年度安全生产工作目标管理先进单位	永州市财政局	永州市人民政府办公室
2009	2008年度完成政府主要工作目标任务先进单位	永州市财政局	永州市人民政府办公室

续表1-6-6

年份	荣誉名称	获奖单位	颁奖单位
2009	市直优化经济环境“满意单位”	永州市财政局	永州市优化经济环境领导小组
2010	社会治安综合治理先进单位	永州市财政局	中共永州市委办公室、永州市人民政府办公室
2010	重点项目建设协调贡献奖	永州市财政局	中共永州市委办公室、永州市人民政府办公室
2010	2009年度安全生产目标管理先进单位	永州市财政局	永州市人民政府办公室
2010	推进新型工业化“企业服务年”先进单位	永州市财政局	中共永州市委办公室、永州市人民政府办公室
2010	人口和计划生育工作综合治理先进单位	永州市财政局	中共永州市委办公室、永州市人民政府办公室
2010	社会治安综合治理先进单位	永州市财政局	中共永州市委办公室、永州市人民政府办公室
2010	2009年度推进依法行政暨行政程序建设先进单位	永州市财政局	永州市人民政府办公室
2010	湖南省财政系统先进单位	永州市财政局行政政法科、宁远县财政局、东安县财政局、蓝山县财政局会计管理股、冷水滩区杨村甸乡财政所、零陵区邮亭圩镇财政所、祁阳县龚家坪镇财政所、双牌县江村镇财政所、道县寿雁镇财政所、江永县桃川镇财政所、江华县沱江镇财政所、宁远县舜陵镇财政所、新田县陶岭乡财政所	湖南省财政厅、湖南省人力资源和社会保障厅
2011	二〇一〇年度社会治安综合治理先进单位	永州市财政局	中共永州市委办公室、永州市人民政府办公室
2012	市政务公开工作先进单位	永州市财政局	永州市人民政府办公室
2012	市政务中心优秀窗口	永州市财政局	永州市人民政府办公室

续表1-6-6

年份	荣誉名称	获奖单位	颁奖单位
2012	绩效评估一等奖	永州市财政局	中共永州市委办公室、永州市人民政府办公室
2012	推进新型工业化“企业服务年”活动一等奖	永州市财政局	中共永州市委办公室、永州市人民政府办公室
2012	承接产业转移和招商引资优质服务奖	永州市财政局	中共永州市委办公室、永州市人民政府办公室
2012	2011 年度推进依法行政暨行政程序建设先进工作者	永州市财政局	永州市人民政府办公室
2012	2011 年度消防工作先进单位	永州市财政局	永州市人民政府办公室
2012	二〇一二年党的十八大期间信访维稳工作先进单位	永州市财政局	中共永州市委办公室、永州市人民政府办公室
2013	安全生产工作先进单位	永州市财政局	中共永州市委办公室、永州市人民政府办公室
2013	社会管理综合治理先进单位	永州市财政局	中共永州市委办公室、永州市人民政府办公室
2013	社会管理综合治理平安单位	永州市财政局	中共永州市委办公室、永州市人民政府办公室
2013	联村建绿工作先进单位	永州市财政局	中共永州市委办公室、永州市人民政府办公室
2013	信访工作先进单位	永州市财政局	中共永州市委办公室、永州市人民政府办公室
2013	2012 年度市直“四深入两结对一测评”作风建设活动和优化经济环境、机关效能建设工作“满意单位”	永州市财政局	中共永州市委办公室、永州市人民政府办公室
2013	2012 年度依法行政工作先进单位	永州市财政局	永州市人民政府办公室

续表1-6-6

年份	荣誉名称	获奖单位	颁奖单位
2013	2012 年度消防工作先进单位	永州市财政局	永州市人民政府办公室
2013	2012 年度政务公开政务服务工作先进单位	永州市财政局	永州市人民政府办公室
2014	2013 年度优化烤烟工作秩序先进单位	永州市财政局	永州市人民政府办公室
2014	2013 年度市直优化经济环境、机关效能建设工作“满意单位”	永州市财政局	永州市人民政府办公室
2014	2013 年度反腐倡廉建设先进单位	永州市财政局	中共永州市委办公室
2014	2013 年度绩效评估先进单位	永州市财政局	中共永州市委办公室、永州市人民政府办公室
2014	2013 年度社会管理综合治理先进单位	永州市财政局	中共永州市委办公室、永州市人民政府办公室
2014	2013 年度“平安单位”	永州市财政局	中共永州市委办公室、永州市人民政府办公室
2014	2013 年度人口和计划生育工作先进单位	永州市财政局	中共永州市委办公室、永州市人民政府办公室
2014	2013 年度安全生产工作先进单位	永州市财政局	中共永州市委办公室、永州市人民政府办公室
2014	2013 年度推进新型工业化“工业企业服务年”先进单位	永州市财政局	中共永州市委办公室、永州市人民政府办公室
2014	2013 年度发展开放型经济优质服务先进单位	永州市财政局	中共永州市委办公室、永州市人民政府办公室
2014	2013 年度信访工作先进单位	永州市财政局	中共永州市委办公室、永州市人民政府办公室
2014	2013 年度消防工作先进单位	永州市财政局	永州市人民政府办公室

续表1-6-6

年份	荣誉名称	获奖单位	颁奖单位
2014	2013 年度推进依法行政工作先进单位	永州市财政局	永州市人民政府办公室
2015	2014 年度人口和计划生育综合治理优秀单位	永州市财政局	中共永州市委办公室、永州市人民政府办公室
2015	2014 年度安全生产先进单位	永州市财政局	中共永州市委办公室、永州市人民政府办公室
2015	2014 年度社会管理综合治理先进单位	永州市财政局	中共永州市委办公室、永州市人民政府办公室
2015	2014 年度人口和计划生育综合治理优胜单位	永州市财政局	中共永州市委办公室、永州市人民政府办公室
2015	2014 年度优化经济环境、机关效能建设工作“满意单位”	永州市财政局	中共永州市委办公室、永州市人民政府办公室
2015	2014 年度党风廉政建设和反腐败工作先进单位	永州市财政局	中共永州市委办公室、永州市人民政府办公室
2015	2014 年度推进依法行政工作先进单位	永州市财政局	永州市人民政府办公室
2015	2014 年度绩效评估经济管理部门类优秀等级	永州市财政局	中共永州市委办公室、永州市人民政府办公室
2015	2014 年度“三项改革”（行政体制改革、社会治理机制改革和农村产权制度改革）工作优秀单位	永州市财政局	中共永州市委办公室、永州市人民政府办公室
2015	2014 年度国企改革工作先进单位	永州市财政局	中共永州市委办公室、永州市人民政府办公室
2015	2014 年度党建工作优秀单位	永州市财政局	中共永州市委办公室、永州市人民政府办公室
2015	2014 年度信访工作优秀单位	永州市财政局	中共永州市委办公室、永州市人民政府办公室

续表1-6-6

年份	荣誉名称	获奖单位	颁奖单位
2015	2014 年度六件惠民实事（为民办实事）工作优秀单位	永州市财政局	中共永州市委办公室、永州市人民政府办公室
2015	2014 年度新型工业化工作“工业企业服务年”活动优秀单位	永州市财政局	中共永州市委办公室、永州市人民政府办公室
2015	2014 年度十百千工程建设工作组织协调先进单位	永州市财政局	中共永州市委办公室、永州市人民政府办公室
2015	2014 年度开放型经济发展工作优质服务单位	永州市财政局	中共永州市委办公室、永州市人民政府办公室
2015	2014 年度“三项优先”（生态优先、教育优先、就业优先）工作优秀单位	永州市财政局	中共永州市委办公室、永州市人民政府办公室
2015	2014 年度旅游产业发展工作优秀单位	永州市财政局	中共永州市委办公室、永州市人民政府办公室
2015	2014 年度政务公开政务服务工作先进单位	永州市财政局	永州市人民政府办公室
2015	2014 年度安全生产工作先进单位	永州市财政局	中共永州市委办公室、永州市人民政府办公室
2015	2014 年度信访工作先进单位	永州市财政局	中共永州市委办公室、永州市人民政府办公室
四、永州市财政局、永州市人事局表彰奖励			
1992	全区先进财务工作集体	祁阳县卫生职工中专学校、冷水滩市粮食局、东安县五交化公司、宁远县中和区供销社、祁阳县潘家埠供销社、零陵地区冶金化工总厂、零陵地区机电公司、江华县林业采育场码市分场（8 个）	零陵地区财政局
1993	文明财政所	永州市七里店乡财政所、祁阳县茅竹乡财政所、冷水滩市仁湾乡财政所、东安县白牙市镇财政所、东安县大庙口乡财政所、双牌县蔡里口乡财政所、道县车头乡财政所、江华县花江乡财政所、宁远县慕投乡财政所、宁远县下灌乡财政所、新田县金陵乡财政所、蓝山县浆洞乡财政所（12 个）	零陵地区财政局

续表1-6-6

年份	荣誉名称	获奖单位	颁奖单位
1993	保留文明财政所	永州市接履桥乡财政所、道县道江镇财政所、祁阳县金洞镇财政所、冷水滩市水口桥乡财政所、东安县紫溪市镇财政所、双牌县城关镇财政所、江永县桃川镇财政所、江华沱江镇财政所、宁远县城关镇财政所、新田县茂家乡财政所、蓝山县城关镇财政所	零陵地区财政局
1993	全区财政系统“双文明”目标管理先进单位	蓝山县财政局、江华县财政局、永州市财政局、祁阳县财政局、东安县财政局、宁远县财政局	零陵地区财政局、零陵地区人事局
1994	第三批文明财政所	永州市石山脚乡财政所、长塘乡财政所，祁阳县目关头乡财政所、晒北滩乡财政所、八宝镇财政所、茅竹乡财政所，冷水滩市马路街乡财政所、香花坝乡财政所，东安县紫溪市镇财政所、大江口乡财政所，双牌县蔡里口乡财政所、平福头乡财政所，新田县金陵乡财政所、城关镇财政所、茂家乡财政所，宁远县城关镇财政所、石家洞乡财政所，道县道江镇财政所、上关乡财政所、寿雁镇财政所，蓝山县浆洞乡财政所、城关镇财政所、荆竹乡财政所，江华县码市镇财政所、花江乡财政所、沱江镇财政所（27个）	零陵地区财政局
1995	1994年度县（市）财政局“双文明”目标考核优胜单位	第一名：祁阳县财政局；第二名：东安县财政局；第三名：永州市财政局；第四名：冷水滩市财政局、江华县财政局；物质文明奖：道县财政局；精神文明奖：蓝山县财政局	零陵地区财政局
1996	1995年度县（市）财政局“双文明”目标考核优胜单位	第一名：祁阳县财政局；第二名：新田县财政局；第三名：道县财政局；第四名：江华县财政局；物质文明奖：蓝山县财政局；精神文明奖：永州市财政局	零陵地区财政局

续表1-6-6

年份	荣誉名称	获奖单位	颁奖单位
1996	永州市财政系统 1995—1996 年度先进财政所	芝山区珠山镇财政所、水口山镇财政所、大庆坪乡财政所，双牌县何家洞乡财政所、泷泊镇财政所，东安县白牙市镇财政所、大庙口镇财政所、大江口乡财政所，冷水滩区珊瑚乡财政所、黄阳司镇财政所、仁湾镇财政所，祁阳县黎家坪镇财政所、大村甸镇财政所、梅溪镇财政所、肖家村镇财政所、金洞镇财政所，道县清塘镇财政所、寿雁镇财政所，江永县粗石江镇财政所、千家峒乡财政所，江华县水口镇财政所、贝江乡财政所、未竹口乡财政所，宁远县冷水镇财政所、太平镇财政所，蓝山县塔峰镇财政所、浆洞乡财政所，新田县龙泉镇财政所、骥村镇财政所（29 个）	永州市财政局
1998	永州市财政系统 1997—1998 年度先进财政所	芝山区珠山镇财政所、水口山镇财政所，冷水滩区黄阳司镇财政所、仁湾镇财政所，东安县白牙市镇财政所、大庙口镇财政所，祁阳县浯溪镇财政所、进宝塘镇财政所、大村甸镇财政所，双牌县理家坪乡财政所、上梧江乡财政所，道县寿雁镇财政所、清塘乡财政所，宁远县舜陵镇财政所、仁和镇财政所，江永县潇浦镇财政所，江华县贝江乡财政所、涛圩镇财政所，蓝山县塔峰镇财政所、所城镇财政所，新田县龙泉镇财政所、新圩镇财政所，凤凰园珊瑚乡财政所	永州市财政局
1999	永州市财政系统先进集体	新田县财政局、道县财政局、蓝山县预算行财股、双牌县农税局、祁阳县浯溪镇财政所、宁远县舜陵镇财政所	永州市财政局、永州市人事局
1999	1998 年度县（区）财政局“双文明”目标管理先进单位	新田县财政局、道县财政局、凤凰园经济开发区财政局、芝山区财政局	永州市财政局
2000	1999 年度县（区）财政局财政工作目标管理先进单位	凤凰园经济开发区财政局、新田县财政局、江永县财政局、蓝山县财政局、江华县财政局、道县财政局	永州市财政局
2000	1999 年度县（区）财政局机关规范化管理先进单位	芝山区财政局、蓝山县财政局、祁阳县财政局、江永县财政局	永州市财政局

续表1-6-6

年份	荣誉名称	获奖单位	颁奖单位
2001	2000年度县（区）财政局“双文明”目标考核优胜单位	先进单位：凤凰园经济开发区财政局、祁阳县财政局、江永县财政局、新田县财政局、东安县财政局；物质文明先进单位：蓝山县财政局；精神文明先进单位：冷水滩区财政局	永州市财政局
2002	2001年度县（区）财政局“双文明”目标管理优胜单位	先进单位：冷水滩区财政局、宁远县财政局、凤凰园经济开发区财政局、蓝山县财政局、双牌县财政局；物质文明先进单位：江华县财政局；精神文明先进单位：祁阳县财政局	永州市财政局
2003	2002年度全市财政系统先进集体	冷水滩区财政局会计股、伊塘镇财政所，芝山区南津渡财政所、邮亭圩镇财政所，东安县井头圩镇财政所、大庙口镇财政所，祁阳县财政局预算股、白水镇财政所、七里桥镇财政所，双牌县收费管理局、江村镇财政所，道县农税局、梅花镇财政所、洪塘营乡财政所，江永县收费管理局、允山镇财政所，江华县财政局预算股、大圩镇财政所，蓝山县非税收入管理局、洪观财政所，宁远县财政局预算股、九嶷山乡财政所，新田县收费管理局、石羊镇财政所，凤凰园经济开发区财政局，回龙圩管理区财税局农税股，永州永州市财政局预算科（27个）	永州市财政局、永州市人事局
2003	2002年度县（区）财政工作目标管理先进单位	一等奖：冷水滩区财政局；二等奖：祁阳县财政局、凤凰园经济开发区财政局、东安县财政局；三等奖：宁远县财政局、蓝山县财政局、江华县财政局	永州市财政局
2004	2003年度县（区）财政工作目标管理先进单位	一等奖：双牌县财政局；二等奖：江华县财政局、芝山区财政局；三等奖：冷水滩区财政局、道县财政局、蓝山县财政局	永州市财政局
2006	2005年度县（区）财政工作目标管理先进单位	一等奖：零陵区财政局；二等奖：宁远县财政局、东安县财政局；三等奖：江华县财政局、双牌县财政局、新田县财政局	永州市财政局

续表1-6-6

年份	荣誉名称	获奖单位	颁奖单位
2006	永州市财政系统先进集体	冷水滩区财政局预算（国库）股、冷水滩区普利桥镇财政所、零陵区接履桥镇财政所、零陵区邮亭圩镇财政所、东安县鹿马桥镇财政所、东安县水岭乡财政所、祁阳县龚家坪镇财政所、祁阳县黎家坪镇财政所、双牌县五里牌镇财政所、道县非税收入征收管理局、道县寿雁镇财政所、江永县千家洞乡财政所、江华县非税收入征收管理局、江华县湘江乡财政所、蓝山县太平乡财政所、宁远县湾井镇财政所、宁远县清水桥镇财政所、新田县门楼下乡财政所	永州市人事局、永州市财政局
2007	2006 年度县（区）财政工作目标管理先进单位	一等奖：蓝山县财政局；二等奖：新田县财政局、江华县财政局；三等奖：零陵区财政局、江永县财政局、道县财政局	永州市财政局
2008	2007 年县（区）财政工作目标考评先进单位	一等奖：宁远县财政局；二等奖：江永县财政局、蓝山县财政局；三等奖：冷水滩区财政局、零陵区财政局、祁阳县财政局	永州市财政局
2009	2008 年县（区）财政工作目标考评先进单位	一等奖：宁远县财政局；二等奖：零陵区财政局、东安县财政局；三等奖：新田县财政局、道县财政局、江华县财政局	永州市财政局
2010	2009 年县（区）财政工作目标考评先进单位	一等奖：道县财政局；二等奖：东安县财政局、宁远县财政局；三等奖：零陵区财政局、蓝山县财政局、江华县财政局	永州市财政局
2011	永州市财政系统先进集体	冷水滩区财政局办公室、冷水滩区梧桐财政所、零陵区非税收入征收管理局、零陵区石岩头镇财政所、祁阳县乡镇财政管理局、祁阳县羊角塘镇财政所、东安县石期市镇财政所、东安县紫溪市镇财政所、双牌县财政局会计管理中心、道县财政局、道县万家庄乡财政所、宁远县中和镇财政所、江华县财政局预算股、江永县上江圩镇财政所、新田县国有资产管理局、蓝山县塔峰镇财政所（16 个）	永州市财政局、永州市人力资源和社会保障局

1992—2015 年永州市财政系统个人获得市以上荣誉统计表

表 1-6-7

年份	荣誉名称、奖励	获奖个人	颁奖单位
一、省部级奖励			
1993	全国财政系统先进工作者	袁小华	财政部、人事部
1995	湖南省先进工作者（劳动模范）	沈根元	湖南省人民政府
2002	全国财政系统先进工作者	周国平	财政部、人事部
2003	全国财政系统宣传工作先进个人	陈晓旺	财政部
2011	2006—2010 年全国法制宣传教育先进个人	罗文峰	中共中央宣传部、司法部
二、地厅级奖励			
1992	先进个人	邓文志、欧阳小平、欧阳璐、雷珍瑞、唐国金、秦昌书、盘全政、陈贤清、蒋芳胜、李德明、李福彪、邝庆喜、袁小华、李中甫、何德利、王国秀、陈苏平、郑小勇、胡立辉、唐财洪、王焕岳、彭玉忠、卢凤瑞、袁永清、蒋元彬、戴双江、李忠兰、邓霞云、杨湘省、李海鹰、唐建新、邓太梅、赵国宝、伍小秋、王亚平、文绍模、胡荣富、王福生、柏炳三（39 人）	湖南省财政厅
1993	浮动（或固定）一级工资	周鳌、朱志远、陈昌文、张仁陆、陈贤清、胡久福、蒋忠辉、蒋美龙、唐楚秋、王国秀、陈友涛（11 人）	湖南省财政厅、湖南省人事厅
1993	记大功	莫爱新、陈友林、罗国辉、李运飞、邓贵安、刘全福、黄志杰、李海鹰、潘启明、周孝远、柏仁俊、盘全政、李建国、杨石昆、蒋飞、李中甫、陈苏平、李福彪、周文彬（19 人）	湖南省财政厅、湖南省人事厅
1998	湖南省财政系统先进个人	李俊（记一等功）、陈晓旺（记二等功）、段柏宏（记二等功）、王晓艳（记二等功）	湖南省财政厅、湖南省人事厅
2000	全市先进工作者（劳动模范）	龚跃林	永州市人民政府
2003	湖南省财政系统先进个人	何长华、何积忠、赵国平	湖南省财政厅、湖南省人事厅
2005	永州市先进工作者（劳动模范）	陈晓旺（永州市财政局办公室主任）、文亚辉（蓝山县财政局局长）、蒋德贵（冷水滩区财政局局长）	永州市人民政府

续表1-6-7

年份	荣誉名称、奖励	获奖个人	颁奖单位
2006	湖南省财政系统先进个人	周康甲（记一等功）、何云芳（记二等功）、陈勇军（记二等功）、唐振军（记二等功）	湖南省财政厅、湖南省人事厅
2007	湖南省杰出会计工作者	全石秀（蓝山县财政局）、谭翠莲（烈士，祁阳县农村信用联社城关信用社杨家桥分社）、莫晓辉（烈士，冷水滩区上岭桥农村信用社）	湖南省财政厅
2007	湖南省优秀会计工作者	程丽华（永州职业技术学院）	湖南省财政厅
2010	湖南省先进会计工作者	刘文艳	湖南省财政厅
2010	湖南省财政系统先进个人	蒋建璋（记一等功）、唐一葵（记二等功）、周顺武（记二等功）、潘顺清（记二等功）、陈保华（记二等功）	湖南省财政厅、湖南省人力资源和社会保障厅
三、永州市财政局、永州市人事局联合表彰等奖励			
1992	全区财政系统先进工作者	永州市王焕岳、唐财洪、郑小勇、胡立辉、姜幼芝、蒋新元、李运飞、罗国辉、唐少华；祁阳县邓霞云、杨湘省、李海鹰、唐更新、邓太梅、赵国宝、陈湘江、邓南桂、张满琦、刘采华、唐陶贞、董岳、伍新春、李碧莲、周和平、邓若球；冷水滩市朱志远、雷珍瑞、秦昌书、唐国金、周景安、潘启明、雷久设；东安县胡学彪、周孝远、付玉林、陈昌斌、周顺辉、周吉平、伍小秋、王亚平、文绍模；双牌县邝庆喜、袁晓华（袁小华）、杨祝顺、周贤专、唐其林；道县蒋飞、杨义远、聂吉英、李在安、余炳盛、彭玉忠、卢凤瑞、袁永清、柏炳三；江永县蒋芳胜、陈贤清、何能喜、向丽君、张兴旺；江华县蒋元彬、戴双江、李忠兰、李均旺、陈普银、金湘红、蒋光银、黄玉兰；宁远县李中甫、何德利、王国秀、陈苏平、李少清、李朝忠、赵国亮、文万秀、蒋运忠、杨明；蓝山县李德明、李福彪、梁有余、胡国胜、黄才略、廖文革；新田县胡荣富、王福生、乐新培、史钦平、廖石宝、石祥庚；地区财校盘全政、盘励成、夏运芬；省信托零陵办事处李贻标、魏远荣（96人）	零陵地区财政局

续表1-6-7

年份	荣誉名称、奖励	获奖个人	颁奖单位
1992	全区先进会计工作者	地直单位赵祖华、易福云、李仕英、吴连和、苏方贵、罗信丁、王乔淑、陈冬娇、蒋燕翔、马春梅、崔玉衡、蒋素珍、何阿雅；中央、省属驻零陵地区单位雷超贵、彭雨梅、钟友苏、周庚芝；冷水滩市胡凤仙、秦其铭、王伯顺、熊守成、张景清、唐华；祁阳县陈言秀、李中久、蒋云玉、杨爱英、张新民、王桂英、徐云；东安县毛新华、唐明光、陈丽平、李振国、钱久云、杨翰林；道县丁化连、蒋丽、李秋林、陈道德、王鄂；宁远县高培忠、樊加才、曾志能、陈苏平、何良艾；江华县潘小英、张建华、何景春、吕凯云；江永县朱新华、陈宏亚、张万祥、何贞兴；蓝山县马志琴、钟润娅、李福彪；新田县刘城友、刘明月、乐文胜；双牌县蒋崇智、吕年玉、彭少坤；永州市李环丽、王焕岳、李瑞英、沈启玉、秦火生、刘善许（69人）	零陵地区财政局
1993	全区财政系统“双文明”目标管理先进个人（记功）	永州市王忠元、度冬城、王家兰、蒋新元、蒋春龙、杨智先；祁阳县段昆明、吴国忠、周或颖、李爱华、李侃、李忠元、石振华、汪庆斌、陈湘江、蒋青松、江清平、李解放；冷水滩市付文俊、秦昌书、冯海军、雷久设、何为华；东安县胡学彪、蒋爱华、王亚平、陈铸新、陈金平、黄文辉；双牌县周贤专、蒋聘瑾、刘桂娣、袁小华；道县蒋建俊、杨义远、熊长文、何上和、夏劲松、周和平；江永县李俊、何能喜、蒋芳胜、胡永文；江华县杨金良、陈爱芝、周德新、蒋元彬、李小江、盘江旺；宁远县郑德元、文万秀、杨明、谢昌波、姜仁美、朱志宏、邓本生、刘运发、欧阳桐生；新田县刘咏湘、乐延平、周七古、胡普明；兰山县廖文革、黄英、刘文兵、周荣平、厉肇祯；地区财校熊金星（68人）	零陵地区财政局、零陵地区人事局

续表1-6-7

年份	荣誉名称、奖励	获奖个人	颁奖单位
1994	全区财政系统“双文明”目标管理竞赛活动中先进个人（记功）	永州市财政局邓贵安、唐奇元、杨智先、陈家福、李立武、毛晓平、王忠元、柏菁、唐昌玉；祁阳县财政局周和平、申法生、胡翠玲、雷泽民、李啸波、邓南桂、石振华、陈湘江、付百吉、谢群伟、唐友元、李爱华、宋伟斌、刘金福、王建明；双牌县财政局周忠华、唐其林、刘桂娣、陈晓旺；江华县财政局陈永宝、李忠、陈桂芳、李兴干、贝小义、扶张雄、周大江、孙春梭；道县财政局陈友涛、朱世信、何积忠、卢风瑞、尹成明、周积兰、邓昌远；冷水滩市财政局唐小平、蒋德贵、李建云、雷久设、李建宁、钱光跃；蓝山县财政局卿晓刚、周继彪、蒋从竞、文亚辉、李福彪、曾广成；宁远县财政局蒋昌明、陈苏平、李新月、雷新春、李之昌、文万秀、眭道富、胡木秀、李少清；东安县财政局龚跃林、周奇信、黄文辉、邓建新、文昭模、陈铸新、唐一葵（81人）	零陵地区财政局、零陵地区人事局
1997	永州市财政系统十佳财政工作者	记二等功：文绍模、文小昂、毛杰、杨晋益、卢声强、贺文第、李海英；记三等功：叶海飞、胡翠斌、曾传光、黄国银、雷解全	永州市财政局、永州市人事局
1999	永州市财政系统先进个人（记三等功）	宋伟斌、唐国生、邓贵安、欧阳国春、蒋小云、阳新军、胡登彪、王共辉、龙文军	永州市财政局、永州市人事局
2003	永州市财政系统先进个人	唐战武、唐一葵、秦初开、张兴旺、段柏宏、段忠生、陈苏平、何小文、王湘文、唐珍玲、邓旋	永州市财政局、永州市人事局
2006	永州市财政系统先进个人（记三等功）	唐国生、周建军、周文辉、秦奖清、蒋建璋、宋大军、成克普、曾凡林、王佩华、马玮	永州市人事局、永州市财政局
2011	永州市财政系统先进个人	陈万方、刘巧玲、段瑛、李林华、叶海飞、杨友忠、邓大清、邓桂玉、蒋继、蒋光平、唐昭旺、周国书、顾津平	永州市财政局、永州市人力资源和社会保障局

第二篇

国　税

第一章 税制管理

1992—1993 年，零陵地区沿用“利改税”后的工商税制结构，实行多税种、多环节征收的复合税制，全区在征的税种 25 种（全国在征税种 32 种）。1994 年 1 月 1 日，按照国务院《关于实行分税制财政管理体制的决定》，零陵地区全面实行分税制，随后不断调整和完善新税制。2014 年 6 月 1 日，永州市实行营业税改征增值税。

第一节 分税制改革

1994 年 1 月 1 日，根据国务院确定全国分税制改革的原则和主要内容，零陵地区统一实施分税制改革，按照中央与地方政府的事权划分，合理确定地、县（市）财政的支出范围；根据事权与财权相结合的原则，税种统一分为中央税、地方税和中央地方共享税，并分设国税和地税两套税务机构分别征管。其中，国税部门负责征收中央税和共享税，地税部门负责征收地方税。

一、分税制的税收级次划分

（一）中央固定收入

包括关税，消费税和增值税（中央 75%），中央企业所得税，非银行金融企业所得税，铁道、银行总行、保险总公司等部门集中缴纳的收入（包括营业税、所得税、利润和城市维护建设税），中央企业上交利润等。

（二）地方固定收入

包括营业税（不含银行总行、铁道、保险总公司的营业税），地方企业所得税，地方企业上交利润，个人所得税，城镇土地使用税，固定资产投资方向调节税，城市维护建设税（不含银行总行、铁道、保险总公司集中缴纳的部分），房产税，车船使用税，印花税，屠宰税，农牧业税，耕地占用税，契税，遗产税和赠予税，房地产增值税，国有土地有偿使用收入等。

（三）中央与地方共享收入

包括增值税、资源税、证券交易税。其中，增值税上划中央75%，地方分享25%；资源税按不同的资源品种划分，陆地资源税作为地方收入，海洋石油资源税作为中央收入；证券交易税中央和地方各分享50%。

二、税种改革

1993年11月12日，中共零陵地委扩大会议集中学习新税制。图为地区税务局局长邹礼强（右一）介绍新税制

1994年1月1日，零陵地区本着“统一税法，公平税负，简化税制，合理分权，理顺分配关系，保障财政收入，建立符合社会主义市场经济要求的税制体系”的指导思想，按全国工商税制改革内容进行全面性、结构性的改革调整。

（一）增值税

分税制实施后，零陵地区以实行规范化的增值税征管为核心，新流转税制由增值税、消费税、营业税组成，在工业生产领域和批发零售商业普遍征收增值税，对特定消费品征收消费税，对不实行增值税的劳务和销售不动产征收营业税。取消原有的产品税、特别消费税和工商统一税等。

（二）企业所得税

零陵地区统一内资企业所得税，采用33%的比例税率，规范企业所得税税前列支项目和标准，取消原来分别设置的国营企业所得税、国营企业调节税、集体企业所得税和私营企业所得税。同时，对区内国营企业不再执行企业承包上缴所得税的包干制；取消向国营企业征收国家能源交通重点建设基金和国家预算调节基金。

（三）个人所得税

各县（市）把原个人所得税、个人收入调节税、城乡个体工商业户所得税统一为个人所得税，分不同所得项目分别采用超额累进税率和比例税率，实行不同的扣除标准。

（四）其他税种开征

按照国务院和省政府等规定，零陵地区分步撤并和开征其他税种，扩大资源税征收范围。先后将盐税并入资源税，实行分产品从量定额计算征税的办法；开征土地增值税，用于调节房地产交易中的过高利润，采用四级超率累进税率；分步开征证券交易税、遗产和赠予税；调整城乡维护建设税、土地使用税，取消集市交易税、牲畜交易税、烧油特别税、奖金税和工资调节税，下放屠宰税给地方（后取消征收）。

全区改革之后的税种由 32 个减少为 18 个，初步实现税制的简化、规范和高效统一。

三、新税制的完善

新税制自 1994 年实施后，零陵地区各级国税机关按国家统一税收政策与改革进程，不断进行调整和完善，除巩固和简化税种外，陆续进行费改税、取消农业税、营业税改征增值税等重大改革。

2000 年 10 月 22 日，国务院颁布《中华人民共和国车辆购置税暂行条例》，自 2001 年 1 月 1 日起，永州市辖区统一征收车辆购置税，同时取消车辆购置附加费。2006 年 3 月 14 日，第十届全国人大第四次会议通过决议，在全国范围内取消农业税。是年 4 月 28 日，国务院公布《中华人民共和国烟叶税暂行条例》，对烟叶的收购实行 20%的比例税率。2007 年 3 月 16 日，全国人大审议通过《中华人民共和国企业所得税法》，结束企业所得税法律制度对内、外资分立的局面，全市逐步建立起规范、统一、公平、透明的企业所得税法律制度。

2011 年 11 月 16 日，经国务院批准，财政部、国家税务总局印发《营业税改征增值税试点方案》《交通运输业和部分现代服务业营业税改征增值税试点实施办法》等文件，明确从 2012 年 1 月 1 日起，开展对交通运输业和部分现代服务业营业税改征增值税试点。永州市自 2014 年 1 月 1 日起，开展铁路运输和邮政业“营改增”试点。是年 4 月 30 日，财政部、国家税务总局印发《关于将电信业纳入营业税改征增值税试点的通知》，永州市从 6 月 1 日起将电信业纳入“营改增”范围。

第二节　增值税管理

根据1993年12月13日国务院发布的《中华人民共和国增值税暂行条例》（以下简称《增值税暂行条例》）和财政部发布的《增值税暂行条例实施细则》（以下简称《实施细则》），自1994年1月1日起，新的增值税暂行条例施行，零陵地区税务局负责全区增值税的征收管理。

一、税率和征收率

增值税实行价外税，以不含税价为计税依据，基本税率为17%，低税率为13%，出口货物实行零税率。小规模纳税人按照6%的征收率征税。1998年7月1日起，永州市执行国家税务总局调整后的增值税征收率，对从事商业经营的小规模纳税人的征收率由6%减按4%征收增值税。2000年1月1日起，根据国家税务总局《关于商品混凝土实行简易办法征收增值税问题的通知》，对一般纳税人销售的应税混凝土，按6%的征收率征收增值税。

按照《增值税暂行条例》及《实施细则》规定，个体工商户和其他个人纳税人应纳增值税的销售额未达到规定的增值税起征点的免征增值税，起征点以上的按征收率计征增值税。1994年1月1日至2002年12月31日，永州市个体工商户和其他个人的增值税起征点均按《实施细则》的最低标准执行，即销售货物的增值税起征点为月销售额600元，销售应税劳务的起征点为月销售额200元，按次纳税的为每次（日）销售额50元。2003年1月1日，全市调整个体户增值税起征点，销售货物和应税劳务的起征点分别提高到月销售额2000元和1500元，按次纳税的起征点提高到每次（日）销售额200元。2004年7月1日，全市再次调整个体工商户增值税起征点，销售货物和应税劳务的起征点分别提高到月销售额5000元和3000元，按次纳税的仍为每次（日）200元。2012年1月1日，湖南省财政厅根据财政部有关增值税起征点5000至20000元的标准，全省统一调整至上限20000元，即销售货物和应税劳务的起征点均提高到20000元，按次纳税的由原每次（日）200元提高到500元。2014年7月1日，全市辖区内个体工商户等小规模纳税人的征收率由原4%调减为3%。

二、增值税纳税人管理

1994年，零陵地区国税系统认定管辖的一般纳税人共1564户，占增值税纳税人总户数（包括个体户1.70万户）的8.41%。其中，对从事货物生产或提供应税劳务年应纳税（以下简称应税）销售额100万元以上和从事货物批发或零售年应税销售额180万元以上的，认定为增值税一般纳税人（简称一般纳税人）；上述销售额以下的为小规模纳税人；个人、非企业性单位和不经常发生纳税行为的企业，视同小规模纳税人管理。一般纳税人销售货物取得销售收入，使用增值税专用发票（简称专用发票），按照应税销售额及其适用税率计算销项税额，以进货取得的专用发票所载明的税额为进项税额，以销项税额抵减进项税额后的余额为应纳税额。小规模纳税人不使用专用发票，进货增值税额也不抵扣，以不含税销售额按征收率征收增值税。

1996年1月1日，永州市贯彻执行《湖南省增值税管理规程》，对一般纳税人由县以上（含县）国税局审批认定，并在30日内审核完毕。其中，个体经营者认定为一般纳税人的，需报经省国税局审批。是年7月，全市统一将初认定变更为临时认定，临时认定的期限为一年。1997年1月1日，根据《湖南省国家税务局增值税一般纳税人分类管理暂行办法》，按照应纳增值税销售收入及应纳增值税税额、会计核算、经营规模、发票管理使用和依法履行纳税义务等情况，全市将一般纳税人划分为A、B、C三个类别管理。1998年1—5月，在对全市1997年度一般纳税人资格年审中，对从事商业经营年应税销售额50万元以下、从事工业生产年应税销售额30万元以下的，一律取消一般纳税人资格，改按小规模纳税人征税。7月1日起，对年应税销售额在180万元以下的小规模商业企业，无论其财务核算是否健全，一律不认定为一般纳税人，8月底，将已认定为一般纳税人的小规模商业企业全部划转为小规模纳税人征收增值税。1999年1—4月，市国税局组织对1998年度一般纳税人进行资格年审，共年审834户，取消102户不合格的一般纳税人资格。2001年7月1日，依照国家税务总局《关于加强商贸企业增值税征收管理有关问题的通知》精神，进一步加强对商贸企业临时一般纳税人的认定管理。对商贸企业申办一般纳税人认定的，由县（区）国税局组成联合调查组调查以后，税政法规科按审批程序和认定标准审核，经县（区）国税局审批后上报市国税局审定。2002年1月，根据国家税务总局《关于加油站一律按照增值税一般纳税人征税的通知》，对从事成品油销售的加油站，无论年应税销售额是否超过180万元，一律按一般纳税人征税。

2003年3月1日，对一般纳税人认定和临时认定工作重新下放到县（区）国税局审批。根据国家税务总局要求在6月底前将所有一般纳税人全部纳入防伪税控系统管理的规定，全市对申请认定为一般纳税人的企业均按要求配备航天公司认可的“金税工程”设备，并取得航天公司对防伪税控系统操作使用的培训合格证。2004年8月，根据国家税务总局《关于加强新办商贸企业增值税征收管理有关问题的紧急通知》，对于新办商贸企业一般纳税人认定，区别下述两种情况分别进行管理：（一）对新办的小型商贸企业，由以前办理税务登记以后按照预计其年销售额认定一般纳税人的办法，改变为自税务登记之日起一年内实际销售额达到180万元，方可申请一般纳税人资格认定，在认定前一律按小规模纳税人管理。新办小型商贸企业认定为一般纳税人以后，实行6个月的纳税辅导期管理，并限量发售专用发票。（二）对设有固定经营场所和拥有货物实物的新办商贸零售企业以及注册资金在500万元以上、50人以上的新办大中型商贸企业，其在税务登记时即申请并认定为一般纳税人以后，实行为期6个月的辅导期管理，在辅导期内专用发票发售量每次不超过25份。

2005年以后，不再进行一般纳税人资格年审。

2008年，市国税局积极开展对废旧物资行业、民政福利企业、饲料行业、软件企业等调研，在全面落实相关税收政策的基础上，提出加强征管的建议。2009年，根据《实施细则》规定，增值税纳税人在年应税销售额超过规定的小规模纳税人标准的，应向主管国税机关申请一般纳税人资格认定。是年，针对砖、瓦、灰、沙等建材产品税收征管漏洞较多、征管难度大等问题，市国税局先后印发《永州市砖瓦灰沙石增值税管理办法》和《永州市机动车增值税管理办法》，强化对全市建材行业和机动车销售行业的税收征管。截至12月底，全市建材行业入库税收6354万元，比2008年增加1661万元，增长35.39%；机动车销售行业入库税收1360万元，比2008年增加税收600余万元，增长78.95%。2010年，市国税局创新商贸企业一般纳税人增值税管理办法，先后在冷水滩区国税局进行试点，从一般纳税人认定、财务核算、发票使用、注销盘点结算等多环节加强商贸企业一般纳税人增值税管理，取得明显成效。是年，仅冷水滩区的商业批发、零售行业共实现增值税9810万元，同比增收增值税1871万元。2011年，全市加强对农产品加工企业生产经营的税收管理，先后印发《以产定耗切实加强农产品进项税管理的通知》《运用行业税收管理指标加强农产品加工企业税收管理的通知》等一系列文件与管理措施，促使全市农产品加工行业增加税收近1000万元。2012年，开展税收预警分析，加强税收行业管理。按照“研究一个行业，规范一个行业”的思路，市国税局先后制订印发机动车销售、农产品加工、汽车制造等3个行业税收管理办法，并建立水力发电及汽车零部件制造等重点行业纳税评估模型。其中，水力发电行业评估模型被省国税局选送到国家税务总局，被评为全国“百佳”行业纳税评估模型。

2013 年 8 月 1 日，全市“营改增”启动仪式在冷水滩区国税局启动

2013 年，全市国税系统扎实推进“营改增”试点工作。市国税局及时印发《关于做好扩大营业税改征增值税试点工作意见的通知》，并召开全市“营改增”扩大试点工作会议，对“营改增”扩大试点工作进行具体部署，制订市国税局扩大营业税改征增值税工作任务分解表，将整个“营改增”工作细化成 73 项具体任务，分项抓好落实。是年，全市共开通“营改增”绿色通道 17 个，“营改增”咨询专窗 11 个，“营改增”发票代开窗口 11 个。通过电视、报刊、广播等多种媒体深入宣传，使纳税人及广大市民及时了解“营改增”工作。全市有 631 户营业税纳税人改征增值税，8—11 月共申报入库增值税款 203. 31 万元，文化事业建设费 21. 53 万元。

2014 年 1 月 1 日起，铁路运输业、邮政业正式纳入“营改增”试点范围。6 月 1 日起，电信业正式纳入试点范围。是年，全市“营改增”试点行业共入库税款 8777 万元，90%以上的试点纳税人的税负不同程度下降或持平。2015 年 5 月，对全市存量纳税人用户进行集中升级，共有 1599 户存量应升级纳税人在 2 个月内全部升级完成。9 月，印发《永州市国家税务局关于进一步加强交通运输业增值税税收政策管理的意见》，对全市交通运输行业经营、日常管理、发票代开等方面进行规范。

第三节　消费税管理

1992 年 4 月 24 日，根据国务院《关于停止实行对彩色电视机专营管理及有关问题的批复》精神，零陵地区从 7 月 1 日起停止征收彩电特别消费税。

1993 年 12 月 13 日，国务院颁布《中华人民共和国消费税暂行条例》（以下简称《消费税暂行条例》），自1994年1月1日开征消费税。新开征的消费税，是对在中国境内从事生产和进口税法规定的应税消费品的单位和个人征收的一种流转税，也是对特定的消费品和消费行为在特定的环节征收的一种间接税。零陵地区征收消费税的消费品包括烟、酒及酒精、化妆品、护肤护发品、贵重首饰及珠宝玉石、鞭炮焰火、汽油、柴油、汽车轮胎、摩托车、小汽车（包括小轿车、越野车、小客车）11种。消费税为价内税，只在应税消费品的生产、委托加工和进口环节缴纳。但从1995年1月1日起，对金银首饰由生产环节征收消费税改为零售环节征收消费税，且消费税税率调整为5%。新的消费税实行从价定率、从量定额、复合计税等方式征收。

1994年1月1日，香皂的消费税税率降为5%。1998年7月1日，对卷烟税率进行调整，甲类卷烟（含进口卷烟）为50%，乙类卷烟为40%，丙类卷烟与雪茄烟为25%。1999年1月1日起，护肤护发品（不包括香皂）的消费税税率降为8%，含铅汽油按0.28元/升的税率征收消费税。2001年1月1日，对护肤护发品科目中的香皂和汽车轮胎科目中的子午线轮胎免征消费税。5月1日，粮食白酒和薯类白酒的消费税税率由比例税率调整为定额税率和比例税率，定额税率为1元/千克，粮食白酒比例税率为25%，薯类白酒比例税率为15%；啤酒消费税分每千克啤酒出厂价格在3元（含3元，不含增值税）以上的，单位税额为0.25元/千克，3元以下的为0.22元/千克。6月1日起，卷烟的消费税税率由比例税率调整为定额税率和比例税率，定额税率为每标准箱150元，每标准条调拨价格在50元（含50元，不含增值税）以上的比例税率为45%，50元以下的为30%。2004年8月，市国税局组织开展消费税税收政策执行情况大检查，每个县（区）抽查5户消费税纳税人，主要对2003年以来酒类产品、鞭炮、金银首饰等消费税纳税人应缴、已缴、欠缴增值税、消费税等情况进行核查。2006年，国家对消费税政策进行调整，突出消费税促进环境保护、节约资源以及合理引导消费的作用。同时新增高尔夫球及球具、高档手表、实木地板、游艇等税目，增加成品油税目下的5个子目，取消护肤护发品税目，并调整相关税目的税率。

2008—2009年，为抑制汽油、柴油等燃料的消耗，促进节能减排、规范交通税费制度，永州市按国家统一规定先提高部分大排量乘用汽车的消费税税率，随后又在取消部分交通规费的同时，大幅度提高成品油的税率，使消费税的税收大幅增长。2009年5月1日，在全市烟草行业开征卷烟批发环节消费税。至12月底，全市共入库卷烟消费税5744万元。2010年，对用作生产乙烯、芳烃等化工产品原料的国产燃料油免征消费税，对用作生产乙烯、芳烃等化工产品原料的进口燃料油返还消费税。2011年10月1日，以发酵酒为酒基，酒精度低于20度（含）的配制酒，按消费税税目税率表其他酒10%适用税率征收消费税。

2014年11月29日，将汽油、石脑油、溶剂油和润滑油的消费税单位税额在原单位税额基础上提高0.12元/升；将柴油、航空煤油和燃料油的消费税单位税额在原单位税额基础上提高0.14元/升，并对航空煤油继续暂缓征收消费税。是年12月1日起，取消气缸容量250毫升（不含）以下的小排量摩托车消费税，对气缸容量250毫升和250毫升（不含）以上的摩托车继续分别按3%和10%的税率征收消费税；取消汽车轮胎税目；取消车用含铅汽油消费税，统一按无铅汽油税率征收消费税；取消酒精消费税。

2015年2月1日，将电池、涂料列入消费税征收范围，在生产、委托加工和进口环节征收，适用税率均为4%。5月10日起，将卷烟批发环节从价税税率由5%提高至11%，并按0.005元/支加征从量税。

第四节　营业税管理

1992—1993年，零陵地区税务局（以下简称地区税务局）负责全区营业税的征收管理。营业税是对从事商业、金融保险、邮政电讯、公用事业、出版、娱乐、加工修理业和其他各种服务业的单位、个人等经营业务收入征税，其税目共有11个，税率分别设3%、5%、10%和15%四档。1993年4月12日，营业税税目中的商业零售和其他饮食业税率由3%提高到5%。是年8月，取消营业税临时经营税目。

1994年1月1日，全区执行国务院修订后的《中华人民共和国营业税暂行条例》，对境内所有销售货物和提供加工、修理修配劳务由征收营业税改征增值税，只对服务性行业和销售不动产行为征收营业税。是年9月，税务机构分设后，全区营业税主要由地方税务局（以下简称地税局）负责征收管理，地区国家税务局（以下简称国税局）负责对辖区内港澳台商和外商投资企业以及个体工商户的营业税征收管理。1995年1月1日，经地区国税局和地税局协商，全区个体工商户及集贸市场税收中的纯营业税改由地税局征收。1996年4月1日起，根据省政府办公厅《关于调整省国家税务局、地方税务局税收征管范围的通知》精神，将以缴纳营业税为主的个体工商户和涉外企业以及港澳台商投资企业纳税人的营业税移交地税局征管。1997年1月1日，对金融保险业营业税率由5%提高到8%，其中提高的3%部分为中央财政收入，由国税部门征收管理。1998年1月1日起，对农村信用社减按6%的税率计征营业税。2001年10月1日起，农村信用社营业税率再减按5%的税率计征，全部交由地税部门征收。2003年1月1日，金融保险业营业税率全面恢复到5%，全部由地税征管，国税机关停止征收营业税。

1994—2003年永州市国税系统征收营业税收入统计表

表2-1-1 **单位：万元**

年份	1994年	1995年	1996年	1997年	1998年
税额	7999	43	2	824	1457
年份	1999年	2000年	2001年	2002年	2003年
税额	1452	1687	1307	473	73
合计	15317				

第五节 所得税管理

1994年1月1日起，零陵地区执行国务院颁布的《中华人民共和国企业所得税暂行条例》，废止《中华人民共和国国营企业所得税条例》《中华人民共和国国营企业调节税征收办法》《中华人民共和国集体企业所得税暂行条例》和《中华人民共和国私营企业所得税暂行条例》，简并企业所得税税制，规定企业所得税的基本税率为33%。是年9月国税、地税机构分设后，地区国税局主要负责中央企业、烟草和地方金融企业所得税管理，其他企业的所得税由地税局管理。辖区内企业所得税由国税机关管理的主要有国有商业银行、石油、电力、证券、烟草和农村信用社等。1994—2001年，永州市国税系统共征收内资企业所得税4083万元。

2002年5月，市国税局设立税政二科，主要负责所得税的税收管理，全年征收内资企业所得税549万元。2005年4月，市国税局税政二科更名为所得税管理科。9月15日，市政府召开教育储蓄利息所得免征个人所得税规范化管理协调会，市国税局和市银监局、市教育局、金融企业等单位参加。是年，全市征收内资企业所得税突破3200万元。2006年，市国税局开展房地产开发企业所得税专项整治，并开发《教育储蓄存款利息所得税管理软件》（银行版），在全市金融机构安装使用，对个人储蓄所得实现电子软件监控。2007年2月1日，市国税局印发《企业所得税核定征收办法》。9月，组织对全市核定征收情况进行检查并通报，祁阳县国税局等单位落实效果好受到表扬。

2008 年 10 月 7 日，市国税局举办新修订的《中华人民共和国企业所得税法》知识抢答赛

2008 年 1 月 1 日，内、外资企业所得税统一实施新的《中华人民共和国企业所得税法》《中华人民共和国企业所得税暂行条例》及《中华人民共和国外商投资企业和外国企业所得税法》同时废止。《中华人民共和国企业所得税法》确定企业所得税基本税率为 25%；符合条件的小型微利企业减按 20%的税率征收；需要重点扶持的高新技术企业减按 15%的税率征收企业所得税。是年 9 月，市国税局抽调全市 22 名企业所得税征管业务骨干汇算清缴年报会审比武，对全市 44 户纳税人的汇算清缴年报进行会审，调增应纳税所得额 2600 万元。10 月，组织开展全市所得税法知识竞赛，冷水滩区国税局获单位第一名，江华县国税局刘振源获个人第一名。

2010 年 7 月 1 日起，对省内跨县（区）分支机构企业实行就地预缴，次年回机构所在地再汇算清缴企业所得税。2011 年 4 月，对纳税人汇算清缴工作实行事中监管，市国税局组织部分县（区）所得税征管业务骨干审查纳税人的申报，提高汇算清缴质量，是年共补缴企业所得税 892 万元。

2013 年，突出所得税专业化管理。以强化对亏损企业申报数据准确性为重点，对连续 3 年亏损企业（含当年），需同时报送税务师事务所的最新鉴证报告，市国税局督办县（区）国税局专项评估，对疑点较大的移交税务稽查。

1994—2015 年永州市国税系统所得税收入统计表

表 2-1-2　　**单位：万元**

年份	内资企业所得税	外资企业所得税	个人所得税
1994	699	2	862
1995	556	31	787
1996	568	11	1276
1997	463	30	1872

续表2-1-2

年份	内资企业所得税	外资企业所得税	个人所得税
1998	214	75	386
1999	558	132	10
2000	465	249	2191
2001	560	234	3726
2002	926	376	4251
2003	1990	1429	4616
2004	3398	1488	5445
2005	3711	521	6188
2006	7749	441	7945
2007	14939	759	8948
2008	内外资企业统一为企业所得税		5707
	16697		
2009	16058		2374
2010	18832		485
2011	28330		184
2012	42001		70
2013	52693		28
2014	64871		8
2015	82154		1
合计	358432		57368

第六节　车辆购置税管理

2000 年 10 月 22 日，国务院令 294 号发布《中华人民共和国车辆购置税暂行条例》（以下简称《车购税暂行条例》），决定从 2001 年 1 月 1 日起开征车辆购置税（以下简称车购税），以取代车辆购置附加费。永州市国税局负责全市范围内车辆购置税的征收管理，但在市交通局所属车购费稽征处征收未移交国税部门前，暂由车购费稽征机构代征。自 2005 年 1 月 1 日起，车购税由国税局全面接收征管，市国税局在零陵区（原稽征处内）设立车辆购置税征收管理办公室（后改为办税厅、征收分局），负责车购税日常征管，政策业务等归口市国税局流转税管理科。

永州市车辆购置税征收范围包括境内购置汽车、摩托车、电车、挂车、农用运输车等车辆的单位和个人。其车购税按从价定率办法计算应纳税额，税率为10%，应纳税额=计税价格×税率。纳税人在向市、县公安机关车辆管理机构办理车辆登记注册前，自行到车购税征管部门缴纳车购税。车购税实行一次征收制度，购置已征车购税的车辆不再征收车购税。纳税人购买自用应税车辆的，自购买之日起60日内申报纳税；进口自用应税车辆的，自进口之日起60日内申报纳税；自产、受赠、获奖或以其他方式取得并自用应税车辆的，自取得之日起60日内申报纳税。

2007年7月，全市成功试运行新版车购税征管软件，优化车购税征管业务流程，将车购税征管系统融入国税大征管系统，提高车购税征管水平。

2009年1月，全市执行国务院批准的对2009年1月20日至12月31日购置1.6升及以下排量乘用车暂减按5%的税率征收车购税。是年12月22日，国务院再次明确对2010年1月1日至12月31日购置1.6升及以下排量乘用车暂减按7.5%的税率征收车购税。2011年，市国税局加强与公安交警等部门的配合，通过采取锁死车辆信息、税收稽查、税收协调等方式，强化车购税的检查。是年，共对57台未税车辆进行补税罚款处理，补缴车购税65万元，加收滞纳金1.8万元。2012年1月1日，执行国务院批准的对城市公交企业购置的公共汽（电）车辆免征车购税。截至2014年11月底，全市共对9家城市公交企业购置的204台公共汽（电）车辆免征车购税356万元。2015年，对市城市公交企业购置公共汽（电）车辆55台，免征车购税194万元，支持全市公共汽车事业的发展。

2005—2015年，全市国税系统共征收车辆购置税23.14亿元。

2005—2015年永州市国税系统车辆购置税入库表

表2-1-3　　**单位：万元**

年份	完成数	与上年同期	
		增减额	增减（%）
2005	5413	—	—
2006	6735	1322	24.42
2007	9224	2489	36.96
2008	10828	1604	17.39
2009	14890	4062	37.51
2010	18923	4033	27.09

续表2-1-3

年份	完成数	与上年同期	
		增减额	增减（%）
2011	20048	1129	5.97
2012	24784	4736	23.62
2013	33373	8589	34.66
2014	39418	6045	18.11
2015	47774	8355	21.2
合计	231410		

第七节　出口退（免）税与减免税管理

一、出口退税（免税）管理

1994年1月起，零陵地区执行新税制，同时对出口货物退（免）税办法进一步改进和完善。新的《增值税暂行条例》规定纳税人出口货物，税率为零。纳税人出口适应税率为零的货物，向海关办理出口手续后，凭出口报关单等有关凭证，按月向税务机关申报办理出口货物的退税。《消费税暂行条例》第11条规定，对纳税人出口应税消费品，免征消费税。2月18日，国家税务总局发布《出口货物退（免）税管理办法》，对出口货物退（免）税的退税范围、税种、税率、计税依据、计算方法、常规管理、清算检查等作较大调整，全区税务系统逐步形成比较完整和规范化的出口货物退（免）税制度。

2005年4月，按照《湖南省国家税务局关于明确各市（州）、县（市、区）国家税务局进出口税收管理工作岗位设置及岗位职责的通知》要求，市国税局对县（区）出口退税管理的具体工作岗位和岗位职责进行规范。5月，市国税局转发国家税务总局《出口货物退（免）税管理办法（试行）》，对出口货物退（免）税审核、审批工作设置相应的工作岗位，配备相应的人员，确保人员配备达到监督制约的要求。11月，全市实行《湖南省出口企业退（免）税评估管理办法》，对全市出口企业进行风险预警管理，对防范出口骗税现象实行程序化制度化。

2006年1月1日，执行《国家税务总局关于出口货物退（免）税实行有关单证备案管理制度（暂行）的通知》，对全市出口企业自营或委托出口属于退（免）

增值税或消费税的货物，在申报出口货物退（免）税后15天内，将出口货物相关单证在企业财务部门备案。2007年7月，制订印发《永州市国家税务局出口货物退（免）税管理办法（试行）》。是年12月10—31日，在全市范围内开展出口货物退（免）税单证备案检查工作。

2008年1月1日，全国试运行出口货物税收函调系统（1.0版），采用纸质函件和电子函件并行方式，提高时效和质量。是年，全市共发出核实函件12份，涉及应退税款26万元；接收核实函件24份，涉及应退税款202万元。2009年12月，全市推广应用出口退税网上预申报系统，进一步提高出口退税服务水平。2010年7月，针对出口退税率数次提高、全国骗取出口退税案件呈多发态势等情况，市国税局召开由130余名出口企业法人代表、财务主管、办税人员参加的防范出口骗税专题会议，就有关出口退税政策及防范出口骗税等作出专项部署。2012年，贯彻落实《财政部国家税务总局关于出口货物劳务增值税和消费税政策的通知》和《出口货物劳务增值税和消费税管理办法》。12月，全市规范出口货物税收函调管理工作，明确工作责任，防范和打击骗取出口退税。

2013年1月1日，全市执行《湖南省国税系统内部出口货物税收函调工作管理办法》，各县（区）国税局认真核实企业的生产和经营状况，准确按实进行回函，及时处理和回复收到的核实函件。是年，全市共计发出核实函件25份，涉及应退税额171万元；收到核实函件152份，涉及应退税额4082万元。2014年，落实“便民办税春风行动”有关精神，全市国税系统将提高退税审批效率、加快企业资金回流、提升纳税服务作为年度重点工作落实，促使全市出口退税工作实现减负提速。

2015年2月9日，市国税局举办全市出口退税规范管理培训

2015年3月，将生产企业出口退税审批权限下放至县（区）国税局，进一步提高审批效率，方便纳税人。同时贯彻落实《全国税务机关出口退（免）税管理工作规范（1.0版）》和《出口退（免）税企业分类管理办法》，市、县（区）国税局紧密协作，严格按政策、流程要求操作，确保每一笔出口退税安全及时退到

企业。

二、减免税管理

1994年实施新税制，零陵地区增值税免税项目主要有：农业生产者销售的农业产品；避孕药和用具；古旧图书；直接用于科学研究、科学试验和教学的进口仪器、设备；外国政府、国际组织无偿援助的进口物资和设备；来料加工、来件装配和补偿贸易所需进口的设备；由残疾人组织直接进口供残疾人专用的物品；销售自己使用过的物品。全区国税系统严格执行减免税规定，同时监督和及时纠正地方单位违规制订税收优惠政策与措施。

2000年9月27日，全省非国有企业税收征管研讨会在永州市召开

2001年，国务院及财政部、国家税务总局等陆续出台系列税收优惠政策，关注民生，支持高新技术、环保、民政福利企业等发展。是年，全市国税系统认真贯彻落实惠民政策，通过办理出口退税和减免退税、先征后退等方式，先后为民政福利企业减免增值税209万元，办理出口退税及先征后退等提退税金452万元。2003年，市国税局通过调查核准，落实长丰集团公司猎豹环保车减征30%消费税政策，共减免消费税4642万元。2010年12月15日，经省国税局批复，对祁阳浯溪电站免征企业所得税一年。

2012年，全市落实“转方式，调结构”背景下的各项税收优惠政策，促进企业发展，共减免2011年度企业所得税873万元。落实国务院对城市公交企业购置的公共汽（电）车辆免征车购税政策，2012年至2014年11月，对全市9家城市公交企业购置的公共汽（电）车辆免征车购税356万元。2014年，落实国家税务总局关于小微企业免征增值税和营业税的税收优惠政策，通过广泛宣传辅导，规范办税流程，优化纳税服务，对企业享受税收优惠政策做到“零门槛”，先后将减半征税优惠政策从年应纳税额6万元提高到10万元，扩大政策受益面。截至11月底，全市企业总户数为6223家，其中小型微利企业2306家，享受销售额为2万元以下（10月以后为3万元以下）免征增值税优惠政策的有1966家，占整个小微企业家数的 85%，减免增值税额 47 万余元。

2015 年 10 月 1 日起，落实国务院对购置 1.6 升及以下排量乘用车减按 5%的税率征收车购税规定，至是年底，全市享受减半征收车购税车辆 8341 台，累计减免税款 3352 万元。用好、用足各项税收优惠政策，支持全市小微企业发展，规范出口退税管理，全年共减免退税 1.73 亿元，办理出口退免税 3.42 亿元。

2001—2015 年永州市国税系统减免税、退税统计表

表 2-1-4

年份	减免退税（万元）	提退税金（万元）	合计（万元）
2001	209	452	661
2002	869	1403	2272
2003	1487	2820	4307
2004	2833	3951	6784
2005	7804	606	8410
2006	10764	4837	15601
2007	13944	14483	28427
2008	10432	13345	23777
2009	14356	5470	19826
2010	8190	8327	16517
2011	6833	10808	17641
2012	6226	13046	19272
2013	3155	12078	15233
2014	10473	21438	31911
2015	67210	22847	90057
合计	164785	135911	300696

第二章 征收管理

第一节 征管基础工作

一、税务登记

1992年，零陵地区税务局组织各县（市）税务局换发企事业单位税务登记证。至8月底，应换证的2931户全部换领新证，清查补税49万元。1994年9月，税务机构分设后，地区国税局统一组织对辖区内所有的企业、个体户等重新审核，共核发税务登记证2.33万户，清理出漏管户146户，补税罚款7.5万元。1996年7月，撤地建市后，永州市国税局组织全市开展换发税务登记证工作，先后共换发税务登记证1.69万户，清理漏管户761户，查补税款39.2万元，罚款0.6万元。2002年9月20日，根据省国税局等要求，对个体加油站变更税务登记时，先办理注销税务登记，再重新换发新税务登记证件。2003年10月起，按省国税局、省地税局联合通知要求，统一税务登记代码编制方法。2004年3月，贯彻落实国家税务总局《税务登记管理办法》，全市严格按照税务登记代码编制方法要求对纳税人进行赋码。对同一个体工商户在多处设立经营的，由原在

2006年6月19日，市国税局机关工作人员参加综合征管软件全员培训考试

居民身份证号码后加“-1”“-2”等标记分别赋码，改为在其居民身份证号码后加“01”“02”等标记进行赋码。同时对所有纳税人按新的编制方法编制税务登记代码。截至2012年6月，全市国税系统税务登记3.53万户，其中正常营业户3.43万户，非正常户1000户。

2015年12月4日，市国税局印发《永州市国家税务局简政放权后加强事中事后税收征管工作实施办法（试行）》，在实行“三证合一、一照一码”登记制度（即将原工商营业登记、国税登记、地税登记证三证合为一证）改革后，加强对新办纳税人的后续监管和非正常户异地协作管理，同时强化税务登记注销管理，实现日常管户与注销检查相分离，建立纳税人清税申报分类处理机制，遏制短期经营逃避监管等行为。

1994—2015年永州市国税系统征管纳税户表

表2-2-1

年份	登记户数	年份	登记户数
1994	24879	2005	26989
1995	18962	2006	27361
1996	21929	2007	27336
1997	22356	2008	33766
1998	23198	2009	34103
1999	20156	2010	45413
2000	20718	2011	34194
2001	23299	2012	36775
2002	22317	2013	39292
2003	24523	2014	41947
2004	26293	2015	72297

二、纳税申报

1994年新税制实施后，逐步建立纳税申报制度。零陵地区从是年年初开始，凡财务会计制度健全的企业，实行“自行计算核税、自行填开缴款书、自行向银行缴款”，同时向税务机关报送纳税申报表；其他纳税人按照税法规定及税务机关确定的期限，逐步实行申报纳税。

1995年5月10日，冷水滩市国税局城区二税务所率先建起全省第一家纳税申报大厅，为城中所有纳税户办理纳税事宜提供方便。各县（市）国税局在送税上门的基础上，普遍推行纳税申报制度。

1996 年 1 月 1 日，贯彻执行国家税务总局修订后的《增值税一般纳税人纳税申报办法》。纳税人进行增值税纳税申报报送的资料，除以前规定报送的增值税纳税申报表及其附报资料、发票领用存月报表以外，增加报送增值税（专用/普通）发票使用明细表和增值税（专用发票/收购凭证/运输发票）抵扣明细表。1997 年，市国税局先后出台《纳税申报制度》等办法。1999 年，开始电子申报试点工作。2001 年 9 月，在全市普遍推行电子申报，市国税局征管科负责电子申报管理工作。2003 年，根据国家税务总局重新修订的《增值税一般纳税人纳税申报办法》，增值税一般纳税人均实行电子信息采集，使用防伪税控系统开具增值税专用发票的纳税人在抄、报税成功后进行纳税申报。2004 年 2 月，全市贯彻执行省国税局《关于全面推行增值税纳税申报“一窗一人一机”管理模式的通知》，全面实行“一窗一人一机”纳税申报管理模式。是年 7 月，在个体工商户中全面推行电话申报、缴税，使个体税收纳税申报与税款征收两个环节简并为一道程序。

2007 年 10 月 30 日，全市国税系统征管工作会议召开，市国税局局长袁北屏（中）讲话

2005 年 7 月，贯彻实施《湖南省国家税务局电子申报缴税系统推广应用工作实施方案》，企业纳税人和个体工商户电子申报与缴税全面结合，使用电子申报缴税系统，在进行纳税申报的同时完成税款缴纳。至 2006 年 1 月 31 日，全市已推广电子申报企业 633 家，使用 598 家，使用率为 94.5%，申报成功 586 家，成功率 98%；电子缴税 450 家（不含零申报 198 家），缴税成功 374 家，缴税成功率 83%；个体户电话语音申报 1224 家，使用 213 家，成功 206 家，成功率 96.7%。

2010 年，全市推广应用网上办税系统，网上申报纳税户由 2009 年的 3883 户增加到 4096 户。2012 年二季度，全市国税系统已申报 2.51 万户次，按户次申报率为 99.84%，此后长期呈现较高的申报率。

2015年，市国税局印发《永州市国家税务局简政放权后加强事中事后税收征管工作实施办法（试行）》，建立税收管理员初步风险识别制度，强化审批改备案后实质性审核，同时加强征管档案管理，实行“一户式”监管，促使纳税人及时准确、完整地报送纳税申报表及附列资料、财务会计报表等涉税资料，推进纳税申报管理。

三、税款征收

1992年5月，零陵地区税务局全面部署“时间过半，任务过半”税收突击活动，抽调360余名机关人员充实到基层一线征收单位，确保组织收入工作顺利进行。1993年，地区税务局明确要求对欠税进行全面清理，限期入库，通过银行扣缴入库加收滞纳金、配合法院依法清收“四款一费”、对欠税企业停办减免税手续等措施，强化欠税清缴。1994年分税制实施初期，仍实行传统的税款征收方式，对企业纳税人由管户税收专管员根据企业纳税申报填开税收缴款书，企业财务会计人员在法定期限内持缴款书到银行从存款账户向国库缴税；个体集贸税收由税收专管员上门填开通用完税证，以现金收取税款，在规定期限内将收取的多个纳税人的现金税款填开汇总缴款书缴入国库。

1995年，地区国税局每月对“两税”（即增值税、消费税）在50万元以上的62家重点企业实施跟踪监控，保证重点税源户税款及时入库。经与银行等有关部门协商和地区行署专员办公会研究决定，对全区重点企业和欠税大户建立税收过渡专户，是年，全区通过税收过渡专户划缴入库的税款达6.9亿元，占整个税款的81.6%，其中，零陵卷烟厂当年入库的4.55亿元“两税”全部为专户划缴，较好地解决企业大户拖欠税款的问题。

1996年，撤地建市后的永州市国税局对全市年纳“两税”在50万元以上的56家重点企业建立收入台账，按月掌握销售、入库、欠税等情况，适时采取对策，促进税款征收。1998年，全市狠抓欠税清缴，采取目标管理、以票管税、限供、监开增值税专用发票、加收滞纳金、银行扣缴、扣押查封物资等征管措施，有效地遏制欠税的增长，全市国税系统累计清缴欠税8500余万元。1999年，继续狠抓欠税清缴，对欠税大户实行专人坐厂征收，将回笼货款按确定的比例逐笔扣缴，并派专人坐守各专业银行，及时掌握企业货款回笼情况并划缴税款入库。同时对欠税企业采取发票监管代开、冻结账户、银行扣缴，扣押、拍卖企业领导的小车和其他物资，加收滞纳金、通过法院强制执行等手段追缴欠税。市国税局领导和科（室）对10户欠税大户实行目标考核，市政府领导深入企业帮助清缴欠税，年内全市国税系统累计清缴欠税7500万元，其中通过税款预储收回新欠3886万元。2000年4月，针对一季度欠税有所抬头的趋势，市国税局在全市开展“滞纳金加收月”活动，通过印发《关于对欠税加收滞纳金的通告》，在电视、报刊等新闻媒体上广泛宣传，至是年年底，全市新欠税由年初700余万元减到350余万元，并追缴历年陈欠600余万元。

2001年5月，全市国税系统贯彻落实新的《中华人民共和国税收征收管理法》（以下简称《税收征管法》），坚持按率计税、应收尽收，从严控制新欠税。按照市委、市政府要求，对2001年当年的欠税全部收回，对2000年以前的欠税收回50%以上，对不按照税法规定缴纳税款的单位或个人，严格按照新《税收征管法》实行加、扣、罚，是年全市累计收缴欠税3000万元，有效促进税收收入稳定增长和良性循环。

2005年，全市国税系统首次实现“零新欠”，在全省14个市（州）国税局中，永州市国税局第一个实现应收尽收、当年无新欠税，并在此后连续10年保持“零新欠”。

2006年起，严格按税收征管法实行延期缴纳税款审批制度。4月19日，根据省国税局《关于明确延期缴纳税款审批工作有关问题的通知》，市国税局明确各县（区）国税局税源管理科和综合业务科负责对纳税人报送的延期缴纳税款的各种纸质资料进行严格审核，再在综合征管软件中录入申请延期缴纳税款文书，并将审核后的纸质审批材料以特快专递等方式报送至市国税局征管科，市国税局审核后上报省国税局审批。

2010年，全面加强税收户籍管理和专业化管理。先后组织各县（区）扎实开展漏征漏管户大清查和税收征管质量交叉检查，加强税收预警分析，完善税收联合分析系统，及时分税种、分项目和类别对税收征管数据进行分析，针对发现的问题限期整改。是年，市国税局发布各类预警信息8期，整改问题19个，查补入库税款6700万元。同时推进税收行业管理和专业化管理，有效堵塞中小税收漏洞，全年共入库中小税收12.67

2008年9月26日，市国税局局长林小平（右二）等在零陵区调研基层税收征管改革等工作

亿元，比2009年增长35.42%。

2014年，加强全市建筑工程耗用材料增值税管理，堵塞征管漏洞，减少税款流失。市国税局印发《永州市国家税务局关于贯彻落实〈永州市人民政府办公室关于进一步加强建筑工程耗用材料增值税管理的通知〉的意见》，要求各县（区）国税局摸清辖区内建筑工程项目税源底子，建立征管台账，强化日常巡查，实行跟踪管理，着重抓好工程项目的备案登记和发票查验，对税收缴纳情况等逐户逐项清理，成效明显。

四、发票管理

1992年上半年，零陵地区税务局组织专门力量对原用发票进行清理登记，对新版发票的印制使用等进行宣传辅导与监督。年底，全面完成发票换版印制工作。1993年1月1日，全区统一启用新版发票，旧版发票停用并逐级回收。

1994年1月，新税制实施后进一步加强发票管理。地区税务局通过专项培训、统一发票管理办法、交流工作经验、开展专项检查等，促使全区各级税务机关建立专人专库保管，严格领、用、存手续，健全各项规章制度及奖罚措施。联合公安、检察、法院等有关部门，严厉打击伪造、倒卖、盗窃发票的违法犯罪活动。年内完成两次增值税专用发票的换版工作，共领发3.16万本专用发票，保证全区1564家增值税一般纳税人的及时使用；收回旧版空白专用发票2.13万本，做到安全无事故。1995年8月1日，全区贯彻执行《湖南省增值税专用发票管理规则》，进一步健全管理制度，调整充实人员，完善库房设施，加强安全防范，同时狠抓专用发票的稽核检查工作，先后对1564家增值税一般纳税人的发票及进项发票进行交叉稽核，及时堵塞发票漏洞。

1996年1月10日，全区增值税专用发票防伪税控系统开始运行。年内组织普通发票换版工作，至12月10日，共印制新版普通发票12万余本，保障全市自1997年1月1日启用新版普通发票。1998年2月，组织对全市发票管理交叉检查，确保增值税专用发票的安全。对普通发票的印制和保管重新修订办法，进一步完善发票管理制度。1999年，国家税务总局和省国税局先后部署发票清理检查，市国税局成立发票清理检查工作领导小组，组织各县（区）全面清查。全市对增值税一般纳税人和普通发票用票户自查面达100%；重点检查一般纳税人806户，普通发票用票2872户，检查面分别为100%、47.47%；检查发现有问题的1981户，发票违章2.02万份，补税406户208.89万元，罚款1649户102.63万元。

2001年7月1日，全面开通"金税工程"，电脑专用发票用量大增，手开专用发票用量逐渐减少。2002年，省国税局印发《关于对普通发票印刷单位核发〈发票准印证〉的通知》，批准确定东安县票证印刷厂、道县宏大实业公司为全市普通发票定点印制厂家；宁远县九嶷印刷包装有限责任公司、祁阳县华光印刷厂被取消印制普通发票资格，自3月1日起停止印制普通发票。6月，重点对1997年以来的发票在税务局内部的领、发、存等管理情况进行严格检查，收集各时间段发票管理员的发票领、用、存数据及其移交表资料，并结合实物进行清查。对外商投资房地产、服务行业的发票进行专项检查，共清查发票2.2万余份，补票补税14万余元。10月，组织对祁阳县、东安县、双牌县等10个县（分）局的发票管理情况进行实地检查。

2003年6月，国家税务总局和省国税局先后印发发票打假紧急通知，市国税局共组织38个突击检查小组，分别对车站、宾馆、印刷厂、企事业单位以及公共场所等进行突击性的清理检查，共发现49户发票违章行为，罚款5.6万元，补税12万余元。

2004年11月，根据《国家税务总局关于加强和规范税务机关代开普通发票工作的通知》和省国税局《关于对全省普通发票目录进行修改补充的通知》，各县（区）国税局按新的目录对普通发票印制业务进行认真审批与报送。

2005年1月1日，全省国税系统发票换版，并实行统一印制编号管理。4月，根据《国家税务总局关于严格执行统一发票代码和发票号码的通知》等要求，组织全市国税系统对发票使用特别是企业自印发票的全面清理。2008年4月13日，根据省公安厅、省国税局、省地税局《关于印发全省〈关于开展打击制售假发票和非法代开发票专项整治行动方案〉的通知》，市国税局联合市公安局、市地税局印发全市《关于开展打击制售假发票和非法代开发票专项整治行动方案》。4月17日，印发《永州市国家税务局2008年内部发票管理专项检查实施方案》，开展内部发票专项检查。2009年1月起，全市开展发票重点检查。12月22日，印发《永州市国家税务局关于进一步加强和规范普通发票使用管理的通知》，全面规范普通发票的使用管理及内部工作制度等。2011年4月14日，按省国税局要求统一全市发票目录。2012年上半年，清查发票领购使用情况，全市缴验发票共4.11万户次，其中，缴验增值税专用发票8797户次，缴验普通发票3164户次，缴验冠名普通发票205户次，缴验其他普通发票2.89万户次。

2013年4月，落实《中华人民共和国网络发票管理办法》，推广使用网络发票管理系统开具发票。2014年9月25日，印发《永州市国税局2014年防范和打击虚开虚抵涉税违法行为专项行动实施方案》，开展打击虚开虚抵专项行动。2015年1月5日，印发《永州市国税局关于延续开展防范和打击虚开虚抵涉税违法行为专项行动的通知》，通过专项行动，全市共下发364户风险排查任务，组织核查364户，排查有问题46户，查补税款、滞纳金、罚款共461.07万元。

五、税控装置管理

1999年12月，湖南省逐步对加油站的加油机安装税控装置。至2000年10月30日，永州市所辖11个县（区）的297个加油站已全部安装新型加油机税控计量器，成为全省进度最快、效果最好、全面实现加油机税控管理的市。

2002年，市国税局组织全市315个加油站（中国石化109个，个体私营加油站188个，停业、改建18个）、共784台加油机税控器安装，换整机404台，改装税控装置366台，未进行税控改装的14台，有效加强对加油站的税控管理。2007年，市国税局根据《国家税务总局 财政部 信息产业部 国家质量监督检验检疫总局关于推广应用税控收款机加强税源监控的通知》和《湖南省人民政府办公厅关于推广应用税控收款机有关问题的通知》等文件精神，对境内从事商业零售、拥有固定经营门面、摊位或其他经营场所，月销售收入达到增值税起征点（5000元以上）的纳税人，按要求购置使用税控收款机。对新开业的商业零售纳税人及虽未达到起征点但需领用发票的，均按照要求购置使用税控收款机开票。

2008—2012年，全市稳妥推广使用税控收款机，有效加强税收监控。截至2012年6月30日，全市共有4197户纳税人使用税控收款机4256台，其中，一般纳税人418户，小规模纳税人3779户，是年，上半年税控收款机一般纳税人用户共入库税收1.87亿元，小规模纳税人用户共入库税收2900万元。至2015年，全市相关纳税户均按规定安装和使用税控收款机。

第二节 税收征管改革

1992年，推进依法治税，强化税收征管。从是年年初起，零陵地区税务系统深入贯彻落实国务院《关于批转国家税务局关于进一步推进依法治税，加强税收管理报告的通知》，大力推进依法治税，不断完善税收征管改革。地区税务局和零陵行政公署先后以零地税函〔1992〕6号文、零署传电〔1992〕2号等，分别给各县（市）政府及部门单位发出文件和明传电报，对贯彻落实国务院67号文件精神，深化税收征管改革提出具体措施与要求。

1993年，全面推行“征、管、查”三分离模式，改进个体税收征管。继1992年在祁阳县征管改革试点和部分县（市）推行“征、管、查”三分离后，上半年全区普遍在城镇实行“征、管、查”三分离，农村税务所实行征管、稽查两分离，并逐步完善工作管理与制约措施，理顺工作关系。

1994年实施分税制，完善国税征管工作。10月13—14日，全区国税系统首次税收征管工作会议在地区国税局召开，明确国税部门的征管范围及税收征管的主要工作任务。1995年，试点探索税务代理和纳税申报。地区国税局选定冷水滩市、祁阳县、新田县分别作为全区征管改革、税务代理和纳税申报的试点县（市），根据国家税务总局等要求印发本区的征管改革实施方案。5月10日，冷水滩市国税局城区二所率先建成全省第一家纳税申报大厅。各县（市）普遍推行纳税申报制度。

1996年，创建办税服务厅，推行集中办税服务。撤地建市后的永州市国税局在全面推行纳税申报制度的基础上，积极创造条件，在各县（区）纳税户比较集中的城区创建国税办税服务厅，实行集中办税。至是年年底，全市共建成办税服务厅（室）13个。1997年，进一步建好办税服务厅，优化窗口配置，稳步推进个体私营经济建账建制工作。上半年在道县、祁阳县等县汽车配件行业先行试点，后在全市全面推开个体经营经济建账建制。至是年年底，全市建立一类复式账215户，二类账346户，建立粘贴簿848户。

1998年，优化外资企业管理与服务，全面推行涉外税收和县（区）征管改革。对两区外资企业实行分类管理，由市国税局涉外分局直接组织入库。对出口退税管理严格出口退税程序，全年共审核办理出口退税157万元，促进出口企业的发展。3月28日，新田县国税局由原二级管理改为一级管理，县国税局实行直接征收的征管新格局，城乡一体化税收征管模式成功运行。5月18—19日，在道县召开全市基层建设暨征管改革现场会，专题部署落实“两个转移”和深化税收征管改革。

1999年，为全市“征管工作规范年”。市、县（区）国税局围绕税收征管模式，深入开展创建模范办税服务厅活动；全面开展发票检查，规范发票管理；积极推进科技兴税，提高工作效率；开展税收宣传，优化纳税环境。是年7月，组织全市国税系统“4.20版”征管软件业务竞赛，以赛促学，促进国税人员的征管软件应用水平大幅提升。

2000年，为“征管质量效益年”。市国税局印发《2000年税收征管改革要点》，全市税收征管逐步向办公、办税、计算机网络三位一体、厅室结合、集中监控模式转换。9月27日，湖南省非国有企业税收征管研讨会在永州市召开，来自省国税局和邵阳市、怀化市、娄底市国税局等20余人，就非国有企业的作用、地位以及税收征管的主要问题与促进发展的措施等进行广泛交流和探讨，会后由永州市国税局综合整理的专题调研报告分别被省国税局和国家税务总局采用。

2001年5月1日，全国施行新的《中华人民共和国税收征收管理法》，市国税局层层组织培训和广泛宣传，深入贯彻落实新的税收征管制度。7月1日，全市“金税工程”正式开通运行，增值税防伪税控发票开票、认证、交叉稽核、协查4个子系统全面启用。11月15日，专项部署全市整顿和规范税收秩序，强化税收征管的“五结合、五清查”工作。2002年，市国税局研究出台一系列完善管理、强化征管的措施与办法，先后在全市推行《基层业务机构职责规范》《农村税收“双向委托代征”办法》《超市税收管理办法》《加油站税控管理办法》《征管质量考核办法》《发票实物管理办法》《征管工作考评计分办法》等。其中，率先探索实行的双向委托代征办法、超市税收管理办法等在全省得以推广，全市的超市税收通过加强管理比2001年增收180余万元。

2003年，推行“一窗式”管理模式，全面整合归并县（区）国税局办税服务厅各窗口职能。市国税局通过培训和专门督查辅导，强化全市的“一窗式”管理，促进办税服务质量和工作效率明显提高。2004年5月，贯彻落实《国家税务总局关于开展规范税收征管和税务代理专项检查工作的紧急通知》，市国税局组织征管、计财、纪检监察、注册税务师管理中心等部门，严肃查处各种违法违规行为，规范税收管理。9月8日，按照省国税局统一部署，市国税局成立综合征管软件推广应用工作领导小组，随后印发《永州市国家税务局〈综合征管软件〉推广应用工作实施方案》，并抽选精干人员，分别组成业务组、技术组、保障组等，经过层层动员、培训和3个多月的资料采集、数据录入等突击工作，确保全市于2005年1月1日综合征管软件全面上线运行。

2006年4月6日，江华县国税人员统一在市国税局参加综合征管软件全员考试

2005年，重点抓综合征管软件运行维护与管理。1月6日，市国税局召开综合征管软件运行管理办公室（简称运管办）成立暨工作会议，明确由市国税局征管科牵头组织，信息中心和各业务科（室）等落实专人管理维护。6月15—20日，举办全市三大系统应用整合及综合征管软件运行管理培训班。7月起，在各县（区）同步推广ABC3000电子（电话）申报缴税系统。9

月1日，全市11个县（区）国税局普遍推行电子（电话语言）申报缴税工作。2006年组织全员培训考试，确保综合征管软件零差错运行。3月25日，全市国税系统综合征管软件操作应用全员培训考试在市局统一开考，冷水滩区国税局人员参加首场考试，各类人员均在市局电脑培训室单人单机独立操作完成。随后各县（区）国税局所有在岗人员（工勤岗位除外）均分批到市国税局经过统一操作考试，合格后统一发放合格证上岗。

2009年，为全市国税系统“优化服务年”，围绕“强化管理服务，深化纳税服务”主线，全面开展税源管理和优化服务工作。3月，探索建材市场管理办法，完成2个创新项目的修改。6月，完善竹木、砂石等行业管理办法，并先后制订印发《永州市非居民企业税收管理暂行办法》《关于进一步加强税收征管工作若干意见的通知》等，对全市各项征管工作提出具体管理措施与要求。10月28—29日，分别在宁远县和东安县组织全市中小税收管理经验交流会（流动现场会），11个县（区）国税局均以幻灯片解说、图文资料等多种方式将本地近年来税源管理中实用、有效的管理亮点进行展示，起到相互学习、促进管理、提高水平的作用。12月17—18日，在宁远县召开全市税收征管暨优化纳税服务工作座谈会，总结推广宁远县创新纳税服务质量考评体系，安排部署2010年个体工商户定额核定调整等工作。

2010年1月，印发国家税务总局颁发的《纳税人权利与义务的公告》，积极维护纳税人权益。2月2日，印发《永州市国家税务局关于表彰2009年度综合征管软件操作能手的决定》，对在2009年综合征管软件应用系统管理与应用中，29人入围全省国税系统操作能手竞赛进行表彰。10月28日，印发《永州市国家税务局税源与征管状况监控分析实施办法（试行）》，全市逐步建立健全税源与征管状况监控分析工作机制，加强税收征管基础建设，提高信息管税质量和效率。

2011年，推行税源分级分类管理。重点加强建材、冶炼等14个特定行业税收管理，全年共入库税收7.21亿元，比2010年增长36.5%。积极推进江华县国税局税源专业化试点，将59项非即办涉税事项中的45项前置到办税服务大厅即时办结，取消税管员直接管户制。组建市、县（区）两级纳税评估专业团队，强化税负预警分析，加强纳税评估，全年通过运行互动协作机制共入库税款8760万元。

2012年，推广“金税工程”三期业务运维测试基地建设。3月14—16日，组织全市业务运维培训。4月，国家税务总局征管和科技发展司等38名专业人员在永州市组织《税务代码集》修订工作，为推动“金税三期”工程标准化建设奠定基础。

2013年6月6日，全市“营改增”（即营业税改征增值税）扩大试点工作会议在冷水滩区召开，全面部署“营改增”工作。8月1日起，全市“营改增”试点工作启动，交通运输业和部分现代服务业开展营业税改征增值税。2014 年，顺利完成铁路运输、邮政和电信业“营改增”的移交管理，全年“营改增”试点行业共入库税款 8777 万元。配合市政府牵头组织税务登记证、工商营业执照、组织机构代码证“三证合一”（工商营业执照、组织机构代码证、税务登记证合为一证）改革试点，10 月在全省第一个成功实施“三证合一”证照推广。

2015 年，规范税收管理员下户征管，防范税收风险。市国税局制订《永州市国家税务局税收管理员下户巡查管理办法（试行）》，建立税收管理员下户巡查工作台账，实行“一事一记录、一月一核查”，对税源管理全过程实行严格管控。推行“痕迹化”管理，做到事前下户有审批，事中巡查有记录，事后管理有措施，不断提高税源管理质效。冷水滩区国税局建立个体税收“团队管理+阳光定税+风险防范”新机制，进一步规范税收征管秩序。是年，做好《全国税收征管规范（1.0 版）》推广试行工作，同时完成“金税三期”工程推广相关系统初始化、数据清理、客户端部署、联调测试等工作，确保全市“金税三期”核心征管等应用系统平稳上线。

第三节　税收信息化建设

1994 年，税务机构分设前，税务部门的信息化建设还处在起步阶段，计算机专业人员及设备不足，零陵地区税务局机关仅有计算机 5 台，计算机管理人员 2 名。9 月，税务机构分设后，地区国税局机关只有 3 台计算机，计算机管理人员 1 名。

1996 年 4 月撤地建市后，永州市国税局大力加强税收征管工作信息化建设，着力选调和培养计算机专业人员，不断增添计算机设备和网络设备，加速信息化建设步伐。7 月 22 日，市国税局成立信息中心（与计财科合署办公），负责全市国税系统计算机管理与配置使用。是年，市国税局开通计算机广域网和远程通信。

1997 年 8 月，由市国税局宣传教育科（长沙税专永州函授站）筹资 20 万元，购买 50 台电脑建成市国税局计算机培训室，分期分批组织市局机关和县（区）局人员进行计算机知识培训，加快计算机应用的步伐。1998 年 2 月，全市 11 个县（区）国税局成立信息管理站，挂靠综合业务科，负责制订和组织实施本单位电子化工程规划及计算机的配置管理等工作。同月，市国税局成立永州市金税工程技术服务部，隶属市国税局信息中心管理，实行独立核算，自负盈亏，照章纳税管理方式，立足本系统，面向社会开展电子化工作的技术支持和技术服务工作。3 月，成立永州市推行增值税专用发票防伪税控系统领导小组。1999年，全市推广“湖南征管”4.20版税收征管软件，通过层层培训，提高征管人员的计算机软件应用水平。7月，统一组织全市国税系统4.20版征管软件业务竞赛，推进系统化、信息化管理。2000年7月，市国税局成立“金税工程”网络建设领导小组和网络工程实施小组，增加投入，强化应用，全面加强全市国税系统的计算机应用及网络建设。全面启用“湖南征管”4.30版，将计算机应用逐步覆盖到税源管理、申报入库、稽查选案、计会统等征管全过程。

2001年，全市国税系统把信息化建设作为“科技兴税”的重头戏，并列入“十五”发展规划重点落实。6月，市、县（区）国税局统一安装、调试升级，加班加点录入资料，模拟数据调试，确保“金税工程”于7月1日0时在全省国税系统全面开通运行。7月，各县（区）国税局均全部成立信息中心并独立开展工作。2003年3月，升级后的湖南税收征收管理系统4.40版正式启用，实现稽查与征管数据共享。

2005年8月4日，全市电子申报缴税推广工作动员暨综合征管软件推广应用表彰大会在市国税局召开

2004年，全力抓好国家税务总局统一的综合征管软件推广应用工作。9月，市国税局和各县（区）国税局均成立综合征管软件推广应用工作领导小组，分别建立由局长任组长，征管、税政业务、信息中心、办公室等科（室）负责人为成员的推广应用工作机制。市国税局推广应用工作办公室由征管科牵头，分别从市国税局机关和县（区）国税局抽选40余名业务骨干，统一组织培训、补录资料、检查复核等，历经连续110天的昼夜突击，于2005年1月1日全市国税系统综合征管软件全面成功上线运行。2005年继综合征管软件统一上线运行后，6月在全市全面推广实施信息资源整合工作，实现综合征管系统、防伪税控系统、出口退税系统三大主体应用系统（简称“三大系统”）之间的信息共享，于8月1日按时完成“三大系统”整合。是年，推广电子申报缴税系统和个体税收定位定税管理系统取得成功。

2006年1月，市国税局成立税收信息化工作领导小组，进一步加强对全市国税系统税收信息化建设工作的组织领导。是年，积极稳妥地开展电子申报缴税和财税库行横向联网、一机多票、网上认证等系统的推广应用工作，税收信息化建设步入快车道。2007 年，稳步推广应用税控收款机，对境内从事商业零售、拥有固定经营门面、摊位或其他经营场所，月销售收入达到增值税起征点（5000 元以上）的纳税人，按规定购置使用税控收款机。是年 9 月，成立永州市国税局信息安全等级保护工作领导小组，同时推广税收管理员平台应用工作，自动产生任务数。

2008 年，在扩大税控收款机应用范围的同时，做好增值税抵扣凭证审核检查管理信息系统、远程防伪税控网上认证系统推广以及税收管理员工作平台升级等工作。

2009 年，推进“金税工程”建设，完成内网网络改造以及机动车销售统一发票税控系统、增值税防伪税控系统、车辆信息清分比对系统等应用与升级维护工作。截至 2012 年 6 月 30 日，全市共有 4197 户纳税人使用税控收款机 4256 台，仅上半年通过税控收款机自动计税入库税款 2. 16 亿元。2013 年，先在冷水滩区国税局试点，后在全市推广网络监控分析平台，提高网络自诊与快速修复能力。

2014 年，加强计算机类设备采购、验收、使用、维护、报废等环节的管理，坚持重要设备采购的选型统一，市国税局采购 PC 机 50 套、笔记本电脑 25 台、IDCI 网络监控分析系统 10 套。批复报废设备计算机 68 台、打印机 51 台、其他设备 10 台。同时做好“金税三期”应用系统及“营改增”的上线工作。从 6 月 1 日起，在全省分批正式上线湖南国税内控外评管理信息系统，永州市第一批上线运行。

2015 年，全面推进各项电子税务工作，实现全市网络畅通、数据完整、安全可控、运行平稳工作目标。10 月 8 日，“金税三期”核心征管系统在全市正式单轨上线运行。同时强化税收社会化管理，先后在全市落实建筑工程耗用材料增值税发票查验规范化管理；争取市税收保障办支持，在市直单位规范涉税信息采集工作；依托“智慧永州”平台建设，与 43 家市直单位建立涉税信息交换机制，实现第三方信息的定期自动交换。

第四节　个体税收管理

1992 年 1 月，零陵地区税务局会同地区工商局联合印发《关于认真贯彻落实国务院 67 号文件，加强对个体、私营经济税收管理的联合通知》，开展个体工商户和集贸市场税收整顿。

1993 年，根据全省财税工作会议精神和零陵地委 1993 年 1 号文件要求，全区在 3—5 月对个体税收进行普遍调整，适当调增税负，并实行“一年一定，不查不补”办法。同时，贯彻落实国务院关于调高商业零售和其他饮食业营业税税率的通知，提高商业零售、其他饮食营业税税率，加强集贸市场零散税收重点税源大户征管。

1994 年分税制改革后，进一步完善基础工作，加强个体税收征管。全区统一组织对个体户等进行重新审核，按新税制要求共完成定税户 1. 70 万户，月纳税总额 169. 8 万元，比 1993 年月增税收 30. 7 万元，增长 22. 1%；户月平均纳税额为 99. 72 元，增加 34. 37 元，增长 52. 5%。同时进一步完善定期定额、建账建制、代扣代缴、源泉控管、发票管理等工作，规范个体工商户的税收管理。

1995 年 1—3 月，全区个体户税负调整完成，固定业户 1. 57 万户中定税 1. 54 万户，月税额由原定的 121. 09 万元调增至 156. 5 万元，增幅达 29. 25%。1996 年 3 月，永州市国税局专门召开个体税收工作座谈会，完善管理措施。4 月，对全市 1. 64 万户个体户的税负普遍进行调整，调增幅度 14. 89%，月增税额 23. 3 万元。至 11 月底，全市共征收个体集贸税收 5547 万元，比 1995 年同期增收 941 万元，增长 20. 44%。1997 年 3 月，召开全市个体定税经验交流会，推广道县、祁阳县、宁远县等县的定税办法，分行业、地段、类型实行民主评议，合理调整定额，并张榜公布，增强定税的透明度。是年，全市共调整 1. 7 万余户，税负调高 22%，全年累计入库个体税收 8449. 7 万元，占完成“两税”总收入的 8. 8%，比 1996 年增收 1649. 7 万元，增长 24. 1%。1998 年 3 月，市国税局与市工商、市公安、市地税部门联合发出《关于对全市个体私营企业无照经营进行综合治理的通知》。5 月起，市、县（区）国税机关先后两次集中人员和时间，开展清查漏征漏管户工作。9 月，抽调 60 余人组成 13 个检查组进行全方位交叉检查，对检查出来的漏征漏管户的责任单位和责任人及检查组人员分别给予奖罚，并纳入县（区）国税局目标管理考核。全市通过多次清查，共查出漏征漏管户 4323 户，补税 227. 35 万元，加收滞纳金 5. 65 万元，罚款 10. 83 万元。

1999 年，将个体税收列入单项考核，开展民主评定税负，全市个体私营企业总体税负调整面 86. 88%，月调增税额 61. 6 万元，增幅 29. 88%。全年完成个体税收 9207 万元，创历史新高。2000 年，切实加强个体税收的征管，通过深入调查和宣传，推行政务公开，开展民评定税，各县（分）局个体私营税收总体税负调整额增长 10%~25%。2001 年，贯彻实施新《税收征收管理法》，增强自觉依法纳税意识，加大依法处罚力度，强化个体、私营税收征管。

2002 年，完善个体集贸税收管理体系，实行专业化管理；建立科学的评税定税制度，实行“评税、定税、征管、稽查”相分离；深化公开办税，提高税收征管透明度；对城镇个体户实行“户籍管理、划款缴税”，所有办证户均纳入电脑管理，减少漏征漏管现象的发生。是年，全市共入库个体私营税收 1.2 亿元，比 2001 年增收 356.3 万元。2003 年 4 月 1 日，印发《永州市国家税务局关于认真做好个体税收起征点调整工作的紧急通知》，分别对达到起征点以上的个体户实行双定征收加发票管理，对起征点以下的业户实行户籍与动态管理，对个体私营大户建账建制，实行查定征收。同时，各县（区）国税局对不同地段、行业、品类等通过调查测算，分别确定最低的定税标准及相关管理办法，全面加强税收征管。

2006 年 8 月 24 日，市国税局局长袁北屏（中）等在冷水滩区开展税收宏观分析专项整治约谈会

2004 年 3 月起，根据《国家税务总局关于进一步加强个体税收征管工作的通知》，全市健全数据资料，加强跟踪管理。2005 年 1 月，全市推广个体户定位定税管理信息系统，市国税局成立定位定税管理信息系统推广应用领导小组，对全市个体工商户试行定位定税软件系统管理。10 月起，全市所有工商个体户按统一管理软件实行公平定税、定位的一系列工作。是年，贯彻落实《国家税务总局关于进一步规范和完善个体税收征收管理工作的意见》，各县（区）积极推进计算机核定税收定额工作。2006 年，按照《集贸市场税收分类管理办法》，科学划分集贸市场和纳税人类型，开展办理税务登记工作，清理漏征漏管户。2007 年，落实《个体工商户税收定期定额征收管理办法》，规范和加强个体工商户税收定期定额征收管理，保护个体工商户合法权益，促进税负公平和个体经济的健康发展。2008 年，发挥个体定位定税软件系统作用，加强个体税收管理，个体税收比上年增长 31%。2009 年 1 月，落实个体税收新征收率调整。7 月，出台《零散税收委托代征办法》。2010 年 5 月 20 日，市国税局印发《永州市国家税务局加强和规范个体零散税收委托代征工作实施方案》，对边远山区、木材等零散税收委托乡（镇）、林业部门等代征，减少漏征漏管，年中在全省推广永州国税的委托代征管理经验。

2011 年，随着增值税起征点的调高和对小规模纳税人征收率降低等惠民措施的实施，此后的个体税收大幅减少。

第五节 征管质量考核

1992—1998 年期间，永州市国税局对基层征收管理工作列入组织收入综合检查考评，以完成年度税收计划为主要考核指标。

1999 年 4 月，贯彻执行国家税务总局《关于开展征管质量考核工作的通知》，市国税局对基层税收征管质量按“十率”进行考核，即通过比对日常征管资料和实地抽查纳税户，主要考评税务登记率、纳税申报率、税款入库率、滞纳金加收率、欠税增减率、纳税申报准确率、立案率、结案率、税务行政处罚率、行政复议变更（撤销）率。市、县（区）国税局分别制订征管质量考核办法，不定期组织抽查和季度、年度检查评分。

2000 年，市、县（区）完善税收征管质量考核办法，对完成收入任务与征管质量分别进行量化考核，并实行一票否决权。市国税局每季度组织征管质量专项检查评比。下半年，根据《湖南省国税系统税收征管质量考核制度》和国家税务总局 8 月印发的《税收征管质量考核暂行办法》，将原“十率”考核精简为“七率”，减去立案率、结案率和行政复议变更（撤销）率。明确考评得分 90 分以上者为优秀，80 分以上、不满 90 分的为良好，60~80 分为一般，60 分以下为较差，对年度考核为优秀的单位由上级国税局给予征管质量奖励。年内在省国税局组织的二、三季度征管质量检查中，江华县、道县、宁远县、三分局获得优胜单位，分别被省国税局奖励 2 万元。至年底，全市 12 个县（区）国税局的纳税申报率由年初的 50% 提高到 96%，登记率由 40% 提高到 95% 以上，税收入库率达到 99% 以上，滞纳金加收率达到 30%。2001 年，市国税局修订完善征管质量考评办法，以计算机反映数据为主，同时实地抽查和核查资料，并实行联合交叉检查。12 月 4—10 日，组织征管、计财、稽查、信息中心等有关科（室）及各县（区）国税局综合（管理）、信息站人员分 5 个检查组，对全市 12 个县（区）的 2001 年度征管质量进行交叉检查。经各检查组实地考评和市国税局重点复查，道县、新田县、江华县、双牌县、蓝山县、冷水滩区、江永县、凤凰园管理区等县国税（分）局评分均达 90 分以上，获优秀单位。祁阳县国税局经省国税局统一检查取得优秀成绩，获得省国税局奖励。

2002年，市国税局对征管质量考核进行“三改”，即改全市大规模交叉检查为各县（区）国税局按月自行检查考核为主，市国税局每季进行重点督查和抽查；改传统的看报表分数多少为看报表上反映的数据与办税大厅实际数据的差异程度，以真实性、准确性为主；改6张手工考核报表为4张电子报表，并通过网上传递和电脑自动计分，减少考评工作量。12月中旬，省国税局征管质量检查组抽查冷水滩国税分局的征管数据与纸质资料等，随机核验电脑数据、报表及纳税户管理等情况，数据准确，资料相符，受到检查组的肯定。2003年6月起，落实国家税务总局新修订的《税收征管质量考核办法》，考核项目由“七率”改为“六率”，不再考核纳税申报准确率。省国税局新增逾期申报催办率、档案合格率等“六率”。市国税局重新制订《永州市国家税务局税收征管质量考核管理办法》，重点核查报表数据与办税大厅实际数据的真实性和准确性。2004年3月19日，根据国家税务总局和省国税局要求，市国税局印发《永州市国家税务局2004年度税收征管质量考核办法》，重点考核“五率”（即登记率、申报率、入库率、欠税增减率和处罚率）和征管数据真实以及信息共享等综合应用情况。10月26日，市国税局印发《永州市国家税务局税收管理员工作绩效评价考核办法》，促进加强税源管理，不断提高税收征管的质量和效率。

2008年10月27日，市国税局征管质量检查组在蓝山县现场检查

2005年1月1日起，全省国税系统综合征管软件统一上线运行，市国税局依托系统软件，狠抓征管数据质量和管理质效。考核除税务登记率、征管档案合格率实地抽查外，其他征管数据均以综合征管系统电子数据为主。2006年2月，全市推行宏观税负分析、税源监控、纳税评估、税务稽查协作互动工作机制，通过宏观上找问题，微观上查原因，各级充分利用综合征管软件数据进行税收征管情况分析，有效加强管理，促使税收征管质量数据质量稳步提高。2008年，严格征管质量考核，入库率、催报率、处罚率、滞纳金加收率等位居全省前列。全市有5个县（区）国税局的征管数据5项指标实现零差错。

2009 年 4 月 10 日，市国税局召开一季度税收征管质量讲评会，对各单位征管状况首次通过视频会直传基层人员。此后每季讲评与通报，并考核整改落实等情况。9 月，组织全市征管质量抽查。2010 年 2 月 2 日，市国税局印发《永州市国家税务局关于表彰 2009 年税收征管质量和综合征管软件数据质量管理先进单位的决定》，冷水滩区、零陵区、祁阳县、东安县、宁远县、新田县、江华县 7 个县（区）国税局实现税收征管质量和数据管理“五类指标零差错”两大责任目标；双牌县、道县、江永县、蓝山县及市国税局办税服务厅（车购税）、稽查局 6 个单位税收征管质量达到单项责任目标要求，对先进单位予以通报表彰，并按年初签订的责任书对其主要负责人给予奖励。

2011—2015 年，随着全国税收征管系统的完善和“金税工程”应用等税收信息化，省、市国税局对基层税收征管状况以后台系统监控为主，不再逐级组织实地检查，征管质量考核以系统电子监控数据为准。同时，每年定期评选年度“综合征管软件操作能手”、“优秀税收管理员”等岗位能手。

第六节　纳税评估

2005 年 3 月 29 日，永州市国税局转发《国家税务总局关于做好成品油零售单位增值税纳税评估准备工作的通知》。7 月 12 日，转发国家税务总局《纳税评估管理办法（试行）》，市、县（区）国税局陆续展开纳税评估工作。

2006 年 4 月 28 日，市国税局率先在全省国税系统建立纳税评估专项工作机制。首先在冷水滩区、零陵区、祁阳县 3 个县（区）国税局组建完成纳税评估科，试行独立办公、专司纳税评估工作；其他 8 个县国税局均设立税收分析评估组，挂靠税源管理科专司纳税评估工作，彻底改变长期以来基层纳税评估工作难以开展的被动状况。通过建立专项纳税评估工作机制近 2 个月的试点探索，6 月，市国税局征管科组织冷水滩区国税局汇编《税收分析评估工作办法选编》，分发到各县（区）试行及省内系统交流，得到省国税局肯定。7 月 28 日，市国税局印发《关于进一步加强税收分析评估工作的紧急通知》，再次明确除冷水滩区、零陵区、祁阳县 3 个县（区）国税局已建立税收分析评估科外，其他各县国税局均设立 2~5 人（小县 2~3 人）的税收分析评估组，选配得力人员，赋予相关职权，独立开展税收分析评估工作。同时加强学习培训与工作交流，加快提高业务素质和分析评估水平。市国税局每月组织一次税收分析评估等工作交流与研讨活动，总结交流上月各地工作情况，研究解决工作中的疑难问题，安排部署下阶段评估等工作重点。在此基础上，切实加强工作配合与考核监督，扎实开展宏观税负分析，搞好税收分析评估，强化税源管理。

2006 年 6 月 6 日，市国税局局长袁北屏（中）在祁阳县调研纳税评估

2008 年 3 月 24 日，市国税局转发《湖南省国税局关于征集纳税评估案例和纳税评估模型及行业管理办法系列经验材料的通知》，积极选编纳税评估案例。随后组织人员到长沙市、娄底市、邵阳市学习税收管理经验，进一步强化互动协作，落实分级评估制度。是年，通过纳税评估与互动协作，累计补增税款及罚款 8619 万元，占全年税收收入总额的 6.1%。

2008 年 7 月 1 日，全市纳税评估研讨会在祁阳县召开

2009 年 10 月 13—27 日，市国税局组织开展全市首次交叉评估竞赛活动。共选派 12 个评估竞赛组，交叉到各县（区）评估 38 户纳税人，合计查增税款 558.58 万元，入库税款和滞纳金 426.43 万元。2011 年 8 月 10—12 日，根据《湖南省国家税务局税收分析预警与纳税评估系统应用管理办法（试行）》和永州市实际，市国税局举办全市税收分析预警和纳税评估系统应用师资培训班，促使各级进一步加强税收征管数据的分析应用，提高税源监控管理及纳税评估工作水平。2012 年 4 月 20 日，市国税局印发《永州市国家税务局税收风险管理实施办法（试行）》。5 月 16 日，印发《永州市国家税务局纳税评估工作绩效考核办法（试行）》。8 月 14 日，对全市 1—7 月税

收风险应对工作开展情况进行通报，先后共开展税收风险应对 706 户次，其中完成纳税评估 634 户次，发现有问题的 505 户次，评估准确率达 75%；开展风险应对入库税款 4126.8 万元，其中评估入库 3745 万元。2013 年 3 月 22—30 日，市国税局组织全市纳税评估团队和纳税评估岗位人员共 70 人，在湖南税务高等专科学校进行为期 8 天的纳税评估培训，系统培训新一轮税收征管改革及纳税评估方法、实地核查技巧等。2014 年 4 月 9 日，印发《永州市国家税务局关于规范税务检查工作的通知》，统一明确评估范围和工作职责。市国税局评估团队负责全市年纳税额 200 万元以上的纳税人、市级收入企业及领导交办案件的纳税评估；县（区）国税局评估团队和管理部门负责年纳税额 200 万元以下的纳税人以及根据市国税局评估团队授权对年纳税额 200 万元以上的纳税人的纳税评估；市国税局征管科负责全市企业纳税人税务检查工作的协调组织、税收征管状况风险分析、预警信息名单的汇总和发布等。9 月 18 日，经市国税局风险管理领导小组审议通过，发布 2014 年第二期全市税收风险预警名单，各县（区）国税局限期完成房地产、农村信用社、小水电企业的纳税评估工作。

2015 年 5 月 15 日，市国税局印发《永州市国家税务局关于开展纳税评估案件复查工作的通知》，在全市范围内开展纳税评估案件复查工作。9 月 15 日，印发《永州市国家税务局关于纳税评估案件复查情况的通报》，从各县（区）国税局随机抽调纳税评估案件 22 件，涵盖金融、建材、商贸、农产品加工、水泥制造、有线网络、房地产等 10 个行业，最终评选出宁远县建雄建材贸易有限公司、零陵区鼎新商贸有限公司、祁阳特种电机有限公司等 6 个纳税评估案的质效较好。

第三章 税收收入

第一节 税收计划与税源监控

一、税收计划与执行

1992年，省税务局下达零陵地区税务局税收计划5.41亿元。地、县（市）税务局采取层层分解落实计划，签订收入目标责任书，大力清欠促收，年底超额完成税收任务。是年，全区共完成各项收入6.13亿元，为年度计划的113.25%，其中，工商税收5.85亿元，比1991年增长8.55%；国营企业所得税2048万元，比1991年增长9.19%。1993年，为增大地区收入基数，确保稳定增长，全区各级党政领导齐抓共管，各级部门大力促收。是年，省税务局下达税收计划7.14亿元，全区实际完成各项收入8.81亿元，占年度计划的123.47%，比1992年增长42.44%。

1994年3月，省税务局下达零陵地区年度税收计划8.75亿元。9月，国税局、地税局分设以后，对原省税务局下达的税收计划进行测算和划分，并对1—8月实际完成的税收收入分别进行划分，地区国税局的各项税收计划调整为7.74亿元，其中“两税”（增值税、消费税，下同）计划6.92亿元。是年，地区国税局大力推进各项工作落实，克服税源减少、企业资金紧张和经济效益下降等困难，全力组织收入，全年完成各项总收入7.86亿元，其中，“两税”入库7.75亿元，为计划数的111.9%，超收8259万元。全区国税、地税机关共组织完成各项收入10.09亿元，占年初计划的115.22%，比1993年增长14.5%。1995年，全区国税系统提早开展税源调查，对重点税源企业全面摸底，为及时准确落实税收计划奠定基础。在前两年税收大幅增长、税源紧缺的条件下，国税部门经过艰苦努力，年底完成各项收入8.58亿元，占省国税局年初计划的99.61%，其中，完成“两税”收入8.29亿元，比1994年增长7.03%。

1996年，省国税局下达撤地建市后的永州市国税局年度计划9.29亿元。在全市税源十分紧张，预算内工业企业亏损严重，建材等支柱行业中除电力税收增长以外，其他行业下降明显的情况下，市国税局及时向市委、市政府汇报摸底测算完成计划面临的困难，引起市委、市政府高度重视。市政府决定实行收入进度与下拨经费联动，市对县（区），县（区）对办事处、乡（镇）下拨经费与税收收入进度挂钩。全市完成国税各项收入 8.95 亿元，为年计划的 96.36%，比 1995 年增收 3726 万元，增长 4.34%。其中，“两税”完成收入 8.71 亿元，增长 5.01%。1997 年，市国税局及时将税收任务分解到各基层税务机关和重点税源企业，层层签订责任状，实行税收收入一票否决制，大力开展稽查和挖潜堵漏增收。年底完成各项收入 9.93 亿元，占年计划的 103.22%，比 1996 年增收 9710 万元，增长 10.84%。

1998 年，省国税局在分配税收计划时改变传统的“基数加增长比例”方法，根据各地经济状况和税源变化情况，下达永州市税收计划总额 8.78 亿元。全市国税系统在工业生产低效运行、经济效益仍在谷底徘徊，同时还受到亚洲金融危机和遭受百年难逢的特大洪涝灾害等影响下，强化征管，加大执法力度，查偷堵漏增收入，完成各项收入 8.87 亿元，为年度计划的 101.06%。1999 年，加强重点税源企业税收监控，进一步完善收入考核机制，从均衡入库、征管质量、欠税清缴、消化历史包袱和执行税收纪律等方面对收入计划进行细化考核。在经济持续低迷，工业生产下滑等状况下，全市仍组织完成各项收入 7.07 亿元，占省国税局下达计划的 96.94%。

2000 年，永州市的经济发展逐步恢复，经济效益明显好转。全市国税系统严格依法治税，深化征管改革，推行执法责任制，是年完成各项收入 7.28 亿元，为省国税局分配计划的 103.21%。2001 年 4 月，省国税局下达永州市年度收入必保计划 7.23 亿元。市、县（区）国税局等层层签订责任状，强化组织收入目标考核和税务稽查，年底完成各项收入 7.30 亿元，占年计划的 101%。2002 年，市国税局进一步完善组织收入目标考核制度，采取有效措施，消化历史包袱，提升税收质量，全市完成各项收入 8.33 亿元，占省国税局分配计划的 107.16%，比 2001 年增收 1.03 亿元，增长 14.06%，税收收入开始实现良性循环。

2003 年，全市在抓大税源的基础上，强化小税源征收管理，进一步加强欠税清缴，当年完成各项收入 8.95 亿元，为省国税局分配税收计划的 106.51%，比 2002 年增收 6231 万元，增长 7.48%。2004 年，贯彻执行省国税局关于加强重点税源监控管理工作等要求，加大考核力度，全市累计完成各项收入 12.04 亿元，占省国税局年初计划的 127.1%，比 2003 年增收 3.09 亿元，增长 34.5%。2005 年，市国税局进一步完善税源监控制度，将“两税”税源监控范围扩大到按企业年纳税额 50 万元以上和各县（区）国税局监控税源占其年度“两税”总额 80%以上的双重标准设置监控企业户，通过 TRS 税源监控管理系统，对重点税源企业的税负情况进行月度监控分析，促使税收及时足额入库。是年，全市国税系统共组织完成各项税收收入 13.09 亿元（未含车辆购置税，下同），为年度省国税局下达计划的 104.47%，比 2004 年增收 1.05 亿元，增长 8.69%。

2006 年，市国税局强化税收宏观分析，在全省率先建立专业纳税评估机制，严格清欠堵漏，坚持应收尽收。是年，在全省 14 个市（州）中，永州市率先实现“零新欠”。

2007 年年初，省国税局下达永州市年度税收计划 11.02 亿元；8 月，调整永州市年度税收计划增加到 12.20 亿元。全市国税系统克服重点税源企业零陵卷烟厂税收移交到长沙中烟公司、长丰汽车增值税减收 1000 万元以及 6 月份因特大洪水造成全市减少税收 1300 万元等不利因素，积极开展各项税收工作，大力清缴欠税，连续两年保持“零新欠”成果。通过深化税收分析互动协作，全市开展纳税评估 1990 户，查补入库税款 8377 万元；税务稽查 590 户，查补入库税款 3055 万元。至年底，共组织各项税收收入 12.88 亿元，比 2006 年增收 2.77 亿元，增长 27.9%，为省国税局年初计划的 116.95%和调整计划的 105.61%。

2008 年，全市税收收入受自然灾害、国际金融风暴及税收政策性减收等影响，重点税源企业税收急剧下滑。全市国税系统从强化征管措施入手，加强税收分析，加大税源监控，注重行业管理，狠抓税务稽查，细化收入考核，12 个县（区）国税局全部做到应收尽收，连续三年实现税收“零新欠”。是年，共组织入库各项税收收入 14.03 亿元，为省国税局年初计划的 100.06%，比 2007 年增收 1.34 亿元，增长 10.6%。2009 年，受国际金融危机和结构性减税政策的影响，市内部分行业和重点税源企业税收大幅下滑，组织收入形势严峻。市国税局紧紧围绕“突出工作创新，促进科学发展”主题，实行“领导分片，科（室）挂点”，加强组织收入督促指导。各县（区）国税局推行领导管户制，切实抓好税源调查，每月召开税收收入分析会，每季进行征管质量讲评，四季度全市采取“三不”措施，集中全力抓税收，确保税收任务的完成。是年，共完成各项税收收入 14.64 亿元，占省国税局分配年度计划的 100.02%。

2010 年，全市国税系统克服罕见的洪涝灾害以及结构性减税政策、限制“两高一资”产业政策等导致重点税源下滑的影响，加大组织收入工作力度，强化收入目标管理责任，不断完善中小税收管理精细化，突出纳税评估和税务稽查，促使税收大幅增长，全年税收入库突破 18 亿元，圆满完成省国税局和市政府下达的税收收入任务。2011 年，市、县（区）国税局强化税源监控分析，积极探索税源专业化管理，深化税源互动协作，强化税收征管，确保国税收入平稳增长。全年共组织入库各项税收收入23.71亿元，完成省国税局年度计划的105.67%，比2010年增收3.81亿元，增长19.12%。

2012年2月21日，全省国税系统税源专业化管理试点单位工作会议在永州市召开

2012年，市国税局严格目标责任管理，层层分解税收任务，与各县（区）国税局"一把手"签订组织收入工作目标管理责任状，加强税源监管。同时组建专业评估团队，先后对976家疑点企业开展纳税评估工作，共计评估入库税款及滞纳金4426万元。全年共组织入库各项税收收入23.78亿元，占省国税局分配计划的98.93%，比2011年增收2.08亿元，增长9.56%，并连续7年保持"零新欠"。2013年，全市国税系统持续优化税收收入质量，加强重点税源监控和欠税管理，连续8年保持"零新欠"。全市共完成不含车购税收入26.13亿元，占省国税局下达计划的98.97%，比2012年增收2.35亿元，增长9.88%。2014年，面对经济下行压力大、政策性减收因素多等不利局面，全市国税系统始终坚持以组织收入为中心，强化依法治税，加强税源监控，注重行业管理，狠抓稽查评估，确保提升组织收入质量。全年共组织入库各项税收收入31.87亿元，突破30亿元大关，比2013年增收2.41亿元，增长8.17%。

2015年，针对实体经济下行压力增大，税收增长乏力等严峻形势，全市国税系统始终把组织税收收入作为第一要务，把不收过头税放在首位，积极争取地方党委政府的理解支持，千方百计提高税收收入质量。大力堵漏增收挖潜，逐级落实组织收入责任，强化重点税源监控，严格税务稽查和纳税评估，开展区域税收征管秩序专项整治，促使税收收入稳定增长。是年，共组织入库各项税收收入37.90亿元，完成年度计划的110.79%，比2014年增收6.03亿元，增长18.93%，税收增幅排名全省第三，并连续10年实现全市"零新欠"。

二、税收预测与税源监控

自2014年起，省、市、县（区）国税局分别实行税收预测办法，加强税收预测与监控。永州市国税局在巩固税收分析大格局成果的基础上，创新完善税源管理互动协作长效机制、联合税收分析机制、税收分析信息发布传递机制、部门信息定期交换机制等制度，充分利用各种渠道收集第三方信息和成果与重点税源系统数据，每月对各税种的增减变化、重点税源入库情况进行分析。通过全面分析经济运行状况、宏观调控及税收政策因素对税收的影响，及时向市委、市政府和省国税局进行专题汇报，做好月度、季度、年度等预测工作，不断提高税收预测的科学性和准确性。是年，永州市国税局每月税收预测准确率均在97%以上，居全省前列。从2014年开始，将重点税源监控列入年度工作目标考核，市国税局利用综合管理运行平台，将有关数据及项目进行公式编程，及时将全市的重点税源置于监控之下，加快税源管理的信息化和网络化建设。在此基础上，健全完善企业监控、行业监控、项目监控相结合的重点税源监控体系，稳步扩大独立核算企业监控范围。2014年，全市把年纳"三税"（增值税、消费税、企业所得税）30万元以上的706家企业纳入到市局重点税源企业监控范围，实施从点到面的整体税源监控，确保税源稳定和税收逆势增长。2015年，将年纳"三税"50万元以上的企业纳入市国税局重点监控，共有重点税源监控纳税企业452家。

2011年9月6日，市国税局召开"优化经济环境提高行政效能"税企恳谈会

第二节　税收票证管理

1992—1993年，零陵地区税务系统使用的税收票证主要为中华人民共和国税收通用缴款书（以下简称税收通用票证缴款书）和中华人民共和国税收通用完税证（以下简称税收通用完税证）等种类。

1994年9月，国税、地税机构分设后，新的税收票证未印制到位，仍使用原零陵地区税务局的税收票证。为便于银行、金库准确划分国税与地税收入，在使用老税票征收税款时，在税票各联右上角加盖圆形“国”字戳记，同时加盖县（市）国税机关征税专用章（后改为票证专用章）。是年底，按分税制要求，国税系统使用由国家税务总局统一式样的税收票证共计13种。即向纳税人以通过银行缴入国库方式征收税款时，使用税收通用缴款书；纳税人通过银行缴纳出口货物增值税、消费税的，使用税收（出口货物专用）缴款书；收取个体工商户和集贸市场经营业户等纳税人以现金缴纳的税款，使用税收通用完税证；征收临时性经营等流动性零散税收，使用票面印有固定金额的税收定额完税证；征收人员将收取的现金税款缴入国库，使用税收（汇总专用）缴款书等；其他代扣代缴税收凭证、税收罚款收据、税收收入退还书等。

对税收票证的管理与填开使用，全区各级国税机关均采用专库保管、专人领存，实行严格的管理和填开使用制度。税票管理以实物管理为重点，严格领用、报结手续，防止丢失、被盗等。税票填开严格实行“十不准”规定，防止混淆预算级次和发生其他差错等。同时经常进行票证检查，防止压票、压款或违法使用税收票证。1995年5月，省国税局确定每年5月为“税收票证检查月”，各级严格组织自查和交叉检查。9月1日起，贯彻执行《湖南省国家税务局税收票证管理工作基本规则（试行）》，全区建立健全税收票证印制、保管、领发三项制度，以提高填开税票质量为重点，实行奖罚兑现。

1996年4月，永州市国税局统一使用国家税务总局采用水印纸涂炭印制的新版税收（出口货物专用）缴款书和出口货物完税分割单。8月21日起，推行出口退税专用税票认证软件系统，使用税收征管网络系统程序的征收单位一律使用计算机开具专用税票；其他采用手工填票的单位，都确定专人填票，实行“管票的不开票，开票的不管票”办法，并将填开以后的专用税票的有关信息输入认证系统。1997年1月起，市国税系统每月抽查征收人员票、款报解与结存情况，严格审核税收票证，并采取培训、辅导等方式，提高填票规范化、标准化水平，采用填票差错扣款等措施，促进提高填票质量。是年，全市国税系统发放税收票证50余万份，号码核对准确，没有发生丢失、被盗等现象。1998年7月1日起，贯彻国家税务总局印发的《税收票证管理办法》和《湖南省国家税务局税收票证管理实施办法》，在市区、城镇以及当地有国库经收处的国税征收人员收取现金税款数额在1000元以上的，按日全额缴库；因国库经收处下班停止办公不能当日缴库的，次日缴库。1999年5月，市国税局印制个体税收划卡缴税专用票证代替银行POS单，原代替完税凭证的POS单停止使用。

2001年8月1日起，启用国家税务总局改版后采用压感技术印制的税收（出口货物专用）缴款书和出口货物完税分割单，进一步增强其防伪性能。原1996年版采用水印纸涂炭印刷的上述两种出口货物专用税票废止。2005 年 1 月 1 日起，市国税局全面接管原由市交通局征稽部门代征的车辆购置税工作，同时启用新的车辆购置税缴税凭证及车辆购置税专用章。此后的税收票证相对稳定，管理正常。

2014 年，市国税局税收票证的领、用、存全部纳入税收征管系统进行管理，确保征收成果得到及时、准确地反映，保障税收票款的安全。2015 年，市国税局加强票证日常管理，健全税收票证管理制度，全市各用票单位严格遵守税收票证领发、填用、结报缴销、作废、销毁等方面的管理制度，税款解缴入库准确、安全，确保税款及时足额入库。

第三节 税收计会统

一、税收会计报表

1992 年 1 月，零陵地区税务局会计改革试点工作分别在东安县、祁阳县、永州市、新田县 4 个县（市）税务局、39 个税务所展开。7 月 1 日，全面推广税收会计按应征数核算的经验，同时加强复核、内审和微机开发应用等工作，促进税收及时足额入库。

1994 年 9 月，税务机构分设后，全区执行国家税务总局《税收会计核算试行办法》，以国税机关组织征收的各项收入的征收、入库、上解和提退等动态过程为对象，对税收资金运行进行管理计算。

1996 年 1 月 1 日，贯彻执行国家税务总局《税收会计核算办法》和湖南省国税局《税收会计核算实施细则》及《湖南省国家税务局税收会计核算工作规程》，推行税收会计制度改革。对各项税收的应收、征收、减免、欠缴、入库、上解和提退等资金运行全过程进行监控，加强对纳税人从税收形成到入库的监控管理。市、县（区）国税局计会部门按照统一规定设置税收会计总账科目、明细科目，以权责发生制为记账基础，采用借贷记账法进行税收会计核算。1998 年 10 月，贯彻执行国家税务总局《关于出口货物“免、抵”税调库税收会计统计处理事项的通知》和省国税局《关于进一步明确“免、抵”税收业务问题的通知》，对生产企业自营出口或委托代理出口货物的免、抵税收进行清理检查，按统一规定进行调库处理。将免、抵税收作为税收计划考核数，并计算增量经费分成。

1999 年 1 月 1 日，执行国家税务总局颁发的《税收会计制度》，停止执行 1995 年的《税收会计核算办法》。仍采用借贷记账法，以税务机关为会计实体，以税收资金活动为记账主体，以“借”、“贷”为记账符号，运用复式记账原理，反映税收资金运行情况，同时仍实行应征数核算。2004年6月，市国税局制订印发《永州市国家税务局税收会计核算办法（试行）》，进一步规范全市各项税收资金运行全过程的会计核算，加强税收会计管理工作。市国税局为税收会计核算汇总单位，11个县（区）国税局为税收会计核算单位，核算模式为双重业务单位。

2005年1月1日，执行《湖南省国家税务局全省一级税收会计核算暂行管理办法》，按照“省局一级核算，省、市、县三级产表”的税收会计核算模式，进行税收会计核算。市国税局在计划统计科下设税收会计管理岗、统计管理岗、国库对账岗，负责全市税收会计核算质量的监管工作；县（区）国税局在其计划统计科设税收会计岗、国库对账岗、税收统计岗等，负责本单位税收会计核算的基础管理工作。

2009年10月28—29日，全市国税系统中小税收管理经验交流现场观摩会先后在宁远县和东安县举行

2014年，市国税局全面加强会统核算基础工作，确保会计核算模式稳步运行。同时加强“三代”核算管理，将所有代征代扣税款纳入到综合征管软件进行核算管理，每月月末通过网上银行查询税务代保管资金账户收支情况，确保税务代保管资金管理安全。2015年10月，“金税三期”上线运行。市国税局结合“金三”系统上线，不断解决会计核算模式运行中出现的新情况和新问题，夯实税收会统核算基础工作。积极推行委托代征，全面推行POS机刷卡缴税，拓展财税库银横向联网系统功能，确保通过横向联网系统缴纳税款占到总收入90%以上。

二、税务统计分析

1994年9月，税务机构分设以后，零陵地区当年的各项税收统计报表全部由地区国税局负责报送，县（市）国税局税收会统报表中包括县（市）地税机关征解的税收。为加强与地方税务机关在税务统计工作中的协调配合，国税、地税机关建立税收会统报表交换制度，对于双方都需要的统计报表，国税机关主动向地税机关提供，并实行征收、核算、对账、统计一体化管理，避免重复和遗漏，保证统计数字准确。自 1995 年 1 月 1 日起，地税机关单独报送地方税收会统报表。

1997 年，执行省国税局《1997 年税收会计统计报表制度》。税收统计工作于每月结束后 12 日内向省国税局报送税收收入分经济类型统计月报总表、增值税分经济类型统计月报表、税收欠税分项目统计月报表、个人所得税分项目统计月报表等 6 个统计报表。年终后 25 日内，报送涉外税收税额统计年报表、企业所得税分经济类型统计年报表和纳税登记户数统计年报表 3 个统计报表，将增值税、消费税欠税月报表改为税收欠税分项目统计月报表。1998 年 2 月，市国税局 1997 年度税务统计报表在全省国税系统汇审中获得第 3 名。1998—2000 年度，永州市国税局税务统计报表编报工作连续评选为全省先进单位。

2005 年，在各县（区）国税局成立数据管理部门，在征管软件数据流转的重要部门和环节设立数据管理岗，配备数据管理员，加强税务统计数据管理基础工作，狠抓“零差错”数据质量管理，建立健全数据管理分析例会制度和数据质量考核体系。是年，永州市国税局数据质量在全省考评中实现“零差错”。2014 年，市国税局通过统计分析多次到省国税局汇报，积极争取税收免抵调指标，全年争取到免抵调指标 7000 万元，及时缓解全市税源乏力的现状。在巩固税收分析大格局成果的基础上，市国税局创新完善联合税收分析机制、税收分析信息发布传递机制等制度，坚持“零差错”理念和目标，积极创新数据质量监控体系和监控方法，数据质量得到稳步提高。是年全市数据逻辑差错率仅为 3.5‰，比 2013 年下降 1.4 个点。

2009 年 12 月 17 日，全市国税征管和纳税服务研讨会在宁远县召开

2015 年，市国税局制订下发税收分析工作指导意见，定期召开季度税收分析会，查找工作漏洞，落实各项工作措施。每月对各税种的增减变化、重点税源入库等情况进行分析，全面客观分析经济运行状况、宏观调控及税收政策等因素对税收的影响，为及时准确调度完成季度和全年税收任务提供科学依据。是年，共向省国

税局和市委、市政府报送“营改增”、市本级经济税源等税收分析材料13篇，为领导决策提供参谋服务。

1992—2015年永州市国税系统税收计划完成情况表

表2-3-1 **单位：万元**

年份	省国税局分配计划数	完成数	完成计划（%）	比上年同期	
				增减额	增减（%）
1992	54100	61267	113.25	4252	7.46
1993	71370	88124	123.47	26256	42.99
1994	87540	100867	115.22	19050	23.25
1995	86155	85816	99.61	-148160	-14.72
1996	92920	89542	96.36	3726	4.34
1997	96160	99252	103.22	9710	10.84
1998	87820	88747	101.06	-10505	-10.58
1999	73000	70763	96.94	-17984	-20.26
2000	70550	72818	103.21	2055	2.9
2001	72280	73003	101	185	0.25
2002	77700	83263	107.16	10260	14.06
2003	84010	89479	106.51	6231	7.48
2004	94710	120388	127.1	30908	34.5
2005	125250	130850	104.47	10462	8.69
2006	143930	140319	97.49	9469	7.24
2007	110170	128839	116.95	27666	27.91
2008	140180	140266	100.06	13438	10.6
2009	146400	146424	100.02	6158	4.39
2010	160800	180102	112	33678	23
2011	224360	237073	105.67	38052	19.12
2012	240350	237781	98.93	20756	9.56
2013	264000	261279	98.97	23498	9.88
2014	286000	279298	97.66	18019	8.17
2015	299000	331262	110.79	51965	18.61
合计	—	3336587	—	—	—

说明：本表税收计划与完成数，仅为分税制前的工商税收数（含前零陵地区税务局）与分税制后的税收数，未包含税务机关组织完成的各项收入、车辆购置税

2015 年永州市各项国税收入分县（区）统计表

表 2-3-2　　单位：万元

项目单位	收入额	比上年同期	
		增减额	增减（%）
税收总计（含车辆购置税）	379036	60320	18.93
冷水滩区	137531	24179	21.33
零陵区	23016	431	1.91
东安县	17653	3856	27.95
道县	24883	5439	27.97
宁远县	29442	5618	23.58
江永县	10100	1442	16.66
江华县	27831	6140	28.31
蓝山县	17556	3532	25.19
新田县	12886	3218	33.29
双牌县	11959	-756	-5.95
祁阳县	43741	4119	10.40
车购税征管分局	22438	3102	16.04

2015 年永州市国税系统税收收入分县（区）统计表

表 2-3-3　　单位：万元

项目单位	收入额	完成计划（%）	比上年同期	
			增减额	增减（%）
税收合计（不含车辆购置税）	331262	110.79	51965	18.61
冷水滩区	137385	114.11	24149	21.33
零陵区	23016	95.11	431	1.91
东安县	14757	122.98	3289	28.68
道县	21527	118.93	4701	27.94
宁远县	24662	115.78	4731	23.74
江永县	8472	107.24	955	12.70
江华县	24730	114.49	5572	29.08
蓝山县	15621	117.45	3192	25.68
新田县	11002	127.93	2905	35.88

续表2-3-3

项目单位	收入额	完成计划（%）	比上年同期	
			增减额	增减（%）
双牌县	11016	86.74	-985	-8.21
祁阳县	39074	100.45	3025	8.39

2015年永州市国税收入分行业统计表

表2-3-4 **单位：万元**

项目	收入额	比上年同期	
		增减额	增减（%）
税收收入总计	379036	60320	18.93
一、税收收入合计	331262	51965	18.61
其中：中央级收入	241523	39086	19.31
地方级收入	89739	12879	16.76
（一）国内增值税	194471	15945	8.93
1. 卷烟	—	—	—
2. 酒	453	329	265.32
3. 纺织品	1463	-1634	-52.76
4. 服装、皮革	14744	5911	66.92
5. 化工产品	4942	-525	-9.60
6. 建材产品	9677	-2737	-22.05
7. 有色金属	4347	-187	-4.12
8. 通用设备	152	-64	-29.63
9. 专用设备	743	-441	-37.25
10. 汽车	10513	3376	47.30
11. 电气器材	4209	904	27.35
12. 电信设备	3307	2094	172.63
13. 电力	35585	2134	6.38
13.1. 发电	13440	-273	-1.99
13.2. 供电	22145	2407	12.19
14. 造纸及纸制品	2947	-1712	-36.75
15. 批发业	39395	5480	16.16

续表2-3-4

项目	收入额	比上年同期	
		增减额	增减（%）
16. 零售业	25538	1081	4. 42
17. 交通运输业	2230	-234	-9. 50
18. 现代服务业	3800	1213	46. 89
19. 其他	30426	957	3. 25
（二）国内消费税	54636	18744	52. 22
1. 卷烟	38163	17911	88. 44
2. 酒	293	13	4. 64
3. 汽车	15792	797	5. 32
4. 其他	388	23	6. 30
（三）企业所得税	82154	17281	26. 64
1. 卷烟	—	—	—
2. 纺织品	326	164	101. 23
3. 服装皮革	1559	588	60. 56
4. 化工产品	64	-62	-49. 21
5. 建材产品	6516	1428	28. 07
6. 有色金属	513	313	156. 50
7. 电力	2464	-397	-13. 88
8. 商业	21209	-2759	-11. 51
9. 金融业	39163	17281	78. 97
10. 房地产	4999	-1042	-17. 25
（四）储蓄存款利息所得税	1	-5	-83. 33
二、车辆购置税	47774	8355	21. 20
三、出口退税	-34154	-7615	28. 69
四、其他收入合计	573	139	32. 03
附：1. 代征地方收入	2004	1290	180. 67
1. 1 个人所得税	1479	974	192. 87
1. 2 城市维护建设税	268	164	157. 69
1. 3 教育费附加	150	87	138. 10
1. 4 地方教育费附加	107	65	154. 76
2. 入库查补税金	5650	-697	-10. 98

续表2-3-4

项目	收入额	比上年同期	
		增减额	增减（%）
3. 免抵已调增值税	16330	5110	45.54
4. 企业所得税汇算清缴	4728	-3958	-45.57
5. 企业所得税预缴	67981	15183	28.76

说明：税收收入合计不含车辆购置税；税收收入总计为税收收入合计与车辆购置税之和

第四节 涉外税收与大企业管理

1992年至1994年9月，零陵地区税务局未设立涉外税收专门管理机构，相关业务归口税政科管理。1994年10月，税务机构分设后的零陵地区国税局设置涉外税收管理科，与税政管理一科合署办公。1996年7月22日，撤地建市后的永州市国税局设立涉外税务管理分局，专司涉外税收管理。2004年3月，涉外税收管理分局改为内设科（室），变更为国际税务管理科。2010年8月起，更名为大企业和国际税务管理科，负责全市大企业和国际税收管理工作。

一、涉外税收管理

1994年1月1日，实行新税制后，零陵地区对外商投资企业一律按新的《中华人民共和国增值税暂行条例》《中华人民共和国消费税暂行条例》《中华人民共和国营业税暂行条例》征收增值税、消费税、营业税。对外商投资企业以及外籍人员还适用《中华人民共和国外商投资企业和外国企业所得税法》《中华人民共和国个人所得税法》《中华人民共和国土地增值税暂行条例》《中华人民共和国印花税暂行条例》《中华人民共和国城市房地产税暂行条例》和《中华人民共和国车船适用牌照税暂行条例》征收相关税收。同时，对1993年12月31日前批准设立的外商投资企业出口货物实行免税办法，在2000年年底以前实行不征不退政策；对1994年1月1日后批准设立的外商投资企业出口货物执行出口退税办法。

1996年6月1日，永州市国税局根据国务院办公厅和湖南省人民政府办公厅有关调整国税局、地税局税收征管范围的通知精神，将涉外税收中以缴纳营业税为主的纳税人的税收移交市地税局负责征收管理，其增值税、消费税、外商投资企业和外国企业所得税委托市地税局代征；以缴纳增值税、消费税为主的纳税人的税收仍由市国税局负责征收管理，其营业税、个人所得税及其他地方税委托市国税局代征。7月22日，设立永州市国税局涉外税务管理分局，全面负责涉外税收政策管理、征收管理和税务检查，机构级别为正科级建制（与税政一科合署办公）。

1997年3月26日，市国税局转发《关于做好外商投资企业联合年检工作的通知》，从本年起对外商投资企业税务登记证的验证工作统一列为联合年检内容。是年8月18日，市国税局机关搬迁至冷水滩区后，涉外分局与税政一科分开办公，单独行使涉外税收管理职能。

2015年5月，市国税局开展涉外税收管理宣传服务

2004年3月8日，撤销永州市国税局涉外税务管理分局，涉外税收实行属地征收管理；市国税局机关内设国际税务管理科，负责全市国际税收事项管理、涉外企业税收政策宣传、执行以及外商投资企业涉税事项的管理与审批等事项。原由市国税局直接负责征收管理的冷水滩区、零陵区涉外企业下放到两个区国税局进行属地征收管理。2010年10月至2015年，全市涉外税收管理均由更名后的市国税局大企业和国际税务管理科组织实施。

1994—2015年永州市国税系统涉外税收一览表

表2-3-5 **单位：万元**

年份	税额	比上年同期		其中企业所得税		
		增减额	增减（%）	税额	增减额	增减（%）
1994	260	—	—	2	—	—
1995	640	380	146.15	31	29	1450
1996	586	-54	-8.43	11	-20	-64.52
1997	782	196	33.44	30	19	172.73
1998	910	128	16.37	75	45	150
1999	1142	232	25.50	132	57	76
2000	1478	336	29.42	249	117	88.6

续表2-3-5

年份	税额	比上年同期		其中企业所得税		
		增减额	增减（%）	税额	增减额	增减（%）
2001	1566	88	5.95	224	-25	-10
2002	1767	201	12.84	376	152	67.86
2003	3369	1602	90.66	1429	1053	280.05
2004	4164	795	23.59	1488	59	4.12
2005	4298	134	3.21	521	-967	-64.99
2006	4759	461	10.72	441	-80	-15.35
2007	5825	1066	22.39	759	318	72.10
2008	7767	1942	33.33	1275	516	67.98
2009	6708	-1059	-13.63	1414	139	10.90
2010	7529	821	12.24	1249	-165	-11.66
2011	8550	1021	13.56	1943	694	55.56
2012	10364	1814	21.21	1688	-255	-13.12
2013	14360	3996	38.55	2503	815	48.28
2014	17972	3612	25.15	2836	333	13.30
2015	24862	6890	38.33	3270	434	15.30
合计	129658	—	—	21946	—	—

二、外商投资企业和外国企业所得税管理

1992年至1994年9月，涉外企业所得税由零陵地区税务局管理。对区内的外商投资企业和外国企业所得税（简称涉外企业所得税），按年计算，分季预缴，季度终了以后15日内预缴，年度终了以后5个月内汇算清缴。其每一年度的收入总额减除成本、费用及损失以后的余额为应纳税所得额，税率为30%。1994年9月至1996年4月16日，税务机构分设和撤地建市以后，涉外企业所得税先后由零陵地区国税局、永州市国税局征收管理。

1997年8月11日起，永州市国税局按照国家税务总局《外商投资企业和外国企业所得税汇算清缴工作规程》，规范全市涉外企业所得税汇算清缴工作。2005—2006年，永州市涉外企业所得税汇算清缴工作连续两年荣获全省第一名；2007年度被评为全省第二名。

2008年1月1日起，原《中华人民共和国外商投资企业和外国企业所得税法》

与原《中华人民共和国企业所得税暂行条例》同时废止，内、外资企业所得税管理统一适用新的《中华人民共和国企业所得税法》，不再区分涉外企业所得税。

三、涉外税收审计与检查

1994 年 9 月，贯彻执行国家税务总局《涉外税务检查规程（试行）》，由零陵地区国税局涉外税务管理科（后为管理分局）单独实施涉外税务检查，各级稽查局和其他税务机关都不直接检查涉外企业。10 月 15 日至 11 月 10 日，地区国税局组织开展对外商投资企业增值税和企业所得税税收检查。1996 年 9 月 10 日，市国税局转发《国家税务总局关于外籍个人所得税纳税检查问题的通知》，将外籍个人所得税的检查列入稽查工作重点。1997 年 1 月 1 日起，贯彻执行《国家税务总局关于涉外税务稽查工作贯彻〈税务稽查工作规程〉几个具体问题的通知》，在涉外税务分局内设稽查科，专门负责涉外税务稽查工作。1998 年下半年，全市开展涉外税收专项检查，重点对建筑安装业、餐饮娱乐业的营业税、外商投资企业的增值税和代扣代缴外国企业预提所得税的纳税情况进行检查。

2004 年 4 月，市国税局涉外税务管理分局改设国际税务管理科之后，涉外税收实行属地管理，由所在县（区）国税局负责征收与检查。是年，市国税局确定湖南九子龙印务有限公司、湖南金峰纸业有限公司、湖南移动通信有限公司永州分公司、中国联通永州分公司为涉外税务审计对象，通过涉外税务审计，补缴增值税 8.8 万元，补缴所得税 31 万元，调减亏损 5.3 万元。2006 年，永州市国税局涉外税务审计工作获得全省一等奖。2007 年，印发《关于开展涉外税务审计的通知》和《永州市国家税务局　永州市地方税务局关于成立涉外企业联合税务审计领导小组的通知》，积极开展涉外税务审计和对全市房地产行业及市移动公司的联合税务审计。是年，共对 72 家涉外企业开展纳税评估和涉外税务审计，共查补增值税 204 万元，涉外企业所得税 250 万元，调减亏损 135 万元。10 月，根据省国税局的统一安排，市国税局组织对湖南移动通信有限责任公司永州分公司进行跨地（市）的涉外税务审计，共查补涉外企业所得税 10.96 万元。2008 年，开展“四位一体”互动协作机制的运行，强化纳税评估和涉外税务审计，加强税收征管。先后对 2007 年度亏损涉外企业的税收分析，对亏损的重点涉外企业和有疑点企业进行纳税评估，共评估出增值税 405 万元，企业所得税 102 万元，调减亏损额 114 万元，加收滞纳金 0.3 万元。

2009 年起，因工作职责和工作重心调整，对涉外税务审计与检查等工作由属地国税机关负责，市国税局不再单列管理。

四、国际税务与大企业管理

2004年3月8日，市国税局设立国际税务管理科（原涉外税务分局改设），负责全市国际税务管理工作。2005年4月，印发《永州市国税局反避税工作管理办法》，明确国际税务管理科是反避税工作的专职机构，进一步规范反避税工作。2006年，永州市国际税务情报交换工作被评为全省优秀。

2008年4月，市国税局与市商务局、市地税局、市外汇局、市工商局等共同建立非居民税收管理联席会议制度。各县（区）国税局建立类似的非居民税收管理联席会议制度，定期召开会议、通报情况，加强对非居民税收管理。当年加强对关联交易分析评估和制衣制鞋等特殊行业调查，开展反避税工作。2009年5月6—7日，举办全市2008年度非居民企业所得税汇算清缴工作和关联业务申报培训工作会议，共有83家企业进行关联关系和关联业务申报，71家通过ABC3000电子申报，12家企业通过国家税务总局单机版申报，电子申报率达85.5%。是年起，此后每年的3月1日至6月31日，市国税局均与市商务局、市地税局、市工商局、市财政局、市质量技术监督局等部门共同开展对外商投资企业和外国企业网上联合年检工作。2009年报检113家，通过101家，通过率为89%。

2010年8月，市国税局成立大企业和国际税务管理科，大企业税收管理机构得以完善。是年，加强对中国境内居民企业向境外非居民企业股东分红、派息等国际税务管理工作。先后将国家税务总局、省国税局定点联系企业纳入大企业管理范围，对全市年缴纳增值税、消费税、企业所得税合计100万元以上的125家重点税源企业和有关联交易企业进行全面调查摸底，对年纳税达到200万元以上的12家企业作为市国税局首批管理的大企业，各县（区）国税局确定直接定点联系大企业共45家。

2003年10月25日，永州市国税局代表湖南省参加全国税务系统学习应用新《中华人民共和国税收征收管理法》考试。图为省国税局在永州市监考

2011年4月11日，全市首次入库交易双方都在境外的非居民企业所得税14.4万元（祁阳某公司），其股权转

让非居民税收管理案例入选湖南省《国际税收管理案例》得以推介。是年，永州市国税局制订的《汽车制造行业税收风险管理办法》被省国税局列为大企业管理创新项目得以推广。

2012年6月，全市第一起反避税案例成功结案，受到省国税局的通报表扬。该户系2011年国家税务总局立案的涉外制鞋企业，2008—2010年共调增应纳税所得额1480万元，应纳所得税额116万元，减免企业所得税额90万元，实际应补缴企业所得税26万元。是年，制订印发水电、冶炼两个行业的税收服务与管理办法，并在祁阳县、东安县、江华县、蓝山县及零陵区等县（区）国税局开展税收风险分析，辅导企业自查补税455.65万元。2013年8—9月，对全市2012年度境外关联度高于50%的5户重点监控企业进行实地调查与督导，通过关联交易评估分析，共调整应纳税所得额1051.78万元，补缴企业所得税63.89万元。同时，与市地税局联合制订印发对部分国家税务总局定点联系企业驻永州成员企业税收风险评估的工作方案，对中国烟草、中国工商银行等成员企业进行税收风险评估。是年3月，选取全市农村信用社系统开展税收风险管理工作，全市13家企业共查补企业所得税1363.23万元。

2014年4月1日至6月10日，对全市范围内的"走出去"企业进行专项调查，查清全市12家"走出去"企业境外投资总额共6149万美元（33%的企业境外投资在美国，其他主要分布在东南亚一带）。是年，组织完成18家省国税局定点联系企业和16家市国税局定点联系企业的2013年度税收遵从报告等工作。

2015年，配合国家税务总局、省国税局加强非居民股权转让的专项调查工作，全市共10家企业25条股权转让记录中，有1家企业的股权转让涉及到非居民税收，按规定作出税务处理。同时，落实163家国家税务总局定点联系企业、11家省国税局定点联系企业清理填报，按照"一户式"涉税信息档案建设要求，督促企业编制好《大企业税务遵从管理责任报告》。是年7月，编印《2015年永州市制鞋行业税收风险管理工作方案》，为企业税务风险内控建设提出完善建议，帮助企业提高自我防控税务风险的能力。

第四章　税收法制

1992年至1995年6月，零陵地区税务系统的税收法制工作分别由地区税务局的几个部门负责。其中，办公室负责税法宣传；税政管理科负责税收政策的贯彻执行、税收征收管理和行政复议、行政诉讼工作；稽查局负责查处税务违法案件，打击偷漏税等违法行为；税务检察室负责办理涉嫌偷税、抗税犯罪案件，通过办案进行税收法制宣传教育，协助税务机关发现问题，堵塞漏洞。

1995年7月，地区国税局设立政策法规科，负责涉税文件的报备工作，办理税务行政复议、行政赔偿及行政诉讼案件，组织开展税收执法的监督检查。县（市）国税局不设政策法规机构，税收法制工作归口办公室管理，配备一名政策法规专干负责。至8月底，全区11个县（市）国税局全部配备政策法规专干，并组织统一培训。1996年4月起，撤地建市后的永州市国税局重抓依法治税，税收法制建设不断加强。

第一节　税法宣传

1992年4月，全国第一个“税收宣传月”活动展开，活动主题为“税收与发展”。零陵地区税务局会同地区人大联工委、地区总工会、团地委、地区妇联等部门联合印发《关于开展“税收宣传月”活动的通知》及实施方案。4月7日，全区1991年税法宣传活动总结表彰暨1992年“税收宣传月”活动动员大会在地区税务局召开，零陵地委、行署有关部委及各县（市）税务局、总工会、团地委、妇联等部门负责人参加，拉开“税收宣传月”活动的序幕。4月1日起，地区税务局在《零陵报》开辟税收宣传专版，分4期刊发国务院的有关通知及全区税收工作情况。零陵电视台开播为期一年的《潇湘税苑》电视新闻专栏，除4月作重点宣传外，每月都专题报道税收工作与纳税典型等2期以上。零陵地委机关刊物《潇湘通讯》开辟反映税收工作专栏，分期刊发全区税收情况的图片、言论与动态等。4月19日，全区 11 个县（市）城镇统一开展税收宣传与街头咨询服务活动，地、县（市）党政领导带领干部职工 1200 余人走上街头服务。全区共设咨询服务点 196 个，印发宣传资料 4 万余份，各级党政领导参加咨询 75 人，解答群众提出的有关税收问题 645 个。

1993 年 1 月 1 日，《中华人民共和国税收征收管理法》（以下简称《税收征管法》）正式实施，全区税务系统积极宣传《税收征管法》及税制改革，深入开展税法宣传教育活动。地区税务局配合地区司法局将《税收征管法》的有关内容编入全区《经济专业法规汇编》教材，供各级领导干部和经济工作者系统学习。地区司法局在举办的全区经济法规培训班上讲《税收征管法》专题课。各县（市）都组织 2~3 场以贯彻执行征管法和反骗税斗争为主要内容的大型宣传活动，对各厂矿企业、学校、机关单位等负责人、财会人员及个体户、青年学生等进行宣讲辅导。4 月 3 日，地区行署召开全区“税收突击月”和“税收宣传月”紧急电话会议，常务副专员卞翠屏等领导作动员讲话。冷水滩市、永州市、宁远县、双牌县等县（市）的党政主要领导带头参加税收宣传活动，先后发表电视、广播讲话，利用各种场合与机会宣讲税法、解答群众疑问。各县（市）还充分利用广播、黑板报、墙报、电影幻灯及永久性固定标语 456 块（幅），映前宣传达 879 次，办黑板报、墙报 273 期。4 月 18 日，在全省“税收咨询日”活动中，全区统一开展税法宣传与服务活动。11 个县（市）的 1200 余名税务干部走上街头，在 150 多个税收咨询点开展纳税咨询服务。全区出动宣传车 45 台，散发宣传资料 6 万余份，解答税收问题 700 多个。10 月起，全区建立两套班子、两手抓，一套班子抓组织收入，一套班子抓税制改革的宣传、培训与分税制前各项准备工作。

1994 年 1 月 22 日，行署常务副专员朱泽民在零陵电视台就搞好新税制的学习宣传与实施发表电视讲话，动员各级各部门认真学习和贯彻新税制。1 月 23 日，地区税务局统一安排部署，各县（市）组织“新税制咨询宣传日”活动，1420 余名税务人员走上街头和大型企业，分别在城乡主要街道、集贸市场和厂矿内摆摊设点 138 处，在大中型企业内设咨询服务站 64 个，出动大小车辆、摩托车 136 辆，送发新税制的宣传资料 2. 38 万余份。各咨询站（点）共接待 2645 名群众的咨询，解答税收政策、发票使用等问题与要求 1850 个。《零陵日报》开辟百日“新税制问答”专栏，重点宣传与解答纳税人的有关疑难问题。零陵电视台“潇湘税苑”栏目用半年时间，集中宣传和报道新税制实施的情况和典型。零陵地委机关刊物《潇湘通讯》开办“财税改革”专栏，行署机关刊物《潇湘论坛》开辟一年的“税收与改革”专栏，连续刊发新的税收法规与理论研讨、建议等。各县（市）在春节前后举办党政领导、企事业单位负责人、财会人员宣讲新税制的座谈会、茶话会、报告会等，为1600余人作宣传辅导。3月1日，由地委宣传部、地委直属工委、地区财政局、地区税务局4家联合举办财税改革报告会，向各单位主要领导及主管局、企事业单位负责人、财务科长等通报财税改革情况，宣讲税法，进一步统一思想，达成共识。3月28日，全区统一组织新税制书面考试，税务人员参加考试2099人，平均成绩94.9分；企业及个体工商户参加考试1220人，平均成绩达90.1分。

1995年，地区国税局同地区财政局、地区地税局、零陵报社、零陵电视台等单位联合组织开展一系列活动，先后在《潇湘论坛》《潇湘通讯》《零陵日报》上开辟税收宣传专栏，在全区广泛展开多渠道、多方式的税法宣传。4月8日，全省统一开展“税法宣传咨询日”，地区国税局机关组织40余人，分7个组分别到各县（市）参与组织、指导咨询宣传活动，当天全区共设立咨询点120个，解答税收问题2100余个，出动宣传车38台，发放宣传资料5.9万余份，张贴税收与法制宣传画2343，横幅、标语6900余条，使受教育的群众达6万余人。此后，地区国税局还先后召开地直有关单位协税护税座谈会和纳税大户的厂长、经理、财务科长参加的税企恳谈会，各县（市）国税局分别组织座谈会、报告会、“税收与法制”征文、增值税专用发票知识竞赛以及分批培训法人代表与财务人员、深入企业、个体户中辅导纳税等各种活动。

1996年4月，永州市国税系统围绕全国第五个税收宣传月的“税收征管与市场经济”主题，广泛深入地开展税收宣传活动。市国税局先后在《潇湘论坛》《潇湘通讯》等刊物上开办税收宣传专栏，并在《零陵日报》上增辟国税宣传阵地，集中宣传纳税常识、国税工作及纳税典型。市国税局与邮电部门联合，在“168”信息台开办“国税之窗”。1997年4月，围绕“税收与文明”主题展开一系列的税收宣传活动。市国税局在《永州日报》公开表彰一批依法纳税的模范户，树立纳税典型，在全社会弘扬依法纳税的良好风尚。同时举办“文明征税”征文和演讲比赛，在全市倡导文明征税、文明纳税。1998年4月，全市国税系统围绕“税收管理与依法治国”主题开展第七个税收宣传月活动。以“国税知识传万家”“税收咨询进千户”为重点，市、县（区）国税局与当地教委联合行文，由国税局负责印制宣传资料和小知识考题，安排税务干部到各学校辅导讲课，将税收资料及考题发给学生，由学生带传到各家各户，请家长阅读及答题，最后由学生带回答题，全市80余万名学生、150万名家长参加答题。同时组织税务业务骨干到企业走访，征求意见，咨询解难。

1999年4月，围绕“依法治税，强国富民”主题展开宣传活动，以国税收入与地方经济、征管改革、发票管理、各类典型等为宣传重点，采取财税形势报告会、财税法规知识讲座、发票抽奖和举报奖励、税收知识传万家、各类竞赛等形式广泛宣传财税知识。3 月 29 日，举办全市财税金融法规知识讲座。4 月 27 日，市人大、市财税三家、市广播电视局联合举办市直各战线单位财税法规知识竞赛，并进行电视现场直播。8 月，市国税局与市委宣传部、市广播电视局等联合举办城区个体税费征管知识电视抢答赛。11 月 23 日，召开全市国税系统首次宣传工作会议，总结表彰宣传工作先进经验与个人。

2000 年 4 月，市国税局组织各县（区）围绕“税收与未来”的宣传主题，充分利用各种宣传阵地广泛宣传国税，在当地报刊、电视台长期宣传国税知识、工作经验、正反典型等。市国税局在冷水滩“样板街”等新设长久性国税宣传牌。祁阳县、道县、江华县、一分局、二分局等在电视台表彰一批依法纳税先进典型，并曝光一批偷税、抗税案件及欠税企业。同时借用永州信息网、赠送税收资料、刷新标语、墙报等广泛开展宣传。

2001 年 4 月 1 日，市国税局与北京星光艺术团联合在市委大会堂举办“国税与公民”专场文艺演出，宣传新《税收征管法》，拉开税收宣传月的序幕。7 月 22 日，与桂林市国税局、桂剧团联合在永州会堂举办宣传新《税收征管法》专场文艺晚会，并于演出前将 5000 余册新《税收征管法》单行本和 1500 把印有新《税收征管法》主要内容的精美扇子发送给每一位观众，使新《税收征管法》家喻户晓。2002 年，紧紧围绕“诚信纳税，利国利民”主题，全市开通税收服务热线电话，举行税收知识电视有奖竞答，发送短信息，举办培训班、税收文艺演出等。2003 年 4 月，围绕“依法诚信纳税　共建小康社会”税收宣传主题，市国税局除在永州电视台、永州广播电台、永州政府网站开辟国税宣传专栏外，重点组织 4 大宣传活动。先后倡议成立全市首家税企俱乐部，30 余家企业法人、10 余名社会特邀监察员就诚信纳税主题等进行咨询探讨与交流互动；开展“千里送税法”活动，由市国税局金阳自行车俱乐部牵头，市国税局机关、稽查局和 2 个城市分局的 60 名自行车爱好者组织自行车队伍，行程近千里，巡回到各县（区）、乡（镇）宣传；安排“税法天天宣”活动，利用市国税局大楼临街的两块大型电子显示屏，每天播出税收知识、标语、通告等，还制作长达 35 分钟的国税宣传专题片播放；组织市国税局机关“基层宣传月”活动，机关干部在 4 月分别下到各县（区）国税局的办税厅等场所，直接指导、督促、参与基层的税收宣传。

2004 年 4 月，在全国第 13 个“税收宣传月”中，市、县（区）两级国税地税部门紧密配合、精心策划和组织开展一系列税收宣传活动。除在永州电视台、永州广播电台、各级政府网站开辟国税宣传专栏外，把活动的重点放在送税法下企业、下农村、到学校、进市场，为纳税人解决实际困难，解答具体问题上。结合 4 月 3 日咨询日，市国税局、市地税局与当地 7 家知名纳税企业，在闹市区联合举办“依法诚信纳税，共建小康社会”广场文艺联欢会，邀请市委、市政府领导参加，现场接受群众咨询，发放宣传资料，穿插税收知识有奖竞答，吸引了近万人参加，同时分别在繁华地段开展咨询等活动。开展“把信送给农民朋友”千里行活动，各县（区）国税、地税局将中央一号文件精神和国家税务总局局长《致农民朋友的一封信》及有关涉农的税收优惠政策编辑成册，印制3万份，组织100多辆自行车宣传队千里骑行，下乡开展税法宣传。4月18日，永州市苗苗书画院的近300名小书法家、小画家在市国税局参加税法宣传书画大赛，在百米长卷上以书法、绘画的方式展现自己对“依法诚信纳税，共建小康社会”的理解。

2005—2007年，在全国第14~16个“税收宣传月”活动中，全市国税系统充分利用现代信息技术宣传税法，分别利用电信短信平台、永州新闻网等开辟税收宣传月专栏，放置税收政策、办税流程、纳税须知等内容。同时利用固定平台宣传税收，与地税局联合，在全市的主要街道、乡（镇）、营运车辆上张贴宣传标语。在市级报刊台开辟专栏，曝光偷逃税案件，宣传诚信纳税户及税收政策变动等。2008年4月，市国税局和各县（区）国税局统一开展在城镇繁华地段设立咨询台的宣传活动，印制税收宣传资料1.2万份，税收知识小册子1万本，10万余名群众受到税收知识教育。同时利用企信通短信平台发送税收宣传标语；在永州市委大礼堂举办“税企联谊”税收宣传联欢晚会；利用多媒体宣传税收，分别在《永州日报》以领导署名发表税收宣传文章《税收促进发展　发展改善民生》，在《永州新报》宣传税收政策等。2009年，围绕“税收·发展·民生”主题，市国税局先后召开“税企连心，共促发展”恳谈会，开展“走百家，问千人”纳税服务专项调查、“税法宣传万里行”等活动。同时利用纳税服务名片、企信通平台等发送税收知识，共向2500多户纳税人发送税收知识短信2.2万余条。

2015年4月，双牌县国税局开展“税收宣传进校园”活动，在教室组织税法知识抢答赛，学生们踊跃参加

2010年，创新税收宣传方式，利用短信群发等技术平台宣传政策、提醒办税，全年共向纳税人发送短信3万余条。4月12日，市国税局、零陵区国税局和湖南科技学院团委联合开展“我身边的税收”征文活动启动仪式。4月23日，市国税局与

市地税局联合，市环保局协办，举行“税收焕绿湘江源”税收宣传启动仪式，市委常委、常务副市长唐松成讲话，市地税局局长谷一飞、市国税局副局长廖健分别作出税收促进经济发展的承诺，市政协副主席袁火林出席，同时召开“税收服务发展”座谈会等。

2011—2015 年，在全国第 20~25 个“税收宣传月”活动中，全市国税系统均围绕国家税务总局确定的宣传主题，结合永州市实际，开展丰富多彩的税收宣传活动，促进依法治税和税收征管。

第二节 依法治税

1992 年 1 月 8 日，零陵地区税务局发出通知，就贯彻落实国务院《批转国家税务局关于进一步推进依法治税，加强税收管理报告的通知》，提出贯彻执行的具体措施和要求。同时积极主动向零陵地委、行署领导汇报，得到党政领导的高度重视。1 月 19 日，在省政府尚未作出安排之前，零陵行政公署即给各县（市）政府和地直各部门发出明传电报，对落实国务院 67 号文件精神提出 5 条意见，并在地委机关报《零陵报》上专版刊发国务院 67 号文件和行署的通知要求及地区税务局致全区各级党政领导和各界人士的《慰问信》。地区税务局局长邹礼强在零陵电视台发表电视讲话。1 月 29 日，地区税务局邀请地委、行署各有关部、办、委及公安、检察、法院、司法、银行、工商等单位的主要负责人召开全区首次部门协税护税联席会议，局长邹礼强介绍全区税收工作情况及面临的困难与问题等，提出建议和要求。行署副专员周建国到会讲话，对各部门加强对税务的协作，进一步推进依法治税、强化税收征管提出 4 条要求。会后，税务、公安、检察、法院于 1 月 30 日联合印发《关于贯彻执行国务院 67 号文件，进一步推进依法治税、强化税收管理的联合通知》。地区税务局会同地区工商局联合印发《关于认真贯彻落实国务院 67 号文件，加强对个体、私营经济税收管理的联合通知》。至 2 月底，全区 11 个县（市）普遍召开有关依法治税工作会议，发出文件通知，层层落实齐抓共管的措施。10 月起，组织全区开展《税收征管法》的学习宣传。地区税务局先后发表电视讲话，组织 16 人分别到各县（市）督查宣传贯彻落实《税收征管法》。

1993 年 7 月，中共中央和国务院先后印发文件，作出加强宏观调控、整顿财税金融秩序的重大决策。全区各级税务部门按照中央和省税务局的通知精神，对各级政府和有关部门违反税收法规、乱开减免税口子、越权制订的税收优惠政策等进行认真清理，共清理出文件47件，涉及税收条款85条。9月3日，行署专员卞翠屏召集行署办公室、计委、财委、体改委、财政、税务、工商等10个部门负责人，对1991年以来地委、行署制发的税收优惠政策的9个文件、12条税收条款进行逐文、逐条专项研究和清查，决定废止和修正的文件7个、条款8项（处），上报省税务局审查请求继续执行的文件2个、条款3项。

1994年，全国实施新税制和税务机构分设。地、县（市）等各级党政领导密切关注和重视税收改革，大力支持新税制实施，严格按新政策规定执行，扎实推进依法治税，强化税收征管。1995年4月11日，零陵地委、行署有关部、办、委及公安、检察、法院、银行等16个地直单位的负责人在地区国税局同堂议税，就进一步加强税法宣传、深化征管改革、推进依法治税等进行深入讨论，形成共识。1996年4月，永州市国税局重抓税法宣传，助推依法治税。1998年10月30日，市国税局召开整治经济发展环境动员大会，拉开全市整治经济环境、促进依法治税的序幕。11月9日，特邀12家大中型企业厂长（经理）和2户个体纳税户代表同议经济发展环境，共献税收发展良策。26日，市政协副主席沈根元、赵清茂，省政协委员、市政协常委唐建文等10名省、市政协委员专程到市国税局视察依法治税、整治经济发展环境等工作。27日，市国税局举行深化公开办税新闻发布会，就进一步推进依法治税，规范执法行为，接受社会各界监督与协税护税，向省、市各新闻单位及纳税户代表公布“深化公开办税9项制度”，并作出“6项承诺服务”。1999年6月10日，市国税局制订印发《永州市国税系统依法行政示范单位评选标准》。经各县（区）自荐并报送典型材料，市国税局对照标准评选出3个依法行政示范单位，并向省国税局推荐参加全省10个依法行政示范单位的评选，蓝山县、双牌县国税局办税服务厅被评为“全省依法行政示范单位”。

2000年，全市国税工作围绕“依法治税”主线，严格执行政策，强化税务管理。5月18—19日，市国税局专项部署在全市国税系统开展“四清两控”活动，通过清理改变税种、挤占中央收入，清理向纳税人借钱借物，清理发票保证金、促产周转金和其他债权债务，清理固定资产，严格控制接待费开支和车辆购置、使用费开支等，全面规范依法行政。

2001年5月1日，新《税收征管法》正式实施，全市开展形式多样的宣传普及活动。8月22日，市国税局举行公开聘请法律顾问面试及发布会，向社会公开聘请3名常年法律顾问，对于推进依法治税、维护国税机关执法权威增强法律保障。2002年3月11日，市国税局召开全市国税系统优化经济环境动员大会，对内强化服务意识，对外坚持依法治税，着力营造良好的经济发展环境。是年9月7日，国务院令第362号公布《税收征收管理法实施细则》，全市国税系统加大力度做好宣传工作，采取多种方式大力宣传学习贯彻实施新《税收征管法》及其实施细则。通过培训辅导、知识竞赛、印发资料等形式广泛宣传，使《税收征管法》及其实施细则的贯彻实施落实到每一个税务人员和纳税人。同日，全市国税、地税系统共2071名税务干部分别在10个考点，参加全国税务系统首次执法资格统一考试，成绩合格者发放执法资格合格证书。

2006年年初，成立永州市国税局全面推进依法治税工作领导小组，制订具体实施计划和工作措施，有重点有步骤地推进依法行政工作，提高依法办事、规范行政的意识，增强执法为民的自觉性。全市11个县（区）国税局均与市国税局签订依法治税工作责任状，严格过错责任追究制度。同时建立健全全市依法治税工作考核制度和定期报告制度，把贯彻执行省国税局依法行政实施纲要的意见合并到执法质量考核评议中进行，并以此作为县（区）国税局领导班子考核评议的重要内容，在年终“四大块目标”考核中严格奖优罚劣，收到明显效果。年底，市国税局被永州市优化办评为“满意”单位，并获得“四五”普法省级先进单位。

2007年，按照市政府法制办要求，市国税局组织对过去已出台的涉税文件进行全面清查，发现冷水滩区政府出台的《冷水滩区毛织行业招商引资优惠办法》中“对毛织行业按每台织机每月定税2元，其中国税1.2元，地税0.8元”的规定违反了税法，市国税局随即发出《关于停止执行冷水滩区政府关于毛织行业有关税收优惠政策的通知》，责令冷水滩区立即停止执行该优惠政策。同时通过对照《税务行政法规目录》，逐条仔细地研究行政法规的要求，对26件税务行政法规进行清理，提出3条废止建议、1条完善修改的意见。2008年，市国税局对税收规范行文件进行深入清理，将近3年制订的税收规范性文件上报省国税局备案。同时根据国家税务总局和省国税局发布的已失效的税收规范性文件目录，对市国税局自1994年以来制订的税收规范性文件进行清查。先后清理涉税文件1527个，清理出应废止或失效文件67个，市国税局转发国家税务总局、省国税局的文件内容部分失效的9个。此后，按照“三统一”要求严格进行合法性审核，对新出台的涉税规范性文件，在国税内部网站、电子触摸屏和各县（区）国税局办税服务厅及时公布。认真做好“湖南省依法办事示范窗口单位”的创建管理工作，强化对窗口单位行政执法的指导。年底，江华县、双牌县国税局办税服务厅和市国税局车购税分局被评为“湖南省依法办事示范窗口”单位。

2010年，市国税局狠抓依法行政工作，成立以局长为组长的依法行政领导小组，把依法行政工作纳入“一把手”工程，主要领导作为依法行政工作的第一责任人率先垂范，各科（室）全力配合，基层税务机关逐级抓落实，形成齐抓共管的局面，确保依法行政工作顺利开展。通过对行政职权进行清理，共清理出确定企业印制发票等28项行政职权，并对每一项行政职权列明实施法律依据、实施科（室）及责任人，制订详细审批流程图，明确纳税人需要报批的资料，确保每项行政权力合法、公开、透明。

2011年10月18日，市委、市政府召开全市“法治永州”创建暨第七次法制宣传教育工作会议，市国税局被评为“永州市‘五五’普法依法治理先进单位”。2012年7月17日，市国税局举行《永州市国税系统规范税务行政处罚裁量权基准制度》（以下简称《基准制度》）听证会，就重大行政决策举行首次公开听证，包括注册税务师、律师、企业纳税户、个体纳税户代表、基层税务执法人员代表和普通公众代表等参加听证。市人大、市政协、市纪委、市政府法制办有关领导受邀列席听证会。永州电视台、《永州日报》、红网等新闻媒体进行全程报道。听证会上，局长傅扬帆代表市国税局介绍《基准制度》出台的背景和主要内容，21名听证代表畅所欲言，发表各自的看法，对《基准制度》提出24条建议。市国税局相关业务科（室）对代表们的意见作出解答，并相应完善《基准制度》，随后发布实施。同时，市国税局编印《税收执法实用手册》，收编法律概述、税收征管法律制度、税务行政法制等内容，作为国税干部职工自学、培训、辅导、备考的重要资料。8月15—16日，全市国税系统“三法”（《中华人民共和国行政强制法》、《中华人民共和国行政处罚法》和《中华人民共和国行政许可法》）知识竞赛决赛在市国税局机关举行，各县（区）国税局及市国税局直属机构组建的13支队伍参加决赛，祁阳县、冷水滩区、宁远县国税局获团体前三名；东安县国税局获得“三法”知识竞赛抢答赛第一名。

2013年年初，市人大常委会开始对市国税局2008年以来的税收执法等工作进行审议。3月21日，市国税局召开迎接市人大常委会工作审议动员大会，对审议工作进行安排部署，签订迎接审议工作责任书，会后制订《永州市国税局关于迎接市人大常委会工作审议实施方案》。此后，认真开展自查自纠，先后书面征求100名人大代表、100名企业和个体工商户代表、100名其他各界人士代表以及互联网征求全社会对国税工作的意见。局领导分别走访县（区）政府、乡（镇）、社区、村组、企业和基层国税分局，征求意见和了解情况。6月4日，市人大常委会领导到市国税局听取自查自纠情况汇报，对前一阶段市国税系统积极开展自查自纠、未审先改等工作给予充分肯定，认为迎审工作“认识到位、宣传广泛、方法得当、重点突出、整改有效”。7月10日，市四届人大常委会十三次会议审议市国税工作报告。随后对市人大常委会的审议意见全面对照落实，赢得了市人大代表的肯定与支持。是年，市国税局荣获“永州市依法行政先进单位”。

2014年，市国税局积极参与全国税务系统依法行政示范单位创建活动，按照国家税务总局、省国税局的创建评价标准，及时做好示范单位自主申报的初步审核和具体组织工作。是年，江华县国税局荣获“全省国税系统依法行政示范单位”。

2015年4月，东安县国税局、地税局合作，在县城繁华地段向过往群众发放宣传手册与资料

2015年，市国税局先后制订印发《永州市国税局关于全面推进依法治税的实施意见》《永州市国税系统行政审批管理办法（试行）》《关于贯彻落实税务行政审批清单制度的通知》等文件，并将市本级的7项行政审批整理成《进驻市政务服务中心项目清理登记表》《永州市国税局权力运行流程图》和《政务服务事项申报资料清单》等资料报送市政务中心，通过国税网站和政府网站及时对外公开公布。是年年底，永州市国税局被省政府表彰为“湖南省依法行政先进集体”，并连续5年获得“全市推进依法行政工作先进单位”，在全市行政执法案卷评查中获得第二名。双牌县国税局、蓝山县国税局成功创建为湖南省国税系统法治税务示范基地。

第三节　税收执法

一、税收执法检查

1994年新税制实施后，为维护税法统一，促进依法行政，规范执法行为，零陵地区国税系统按照国家税务总局和省国税局的统一部署，适时组织开展税收执法大检查，及时纠正各种执法偏差，保障新税制的全面准确实施。

1996年7月30日至8月7日，永州市国税局组织4个检查组，分别对全市11个县（分）局的税收执法情况进行重点检查。先后抽查县（区）国税局内部科（室）44个、征收分局（税务所）18个、纳税企业27户，审查涉税文件1375份，检查出个别地方存在以“双定”数代替申报数、税款延期入库审批手续不健全、个别企业在较长时间内出现进项税大于销项税等现象，市国税局督促各县（区）国税局及时整改到位，并在各县（区）建立税收执法观察点。

1997年7月30日至8月10日，市国税局再次组织4个检查组，通过听、看、查、访，对各县（区）国税局的税收执法情况进行检查，共抽查内部科（室）55个、征收分局（税务所）22个、纳税户33户，审查涉税文件206份。通过检查，发现个别地方欠税管理混乱、底子不清，行政干预严重，存在收“过头税”“空转”等现象。1999年8月23—26日，全市组织11个检查组，由县（区）国税局分管法规工作的局领导带队，法规专干、稽查局一名业务骨干参加，对各县（区）的税收执法情况和相关工作进行交叉检查。共抽查县（区）国税局内设科（室、局）44个，基层征收分局（税务所）16个，审查涉税文件483份，延伸检查纳税企业37家。祁阳县、道县、一分局、二分局被评为税收执法检查工作先进单位。

2001年10月15—19日，市国税局采取县（区）交叉检查的方式开展全市税收执法大检查，并结合对涉嫌犯罪案件移送、擅自改变税款入库级次、未按规定申报和缴纳税款责令改正、不征或少征税款等10个项目进行全面检查评比。祁阳县、江华县、宁远县国税局和凤凰园国税分局被评为先进单位。2005年11月7—10日，市国税局从市稽查局和祁阳县国税局抽调人员组成检查组，分两组对零陵区、东安县、新田县、江永县4个县（区）国税局2005年度的税收执法情况进行重点检查，从中发现个别地方依然存在提前征收税款、农村个体工商户达到起征点以上的没有纳入正常管理、民政福利企业退税审批手续不规范等问题。

2007年7月20日，新田县国税局与工商部门联合清查毛织行业税收管理

2010年8月9—27日，市国税局组织对各县（区）国税局执法实施情况进行重点督察，督察面达100%。检查中发现个别单位存在税务行政处罚裁量权有待规范、执法系统管理欠规范等问题。

2012年，市国税局安排各县（区）国税局于6—8月进行税收执法督察自查工作，9月份安排人员对冷水滩区、祁阳县、双牌县3个县（区）开展执法督察暨执法疑点核查工作。通过自查和市国税局重点督察294户次，共发现问题33户次，补税712.05万元，加收滞纳金2.59万元，罚款1万元。2013年10月，市国税局抽调9名行政执法（税收相关法律）人才库成员组成3个组，分别对东安县、道县、蓝山县开展执法督察暨执法疑点核查工作，11月对督察情况进行反馈，全面整改落实。2014年，对集贸市场个体税收和零散税收管理、发票管理、注销清算税收管理、出口货物退（免）税管理、汽车零售行业税收管理、“营改增”税收政策落实情况等8个方面进行税收执法督察，自查中发现有问题的2户，全部进行整改，共补税19.45万元。

2015年8月，印发《永州市国税局关于开展2015年全市税收执法督察工作的通知》，将国务院决策部署和有关税收政策措施落实情况纳入必查项目。通过督查，全市共发现违规税收执法行为问题33个，涉及金额133万元。

二、税收执法责任制

1999年6月10日，市国税局印发《永州市国税局关于税务行政违法行为责任追究具体规定的通知》，对全市国税系统税务行政违法行为责任追究的有关程序、处理标准和追究方法等进行明确，为随后建立税收执法过错责任追究制度打下坚实基础。12月6日，印发《永州市国税系统税务行政执法责任制》，包括总则、单位负责人及各执法岗位的执法责任、执法过错责任追究的形式、适用范围、执法过错责任追究的办法与标准、责任追究的程序等共4章91条，自2000年1月1日起实施。

2000年8月21日，印发《关于进一步落实税务行政执法责任制的通知》，决定在全市国税系统普遍推行执法过错责任追究制度，各县（区）国税局原则上每年对税收执法行为的检查不得少于2次，市国税局采取不定期抽查方式，每年对县（区）的抽查不少于1次。是年，全市国税系统因执法过错被追究责任的税务人员达100余人次，罚款1万余元。2001年，市国税局在冷水滩国税分局进行税收执法责任制和执法过错责任追究制的实施工作试点，进一步制订完善具体的工作流程与定岗定责等，从分局领导到一般人员层层签订责任状。2003年，市、县（区）国税局把完善税收执法责任制和过错责任追究制度作为法制工作的重要内容，结合岗责体系建设，着重解决税收执法中“谁有权做，谁应该做”的问题，对23项主要的执法工作制订详细的工作规程，并层层签订责任状，严格过错责任追究，对违反执法工作规程的，区分责任，给予相关责任人相应的行政处分或经济惩戒，较好解决了税收执法中“做不好怎么办”的问题。是年，全市国税系统共组织执法责任检查1410人次，经济追究137人次，追究金额1.36万元；批评教育122人次，书面检查4人次，通报批评4人次。2006年，全市国税系统严格执行国家规定的收费项目、范围和标准，并及时足额缴入国库，不搭车收费，不乱收费。严格规范稽查程序，推行查前告知制度，坚决杜绝重复检查和各种不文明执法行为的发生，更深层次地推进税收执法责任制。8月3日，税收执法管理信息系统成功上线运行，系统自动产生出全市7月税收执法管理考核数据，至此，全市国税系统税收执法考核实现电脑实时监控。通过4个月的试运行，执法管理信息系统运行管理机制逐步完善。是年，全市税收执法人员共有165人次被经济处罚，处罚金额1.07万元；批评教育23人次，通报批评5人次。

2007年1月起，全市税收执法考核子系统正式运行。同时不断改进和健全多种过错责任追究形式，在巩固和完善经济惩戒追究方式的基础上，对该适用批评教育、责令作出书面检查、通报批评、责令待岗、取消执法资格等责任追究形式的，严格按照《税收执法过错责任追究办法》规定执行。是年，共有43人次被经济处罚，处罚金额3220元；批评教育25人次，通报批评9人次。2010年，按照省国税局《税收执法管理信息系统管理办法》，市国税局加强从预警监控、申辩调整、执法通报、系统反馈等过程的管理，每天至少上下班2次查询，规范日常执法行为。

2011年，运用执法管理系统及时做好执法督察的事中预警监控。市国税局通过执法系统每天监控各执法岗位的执法情况，明确专人负责系统运行，实行AB岗，"全天侯"查看系统预警监控，确保系统监控不留"死角"，有效减少执法过错。是年，全市国税系统执法系统显示过错225户次，比2010年减少1192户次，下降84.12%；通报批评85人次，书面检查2人次，罚款2185元。

2012年，全市国税系统切实加强对税收权力运行的监督，推进政务公开，着力打造"阳光国税机关"。通过税收执法管理信息系统，对税收执法全过程进行电子监控，强化税收执法考核问责。是年，累计经济惩戒12人次，惩戒金额495元；批评教育5人次，责令书面检查5人次。2013年1—10月，全市国税系统共对9.98万笔执法行为进行自动考核，申辩调整前共发生执法过错98户（次），扣分523分，执法正确率99.9%。同时认真开展2013年税收执法疑点核查，全市核实的税收执法疑点数据量138条，核实比例为100%；核实数据中有过错的53条，占比38.41%，涉及到税务人员53户次；疑点核查共查补税款18946.88元，加收滞纳金137.88元；共追究责任34人次，经济惩戒675元。2015年，坚持加强监督与责任追究相结合，做到有权必有责、用权受监督、违法必追究，坚决纠正有法不依、执法不严、违法不究行为。是年，全市共发生执法过错数200人次，通过执法系统自动考核41人次，通过执法督察和疑点核查等方式人工追究159人次，行政处理118人次。

三、重大税务案件审理

2001 年 2 月 17 日，国家税务总局发出《关于印发〈重大税务案件审理办法（试行）〉的通知》后，永州市国税局及时成立重大税务案件审理委员会，由局长李顺阳任案件审理委员会主任，分管法规工作的局领导曹承斌任副主任，其他局领导和相关科（室）负责人为成员。审理委员会下设办公室（设在政策法规科），负责重大税务案件审理日常工作，主要对稽查部门移送的案件进行初审；负责向审理委员会报送应由审理委员会审理的案件材料；承办审理委员会交办的其他各项工作等。审理委员会办公室审理的案件在 10 个工作日内完成，经审理委员会审理的案件在 1 个月内完成。案情特别复杂的可适当延长审理时间，但最长不得超过 40 天。此后，历届局领导调整变化，均及时调整充实重大税务案件审理委员会成员，坚持并不断完善重大税务案件审理工作。2006 年，按照国家税务总局和省国税局的要求，市国税局进一步建立和完善重大税务案件审理制度，即坚持案件属地管理原则，对涉税金额 30 万元以上的提交县（区）国税局审理，涉税金额 50 万元以上的提交市国税局审理；规范集体审理的研究方式、事实证据认定、法律依据适用、退回补证制度，对案件重大疑点的调查采取审理人员与纳税人见面约谈等方式；通过综合征管软件开展的案件审理专题培训班，提升全市案件审理的能力和技巧。是年，市、县（区）国税局审理委员会共审理税务案件 17 起，入库税款 285.76 万元，滞纳金 45.25 万元，罚款 67.96 万元，同时对 6 户证据不足的案件予以退回补证。

2008 年，市国税局印发《永州市国税系统重大税务案件审理管理办法》，对法规部门审理的稽查案件类型、金额、程序等方面进行规范，要求重大税务案件审理必须坚持涉税金额达到 100 万元以上的由市国税局审理、30 万元以上和以审理偷、骗税案件为主的由县（区）国税局案审会集体审理。2010 年，贯彻执行省、市有关重大税务案件审理制度，加强对涉税金额超过 100 万元或有行政处罚的案件及性质恶劣、影响较大的稽查案件的审理，强化对税务稽查的监督，严格执行 10%的案件提审比例，全年共审理案件 12 件。在当年市政府法制办组织的全市行政处罚案卷评查中，市国税局提交的稽查案卷荣获 10 大行政处罚优秀案卷之一，并在全省国税系统重大税务案件集体审理案例评析活动中被评为优秀案例。2014 年 12 月 2 日，国家税务总局发布《重大税务案件审理办法》，自 2015 年 2 月 1 日起施行。此后，市、县（区）国税局依照新《办法》明确的重大税务案件的范围、程序、方法等，严格审理重大税务案件，并实行主任负责制，审理委员会成员改以往的部门负责人个人制为单位制，发挥业务部门的集体智慧，确保及时审理重大税案。

第四节　税务检查

税务检查包括税务机关组织的税收日常检查、专项检查、税收大检查和税务稽查。1992—1997 年，在税务机关日常检查的基础上，国务院安排部署每年组织全国财政、税务、物价联合大检查（简称“三查”）。1995 年，省、地、县三级国税机关先后建立稽查局（队）之后，税务检查逐步以税务稽查为主，包括联合税务检察室、公安税侦队等对重大涉税案件查处等。

一、日常检查

1992—1994 年税务机构分设前，税收日常检查主要由县（市）主管税务机关组织，零陵地区税务局组织抽查或督促检查。分税制改革后，永州市国税局每年均开展对以前年度的增值税、消费税等各税种结算和企业所得税汇算清缴工作进行全面检查。同时，根据国家税务总局、省国税局相关工作的要求，开展对某行业或领域的临时性检查。随着税制的完善和征管措施的不断加强，日常检查的频率与规模逐年减少。

2005 年 4 月，贯彻执行《湖南省国税局日常税务检查工作规程》，将日常税务检查各个岗位及其职责纳入岗责体系进行考核，并建立健全日常税务检查与税务稽查协调机制。日常税务检查的工作程序为确定检查对象、检查实施、检查结果审查和检查执行 4 个环节。检查实施与检查结果审查实行分离制度。基层国税机关对纳税检查实行计划管理，按照工作程序结合实际情况统筹调度检查力量，统一安排检查任务，严格控制检查次数。在下户检查时，连同纳税服务、采集信息、调查核实等工作一并进行。此后，一般税收检查工作从确定检查对象、检查实施，到检查结果审查和检查执行，进一步实现规范化管理，基本解决重复检查和多头检查的问题。

二、税收大检查与专项检查

1992—1997 年，根据国务院统一部署的全国税收、财务、物价三大检查，零陵地区每年第四季度组织进行税收大检查，6 年间全市共查补各项税款 1.77 亿元，入库 1.56 亿元，罚款 914 万元。

1998 年，国务院停止全国税收、财务、物价三大检查。10 月，贯彻执行国家税务总局《关于开展1998年度全国税收检查工作的通知》，开展全国性的税收检查。自1999年起，国家税务总局不再组织全国性税收检查。此后每年的四季度，由各级税务机关单独进行税收专项检查。1999年6—9月，市国税局组织对1994年新税制实施以来的增值税征收、纳税情况进行专项清理检查，涉及内容包括应当缴纳增值税的销售收入、销项税额、进项税额、应缴税额、已缴税额、加收滞纳金等10个项目，共清理检查1256户，入库增值税639万元。2004年8月，市国税局开展对房地产行业企业所得税专项检查，通过澄清税源、宣传发动、与企业负责人和财会人员约谈、实地检查4个阶段，纳税人自觉申报补缴企业所得税170万元，专项检查查补入库税额比企业申报缴纳的税额多2.3倍。

2005—2015年间，市国税局在每年的四季度有针对性、有重点地组织专项检查。其中，2005年重点开展对水泥生产、煤炭生产和房地产等4个行业的税收专项检查；2006年对冶炼、煤矿和商业零售3个行业进行税收专项检查；2007年着重开展房地产和商业零售行业的税收专项检查；2008年重点开展房地产和汽车制造、零售行业的税收专项检查；2009年对冶炼、医药和商业零售3个行业进行税收专项检查；2010年着重开展医药、农副产品发票、营利性教育机构行业的税收专项检查；2011年继续开展对医疗器械、农副产品发票、营利性教育机构、房地产等发票使用高风险领域的税收专项检查；2012年着重开展商业零售、农副产品发票的税收专项检查；2013年对农副产品收购发票、营利性教育机构行业和医疗卫生行业开展税收专项整治；2014年开展服装、纺织品、医药卫生、房地产、汽车零售行业的税收专项检查；2015年加强对服装、纺织品、医药器械、营利性教育机构行业、出口退（免）税的税收专项检查力度，查补入库税款共计971万元。1998—2015年，全市国税系统通过税收专项检查，共查补各项税收1.92亿元。

三、国税稽查

1995年5月22日，零陵地区国税局稽查局成立，属地区国税局内设正科级单位，设局长1名，副局长2名。随后在各县（市）国税局成立稽查局（科）。稽查局的基本任务是：依照税收法律和行政法规规定查处税收违法行为，维护税收秩序，保障税收收入，促进依法纳税，保证税法实施。其中，地区国税局稽查局担负全区国税稽查工作管理和业务指导，负责专项稽查、专案稽查和交叉稽查组织实施，并对重大税案和重点税源大户进行直接稽查，同时负责对冷水滩市、永州市的税务稽查。各县国税稽查局负责本县直接征收范围内所辖纳税人税务稽查和税务案件专项稽查、专案稽查以及税务所（分局）税收检查业务的管理与指导。

1997年8月，永州市国税局稽查局在全市遴选5人，稽查人员增至8人。2001

年7月，撤销零陵区、冷水滩区和凤凰园开发区3个城区分局的稽查科，由市国税局稽查局负责实施“一级稽查”模式。市国税局稽查局内设办公室、选案科、稽查一科、稽查二科、稽查三科、审理科和执行科，稽查人员由原8人增至58人，配备汽车6辆，形成大稽查格局。2008年8月，省国税局批准永州市国税局稽查局升格为副处级建制单位。2010年6月29日，经省国税局批准，分别成立永州市国税局稽查局（副处级建制）和第一稽查局（正科级建制）。8月25日，市国税局稽查局和第一稽查局分别挂牌运行。新成立的市国税局第一稽查局工作职责与市国税局稽查局基本相同，侧重于除重点税源企业以外的一般纳税人、小规模纳税人、个体工商户的税务违法案件的查处、审理、执行工作。

2011年1月10日，通过省国税局稽查系统查询发现，新田县豪某竹木有限公司涉嫌虚开农业产品收购发票。市国税局稽查局对该公司的生产经营和纳税情况进行纳税检查，从中发现该公司2010年4—11月期间涉嫌虚开农副产品收购发票和增值税专用发票。是年2月18日，依法将该案件移送市公安局立案查办。经公安部门查实，该公司自2010年4月注册成立后，大肆虚开增值税专用发票和农产品收购发票，其中2010年5—11月虚开增值税专用发票479份，分别卖给深圳华美、永丰、溢璟有关公司骗取国家出口退税，发票价税合计金额4553余万元，共骗取出口退税141万元。同时查实，湖南家某竹木有限公司（新田县境内）开具给深圳市某股份有限公司的40份增值税专用发票虚开骗取国家出口退税，计税金额为309万元，骗取国家出口退税近93万元。

2012年7月，由市国税局、市卫生局牵头，会同市公安局、市地税局、市食品药品监督管理局等8个部门，重点对全市从事药品、医疗器械生产经营单位以及三级以上公立医院、营利性医疗机构等组织，自2010年至2011年开具、使用的购销发票进行专项整治，共查办各类发票案件125起，查处各类虚假发票3758份，涉及金额1.2亿元，追缴税款1067万元，罚款146万元，加收滞纳金297万元，移送发票违法案件5起，抓获犯罪嫌疑人2人，网上追逃2人。是年8月，市国税局稽查局配合市公安局经侦支队，破获“8·9”冷水滩区张家铺特大假发票制贩案件（该案为永州市首起制假发票案），摧毁假发票制贩窝点1个，抓获犯罪嫌疑人4人，缴获各类作案机器8台，收缴各类假发票1000余万份。

2015年，重点查处虚开增值税专用发票、骗取出口退税和偷逃税案件，开展区域税收征管秩序专项整治。4月，宁远县税、警联合，查处“4·16”系列特大虚开增值税专用发票案，查明10家涉案企业从山西省等省共52家企业取得虚开专用发票4405份进行抵扣，从广东省等省49家公司虚开专用发票4291份，共计虚开虚抵金额10.6亿元，抓获犯罪嫌疑人30人，经检察机关批准逮捕19人。11月，蓝

2007 年 7 月 27 日，市税务稽查局人员应用微机选案

山县国税局配合公安机关侦办“11·30”特大非法制造、销售发票案件，涉案发票面值达 10 亿元人民币，收缴各类虚假发票 5 万余份，收缴制假机器 6 台，抓获犯罪嫌疑人 9 人。是年，全市国税系统共查处各类案件 227 起，查补各项收入 4747 万元，其中 100 万元以上的大要案件 16 起。

1995 年 5 月—2015 年 12 月，全市国税稽查系统共查办各类税务案件 5126 起，查补增值税、所得税、滞纳金、罚款等收入共计 11.57 亿元。其中，市国税局稽查局 2010—2015 年共查办各类案件 381 起，查补并入库各类税收收入 9862 万元；市国税局第一稽查局自 2010 年 8 月—2015 年共查办各类案件 359 起，查补并入库各类税收收入 3998 万元。

1995—2015 年永州市国税系统税务稽查成果表

表 2-4-1 **单位：万元**

年份	查办案件数	查补税款	加收滞纳金	处以罚款	移送公安案件数
1995	115	2706	536	218	4
1996	112	3673	411	620	3
1997	132	3886	501	457	7
1998	170	3593	306	413	6
1999	163	4251	195	486	12
2000	119	4351	352	596	16
2001	188	5512	384	614	4
2002	195	5785	612	325	3
2003	272	5124	529	429	12
2004	284	4986	422	559	12
2005	263	4721	528	527	6
2006	312	5042	528	368	19
2007	273	5123	841	321	11

续表2-4-1

年份	查办案件数	查补税款	加收滞纳金	处以罚款	移送公安案件数
2008	265	5213	697	523	15
2009	283	4983	542	612	16
2010	279	4982	561	492	12
2011	455	4756	690	298	13
2012	398	5051	475	294	6
2013	346	4796	365	189	12
2014	275	2301	433	1824	13
2015	227	3908	632	207	5
合计	5126	94780	10540	10372	207

2010—2015年永州市国税局稽查局税务稽查成果表

表2-4-2 **单位：万元**

年份	查办案件数	查补税款	处以罚款	加收滞纳金	收入合计
2010	99	2194	31	81	2306
2011	61	1391	71	40	1502
2012	61	1289	226	163	1678
2013	63	1607	49	167	1823
2014	51	1275	24	159	1458
2015	46	900	61	134	1095
合计	381	8656	462	744	9862

2010—2015年永州市国税局第一稽查局稽查成果表

表2-4-3 **单位：万元**

年度	查办案件数	查补税款	处以罚款	加收滞纳金	收入合计
2010	4	96	0	2	98
2011	108	639	42	39	720
2012	106	646	8	50	704
2013	62	807	33	96	936
2014	54	928	19	57	1004
2015	25	494	2	40	536
合计	359	3610	104	284	3998

2015年永州市国税局稽查局内设机构人员

表 2-4-4

机构名称	机构级别	人员姓名
局领导	副处级	局长：赵文华（副处长级） 副局长（正科级）：唐　星　唐良溪
办公室	副科级	罗焰希　桂阳生　蒋　鹏　杨晓君　刘　勇
综合选案科	副科级	刘江城　吕华博
检查一科	副科级	谢伍寿　谢小岩　谭建军　盛清华　李小农　唐　凌　陆　鸿 陈贤信
检查二科	副科级	文小平　肖炳煌　潘建军　唐尧明　欧阳国辉　蒋静娜
案件审理科	副科级	刘　军　王品智　蒋筱波
案件执行科	副科级	阳永刚　唐洪斌　柏咏梅
合计人数	30人	

说明：科（室）人员中第一人为科长、主任，副科级

2015年永州市国税局第一稽查局内设机构人员表

表 2-4-5

机构名称	机构级别	人员姓名
局领导	正科级	局长：周逸轩（正科级） 副局长（副科级）：董敏玲　刘层峰　何永东
综合选案科	正股级	吴权　刘芳君　万　泠　刘　琴（长期合同工）
检查一科	正股级	张一兵　刘伟梁　唐庆元　唐致平　王冰玲　何国林
检查二科	正股级	潘清斌　文声丽　唐小军　何丽萍　黄亚玲
案件审理科	正股级	罗宗明　李桂香
案件执行科	正股级	唐华荣　聂　康
合计人数	22人	

说明：科（室）人员中第一人为科长

1995—2015年永州市国税局稽查局历任局长一览表

表 2-4-6

姓名	职务	级别	任职时间
吕致清	局长	正科级	1995. 5—1996. 6
唐慧亮	局长	正科级	1996. 7—1997. 9

续表2-4-6

姓名	职务	级别	任职时间
蒋德松	局长	正科级	1997. 10—2002. 10
赵文华	局长	正科级	2002. 11—2006. 5
欧鸿鲲	局长	正科级	2006. 6—2008. 7
陈爱民	局长	副处级	2008. 8—2009. 11
欧鸿鲲	局长	副处级	2009. 12—2010. 3
刘小明	局长	副处级	2010. 4—2014. 5
赵文华	局长	副处级	2014. 6—2015. 12

2010—2015 年永州市国税局第一稽查局历任局长一览表

表 2-4-7

姓名	职务	级别	任职时间
梁公民	局长	正科级	2010. 8—2014. 7
周逸轩	局长	正科级	2014. 7—2015. 12

第五节　公检法税协同办案

1992 年，零陵地区税务系统积极发挥税务检察室和公安机关税务执勤室的作用，及时查处偷抗税案件，从快从严打击偷抗税行为。2 月 16 日，零陵行署专员颜永盛在全区财税工作会议上强调要求：“各级公安、检察、法院、银行、工商等部门要积极主动支持税务部门工作，县（市）国税局要建立健全税务公安执勤室，各基层派出所都要确定一名领导兼管税务治安工作。”2 月 24 日，地区税务局与地区检察院联合印发《关于加强县（市）税务检察室力量的通知》，各县（市）迅速调整充实检察人员，加强组织领导。7 月 28 日，冷水滩市公安局成立首家税务派出所。祁阳县、江华县、江永县人民法院先后成立税务法规执行室。各县（市）基层派出所均落实公安干警兼管税收治安工作。是年，全区共受理偷抗税案件 330 起，查处 260 起（件），立案侦查 65 起（其中偷税 52 起，抗税 13 起），结案 64 起，挽回税款损失 241. 1 万元。

1993年年初，全区各级税务检察室普遍召开税检联席会议，调整充实力量，增添办案设备，开展业务培训，不断提高税务检察办案能力。全区当年受理偷抗税线索512件，立案侦查30件、37人，追回税款200.32万元。冷水滩市、永州市、东安县、双牌县建立税务公安派出所，在维护税收秩序、查处突发案件等方面发挥出重要作用。

1994年1月10日，零陵地区第二届税务检察联席工作会议在地区税务局召开。11月11日，地区公、检、法、税再次联合发出通知，对全区打击伪造、盗窃发票专项斗争重新作出部署，要求各级进一步加强组织领导，紧密协同作战，增强打击力度，更加深入扎实地开展打击发票犯罪活动。是年，各级税务检察室共受理偷抗税等案件线索243起，初查233起，经检察机关批准立案25件，办结28件（连同上年积案7件），为国家挽回税款损失204.9万元。

1996年，税务检察室在着重查处大要案件、打击偷抗税及利用增值税专用发票犯罪的同时，积极配合税务机关拔掉“钉子户”，保障税务人员依法执行公务。1997年9月，根据省委政法委、省检察院、省公安厅8月11日联席会议确定的“原由检察机关负责的涉税犯罪案件的侦查工作，于1997年9月底以前向公安机关移交，原全省设立的各级税务检察室（局）随之撤销”的决定精神，市检察院撤销市、县（区）两级税务检察室，涉税案件侦办工作于9月20日前移交给公安机关办理。是年10月1日起，根据修改后的《中华人民共和国刑事诉讼法》及有关法律的规定，涉税犯罪案件的侦查工作由公安机关管辖。省国税局《关于涉税犯罪案件侦查工作由检察机关交公安机关承办过程中有关问题的通知》明确，国税机关遇有偷税、抗税等涉税犯罪案件，由市、县两级税务稽查局负责与公安机关联系查办。

1998年2月，市、县（区）相继成立公安税侦大队（队），由公安、国税、地税3家分别选派人员组成。根据省公安厅、省国税局、省地税局4月举行的第一次联席会议纪要精神，市公安、税务机关建立联席例会制度和案件移送制度。公安机关和税务机关领导及税侦、税务稽查、税收征管部门负责人参加联席例会，通报查处涉税案件情况，交流信息，分析研究涉税案件及打击涉税犯罪对策，解决、处理工作配合中遇到的问题和矛盾。是年，各级税侦机构采取多种渠道挖掘案源，主动查案办案，边侦查、边打击、边追缴税款入库。全市税侦机构受理案件273件，立案141件，查结应补税罚款667.36万元，入库540.21万元，实施刑事拘留9案、12人，批准逮捕1人。

1999年8月，市国税局设立税侦一大队，文方明任大队长，唐伟源任副队长，负责国税方面涉税案件的侦查与联络等工作。2000年，市、县（区）税侦部门共

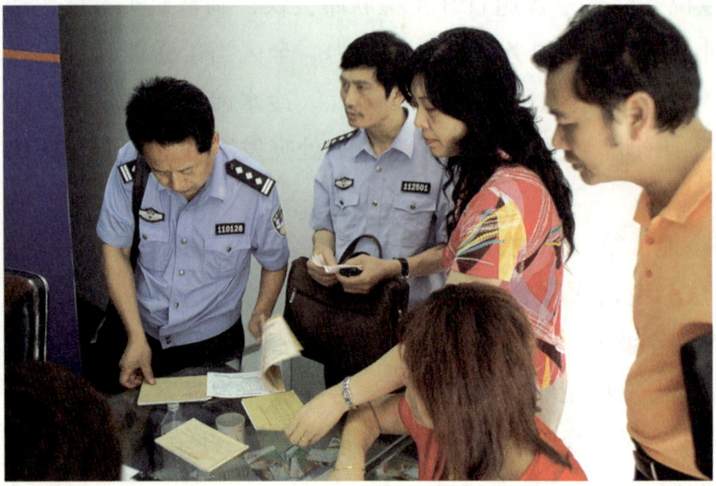
2008 年 6 月 19 日，市国税局与市公安局税侦支队联合开展发票打假，查处非法印制、代开发票等行为

受理涉税案件 232 起，立案 132 起，结案 105 起，刑事拘留 20 人，查结应补税及罚款 1175 万元，入库 1121 万元，拔掉纳税“钉子户”461 户，协助税务办案 270 起，入库税款 169 万元，维护正常的税收秩序。

2001 年 5 月，市国税局机构人事改革，撤销税侦一大队，对涉嫌偷税等案件由公安机关的税侦支队侦查办理。此后，为避免公安、税务重复检查办案等，撤销公安税侦队，涉嫌偷抗骗税等案件由税务稽查部门移送，由公检法按规定程序立案查处。直至 2015 年，全市国税系统与公检法等部门密切配合，及时移送和查处涉嫌偷抗骗税等案件，确保税务检查与税收执法顺利实施。

第六节　税务行政复议与行政诉讼

1992 年—1994 年 9 月，根据国家税务局《税务行政复议规则（试行）》等有关规定，零陵地区税务局成立税务行政复议委员会，副局长曹承斌任主任，征管科科长欧阳坚兼任办公室主任，负责地区税务行政复议工作，组织指导县（市）开展培训与活动。各县（市）税务局均成立相应机构，积极开展工作。1997 年 6 月 16 日，鉴于机构和人员变动，调整永州市国税局税务行政复议委员会成员，局长李顺阳任主任，副局长张家琳任副主任。此后的税务行政复议与行政诉讼工作持续稳定。

2007 年，根据国家税务总局、省国税局《全面加强税务行政复议的意见》，市国税局建立和完善行政复议分析报告、行政复议工作报表报送、重大行政复议决定备案、行政复议工作考评等制度与办法。是年 9 月，根据国务院新出台的《行政复议实施办法》中复议适用调解的规定，市国税局税务行政复议办工作人员对冷水滩区紫色页岩砖厂提请的复议要求，通过实地走访、多方调解，及时化解征纳双方的矛盾，切实保护征纳双方的权益。同时，规范税务行政复议的受理程序，对永州市恒利云置业发展有限责任公司申请的税务行政复议进行严格审查，因该公司没有按照税务机关的决定缴纳税款或者提供担保，作出不予受理裁决书。

市国税局稽查局举行“703”大案案情讨论会

2015年1月9日，永州天鸿置业开发有限公司不服市国税局稽查局2014年11月11日作出的《不予税务行政处罚决定书》，向市国税局复议办（政策法规科）提出复议申请，复议办初审后认为符合受理条件，即日起予以受理。同时将行政复议申请书副本发送被申请人（市国税局稽查局），由被申请人提出书面答复。经复议人员对案卷全面审理和调查之后，报经市国税局复议委员会集体讨论决定，认为被申请人在检查过程中，因该案系由检察机关移交问题线索处理，且此案申请人的法人代表郑某良涉嫌经济犯罪已进入司法程序，税务检查人员无法联系申请人的负责人和财务人员，未向申请人下达《税务检查通知书》，未下户实地检查，作出偷税认定并下达《不予税务行政处罚决定书》之前未履行告知义务，故存在程序违法。3月2日，根据《中华人民共和国行政复议法》第二十八条和《税务行政复议规则》第七十五条的规定，市国税局制作《永州市国税局税务行政复议决定书》，撤销被申请人作出的《不予税务行政处罚决定书》。3月3日，将市国税局《税务行政复议决定书》直接送达给申请人的代理律师，经签字接收确认无异议，至此，该复议案件终结。此后，全市国税系统没有收到行政复议与行政诉讼。

第五章　纳税服务

第一节　纳税服务沿革

1994 年新税制实施前，全国尚无纳税服务的提法与要求，零陵地区税务局通过税法宣传、政策辅导和促产培财等方式为纳税人提供政策与促产服务。分税制之后，零陵地区国税局转变服务理念，积极探索服务方式，主动为纳税人提供方便办税条件，不断提高服务质量。

1995 年 5 月 10 日，地区国税局与所属的冷水滩市国税局在冷水滩城区中心创建的湖南省首家纳税申报服务大厅挂牌运行，开创集中缴税、公开办税的服务新模式。

1997 年，国家税务总局在税收征管改革方案中，提出“以申报纳税和优化服务为基础，以计算机网络为依托，集中征收，重点稽查”的新征管模式，首次把纳税服务明确为税收征管的基础工作。此后，永州市国税局及其基层国税机关不断改善办税环境，逐步推进并优化纳税服务工作。

2001 年 5 月 1 日起，新修订的《中华人民共和国税收征收管理法》实施，首次将纳税服务列入税收征管的法律义务。

2009 年 7 月 9 日，国家税务总局在全国纳税服务工作会议上明确将纳税服务和税收征管作为各级税务机关的核心业务，突出纳税服务的作用与地位。

2010 年 8 月，市国税局新设纳税服务科，专司纳税服务工作。是年年底，全市 11 个县（区）国税局全部设立纳税服务科，全面加强纳税服务工作的组织管理。此后，不断创新服务手段，优化服务举措，提升纳税服务水平，全市国税系统的纳税服务工作得到广大纳税人及社会各界的好评。2013—2015 年，永州市国税系统在省国税局组织的纳税人满意度调查中，连续 3 年获得全省第一名。

第二节 办税服务厅建设

1994 年 9 月税务机构分设后，零陵地区国税局办公室与冷水滩市国税局通过调查研究，探讨在城区中心试建一个集中办税场所，以方便纳税人自我申报缴税。经过半年多筹建，1995 年 5 月 10 日，全省第一家纳税申报服务大厅在冷水滩市城区挂牌试运行，湖南省国税局局长陈谷斌题写牌名。大厅开张第一天，接纳 37 户纳税人，自行申报缴税 57 万元。《中国税务报》《湖南税务报》《湖南经济报》等分别进行宣传推介。此后，全国各地陆续建立纳税申报大厅、办税服务厅等。

1996 年起，永州市国税系统积极创建办税服务厅。先在纳税户较集中的县（区）城区试行集中办税，后在纳税户较多的农村征收分局建立办税室。至年底，有 9 个县（区）国税局、4 个农村征收分局共建成办税服务厅（室）13 个。1997 年 4 月 1 日，芝山区国税局办税服务厅正式运行。1998 年 3 月 28 日，新田县国税局新建成集申报、开票、缴税、电算为一体的多功能办税服务大厅。年底，全市 11 个县（区）国税局全部建成办税服务厅，挂靠计划征收科归口管理，工作人员从相关科（室）抽选组合，集中办理税务登记、申报缴税、领购发票、咨询服务等事项。

2002 年 3 月起，市、县（区）国税局试行办税服务跟班制。局领导和科（室）人员分别到办税服务厅跟班，在每月的 8、9、10 日三天办税高峰期，均有局领导和机关人员在大厅坐班调研，及时发现问题，改进工作，提高办税效率。市国税局欧阳辉亮通过调研撰写的《管理与服务并举，质量与效率同升——关于纳税服务与征管改革的调查思考》《擦亮“窗口”服务“上帝”——永州国税纳税服务情况扫描》等改进办税服务的调查报

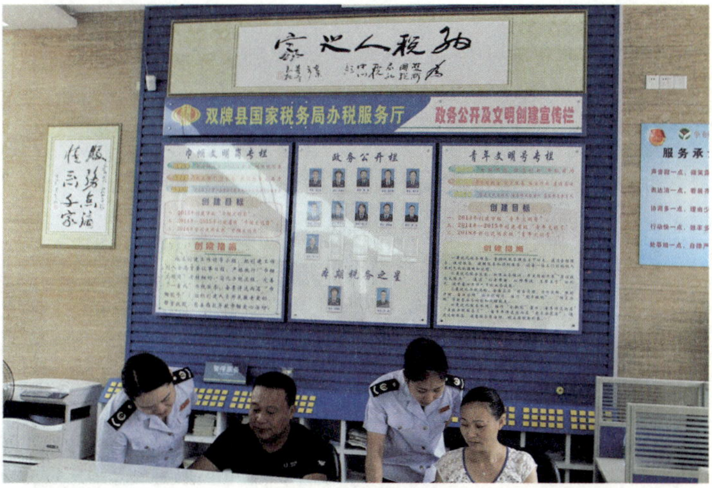

2003 年 9 月 16 日，双牌县国税局试点建成全省国税系统第一家纳税服务中心，纳税人书写赠送“纳税人之家”牌匾

告先后在省、市相关报刊推介和会议交流。

2003年，市国税局率先探索试建纳税服务中心。针对全省国税系统各县（区）国税局办税服务厅均不是正式工作机构，关系难协调、办税效率低等诸多问题，市国税局征管科年初即开展全市“优化纳税服务”专题调研，于7月中旬分别提交《关于尽快建立县级国税局“纳税服务中心”的调查与建议》专题调查报告和《永州市国税系统筹建“纳税服务中心”试点工作实施方案》，得到省、市国税局的高度重视，同意永州市率先在县级国税局试建办税服务等机构。9月16日，全省国税系统首家纳税服务中心在双牌县国税局挂牌建立，创建集办税服务和纳税服务综合管理为一体的“全职能”纳税服务机构。是年年底，全市11个县（区）国税局办税服务厅经省国税局同意全部升格为正式内设机构。

2004年，全面规范办税服务厅建设。3月30日，市国税局印发《永州市国税系统办税服务管理规则（试行）》及《办税服务工作流程（试行）》，对各县（区）国税局优化办税服务工作职责、管理制度、服务标准、办税流程、承诺时限等均作出具体细致的规范，大力简化程序，在29大项共50小项的服务事项中，除必需上级审批事项之外，其他38项均当即办理，全面推行“一窗式”服务、“一次性完成”，办税效率和服务质量明显提高，得到纳税人和省国税局肯定。是年8月27日，省国税局印发新的《办税服务厅管理办法》，统一明确办税服务厅作为县级国税局的内设机构行使综合管理服务职能，推介永州国税的做法。

2009年9月起，湖南省国税系统的各市（州）、县（市、区）国税局先后都新设纳税服务科，强化纳税服务的组织管理，进一步突出税收征管与纳税服务两大核心业务。此后，市国税局先后推出“服务明星”“最佳办税员”“星级办税厅”以及全省国税系统开展的创建“星级办税服务厅”等一系列举措。通过不断深化完善，各地办税服务厅“一站式”“一窗式”“全天候”“免填单”“同城通办”等优质高效的办税服务赢得广大纳税人的普遍称好。2011年，省国税局组织全省第一届“星级办税服务厅”检查评

市国税局党组书记、局长曾立春（右一）在东安县农村办税服务室体验办税服务，亲手为纳税人开具税票

比，永州市江华县国税局办税服务厅被评为“五星级办税服务厅”，零陵区、东安县、道县、祁阳县国税局办税服务厅被评为“三星级办税服务厅”。2014 年，全省第二届“星级办税服务厅”评比，永州市江华县国税局办税服务厅再度被评为“五星级办税服务厅”，零陵区、东安县、道县、祁阳县国税局办税服务厅升级为“四星级办税服务厅”，冷水滩区、双牌县、宁远县、新田县、蓝山县、江永县国税局办税服务厅被评为“三星级办税服务厅”。至此，全市 11 个县（区）国税局办税服务厅全部实现星级标准服务。

2015 年，进一步创新办税大厅管理。全市系统整合办税大厅行为规范、服务规范等 6 类 29 项的评定指标和标准分值，按分值高低开展星级办税服务员评比。在全省试点运行办税服务综合管理系统，对办税环境、办税效率、领导值班等指标进行考核，有效提高了办税大厅服务质效。零陵区国税局在办税大厅推行“一窗式办理、台账式管理”新模式，反响良好。在 2015 年全省纳税人满意度调查中，永州市国税局名列第一。至年底，全市国税系统 11 个县（区）国税局和市国税局车辆购置税征收管理分局均设有设施齐全、多功能服务、全天候办税的综合办税服务厅。6 个农村征收分局均设有综合办税服务室，纳税人所有办税事项均可当即办结。

第三节　纳税信用等级评定

1992—2003 年，原零陵地区税务局和撤地建市后的永州市国税局组织各县（区）分别对企业和个体工商户开展“先进纳税人”“先进个体纳税户”等评选与表彰活动，有效促进依法经营，照章纳税。

2004 年起，根据国家税务总局印发的《纳税信用等级评定管理试行办法》和省国税局、省地税局《关于做好 2004 年纳税信用等级评定工作的通知》精神，永州市国税局牵头与市地税局联合组织对纳税人进行纳税信用等级评定工作。评定内容为纳税人遵守税收法律、法规以及接受税务机关依法进行税务管理等情况，纳税信用等级设置 A、B、C、D 四级，采用百分制，依照评定项目分别设置底分方式进行评定。考评得分 95 分以上为 A 级，得分 60~94 分为 B 级，20~59 分的为 C 级，得分低于 20 分的为 D 级。评定方式按照初评、联合评定、审批、公示、授牌等 5 个步骤进行。初评由县（区）国税局和地税局分别进行，再由市国税局和市地税局联合评审，最终 A 级纳税人由省国税局、省地税局共同审批，B、C、D 级纳税人由县（区）税务机关评定后分别报市级税务机关备案。是年 11 月 15 日，经省国税局、省地税局在《湖南日报》和湖南国税网站公告，永州市20户纳税人荣获首批全省“A级纳税信用等级单位”。

附：

2002—2003年度湖南省A级纳税信用等级单位名单

（永州市20户）

湖南永州奔腾彩印有限公司、永州湘江纸业有限责任公司、永州百江能源实业有限公司、湖南冷水滩中大特种水泥有限责任公司、湖南省永州电业局、中国银行永州分行、万联证券有限责任公司永州零陵中路证券营业部、湖南省重型离合器有限责任公司一分公司、湖南省永州电业局芝山电力局、湖南省轻工盐业集团有限责任公司祁阳支公司、东安县民爆器材专营公司、中国石油化工股份有限公司湖南东安石油支公司、湖南省永州电业局东安电力局、湖南轻工盐业集团有限责任公司东安支公司、湖南南岭民用爆破器材股份有限公司、湖南省江永县银铅锌矿、湖南盐业集团有限责任公司宁远支公司、湖南盐业集团有限责任公司新田支公司、新田县农村信用联社、湘蓝地大实业有限公司

对纳税人的纳税信用等级评定后，全市国税机关按照不同等级实施分类管理和动态管理，鼓励诚信纳税，提高依法纳税遵从度。分类管理中，对A级纳税人，除专项检查、专案检查和金税工程协查以外，两年内免除税务检查；验证、年检事项当场办理；放宽发票领购限量；简化出口货物退（免）税申报手续。对B级纳税人，加强税收政策辅导、宣传等纳税服务工作，帮助其改进财务管理，提高办税水平，提升纳税信用等级。对C级纳税人，加强税收管理，列入年度税收检查重点对象；严格审核验证、年检资料，需要时实行就地复核；对专用发票抵扣增值税实行先比对，后抵扣；从严审批出口货物退（免）税。对D级纳税人，除采取对C级纳税人的监督管理措施外，列为重点监控对象，强化税收管理。动态管理是在信用等级评定后，纳税人发生涉税犯罪及违反税收法律、法规行为达到一定程度的，按程序降低其纳税信用等级。此后每两个纳税年度评定一次纳税人纳税信用等级。

2006年5月，市国税局与市地税局再度对各县（区）上报的2004—2005年度30余家A级纳税企业进行实地检查验收。经过双方考察评议和省国税、地税局复审，12月13日，由市政府办公室联合组织统一授牌，永州市中大特种水泥有限责任公司等18家企业被授予“湖南省纳税信用A级单位”。

2008年，市国税局牵头与市地税局共同做好2006—2007年的A级纳税信用等级评定工作，共有31户纳税户获得湖南省A级纳税信用单位。2010年，与市地税局联合组织纳税信用等级评定，全市共评定出2008—2009年度A级纳税人20户。对评为A级纳税人的，享受税务办理绿色通道，除专项、专案检查外，两年内免除

2006年12月13日，市政府办为荣获“湖南省A级纳税人”授牌

税务检查，另对重点税源纳税人定期免费提供纳税服务套餐等措施。2012年，市国税局、市地税局联合开展对2010—2011年度纳税信用等级评定，对全市5562户企业纳税人进行了层层评定、审核、上报、审批，最终经省国税局、省地税局审批评定为A级纳税人的25户（其中连续三届被评为A级纳税人的有6户）。B、C级纳税人分别为4699户、474户，D级纳税人364户。12月20日，召开全市诚信纳税授牌表彰大会，由市政府对25户A级纳税人予以授牌表彰。2014年3月，对2012—2013年度全市3861家符合条件的企业进行纳税信用等级评定。4月底评定出A级纳税人17户，B级纳税人2479户，C级纳税人815户，D级纳税人550户。

2015年，根据国家税务总局发布《纳税信用管理办法（试行）》的公告，税务机关每年4月确定上一年度纳税信用评价结果。是年4月，市国税局、地税局联合对2014年度的2056户纳税人进行纳税信用等级评定，评定A级纳税人43户，B级纳税人350户，C级纳税人1031户，D级纳税人632户。

第四节 纳税服务举措

一、积极培财增收

1992年，零陵地区税务系统积极培财促收，突出“三个为主”（即以大中型企业为主、以纳税大户为主、以重点税源为主），发挥税务部门的优势，主动为企业排忧解难，促进经济发展。是年，办促产基点200个，培财联系点438个，筹集投放促产周转金940万元，发放给216家企业发展生产，年内实现产值95.91亿元，销售13.26亿元，利润4873万元，税金2.63亿元，效益指标均比1991年增长15%

以上。

1993 年，拓宽培财促收新路子，促使企业增强自我发展能力。全区税务机关共办促产培财基点 223 个，联系点 405 个，发放促产周转金 720 万元，实现的产值、销售、利税等均比 1992 年增长 15%以上。

1994 年 1 月起，全面实施新税制，全区税务机关落实国家税收优惠政策，大力支持科技、环保、文化教育事业和出口创汇等行业发展，及时办理出口退税，用足用好减免税政策，推进地方经济改革协调发展。1999 年，针对企业生产经营困难、税源萎缩等实际，永州市国税局动员全市国税人员转变观念，以服务经济促进发展为己任，大力开展培植税源工作。市国税局统一部署“四个一”活动，要求每名国税人员为地方经济和企业发展“献一条计策，办一件实事，解一个难题，多一份贡献”，年中督查落实，年底检查验收，取得良好成效。

2001—2015 年，全市国税机关积极落实税收优惠措施与惠民政策，支持高新技术、环保、民政福利企业等发展，共为辖区企业办理出口退税等 13.59 亿元，落实税收优惠政策减免税收 16.48 亿元，合计减免退税共 30.07 亿元。

二、创新服务方式

1995 年，零陵地区国税局与所属的冷水滩市国税局率先探索办税服务建设，千方百计为纳税人创造方便缴税条件。5 月 10 日，在冷水滩城区中心设立全省第一个纳税申报服务大厅，开创为纳税人办税服务的先河。

1997 年 11 月 18 日，永州市首家税务师事务所永发税务师事务所在市国税局成立，为纳税人开展税务代理工作。2005 年 8 月，全市国税系统开始推广电子申报缴税工作，方便纳税人足不出户实现电子申报缴税。2006 年 2 月起，对全系统所有在岗税务人员的税收征管业务水平和综合征管软件操作技能进行全面的培训考试、持证上岗与操作竞赛，提升全员管理与服务水

2008 年 8 月 20 日，市国税局在宁远县召开承接产业转移优化纳税服务座谈会

平。2007 年，全市国税系统以“强化税源管理，优化纳税服务”为核心，坚持管理与服务并重，大力改善办税服务，提高征管水平和效能，构建和谐征纳关系。重点引导全体国税员工牢固树立纳税服务理念，强化公共服务意识、公仆意识和法定职责意识，深化管理服务。同时加强办税服务厅建设，全面落实办税“八公开”。

2008 年，完善“一站式”纳税服务方式，简化办税流程和手续；开展预约服务、延时服务，上门服务等个性化服务，满足纳税人的合理需求；开展“星级办税服务员”“优秀纳税服务单位”评选等活动，为企业和广大纳税人免费提供政策、财会等咨询辅导服务及优质高效的办税服务。2009—2015 年，通过开展“企业服务年”、网上办税、免填单办税、国税地税联合办税等多种新服务方式，为纳税人提供方便快捷与贴心服务。

三、创办纳税人学校

2008 年 8 月 26 日，永州市国税局纳税人学校挂牌成立，市国税局征管科科长欧阳辉亮兼任校长，负责组织对全市纳税人学校的师资培训、教学实施等工作。9 月 1 日，全市 11 个县（区）国税局均建立纳税人学校，适时开展税收业务教学与联谊活动等。12 月 15—19 日，市国税局组织纳税人学校讲师团成员分别到各县（区）国税局进行巡回培训，辅导税收新业务，培养师资骨干力量。

2009 年，市国税局组织开发纳税人学校培训课件，将新税收政策等相关业务发送到纳税人学习。是年，在全省国税系统开展的纳税人学校优秀培训课件评比活动中，永州市国税局制作的《网上办税系统培训》获得一等奖。2010 年，市国税局对原讲师团成员进行选聘重组，在全系统选聘 8 名优秀兼职教师，分别按流转税、所得税、法律、税收征管、纳税人涉税软件应用等 5 类进行分工教学，按统一计划不定期到各县（区）进行巡回讲课培训。8 月 26 日，举办市国税局纳税人学校兼职教师培训班。9 月 1 日，永州市参加全省纳税人

2015 年 7 月 9 日，市国税局为全市国税系统纳税人学校讲课比赛获奖者颁奖

学校讲课比赛获得三等奖，其中永州市国税局纳税服务科副科长刘雁飞主讲的《网上培训课件》等受到省国税局领导一致好评。2015 年 7 月 9 日，市国税局组织纳税人学校讲课比赛，各县（区）国税局推荐 1~2 人参加比赛，邀请省、市有关专家、纳税人代表等 9 人担任评委，宁远县国税局蒋媛媛获得一等奖，其课件《小微企业税收优惠》后被省国税局选用。

四、开展专题服务

2008 年，永州市国税局确定是年为“纳税服务年”，组织开展系列探索与服务实践活动。4 月 16 日，印发《永州市国家税务局“纳税服务年”活动实施方案》，随后又制订印发“1345”工作计划，将全年 13 大类、45 项具体服务工作事项逐月细化安排，责任到位，督查落实。5 月，开始重点组织“四个一”创建活动（即“每一个单位，确定一个服务品牌，开展一项重点探索，争创一个方面的特色效应”）。随后印发《永州市国家税务局关于开展“纳税服务金点子”评选活动的通知》，组织税干献计献策，共同为搞好全市纳税服务、促进企业发展献计出力。

2009 年 6 月 17 日，永州市“企业服务年”活动第十一工作组（市国税局牵头）领导成员研究为企业生产经营排忧解难措施

2009 年，为全市国税系统“优化纳税服务年”。3—4 月，在全市范围内开展“走百家，问千人”纳税服务专项调查活动，并在市国税局组织召开“税企连心，共促发展”纳税人代表恳谈会，与 20 家纳税人面对面座谈交流，共谋发展。2009—2010 年，市国税局先后推行以简化流程和简并资料为切入点的全面优化车辆购置税纳税服务；对边远乡（镇）、市场等试行“定期定点流动办税服务”；利用“国税 QQ 群”，开展“税企心连心”服务；以简化审批程序、减少纳税人多头跑的全市统一的“一站式办税、一次性办结”规范服务；牵头组织在工业生产企业开展“企业服务年”活动等。市国税局先后被市委、市政府和省委、省政府评为“企业服务年优秀服务单位”，并连续荣获“优化经济环境和机关效能建设工作满意单位”。

2011年1月11日，市国税局与中国移动永州分公司签订《TD综合信息化业务合作协议书》，联合创办“永州市国税局纳税服务手机报”，通过温馨提醒、税法速递、纳税辅导、服务动态、税收新闻等5个栏目，每月定期免费发送给纳税人及社会团体。同时在全市11个县（区）国税局的办税服务厅的纳税人休息区免费安装楼宇视听系统，制作税收宣传短片10余个轮回播放，让纳税人在不经意的等候中轻松地获取税收知识。

2012年，在全省率先探索推行免填单服务。首先在祁阳县、江华县、道县进行免填单试点，将102项涉税文书划分为免单、免填单、电子传单、简化填单4类。6月1日起，在全市全面推广“免填单”办税，市国税局统一编发《永州市国税局免填单服务操作手册》及《永州市国税局免填单服务宣传电子手册》。推行免填单服务后，纳税人办税效率提升20%以上，省国税局及时推广永州国税的“免填单”办税服务经验。是年，全面试行导税员制度，全市11个县（区）国税局通过劳务公司派遣聘请导税员12名，经3月份统一培训后，迅速充实到各办税大厅担任导税服务，为纳税人提供便捷周到的办税服务。

2013年，在全省率先建设办税服务厅语音视频管理系统。市国税局挤出专项资金，统一在全系统11个办税服务厅建成音视频监控系统，实施全天候监控办税服务厅环境，实时记录涉税服务音视频信息，及时调度窗口服务资源，有效维护纳税人合法权益和办税服务厅人员财产安全等。随后又为各办税服务厅统一购置排队呼叫机，解决纳税人排队拥挤等难题。

2014年4月1日，开通永州国税纳税服务微信公众平台，同时开通永州国税纳税服务微博，实施微博与微信消息实时同步。2015年3月12日，市国税局印发《“永州国税纳税服务”微信公众平台管理办法（试行）》，对微信发布的内容、职责分工、发布程序、管理与考核等进行规范。同时建立微信联络员制度，创新推行服务规范“三单”制等。

五、建立国地税联合办税机制

2006年起，永州市国税局与市地税局建立税收征管协作、纳税信息共享等机制，在对企业税务稽查、个体工商户共管、税收政策宣传等方面，互通信息，资料共享，尽可能减少重复核查、重复填报资料等麻烦，为纳税人节省成本与时间、精力等。此后，市国税局国、地税局在联合办班培训、联合办理税务登记、联合进行信用等级评定等工作的基础上，逐步向联合开展专家咨询团队、联合开展银税互动、在各县（区）办税服务厅互设窗口、互派人员办税以及联合开展自助办税服务等方面迈进。至2015年，市国税局、地税局探索办税服务厅融合模式，全市试行3

2009年9月11日，市国税局纳税人学校财务软件师资培训班合影

种联合办税方式，即新田县、东安县国税、地税办税全部进驻政务服务中心；江永县、宁远县、道县、双牌县国税、地税全部进驻国税办税服务厅；零陵区、冷水滩区、祁阳县、蓝山县、江华县5县（区）国税、地税办税厅互派互驻。3种联合办税方式都统一窗口设置、联办标识与管理，覆盖国税、地税税收业务，解决纳税人多头跑、多头找，重复排队、重复报送资料等问题。

第六章 国税机构队伍

1992年，零陵地区税务局辖2个城市税务局和9个县税务局，即永州市税务局、冷水滩市税务局和东安县税务局、祁阳县税务局、双牌县税务局、道县税务局、宁远县税务局、江永县税务局、江华县税务局、蓝山县税务局、新田县税务局。县（市）税务局下辖100个税务所。全区税务系统共有在职人员2297人，离退休人员530人。

1994年9月27日，根据国务院《关于实行分税制财政管理体制的决定》和湖南省税务局《关于零陵地区组建两个税务机构的实施方案》的批复，零陵地区税务局机构分设，分别成立零陵地区国家税务局和零陵地区地方税务局，自此各自按照划分的税收征管范围负责征收管理中央税收与地方税收。1996年4月16日，零陵地区国家税务局改设为永州市国家税务局，同日启用新印章，直至2015年。其间，市国税局机关内设机构及县（区）国税局机构均有变化。

第一节 税务机构

一、零陵地区税务局

1992年，零陵地区税务局为湖南省税务局垂直管理的县处级税务管理机构，垂直管理11个县（市）税务局。地区税务局机关内设机构有办公室、人事科、宣传教育科、流转税科、地方税科、所得税科、征收管理科、计划

1994年9月27日，地区税务局召开机构分设大会

会计科、监察科、税务检察室、促产办公室，另设有税务学会、机关工会、团工委、招待所。至1994年9月税务机构分设前，地区税务局机关下设13个职能科(室)，共有在职干部74人、工人10人，离退休11人。

1994年9月27日，零陵地区税务局机构分设，按照分设方案中人员和财产2/3到国税、1/3到地税的比例，地区税务局机关人员划分到地区国税局机关的63人，其中，在职53人，退休10人；划分到地税局机关33人，其中，在职32人，离休1人。全区划分到国税系统的在职人员1409人，离退休人员416人；划分到地税系统的在职人员888人，离退休人员114人。税务机构分设后，地区国税局辖11个县(市) 国税局，91个税务所。

1994年9月27日，地区税务局机关机构分设前全局人员合影

1994年零陵地区税务局分设前内设机构、人员表

表2-6-1

机构	人 员	人数
局领导	曹承斌、张家琳、贺正国、刘春洪、廖丁贵	5
办公室	文乐军、阳辉亮、廖在文、欧载恕、刘青年、赵永富、匡代雄、赵纯兵、彭玲辉、王金玉、唐小阳、李明翠、柏娟、崔安明、唐德银、陈运友、叶韶素、蒋红星	18
人事科	鲁连甫、刘进、张紫英、陈美容、彭志义	5

续表2-6-1

机构	人 员	人数
宣教科	唐景平、吕致清、何道书、吴春元、雷建鑫	5
流转税管理科	朱建河、黄光元、陈立阳、周逸轩、周新翠	5
地方税管理科	桂建球、何湖光、杨建清、陈贤信、许立忠、唐芩	6
所得税管理科	唐辉恒、王远玉、何多珍、程灿烂、胡扬芝	5
征管科	欧宣庭、张培荣、唐双祁、唐慧亮、李满玉、李志敏、盘海源、邓代志、甘永平	9
监察科	曾浩东、周万生、欧富强、李玉环、赵文华	5
计会科	蒋德松、邓景芝、左亚林、匡安秀、刘先明、刘克勤、刘春梅、黎金元、陈江平、吴艳丽、文方明	11
促产办	潘清栋、唐广联、唐素云	3
机关工会	唐怀德、欧阳丽君、欧阳凤霞	3
税务学会	陈爱国、肖冬旺	2
税务检察室	高安东、唐伟源	2
合计	84 人（其中干部 74 名，工人 10 名）	84

说明：上表机构、人员至 1994 年 9 月 26 日止

1994 年 9 月划分到零陵地区国家税务局机关人员表

表 2-6-2

机构	人 员	人数
局领导	曹承斌、贺正国、张家琳、艾春元（调回）	4
办公室	文乐军、阳辉亮、赵文华、刘青年、赵永富、唐小阳、柏娟、匡代雄、蒋红星、李明翠、崔安明、叶韶素、唐素云	13
人事教育科	鲁连甫、吕致清、张紫英、吴春元、彭志义	5
流转税科	朱建河、黄光元、许立忠、周逸轩、周新翠	5
所得税科	唐辉恒、何道书、胡杨芝、陈贤信	4
征收管理科	陈爱国、唐慧亮、李志敏、盘海源、邓代志、刘春梅	6
监察科	曾浩东、周万生、李玉环	3
计划财务科	蒋德松、邓景芝、匡安秀、刘先明、刘克勤、陈江平、文方明、唐广联	8

续表2-6-2

机构	人　员	人数
机关工会	欧宣庭、欧阳丽君	2
税务检察室	高安东、唐伟源	2
纪检组（与监察合署办公）	唐怀德	1
离退休人员	邹礼强、余世豪、刘忠伦、唐镛、王玉英、欧阳坚、周仲连、洪光耀、刘昆福、朱伍福	10
合计	63人（其中在职53人，退休10人）	

说明：上表机构、人员自1994年9月27日起

1994年9月划分到零陵地区地方税务局机关人员表

表2-6-3

机构	人　员	人数
局领导	刘春洪、廖丁贵	2
人事科	刘进、陈美容	2
宣教科	唐景平、雷建鑫	2
工会	欧阳凤霞	1
监察科	欧富强	1
学会	肖冬旺	1
地方税科	桂建球、何湖光、唐芩、杨建清	4
所得税科	程灿烂、王远玉、何多珍	3
流转税科	陈立阳	1
征管科	唐双祁、张培荣、李满玉、甘永平	4
计会科	左亚林、吴艳丽、黎金元、欧载恕	4
办公室	廖在文、唐德银、陈运友、彭玲辉、王金玉、赵纯兵	6
促产办	潘清栋	1
离休人员	成资才	1
合计	33人（其中在职32人，离休1人）	

说明：上表机构、人员自1994年9月27日起

二、市国税局机关内设机构

1994年9月27日，税务机构分设后的零陵地区国家税务局机关内设9个科（室）：办公室、人事教育科、税政管理一科、税政管理二科、征收管理科、计划财务科、监察室（与纪检合署办公）、机关工会、税务检察室，级别均为正科级。是年10月，设置涉外税收管理科（与税政管理一科合署办公）。1995年5月22日，成立零陵地区国家税务局稽查局，为正科级建制。

1996年4月16日，根据湖南省国税局《关于撤销零陵地区国家税务局设立地级永州市国家税务局等事项的批复》，零陵地区国家税务局更名为永州市国家税务局，即日启用新印章。原县级永州市、冷水滩市国税局分别更名为芝山区、冷水滩区国税分局。新的地级永州市国税局内设机构保持与原零陵地区国税局内设机构基本一致。7月22日，市国税局机关原涉外税收管理科改设为永州市国税局涉外税务管理分局，负责涉外税收的征收与管理，机构级别为正科级建制；增设永州市国税局信息中心，单位性质为事业单位，负责计算机的管理与服务；原人事教育科分设为人事科、宣传教育科。

1997年9月，依照省国税局《关于调整永州市国家税务局"三定方案"的批复》，市国税局机关按照"以职能定机构、以事定岗位、以岗位定人"的原则，设立8个内设行政机构：办公室、税政法规科（合并原税政一、二、三科及法规科）、征收管理科（合并原发票管理所）、计划财务科（加挂直属分局牌子）、思想政治工作办公室（合并机关党委、工会、原宣教科宣传工作部分）、人事教育科（合并老干科、原宣教科教育工作部分）、监察审计室（与纪检组一套人员，合署办公）、稽查局（使用征收编制）。涉外税务分局继续保留，信息中心仍为事业单位。1998年3月6日，根据省国税局《关于省局机关、各地（州、市）有关内设机构名称变更及启用印章的通知》及工作需要，市国税局办公室政务与事务职能分设，增设行政事务管理科（后改为机关服务中心），级别为正科级，具体负责机关行政事务等工作；思想政治工作办公室更名为思想政治工作科。

2001年4月，按照省国税局《关于永州市国家税务局机关机构改革实施方案的批复》，市国税局机关进行机构人事改革，撤销原内设机构及负责人，重设内设机构和竞聘负责人。市国税局机关内设行政职能科（室）8个：即办公室、政策法规科、税政科、征收管理科、计划财务科、人事科、教育科、监察审计室；党务机构1个：机关党委办公室，负责党务、工会、青年、妇女工作（工会不作内设机构）；直属机构2个：稽查局和涉外税务管理分局；事业机构3个：信息管理中心、注册税务师管理中心、机关服务中心。2002年5月14日，根据省国税局《关于永州市国家税务局增设税政二科的批复》，市国税局机关增设税政二科，主要负责所得税收管理。原税政科更名为税政一科，主要负责增值税、消费税、营业税等税种的税政业务管理以及“金税工程”推广管理的牵头工作。2003 年 7 月 31 日，省国税局《关于调整有关内设机构工作职能的通知》，市国税局监察审计室更名为监察室。职能调整后，对领导干部任期经济责任的审计工作由计划财务科组织实施，人事、监察等部门参加。

2004 年 3 月 8 日，省国税局印发《关于永州市国家税务局系统所属机构更名的批复》，将湖南省永州市国税局稽查局更名为永州市国税局稽查局；永州市国税局涉外税务管理分局改为内设机构，更名为国际税务管理科，其征收职能按照属地管理原则下放到各县（区）国税局负责。2005 年 4 月，根据《湖南省国家税务局〈关于永州市国家税务局进一步规范机构设置明确职责分工方案〉的批复》，市国税局原税政一科更名为流转税管理科，税政二科更名为所得税管理科，计划财务科更名为计划统计科，人事科与教育科合并为人事教育科，另设离退休干部办公室（挂靠人事教育科），市国税局机关的财务管理工作仍由机关服务中心负责；撤销注册税务师管理中心。调整后的市国税局机关内设行政科（室）9 个，直属机构 1 个，事业单位 2 个。5 月，增设机关工会。

2006 年 2 月 28 日，成立永州市国税局办税服务厅（车辆购置税，在零陵区办公），属正科级建制，负责车辆购置税的征收管理工作。7 月 5 日，省国税局《关于恢复国家税务工会工作委员会的通知》明确，恢复建立各市（州）、县（区）国家税务工会工作委员会（简称国家税务工会、系统工会）。7 月 6 日，省国税局任命吕致清为永州市国税工会主任（副处级）。随后各县（区）国税局分别设立国税工会主任（副科级）。

2008 年 8 月 13 日，《湖南省国家税务局关于永州市国家税务局规范稽查机构设置明确职责分工的批复》明确，永州市国税局稽查局是市国税局的直属机构，为副处级建制。

2010 年 6 月 29 日，根据《湖南省国家税务局关于永州市国家税务局系统规范机构设置明确职责分工方案的批复》，分别成立永州市国税局稽查局（副处级建制）和永州市国税局第一稽查局（正科级建制），均为市国税局的直属机构，于 8 月 25 日分别挂牌运行。8 月 19 日，根据省国税局上述批复精神，市国税局调整内设机构和职能配置，原流转税管理科更名为货物和劳务税科，所得税管理科更名为所得税科，计划统计科更名为收入核算科，国际税务管理科更名为大企业和国际税务管理科，办税服务厅（车辆购置税）更名为车辆购置税征收管理分局；撤销人事教育科，分设人事科、教育科、离退休干部科；增设纳税服务科。规范后的市国税局机关内设行政科（室）12个，直属机构3个，事业单位2个。

自2010年8月至2015年年底，市国税局机关内设机构稳定无变化。

2010—2015年永州市国税局机关、直属单位一览表

表2-6-4

机构名称	机构属性	机构级别
办公室	内设行政机构	正科级
政策法规科	内设行政机构	正科级
货物和劳务税科	内设行政机构	正科级
所得税科	内设行政机构	正科级
收入核算科	内设行政机构	正科级
纳税服务科（纳税服务中心）	内设行政机构	正科级
征收管理科	内设行政机构	正科级
财务管理科	内设行政机构	正科级
人事科	内设行政机构	正科级
教育科	内设行政机构	正科级
监察室	内设行政机构	正科级
大企业和国际税务管理科	内设行政机构	正科级
机关党委办公室机关工会	党群机构	正科级
	党群机构	正科级
离退休干部科	党群机构	正科级
信息中心	事业单位	正科级
机关服务中心	事业单位	正科级
稽查局（内设机构6个）	直属机构	副处级
第一稽查局（内设机构5个）	直属机构	正科级
车辆购置税征收管理分局	直属机构	正科级

说明：2011年12月，市国税局机关设立机关团委和机关妇女委员会，属群团组织；后根据中组部等通知要求，群团组织不属机关内设机构而自然消失

三、县（区）国税机构

1994年9月27日，零陵地区国税局成立后，按照行政区划设置县级永州市国税局、冷水滩市国税局和东安县国税局、双牌县国税局、祁阳县国税局、宁远县国税局、道县国税局、江永县国税局、江华县国税局、蓝山县国税局、新田县国税

局，均为正科级单位，由地区国税局垂直管理。各县（市）国税局内设办公室、人事教育股、税政管理股、征收管理股、计划财务股、监察室（与纪检组合署办公），并设置税务稽查局或稽查队（科）机构。基层税务所共91个。

1996年3月15日，根据省国税局《关于东安县国家税务局等撤销税务所组建征收分局的批复》，东安县国税局、双牌县国税局、道县国税局、江永县国税局、宁远县国税局、新田县国税局、蓝山县国税局、江华县国税局撤销原有税务所，组建征收分局。征收分局为副科级单位，内部不设股（室），设立若干征收组或征收办公室。3月20日，根据《关于撤销零陵地区国家税务局设立地级永州市国家税务局等事项的批复》，撤销县级永州市国税局，设立永州市国税局芝山分局；撤销冷水滩市国税局，设立永州市国税局冷水滩分局。芝山分局和冷水滩分局的内设机构与原有内设机构保持一致，其业务单位、人员编制不变。芝山分局下设城区一、二、三税务所和珠山税务所、水口山税务所、富家桥税务所、黄田铺税务所、邮亭圩税务所；冷水滩分局下设城区一、二、三税务所和凤凰园税务所、黄阳司税务所、普利桥税务所、岚角山税务所。8月，根据《国家公务员暂行条例》及省国税局批准的内设机构和人员编制“三定”方案，市国税局明确县（区）国税局机关设置6个职能科（室）和工会等党群机构，分4个层次配置人员；县（区）国税局的稽查局、税务检察室、征收分局（税务所）按撤所建分局时批准的机构设立，均列入基层国家公务员征收管理人员；县（区）国税局的信息中心、票证管理所、事务所等事业单位根据工作需要逐步设立。

1998年1月23日，市国税局印发《永州市国家税务局实行人事制度改革的意见》，将永州市国税局冷水滩分局更名为一分局，芝山分局更名为二分局，征管范围不变。两个城区分局的内设机构为办公室、综合业务科、计划财务科、征收科、政工科（与机关党组织、工会一套人员，合署办公）、监察审计室（与纪检组一套人员，合署办公）、稽查局。其他实行县国税局直接征收的新田县国税局、双牌县国税局内设机构为7个，即办公室、综合业务科、计划财务科、征收科、政工科、监察审计室、稽查局；不实行县国税局直接征收的祁阳县国税局、东安县国税局、道县国税局、宁远县国税局、江永县国税局、江华县国税局、蓝山县国税局的内设机构为6个。按照精简原则和有关撤并规定要求，将全市原有的59个征收分局、12个税务所撤并为40个征收分局、6个税务所，且各征收分局（税务所）不再以地名命名，而以县国税（分）局为单位按数码顺序命名（如xx县一征收分局、一税务所等）。1999年2月6日，根据省国税局《关于祁阳县、江华县国家税务局撤销、合并、更名征收分局的批复》，祁阳县国税局原10个征收分局撤并为8个征收分局；江华县国税局原一、二征收分局合并为一征收分局，原五征收分局更名为二征收分局，征管业务范围由县国税局统一调整。7 月 8 日，市国税局印发《关于调整县国税（分）局内设机构的通知》，统一撤销 11 个县（区）国税局原有的征收科和综合业务科，分别成立征收管理科和税政法规科；撤销一分局（冷水滩区）的个体集贸税收管理科，分别在一、二分局成立城区税务所，负责城区除征管科直接征管的重点税源户以外的纳税户的征收管理工作。是年 8 月 3 日，经省国税局《关于设立永州市国家税务局三分局的批复》同意，设立永州市国家税务局三分局（即凤凰园经济开发区分局），机构级别为正科级，内设办公室、政工科、业务科、稽查科。2000 年 8 月 23 日，市国税局印发《关于永州市国家税务局三分局分设科（室）的批复》，撤销三分局（凤凰园）的业务科，增设综合科和征收管理科，综合科对应市国税局计划财务科、税政法规科、涉外分局 3 个科（室）的业务，征收管理科对应市国税局征收管理科、信息中心 2 个科（室）的业务。

2001 年 5 月 30 日，根据省国税局《关于永州市国家税务局机关机构改革实施方案的批复》，永州市国税局原一、二、三分局分别更名为永州市国税局冷水滩分局、芝山分局、凤凰园分局，更名后征管范围和职责不变。另将全市国税系统原有的 44 个征收分局、税务所撤并为 38 个税务所。凤凰园分局、新田县国税局因人员、税源相对集中，不再下设税务所，由县（区）国税局直接征收。7 月 6 日，撤销永州市城区 3 个分局的稽查科，由永州市国税局稽查局负责稽查，形成大稽查格局。2002 年 3 月 1 日，市国税局印发《关于永州市国家税务局凤凰园分局增设综合业务科的批复》，凤凰园国税分局增设综合业务科，人员编制由分局内部调剂。12 月，经省国税局批准，凤凰园国税分局撤销，其人员分别并入冷水滩国税分局和市国税局机关。2004 年 3 月 8 日，经省国税局《关于永州市国家税务局系统所属机构更名的批复》同意，永州市国税局冷水滩分局更名为永州市冷水滩区国税局，芝山分局更名为永州市芝山区国税局，其他 9 县国税局均取消冠“湖南省”，直接以××县冠名。

2005 年 3 月，根据国家税务总局《关于进一步规范国家税务局系统机构设置明确职责分工的意见》等精神，全市 11 个县（区）国税局和市国税局稽查局的内设机构调整完成，原 38 个税务所合并为 14 个税务分局、2 个税务所；各县（区）国税局撤销法规科，其职能并入综合业务科；原计征科的部分职能并入综合业务科，其余职能转入更名后的计统科；政工科更名为人事教育科，新设办税服务厅、税源管理科等内设机构。各县（区）国税局的内设机构、直属机构、事业单位级别为正股级；属派驻机构的税务分局级别为副科级，税务所级别为正股级。是年 8 月 30 日，永州市芝山区国税局更名为永州市零陵区国税局。

2008 年 8 月 13 日，市国税局下辖的 9 个县国税局原有的稽查局升格为副科级单位，负责组织实施本县内的税收检查工作。县级稽查局不设内设机构。冷水滩区和零陵区国税局不设稽查局，税务稽查工作由市国税局稽查局负责。直至2015年年底，全市国税系统县级局及内设机构稳定不变。

2008—2015年永州市国税系统县（区）国税局机构一览表

表2-6-5

单位	机构属性	内设机构及派出机构名称	级别
冷水滩区国税局（湘江东路50号）	内设行政机构	办公室、政策法规科、收入核算科、征收管理科、财务管理科、人事教育科、监察室、纳税服务科（办税服务厅）、税源管理一科、税源管理二科、税源管理三科	股级
冷水滩区国税局（湘江东路50号）	事业单位	信息中心	股级
冷水滩区国税局（湘江东路50号）	党群机构	机关党委办公室、机关工会	股级
冷水滩区国税局（湘江东路50号）	派出机构	城区税务分局、仁湾税务分局	副科级
零陵区国税局（中山南路53号）	内设行政机构	办公室、政策法规科、收入核算科、征收管理科、财务管理科、人事教育科、监察室、纳税服务科、税源管理一科、税源管理二科	股级
零陵区国税局（中山南路53号）	党群机构	机关党委办公室、机关工会	股级
零陵区国税局（中山南路53号）	事业单位	信息中心	股级
零陵区国税局（中山南路53号）	派出机构	城区税务分局、珠山税务分局	副科级
祁阳县国税局（浯溪镇平安路15号）	内设行政机构	办公室、政策法规科、收入核算科、征收管理科、财务管理科、人事教育科、监察室、纳税服务科、税源管理一科、税源管理二科	股级
祁阳县国税局（浯溪镇平安路15号）	党群机构	机关党委办公室、机关工会	股级
祁阳县国税局（浯溪镇平安路15号）	直属机构	稽查局	副科级
祁阳县国税局（浯溪镇平安路15号）	事业单位	信息中心	股级
祁阳县国税局（浯溪镇平安路15号）	派出机构	浯溪税务分局、黎家坪税务分局、白水税务分局	副科级
东安县国税局（白牙市镇八角街88号）	内设行政机构	办公室、政策法规科、收入核算科、征收管理科、财务管理科、人事教育科、监察室、纳税服务科、税源管理一科、税源管理二科	股级
东安县国税局（白牙市镇八角街88号）	党群机构	机关党委办公室、机关工会	股级
东安县国税局（白牙市镇八角街88号）	直属机构	稽查局	副科级
东安县国税局（白牙市镇八角街88号）	事业单位	信息中心	股级
东安县国税局（白牙市镇八角街88号）	派出机构	白牙市税务分局、芦洪市税务分局	副科级

续表2-6-5

单位	机构属性	内设机构及派出机构名称	级别
双牌县国税局（龙泊镇紫金南路1号）	内设行政机构	办公室、政策法规科、收入核算科、征收管理科、财务管理科、人事教育科、监察室、纳税服务科、税源管理科	股级
	党群机构	机关党委办公室、机关工会	股级
	直属机构	稽查局	副科级
	事业单位	信息中心	股级
道县国税局（道江镇道州北路）	内设行政机构	办公室、政策法规科、收入核算科、征收管理科、财务管理科、人事教育科、监察室、纳税服务科、税源管理一科、税源管理二科	股级
	党群机构	机关党委办公室、机关工会	股级
	直属机构	稽查局	副科级
	事业单位	信息中心	股级
	派出机构	道江税务分局	副科级
江永县国税局（潇浦镇永民路）	内设行政机构	办公室、政策法规科、收入核算科、征收管理科、财务管理科、人事教育科、监察室、纳税服务科、税源管理科	股级
	党群机构	机关党委办公室、机关工会	股级
	直属机构	稽查局	副科级
	事业单位	信息中心	股级
	派出机构	潇浦税务分局、桃川税务分局	副科级
江华瑶族自治县国税局（沱江镇阳华路113号）	内设行政机构	办公室、政策法规科、收入核算科、征收管理科、财务管理科、人事教育科、监察室、纳税服务科、税源管理一科、税源管理二科	股级
	党群机构	机关党委办公室、机关工会	股级
	直属机构	稽查局	副科级
	事业单位	信息中心	股级
	派出机构	沱江税务分局、码市税务分局	副科级
宁远县国税局（舜陵镇九嶷南路198号）	内设行政机构	办公室、政策法规科、收入核算科、征收管理科、财务管理科、人事教育科、监察室、纳税服务科、税源管理一科、税源管理二科	股级
	党群机构	机关党委办公室、机关工会	股级
	直属机构	稽查局	副科级
	事业单位	信息中心	股级
	派出机构	舜陵税务分局	副科级

续表2-6-5

单位	机构属性	内设机构及派出机构名称	级别
新田县国税局（龙泉镇商业路66号）	内设行政机构	办公室、政策法规科、收入核算科、征收管理科、财务管理科、人事教育科、监察室、纳税服务科、税源管理科	股级
	党群机构	机关党委办公室、机关工会	股级
	直属机构	稽查局	副科级
	事业单位	信息中心	股级
蓝山县国税局（塔峰镇南平路353号）	内设行政机构	办公室、政策法规科、收入核算科、征收管理科、财务管理科、人事教育科、监察室、纳税服务科、税源管理科	股级
	党群机构	机关党委办公室、机关工会	股级
	直属机构	稽查局	副科级
	事业单位	信息中心	股级
	派出机构	塔峰税务分局	副科级

第二节　人事管理

1992年，零陵地区税务局制订印发《人事制度改革换届实施方案》。3月5—30日，地区税务局抽选12名干部，分3个工作组先后在新田县税务局、江华县税务局、蓝山县税务局、江永县税务局、宁远县税务局进行第二轮人事制度改革的换届工作。通过与563名税务干部职工谈话和民主测评等，重新选聘5个县税务局的局领导班子成员，并对股、所骨干进行考察及聘用。5月，对全区地、县（市）税务局机关人员编制进行重新核定和调整，确保70%以上的税务人员从事基层税收征管。7月，对地区税务局机关科长、副科长、主任实行聘任制。同时按照“四化”（革命化、年轻化、知识化、专业化）要求，加强对后备干部的配备与考察，建立后备干部档案资料。11—12月，地区税务局组织对全区税务系统第二轮人事制度改革进行深化完善，增强各级税务机关领导班子活力。

1993年，地区税务局按干部“四化”要求对后备干部配备考察，共考察县（市）税务局后备干部36名，按条件提高到副处级干部待遇12名，按德才兼备标准配备、提升副科级干部待遇24名，副科级提升到正科级1名，考察配备县（市）

1993年5月9日，地区税务局党组成员研究工作（左二为局党组书记、局长邹礼强）

税务局工会主席9人，副科级干部异地交换2名。同时对经济专业技术职称组织考核与评审，初级晋升中级职称9名，经济员晋升助理经济师和初评定的助理经济师410名。组织税务内部招工2批，解决税干子女工作98名；接收安置大中专毕业生48名及转业、退伍军人17名。另对地区南部6县税务局领导班子进行考察和调整，稳定领导班子和税务干部队伍。

1994年9月21日，省国税局党组批准成立零陵地区国税局党组，任命曹承斌为党组书记、局长。9月27日，零陵地区国税局挂牌成立。税务机构分设后，全区国税系统在职人员1409人，离退休人员416人。是年，按照国家公务员制度和人事部的统一规定，对全区税务人员进行年度工作考评和工资套改，共2418人（次）的工资经过套改得到调整，月增工资额14.96万元，496名离退休人员套改后月增工资额5.43万元。

1996年，撤地建市后的永州市国税局组织对各县（区）国税局的领导班子进行调整，选拔任命正、副局长15名，配齐9个县国税局的纪检组长，批复任命11个县（区）国税局的工会主席，领导班子趋向年轻化、知识化。7月，市国税局首次对机关干部进行岗位轮换，共提任科（局）长、主任5名，提任副科（局）长5名，轮换科级干部8名。8月30日，市国税局印发《关于成立永州市国家税务局推行国家公务员制度领导小组的通知》，全市先后经考试共录用285名国家公务员，对现职888名干部进行公务员过渡审批，并对新录用的285名公务员进行入门培训与考试。

1997年4月4日，省国税局调整永州市国税局主要领导，免去曹承斌局长职务，续任市国税局党组书记；任命李顺阳（原道县县长）为局长、党组副书记。5月，市国税局党组研究决定在全市国税系统公开选拔10名基层人员到市国税局机关工作。经宣传发动和资格审查，全市11个县（区）国税局共108人参加综合知识笔试，前30名进入面试，最终10名优胜者于8月1日调入市国税局机关，主要

1997年8月，市国税局搬迁到冷水滩区新办公综合楼办公，图为局领导班子成员研究工作

充实到稽查等部门工作。9月11—16日，市国税局机关进行以“精简机构、压缩编制、各类人员竞争上岗”为主要内容的人事制度改革。内设职能科（室）由原16个精简为10个，行政编制由原60个压缩为55个，10个科长职位和17个副科长职位全部实行公开竞聘，其他岗位实行双向选择，优化组合，组合不上的先学习再视情待岗。通过公开竞聘，原16名科长、主任中，有9人被聘，2人低聘，5人落聘；16名副科长、主任中，13人被聘，1人提任科长，2人被解聘。

1998年1月，全市国税系统全面推行机构、人事制度改革。市国税局印发《永州市国家税务局公开选拔县（分）局局长方案》，公布竞争职位及任职资格条件等。2月6日，组织全市200余名副科级以上干部进行综合知识考试，对符合条件并报名参加局长竞职的48人中选定前20名进行竞职演讲与测评。通过群众推荐、组织考察、报省国税局审批等，公开选聘3名县国税局局长。随后市国税局派出工作组分赴各县（区）国税局组织副局长等以上领导职务的公开竞聘，全市重新选拔38名副局长、工会主席等，其中新提任18名。各县（区）国税局按照市国税局人事改革方案要求，全面开展对征收分局（税务所）、内设科（室）负责人的公开竞职及一般工作人员的双向选择，共聘任科（所）长114名。

1999年，市国税局制订印发《对县国税（分）局目标管理考核办法》。同时在干部管理上进一步完善竞争上岗机制，创造公开、平等、竞争、择优的用人环境，是年，全系统共提拔干部36名，各县（区）国税局范围内轮换岗位560余人次。2000年，加强县（区）国税局领导班子建设，健全对各级领导班子成员的考察监督机制。1月和12月，市国税局先后两次组织对12个县（区）国税局的领导班子进行考察。7月，由市国税局参与县（区）国税局领导班子民主生活会，并针对班子考察中暴露出来的问题帮助找差距、定目标、制措施、抓落实，促使加强领导班子的思想政治和民主作风建设。

2001年2月15日，省国税局免去曹承斌永州市国税局党组书记职务，李顺阳任局党组书记、局长。是年5—7月，全市国税系统先后进行副处级领导、科（局）长、副科（局）长的竞争上岗和一般干部双向选择为主要内容的人事机构改革，新提任局领导和副处级干部6名，公开选拔科（局）长10名，市国税局机关向全市国税系统公开招考工作人员13名。2003年，市国税局组织开发岗位职责考核管理系统，机关工作人员每天的工作日记都通过计算机在网上记录，月工作计划、总结都通过网上提交，考核办定期从网上调阅有关原始记录和个人及科（室）的申报资料，进行网上考核记分，对市国税局机关工作人员的考核实行信息化管理。

2004年6月调整主要领导后，市国税局领导班子成员合影（中为局党组书记、局长袁北屏）

2004年6月12日，省国税局宣布永州市国税局主要领导任免，任命袁北屏（原常德市国税局副局长）为永州市国税局党组书记、局长；免去李顺阳党组书记、局长职务。2005年3月19日，组织市国税局机关选调人员考试。4月30日，全市机构人事制度改革基本完成，新提拔县国税局班子成员副职6名，市国税局机关正科级领导干部3名、副科级领导干部4名；县国税局科（室、所）正职22名，税务分局副职35名，科（室、所）副职58名。

2008年10月9日，市国税局领导班子成员合影（左四为局党组书记、局长林小平）

2008年8月1日，省国税局调整永州市国税局主要领导成员，林小平任党组书记、局长，廖健任党组副书记、副局长，免去袁北屏党组书记、局长职务。9月，市国税局修订《永州市国家税务局系统县国税局领导班子年度工作目标管理考核暨“优秀领导班子”评比暂行办法》，同时制订印发《科级领导干部竞争上岗及科级后备干部选拔实施办法》。2009年，修改完善“优秀领导班子”评比办法和县国税局领导班子年度工作目标管理考核等办法，进一步加强领导班子建设与考评。2010年，组织市国税局机关副科长以上领导干部和各县（区）国税局班子成员共110余名，集中进行作风纪律专项教育培训，邀请省、市有关领导、专家学者作专题讲座，并组织参观东安监狱，接受现身说法教育，促使全市国税系统政风行风好转。

2011年6月1日，省国税局副局长张社安（左四）、市委副书记唐松成（左三）等宣布永州市国税局主要领导任免，傅扬帆（右一）任党组书记、局长

2012年7月，市国税局机关党委连续12年被评为全市先进基层党组织。图为市国税局党组成员领奖后合影（图右四为党组书记、局长傅扬帆）

2011年6月1日，省国税局调整永州市国税局主要负责人，省国税局征管处处长傅扬帆调任永州市国税局党组书记、局长；免去林小平党组书记、局长职务（调回省国税局收入核算处任处长）。是年，以“素质建设年”为契机，切实加强各级国税领导班子建设，先后举办3期科（局）级领导干部培训班；以专业化人才培养为重点，开展多层次、大规模干部教育培训，组建了市级纳税评估人才库。至年底，全市国税系统共有45人取得“三师”资格（即注册税务师、会计师、律师，下同）。2012年，狠抓干部作风建设。开展经常性的警示法纪教育和“预防职务犯罪”专题讲座。组织大规模的岗位技能培训和业务竞赛，鼓励干部参加“三师”资格考试，通过考试选拔组建了市级税收法律法规和税

务稽查两类人才库。是年，全市国税系统有 4 人取得“三师”资格，79 人次报考注册税务师单科合格。2013 年，确定为“风险管理年”。从年初开始，市国税局组织各单位认真排查队伍和税收管理中潜在的风险，及时采取措施防范。5 月 20 日至 6 月底，组织开展“走基层、排风险、解难题”主题实践活动。通过专题调研、问卷调查、座谈走访等，共查摆出领导班子、组织收入、征管执法、队伍管理等方面的 15 项风险问题，逐一查纠化解。

2014 年，调整充实各级国税机关领导干部。先后向省国税局推荐提任 2 名市国税局领导班子成员和 1 名副处级领导干部，市国税局提任 6 名正科级领导干部，并对县（区）国税局“一把手”全部进行岗位轮换，对市国税局机关各科（室）和市局直属机构负责人进行大范围的轮岗，正科级领导干部调整面达 85%以上。同时组织全市系统开展税收业务大比武，竞选出 6 名学习业务尖子和 47 名优秀学习型干部。通过笔试、面试和考核考察，选调 8 名优秀年轻干部进入市国税局机关工作。

2015 年，强化各级国税机关领导执行力。3 月 22—28 日，组织全市国税系统 51 名正科级以上领导干部到上海交通大学参加“永州市国税局领导干部综合能力提升研修班”学习培训。通过加强各级执行力文化建设，推行绩效管理、岗责管理、项目管理、台账管理 4 项管理机制，健全督查督办、情况通报、奖惩问责等，在全市系统形成“马上就办”、“办就办好”抓落实的氛围。《中国税务报》、国家税务总局内刊分别推介了永州国税抓执行力建设的经验。12 月 15 日，市国税局党组书记、局长傅扬帆提任为河南省国税局总会计师；省国税局任命曾立春（原省国税局机关党办主任）接任永州市国税局党组书记、局长职务。

2015 年 7 月 30 日，全市国税系统“业务大比武”竞赛考试在市委党校举行

1992—1994 年零陵地区税务局副处级以上领导干部任职表

表 2-6-6

姓名	职务	任职时间	注记
邹礼强	党组书记、局长	1992. 1—1994. 3	1994. 3 退休
曹承斌	党组成员、副局长	1992. 1—1994. 9	1994. 3 主持工作
张家琳	党组成员、副局长	1992. 1—1994. 9	
贺正国	党组成员、纪检组长	1992. 1—1994. 9	
刘春洪	行业工会主任（副处级）	1992. 1—1993. 5	
	党组成员、副局长	1993. 5—1994. 9	
廖丁贵	行业工会主任	1993. 5—1994. 9	

1994—1996 年零陵地区国家税务局副处级以上领导干部任职表

表 2-6-7

姓名	职务	任职时间	注记
曹承斌	党组书记、局长	1994. 9—1996. 4	
贺正国	党组成员、副局长兼纪检组长	1994. 9—1996. 4	1996. 3 起 兼系统工会主任
艾春元	党组成员、副局长	1994. 9—1996. 4	
张家琳	副处级干部	1994. 9—1995. 10	
	党组成员、总经济师	1995. 10—1996. 4	
鲁连甫	助理调研员	1995. 11—1996. 4	

1996—2015 年永州市国家税务局历任副处级以上领导干部任职表

表 2-6-8

时段	姓名	职务	任职时间	注记
1996. 4—1997. 3	曹承斌	党组书记、局长	1996. 4—1997. 3	
	贺正国	党组成员、副局长兼纪检组长	1996. 4—1997. 3	
	艾春元	党组成员、副局长	1996. 4—1997. 3	
	张家琳	党组成员、总经济师	1996. 4—1997. 3	
	肖显发	党组成员、副局长	1996. 5—1997. 3	
	鲁连甫	助理调研员	1996. 4—1997. 3	
	文乐军	驻厂专管员（副处级）	1996. 3—1997. 3	

续表2-6-8

时段	姓名	职务	任职时间	注记
1997.4—2004.5	李顺阳	党组副书记、局长	1997.4—2001.2	1997.4 到任
		党组书记、局长	2001.2—2004.5	
	曹承斌	党组书记（2000.1 起兼纪检组长）	1997.4—2001.2	2001.7 提前离岗（副厅级）
		调研员	2001.2—2001.6	
	贺正国	党组成员、副局长兼纪检组长、工会主任	1997.4—1999.11	2001.7 提前离岗
		调研员	1999.11—2001.6	
	艾春元	党组成员、副局长	1997.4—2003.7	2003.8 调研员
	张家琳	党组成员、总经济师	1997.4—2001.2	2001.7 提前离岗
		调研员	2001.2—2001.6	
	刘湘江	党组成员、副局长	2003.8—2004.5	
	肖显发	党组成员、副局长	1997.4—2004.5	
	鲁连甫	助理调研员	1997.4—2000.2	到龄退休
	文乐军	副处级干部	1997.4—2000.12	到龄退休
	秦东晨	驻厂专管员（副处级）	1998.2—2000.12	后为副处级干部
	申又铭	党组成员、副局长	2001.5—2004.5	
	张紫英	党组成员、纪检组长	2001.5—2004.5	
	朱建河	党组成员、总会计师	2001.5—2004.5	
	黄其林	副处级干部	2001.5—2003.12	提前退休
	陈爱国	副处级干部	2001.5—2004.5	
2004.6—2008.7	袁北屏	党组书记、局长	2004.7—2008.7	
	刘湘江	党组成员、副局长	2004.6—2005.2	2004.6 主持工作
	肖显发	党组成员、副局长	2004.5—2006.1	
		党组副书记、副局长	2006.1—2008.7	
	申又铭	党组成员、副局长	2004.5—2007.7	提前退休
	朱建河	党组成员、总会计师	2004.5—2004.6	
		党组成员、副局长	2004.6—2008.7	
	张紫英	党组成员、纪检组长	2004.5—2008.4	
		党组成员、副局长	2008.4—2008.7	
	蒋南毅	党组成员、总经济师	2004.9—2008.7	
	陈洪贵	党组成员、总会计师	2004.9—2008.7	
	邓赐友	党组成员、副局长	2006.1—2008.1	
	艾春元	调研员	2004.6—2008.4	到龄退休
	陈爱国	助理调研员	2004.6—2011.5	
	吕致清	助理调研员	2005.2—2006.7	
		系统工会主任	2006.7—2010.3	

续表2-6-8

时段	姓名	职务	任职时间	注记
2008. 8—2011. 5	林小平	党组书记、局长	2008. 8—2011. 5	
	廖健	党组副书记、副局长	2008. 8—2009. 12	
	肖显发	党组副书记、副局长	2008. 8—2011. 5	
	朱建河	党组成员、副局长	2008. 8—2011. 5	
	张紫英	党组成员、副局长	2008. 8—2010. 4	
		调研员	2010. 4—2011. 5	
	蒋南毅	党组成员、总经济师	2008. 8—2009. 12	
		党组成员、副局长	2009. 12—2011. 5	
	陈洪贵	党组成员、总会计师	2008. 8—2009. 7	
	邹华利	党组成员、纪检组长	2008. 8—2009. 12	
		党组成员、副局长	2010. 1—2011. 5	
	欧鸿鲲	稽查局长（副处级）	2009. 12—2010. 3	
		党组成员、纪检组长	2010. 3—2011. 5	
	李济民	党组成员、总经济师	2010. 5—2011. 5	
	李靖	党组成员、总会计师	2010. 5—2011. 5	
	陈爱国	助理调研员	2008. 8—2011. 5	
	吕致清	系统工会主任	2008. 8—2010. 3	
		副调研员	2010. 3—2011. 5	
	陈爱平	稽查局长（副处级）	2008. 8—2009. 4	
	欧阳辉亮	系统工会主任	2010. 3—2011. 5	
	刘小明	稽查局长（副处长级）	2010. 5—2011. 5	
2011. 6—2015. 12	傅扬帆	党组书记、局长	2011. 6—2015. 12	2015. 12 任河南省国税局总会计师
	曾立春	党组书记、局长	2015. 12—2015. 12	
	肖显发	党组副书记、副局长	2011. 6—2013. 12	
		调研员	2013. 12—2015. 12	
	朱建河	党组成员、副局长	2011. 6—2015. 12	
	蒋南毅	党组成员、副局长	2011. 6—2014. 8	
		调研员	2014. 8—2015. 12	
	邹华利	党组成员、副局长	2011. 6—2011. 11	
	武乐农	党组成员、副局长	2011. 12—2012. 12	挂职一年
	欧鸿鲲	党组成员、纪检组长	2011. 6—2013. 10	
		党组成员、副局长	2013. 10—2015. 12	
	李济民	党组成员、总经济师	2011. 6—2013. 10	
	李靖	党组成员、总会计师	2011. 6—2013. 12	
		党组成员、副局长	2013. 12—2015. 12	
	刘小明	稽查局长（副处长级）	2011. 6—2014. 5	
		党组成员、副局长	2014. 5—2015. 12	
	文方明	党组成员、纪检组长	2014. 5—2015. 12	
	张紫英	调研员	2011. 6—2014. 4	到龄退休

续表2-6-8

时段	姓名	职务	任职时间	注记
2011. 6—2015. 12	欧阳辉亮	系统工会主任	2011. 6—2013. 12	
		副调研员	2013. 12—2015. 12	
	邓仁霞	系统工会主任	2013. 12—2015. 12	
	刘祥云	副调研员	2012. 7—2015. 12	
	吴春元	副调研员	2012. 7—2015. 12	
	高安东	副调研员	2013. 1—2015. 12	

说明：上表自 1996 年 4 月 16 日起，至 2015 年 12 月 31 日

1992—1994 年零陵地区税务系统各县（市）税务局局长任职表

表 2-6-9

单位名称	姓名	职务	任职时间
冷水滩市税务局	罗四季	党委书记、局长	1992. 1—1993. 3
	艾春元		1993. 3—1994. 9
永州市税务局	龚行益	党委书记、局长	1992. 1—1994. 10
祁阳县税务局	李名国	党组书记、局长	1992. 1—1993. 1
		党组书记	1993. 1—1994. 1
	易开祯	局长	1993. 1—1994. 1
		党组书记、局长	1994. 1—1994. 10
东安县税务局	秦东晨	党组书记、局长	1992. 1—1994. 10
双牌县税务局	何建新	党组书记、局长	1992. 1—1994. 10
道县税务局	周能光	党组书记、局长	1992. 1—1994. 10
江永县税务局	罗昌友	党组书记、局长	1992. 4—1994. 10
江华县税务局	周铁旗	党组书记、局长	1992. 4—1994. 10
宁远县税务局	郑会林	党组书记、局长	1992. 4—1994. 10
新田县税务局	肖显发	党组书记、局长	1992. 4—1994. 10
蓝山县税务局	胡顺安	党组书记、局长	1992. 4—1994. 10

1994—2015年永州市国税系统历任县（区）局长任职表

表 2-6-10

单位名称	姓名	职务	任职时间
冷水滩区国税局（原冷水滩市；撤地建市后曾为冷水滩国税分局）	蒋福林	党委书记、局长	1994. 11—1996. 3
	黄其林	党委书记、局长	1996. 3—2001. 5
	蒋南毅	党组书记、局长	2001. 5—2004. 10
	廖　健	党组书记、局长	2004. 10—2006. 6
	何积峰	党组书记、局长	2006. 6—2013. 3
	龙　晓	党组书记、局长	2013. 3—2015. 12
零陵区国税局（原县级永州市；撤地建市后曾为芝山国税分局）	龚行益	党委书记、局长	1994. 11—1995. 12
	申又铭	党委书记、局长	1995. 12—2001. 5
	欧阳铁军	党组书记、局长	2001. 5—2004. 11
	刘小明	党组书记、局长	2004. 11—2010. 8
	刘祥云	党组书记、局长	2010. 8—2013. 3
	邓志民	党组书记、局长	2013. 3—2015. 12
祁阳县国税局	易开祯	党组书记、局长	1994. 11—2001. 6
	刘小明	党组书记、局长	2001. 6—2004. 10
	刘祥云	党组书记、局长	2004. 11—2010. 8
	吴春元	党组书记、局长	2010. 8—2013. 3
	彭志义	党组书记、局长	2013. 3—2015. 12
东安县国税局	秦东晨	党组书记、局长	1994. 11—1998. 2
	唐慧亮	党组书记、局长	1998. 2—2003. 12
	许立忠	党组书记、局长	2003. 12—2007. 6
	龙　晓	党组书记、局长	2007. 6—2013. 3
	赵文华	党组书记、局长	2013. 3—2014. 8
	梁公民	党组书记、局长	2014. 8—2015. 12
双牌县国税局	何建新	党组书记、局长	1994. 11—2001. 5
	文方明	党组书记、局长	2001. 5—2005. 6
	陈贤信	党组书记、局长	2005. 6—2010. 5
	邓志民	党组书记、局长	2010. 8—2013. 3
	骆　雄	党组书记、局长	2013. 3—2015. 12

续表2-6-10

单位名称	姓名	职务	任职时间
道县国税局	周能光	党组书记、局长	1994. 11—2001. 5
	何积峰	党组书记、局长	2001. 5—2006. 7
	易宝华	党组书记、局长	2006. 7—2010. 7
	管金勇	党组书记、局长	2010. 8—2014. 8
	欧阳长江	党组书记、局长	2014. 8—2015. 12
江永县国税局	欧阳美旺	党组书记、局长	1994. 11—1998. 2
		党组书记	1998. 3—2001. 5
	刘小明	党组副书记、局长	1998. 3—2001. 5
	刘祥云	党组书记、局长	2001. 5—2004. 11
	吴春元	党组书记、局长	2004. 11—2010. 8
	欧阳长江	党组书记、局长	2010. 8—2014. 8
	彭少波	党组书记、局长	2014. 8—2015. 12
江华县国税局	刘声评	局长	1994. 11—1998. 3
	蒋南毅	党组书记、局长	1998. 3—2001. 5
	李　靖	党组书记、局长	2001. 5—2010. 8
	彭志义	党组书记、局长	2010. 8—2013. 3
	廖利民	党组书记、局长	2013. 3—2015. 12
宁远县国税局	郑会林	党组书记、局长	1994. 11—2001. 5
	刘克勤	党组书记、局长	2001. 5—2002. 11
	盘海源	党组书记、局长	2002. 11—2004. 11
	梁公民	党组书记、局长	2004. 11—2010. 8
	刘京山	党组书记、局长	2010. 8—2013. 3
	邓代志	党组书记、局长	2013. 3—2014. 8
	刘　红	党组书记、局长	2014. 8—2015. 12
新田县国税局	肖显发	党组书记、局长	1994. 11—1996. 5
	李喜祥	党组书记、局长	1997. 1—2000. 7
	陈贤信	党组书记、局长	2000. 7—2001. 5
	管志强	党组书记、局长	2001. 5—2010. 8
	唐峰鹰	党组书记、局长	2010. 8—2013. 3
	唐绍军	党组书记、局长	2013. 3—2015. 12

续表2-6-10

单位名称	姓名	职务	任职时间
蓝山县国税局	封立章	党组书记、局长	1994. 11—2001. 5
	刘京山	党组书记、局长	2001. 5—2010. 8
	管志强	党组书记、局长	2010. 8—2013. 3
		党组副书记（正科长级）	2013. 3—2017. 4
	眭荐军	党组书记、局长	2013. 3—2015. 12

第三节　教育培训

1992—1994 年间，零陵地区税务系统以自学考试为学历教育的重点，各级税务机关为干部、职工自学考试搭桥铺路，鼓励自学成才，辅以送学深造、办班培训等方式提高税务人员文化素质。

1996 年 7 月 22 日，永州市国税局成立宣传教育科，主抓税干队伍宣传文化教育工作。8 月 18 日，成立湖南税务高等专科学校永州函授站，曹承斌、贺正国、鲁连甫为函授站顾问，宣传教育科科长欧阳辉亮、副科长吴春元分别兼任正、副站长，负责永州函授站开设税务大专班的组织与教学工作。即日起，组织全市国税系统经过招生考试择优录取的 110 名税务人员参加永州函授站税务专业大专函授第一期辅导学习。经过两年的大专课程学习与考试，105 名合格者由湖南税专授予大专学历，加快基层税务人员学历教育的步伐，较好地解决工学矛盾等问题。同时组织对 1995 年以来的内招补员、军转、退伍等人员进行税收、财务、会计基础知识和税收征管技能培训，加快提升适应工作岗位能力。1999 年 4 月，根据国家税务总局《税务系统国家公务员培训暂行办法》，市国税局组织对 1998 年人事制度改革后提拔的县（区）国税局长、科（所、分局）长进行任职培训。11 月，组织全市国税系统工作人员进行政治与业务综合考试。

2004 年 8 月，根据省国税局《关于印发 2003—2007 年湖南省国税系统干部教育培训规划的通知》等精神，市国税局先后印发《关于组织全市国税系统干部脱产学习的通知》和《永州市国税系统干部轮训考试管理工作实施细则（试行）》，有计划地安排干部脱产学习，并从是年起在 4 年内完成国税干部轮训。2005 年，按照国家税务总局培训要求，市国税局加强对办税服务厅、税收管理、反避税、稽查、出口退税管理和税收统计分析人员等岗位业务培训。同时分别举办人事、纪检监察、文秘人员等业务培训和县（区）国税局领导班子、综合征管软件操作应用等培训班。2010 年 9 月，全市国税系统开展岗位能力素质课程考试，分别组织《纳税评估方法与案例》《企业会计实务》《税务公务礼仪》《国税征管实务》《涉税法律专辑》《中华人民共和国公务员法》等考试。2012 年 9 月，市国税局举办全市国税系统《小企业会计准则》师资培训班，并组织微格教学竞赛，零陵区国税局周薇薇获得一等奖。

2013 年 3 月，在湖南税务高等专科学校（以下简称湖南税专）举办全市国税系统纳税评估培训班，并组织 70 人纳税评估业务知识竞赛，东安县国税局蒋海波获得一等奖。4 月，市国税局组织在市委党校进行全市国税系统《小企业会计准则》抽考，东安县国税局、祁阳县国税局、江华县国税局、宁远县国税局、双牌县国税局获单位优秀组织奖，东安县国税局蒋海波、市国税局机关刘淑芳、道县国税局周湘军获个人一等奖。9 月，组织全市国税系统稽查人才库人才和部分稽查业务骨干等 48 人在湖南税专进行稽查培训。10 月，组织全市国税系统税收业务基础知识全员考试。2014 年，先后组织办税服务人员参加全省星级办税厅业务考试，获得全省国税系统团体成绩第一名；组织 247 人次参加“三师”资格考试，单科合格 91 人次，其中 10 人新获“三师”资格证书。11 月，组织全市系统税收业务知识大比武，奉勇军等 6 人获“优秀学习尖子”，曾晓东等 47 人获“优秀学习干部”。

2015 年 7 月，市国税局分别在市委党校和市国税局机关组织全市系统“岗位大练兵、业务大比武”竞赛活动，96 人参加笔试和实务测试，宁远县国税局、双牌县国税局、祁阳县国税局获“优秀单位奖”，邓海平等 17 人获“岗位业务能手”。

2015 年永州市国税系统人员政治、文化结构情况表

表 2-6-11

项目	总计	其中		学历情况						学位		政治情况			
		女	少数民族	研究生	大学本科	大学专科	中专	高中职高技校	初中及以下	博士	硕士	共产党员	共青团员	民主党派	无党派或群众
总计	1556	461	114	14	866	455	61	141	19	—	27	984	47	1	524
正式职工合计	1373	383	108	14	860	426	35	33	5	—	27	976	42	1	354

续表2-6-11

项目		总计	其中		学历情况						学位		政治情况			
			女	少数民族	研究生	大学本科	大学专科	中专	高中职高技校	初中及以下	博士	硕士	共产党员	共青团员	民主党派	无党派或群众
干部	小计	1252	354	100	14	804	369	35	27	3	—	27	912	36	1	303
	公务员	1239	350	98	14	794	366	35	27	3	—	25	903	36	1	299
	事业	13	4	2	—	10	3	—	—	—	—	2	9	—	—	4
工人		121	29	8	—	56	57	—	6	2	—	—	64	6	—	51
临时工		183	78	6	—	6	29	26	108	14	—	—	8	5	—	170

第四节　纪检监察

1992年，零陵地区税务局及各县（市）税务局均设有专门监察机构，配备专职监察和纪检人员，负责全区税务系统的党风廉政教育、监督防范和违纪案件查处等工作。是年，全区税务系统加强职业道德教育，完善各项规章制度，调整充实监察人员，注重定期检查督促，及时发现和查处违纪问题。地区税务局先后于6月和11月中旬组织对全区税务系统的廉政工作进行检查，发现6名税务人员的亲属经商未按规定照章纳税，责成追补税款1.99万元。1993年，在全区税务系统领导干部中开展廉洁自律检查，并制订《防腐拒变十条规定》。8—9月，地区税务局组织对全区税务系统兴办的各类经济实体经营形式、财务制度、分配方式、人员安排等进行全面清理与整顿，共清查出经济实体25个〔其中地区国税局2个，县（市）国税局19个，税务所4个〕，参办人员81名，纠正部分税务人员兼办实体影响工作、账务不实等问题，维护税务机关形象。

1994年，严密做好新税制实施和税务机构分设中的监督检查工作。针对税制改革前后各种传闻多、部分人员思想不稳定等实际，地区税务局从是年年初开始，始终把稳定思想、反腐倡廉等作为加强队伍建设，推进税制改革的重要工作落实。在机构分设前，地区税务局先后8次召开各县（市）税务局长会和全区税务工作会议，反复宣传和强调稳定税干队伍，坚守工作岗位，层层实行领导分工负责制，加强岗位责任考核和思想教育，及时消除谣传影响。通过对冷水滩市税务局、双牌县税务局过去骗税案件和其他贪污、盗窃等10起案件的立案查处，对有关人员均按规定作出严肃处理。与此同时，地区税务局先后13次组织局领导和机关人员下县（市），一面抓税制改革，组织收入，一面抓思想教育和反腐倡廉，稳定队伍，促使全区税务人员在面对许多新变化、征管复杂、工作难搞等情况下，自觉正确对待，安心本职，积极工作。9月，地区国税局成立后，迅速建立健全各级廉政建设领导小组，认真开展廉政勤政调查和反腐败斗争三项任务的检查及专项清理等工作，完善和加强了国税系统的廉政建设。在9—10月的税务机构分设过程中，纪检、监察部门参与制订人、财、物分配方案，监督移、接、交事项，加强对财产管理、经费收支、人员分流等方面的监督监察，防止机构分设中出现财产流失、私分公款或人事安排上的违法违纪等现象。人员分流工作中，实行亲属回避制度，凡亲属同在税务部门的，分别安排到国税、地税机关。在财物和经费分配上，监督将原税务机关一切财产、经费全部纳入分配范围，按照比例和方法统一分配，杜绝在机构变化中发生侵占公款、公物等现象。12月7日，地区国税局发出通知，对元旦、春节期间的廉政建设规定“六不准”，防范新的机构人员违纪违规。

1995年，全区国税系统突出税务执法监察。重点监察税款是否按照新税制规定的税收种类及时足额入库；监督税种、税目、税率运用是否准确，增值税进项税额抵扣、一般纳税人认定是否符合税法规定；定期检查税收票证管理和增值税专用发票管理是否符合规定要求等。是年，先后对238家企业、113户个体户的税款入库情况进行检查，对1379户增值税一般纳税人资格监督审查，取消278户的资格；核查397名税务专管员的税收票证领用与填开情况，发现压票153份、压款8850元，查出违纪金额1.31万元，挽回经济损失8.64万元。

1996年，开始实行离岗审计制度。永州市国税局和各县（区）国税局对离开原工作岗位的干部、职工，均由监察、计会等部门对其所管理的经费、财产、税收票证、发票、执行税收政策等方面情况进行审计，重点对领导干部进行离任审计。5月8日，市国税局成立反腐倡廉工作领导小组，局党组书记、局长曹承斌任组长，其他局领导及纪检、监察负责人等为成员。同日，成立永州市国税局案件审理委员会，由纪检组长兼任主任。9月26日，市国税局机关聘请刘青年、胡扬芝、彭志义、盘海源、李志敏等为兼职监察员。

1997年，调整充实纪检监察人员。1月10日，市国税局党组增补任命何道书为纪检组副组长。9月13日，任命陈爱国为市国税局监察审计室主任；9月15日，增补唐伟源、李玉环、邓代志为监察审计室副主任。12月18日，市国税局依据有关文件，明确全市国税系统纪检、监察专职人员办案补贴，每人每月50元。1998年，加强内部审计监督。5月28日，市国税局发文调整反腐败工作领导小组，由局长李顺阳任组长，局党组副书记曹承斌、纪检组长贺正国任副组长，陈爱国、张紫英、朱建河、欧阳丽君、欧阳辉亮为成员，并重新明确党风廉政建设有关工作部门责任。7月25日，市国税局组织对原税务检察室进行内部审计。12月30日，对税务检察室主任欧宣庭因管理违规等给予行政记过处分。1999年，强化内外监督和领导监管。4月12日，市国税局从系统外聘请何先云、陈晓荣、李贤亮、王应国、何应元、蒋玉生、周莉萍等为国税特邀监察员。5月11日，聘请高安东、周万生、胡扬芝、刘青年、文方明、李辉、刘春梅、彭志义、周逸轩、唐凌云为市国税局机关兼职监察员。6月2日，市国税局发文重新明确领导班子成员党风廉政建设工作责任分工，李顺阳和曹承斌共同对全局党风廉政建设工作负总责；同时李顺阳对分管的计财科及计财业务工作中的廉政问题负责，曹承斌对人教科、税政法规科及其业务工作中的廉政问题负责，贺正国对纪检组、监审室、基建办及其业务工作中的廉政问题负责，艾春元对征管科、稽查局、税侦大队及其业务工作中的廉政问题负责，肖显发对办公室、政工科、行政科、涉外分局及其业务工作中的廉政问题负责，张家琳对信息中心、税务师事务所及其业务工作中的廉政问题负责。2000年，重点开展“四清两控”。5月，专项部署在全市国税系统开展“四清两控”工作，即清理改变税种、挤占中央税收收入，清理向纳税人借钱借物，清理发票保证金、纳税保证金、促产周转金和其他债权债务，清理固定资产，严格控制各级接待费用开支和公用车辆购置、油料费、维修费等支出。通过“四清两控”，全市国税系统内部管理更加规范，公用开支费用明显下降。2001年，全面落实“两权”（税收执法权、行政管理权）监督。8月，根据省国税局《“两权”监督实施办法》等，市国税局制订印发《永州市国家税务局关于对税收执法权和行政管理权监督制约的实施细则》，从“两权”监督的内容、方式、组织领导，到检查考核、责任追究等方面具体细化，同时运用执法监察和内部审计手段，全面加强“两权”监督，加大源头防腐力度。

2002年，建立健全反腐防范机制。全市国税系统坚持“立足教育，着眼防范”工作方针，以教育为基础，以制度作保证，以监督促廉洁，扎实做好反腐防范工作。年初，全市国税系统各级领导干部共签订廉政责任书477份，缴纳责任风险抵押金24.03万元。同时，市国税局从市人大、市政协、市纪委、市检察院、市工商局及新闻单位等聘请9名特邀监察员；全市国税系统重新聘请特邀监察员208名，兼职监察员192名，形成内外监督机制。是年，重点组织开展税收执法权的监督检查，全市共清缴老版发票600余本，收缴52人次违规金额3.8万元；立案查处违规违纪案件4起，结案4起，涉案5人，给予政纪处分5人。2003年，重点贯彻落实“十个严禁”。按照省国税局“十个严禁”规定，市国税局先后制订下发实施细则、处罚措施等，两次派出督察组对各基层单位检查督促。8月，印发《永州市国家税务局税务执法监察实施方案》，进一步明确和规范税务执法监察的内容、实施程序与组织领导等，加强对执行收税政策、法律、法规、规章情况监督检查工作。12月，市优化经济环境办公室对全市国税系统综合民主评议，获得9.7的满意高分。2004年，突出税务执法监察。围绕税收中心工作，市、县（区）国税局把税务执法监察作为纪检、监察工作的重中之重，促进“两权”监督制约措施落实。市国税局将税务行政管理和税收执法分解为11大项，分级下达立项任务，其中，市国税局立项4个，县国税局等立项42个。

2005年，加强廉政文化建设。3月23—24日，召开全市国税系统党风廉政建设工作会议，突出税务廉政文化等建设。6月15日，组织市国税局机关在职人员到永州监狱开展警示教育。8月10—12日，举办全市国税系统纪检监察业务培训班，提升业务素质。7月18—19日，组织开展全市国税系统“加强党风廉政文化建设”书画诗词作品评展。8月，市政协对全市国税系统11个县（区）局执行政策、办事效率、执法行为、廉洁从政和队伍建设等情况进行监督评议。9—10月，贯彻执行省国税局和市纪委《关于清理国家机关工作人员和国有企业负责人投资入股煤矿问题的通知》等精神，在国税系统全面清理纠正工作人员投资入股煤矿及其他违规经商办企业问题。12月12—20日，市国税局组织对全市税收征管质量、执法责任、收入目标、廉政建设“四大目标”统一检查考核。

2006年，重抓预防职务犯罪。2月12日，组织市国税局机关副科级以上干部及冷水滩区国税局、零陵区国税局领导班子成员等，统一参加全国税务系统党风廉政建设工作视频会议。3月28—29日，在道县召开全市国税系统思想政治工作暨党风廉政建设工作会议，全面部署廉洁从税、预防职务犯罪等工作。6月5日，开展税收执法管理信息系统执法监察子系统培训。6月21日，市国税局举办“预防职务犯罪讲座”，邀请市检察院预防职务犯罪处的领导给全局人员上预防职务犯罪教育课。同月，对13名新提拔的干部进行任前廉政谈话。8月22日，印发《永州市国家税务局政务公开实施办法》。10月，配合省国税局对双牌县国税局进行巡视检查。

2007年，落实领导干部述职述廉。1月9日，市国税局召开领导班子成员述职述廉大会，并进行测评。3月27日，召开全市国税系统党风廉政建设工作会议，落实省、市反腐倡廉措施。5月，组织机关科（室）负责人以上干部参加全市机关作风整顿。6月5—6日，市国税局领导班子成员参加全市“整顿作风、整治秩序、振兴经济”培训学习与整顿。12月，先后组织各县（区）国税局和市国税局领导班子述职述廉与测评大会，逐级落实述职述廉制度。2008年，强化警示教育。3月12—13日，召开全市党风廉政建设工作会议，通报前2年全市国税系统违法违纪案件，对各级税务人员起到警醒和预防作用。同时加大执法监察力度，先后开展执法监察工作立项814项，纪检监察部门参与“两权”监督57项，其中涉及政府采购和基建工程招投标43项，节约税务资金40余万元。10月28—29日，召开全市国税系统纪检组长座谈会，总结全市党风廉政建设及纪检监察工作情况，专项研究部署廉政教育和纪检监察工作任务。2009年，组织开展廉政文化系列活动。年初开展明察暗访，发现问题及时通报，督促整改。同时开展向纳税人述职述廉和网上评廉活动，自觉接受社会各界监督。3月起，发起“廉政文化进家庭”活动，印制廉政文化进家庭倡议书发放到全体国税干部职工，倡扬廉政新风。6月，评选表彰全市国税系统党风廉政建设先进单位和勤廉为税优秀领导干部，同时参加省国税局评选表彰，江华县国税局被评为全省国税系统党风廉政建设先进单位，市国税局党组书记、局长林小平被评为全省国税系统勤政廉政先进个人。8月6日，召开全市国税系统网上评廉系统推广应用培训暨纪检组长工作会议，先后印制2万份网上评廉宣传单发送给纳税人，并通过当地新闻媒体宣传报道。9月1日，网上评廉系统正式上线运行，全市国税系统893名税收管理人员通过网络向社会各界述职述廉，公开、透明、广泛接受社会监督。12月9日，邀请市委常委、市纪委书记刘湘凌到市国税局开展“永州廉文化”专题讲座，并在全市国税系统开展“听廉课、写心得、树廉风、回头看”活动，促使廉政文化深入人心。

2010年，加强内控机制建设。市国税局印发《永州市国家税务局部门内控机制风险防范工作规程》，共查找出税收执法和行政管理风险点898个，制订防范措施1902条。同时完善财务制度，全面加强离任和任期经济责任审计，对审计中发现的问题提出审计建议57条，督促限时整改。严把经费审核、审批、报账三关，当年全市系统经费支出严格控制在上级规定幅度内，车辆使用等管理费用大幅下降。

2011年，全面整顿思想作风。4月25—29日，市国税局领导带领分管科（室）人员组成7个检查组，分别对所联系的县（区）国税局惩治和预防腐败体系建设工作进行检查。11月16—17日，在市委党校召开全市国税系统思想政治工作暨干部作风整顿会议，各县（区）国税局领导班子成员、税务分局局长、稽查局局长、科（室）负责人及市国税局机关、直属机构全体人员参加学习与整顿。通过学习相关文件，剖析干部队伍存在问题，播放廉政警示片，邀请北京大学教授作《危机管理和媒体应对》专题讲座等，进一步提高拒腐防变和应对危机管控等能力。

2012 年，推行“一案双查”（一个案件，外查偷税漏税，内查规范执法）。全市国税系统按照“四个必查”“六个一律处理”等规定，大力推进“一案双查”工作，先后共开展“一案双查”15 件，对 25 人给予党纪政纪处分或其他形式的责任追究。制订《永州国税系统责任追究办法（试行）》，列举追究领导责任的 17 种情形和追究个人直接责任的 16 种情形，划清责任追究界限，明确责任的认定、追究和具体的处罚标准，依据该办法严肃处理某局一名严重违反工作纪律的国税人员，将其清理出国税队伍。

2013 年，开展“风险管理年”。市国税局将内控机制建设作为全年党风廉政建设工作的重点，开展以查找岗位廉政风险为内容的“廉政体检”，明确各岗位及人员职责、权限，全面排查权力运行中各个环节、岗位存在的风险点，将领导班子、干部队伍、组织收入、征管执法、内部管理 5 大方面的风险防控列为内控机制建设的重要内容，明确 25 个重大风险点、86 条防范措施。同时，严格落实中央“八项规定”及系统内外的各项廉政要求，研究制订加强作风建设的系列规定。是年，全市国税系统共有 19 人次因作风问题受到处理，其中 3 名干部被免职，另有 3 名县级国税局领导因忽视内部管理风险受到责任追究处理，10 名科（室）负责人及局领导被追究连带责任。

2014 年，落实主体责任，强化权力监督。建立主体责任“任务书工程”，市国税局党组与机关各科（室）、各县（区）国税局负责人签订《党风廉政建设责任书》，国税工作人员全部签订《作风纪律承诺书》，做到廉政责任层层落实，作风纪律人人遵守。制作纳税人税务监督卡、稽查廉情反馈卡、家庭廉情反馈卡，分别发放给纳税人和国税干部家属，建立起家庭、单位、个人“三位一体”的党风廉政监督体系。同时开展常态化的明察暗访，定期集中通报讲评，限期整改，严肃责任追究，对违纪违规行为实行“零容忍”。是年，全市国税系统有 3 人次因违反廉政纪律规定受到处理。

2015 年 7 月，市国税局举办全市国税系统廉政建设成果暨警示教育巡展

2015 年，加强教育转

作风。市、县（区）国税局利用局域网、纪检监察宣传专栏、制度汇编等载体，对《税收违法违纪行为处分规定》《税务系统领导班子和领导干部监督管理办法》及其《实施细则》等廉政规定进行广泛宣传教育。市国税局还将1950年以来发生在永州地区税务系统的违纪违法案件汇编图册，作为警示教育资料在全市系统巡展，用身边的反面典型教育、警醒干部。同时认真开展执法监察和“一案双查”，先后对未达到年度党风廉政建设目标管理责任要求的4个单位进行问责。

第五节　党群建设

一、机关党建

1992年，零陵地区税务局设有局党组，局长邹礼强兼任党组书记。地区税务局机关设有党支部1个，副局长张家琳兼任机关党支部书记。是年8月，成立机关党总支，张家琳兼任机关党总支书记，何道书任专职副书记。至1994年9月税务机构分设前，机关党组织保持不变。

1994年9月，税务机构分设后，零陵地区国家税务局党组书记和党组成员由省国税局党组任命。地区国税局机关党的组织关系归属零陵地委直属机关工作委员会管理；县（市）国税局党的组织关系归所在各县（市）党的领导机关，党建工作由当地党的地方领导机关负责。是年年底，地区国税局机关设有1个党支部及9个党小组，党员49名（其中预备党员5名，离退休人员中党员8名）。全区91个基层税务所中，建有基层党支部52个。1995年4月4日，地区国税局印发《零陵地区国税系统1995年思想政治工作安排意见》，要求各级改善和加强党建工作，充分发挥党组织的作用，广泛开展创先争优活动。是年，全区开展“学习孔繁森　党在我心中”、立足岗位作贡献等活动。年底，全区91个税务所（分局）中，已有79个建立党支部，比1994年增加27个。

1996年7月22日，永州市国税局核定各职能科（室）编制，设立机关党委，编制2人，宣传教育科副科长何道书任机关党委专职副书记。年底，市国税局机关有1个党支部，8个党小组，党员53名（其中预备党员2名，离退休人员中党员8名）。

1997年，市国税局重点督促检查基层国税人员学习党的十四届六中全会精神等贯彻落实情况，围绕中共十五大召开进一步推动党的基本理论、基本路线教育，同时围绕香港回归深入进行爱国主义教育，全面促进国税系统党的建设和“双文明”

建设等。1998 年，市国税局狠抓党建、思想、领导、工作“四落实”。至年底，市国税局机关设有县级党组 1 个，党支部 1 个，党小组 7 个，党员 63 名（其中在职党员 54 名，离退休党员 8 名，预备党员 1 名）。1999 年 3 月 11 日，市国税局印发《永州市国家税务局关于进一步加强领导班子建设的意见》，对各级领导班子开展“三讲”（讲学习、讲政治、讲正气）教育，增强班子的凝聚力和战斗力。8—9 月，全市国税系统“三讲”教育活动扎实开展。12 月 28 日，印发《1999—2001 年永州市国税系统基层建设规划》，在各级国税机关建立健全党的领导机制和组织生活制度，在基层征收管理分局（税务所）设立专职党支部书记或政工副局（所）长，加强党员教育和党的建设。

2000 年 6 月 29 日，经市直机关工委批准，成立永州市国税局机关党委。经机关党员大会选举，肖显发、吕致清、陈爱国、欧阳丽君、蒋德松当选为机关党委委员，肖显发任书记。机关党委下设 6 个党支部。

2001 年 5 月，市国税局进行机构人事改革，原思想政治工作科改设为机关党委办公室，负责机关党建和全市国税系统思想政治工作。6 月 20 日，组队参加市直机关工委举办的党史知识电视抢答赛，荣获三等奖。6 月下旬起，组织市国税局机关全体人员观看 134 期大型纪录片《中国共产党的八十年》，全面学习了解党的历史，牢记党的宗旨。10 月 29 日至 11 月 4 日，市国税局举行实践“三个代表”先进事迹报告会，在全市各县（区）国税局进行巡回报告，共 1200 多名国税人员聆听先进典型的优秀事迹，进一步推进全市国税系统学习和实践“三个代表”重要思想。2002 年 6 月，市国税局组织全体党员和机关人员学习江泽民总书记“5·13”讲话。2003 年 4 月起，市国税局机关以党支部为单位，组织开展学习中共十六大知识竞赛活动。6 月 27 日，市国税局组队参加市直机关“党的知识电视抢答赛”获得优胜单位和优秀组织奖。

2005 年 1 月 27 日至 6 月 20 日，全市国税系统全面开展保持共产党员先进性教育活动，经学习动员、分析评议、整改提高 3 个阶段，取得明显成效。5 月，市国税局机关内设机构和人员调整，原机关党委办分设为机关党委办公室和机关工会。5 月 25 日，市国税局机关党委换届选举，肖显发连任机关党委书记。6 月 27 日，市国税局机关代表队参加市直机关工委组织的“党的知识抢答赛”荣获第一名。6 月 29 日，机关党办和机关工会联合组织“庆七一”机关篮球赛。7 月 18—19 日，市国税局组织开展全市国税系统“加强党风廉政文化建设，纪念长征胜利 70 周年、抗日战争胜利 60 周年、弘扬中华民族优秀传统文化”书画诗词作品评选活动。2006 年 1 月 4 日，省国税局党组任命副局长肖显发兼任永州市国税局党组副书记。5 月 24 日，市国税局组织学习贯彻党章辅导会，请市委讲师团副主任蒋星珉为机关全体党员干部上学习党章辅导课。5 月 31 日，市国税局机关组织全体党员参加全国“红船杯”学习贯彻党章知识竞答活动。

2009 年 6 月，省国税局评选表彰全省国税系统党风廉政建设先进单位和勤廉为税优秀领导干部，永州市国税局党组书记、局长林小平被评为全省国税系统勤政廉政先进个人。2010 年 3 月 22—26 日，全市国税系统领导干部作风纪律教育专项活动在市委党校举办，各县（区）国税局领导班子成员、市国税局机关科（室）负责人等参加。市委常委、纪委书记刘湘凌，市委党校常务副校长文锦菊，中国税务长沙培训中心朱歌幸教授分别授课。2011 年 3 月 4—8 日，重新调整市国税局机关党支部，选出新的各个党支部书记、组织委员、宣传委员等。3 月 18 日，召开永州市国税局机关党委第四次代表大会，以无记名投票方式差额选举产生机关党委委员 7 名，肖显发再次当选为机关党委书记。6 月 21 日，全省国税系统创先争优表彰大会召开，永州市国税局机关党委被表彰为“创先争优先进党组织”。

2012 年 6 月 28 日，永州市国税局机关党委荣获“全国创先争优先进基层党组织”奖牌

2012 年 6 月 28 日，中共中央在北京召开全国创先争优表彰大会，隆重表彰全国创先争优先进基层党组织、优秀共产党员和创先争优活动先进县（市区旗）党委。永州市国税局机关党委荣获“全国创先争优先进基层党组织”称号，市国税局党组副书记、副局长、市局机关党委书记肖显发受邀参加在人民大会堂召开的表彰大会，受到胡锦涛、习近平等党和国家领导人的亲切接见。29 日，肖显发作为全国创先争优表彰大会的税务系统唯一代表，受到国家税务总局局长肖捷等总局领导的集体接见和座谈交流。7 月 5 日，永州市委副书记、市长魏旋君等领导专程到市国税局听取肖显发受邀参加全国创先争优表彰大会的情况，观看《书香岁月——永州国税工作纪实》专题纪录片等。魏旋君对市国税局取得的荣誉表示祝贺，对国税工作给予肯定。

2014 年 2 月 13 日，市国税局党组成立永州市国税系统党的群众路线教育实践活动领导小组及工作机构，由党组书记、局长傅扬帆任组长，领导小组下设办公室（简称“群教办”），深入扎实开展全市国税系统党的群众路线教育实践活动。11 月 11 日，召开永州市国税局机关党委第五届党员代表大会，选举产生新一届机关党委委员 7 名，欧鸿鲲担任机关党委书记，赵文华、张波为副书记。

2015年2月10日，市国税局组织对全市国税系统党的群众路线教育实践活动整改落实“回头看”。从3月开始，对全市国税系统基层党建和思想政治工作专项调研，全面了解开展党建和思想政治工作等好的做法与经验，查找主要问题，研究进一步加强党建和思想政治工作的意见与办法措施。5月18日起，在全市国税系统副处级以上领导干部中开展“三严三实”专题教育活动，分3个专题进行学习教育。12月25日，市国税局召开各县（区）局党组书记抓党建工作述职评议考核大会，促使全市国税系统党建工作扎实到位。

2015年12月28日，市国税局开展全市国税系统县（区）局党组书记抓党建述职评议

二、工会工作

1992年，零陵地区税务局设有行业工会，刘春洪任行业工会主任。是年12月29日，地区税务局机关举办“红太阳颂”歌曲演唱赛，14个科（室）经过角逐，办公室获第一名，地方税科、工会并获第二名，所得税科、计会科、学会并获第三名。1993年3月9日，地区税务局在地区直属单位纪念毛泽东诞辰100周年歌咏比赛中荣获三等奖。5月28日，地区税务行业工会负责人调整，廖丁贵任主任。同时成立地区税务局机关工会，唐怀德任机关工会主席。12月27日，地区税务局机关举办纪念毛泽东100周年诞辰拔河比赛，并在地直单位“爱祖国、爱湖南、爱家乡”歌咏比赛中获二等奖。

1994年9月28日，机构分设后的零陵地区国税局召开第一次全局干部职工大会，成立地区国税局机关工会，欧宣庭任机关工会主席。原地区税务局行业工会自然消失。1995年5月3日起，地区国税局机关科（室）负责人调整，唐怀德任机关工会主席。8月，由地区国税局机关工会、办公室牵头组织，选派4名男女乒乓球运动员参加全省国税系统首届“国税杯”比赛，获得团体第二名，周明忠、谢素勇分别获得全省男子单打第三、第五名，另获得男子双打第五名和男女混合双打第六名，成为全省获得此届比赛奖项最多的地区队。

1996年3月19日，根据省国税局通知要求，成立零陵地区国税局工会工作委员会，副局长贺正国兼任主任。3 月 20 日，地区国税局设立党工团联合办公室。7 月 24 日，永州市国税局增加文乐军为工会工作委员会副主任（副处级），唐怀德为副主任（正科级）。9 月 26 日，根据《中华人民共和国工会法》和《中国工会章程》等有关规定，成立永州市国税局机关工会，经机关职工大会选举，文乐君任机关工会主席，唐怀德任副主席。1997 年 4 月，组织全市国税系统摄影、书法比赛，并选送优秀作品参加全省竞赛获得二、三等奖各一个。“五一”劳动节，组织机关干部进行拔河、投篮等比赛。6 月，组织市国税局机关代表队参加全市财贸系统中老年健美操赛获得二等奖。6 月 30 日晚，举办“迎回归、庆七一”歌咏晚会。9 月 15 日，市国税局机构人事改革，取消机关工会，相关工作合并于思想政治工作办公室（后为思政科）。9 月 30 日，市国税局机关举办“迎国庆、卡拉 OK 大家唱”歌咏晚会。10 月 13—18 日，全市国税系统首届篮球运动会在冷水滩举行，芝山国税分局队夺得冠军。10 月 27 日，举办全市国税系统首届文艺汇演，共 21 个节目参赛，7 个获奖；28 日，获奖节目与潇湘艺术团同台联欢，为全市历届担任县级税务局领导的离退休老干部举行“九九重阳文艺晚会”。11 月，市国税局机关图书阅览室、综合活动室、老干活动室分别定期开放，为干部职工创造文体活动园地。

1998 年 1 月 22 日，市国税局机关在新落成的服务中心举行“98 年迎春游艺晚会”。3—6 月，向全市国税系统征集首届书画摄影大赛作品，共 100 余件（幅）作品参赛，最终评选出一等奖 3 个，二等奖 5 个，三等奖 13 个。6 月 19 日，在全市财贸系统女子健身操比赛中，市国税局女子健身操参赛队荣获二等奖。9 月 23—27 日，全市财贸战线第五届（甲级）男子篮球赛在市国税局举行，经过紧张角逐，市国税局代表队荣获冠军。

1999 年 3 月，全省国税系统创先争优暨工会工作会议在永州市召开，省国税局领导及各地（州、市）国税局与会人员高度赞扬永州国税的文化建设和机关工作效率。7 月 21 日，省国税局表彰 1998 年度文明单位、先进职工之家、五好文明家庭等，授予永州市国税局工会委员会“先进职工之家”称号。10 月 10 日，在道县国税局举办全市国税系统第二届篮球运动会。11 月 19 日，经省国税局党组决定，免去贺正国永州市国税工会工作委员会主任职务。自此，国税行业工会消失。

2000 年 4 月 30 日，市国税局局长李顺阳、江华县国税局局长蒋南毅被评为永州市第一届劳动模范，受到永州市人民政府表彰。9 月 22—28 日，全市国税系统第二届篮球运动会在市国税局举行。12 个县（区）国税局和市国税局机关的 13 支男子球队经过 7 天的紧张角逐，市国税局二分局代表队荣获冠军，新田县国税局代表队获得亚军，江永县国税局、市国税局机关、宁远县国税局、双牌县国税局代表队分别获取第三至六名，江华县国税局代表队和三分局获得“体育道德风尚奖”。

2001年4月1—30日，市国税局组织到各县（区）的主要街道开展“新世纪《国税与百姓》”摄影作品巡回展览。11月2日，在市直机关举行的“公路杯”男子篮球邀请赛上，市国税局篮球队夺得冠军。12月，市国税代表队在市总工会组织的“猎豹杯”全市职工计算机知识竞赛中荣获集体第二名。2002年7月，市国税局机构组建以稽查局人员为主体的“永州金阳自行车运动俱乐部”，丰富干部职工的业余文化生活。2003年3月，市国税局组队参加市直机关女职工广播体操比赛，夺得团体第二名。4月，市国税局机关先后成立英语、电脑、羽毛球、摄影等15个各类兴趣小组，同时开展“个、十、百、千、万”学习活动，陶冶情操，丰富生活，多方式提高员工文化和身体素质。9月21—25日，永州市“财税杯”男子篮球赛在冷水滩区举行，市财政局、市国税局、市地税局及各县（区）共14支代表队经过51场角逐，市国税局代表队荣获冠军。

2005年5月10日，市国税局增设机关工会，唐峰鹰任机关工会主席。6月29日，机关工会与机关党办联合组织“庆七一”机关篮球赛。9月21—24日，全市国税系统首届老年门球赛在市国税局举办。2006年7月5日，湖南省总工会批复恢复全省国税系统工会。7月6日，省国税局任命吕致清为永州市国家税务局工会工作委员会主任。7月31日，市国税局机关工会主席唐峰鹰兼任市国税系统工会副主任。2007年7月30日—8月1日，市国税局组织全市国税系统乒乓球比赛，同时为参加全省国税系统比赛选拔优秀选手。2009年3月23日—4月10日，市国税局机关首届奇石、摄影、书画文化艺术作品展在市国税局大楼大堂进行，参展作品200余幅（件），省国税局副局长张社安等观展后给予高度评价。

2010年3月，省国税局任命欧阳辉亮为永州市国税局系统工会主任。8月26—27日，市国税系统工会在双牌县阳明山组织全市国税系统首届棋类选拔赛。随后组队参加全省国税系统围棋、象棋比赛，均获得好成绩。9月30日，全市国税系统“道德永州·书香国税”演讲比赛在市广电局举行，市国税局第一稽查局潘清斌荣获第一名。10月22—26日，市国税工会组织参加市直机关气排球赛，国税队荣获第一名。2011年上半年，由市国税系统工会牵头组织全市国税系统“庆祝建党90周年及共享美好人生”美术、书法、摄影展，选送作品参加全省国税系统评展，其中，3幅美术作品获铜奖，1幅摄影作品获铜奖，永州市国税局荣获组织奖。7月26—27日，市国税系统工会召开全市国税工会工作会议暨工会主席、专干等培训。8月29日—9月1日，市国税局组织在宁远县举办全市国税系统第二届气排球比赛。10月25—28日，市直机关第二届“气象杯”气排球赛在市体育中心举行，市国税队再度荣获冠军。

2012年5月，蓝山县国税局被中华全国总工会授予“全国模范职工之家”。5

月 18 日，省国税工会主任王发旺及永州市总工会等有关领导专程到蓝山县国税局授牌并总结推介工作经验。10 月 13—14 日，市国税工会组织参加全省国税系统第二届气排球比赛，16 支代表队经紧张拼搏，永州市国税队获得第五名。12 月，永州市国税局机关工会、江华县国税局机关工会被授予湖南省国税系统“模范职工之家”。

2013 年 4 月 28 日，永州市国税局荣获首届“湖南省五一劳动奖状”，市国税工会主任欧阳辉亮被授予“湖南省优秀工会工作者”称号。图为欧阳辉亮（左一）代表市国税局在省委大礼堂领奖

2013 年 4 月 28 日，湖南省总工会在省委礼堂召开表彰大会，永州市国税局荣获湖南省总工会首次颁发的“湖南省五一劳动奖状”（全省国税系统唯此一个）；市国税系统工会主任欧阳辉亮被省总工会授予“湖南省优秀工会工作者”称号。11 月 4—8 日，市直机关“烟草杯”气排球赛在市体育中心举行，市国税队荣获第一名。12 月 3 日，省国税局宣布永州市国税局部分领导职务调整，免去欧阳辉亮系统工会主任职务，任命邓仁霞为系统工会主任。

2015 年 7 月 9 日，市国税局印发《机关兴趣小组活动管理办法》，机关工会负责兴趣小组活动的组织与管理。10 月 21—22 日，举办全市国税系统第三届气排球友谊赛，省国税局系统工会主任、副巡视员王发旺等出席开幕式，市国税局机关代表队获得冠军，双牌县国税局、宁远县国税局代表队分获亚、季军。

三、共青团工作

1992 年 2 月，共青团零陵地区税务局委员会（简称团工委，1990 年 10 月 17 日成立）经共青团零陵地委全面考核，被评为 1991 度“先进单位”。1994 年 9 月，税务机构分设后，零陵地区税务局团工委自然消失。1995 年，全区国税系统建有团支部 70 个，此后的共青团工作主要按照属地管理原则分别开展。

2011 年 12 月 2 日，共青团永州市国税局机关委员会成立，人事科副科长张波兼任机关团委书记（正科级），负责机关团委及指导基层青年工作开展。2014 年 7 月起，市国税局机关人员调整，何铁军提任机关团委书记（人事科副科长兼，正科级）。是年，全市国税系统各团支部共开展道德讲堂20余场，组织各类主题活动30余次，形成“学习养德、活动促德、文化蕴德”的道德建设新局面。

2015年4月10日，市国税局机关团委被团市委评为2014年度全市共青团基层团组织建设工作先进单位。4月20日，在团市委开展的“岗位践行价值观·青春建功中国梦”寻找“永州最美青工”主题活动中，市国税局机关服务中心张金山被列为“永州最美青工”候选人，并被“永团在线”微信公众号点赞。

四、妇女委员会与关工委等活动

1995年7月6日，零陵地区国税局调整关心下一代协会（简称关协），副局长贺正国任关协名誉主席，调研员余世豪任主席。1999年2月5日，永州市国税局调整关心下一代协会人员，由局长李顺阳、党组书记曹承斌和原局长邹礼强担任名誉主席，余世豪担任关协主席，欧阳坚、匡安秀、张紫英担任副主席，朱建河、欧阳辉亮、刘克勤、欧阳丽君、彭志义担任关协委员，廖利民为秘书长，进一步加强对“两老一少”工作的领导。

2011年12月2日，市国税局机关新设妇女工作委员会，由财务科副科长陈江平兼任妇委会主任（正科级）。2013年9月9—12日，市国税局妇委会组织在职女干部开展羽毛球比赛，通过单打、双打和混合比赛，决出前三名。2014年3月，市国税局机关妇委会进行改选，陈江平续任妇委会主任，并增选机构人员。2016年，市国税局机关妇委会由主任陈江平、副主任柏娟、文体专干曹小兰和计划生育专干刘淑芳组成，先后举办“党建+政务礼仪修养”培训班及气排球、羽毛球、健身健美等比赛。3月，柏娟被市妇联授予永州市“三八红旗手”。5月，参加市妇联组织的市直机关第二届“交通银行杯”女子气排球比赛获得二等奖。

第六节 文明创建

一、国税文化建设

1997年8月，永州市国税局机关整体搬迁到冷水滩区河东新机关大院后，先后建立图书阅览室、电脑培训室、健身房、机关服务中心、国税文化活动中心等，围绕税收中心工作，积极创建国税文化，丰富群众生活，促进国税管理。

1999年，市国税局机关及全市国税系统适时开展丰富多彩的国税文化活动，先后举办庆元旦、市局机关与基层迎春联欢、税企联谊、全省国税系统政工干部游艺联欢、与市总工会合办“国税杯”卡拉OK大奖赛、“庆七一党员干部话税收”、全市国税系统首次宣传工作会议机关与基层大联欢、新中国成立50周年歌咏大合唱、篮球比赛、板报比赛、征文比赛等各类文化体育活动28次。分别参加全省国税系统首届篮球赛获得男子第五名；永州市首届全民健身体育运动会男子篮球赛获第三名；全省国税系统演讲比赛获二等奖。市国税局机关“百米宣传长廊”重大活动图片展及各科室黑板报定期比赛等，形象直观，勤换常新，鼓舞人心。同时建立扩充图书阅览室、老干活动室、荣誉室、娱乐室、健身室、国税文化中心等，新增图书1800余册（套），丰富员工文化生活。

2000年4月起，市国税局组织开展“个十百千万”活动，即每人每年参加1个以上学习兴趣小组，读10本书、写10篇心得体会，保证300个小时的政治理论和业务学习时间，在报刊上发表4000字以上的文稿，记5万字以上的学习笔记，激励国税人员自觉学习，勤奋工作。9月21日起，市国税局与市摄影家协会等联合在冷水滩城区举办“迎国庆《国税与百姓》摄影作品展”，共展出108幅比赛入选作品，全面展示国家税收与经济、文化、人民生活等方面的成就及关系。

2002年，市国税局大力开展精神文化、物质文化、行为文化、制度文化建设，进一步丰富文明创建活动。年初制订印发《永州市国税系统文明创建活动管理办法》及相关制度，完善创建管理体系，并确定芝山国税分局珠山税务所、祁阳县国税局办税服务厅、宁远县国税局九嶷山税务所、江华县国税局白芒营税务所等单位为国税文化和文明创建重点单位，引领文明创建，加强督促管理，促进规范化落实。在全市国税系统积极开展自编自演、扶贫帮困、公益文化等活动，是年，共捐资助学26名学生，资助特困家庭及学生等共29.69万元。在永州市庆“七一”文艺会演中，市国税局选送的《花儿朵朵向阳开》节目荣获二等奖。11月，在市文明委举办的全市文明单位首届“长丰猎豹杯”文艺汇演暨社区文化艺术节中，市国税局自导自演的《玩火者》哑剧获第一名。

2003年4月，市国税局机关率先成立英语、电脑、文学、摄影、羽毛球等15个文化兴趣小组，分别开展文化活动。各县（区）国税局因地制宜建立各类文化兴趣小组，为陶冶税干情操，丰富生活，提高素质等奠定文化基础。2005年6月10日，全市国税系统举办“税务英语”竞赛暨英语专业专升本报考选拔考试，共200余税干参加。7月18—19日，组织开展全市国税系统“加强党风廉政文化建设，纪念长征胜利70周年，抗日战争胜利60周年，弘扬中华民族优秀传统文化”书画诗词作品评选活动，评比和表彰国税业余文化优秀者。2009年3月23日至4月10日，市国税局机关首届奇石、摄影、书画文化艺术作品展在市局办公楼一楼大堂进行，布展作品共200余幅（件），展示国税机关文化兴趣小组及个人收藏等多品类文化成果。省国税局副局长张社安及市直单位、社会群众等观展后，对永州国税文化给予高度评价。

2009 年 1 月 20 日，市国税局机关举行迎春联欢晚会，新老领导同台演唱

2010 年 9 月 30 日，“道德永州 · 书香国税”演讲比赛在市广电中心举行，市国税局第一稽查局潘清斌荣获第一名。2013 年 8 月 7—9 日，全市国税系统“廉洁从税”廉政文化作品展在市国税局机关办公楼一楼大厅开展。经市纪委领导以及市文联、书法协会、摄影协会专业人士选评后，共评选出优秀书画作品 25 幅、摄影作品 25 件、征文 24 篇、短信 61 条。2014 年，组织推动全市国税系统开展“道德讲堂”建设活动。市国税局机关及各县（区）国税局从年初开始，分别建立“道德讲堂”，定期授课讲座。5 月，市委宣传部“道德讲堂”建设推进会在双牌县国税召开现场会，市委常委、宣传部部长石艳萍到会并讲话，省、市新闻媒体等现场采访宣传报道国税“道德讲堂”的成果与经验。

二、创建文明单位（系统）

1996 年 3 月，零陵地区国家税务局印发《关于创建文明国税系统的意见》，组织各县（市）国税局紧密结合国税工作实际，扎实开展文明创建活动。7 月，省国税局授予新田县国税局为“文明单位”，芝山区国税局水口山税务所等 23 个税务所（征收分局）为“文明税务所”（文明征收分局）。

1997 年 1 月 29 日，市国税局印发《永州市国税系统“九五”期间社会主义精神文明建设规划》，提出 9 项目标任务。2 月 24 日，转发《国家税务总局关于印发〈全国税务系统加强社会主义精神文明建设实施意见〉的通知》。3 月中下旬，市国税局组织对申报 1996 年省局级文明税务所（征管分局）的单位进行检查验收。4 月 2 日，评选并表彰 26 个 1996 年度市局“文明税务所（征收分局）”。

1998 年，全市 11 个县（区）国税局和市国税局机关全部被评为市级以上文明单位，实现“满堂红”。

1999年，市国税局深入开展创建国税“文明单位”（系统）活动，大力争创市、省级文明单位。5月，市国税局被市委、市政府授予市级“文明单位”称号；市国税二分局（芝山区局）被评为湖南省“文明单位”。7月21日，省国税局表彰1998年度文明单位等，授予永州市国税一分局（冷水滩区局）为“文明单位”；双牌县国税局江村征收分局等6个单位为全省国税系统“文明征收分局（税务所）”。12月，市委宣传部、市文明办等联合组织对市国税系统创建“文明行业（系统）”考核验收，认定市国税系统创建意识强，领导重视，目标明确，措施落实，工作扎实，效果明显，决定推荐市文明委予以认定。2000年11月29日，永州市国税局被省委、省政府授予省级“文明单位”称号。

2001年，市国税局在制度建设、规范管理、国税文化等方面进行大胆探索实践，整体文明程度稳步提高。8月，省级文明单位复查验收顺利通过，市国税局连续两年保持省级“文明单位”称号。是年，宁远县国税局被省委、省政府授予省级“文明单位”。2002年，市国税局按照省、市有关标准组织检查验收，对市国税局冷水滩分局城区税务所等13个单位授予2002年度“文明单位”。2003年3月起，市国税局在全市国税系统广泛开展以“优良的办税场所、优良的业务素质、优良的服务水准、优良的社会形象”为内容的“四优”创建活动，进一步激发各个基层单位和税干的工作积极性与创造性，促进各项工作任务优质高效完成，涌现出一批爱岗敬业、务实创新、文明法治、廉洁高效的先进集体和先进个人。是年，全市国税系统有46个单位、个人受到市级以上的表彰与奖励。

2005年10月，在全省国税系统思想政治工作会议上，新田县国税局、蓝山县国税局被授予2004年湖南省“文明单位”；东安县国税局芦洪市税务所、双牌县国税局办税服务厅被授为湖南省“青年文明号”；道县国税局道江税务分局、江永县国税局办税服务厅、宁远县国税局舜陵税务分局被评为湖南省国税系统2004年度“四优”文明单位；市国税局稽查局被评为湖南省国税系统2004年度“学习型示范单位”。是年12月31日，永州市国税局机关被中央文明委命名表彰为“全国精神文明建设工作先进单位”。2006年12月，市国税局被省委、省政府授予“湖南省2006届文明标兵单位”；宁远县国税局、新田县国税局再度被省委、省政府授予省级“文明单位”。2007年，江华县国税局被国家税务总局授予“全国税务系统文明单位”。

2009年4月，国家税务总局印发《关于中央文明委表彰税务系统全国文明单位、全国精神文明建设工作先进单位和全国精神文明建设先进工作者有关情况的通报》，永州市国税局（机关）被表彰为“全国文明单位”。2010年12月，冷水滩区国税局、江永县国税局分别被省委、省政府授予省级“文明单位”。2012年12月，宁远县国税局、新田县国税局被省委、省政府授予“湖南省2012届文明单位”；零陵区国税局被省委、省政府授予“文明单位”。

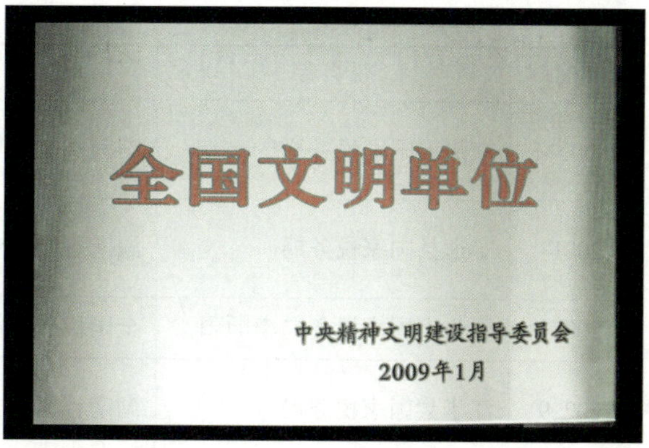

2009 年 1 月，永州市国税局荣获“全国文明单位”奖牌

2013 年 4 月 28 日，永州市国税局荣获“湖南省五一劳动奖状”奖牌

2014年，市国税局贯彻落实中央、省、市文明委工作要求，扎实做好市国税局机关当年复核“全国文明单位”以及江华县国税局、祁阳县国税局、东安县国税局、双牌县国税局重检和争创省级文明单位工作。在当年全市国税系统同时有4个县级局重检和争创省级文明单位，而省文明委文件明确只有3个创建指标的情况下，市国税局等经过扎实创建和努力争取，最终江华县国税局被评为湖南省“文明标兵单位”，祁阳县国税局、东安县国税局、双牌县国税局为湖南省“文明单位”。2015年3月，蓝山县国税局办税服务厅被全国妇联授予“巾帼文明岗”称号。12月，宁远县国税局被省委、省政府授予“湖南省2015届文明单位”。

1992—2015 年永州市国税系统获得省部级以上荣誉单位、个人统计表

表 2-6-12

获奖时间	获奖者	荣誉名称	颁奖单位
1992. 2	零陵地区税务局	全国税法宣传教育活动先进集体	国家税务总局、中华全国总工会、共青团中央、中华全国妇女联合会
1995. 3	零陵地区税务局曾浩东	全国税务纪检监察先进工作者	国家税务总局
1998. 12	永州市国税局第二税务分局	湖南省文明单位	中共湖南省委、湖南省人民政府

续表2-6-12

获奖时间	获奖者	荣誉名称	颁奖单位
2000. 11	永州市国家税务局	湖南省文明单位	中共湖南省委、湖南省人民政府
2001	宁远县国家税务局	湖南省文明单位	中共湖南省委、湖南省人民政府
2001	永州市国家税务局李顺阳	全国税务系统先进工作者	人事部、国家税务总局
2002. 9	江华县国家税务局	湖南省文明单位	中共湖南省委、湖南省人民政府
2003. 8	零陵区国家税务局欧阳铁军	全国税务系统优秀税务工作者	国家税务总局
2003. 9	零陵区国税局珠山税务所	模范职工小家	中华全国总工会
2004	祁阳县国家税务局	湖南省模范职工之家	湖南省总工会
2004	蓝山县国家税务局	湖南省文明单位	中共湖南省委、湖南省人民政府
2004	新田县国家税务局	湖南省文明单位	中共湖南省委、湖南省人民政府
2005	祁阳县国家税务局（办税服务厅）	巾帼文明岗	中华全国妇女联合会
2005. 12	永州市国家税务局	全国精神文明建设工作先进单位	中央精神文明建设指导委员会
2006. 12	永州市国家税务局	湖南省 2006 届文明标兵单位	中共湖南省委、湖南省人民政府
2006. 12	宁远县国家税务局	湖南省文明单位	中共湖南省委、湖南省人民政府
2006. 12	道县国家税务局	湖南省文明单位	中共湖南省委、湖南省人民政府
2007	江华县国家税务局	全国税务系统文明单位	国家税务总局
2008. 1	江华县国家税务局	湖南省文明单位	中共湖南省委、湖南省人民政府
2008. 5	双牌县国家税务局办税服务厅	青年文明号	国家税务总局、共青团中央
2009	永州市国家税务局	全国文明单位	中央精神文明建设指导委员会

续表2-6-12

获奖时间	获奖者	荣誉名称	颁奖单位
2009. 12	江华县国家税务局	省文明窗口单位	湖南省精神文明建设指导委员会
2010. 2	永州市国家税务局	全省“企业服务年”活动优秀服务单位	湖南省人民政府
2010. 12	新田县国家税务局	湖南省2010届文明单位	中共湖南省委、湖南省人民政府
2010. 12	冷水滩区国税局	湖南省文明单位	湖南省精神文明建设指导委员会
2010. 12	江永县国家税务局	湖南省文明单位	湖南省精神文明建设指导委员会
2011. 6	中共永州市国家税务局机关委员会	先进基层党组织	中共湖南省委
2011.	祁阳县国家税务局	湖南省2011届文明窗口单位	湖南省精神文明建设指导委员会
2012. 6	中共永州市国家税务局机关委员会	全国创先争优先进基层党组织	中共中央组织部
2012. 12	宁远县国家税务局	湖南省2012届文明单位	中共湖南省委、湖南省人民政府
2012. 12	道县国家税务局	湖南省2012届文明单位	中共湖南省委、湖南省人民政府
2012. 12	零陵区国家税务局	湖南省文明单位	中共湖南省委、湖南省人民政府
2013. 4	永州市国家税务局	湖南省五一劳动奖状	湖南省总工会
2013. 4	永州市国家税务局欧阳辉亮	湖南省优秀工会工作者	湖南省总工会
2013. 4	零陵区国家税务局	湖南省模范职工之家	湖南省总工会
2013	江华县国家税务局甘义华	税务标准化工作先进个人	国家税务总局
2014. 10	永州市国家税务局傅扬帆	全国税务系统先进工作者	人力资源和社会保障部、国家税务总局
2014. 12	江华县国家税务局	湖南省文明标兵单位	湖南省精神文明建设指导委员会
2014. 12	祁阳县国家税务局	湖南省文明单位	湖南省精神文明建设指导委员会

续表2-6-12

获奖时间	获奖者	荣誉名称	颁奖单位
2014. 12	东安县国家税务局	湖南省文明单位	湖南省精神文明建设指导委员会
2014. 12	双牌县国家税务局	湖南省文明单位	湖南省精神文明建设指导委员会
2015. 3	蓝山县国家税务局	巾帼文明岗	中华全国妇女联合会
2015. 12	宁远县国家税务局	湖南省 2015 届文明单位	湖南省精神文明建设指导委员会

说明："省部级以上"荣誉包括省委、省政府、总工会和国家税务总局等以上表彰的单位和个人，不含省税务局等厅局级奖励

第三篇

地　税

第一章 税（费）种管理

永州市地税局主要负责个人所得税、企业所得税、资源税、房产税、城镇土地使用税、土地增值税、车船税、城市维护建设税、印花税、契税、耕地占用税、烟叶税等税种的征收；征收或代征的费金有：教育费附加、地方教育附加、社会保险费、残疾人就业保障金、工会经费、水利建设基金等。在流转税管理上，加强和规范纳税人自行申报纳税行为，做好《中华人民共和国烟叶税法》的宣传培训和贯彻落实工作，确保按时足额征收入库；在财产税管理上，强化内外业务培训，加强与环保、财政部门的协作，实现涉税信息的互联互通；在所得税管理上，强化企业所得税风险管理的推送、应对，夯实按期预缴、年度汇缴、征收方式认定等基础工作，加强个人所得税全员全额明细申报，开展行政事业单位个人所得税代扣代缴工作专项清查，做好个人所得税自行申报，提高申报质量，提升纳税遵从；在规费征缴上，加强部门配合，清理规费数据，规范规费征管，保持税费同步协调增长。

第一节 流转税类

一、营业税

1994年9月，国税、地税机构分设后，零陵地区地方税务局继续管理征收营业税，执行营业税9个税目和3%、5%、10%三档税率。

营业税税目税率表

表3-1-1

税目	税率	税目	税率
一、交通运输业	3%	四、邮电通信业	3%
二、建筑业	3%	五、文化体育业	3%
三、金融保险业	5%	六、娱乐业	10%

续表3-1-1

税目	税率	税目	税率
七、服务业	5%	九、销售不动产	5%
八、转让无形资产	5%		

1996年，永州市地方税务局就交通运输业、建筑业率先在湖南省实行营业税行业税收管理，营业税行业税收管理走在全省前列。

1997年，市地税局对转让无形资产、销售不动产及服务业等行业实行营业税行业税收管理。通过营业税行业税收管理实践，全市营业税收入连年大幅增长，年增长达47.5%。

1999年3月，市地税局对商场从联营柜台取得的柜台和场地租赁收入，按服务业中的租赁业5%的税率征收营业税。

2000年3月，市地税局印发《营业税普查考核评比办法》，对普查资料报送、普查资料质量、数据分析应用和总结报告等内容进行细化考核评比，营业税普查工作被评为“全省地税系统先进单位”。

2002年1月，市地税局对全市境内经营酒吧业务的单位，按照娱乐业税目征收20%的营业税；电信部门开办的网吧按邮电通信业的3%征收营业税；其他单位或个人开办的网吧业务按服务业的5%征收营业税；淘吧按文化体育业的3%征收营业税。

2004年7月，市地税局对全市营业税起征点进行调整，中心城区营业税起征点由月营业额1000元提高到2000元；县（区）及乡（镇）政府所在地的营业税起征点由月营业额1000元提高到1500元；农村及其他地方的营业税起征点仍为月营业额1000元。

2006年7月，市地税局对全市营业税起征点再度进行调整，中心城区营业税起征点仍维持月营业额2000元；县（区）及乡（镇）政府所在地的营业税起征点维持月营业额1500元；农村及其他地方的营业税起征点由月营业额1000元提高到1500元。

2007年1月，市地税局对全市营业税起征点再一次进行调整，中心城区、县（区）及乡（镇）政府所在地，农村及其他地方的营业税起征点均实行月营业额2000元。

2008年1月，市地税局对全市营业税起征点统一提高到月营业额3000元，营业税按次缴纳的，起征点每次（日）营业额100元。

2009年1月，全市娱乐业中的歌厅、舞厅、酒吧、卡拉OK厅等的营业税适用税率按10%执行，其他娱乐业项目按5%执行。

2011年4月，市地税局开展2010年度营业税税收资料调查，2个多月完成调查数据的收集、录入、审核、上报。全市营业税纳税企业2225家，调查230家，占营业税纳税企业总户数的10.34%。其中，重点调查企业197家，抽样企业33家。调查户2010年已纳税额2.46亿元，占全市入库营业税9.44亿元的26.06%。是年10月，市地税局将全市的营业税起征点幅度修改为：按期纳税的，为月营业额5000~20000元；按次纳税的，为每次（日）营业额300~500元。

2012年10月，市地税局布置金融企业应收未收利息自查工作，通过金融企业应收未收利息专项业务培训，深入企业宣传金融企业应收未收利息税收政策，跟进了解工作进度，完成金融企业应收未收利息税收工作任务。全市有59家金融企业进行自查，自查应补税的应收未收利息数4286万元，自查补缴税费196万元。

2013年6月，市地税局做好交通运输业和部分现代服务业实施营业税改征增值税试点前的各项准备，做好政策宣传和解释工作，营造良好舆论氛围，引导社会各界统一认识、支持试点；组织税务征管人员开展"营改增"业务培训，熟练掌握并有效执行"营改增"政策；开展对纳税人的培训，使纳税人尽快适应新的纳税环境和征管方式，确保全市"营改增"试点顺利实施。

2014年4月，市地税局执行财政部、国家税务总局《关于将电信业纳入营业税改征增值税试点的通知》，加强试点工作组织领导，明确责任，采取各种有效措施，做好试点过程中的监测分析和宣传解释等工作，确保电信业"营改增"平稳、有序、顺利地进行。是年6月，市地税局在全市范围内开展营业税清理、清欠工作，做到营业税应收尽收，为"营改增"全面推进奠定基础。

2014年7月24日，市委常委、常务副市长易佳良（中）到地税办税大厅调研"营改增"工作

2013—2014年，全市地税系统分3次向国税系统移交纳税人基础信息8649户，涉及营业税收入1.43亿元。其中：2013年8月移交交通运输业和部分现代服务业纳税户共8578户；2014年1月，移交第二批铁路运输和邮政业纳税人35户；2014

年6月，移交第三批电信业“营改增”纳税人36户。

2015年5月，“营改增”正式试点后的第一个工作日，市委副书记、市长易佳良一行到市地税征收窗口，了解“营改增”正式试点后的税收征收情况。是年12月，全市地税系统全年清理各行业营业税项目743个，清理入库营业税税额2.1亿元。

1994—2015永州市地税系统营业税征收统计表

表3-1-2 单位：万元

年份	1994	1995	1996	1997	1998	1999	2000	2001
收入	6891	9596	10171	11572	13327	12419	13648	13775
年份	2002	2003	2004	2005	2006	2007	2008	2009
收入	16226	18446	23552	27439	34889	47132	58352	73990
年份	2010	2011	2012	2013	2014	2015		
收入	94358	110060	134849	151439	168275	187905		

二、烟叶税

2006年5月，永州市地税局执行财政部、国家税务总局《关于烟叶税若干具体问题的规定》，开展对纳税人政策宣传和对税务人员业务培训，摸清烟叶生产、收购情况，了解纳税人的经营管理特点和财务核算制度。对原烟叶农业特产税由财政部门征收的地方，市地税局要求各县（区）地税局主动与财政部门衔接，掌握烟叶税税源。还要求各县（区）地税局要严格按照《中华人民共和国税收征收管理法》及其他有关规定，加强对烟叶税的征收管理，完善纳税申报制度，负责有关烟叶特产税尾欠，全面规范烟叶税的征收管理工作。是年10月，全市对烟叶税纳税人按规定缴纳的烟叶税，准予并入烟叶产品的买价计算增值税的进项税额，并在计算缴纳增值税时予以抵扣。烟叶收购金额包括纳税人支付给烟叶销售者的烟叶收购价款和价外补贴。价外补贴统一暂按烟叶收购价款的10%计算。

2008年10月，在遭受年初冰雪和“6·13”洪涝等多次重大自然灾害的情况下，新田县广大烟农克服重重困难，通过加大技术措施落实力度，在生产的各个环节上下功夫，使2008年的烤烟生产取得全面丰收。新田县地税局精心组织，抓早、抓实烟叶税征收管理，积极与财政、烟草部门联系，掌握全县烟叶税税源状况，开展上门宣传服务，实行烟叶生产、收购、入库动态管理，强化征收人员业务培训，烟叶税征收取得突出成效。至10月底，累计征收入库烟叶税1586万元，比2007年同期增收466万元，增长41.6%，占年度任务1500万元的105.7%，提前2个月完成全年烟叶税征收任务。

2012年，市地税局多次到市烟草公司及烟叶生产基地调查烟叶生产情况，做好税源分析和监管工作，保证烟叶税计划科学合理下达，确保完成全年烟叶税收入任务。至11月底，全市累计入库烟叶税1.6亿元，同比增收6147万元，增长62%。

2006—2015年永州市地税系统烟叶税征收统计表

表3-1-3 **单位：万元**

年份	2006	2007	2008	2009	2010
收入	6239	6234	9189	8954	7779
年份	2011	2012	2013	2014	2015
收入	11864	16111	17776	18913	16438

说明：烟叶税于2006年由财政农税部门移交地税部门征收

第二节 所得税类

一、企业所得税

1997年，永州市地税局成立集体企业财务管理科，挂靠税政三科，实行“两块牌子，一套人马”，以强化集体企业财务管理，功效挂钩审批、清算，清产核资及集体企业成本、费用的审核。

1998年10月，市地税局印发《永州市企业所得税汇算清缴管理办法》，规定企业所得税纳税人从开始生产、经营年度起，按照有关规定进行汇算清缴。进一步加强企业所得税的征收管理，规范企业所得税汇算清缴工作，提高汇算清缴工作质量。

2000年，市地税局全面开展企业所得税规范化管理工作，推进企业所得税的依法管理，促进企业所得税的稳步增长。全市11个县（区）地税局征收1999年度企业所得税2083万元，比1998年同期增长33.87%。

2002年1月，全市对缴纳企业所得税的会计事务所实行核定征收企业所得税，会计事务所年应税收入在300万元以上的，其应税所得率按11%确定；年应税收入在100万~300万元（含300万元）的，其应税所得率按10%确定；年应税收入在100万元以下（含100万元）的，其应税所得率按9%确定。

2004 年 11 月，市地税局对企业技术改造国产设备投资抵免企业所得税的审批事项进行调整。对纳税人企业技术改造国产设备投资抵免企业所得税的确认，由直接报省地税局审核确认改为由市地税局审核确认。纳税人当年抵免企业所得税额在 100 万元以下、50 万元（含 50 万元）以上的，报市地税局审批；抵免企业所得税额在 50 万元以下的，由县（区）地税局审批。

2005 年 12 月，市地税局修订印发《永州市企业所得税汇算清缴管理办法》，要求纳税人在纳税年度终了后 4 个月内，依照税收法律、法规、规章及其他有关规定，自行计算全年应纳税所得额和应纳所得税额，根据月度或季度预缴所得税的数额，确定该年度应补或应退税额，并填写年度企业所得税纳税申报表，向县（区）地税机关办理年度企业所得税纳税申报，提供县（区）地税机关要求提供的有关资料，结清全年企业所得税税款。

2008 年，针对汇算清缴工作的重要性和特殊性以及国家税务总局关于汇算清缴主体转变的新要求，市地税局结合新税法的宣传，利用各种途径，采取灵活多样的形式广泛宣传所得税政策，组织有关人员讲解企业所得税相关政策，着重讲解 2007 年汇算清缴工作重点、操作要领和 2008 年的政策衔接，辅导纳税人做好汇算清缴工作。全年汇算清缴结算 928 户，其中，国有企业 841 家，汇缴入库企业所得税 1160 万元。

2009 年，市地税局落实新办企业征管范围划分的有关政策，企业所得税征管权限得到巩固和补充；加强对房地产开发企业核定征收的管理，执行饮食行业核定征收管理办法，巩固和扩大工作成果。做好《湖南省房地产开发企业所得税管理暂行办法》的贯彻落实，做好宣传解释工作，全市未审批一户查账征收户，房地产集中的冷水滩区的企业所得税增长近 2 倍，其中 80%是房地产企业所得税。是年 10 月，市地税局做好地方税监控平台业务需求的编写和监控模型的开发，对地方税监控平台新增 2 个所得税监控功能，实现对所得税异常数据的归类整理。全市共建立税源监控模型 70 个，涵盖

2014 年 4 月，市地税局局长毛东庆（右二）到长丰集团有限责任公司调研

营业税、土地使用税、所得税、纳税评估等 15 个方面的内容，涉及地税局所管理的全部税种、部分费种和与之相关的征管基础数据管理。通过平台监控比对，至 11 月底，全市共发现异常数据 1600 条，涉及税款 300 余万元，核实异常数据 1200 条，查补和追缴税款 200 余万元。对年纳企业所得税 100 万元以上的 10 家企业进行重点监控，掌握重点税源企业的纳税情况，分析税收增减变化原因，有针对性的开展企业所得税管理工作，着力解决纳税大户的税收管理问题。

2010 年 5 月，市地税局到广汽长丰永州分公司、南岭民爆及永蓝高速、宁道高速、道贺高速和湘桂铁路等省重点交通工程施工单位进行调研，下发《永州市地税局关于加强跨地区经营总分机构企业所得税管理的通知》，重点抓好跨地区经营汇总纳税企业所得税管理工作，要求各基层单位加强对跨省经营、省内跨市经营总分机构企业所得税的管理，特别提出外省建筑施工企业在永州市设立的直接管理项目经理部，一律按经营收入预征 0.2%的企业所得税，对省内跨市经营的总分机构就地预缴企业所得税。经过与广汽长丰多次沟通，在省地税局的大力支持协调下，最终与广汽长丰总部达成一致意见，从 2010 年起广汽长丰总公司、分公司汇总后实现的企业所得税的 60%在永州市预缴。与此同时，对永蓝高速、宁道高速、道贺高速和湘桂铁路等 27 家外来施工企业预征 0.2%的企业所得税，对其在永州市设立的直接管理的项目经理部进行摸底测算，其承包工程达 100 亿元，全部工程完工后，就地预缴企业所得税 2000 万元。

2011 年 1 月，市地税局转发有关企业所得税汇算清缴文件，制订 2010 年企业所得税汇算清缴实施方案，部署企业所得税汇算清缴工作。全市共举办基层税政人员、办税服务厅申报受理人员、税收管理员及纳税人参加的培训班 13 期，培训人员达 1000 余人次，重点培训最新政策、汇算清缴程序和“涉税通”汇算清缴软件应用能力。通过加大申报审核力度，落实受理申报人员审核责任制，确保汇算清缴数据准确传递。全市 2010 年度企业所得税汇缴清缴企业 366 家，预缴企业所得税税款 1.07 亿元，清缴税款 238 万元。

2012 年 1 月，市地税局举办 2011 年度企业所得税汇算清缴业务培训 27 期，发放政策宣传资料 1.5 万余份，将企业所得税汇算清缴业务基本纳入汇算清缴软件进行纳税申报，减轻纳税人申报及税务机关审核工作量，提高申报质量。市地税局直属分局与税务师事务所合作编印《2011 年度企业所得税汇算清缴政策汇编》，逐步扩大中介机构涉税鉴证范围，提高企业所得税汇算清缴的专业性和申报质量。至 5 月底，全市汇算清缴申报 237 家，汇缴率达 100%。其中，盈利企业 111 家，亏损企业 119 家，零申报 7 家，申报应纳税所得额 1.43 亿元，应纳企业所得税 5441 万元，已预缴企业所得税 6283 万元，应退企业所得税 842 万元。

2013年1月，市地税局强化企业所得税汇算清缴政策宣传培训，规范汇算清缴流程，提高申报质量，运用“涉税通”汇算清缴软件按时统计报送汇算清缴数据。至5月底，全市汇算清缴261家，汇缴率100%，其中盈利企业99家，亏损企业160家，零申报2家。汇算清缴申报应纳税所得额2.89亿元，应纳企业所得税8000万元，已预缴企业所得税4500万元，补缴企业所得税3500万元。是年11月，市地税局印发《永州市企业所得税后续管理办法》，与规范执法、加强征管、优化服务、风险防控、廉政建设等工作相结合，加强督查指导，形成各税（费）种联动、部门间配合、内外协作的管理合力。

2015年10月，地税人员在辅导纳税人通过网上办税厅进行企业所得税申报

2014年，市地税局制作2013年度企业所得税汇算清缴课件在地税网站上供纳税人下载学习使用。全市举办企业所得税汇算清缴业务培训32期，发放政策宣传资料1.6万余份。将汇算清缴业务基本纳入汇算清缴软件进行纳税申报，提高申报质量和效率。是年全市企业所得税汇算清缴231家，汇缴率达100%。汇算清缴申报应纳税所得额2.89亿元，应纳企业所得税6200万元，已预缴企业所得税5700万元，补缴企业所得税500万元。

1994—2015年永州市地税系统企业所得税征收统计表

表3-1-4 **单位：万元**

年份	1994	1995	1996	1997	1998	1999	2000	2001
收入	766	2674	1227	1748	1556	2083	1930	2818
年份	2002	2003	2004	2005	2006	2007	2008	2009
收入	2602	3062	3450	3808	4820	6576	6332	6651
年度	2010	2011	2012	2013	2014	2015		
收入	11835	14556	19515	29224	40775	54009		

二、个人所得税

1995 年 10 月，零陵地区地税局印发《零陵地区开展个人所得税专项检查的通知》，检查的重点行业是各类公司、邮电、外贸、铁路、电力、建筑、医药、文化娱乐、金融机构及其他效益好、收入高的行业；重点检查的应税项目是个体工商户的生产经营所得，财产转让所得以及利息、股息、红利所得等项目；重点检查的纳税人是私营企业主、挂靠承包经营者、经济效益好的企业负责人、承包产品开发的科研人员等。

1997 年，永州市地税局印发《关于特种消费行业临时受聘服务人员个人所得税征收管理问题的通知》，把全市金融系统发放的揽储奖作为个人所得税的检查重点。全市检查揽储奖金额 1900 多万元，查补个人所得税 200 多万元。

1999 年 9 月，全市对储蓄存款利息所得征收个人所得税，适用 20%的比例税率。是年 11 月，市地税局印发《个人所得税代扣代缴管理办法》，规定凡支付个人所得的企业（公司）、事业单位、机关、社团组织、学校、军队（武警）、驻市机构、个体户以及经市、县（区）地税机关确认有代扣代缴义务的单位或者个人，为个人所得税扣缴义务人。扣缴义务人每月所扣的税款，在次月 7 日内缴入国库，并向县（区）主管地税机关报送扣缴个人所得税报告表、代扣代收税款凭证和地税机关要求报送的其他有关资料。扣缴义务人支付的个人所得没有应扣税款的，向主管地税机关报送扣缴个人所得税报告表。扣缴义务人因特殊困难，不能如期报送扣缴个人所得税报告表及有关资料的，经县（区）地税局批准，可延期申报。

2002 年 8 月，市地税局印发《永州市个人所得税双向申报管理暂行办法》，规定年个人收入总额（含工薪收入及其他收入）较高的、规模较大的私营企业投资者；企业承包和承租人员、销售人员以及建筑工程承包人；高级管理人员、董事会和监事会成员；以及其他高收入者逐步纳入双向申报管理范围。

2008 年 1 月，市地税局开展 2007 年度年所得 12 万元以上个人所得税自行纳税申报工作。全市自行申报突破 2256 人，完成省地税局目标任务的 161. 14%，比 2007 年实际申报人数增加 1087 人，增幅 93%；补缴个人所得税 852 万元，比 2007 年增加 581 万元，增幅 214%。补缴税款人数 544 人，补缴税款数额最大的项目是个体工商户的生产经营所得，补缴税款 507. 9 万元；补缴税款最多的企业是某水泥厂分红所得，补缴个人所得税 55 万元；个人补缴税款最多的为 5 万元。申报人数最多的前 10 个行业：个体工商业、房地产行业、建筑业、矿产业、小水电业、金融保险业、交通运输业、烟草业、批发和零售业以及其他服务行业。申报人数最多的前 10 个职业：房地产开发商、建筑承包商、企业高管、技术人员、个体经营者、股东、司机和车主、房屋出租者、企业法定代表人以及私营企业业主。

2009 年 3 月，市地税局围绕规范管理和完善服务两个重点，加大宣传培训工作力度，加强组织领导和督查考核，开展 2008 年度年所得 12 万元以上个人所得税的自行申报工作。全市共受理 2008 年度年所得 12 万元以上个人所得税自行申报 3135 人，完成省地税局目标任务的 125%，比 2008 年实际完成数增加 879 人，增长 39%；申报年所得额 5.22 亿元，应纳税所得额 4.69 亿元，申报应纳税额 8804 万元，已扣缴税款 7784 万元，抵扣税额 1 万元，减免税额 172 万元，补缴税款 847 万元。

2012 年 6 月，地税人员向纳税人宣讲个人所得税政策

2010 年 3 月，市地税局全面落实《个人所得税自行纳税申报办法》，按照“源头控管、部门配合、双向申报、约谈评估”的思路，受理 2009 年度年所得 12 万元以上个人所得税自行申报 3634 人，完成省地税局目标任务 3300 人的 110.12%，比 2009 年增加 499 人，增长 16%；申报年所得额 7.06 亿元，应纳税所得额 5.78 亿元，申报应纳税额 1.1 亿元，其中已扣缴税款 1.02 亿元，抵扣税额 1.79 万元，减免税额 102.58 万元，补缴税款 751.02 万元。是年 4 月，市地税局印发《关于调整个人所得税附征率的通知》，对全市个人所得税附征率进行调整。核定征收个人所得税额的计算公式为：应纳所得税额=应税收入总额×附征率。

2011 年 8 月，新修订的《中华人民共和国个人所得税法》（以下简称《个人所得税法》）出台，市地税局将贯彻落实新的《个人所得税法》作为一项重要工作来抓，成立领导机构，研究部署实施方案，及时组织召开会议，传达会议精神。举办各类培训班，贯彻落实新的《个人所得税法》。通过宣传培训，使新的个人所得税政策有效地传达到纳税人，经分析测算，个人所得税平均总体税负下降 21.95%。由于新的个人所得税政策变化，工资薪金个人所得税纳税人数由 8.5 万人下降到 2.12 万人，纳税面由 22.08%下降到 5.52%。2011 年 9—12 月，全市减收个人所得税 5435 万元，其中工资薪金所得项目减收 2344 万元，生产经营所得项目减收 3091

万元。

2012年，市地税局印发《2012年所得税综合工作考核办法》和《2012年个人所得税工作考核办法》，重点考核年所得12万元以上个人所得税自行申报工作和个人所得税扣缴申报工作，由市地税局拿出一部分经费对工作成绩优秀的单位进行考核奖励。进一步细化考核内容，量化考核指标，规范考核流程，使个人所得税考核工作具有科学性和可操作性。

2013年12月，市地税局印发《关于进一步做好年所得12万元以上个人所得税自行纳税申报工作的通知》，要求各县（区）地税局以重点区域、重点项目及重点行业、重点人群为目标，推动自行纳税申报有效开展。重点抓好城区的自行纳税申报工作。结合年度个人所得税征管重点，着力抓财产转让所得、利息股息红利所得等非劳动所得，以及高收入者工资薪金所得、劳务报酬所得等重点项目的自行纳税申报工作。结合高收入人群的范围和主要所得来源特点，加强高收入行业企业的中、高层管理人员、收入较高的个体私营业主、个人投资者、演艺明星、专业名人、外籍个人、有大额财产转让行为的个人等高收入者相对集中人群的自行纳税申报工作，增强纳税人依法自行纳税申报意识，提升自行纳税申报质量和服务水平。

1994—2015永州市地税系统个人所得税征收统计表

表3-1-5　　**单位：万元**

年份	1994	1995	1996	1997	1998	1999	2000	2001
收入	862	1085	2067	3182	3746	4593	5930	9651
年份	2002	2003	2004	2005	2006	2007	2008	2009
收入	10537	11724	12853	15411	15672	20051	22910	28400
年份	2010	2011	2012	2013	2014	2015		
收入	37344	45502	41281	43010	41604	42890		

第三节　财产、行为、资源税类

一、房产税

1995年7月，零陵地区地税局在全区范围内开展房产税专项检查，检查纳税人1993年1月—1995年10月底的房产税纳税情况。主要包括纳税人房产原值的核定、纳税人职工住宅原值的核实、纳税人免税房产原值的核实、纳税人无租使用房产的核实、纳税人出租房屋租金收入的核定以及纳税人房产座落地址的核实。通过专项检查，全区检查纳税人4213户，查补税款630万元。通过整改建制，逐步完善房产税征管办法。

1997年，永州市对省级以下管辖的小水电站（厂），不论规模大小，一律在计税余值基础上，扣除10%后计征房产税。

1998年，市地税局开展房产税欠税清理检查，重点检查经营性事业单位、房屋出租、企业欠税大户、各类开发区及商品房交易市场，做到边宣传、边摸底、边检查、边入库，同时实行征管质量责任追究。

2003年9月，全市对应税房屋的房产税，按照原来的房产原值一次扣除30%后的余值计税，调整为一次扣除20%后的余值计税。

2009年1月，市地税局印发《对外资企业及外籍个人征收房产税有关问题通知》，要求各县（区）地税局及时了解外资企业及外籍个人房产税的征收情况，对遇到的问题及时反映，确保相关政策落实到位。

2011年11月，市地税局印发《房屋出租税收管理考核暂行办法》，开展房产税普查、清查，全市累计清查房屋出租的纳税户11369户，征收9083户，入库房屋出租的各项税收2362万元，房产税当年增加1000多万元，增长20.49%。

1994—2015永州市地税系统房产税征收统计表

表3-1-6 **单位：万元**

年份	1994	1995	1996	1997	1998	1999	2000	2001
收入	730	1151	1346	1291	1864	2078	1885	1531
年份	2002	2003	2004	2005	2006	2007	2008	2009
收入	2108	2047	2631	3089	3120	3324	4118	4795
年份	2010	2011	2012	2013	2014	2015		
收入	4885	5886	6670	7540	9678	12060		

二、契税

2010年7月，湖南省财政厅、省地税局、省人力资源和社会保障厅、省机构编制委员会办公室联合印发《关于做好全省耕地占用税和契税征管职能划转工作的通知》，要求做好契税征管职能划转工作，理顺和规范契税征管体制。是年8月，市地税局按照省地税局、省财政厅、中国人民银行长沙中心支行印发的《关于做好契税和耕地占用税征管业务交接工作的通知》要求，认真做好契税征管业务的交接准备工作，确保从 9 月 1 日起，契税由各县（区）地税机关征收，确保全市契税征管职能划转工作平稳顺利进行。

2012 年 12 月，市地税局印发《关于加强商品房购买环节契税管理的通知》，明确凡在永州市境内转移房屋权属，承受的单位和个人为契税纳税人，购房人自签订合同之日起 10 日内主动到主管地税机关申报缴纳契税。凡在 2012 年 12 月 31 日前签订购房合同的购房人尚未缴纳契税的，各县（区）地税局要采取相关措施，要求其在 2013 年 3 月 31 日前申报缴纳，未缴纳的，按照《中华人民共和国税收征收管理法》相关规定加收滞纳金；在 2012 年 12 月 31 日后签订购房合同的购房人，各县（区）地税局要将其纳入到日常的征收管理中。

2013 年，市地税局改革商品房契税征管方式，由开发商代征改为直征（即由纳税人向地税机关自行申报）。通过大量有效的前期工作，契税直征开展顺利，实现契税由代征向直征的平稳过渡。全市有 5 万多户纳税人自行到地税部门申报缴税，缴纳的契税税额达 2.55 亿元，仅冷水滩区购房户自主申报缴纳契税 2.74 万户，缴纳契税税款 1.24 亿元，清理开发商历年代收的商品房沉淀契税 5400 万元，契税收入出现井喷式增长。至 11 月止，全市入库契税 5.25 亿元，同比增加 2.94 亿元，增长 127.63%。

2010—2015 年永州市地税系统契税征收统计表

表 3-1-7 **单位：万元**

年份	2010	2011	2012	2013	2014	2015
收入	3287	24781	29900	59371	61183	92017

说明：2010 年 9 月 1 日起，契税由地税机关负责征收

三、车船税

1994 年 9 月，国税、地税机构分设后，零陵地区地税局继续执行省政府发布的《湖南省车船使用税施行细则》，在全区范围内，单位的车船使用税由核算单位向所在的县（市）地税机关缴纳，个人的车船向居住所在的县（市）地税机关缴纳。

2006 年 12 月，永州市地税局执行国务院新颁布的《中华人民共和国车船税暂行条例》，明确在永州市范围内的车辆、船舶所有人或管理人为车船税的纳税人，应依照法律法规规定缴纳车船税。在永州市从事机动车交通事故责任强制保险业务的保险机构为机动车车船税的扣缴义务人，应按照法律、法规规定代收代缴车船税。

2007 年 7 月，市地税局为方便车船税纳税人办税，改进纳税服务，优化办税流

程，借助社会力量，将办税环节从税务部门延伸至保险公司，车船税实行保险机构在销售交强险时代收代缴的征收管理模式。

2008年，市地税局按照“以计算机管理为依托、地税主管、保险代收、交警把关”的车船税税源控制模式，加强税源监控，是年车船税入库1565万元，比2007年增加2.19倍。

2009年6月，市地税局印发《关于开展保险机构代收代缴车船税专项清理的通知》，对全市保险机构代收代缴车船税进行一次专项清理，活动历时4个月。这次清理共检查出保险机构未代收代缴车船税的车辆16888台，未代收代缴车船税税额478.46万元。对未按规定履行代收代缴义务的保险公司下达限期改正通知书，责令写出书面保证，并依法对保险公司下达税务行政处罚决定通知书，对代收代缴率不足30%的，处以1.5倍的罚款；对代收代缴率达到30%以上不足60%的，处以1倍的罚款；对代收代缴率达到60%以上不足100%的，处以0.5倍的罚款，对保险机构罚款总额达495.68万元。是年11月，市地税局对保险机构印发《关于明确车船税几个问题的通知》，对几个比较容易混淆的车船概念与征税界限进行界定，并规定保险机构今后如再出现未代收代缴车船税的，税务机关将对未代收代缴税款处以2倍的罚款。是年全市共完成车船税收入1836万元，为年度计划1287万元的142.66%，较2008年同期增收271万元，增长17.32%。

2014年4月，零陵区地税局在柳子庙开展“诚信税收·税韵古诚”宣传活动

2011年12月，市地税局执行国家税务总局、中国保险监督管理委员会联合发布的《关于机动车车船税代收代缴有关事项的公告》，确定从事机动车交通事故责任强制保险业务的保险机构为机动车车船税法定扣缴义务人，在收取交强险保险费时依法代收车船税。

2014年3月，市地税局、中国保险监督管理委员会永州监管局和市保险行业协会开展税务端车船税管理系统和保险公司端车险信息共享平台联网工作。

2015年10月，市地税局联合中国保险监督管理委员会永州监管局和永州保险行业协会正式启动车船税联网征收系统上线工作，确保系统上线平稳运行，提高代收代缴工作效率。是年11月，市地税局同相关部门建立联席会议和合作框架等制度，加强部门协作，实现信息化管税。

1994—2015 年永州市地税系统车船税征收统计表

表 3-1-8 **单位：万元**

年份	1994	1995	1996	1997	1998	1999	2000	2001
收入	135	172	201	204	194	214	290	290
年份	2002	2003	2004	2005	2006	2007	2008	2009
收入	358	334	421	375	291	490	1565	1836
年份	2010	2011	2012	2013	2014	2015		
收入	3088	3397	3979	4697	5742	7106		

四、屠宰税

1996 年 3 月 13 日，永州市调整屠宰税征收标准。具体标准为：生猪宰杀环节由每头 6 元，收购环节由每头 9 元，均调整为每头 12 元，其中乳猪（只收宰杀环节或收购环节）每头 3 元；牛、马、骡、驴宰杀环节由每头 6 元，收购环节由每头 20 元，均调整为每头 20 元，其中小牛（只收宰杀环节或收购环节）每头 14 元；羊宰杀环节由每只 1 元，收购环节由每只 4 元，均调整为每只 10 元。是年 8 月，市地税局印发《永州市屠宰税征收管理办法》，明确规定单位或个人收购应税牲畜，其收购环节应缴的屠宰税，可由单位或个人在收购时缴纳，也可由饲养户代收代缴；征收的屠宰税，按照宰杀和收购应税牲畜的头数计征，不得摊派或定额包干。屠宰税由各县（区）地税机关征收，也可委托乡村或有关单位代征。

1999 年，市地税局规范屠宰税税源台账管理，明确 5 个不准：不准税务部门参加当地召开的有关摊派屠宰税会议；不准对有摊派行为的地方发放屠宰税票；不准将摊派上来的款项作屠宰税入库；不准层层增加屠宰税任务；不准将屠宰税任务层层分解到村、组和农户。

2002 年 4 月，全市全面推行农村税费改革，取消屠宰环节和收购环节征收的屠宰税，原来随屠宰税附征的其他收费项目也一并停征。

1994—2002 年永州市地税系统屠宰税征收统计表

表 3-1-9 **单位：万元**

年份	1994	1995	1996	1997	1998	1999	2000	2001	2002
收入	1007	1705	1913	2196	2509	2311	2812	2986	266

五、印花税

1996年，永州市地税局加强对印花税的征收管理，印花税收入大幅增长，全市入库印花税246万元，比1994年增长28.80%。

1997年，全市印花税收入出现严重滑坡，比1996年减少15万元，下降6.10%，只完成年计划的88.85%。

1998年4月，市地税局印发《永州市地税局关于加强印花税征管工作意见的通知》，要求各县（区）地税局根据印花税的征管特点，加强对重点税目、重点税源的管理，特别要对建筑行业的建筑安装承包合同和建设工程勘察设计合同；金融保险的借款合同；财产、责任、保证、信用等财产保险合同；企事业单位的购销合同包括基本建设、更新改造等设备购销合同；交易市场出租门店、柜台等签订的财产租赁合同；货物运输合同等方面的印花税征管要有所突破。明确收入目标，实行奖罚兑现。对检查入库税款，按2%奖励到征收、检查人员；对完成年度收入目标及超额完成收入目标任务的，还可从印花税征管经费中适当提取一部分奖励到人；对完不成任务的或属专管员责任造成漏征、少征的，要进行相应的处罚。

2004年2月，市地税局印发《永州市地税局关于印花税核定征收的通知》，对以下3种情形核定纳税人的印花税计税依据：（一）未按规定建立印花税应税凭证登记簿或未如实登记和完整保存应税凭证的。（二）拒不提供应税凭证或不如实提供应税凭证致使计税依据明显偏低的。（三）采用按期汇总缴纳办法的，未按县（区）地税机关规定的期限报送汇总缴纳印花税情况报告，经县（区）地税机关责令限期报告，逾期仍不报告的，或县（区）地税机关在检查中发现纳税人有未按规定汇总缴纳印花税情况的。

2012年10月，市地税局在全市地税系统开展印花税及核定征收检查工作。通过检查，是年增加印花税收入1313万元，增长54.28%。

2014年1月，市地税局印发《永州市印花税核定征收管理实施办法》，规定纳税人未按规定建立印花税应税凭证登记簿或未如实登记和完整保存应税凭证的；拒绝提供应税凭证或不如实提供应税凭证致使计税依据明显偏低的；采用按期汇总缴纳办法的，未按县（区）地税机关规定的期限报送汇总缴纳印花税情况报告，经县（区）地税机关责令限期报告，逾期仍不报告的，或县（区）地税机关在检查中发现纳税人有未按规定汇总缴纳印花税情况的，均由县（区）地税局根据规定核定纳税人印花税的计税依据。

1994—2015 年永州市地税系统印花税征收统计表

表 3-1-10 单位：万元

年份	1994	1995	1996	1997	1998	1999	2000	2001
收入	191	200	246	231	221	261	289	408
年份	2002	2003	2004	2005	2006	2007	2008	2009
收入	697	649	746	1050	1015	1127	1418	1886
年份	2010	2011	2012	2013	2014	2015		
收入	2143	2419	3732	3614	3781	6138		

六、城市维护建设税

1994 年，国税、地税机构分设后，零陵地区地税局行使城市维护建设税的征管职能，在全区范围内，除外商投资企业、外国企业及外籍个人外，凡缴纳产品税、增值税、营业税的单位和个人，都以纳税人实际缴纳的产品税、增值税、营业税税额为计税依据，分别与产品税、增值税、营业税同时缴纳城市维护建设税。

2010 年 11 月，永州市地税局印发《永州市地税局认真贯彻执行对外资企业征收城市维护建设税和教育费附加有关工作的通知》，要求各县（区）地税局主动和当地国税局、工商行政管理局和主管外商投资的商务局等部门加强联系，充分利用各部门掌握的外资企业有关信息，做好对外资企业征收城市维护建设税各纳税事项（包括纳税人、纳税申报、纳税地点、适用税率等事项）的确认工作，做好税源管理和纳税鉴定工作。根据本县（区）的实际征管情况，规范管理办法或操作规程，调整和完善税收征管系统，自是年 12 月 1 日起，确保将外商投资企业、外国企业及外籍个人纳入城市维护建设税的征收范围。

1994—2015 年永州市地税系统城市维护建设税征收统计表

表 3-1-11 单位：万元

年份	1994	1995	1996	1997	1998	1999	2000	2001
收入	4623	5131	5454	5934	5232	4419	4062	4138
年份	2002	2003	2004	2005	2006	2007	2008	2009
收入	4910	6464	7923	7898	9616	11055	13086	15302
年份	2010	2011	2012	2013	2014	2015		
收入	19496	23519	26754	26971	30195	33677		

七、固定资产投资方向调节税

1994 年，国税、地税机构分设，零陵地区地税局负责固定资产投资方向调节税的征收管理，并根据国家产业政策确定的产业发展序列和经济规模要求，实行差别税率，具体适用税率为 0%、5%、10%、15%、30% 五个档次。

1997 年，永州市对固定资产投资方向调节税采取“先税后计划”的核算方式，实行源头控管和联合控管，其税款在计划部门下达计划前，由地税部门核定税率并预缴税款，再由计划部门下达正式计划，年度终了后，按实际完成投资额进行结算，多退少补。

1999 年 12 月，市地税局执行财政部、国家税务总局、国家发展计划委员会《关于暂停征收固定资产投资方向调节税的通知》，对在永州市的固定资产投资方向调节税纳税义务人，其固定资产投资应税项目自 2000 年 1 月 1 日起新发生的投资额，暂停征收固定资产投资方向调节税，要求各县（区）地税局根据规定，对纳税人在 2000 年 1 月 1 日以前实际完成的投资额，按照规定的税率进行固定资产投资方向调节税应纳税款的结算，多退少补。

1994—2001 年永州市地税系统固定资产投资方向调节税征收统计表

表 3-1-12 **单位：万元**

年度	1994	1995	1996	1997	1998	1999	2000	2001
收入	1458	1990	1480	1536	1544	1745	738	35

八、资源税

1994 年，零陵地区地税局将资源税的征税范围扩大到所有金属矿产品和非金属矿产品，将盐税并入资源税征收范围。

1997 年 6 月，对纳税确有困难的企业，减免资源税金额在 3 万元以下（含 3 万元）的由市地税局审批。

1998 年 4 月，市地税局印发《永州市资源税代扣代缴实施办法》，实施办法明确收购资源税未税矿产品的独立矿山、联合企业以及其他单位，私营、个体业主和建筑工程项目承包人均为资源税代扣代缴义务人，代扣代缴义务人必须按照规定履行代扣代缴资源税义务，并对资源税管理证明的使用、保管、缴销做出具体规定。

2003 年 7 月，市地税局对采石场矿产资源税的适用税额做出规定，明确对开采销售的碎石，按其他非金属矿产品征收资源税，单位税额每吨 0.5 元。

2006 年 1 月，根据财政部、国家税务总局财税〔2005〕170 号文件要求，市地税局将煤炭资源税的适用税额标准由原来的 0.5 元/吨，统一提高至 2.5 元/吨。

2009 年，宁远县地税局以信息化管理为依托，建立健全协税护税网络，借助社会力量，充分发挥工商、国税、矿产资源主管部门的职能优势，加强矿产资源税的源泉控管。通过建立信息交流机制，提供矿产资源数据和资料，实现信息共享，在当地政府的支持下，经常性地开展各部门联合拉网式清理，做到清理一户，查处一户，建档管理一户，切实防止漏征漏管，有力地促进当地资源税的征收和管理。

2014 年 10 月，市地税局决定自是年 12 月 1 日起在全市范围内实施煤炭资源税从价计征改革。煤炭应税产品包括原煤和以未税原煤加工的洗选煤，应纳税额计算公式：应纳税额=应税煤炭销售额×适用税率。是年 12 月，全市煤炭资源税适用税率为 2.5%。

2015 年 4 月，宁远县地税局开展协税护税知识宣传

2015 年 7 月，市地税局加强对煤炭资源税的风险管理，构建煤炭资源税风险管理指标体系，依托现代化信息技术，对煤炭资源税管理的风险点进行识别、监控、预警，做好风险应对处置以及绩效评估工作。要求各县（区）地税局加强与当地国税局的配合，实现信息共享。

1994—2015 年永州市地税系统资源税征收统计表

表 3-1-13　　**单位：万元**

年份	1994	1995	1996	1997	1998	1999	2000	2001
收入	287	464	615	533	536	486	405	520
年份	2002	2003	2004	2005	2006	2007	2008	2009
收入	537	677	731	786	997	1153	1678	2374
年份	2010	2011	2012	2013	2014	2015		
收入	2972	5351	5995	6344	7195	9114		

九、城镇土地使用税

1994年9月，国税、地税机构分设后，零陵地区地税局继续执行1988年9月27日发布的《中华人民共和国城镇土地使用税暂行条例》。

1997年，永州市人民政府办公室印发《关于调整城区城镇土地使用税分级定额问题的通知》，于是年1月1日实施。

1997年永州市城区城镇土地使用税地段等级税额标准

表3-1-14 元/平方米

城区	一级	二级	三级	四级	五级	六级	七级	八级
冷水滩区	3.5	3	2.5	2	1.5	1	0.7	0.4
零陵区	3.5	3	2.5	2	1.5	1	0.7	0.4

2002年12月，市地税局开展全市土地使用税税源普查工作，建立市、县（区）两级土地使用税税源数据库。

2003年，市政府办印发《关于调整城区城镇土地使用税分级定额问题的通知》，于是年10月1日实施。

2003年永州市城区城镇土地使用税地段等级税额标准

表3-1-15 元/平方米

城区	一级	二级	三级	四级	五级	六级	七级	八级
冷水滩区	3.5	3	2.5	2	1.5	1	0.7	0.4
零陵区	3.5	3	2.5	2	1.5	1	0.7	0.4

2008年1月，永州市中心城区及各县（区）实施新的城镇土地使用税地段等级税额标准。是年5月，市地税局结合全市土地使用税管理现状，制订《永州市城镇土地使用税税源清查工作实施方案》，利用税源监控管理平台开展土地使用税税源清查。通过税收政策宣传、专项清查、登记台账、税源监控、评估稽查等一系列措施，全面加强土地使用税征管，税源底子进一步澄清。同时，做好土地使用税等级税额调整和实行新等级税额的检查工作，利用税源监控平台，导入土地使用税内部征管数据和国土管理部门的土地权属信息，进行全面比对分析，发现征管漏洞，进行重点评估、重点稽查，实现土地使用税管理的信息化和科学化。

2008 年永州市中心城区及各县城镇土地使用税地段等级税额标准

表 3-1-16　　元/平方米

县（区）	一级	二级	三级	四级	五级	六级	七级	八级	九级	十级
冷水滩区	—	—	12	10	8	6	4	3	2	0.9
零陵区	—	—	—	12	8	6	4	3	2	1.2
祁阳县	—	—	8	6	5	4	3	2	1	0.6
东安县	—	—	8	6	5	4	3	2	—	—
道县	—	—	8	6	5	4	3	2	1	0.6
宁远县	—	—	8	6	5	4	3	2	1	0.6
蓝山县	—	—	8	6	5	4	3	2	1	0.6
江永县	—	—	8	6	5	4	3	—	—	—
江华县	—	—	8	6	5	4	3	2	1	0.6
新田县	—	—	—	—	—	4	3	2	1	0.6
双牌县	—	—	8	6	5	4	—	2	1	—

2009 年，市地税局在全市范围内组织开展城镇土地使用税税源清查。共清查土地使用税纳税户 13578 户，清查占地面积 1554 万平方米，应税土地面积 1303 万平方米，免税土地面积 251 万平方米，应纳土地使用税税额 5295 万元，免税税额 955 万元。并将清查信息全部录入地方税税源监控管理平台，纳入日常税收征收管理。

2011 年 1 月，永州市中心城区实施新的城镇土地使用税地段等级税额标准。是年 8 月，市地税局加大对房地产开发项目土地使用税的征管力度，规定在房地产开发项目检查和清算时，对未交清土地使用税等相关税收的，一律不予办证；同时加大对工业园区土地使用税的稽查，尤其是加大对工业园区土地使用税历史遗留欠税问题的解决力度。至 11 月底，全市土地使用税入库 6325 万元，同比增加 1190 万元，增长 23.17%。

2011 年永州市中心城区城镇土地使用税地段等级税额标准

表 3-1-17　　元/平方米

城区	一级	二级	三级	四级	五级	六级	七级	八级	九级	十级
冷水滩区	—	—	12	10	8	6	4	3	2	0.9
零陵区	—	—	—	12	8	6	4	3	2	1.2

2014 年 5 月，市地税局执行省财政厅、省地税局、人民银行长沙市中心支行联

2015年4月，祁阳县地税局开展城镇土地使用税等级调整政策宣传

合印发的《关于调整城镇土地使用税省与市、县收入划分办法的通知》，从是年1月1日起，调整城镇土地使用税省与市、县收入划分办法，永州市及县（区）的比例为70%。补交和退还2013年度及以前年度的城镇土地使用税，按调整后的收入划分办法执行。

2015年1月，永州市中心城区及各县（区）实施新的城镇土地使用税地段等级税额标准。市地税局开展城镇土地使用税等级调整工作，与市财政局沟通协调，共同制订实施方案。市财政、地税部门相关人员共同走访市国土局、冷水滩区和零陵区财政局、地税局，掌握第一手资料。同时，与零陵区、冷水滩区政府召开座谈会进行沟通，并在1月召开的全市所得税汇算清缴工作会议上进行安排部署，要求各县（区）地税局配合财政部门搞好当地城镇土地使用税的等级调整工作。全市城镇土地使用税等级调整后，是年土地使用税入库1.87亿元，增收7190万元，增幅为62.32%。

2015年永州市中心城区及各县城镇土地使用税地段等级税额标准

表3-1-18 **单位：元/平方米**

县（区）	一级	二级	三级	四级	五级	六级	七级	八级	九级	十级
冷水滩区	—	20	16	12	8	—	4	—	—	—
零陵区	—	—	16	12	8	6	4	—	—	—
祁阳县	—	10	8	6	—	4	—	2	—	—
东安县	—	10	8	6	5	4	—	—	—	—
道县县	—	10	8	6	—	4	—	2	—	—
宁远县	—	10	8	6	—	4	—	2	—	—
蓝山县	—	10	8	6	—	4	—	2	—	—
江永县	—	10	8	6	—	4	—	2	—	—

续表3-1-18

县（区）	一级	二级	三级	四级	五级	六级	七级	八级	九级	十级
江华县	—	10	8	6	—	4	—	2	—	—
新田县	—	—	8	6	5	4	—	2	—	—
双牌县	—	10	8	6	—	—	—	2	—	—

1994—2015 年永州市地税系统城镇土地使用税征收统计表

表 3-1-19 **单位：万元**

年份	1994	1995	1996	1997	1998	1999	2000	2001
收入	713	971	1118	1042	1163	1029	973	903
年份	2002	2003	2004	2005	2006	2007	2008	2009
收入	949	1026	1136	1247	1339	1693	3215	4707
年份	2010	2011	2012	2013	2014	2015		
收入	7108	7944	8677	10225	11537	18727		

十、土地增值税

1995 年 1 月，零陵地区地税局印发《土地增值税宣传提纲》，宣传土地增值税的开征。是年 9 月，地区地税局、地区财政局、地区国土局、地区房产局、地区国资局联合印发《零陵地区开征土地增值税实施办法的通知》，正式在全区开征土地增值税。开征第一年，全区入库土地增值税 4 万元。

土地增值税四级超率累进税率表

表 3-1-20

级数	增值额与扣除项目金额的比率	税率（%）	速算扣除系数
1	不超过 50%的部分	30	0
2	超过 50%至 100%的部分	40	5
3	超过 100%至 200%的部分	50	15
4	超过 200%的部分	60	35

说明：房地产企业建设普通住宅出售的，增值额未超过扣除金额 20%的，免征土地增值税

1996 年 6 月，永州市地税局启用土地增值税征收审核专用章，明确规定对房地产开发企业按照 2%～5%，非房地产企业 3%～5%的预征比例预征税款，预征比例由各县（区）根据当地的实际经济情况确定。

2002 年 7 月，市地税局进一步完善土地增值税征收管理制度和操作规程，建立健全土地增值税纳税申报制度、房地产评估规程、委托代征办法，完善预征办法。加强与房地产有关部门的配合、协作，共同做好土地增值税的征收管理。

2006 年 12 月，市地税局印发《关于房地产开发企业土地增值税清算的通知》，明确各县（区）地税局可根据规定，结合当地实际情况制订具体的清算管理办法，进一步加强房地产开发企业土地增值税清算管理工作，遏制房地产业不规范、游走灰色空间的行为。

2007 年 5 月，市地税局建立土地增值税重点税源分级监控制度，市地税局除监控在本地区有房地产开发项目的省级税务机关重点监控税源户外，还要设立不少于 10 户的重点税源户进行监控；县（区）地税局除监控在本地区有房地产开发项目的市级税务机关重点监控税源户外，要根据实际税源情况确定重点税源户进行监控。各县（区）地税局利用土地增值税重点税源户监控资料，做好土地增值税的征管工作，并将掌握的房地产销售情况，用于城市维护建设税、教育费附加、印花税和房产税、城镇土地使用税的征收管理工作，实施房地产税收一体化管理。

2008 年，市地税局推广零陵区房地产税收“一体化”管理经验，实行先税后证、以票管税。在房地产行业和二手房交易的土地增值税管理上，确保管到每一套房产。利用地方税税源监控管理平台的强大功能，导入土地增值税内部征管数据和房产、国土管理部门的房产、土地权属信息，进行全面比对分析，发现征管漏洞，进行重点评估、重点稽查，实行全方位的动态监控，实现土地增值税管理的信息化和科学化。

2009 年 5 月，市地税局印发《永州市土地增值税清算管理办法》，办法适用于房地产开发项目土地增值税的清算工作。2010 年 7 月 1 日，市地税局调高土地增值税预征率和核定征收率。

2011 年，在调高土地增值税预征率和核定征收率的基础上，市地税局抓好土地增值税的预征和清算工作，加大房地产一体化相关税收的考核和管理力度，促进与房地产行业相关税收的增长。是年 11 月底，全市累计完成土地增值税 1.31 亿元，比 2010 年同期增加 6914 万元，增长 110.89%。

2013 年 7 月，市地税局开展土地增值税纳税评估工作，在全省率先引进广东泰格软件公司开发的土地增值税纳税评估及风险控管系统，选择在宁远县地税局开展土地增值税纳税评估试点。

2014年，市地税局印发《永州市地税局关于规范房地产开发经营业务企业所得税和土地增值税管理的通知》，在日常征管中，对所有房地产开发企业（项目）的企业所得税和土地增值税不得事先核定，企业所得税和土地增值税的征收方式必须一致，对实行查账征收企业所得税和土地增值税的房地产开发企业（项目），其当期应缴纳的企业所得税和土地增值税税负低于规定的核定征收率时，应进行纳税评估，需要调整税额的要进行调整。是年3月，市地税局印发《关于开展土地增值税清查工作的通知》，决定在全市范围内开展土地增值税专项清查工作。全市举办土地增值税专项清查培训班30个，培训税务干部610人次，培训纳税人589人，发放宣传资料3500份。同时，要求各县（区）地税局做好清算工作计划方案、清算进度具体指标，合理分配清算任务，确保在规定的时间内完成分阶段的各项工作。

2015年5月，市地税局对各县（区）地税局的土地增值税清算工作进行为期一周的督查，印发督查通报，建立通报机制，每季度末对各县（区）地税局土地增值税清查工作进行通报，全年印发土地增值税清查工作通报4期。是年共完成土地增值税专项清查项目34个，经清查审核增加土地增值税9772.73万元。

1995—2015年永州市地税系统土地增值税征收统计表

表3-1-21　　**单位：万元**

年份	1995	1996	1997	1998	1999	2000	2001
收入	4	16	52	36	39	38	80
年份	2002	2003	2004	2005	2006	2007	2008
收入	75	123	159	248	550	867	2886
年份	2009	2010	2011	2012	2013	2014	2015
收入	2933	7862	17509	24567	44284	52088	70655

十一、耕地占用税

2010年8月，永州市地税局贯彻落实省财政厅、省地税局、省人力资源和社会保障厅、省机构编制委员会办公室《关于做好全省契税和耕地占用税征管职能划转工作的通知》，做好耕地占用税征管业务接交准备工作。从是年9月1日起，耕地占用税的征管业务由各县（区）地税局办理，耕地占用税由各县（区）地税机关负责征收。

2011年10月，市地税局明确耕地占用税的减免应根据《中华人民共和国耕地占用税暂行条例》及实施细则规定的类别和范围执行，不能盲目套用《土地利用现状分类》的解释。纳税人改变原占地用途，不再属于免征或减征耕地占用税情形的，要按办理减免税时依据的适用税额对享受减免税的纳税人补征耕地占用税。

2015 年，市地税局成立水电企业耕地占用税专项清查工作领导小组，并与水利、电力部门、移民局等单位沟通联系，摸清税源底子，建好征管台账。共清查水电企业 651 家，查增 2008 年以后报建的水电企业 2 家，占用耕地面积 2191.9 平方米，查补耕地占用税税款 5.7 万元。

2010—2015 年永州市地税系统耕地占用税征收统计表

表 3-1-22 **单位：万元**

年份	2010	2011	2012	2013	2014	2015
收入	9171	31019	53153	43147	73054	64825

说明：2010 年 9 月 1 日起，全市耕地占用税由地税机关负责征收

第四节　税收优惠及减免税

2003 年 5 月，经永州市人民政府同意，市地税局执行省地税局《关于“非典”疫情期间部分行业实行税收优惠》的政策精神，并作补充规定，凡实行查账征收、账务健全的饮食业、旅店业、出租汽车公司和城市公共交通运输公司，在 5 月 1 日—7 月 30 日期间，月营业收入与 2002 年同期相比下降幅度在 50%以内的，减征 40%的营业税、城市维护建设税、教育费附加。

2004 年，市地税局编印《落实再就业税收优惠政策操作指南》2000 份，发给下岗失业人员，为再就业的 11578 名下岗失业人员办理减免税 622 万元，免收税务登记费 43 万元，扶持下岗失业人员新办服务型企业、商贸企业 35 家，安置下岗失业人员 1946 人，减免地方税收 151 万元。

2005 年，市地税局建立永州地税网站，对新的税收政策实行同步公开。在各个办税服务厅开设办税“绿色通道”，送优惠政策上门，落实优惠政策“三优先”（优先受理、优先审理、优先批复），确保税收优惠政策执行到位。全年落实再就业税收优惠减免税 1458 万元，使 1.48 万人重新走上再就业岗位。

2006 年 1 月，市地税局对下岗失业人员再就业优惠政策审批期限延长为 3 年（2006 年 1 月 1 日至 2008 年 12 月 31 日），税收优惠政策在 2008 年年底之前执行未到期的，可继续享受至 3 年期满为止。是年，市地税局加大再就业税收优惠政策的宣传，在市广播电台开设税收优惠政策专栏，与下岗失业人员直接对话，解答疑

难。加强与劳动部门、工商部门的配合，定期召开联席会议，实行资料互通、信息共享、共同监督，促进就业。全年为3526户纳税户落实再就业税收优惠政策，政策性减免税1705万元，使1.52万人重新走上再就业岗位。

2007年2月，市地税局制订落实再就业税收优惠政策工作程序，具体为：税务登记办理，减免税申请，再就业税收优惠政策适用，减免税审批程序与权限，减免税管理，年检，责任追究。

2008年，市地税局要求各县（区）地税局继续做好下岗再就业税收政策的审批工作，不能临近审批期届满而停止审批或自设门坎限制下岗再就业税收优惠政策的执行。至9月底止，全市审批下岗再就业纳税人570户，减免税收111万元，免收办证费近3万元。

2009年，国务院明确延长下岗再就业优惠政策审批一年。全年为全市826名下岗人员再就业落实税收优惠政策，减免税款224万元。是年4月，市地税局执行省地税局《关于调整城镇土地使用税困难减免审批权限的通知》，在全市范围内纳税人缴纳城镇土地使用税确有困难，年减免税额在10万元以下的，由市地税局审批。全市对2008年因冰灾遭受严重影响的定期定额个体运输户，给予减征一个月的地方税收定额优惠。

2010年7月，市地税局组织各县（区）地税局及直属单位的分管领导、税政科科长、减免税业务专干、信息技术人员及市地税局机关相关科（室）业务人员等共68人集中培训和演练减免税管理信息系统。是年8月，减免税管理信息系统正式上线。全年通过减免税管理信息系统申请减免税户1847户数，审批减免1735户，减免金额33万元。

2013年10月，市地税局副局长唐双祁（右三）到企业了解生产经营情况

2012年，下岗再就业优惠政策再次延长审批一年，市地税局要求各单位宣传好、执行好这项惠民政策。全年全市新增审批享受下岗再就业税收优惠政策99人，减免税收22万元。

2013年，市地税局扶持困难企业，全年困难减免税92户，减免税790万元。土地使用税减免51户，减免税339万元，其中，县（区）地税局审批276万元，市地税局审批37万元，省地税局审批26万元；房产税减免41户，减免税451万元，其中，县（区）地税局审批284万元，市地税局审批139万元，省地税局审批28万元。

2014年4月，市地税局执行财政部、国家税务总局、民政部《关于调整完善扶持自主就业退役士兵创业就业有关税收政策的通知》，调整完善自主就业退役士兵创业就业税收政策，从2014年1月1日至2016年12月31日，自主就业退役士兵从事个体经营的，3年内按每户每年8000元为限依次扣减营业税、城市维护建设税、教育费附加、地方教育附加、个人所得税。

2014年5月，市地税局副局长刘小贤（右一）到困难企业了解生产经营情况

2014年，市地税局共为困难企业减免税137家，减免税1761万元。土地使用税减免78户，减免税965万元，其中，县（区）地税局审批901万元，市地税局审批51万元，省地税局审批13万元；房产税减免59户，减免税796万元，其中，县（区）地税局审批517万元，市地税局审批263万元，省地税局审批16万元。是年6月，市地税局印发《关于贯彻落实小微企业所得税优惠政策的通知》，并将落实小微企业所得税优惠政策作为检查重点，纳入工作考核。全市共申报小微企业415家，其中盈利企业59家，享受优惠政策54家，受惠面达到91.53%，全年减免税额18.04万元。

2015年5月，市地税局印发《关于进一步下放房产税困难减免审批权限的通知》，将纳税人年申报房产税困难减免税额在30万元以上的审批权限下放到县（区）地税局、市地税局直属单位一级税务机关审批。全年共减免税86户，减免税1285万元。其中，土地使用税减免51户，减免税861万元；房产税减免35户，减免税424万元，全部由县（区）地税局审批。是年7月，市地税局就继续做好下岗再就业优惠政策落实情况进行督查。至9月底止，全市累计享受下岗再就业税收优惠政策5593人，减免地方税收1829万元。是年11月，全市共申报小微企业771家，申报率达100%，其中，盈利企业296家，盈利面为39%，享受企业所得税优惠政策296家，受惠面100%，减免税额270万元，户均减免税额0.91万元。以小微企业营业税为重点，深入开展全市小微企业营业税优惠政策落实督查，对政策执行中出现的问题，督查通报责任单位及时进行整改，确保各项税收优惠落实不打折扣。至年底，全市享受小微税收优惠政策11361户（企业与个体工商户），占全部营业税纳税人户数的62%，享受营业税优惠税额4301万元，占全部营业税纳税人应纳营业税额的2.8%。

1996—2015年，市地税局扶持帮助困难企业发展经济，总共为困难企业减免税864户（次），减免税额6709万元。土地使用税减免487户（次），减免税额3590万元，其中，县（区）地税局审批2440万元，市地税局审批645万元，省地税局审批505万元；房产税减免363户（次），减免税额2971万元，其中，县（区）地税局审批1475万元，市地税局审批912万元，省地税局审批584万元；资源税减免14户（次），减免税额148万元，其中，县（区）地税局审批2万元，市地税局审批21万元，省地税局审批125万元。

1996—2015年永州市地税局减免税（困难减免）统计表

表3-1-23 **单位：万元**

年份	审批项目	减免户数	减免金额
1996	土地使用税困难减免	2	4
1997	土地使用税、房产税、资源税困难减免	7	11
1998	土地使用税、房产税困难减免	4	2
1999	土地使用税、房产税、资源税困难减免	34	108
2000	土地使用税、房产税、资源税困难减免	23	81
2001	土地使用税、房产税、资源税困难减免	19	32
2002	土地使用税、房产税、资源税困难减免	28	157
2003	土地使用税、房产税困难减免	56	149
2004	土地使用税、房产税困难减免	27	47
2005	土地使用税、房产税困难减免	25	65
2006	土地使用税、房产税困难减免	18	53
2007	土地使用税、房产税、资源税困难减免	22	114
2008	土地使用税、房产税困难减免	27	179
2009	土地使用税、房产税困难减免	46	223

续表3-1-23

年份	审批项目	减免户数	减免金额
2010	土地使用税、房产税困难减免	36	309
2011	土地使用税、房产税、资源税困难减免	88	759
2012	土地使用税、房产税、资源税困难减免	87	580
2013	土地使用税、房产税困难减免	92	790
2014	土地使用税、房产税困难减免	137	1761
2015	土地使用税、房产税困难减免	86	1285
合计		864	6709

第五节　涉外税收

1994 年 10 月，零陵地区地税局的涉外税收征收管理工作挂靠税政一科，全区各项地方涉外税收的征收管理以及办理国际税务管理的相关事项由税政一科负责。

1996 年 4 月，永州市地税局负责涉外税收中以缴纳营业税为主的纳税人的税收征收管理。

1997 年 1 月，市地税局对外商投资企业税务登记证的验证工作列为联合年检内容。对外商投资企业进行的其他税收检查，由各县（区）地税局按照有关税收法律、法规进行。

1998 年 7 月，市地税局开展涉外税收专项检查，专项检查的范围及重点为：营业税、个人所得税、资源税、印花税、城市房地产税、车船使用牌照税。

2003 年 4 月，市地税局印发《关于成立涉外税务分局的通知》，正式成立涉外税务分局，为正科级直属行政机构，与税政管理一科合署办公，主要负责全市各项地方涉外税收的征收管理，办理国际税务管理的相关事项。

2006 年 12 月，全市开展对外商投资企业、外国企业的土地使用税的征税工作。

2008 年 6 月，市地税局按照“源头控管、部门配合、双向申报、约谈评估”思路加强外资企业的个人所得税管理，制订并完善配套管理措施和办法，掌握 23 人的年所得收入情况，年所得收入在 12 万元以上的 22 人办理纳税申报，补缴税款 8.9 万元。建立外籍人员认定登记、自行申报制度，实行“一人一档”精细化管理，着重抓好外籍人员个人所得税申报入库，对4名外籍人员按人建立税收征管档案，了解税源变动情况。征管综合软件实现对外籍人员纳税“一人一票”管理。是年8月，市地税局与市外汇管理局和各换汇指定银行建立定期工作联系制度，各换汇指定银行凭涉外分局开具的售付汇凭证办理企业、个人非贸易项下的购汇、付汇有关事项，全年共征收境外公司在境内提供应税劳务营业税48万元。

2010年11月，市地税局执行财政部、国家税务总局《关于对外资企业征收城市维护建设税和教育费附加有关问题的通知》，对外资企业2010年12月1日之后发生纳税义务的增值税、消费税、营业税征收城市维护建设税和教育费附加。

2011年，市地税局强化外资企业个人所得税管理，先后为37名年所得收入12万元以上的个人办理纳税申报，补缴税款31万元，超额完成上级分配的计划任务。同时，全力做好个人所得税全员全额申报软件推广工作。是年7月，市地税局不再设立涉外税务分局，成立国际税收管理科，国际税收管理科与流转税科合署办公，主要负责指导、协调、检查有关跨境纳税人的管理和国际税收协定、协议的执行；负责情报交换、非居民税收监管、售付汇管理和反避税等国际税务事项的组织与实施。

2012年6月，市地税局与市商务局、市国税局、市工商局等职能部门进行外资企业信息资源交流、共享，摸清全市外商投资企业底子和生产经营情况，抓好国际税收管理，并与其他职能部门一道，通过网上审核，共受理79家外商投资企业的年检信息。

2013年6月，市地税局开展网上联合年检工作，通过网上审核，共受理105家外商投资企业的年检信息，审核通过99家，未履行纳税义务返回修改6家。对“走出去”的企业进行走访调查，掌握所管辖企业境外投资经营、境外取得所得和纳税等情况；加强对非居民企业及个人源自中国境内的所得税收管理。

2014年，市地税局拓展服务方式，全面规范国际税收管理工作，加大与国税、外汇、商业银行的联系，规范非居民税收、情报交换和对外服务贸易的税收管理，严格执行国际税收协定。配合商务、外贸、工商、国税等部门，完成82家涉外企业的年检年审工作。

2015年4月，市地税局执行国家税务总局《关于落实“一带一路”发展战略要求做好税收服务与管理工作的通知》，从“执行协定维权益、改善服务谋发展、规范管理促遵从”3个方面，采取措施，做好本地区落实工作。利用媒体广泛宣传税收服务“一带一路”倡议，营造良好的税收舆论环境，方便纳税人。是年10月，市地税局加强与国税、外汇、商业银行的联系，规范非居民税收、情报交换和对外服务贸易的税收管理。对外资企事业单位受雇任职的外籍人员和提供劳务的外籍人

2015年9月，市地税局副局长何多珍（右二）在办税大厅调研纳税服务工作

员取得收入和申报纳税的基本情况进行调查，以企业为单位建立外籍人员管理台账，实行外籍人员一人一档的纳税档案管理。全市外籍个人所得税纳税人45人，分别来自9个国家和地区，月缴纳个人所得税约2.4万元；并配合商务、外贸、工商、国税等部门完成80家涉外企业的网上联合年报年审工作，对国际税收建立税源分析机制，实现动态监控、跟踪管理。

1996—2011年永州市地税局涉外税收各项收入（含费、金）征收统计表

表3-1-24 **单位：万元**

年份	1996	1997	1998	1999	2000	2001
收入	39	82	162	300	351	370
年份	2002	2003	2004	2005	2006	2007
收入	585	867	1592	1499	1650	2006
年份	2008	2009	2010	2011		
收入	2452	2064	4923	8932		

第六节　附加、基金费

一、教育费附加

1994年，零陵地区地税局联合地区财政局、地区教育局开展教育费附加的征收工作，在全区范围内的教育费附加以各单位和个人实际缴纳的增值税、营业税、消费税的税额为计征依据，附加率为3%，分别与增值税、营业税、消费税同时缴纳。对从事生产卷烟和烟叶生产的单位，减半征收。

2005年8月，永州市地税局修改教育费附加征收的规定，明确在全市范围内的教育费附加以各单位和个人实际缴纳的增值税、营业税、消费税的税额为计征依据，教育费附加率为3%，分别与增值税、营业税、消费税同时缴纳。除法律、法规规定外，任何地区、任何部门不得擅自提高或降低教育费附加率。

2010年，市地税局执行国务院《关于统一内外资企业和个人城市维护建设税和教育费附加制度的通知》，自2010年12月1日起，全市的外商投资企业、外国企业及外籍个人适用国务院1986年发布的《征收教育费附加的暂行规定》，征收教育费附加。

1994—2015年永州市地税系统教育费附加征收统计表

表3-1-25 **单位：万元**

年份	1994	1995	1996	1997	1998	1999	2000	2001
收入	1329	1540	1584	1593	1464	1672	1780	1512
年份	2002	2003	2004	2005	2006	2007	2008	2009
收入	1674	2180	2592	3428	4858	5890	6115	6991
年份	2010	2011	2012	2013	2014	2015		
收入	9171	12031	12887	13169	15106	16875		

二、地方教育附加

2007年12月，市地税局执行省政府《湖南省教育费附加和地方教育附加征收管理办法》的规定，凡在永州市行政区域内缴纳增值税、营业税、消费税的单位和个人，分别按实际缴纳增值税、营业税、消费税税额的1.5%征收地方教育附加。

2008年2月，市地税局召开各县（区）地税局局长会议，就地方教育附加开征的有关事项和工作要求进行部署安排，在永州电视台刊播地方教育附加的宣传内容，各办税服务厅电子显示屏全天不间断地滚动播出湖南省人民政府发布的《湖南省教育费附加和地方教育附加征收管理办法》，并将省地税局印发的5000册宣传资料由税收管理员送达到各缴费单位，确保地方教育附加在3月1日全面开征。同时，加强对征收地方教育附加工作监控力度，先后两次组织人员深入征收单位进行检查，确保政策执行到位。

2010年11月，市地税局要求各县（区）地税局统一征收地方教育附加，地方教育附加征收标准为单位和个人实际缴纳的增值税、营业税和消费税税额的2%。

2011年2月，市地税局明确从是年2月1日以后，在全市境内发生增值税、消费税、营业税纳税义务的单位和个人（包括外商投资企业、外国企业及外籍个人），按其实际缴纳增值税、消费税、营业税税额的2%征收地方教育附加。

2008—2015年永州市地税系统地方教育附加征收统计表

表3-1-26 **单位：万元**

年份	2008	2009	2010	2011	2012	2013	2014	2015
收入	2683	3495	4585	7458	8652	8737	10151	11444

三、社会基本养老保险费

2000年11月，永州市人民政府要求各级劳动保障、财政、银行等部门按各自的职责范围积极协调、配合市、县（区）地税机关，共同做好外商投资企业和私营企业社会保险费的征收管理工作。

2001年3月，市地税局负责本市范围内外商投资企业、城镇私营企业的社会保险费征收工作。

2012年2月，省审计厅对永州市社会保险费的筹集、管理和使用等情况进行全面审计。市地税局抽调收入核算科、信息中心的工作人员配合工作，在全省率先完成数据处理同时报送省地税局，得到审计组的高度评价。是年9月，市地税局多次到企业开展调研，宣传纳费政策，尤其是深入弘达电子公司了解情况，并就基本养老保险费的缴费标准、缴纳程序、征收主体等情况进行详细的解释说明，重点解决台资企业弘达电子股份有限公司的纳费疑问，使该企业的纳费工作步入正轨。

2015年，市地税局与市财政局、市人力资源与社会保障局（以下简称市人社局）协调联系，由市财政局改过去每3个月划账为逐月划账，市地税局每月5号前将上月市本级征收的明细数据送与市人社局对账，确保纳费人的社保账户每月按时登记到位。同时，市地税局配合“金税三期”（以下简称“金三”）上线工作，要求“金三”办提供数据和政策支持，加快“金三”规费模块建设，使社会保险费的征收工作纳入信息化轨道。

2001—2015 年永州市地税系统社保费征收统计表

表 3-1-27 单位：万元

年份	2001	2002	2003	2004	2005	2006	2007	2008
收入	134	168	259	551	802	951	1118	1319
年份	2009	2010	2011	2012	2013	2014	2015	
收入	1682	1894	2115	2420	2975	3372	3859	

四、文化事业建设费

1998 年，永州市开始征收文化事业建设费。凡在永州市境内，经营各种营业性歌厅、舞厅、卡拉 OK 歌舞厅、音乐茶座和高尔夫球、保龄球等娱乐场所的内资企业、外商投资企业、外商独资企业，按其营业收入的 3%缴纳文化事业建设费。广播电台、电视台和报纸杂志等广告媒介单位以及户外广告经营单位，按其经营收入的 3%缴纳文化事业建设费。

2008 年 9 月，市地税局开展广告业文化事业建设费的专项检查清理，全市检查清理广告业缴费 43 户，清理检查 2007 年度实现主营业务收入 5365 万元，其中广告费收入 3656 万元，占主营业务收入的 68. 15%，应缴文化事业建设费 110 万元，已缴 57 万元，欠缴 53 万元。

2012 年 3 月，市委常委、市委宣传部部长石燕萍到市地税局调研指导文化事业建设费的征收工作。

2013 年 8 月，全市文化事业建设费改由市国税机关征收。

1998—2015 年永州市地税系统文化事业建设费征收统计表

表 3-1-28 单位：万元

年份	1998	1999	2000	2001	2002	2003
收入	19	36	41	43	39	39
年份	2004	2005	2006	2007	2008	2009
收入	64	86	93	127	140	171
年份	2010	2011	2012	2013	2014	2015
收入	209	276	320	259	90	59

五、残疾人就业保障金

2005 年 11 月，永州市残疾人就业保障金由市财政局、市地税局实行代扣、代征。

2011 年，市地税局改进残疾人就业保障金的征收方式，将年审和代征同时进行。

2012 年 3 月，市地税局执行在全市范围内因岗位不适宜安排残疾人等原因暂时达不到规定比例的单位，按年度缴纳残疾人就业保障金，逾期不缴纳的，由地税部门责令限期缴纳，并从欠缴之日起按日加收 5‰的滞纳金。

2013 年，市地税局与残联部门配合，召开联席会议，联合深入企业实地开展年审工作，残疾人就业保障金征管合力不断加强。

2015 年 10 月，市地税局、市残联联合下发《永州市关于残疾人就业保障金征收工作有关问题的通知》，对残疾人就业保障金的征收管理提出新要求，其中最大的变化就是地税部门要改一年一次性征收为按月申报征收。为确保新的残疾人就业保障金征收政策准确无误地落实到征管一线，市地税局对各征收单位进行动员，并将相关文件和资料发放到各征收机关，要求落实到位，确保实现按月申报征收。

2006—2015 年永州市地税系统残疾人就业保障金征收统计表

表 3-1-29 单位：万元

年份	2006	2007	2008	2009	2010
收入	178	241	272	286	331
年份	2011	2012	2013	2014	2015
收入	357	428	496	523	590

六、工会经费

2005 年 4 月，永州市人民政府批转市总工会、市地税局《关于企事业单位应上缴的工会经费委托地税部门代收意见》，明确永州市辖区内除公司不在本市的省管企业湘江纸业公司、长丰集团、零陵烟厂以外的各类企业，包括：国有、集体、联营、私营、民营、乡镇企业，股份有限公司、有限责任公司、中外合资企业、中外合作经营企业、外资企业等各种所有制形式的企业和事业单位（由财政代扣工会经费的单位除外），不论是否建立工会组织，都必须按照规定依法拨缴工会经费或工会筹备金。

2007 年 7 月，市地税局执行省政府办公厅《关于地税部门代收工会经费和工会筹备金的复函》，从 2007 年 7 月 1 日起，全市范围内各企业、事业单位、机关和其他组织，依法按每月全部职工工资总额的 2%向工会拨缴的工会经费或工会筹备金，由市地税机关代收。

2008 年 10 月，市地税局、市总工会联合转发《湖南省工会经费代收管理办法》，并提出工作要求。

2009 年 5 月，市地税局将工会经费“一体化”建设作为全年收费工作的重中之重来抓。市地税局、市总工会、人民银行永州支行联合印发《关于地税代征工会经费纳入国库管理有关事项的通知》，将地税机关代征的工会经费纳入国库业务处理范围，通过各级国库进行收纳汇缴。是年 7 月，市地税局全面实行使用税收票据征收工会经费，顺利实现工会经费“一体化”管理，征收过程中税收票据的领、用、存、缴销完全依照税款征收程序。

2012 年，市总工会、市地税局联合印发《关于规范建筑行业工会经费代征工作的通知》，明确规定凡在本市范围内从事建筑安装业的企业和承接各类建筑安装工程项目的其他组织，应按月向主管地税机关如实足额申报全部职工的工资总额，并按工资总额 2%的 40%缴纳工会经费，或按工资总额的 2%缴纳工会筹备金。若申报不实，主管地税机关将按工程结算收入的 1. 5‰核定应缴纳的工会经费。

2013 年 4 月，市地税局、市总工会联合印发《永州市工会经费征收实施细则》，明确规定对财务核算不健全、职工人数和全部职工工资总额难以确定的建筑施工企业，按照项目工程总造价的 15%计算全部职工工资总额，缴纳工会经费。其中，建筑工程分包给其他单位的，以其取得的全部价款和价外费用，扣除其支付给其他单位的分包款后余额的 15%，计算全部职工工资总额，缴纳工会经费。

2006—2015 年永州市地税系统工会经费征收统计表

表 3-1-30 **单位：万元**

年份	2006	2007	2008	2009	2010
收入	385	643	715	902	1015
年份	2011	2012	2013	2014	2015
收入	1123	1968	2462	2842	4141

七、防洪保安资金

2001 年 12 月，永州市地税局负责全市境内实行独立核算的企业和在职职工以及有其他收入的事业单位和在职职工征收防洪保安资金。企、事业单位应缴纳的防洪保安资金原则上由其所在地的县（区）地税机关征收。电力公司及非统一核算的单位和职工个人按属地原则由当地地税机关征收。

2011 年 9 月，永州市将防洪保安资金改为征收水利建设基金。全市停止征收防洪保安资金。

2006—2011 年永州市地税系统防洪保安资金征收统计表

表 3-1-31 **单位：万元**

年份	2006	2007	2008	2009	2010	2011
收入	506	722	768	744	850	973

八、水利建设基金

2011 年 9 月，永州市地税局对从事生产、经营的单位和个人征收水利建设基金，征收的水利建设基金缴入同级财政。是年 12 月，全市水利建设基金征收入库实行“一体化”管理，水利建设基金统一纳入地税大集中系统进行管理，所有费、金实现信息化管理目标。

2012 年，市地税局与市财政局、市水利局等部门进行工作衔接，理顺部门关系，把握政策，解决在实际征管工作中遇到的具体问题。

2011—2015 年永州市地税系统水利建设基金征收统计表

表 3-1-32 **单位：万元**

年份	2011	2012	2013	2014	2015
收入	387	1877	2323	2572	3348

九、价格调节基金

2011 年 10 月，永州市向社会征收价格调节基金，按纳税人实际缴纳的增值税、营业税、消费税 3 税税额的 1%计征。向社会征收的价格调节基金，由市地税机关代征，其中烟草和通信行业应缴的价格调节基金缴入省级国库，其他行业缴纳的价格调节基金就地缴入同级国库。

2012 年 1 月，市地税局转发《湖南省价格调节基金管理办法》和《湖南省价格调节基金征收管理实施细》，在零陵区和蓝山县组织召开全市地税系统价格调节基金开征工作片会部署相关工作，进行广泛动员，全面部署。同时，市地税局与市财政局、市物价局和人民银行沟通协商，明确各自职责和义务，实现部门间工作的无缝衔接，参与《永州市价格调节基金管理办法》的制订，使价格调节基金具体实施办法在政策业务、工作流程、征收管理等方面与地税工作相适应。在税务部门内部，市地税局信息中心对数据大集中系统进行调整，增加价格调节基金相关条目。

2012—2015 年永州市地税系统价格调节基金征收统计表

表 3-1-33　　**单位：万元**

年份	2012	2013	2014	2015
收入	385	442	542	601

第二章　税收管理

永州市地税局在税收管理方面坚持问题导向、结果导向，按照“以纳税申报和优化服务为基础，以计算机网络为依托，集中征收，重点稽查，强化管理”的税收管理总体目标，不断试点，不断改进，不断强化税务登记管理、纳税申报管理、税款征收管理、发票管理，理顺征管范围，突出征管质量考核，构建综合治税平台，实现征、管、查三分离，做到职责明晰、分工明确、衔接顺畅。

第一节　税收征收管理

一、税务登记

1995年4月，零陵地区地税局会同地区工商局、地区技术监督局等单位联合印发《零陵地区关于办理地方税纳税人税务登记的通告》，在全区范围内，对地方税纳税人进行全面的税务登记。全区办理税务登记9556户。

1996年7月，永州市地税局、永州市国税局联合发布《关于换发税务登记证的联合通告》，从1996年7月至8月底，开展全市税务登记证换证工作。至年底止，全市地税系统换证1.59万户。

1999年7月，市地税局开展换发税务登记证工作，统一代码，分别登记，分别管理。至年底止，全市地税系统税务登记户数达2.35万户，比机构分设初期的9556户增加1.40万户，增长1.46倍。

2003年12月，市地税局执行国家税务总局新修订的《税务登记管理办法》，从2004年2月1日起，实行新的税务登记管理。

2006年8月，市地税局实施新的税务登记证换证工作。是年年底，全市地税系统税务登记户数达5.22万户。

2011年3月，市地税局完善税务登记管理办法，要求全市从事生产、经营的纳税人，应办未办工商营业执照，或不需办理工商营业执照而需经有关部门批准设立

2014 年 9 月，纳税人扫码咨询地方税收政策

但未经有关部门批准的(简称无证照户纳税人)，自纳税义务发生之日起 30 日内向当地地税机关申报办理税务登记。

2015 年 9 月，市地税局加强与有关部门沟通协调，强化国税、地税间的合作，做好各相关职能部门之间分工配合，稳妥推进“三证合一”登记制度改革工作，加强相关系统操作培训。至 9 月底止，全市地税系统以“三证合一”方式新办理税务登记 3809 户。至年底止，新增登记具有 18 位社会统一信用代码的纳税户 231 户，全市地税系统税务登记户达 6.51 万户。

1995—2015 年永州市地税系统纳税户数统计表

表 3-2-1　　**单位：户**

年份	国有	集体	私营	个体	外资	其他	合计
1995	808	1006	20	7075	0	647	9556
1996	1187	1098	218	13292	0	136	15931
1997	1085	1174	350	11459	3	661	14732
1998	1085	1181	342	12453	9	95	15165
1999	1207	1043	301	20745	16	227	23539
2000	1239	1122	301	22483	16	323	25484
2001	1291	959	225	21907	24	604	25010
2002	1107	876	56	25160	14	536	22740
2003	1013	771	226	30759	39	702	33480
2004	1044	866	680	28614	57	733	31961
2005	1066	338	494	26803	85	2347	31141
2006	994	430	1019	46320	140	3339	52242
2007	1105	462	1401	59812	212	4007	66999
2008	561	271	1395	38636	158	3297	44318
2009	583	227	1854	48260	165	3825	54914
2010	577	226	2354	56420	187	4226	63990
2011	552	221	2903	56706	195	4751	65328
2012	607	263	3454	56330	233	6298	67185
2013	629	255	4110	55551	256	7662	68463
2014	583	248	5049	39407	207	8930	54424
2015	624	319	6256	24455	102	33323	65079

二、纳税申报

1996年3月，永州市地税局对缴纳地方税的企业纳税人进行申报管理，建立纳税人自行申报纳税制度，取消“三自纳税”申报方式，在企业纳税人中推行以到主管税务机关直接申报为主的纳税申报方式，结合税收专管员下户催报、催缴方式，加强纳税申报征收管理。

1997年，市地税局按照国家税务总局“建立以纳税申报和优化服务为基础，以计算机网络为依托，集中征收，重点稽查”的征管改革要求，确定市地税局直属局逐步建立以纳税申报和优化服务为基础，以计算机网络为依托，集中申报征收的试点单位，在取得经验后向全市各县（区）推广。

1998年，市地税局利用邮政设施网点，快捷、方便纳税人完成纳税申报，提高纳税申报效率。

1999年，市地税局办税服务中心建设取得新成果，办税服务中心下设冷水滩办税服务厅、零陵办税服务厅，办税的各项功能全面到位，在中心城区实现集中申报、集中征收，企业纳税申报率达100%。

2000年，市地税局印发《永州市关于规范办税服务厅征管工作的意见》，对办税服务厅的设置及职责划分进行明确，要求各县（区）地税局根据意见加快办税服务厅的建设。

2015年7月，地税人员辅导纳税人进行电子申报纳税

2003年，市地税局对实行定期、定额缴税的纳税人在法律、行政法规规定的期限内缴纳税款的视同已经申报。同时，经县（区）地税机关批准，纳税期限可合并为按季、按半年、按年的方式缴纳税款。

2005年，市地税局印发《永州市地税局电子申报纳税管理暂行办法》，开展纳税人电子申报纳税试点工作，在全市范围内符合条件的纳税人中推广。

1995—2015 年永州市地税系统纳税申报率统计表

表 3-2-2　　单位：%

年份	直属	冷水滩区	零陵区	祁阳县	东安县	双牌县	道县	江华县	江永县	宁远县	蓝山县	新田县
1995	0. 00	85. 12	83. 00	83. 00	78. 00	72. 00	88. 00	76. 85	70. 00	77. 00	77. 60	75. 00
1996	87. 50	86. 55	85. 43	88. 00	80. 25	75. 00	86. 00	74. 58	51. 50	84. 00	76. 90	77. 30
1997	90. 25	85. 99	83. 12	88. 00	88. 11	81. 00	89. 00	77. 33	52. 00	85. 00	74. 10	78. 80
1998	90. 27	86. 89	87. 63	84. 00	82. 31	83. 00	87. 00	76. 35	56. 00	84. 00	75. 50	78. 20
1999	88. 15	90. 12	82. 22	83. 00	80. 55	86. 00	86. 00	79. 88	79. 00	83. 00	76. 40	80. 10
2000	89. 50	91. 53	90. 78	90. 00	79. 20	75. 00	86. 00	72. 93	80. 10	89. 00	79. 40	82. 30
2001	92. 28	90. 89	92. 05	90. 00	87. 22	81. 00	91. 00	76. 40	82. 00	90. 00	81. 50	81. 50
2002	93. 21	91. 89	92. 14	93. 00	92. 00	85. 00	90. 00	78. 35	83. 00	91. 00	83. 30	80. 20
2003	93. 30	92. 54	87. 00	89. 00	89. 23	76. 00	92. 00	73. 85	76. 00	92. 00	77. 70	79. 90
2004	86. 56	92. 89	89. 00	92. 00	98. 00	89. 00	91. 00	77. 73	74. 00	90. 00	81. 10	78. 70
2005	87. 30	93. 12	88. 52	94. 00	98. 00	81. 00	89. 00	75. 99	69. 00	89. 00	82. 40	78. 50
2006	86. 96	92. 89	91. 06	93. 00	87. 44	73. 00	86. 00	72. 59	68. 00	85. 00	79. 60	80. 40
2007	89. 75	93. 14	85. 85	79. 00	91. 00	86. 00	89. 00	78. 98	80. 00	93. 00	84. 00	81. 30
2008	94. 19	92. 59	89. 00	88. 00	82. 60	79. 00	87. 00	72. 35	71. 56	87. 00	79. 30	80. 10
2009	91. 89	93. 05	93. 00	95. 00	84. 99	81. 00	85. 00	82. 03	69. 00	89. 00	80. 20	80. 25
2010	92. 36	92. 59	91. 74	96. 00	87. 72	76. 00	85. 00	69. 11	35. 63	57. 38	81. 70	79. 65
2011	91. 43	92. 89	92. 00	93. 00	88. 10	83. 00	84. 00	68. 70	28. 78	68. 76	82. 00	80. 96
2012	89. 19	93. 13	95. 41	92. 00	80. 12	78. 00	83. 00	70. 18	52. 40	70. 81	80. 30	81. 14
2013	90. 44	93. 05	92. 66	94. 00	83. 37	76. 00	82. 00	69. 87	51. 38	96. 07	79. 70	80. 56
2014	91. 97	95. 50	96. 32	97. 00	84. 59	81. 00	85. 00	71. 60	47. 22	92. 41	80. 10	79. 69
2015	92. 28	93. 89	93. 00	89. 00	80. 33	83. 00	83. 00	55. 26	45. 78	92. 00	82. 90	80. 55

三、税款征收

1998年，永州市地税局在中心城区设立办税服务中心，下设冷水滩区、芝山区两个办税服务厅，实行“集中征收、分类管理”，各种办税实行“一站式”服务，为湖南省首创。

2003年9月，市地税局印发《永州市延期缴纳税款审批管理办法》，明确地方税纳税人因不可抗力等特殊情况（特殊困难），不能按照法律、行政法规规定或地税机关按照法律、行政法规规定的期限缴纳税款的，可在缴纳税款期限届满前提出申请，向主管地税机关办理延期缴纳税款手续，制订清缴欠款计划，保证到期缴纳所欠税款。

2004年10月，市地税局发布《永州市地税局欠税公告实施办法》，明确纳税人超过税收法律、行政法规规定的期限或纳税人超过市、县（区）地税机关按照税收法律、行政法规规定确定的纳税期限未缴纳的税款，企业、单位纳税人欠缴税款200万元以下（不含200万元），个体工商户和其他个人欠缴税款10万元以下（不含10万元），由县（区）地税局按规定公告；企业、单位纳税人欠缴税款在200万元以上，个体工商户和其他个人欠缴税款在10万元上的，报经市地税局批准后按规定公告。

2007年6月，市地税局开始实施财税库银税收收入电子缴库，实现银行划卡缴税。

（一）核定征收

1997年6月，市地税局下发《永州市个体工商户定期定额管理办法》，要求各县（区）地税局按照有关法律法规和规定程序，核定纳税人在一定经营时期内的应纳税经营额及收益额，并以此为计税依据，确定其应纳税额（包括营业税额、所得税额等）。

1999年4月，市地税局下发《永州市对实行定期定额征收税款的个体工商户进行重新核定和调整定额的通知》。重新核定和调整定额工作的对象是所有实行定期定额方式纳税的个体户和已建账但实行查账征收与定期定额征收相结合的个体户。

2000年2月，市地税局转发《国家税务总局关于核定征收企业所得税暂行办法》，规定实行核定应税所得率征收办法的，其应纳所得税额的计算公式为：应纳所得税额＝应纳税所得额×适用税率；应纳税所得额＝收入总额×应税所得率＝成本费用支出额/（1-应税所得率）×应税所得率。

应税所得率表

表 3-2-3 **单位:%**

行业	应税所得率（%）	行业	应税所得率（%）
工业、交通运输业、商业	7~20	建筑业、房地产开发业	10~20
饮食服务业	10~25	娱乐业	20~40
其他行业	10~30		

说明：企业经营多业的，无论其经营项目是否单独核算，均由主管税务机关根据其主营项目，核定其适用某一行业的应税所得率。纳税人实行核定征收方式的，不享受企业所得税各项优惠政策

2004 年 5 月，市地税局印发《永州市印花税核定征收管理办法》，印花税核定征收计税依据按照不同性质的应税凭证分别核定。

2005 年 11 月，市地税局对定期定额户购置税控收款机的购置费用允许在缴纳个人所得税前一次性扣除。

2006 年 8 月，市地税局印发《永州市个体工商户税收定期定额征收管理规定》，明确对个体工商户在一定经营地点、一定经营时期、一定经营范围内的应纳税经营额（包括经营数量）或所得额（简称定额）进行核定，并以此为计税依据，确定其应纳税额。

2006 年 12 月，市地税局印发《关于个体工商户定期定额征收管理有关问题的通知》，明确规定对虽设置账簿，但账目混乱或成本资料、收入凭证、费用凭证残缺不全，难以查账的个体工商户，县（区）地税局可以实行定期定额征收。

2007 年 1 月，市地税局印发《永州市个体工商户地方税收定期定额征收管理实施办法》，实施办法适用于经县（区）主管地税机关认定和市、县（区）地税机关批准的生产、经营规模小，达不到《永州市个体工商户建账管理暂行办法》规定设置账簿标准的个体工商户的地方税收征收管理。

2007 年 8 月，市地税局对《核定征收企业所得税暂行办法》规定的应税所得率标准进行调整。

调整后的应税所得率表

表 3-2-4

行业	应税所得率（%）	行业	应税所得率（%）
农、林、牧、渔业	3~10	制造业	5~15
批发和零售贸易业	4~15	交通运输业	7~15
建筑业	8~20	饮食业	8~25
娱乐业	15~30	其他行业	10~30

2008年2月，市地税局召开加强房地产、饮食服务业税收管理工作会议，传达省地税局会议精神，总结全市地税系统近几年来房地产、饮食服务业税收管理工作情况，交流经验，深刻剖析房地产、饮食服务业税收管理方面存在的问题，研究、探讨加强房地产、饮食服务业税收管理的办法和措施。与市国税局协商，共同转发湘地税发〔2007〕91号文件，将全市房地产开发企业应税所得率国税、地税都统一为市区12%，其他各县10%。并印发《永州市房地产税收一体化管理办法》和《永州市饮食服务业税收管理办法》等文件，强化房地产、饮食服务业企业所得税核定征收工作，除个别企业外，一律实行核定征收方式征收企业所得税。对全市46家房地产开发企业所得税纳税人进行企业所得税征收方式鉴定，其中核定征收45家。

2010年4月，市地税局结合全市实际，经调查测算，印发《关于调整个人所得税附征率的通知》。

2012年1月，市地税局印发《关于调整永州市机动车辆地方税收核定征收标准的通知》，调整全市机动车辆地方税收核定征收标准。除实行查实征收车辆营运税收的单位外，其他营运车辆的纳税人一律按规定的标准核定征收。

2013年1月，市地税局发布《关于明确企业所得税核定征收行业应税所得率相关问题的公告》，明确规定核定征收的范围、核定应税所得率的范围、应纳所得税额的计算公式、纳税申报预缴汇缴规定、核定程序规定以及企业所得税核定征收行业应税所得率。

2014年1月，市地税局印发《永州市印花税核定征收管理办法》，规定印花税核定征收的计税依据，按照不同性质的应税凭证分别核定。

1995—2015 年永州市地税系统个体核定征收户统计表

表 3-2-5　　　　单位:户

年份	合计	直属	冷水滩区	零陵区	祁阳县	东安县	双牌县	道县	江华县	江永县	宁远县	蓝山县	新田县
1995	7772	0	945	829	935	786	68	832	955	307	1703	344	68
1996	8043	0	967	851	952	812	70	868	991	315	1780	365	72
1997	8267	0	984	873	988	820	71	908	1001	368	1800	377	77
1998	9003	0	996	889	1010	864	76	1103	1145	378	2081	386	75
1999	9370	0	1009	906	1058	881	83	1215	1206	380	2130	421	81
2000	9851	0	1054	947	1132	906	86	1281	1269	430	2220	443	83
2001	10278	0	1160	992	1201	902	90	1310	1321	441	2332	441	88
2002	10981	0	1209	1089	1230	937	98	1387	1403	540	2436	562	90
2003	11557	0	1268	1167	1366	955	104	1420	1476	588	2520	597	96
2004	12599	0	1331	1203	1443	1473	110	1492	1558	593	2536	761	99
2005	14440	0	1879	1541	1830	1468	116	1694	1740	640	2580	854	98
2006	16065	0	2079	1975	2185	1482	117	1936	1927	674	2611	976	103
2007	17098	0	2259	2069	2318	1563	120	2130	2060	685	2630	1163	101
2008	17932	0	2360	2158	2447	1625	131	2282	2169	710	2680	1265	105
2009	18978	0	2441	2397	2596	1778	135	2389	2272	759	2650	1453	108
2010	20171	0	2761	2564	2807	1925	139	2501	2376	783	2633	1562	120
2011	21035	0	2890	2615	2896	2087	140	2793	2475	790	2632	1596	121
2012	21630	0	2994	2768	2918	2169	143	2881	2510	850	2640	1622	135
2013	22461	0	3306	2847	3045	2272	147	2947	2569	890	2650	1634	154
2014	23524	0	3579	2863	3211	2386	150	3136	2690	936	2655	1758	160
2015	25849	0	3680	3105	3592	3210	153	3645	3028	402	3070	1799	165

（二）个体户建账查实征收

1997年6月，市地税局印发《永州市个体工商户建账管理暂行办法》，明确规定从事生产经营并有固定经营场所的个体工商户，按规定建立、使用、保管账簿和凭证；依法经县（区）地税机关批准，可以不设置账簿或暂缓建账。

2002年8月，市地税局印发《全面贯彻〈个体工商户建账和强化查账征收〉的工作意见》，要求各县（区）地税机关进一步强化业户建账工作，坚持“强化建账，统筹规划，积极稳妥，全面推进”的原则，进一步完善具体实施方案，加强税务检查，以查促建，以查促管。对应建账未建账的业户，要严密监控其经营变化情况，加大检查力度，以检查促使业户建账；对已建账的业户要边检查、边辅导，在检查中逐步完善建账工作，以检查促进管理。

2014年5月，地税人员实地了解私营企业及个体经营情况

2006年12月，市地税局印发修订后的《永州市个体工商户建账管理暂行办法》，规定凡从事生产、经营并有固定生产、经营场所的个体工商户，应按照法律、行政法规规定设置、使用和保管账簿及凭证，并根据合法、有效凭证记账核算。个体工商户设置复式账的情形：注册资金在20万元以上，营业税纳税人月营业额在4万元以上；个体工商户设置简易账的情形：注册资金在10万元以上20万元以下，营业税纳税人月营业额在1.5万元~4万元。

1995—2015 年永州市地税系统个体建账户统计表

表 3-2-6　　单位:户

年份	合计	直属	冷水滩区	零陵区	祁阳县	东安县	双牌县	道县	江华县	江永县	宁远县	蓝山县	新田县
1995	13	0	1	1	0	1	0	0	0	10	0	0	0
1996	25	0	5	3	0	3	1	0	0	13	0	0	0
1997	58	0	9	5	15	2	1	10	0	14	0	1	1
1998	127	0	11	10	26	12	3	21	13	16	12	2	1
1999	158	0	16	17	30	16	3	22	16	18	16	2	2
2000	189	0	25	33	31	16	6	30	18	6	16	4	4
2001	226	0	30	39	40	18	8	31	21	8	18	7	6
2002	260	0	33	47	45	20	9	32	25	12	20	11	6
2003	289	0	38	52	51	24	9	34	27	9	24	13	8
2004	310	0	45	52	53	25	11	34	29	11	27	15	8
2005	334	0	48	54	56	27	11	40	31	15	29	15	8
2006	342	0	50	57	56	24	13	44	31	11	29	16	11
2007	352	0	55	57	58	22	14	44	32	13	29	16	12
2008	371	0	55	60	58	26	16	45	34	14	31	20	12
2009	383	0	59	61	59	26	18	45	35	16	31	20	13
2010	389	0	60	61	59	25	18	45	35	18	32	21	15
2011	408	0	62	63	62	24	20	47	37	19	36	21	17
2012	422	0	64	64	63	27	20	48	38	20	36	22	20
2013	433	0	65	67	63	28	21	48	39	20	38	23	21
2014	451	0	66	67	66	30	22	49	40	25	40	24	22
2015	450	0	67	68	66	30	24	49	40	20	40	24	22

第二节　发票管理

一、发票管理、清理及检查

1995 年 1 月，零陵地区地税局印发《关于发票管理有关问题的通知》，要求各县（市）地税局设置发票管理所，配备专职发票管理人员。6 月，地区地税局印发《关于电脑发票管理的一些具体问题的通知》，明确规定凡需要印制电脑发票的纳税人，须到县（市）地税局发票管理所领取印制电脑发票申请审批表，加盖公章，连同电脑发票设计式样送县（市）地税局发票管理所审核并签具意见，再到省发票管理部门办理审批手续，经省地税局审批后，到省地税局指定的电脑发票承印单位湖南茂源纸晶有限公司印制。9 月，地区地税局对使用裁剪式发票进行清理检查，检查饮食、娱乐、服务等行业的个体户 1953 户。在检查中，把用票单位存根联与报账单位的发票联逐一进行核对，对违章使用发票的单位和个人按规定给予不同程度的处理。此次检查，查出有问题的 573 户，检查填开的发票 3.9 万份，违章使用发票 2.34 万份，查补税款 98 万元。

1996 年 12 月，永州市地税局印发《关于发票换版工作若干具体问题的通知》，对防伪油墨，版面油墨，发票监制章，发票票头、编号、台账登记，新版普通发票的启用，旧版发票的处理，新版普通发票印制审批，原发票定点印刷厂的清理，电脑发票审批印制，发票管理费，上报发票票样，上报发票印制数量等具体问题作出规定。

1998 年 1 月，市地税局执行省地税局印发的《关于印发发票样本若干问题的通知》，规定各种发票的字体，发票监制章的套印位置，发票代码的位置和位数。永州地区代码设定为 M。

1999 年 3 月，市地税局决定从 1999 年 4 月初至 6 月底在全市范围内进行发票清理检查。检查对象包括从事各种经营活动的企业、单位和个体工商户，有取得和使用发票行为的各种非经营单位、社团组织，发票定点印制企业，发票防伪专用品生产企业，车站、码头、非法印票窝点等伪造、倒卖发票比较集中和猖獗的场所。清理检查的内容和重点是：对用票单位和个人的检查，对发票印制企业和发票防伪专用品生产企业的检查，对制售、倒卖真假发票的清查。

1999 年 9 月，市地税局印发《内部发票管理制度》，规定发票管理所、发票管理组（员）的职责，税务检查人员或税收管理人员对所管或检查的业务所涉及的发票管理负责。

2002 年 12 月，明确湖南邮电印刷厂负责永州市发票的印制。

2015 年 5 月，地税人员宣传发票相关知识

2004 年 11 月，市地税局转发国家税务总局《关于加强和规范税务机关代开普通发票工作的通知》，除国家税务总局文件规定可向主管税务机关申请代开普通发票的情形外，全市的小额经营业务也可向主管税务机关申请代开普通发票。代开的普通发票上注明完税凭证号码；完税凭证注明代开的普通发票号码。对单次申请代开普通发票经营额达不到按次起征点的，只代开发票，不征税。但同一申请代开普通发票的单位和个人，在一个纳税期内累计开票金额达到按月起征点的，在达到起征点的当次一并计算征税。

2008 年 4 月，市地税局对全市范围内从事饮食、娱乐、服务业且拥有固定经营门面或其他经营场所达到营业税起征点的纳税人全面推行税控收款机。至 11 月底，全市共安装使用税控收款机 1100 台，安装使用率达 100%。

2009 年 3 月，市地税局开展发票专项检查，对发票内部管理情况进行专项检查，主要检查各县（区）地税局及下属机构执行《中华人民共和国税收征收管理法》《中华人民共和国发票管理办法》和国家税务总局、省地税局发票管理制度、规定及内部发票管理制度建立完善和落实情况，检查县（区）地税局及下属机构税控收款机推广进度和推广工作会议精神的落实情况，检查发票定点印制企业内部管理及税务机关管理情况。

2009 年 4 月，湖南天辰印务有限公司承印永州市电脑发票及税控票；湖南宇祥票证印务有限公司承印永州市手工发票及定额票。

2010 年 3 月 2 日—4 月 2 日，市地税局对各县（区）地税局、市地税局直属分局的发票进行为期一个月的检查。6 月，市地税局印发《关于 2010 年发票交叉检查情况通报》，实行交叉检查，成立 4 个专项检查组，检查 2008 年 1 月 1 日—2010 年 3 月 1 日期间的发票发放、发票使用和管理情况。重点检查对象是建筑安装业、交通运输业、销售不动产等行业，以及民办医院、民办学校、驾校、物业管理公司、物流公司等单位的发票管理情况。

2010年永州市地税系统发票交叉检查抽查纳税人情况统计表

表3-2-7

被查单位	抽查纳税人（户数）	办证率（%）	税控机使用率（%）	发票使用率（%）
直属分局	18	100.00	87.50	94.44
冷水滩区	27	100.00	50.00	55.56
零陵区	30	86.87	66.67	60.00
祁阳县	25	100.00	86.36	76.00
东安县	25	88.00	59.09	60.00
双牌县	21	100.00	61.90	76.19
宁远县	26	100.00	50.00	50.00
蓝山县	28	100.00	42.31	67.86
新田县	23	100.00	50.00	60.87
道县	45	100.00	40.47	55.56
江永县	27	100.00	29.17	51.85
江华县	35	100.00	66.67	62.86
合计	330	97.97	55.70	62.73

2013年2月，全市推广使用网络发票管理系统开具发票。

2014年4月—10月31日，市地税局决定将本地区的高、中档餐饮企业（包括饭店、酒楼、酒店等纯餐饮企业和住宿餐饮一体的企业）作为主要检查对象。重点检查餐饮企业2012—2013年发票的开具、使用情况，以及有无将餐费开成非餐费用，将大额用餐费用分割成小额发票等情况，坚持做到“三必查”，即查税必查票、查账必查票、查案必查票。检查以问题发票为切入点，全面检查企业涉税情况。全市检查企业203家，查处发票违法企业101家，涉及非法发票188份，涉税金额4447万元，查补税款264万元，滞纳金3万元，罚款35万元。

二、打击印刷、贩卖、购买假发票

2003年1月，永州市地税局决定从1月20日—2月20日在全市范围内开展一次打击制售假发票的专项检查，联合公安部门重点检查可能制造假发票的印刷厂和容易产生销售假发票的车站、码头。检查出动税务干部516人（次），公安干警128人（次），抓获票贩子3人，收缴假发票4069份。其中，假建安发票10份、假收款收据 3925 份、假客运车票 134 份。

2008 年，市地税局、市国税局、市公安局联合印发《关于开展打击制售假发票和非法代开发票专项整治行动方案的通知》，全市共查获用作支付凭证的假发票 188 份，查补税费 10.5 万元，罚款 9.7 万元。12 月，市地税局印发《关于查处"11·13"假发票案件专项行动方案的通知》，成立查处"11·13"假发票专项行动领导小组，对涉外分局、直属分局、零陵区地税局和冷水滩区地税局管辖范围内的纳税人 2005—2008 年期间做账所取得的发票进行一次全面清理，重点是建筑安装、装饰装潢、勘探设计、劳务、代办等项目所取得的发票。通过市地税局稽查局对"11·13"假发票案和冷水滩区地税局对"3·28"重大发票违法案件的查处，共捣毁印制、藏匿假发票窝点 8 个，查获各类非法发票 50 万份，补缴税款 330 万元，罚款 36 万元，公安机关抓获涉案人员 14 人。

2010 年，市地税局印发《关于进一步做好打击发票违法犯罪活动工作的意见》，成立发票整治领导小组，由局长任组长，分管副局长任副组长，稽查、办公室、征管、法规、监察等科（室）主要负责人为成员。各县（区）地税局也成立相应机构，制订发票专项整治工作方案。以房地产开发、建筑安装、交通运输、金融保险、营利性医疗（教育培训）机构，餐饮娱乐、旅游等行业发票使用情况为重点行业，冷水滩区、零陵区、祁阳县、双牌县、新田县、宁远县 6 个县（区）为重点整治区域。这次发票整治活动查获湖南某建设集团公司，开具给永州市某金融企业的 3 份建筑业统一发票（代开）为假发票，并将该案移送市公安局经侦支队立案查处。2008—2010 年，全市地税系统对 300 余家重点企业近 2 万份地税发票进行对比，纠正问题发票 1200 余份，查补税款、罚款 310 万元。配合公安等部门查处一批发票违法案件，查获各类虚假发票和完税凭证 51 万份，用作支付凭证的假发票 300 余份，补缴税款 480 万元，罚款 71 万元，收缴制假设备 10 余台，假印章 1000 余枚。

2011 年 2 月，市地税局贯彻落实《全国打击发票违法犯罪活动工作协调小组第四次会议纪要》和国家税务总局印发的《关于认真做好 2011 年打击发票违法犯罪活动工作的通知》精神，联合市公安局等有关部门，全面开展发票交叉检查，重点打击印刷、贩卖假发票的违法行为，一举破获一个特大的印刷、贩卖假发票犯罪团伙。5 月，市地税局印发《关于打击发票违法犯罪专项行动工作方案的通知》，重点是清查建筑安装、装饰工程、劳务费、代办费等行业中购买、使用假发票和非法代开发票，以及编造虚假账簿隐匿收入进行偷税的违法犯罪行为。这次检查，全市地税系统共检查企业 249 家，查处发票违法企业 100 家，查出非法发票 240 份，涉案金额 3300 余万元，涉及税款 180 多万元，其中，查出假发票 9 份，涉案金额

2014 年 10 月，地税人员就发票检查情况与企业交换意见

1500 多万元，补缴税款 80 多万元。在对重庆国人啤酒永州分公司扩建项目发票检查中，发现湖南天鹰建设有限公司（常德）提供的 3 张建安发票（金额 1360 万元）有疑问，经鉴定，确认为假发票，所涉及的 74 万元税费全部追缴入库。对湖南天鹰建设有限公司开具的虚假发票行为移交常德市地税局查处。

2012 年 3 月，市地税局印发《关于开展 2012 年打击发票违法犯罪活动工作方案的通知》，清查重点是金融、保险、广告、餐饮娱乐、药品与医疗器材、房地产与建筑安装、交通运输、中介机构及教育培训等行业中购买、使用假发票和非法代开发票的情况。要求每个县（区）地税局、市地税直属局年度内必须检查处理违法受票企业不少于 10 家。11 月，市地税局、市国税局等 8 个单位联合印发《关于开展药品、医疗器械生产经营单位和医疗机构发票使用情况专项整治工作方案的通知》，专项整治对象是全市范围内从事药品、医疗生产经营的单位以及三级以上公立医院（不包括军队、武警系统所属医院）营利性医疗器械。整治范围为上述单位在 2010 年、2011 年因购买药品和医疗器械从相应生产经营单位取得的发票。这次专项整治活动，全市地税系统共检查企业 298 家，查处违法企业 102 家，涉案金额 5842 万元，补缴税款 345 万元；配合公安部门破获“8·9”特大制售假发票案件，捣毁位于冷水滩区的一个特大制售假发票窝点，抓获并刑事拘留犯罪嫌疑人 4 人，缴获制假机器 8 台，收缴假发票 1200 万份。

2013 年 4 月，市地税局印发《关于开展 2013 年打击发票违法犯罪活动工作方案的通知》，成立以局党组成员、副局长何多珍任组长，稽查局局长陈立志任副组长，征管、法规、税政、纳税服务等科（室）负责人为成员的打击发票违法犯罪活动领导小组，由市地税局稽查局组织牵头，负责对全市打击发票违法犯罪活动的组织、指导、协调和督促。这次检查共检查企业 294 家，查处发票违法企业 103 家，涉及非法发票 490 份，涉及非法发票金额 3338 万元，查补税款 175 万元，滞纳金 1 万元，处以罚款 48 万元。5 月，市地税局与市公安局经侦支队，在冷水滩区凤凰园联合举办打击发票违法犯罪活动现场会，对查获收缴的 200 万份假发票、制假模版进行集中销毁。现场会邀请多家新闻媒体进行宣传报道。7 月，市地税局与市公安局经侦支队召开联席会议，建立多项合作制度，形成打击假发票的合力。

2014 年 4 月，市地税局印发《关于 2014 年打击发票违法犯罪活动工作方案的通知》，清查的重点是建筑安装、石油石化、商业批发与零售、园林绿化等行业中购买、使用假发票和非法代开发票的情况。各县（区）地税局、市地税局直属单位从中甄选部分重点企业进行重点检查。

2015 年 3 月，市地税局布置 2015 年打击发票违法犯罪工作，要求各县（区）地税局配合公安机关加大制售假发票违法犯罪活动的打击力度，采取有效措施，通过打源头、端窝点、摧网络，联合查办一批发票违法犯罪重大案件，有效遏制制售假发票违法犯罪活动。12 月，市地税局联合市公安局、市国税局等部门，成功捣毁蓝山县塔峰镇一特大假发票制售窝点，现场抓获犯罪嫌疑人 3 人，查获假发票模板 1000 余件，查获非法票据涉税金额达 10 多亿元，涉及全国 29 个省（自治区、直辖市）。12 月，宁远县地税局稽查局查处一起伪造使用建安假发票案，涉案假发票金额达 809 万元，案犯戴某被判处有期徒刑一年零六个月，缓刑二年。

第三节　税收征管范围

1996 年 5 月，中共永州市委、永州市人民政府（以下简称市委、市政府）印发《关于确立与芝山、冷水滩财政体制有关问题的通知》。市财政局就贯彻落实市委、市政府《关于确立与芝山、冷水滩财政体制有关问题的通知》提出实施意见：（一）上划或上收的中央、省、市及原永州市、冷水滩市的企业，包括所属的工厂、交通运输、劳动服务公司、批发部、零售商店、招待所或宾馆、饮食服务、娱乐场所、仓储以及新办的境内合资、合作、联营、独资、股份制企业等。行政事业单位包括所属各种经济实体。（二）上收原永州市、冷水滩市行政事业单位及所属经济实体的各种税利，包括各项工商税收、城市规划区内征用土地单位缴纳的耕地占用税和市房产局、房产公司代收代缴的契税。（三）上划原永州市、冷水滩市的工商税收、教育费附加收入、契税、耕地占用税、企业收入、排污费收入，按市财税部门核实的 1995 年实际数划转。

是年 6 月，市政府办转发市财政局《关于贯彻落实市委市政府〈关于确立与芝山冷水滩财政体制有关问题的通知〉的实施意见的通知》，明确凡市委、市政府上收的单位，自1996年7月1日起执行新的管理体制。市财政局、市国税局、市地税局、中国人民银行永州分行联合印发《关于调整永州市、芝山区、冷水滩区财政预算级次和缴拨办法的通知》。市级收入，属于国税部门征管范围的，由市国税局芝山分局、冷水滩分局征收，并按预算级次分别缴库；属于地税部门征管范围的，由市地税局直属分局征收，缴入市金库。区级收入分别由两区国税分局、地税分局、财政局征收，并按预算级次入库。税收征管由市国税局、市地税局根据文件精神具体组织所属分局实施。

2015年4月，市地税局联合市工商联召开税企座谈会

是年7月，市地税局印发《关于确定永州市地税局直属分局、芝山分局、冷水滩分局税收征管范围的通知》，明确3个分局各自的征管范围为：（一）凡收入划归市里的所有企业应缴纳的地方工商各税、企业所得税、教育费附加、罚没收入、防洪保安资金、价格调节基金、农业、工业发展专项资金等均由市地税局直属分局征管。（二）市属纳税户出租、发包收入的地方税由市地税局直属分局征管；承租、承包的个体经营者的地方税由纳税户所在地的芝山分局、冷水滩分局分别征管。（三）市属纳税户收购矿产资源所代扣的资源税，由直属分局代征，分别缴入市属纳税户所在地的区级金库。（四）本市范围内施工企业的建安税收按隶属关系分别由直属分局、芝山分局、冷水滩分局征管。外来施工单位或个人承包的建安税收由施工所在地分局征管；承建市属纳税户的建设项目，由市直属分局代扣，分别缴入施工所在地的区级金库。（五）市级以上单位的营运车辆承包给个人经营的，按车籍所在地由芝山分局、冷水滩分局分别征管。（六）两区以外的单位在两区设立的代办点、经销处、办事处、销售部等分支机构，其税收由芝山分局、冷水滩分局分别征管。（七）市直行政、事业单位和市级以上企业所属的劳动服务公司、联运办自营业务的营业税、企业所得税和其他地方税收、教育费附加由直属分局征管；对外代开劳务运输发票代扣的营业税、个人所得税、城市维护建设税、教育费附加分别由芝山分局、冷水滩分局征管，并缴入各自的区级金库。（八）涉外企业税收在涉外分局成立以前暂由直属

分局征管。

1997年6月，市地税局召开城区征管范围协调会，市地税局征管科、市地税局直属分局及芝山区、冷水滩区、凤凰园3个城市分局的负责人参加会议。会议对城区内征管范围划分：（一）对市属及市属以上单位将场地出租给个人承包，从事娱乐、饮食等行业经营，除友谊大酒店、金叶大酒店、夜来香大酒店、杏苑夜总会、潇湘夜总会、不夜城酒店、香都大酒店、丽都大酒店、金通大酒店由直属分局征管外，其他户不论其是否变更营业执照，一律由所在地的两个区分局分别征管。（二）建筑安装业税收征管：市及市以上的建筑安装企业承包工程，其应缴的各项税款由直属分局征管，区及区以下的建筑安装企业承包工程，其应缴的各项税款由两个区分局征管。外来单位和个人承包工程，其应缴税款的征管按投资方的征管归属划分，投资方由直属分局征管的，工程应缴的税款由直属分局征收；投资方由两个区分局之一征管的，工程应缴的税款由该区分局征收。（三）由于粮食系统财政管理体制变化，原由直属分局征管的市区范围内区及区属以下粮食企业改按征管地域由两个区分局分别征管。（四）对今后市及市以上的企业新办的酒店、夜总会等承包给个人经营的，原则上由芝山、冷水滩分局分别征管。（五）承租永州市金秋股份有限公司场地经营的股份制企业西南百货公司视同市级企业，由直属分局征管。城区征管范围协调会结束后，市地税局印发《关于〈关于明确市区几个征管范围划分问题的会议纪要〉的通知》。该纪要从1997年6月9日起执行。

1998年4月，市政府办印发《关于调整凤凰园经济开发区财政体制的通知》，凤凰园经济开发区范围内实现的财政收入，市及市以上企业（不含湘南器材厂、跃进机械厂）和行政事业单位实现的税收，属市级收入，由市地税局直属分局征收，缴入市国库；冷水滩区所属企业和行政事业单位实现的税收，属冷水滩区收入，由冷水滩区税务机关征收，缴入冷水滩区国库；其他各项收入均属开发区收入，由开发区财政机关征收，缴入开发区国库。

2002年12月，根据市委办、市政府办《关于调整市与芝山区环境保护、公安等管理体制的通知》，对市与芝山区的环境保护、畜牧水产、公安、规划建设、房产、城市管理等管理体制作相应调整，并下放有关单位和人员。按照“财权与事权相统一，适当照顾芝山区利益”的原则，对市与芝山区的财政体制进行适当调整。市政府办公室印发《关于调整市与芝山区财政体制的通知》。收入调整范围为：下放给芝山区管理的环境保护、畜牧水产、规划建设、房产、城市管理等企业和行政事业单位实现的各项税收及附加、罚没收入、行政事业性收费属芝山区财政收入；下放原属市级财政收入的个体零散税收，主要是按照属地原则，市直以上行政事业单位的门面经营、酒店、招待所等实现的税收及附加和永州商业城等市场实现的税收及附加。撤地建市时市与芝山区的财政体制未作调整的，仍维持原体制不变。

2003 年 4 月，根据市委常委会议《关于凤凰园经济开发区改革与发展会议纪要》和市政府第 35 次常务会议纪要精神，市政府办印发《关于调整凤凰园经济开发区财政体制的通知》。根据开发区新的管理职能和区域管辖范围，重新划分市与冷水滩区的财政收入范围：（一）按永政办发〔1996〕49 号文件规定，开发区内原属市级财政收入范围的各项收入仍缴入市级财政。主要是市烟草公司、烟叶复烤厂、煤勘三队及其附属企业实现的税收及附加，银行、信用社等金融企业和中央、省、市属行政事业单位实现的属地方财政收入的税收及附加。（二）上收原开发区建成区内的跃进机电公司、湘南爆破器材公司、熙可罐头食品公司、永州罐头食品公司、正太药业公司、百草药业公司、三丰机械公司、明达实业公司 8 家企业及其附属企业上缴的所有税收及附加为市级财政收入。（三）上收开发区城区内的国土收入、契税、耕地占用税以及市直职能管理部门应收的行政事业性收费和罚没收入为市级财政收入。（四）新工业园区开发建设所实现的建安营业税及附加以及园区内的行政事业性收费、罚没收入、契税、耕地占用税、国土收入等为市级财政收入。（五）新工业园区内的新建企业实现的税收及附加，除城市维护建设税缴入市级财政外，其他税收及附加按照“谁引进、谁投资、谁受益”的原则，划分预算级次。根据本通知规定和永政办发〔1996〕49 号文件规定属市级财政收入范围的各项地方税收及附加，由市地税局直属分局征管，缴入市级金库。

2015 年 3 月，市地税局召开税政、法规、规费工作会议

2008 年 6 月，市政府办印发《关于明确零陵区范围内市区财政收入级次的通知》，对收入及征管进行调整：（一）零陵区范围内属市级财政收入的企业（行业）由于投资（基建）等产生的税收收入及附加也为市级收入。（二）下放零陵区范围内除上述市级收入外的其他原市级税收及附加为区级收入。（三）确定为市级固定收入的税收收入及附加，属于国税收入的由零陵区国家税务局负责征管；属于地税收入的由市地税局直属分局负责征管。市政府办印发《关于调整市与冷水滩区财政体制的通知》，征管范围

划分：地税收入由市地税局直属分局与冷水滩地税局负责征收，并按收入预算级次和分享比例分别缴入市、区级金库。坚持“一户纳税主体单位、一家地税机构征税”的税收征管基本原则，市地税涉外分局暂维持原征管范围不变，市地税局直属分局在冷水滩区境内征收的地方税收及附加采取列举法。具体征收范围是：（一）中央、省级企业实现的各项地方税收及附加。（二）除中央、省级收入外，增值税和企业所得税已为市级独享收入的企业实现的各项地方税收及附加。（三）丽都、皇都、香都、长城、南洋、万喜登、锦绣江南酒店实现的各项地方税收及附加。（四）市及市以上行政事业单位实现的各项地方税收及附加。（五）上述（一）~（四）项企业（单位）由于投资（基建）等产生的税收及附加。（六）中央、省在永州境内投资交通、能源、基础设施建设等营业税属于省级以上收入的重点建设项目实现的各项地方税收及附加。除上述列举范围以外的其他单位（企业）、经济组织实现的各项地方税收及附加均由冷水滩区地税局负责征收，并按收入预算级次和分享比例分别缴入市、区级金库。

2010年4月，市政府办印发《关于明确市区财政收入划分（试行）的通知》，明确收入及分享比例：（一）继续维持《永州市人民政府办公室关于明确零陵区范围内市区财政收入级次的通知》和《永州市人民政府办公室关于调整市与冷水滩区财政体制的通知》所确定的市与零陵区、冷水滩区财政收入划分办法。（二）省下放收入按照以下办法划分：零陵区下放的电力企业及附属控股企业实现的增值税、金融保险系统及附属控股企业实现的营业税全部作为省与区共享收入，市财政不参与分享；省财政不再参与分享的土地增值税、城镇土地使用税以及减少比例分享的资源税，仍然按照永政办发〔2008〕19号文件确定的收入划分办法分别增加市与区分享比例。即属于市级收入范围的金融、保险、电力、电信、邮政、中石油、中石化公司及其附属控股企业，湖南中烟工业公司零陵卷烟厂、湖南省建华机械厂、永州监狱及其附属控股企业，零陵烟草经营部（分公司），永州市路桥公司及其附属控股企业，市及市以上行政事业单位实现的土地增值税、城镇土地使用税、资源税（75%部分）为市级收入；其他企业（单位）实现的上述收入为区级收入。冷水滩区下放的电力等企业及附属控股企业实现的增值税、金融保险系统等企业及附属控股企业实现的营业税全部作为市与冷水滩区共享收入。除中央、省级分享收入外，增值税市区按照4%：6%比例分享，营业税市区按照5%：5%比例分享，即：增值税中央、省、市、区分享比例为75%：6.25%：7.5%：11.25%；营业税省、市、区分享比例为25%：37.5%：37.5%；下放的城镇土地使用税、土地增值税全部作为冷水滩区级收入；下放的资源税作为省与区共享收入，市财政不参与分享。下放的省级收入继续由原税务征管部门负责征收，按照相应预算级次，分别缴入省、市、区金库。

2011 年 12 月，市地税局因涉外税务分局撤销，印发《关于调整城区部分纳税人主管税务机关的通知》，原涉外税务分局征管的企业划归直属分局征管 14 户、划归冷水滩区地税局征管 57 户、划归零陵区地税局征管 25 户。原主管税务机关对纳税人进行检查未检查完的，移交新主管税务机关继续检查；检查完未执行的，移交新主管税务机关继续执行；原主管税务机关应做好已发售发票的清缴工作，并上报市地税局征管科，以调整主管税务机关；原主管税务机关应做好相关档案资料的归集整理，并移交新主管税务机关。

第四节 税收征管质量考核

1999 年 4 月，永州市地税局贯彻落实国家税务总局《关于开展征管质量考核工作的通知》精神和《湖南省地税系统征管质量考评暂行办法》规定的内容，召开征管质量考核工作会议，在全市组织交叉检查，把征管质量考核工作落到实处，迎接全国征管质量交叉抽查。考评内容包括：登记率、申报率、入库率、滞纳金加收率、欠税增减率、申报准确率、立案率、结案率、处罚率、复议变更率等 10 项内容，总分 100 分。9 月，经省地税局研究并报经国家税务总局同意，确定永州市地税局为湖南省接受全国征管质量考核的交叉抽查单位。省地税局对永州市地税局印发《湖南省地税局关于认真做好迎接全国征管质量考核及交叉抽查准备工作的通知》，要求永州市地税局争取政府和有关部门的支持配合，扎扎实实做好迎接检查的各项准备工作，确保征管质量考核取得好成绩。

2000 年 8 月，市地税局决定实行新的税收征管质量考核办法，征管质量考核由各县（区）地税局组织实施，按照规范统一、分级管理、客观公正的原则进行逐级考核。市地税局对考核结果按年组织抽查并进行通报。考核指标暂定为登记率、申报率、入库率、滞纳金加收率、欠税增减率、申报准确率和处罚率。9 月，市地税局组织征管、计会、稽查等部门的人员，组成 3 个检查组，对 11 个县（区）地税局和市地税局直属分局进行为期 15 天（10 月 15 日至 10 月 30 日）的检查，对反映征管质量的 6 项主要指标进行全面检查。

2003 年，市地税局印发《永州市地税局“征管基础建设年”活动方案》，要求突出解决 4 个问题：解决税源底子不清，监控不到位的问题；解决税收执行乏力问题；解决发票、票证管理及征管资料、法律文书不规范的问题；解决征管秩序较为混乱的问题。9 月，市地税局印发《关于开展征管质量交叉检查工作的通知》，9—10 月在全市地税系统开展征管质量交叉检查。

2005 年 8 月，市地税局印发《关于开展征管质量交叉检查工作的通知》，决定 11 月在全市地税系统开展征管质量交叉检查。

2013 年 10 月，市地税局召开绩效讲评会

2008 年，市地税局实行新的征管质量考核办法，优化考核指标，改进考核手段，建立新的考核体系，实现由部门考核向流程考核转变，由集中考核向日常考核转变，由手工考核向计算机考核转变，由定性考核向定量考核转变；提高考核频率，实行动态考核，采取定期考核和随机抽查相结合的考核方式，定期对征管质量和征管全过程进行考核、监控，通过考核寻找征管薄弱环节，对暴露的问题加以解决。同时，建立征管质量考核网络，形成市地税局—县局—基层分局的三级征管质量考核监控体系，切实加强对执法过程的考核。并将考核结果与岗位、能级联系，与收入分配、评先评优、干部使用等方面的利益挂钩，形成科学合理的考核评价机制和竞争激励机制。

2015 年 2 月，市地税局执行国家税务总局《关于进一步规范税收征管秩序提高税收收入质量的通知》精神，要求各县（区）地税局坚决贯彻组织收入的原则，坚持依法、依规组织收入，坚持依法征税，规范税收征管行为，足额组织税收收入。坚决不收过头税，坚决防止采取空转、转引税款等非法手段虚增收入，坚决避免突击收税，保证税收收入质量。

1995—2015 年永州市地税系统征管质量考核统计表

表 3-2-8

年份	登记率(%)		入库率(%)		欠税增长率(%)	滞纳金加收率(%)	处罚率(%)	资料完整率(%)	信息准确率(%)
	企业	个体	企业	个体					
1995	82.89	75.99	76.92	73.15	0.42	83.77	80.68	71.64	82.89
1996	91.56	76.03	86.60	75.66	1.65	91.27	88.76	84.61	91.56
1997	92.67	75.89	86.43	77.90	1.59	92.72	87.73	84.53	92.67
1998	93.28	78.47	88.96	79.76	0.30	93.74	88.37	85.27	93.28
1999	161.15	78.47	89.86	80.96	1.88	93.98	88.60	85.97	161.15
2000	92.20	78.56	89.37	81.26	1.36	93.54	89.32	86.82	92.20
2001	94.05	79.44	90.92	80.83	1.17	94.28	88.04	87.35	94.05
2002	93.99	80.42	91.77	81.77	-0.08	95.36	88.19	87.55	93.99
2003	94.37	82.42	93.13	83.15	0.38	95.59	88.68	90.23	94.37
2004	94.61	82.93	92.66	81.69	1.90	94.32	91.51	89.77	94.61
2005	94.83	83.08	93.55	82.09	1.15	93.59	91.67	89.61	94.83
2006	94.88	82.47	95.07	83.48	2.07	92.96	91.69	87.96	94.88
2007	96.16	83.58	95.22	83.82	0.60	94.20	92.35	87.79	96.16
2008	95.30	83.46	96.01	81.64	1.25	95.46	93.52	88.99	95.30
2009	95.01	85.75	95.86	84.68	-0.33	95.79	92.95	89.41	95.01
2010	96.71	86.51	97.21	86.58	2.87	96.67	93.73	82.64	96.71
2011	98.37	87.94	98.59	87.82	-1.28	97.28	95.57	91.81	98.37
2012	98.52	88.22	98.44	89.06	0.65	97.24	95.35	87.33	98.52
2013	98.80	87.59	98.25	89.54	0.28	98.06	95.56	88.84	98.80
2014	98.77	88.77	99.10	90.43	1.14	99.53	96.41	89.13	98.77
2015	98.94	89.10	99.35	90.60	3.91	99.93	97.50	89.94	98.94

第五节　税收征管改革

1995年，随着税制改革的进一步发展，零陵地区地税局制订深化征管改革方案，实行征、管、查三分离管理模式，基层逐渐由专管员制度向管事制度转变。变集权式管理为分权式管理，变全程式管理为环节式管理，变“保姆式”服务为依法服务。

1997年，永州市地税局决定以县（区）为单位设立办税服务厅，实行税收宣传与咨询、税务登记、票证发票、纳税申报、税款入库、资料存储等一条龙作业与服务，实现集中征收。并在此基础上调整基层税务机构，转变职能，规范税收征管业务流程。9月，市地税局成立专门领导小组，启动新的征管运行模式，着手组建市地税局办税服务中心，抽调税政一科科长何湖光兼任办税服务中心主任，莫玉梅、刘利民、黎金元任副主任。市地税局办税服务中心下设零陵办税服务厅、冷水滩办税服务厅。同时，选调一名计算机专业人才，通过考试、面试向社会招收7名计算机专业人才，对内通过考试、面试从零陵区、冷水滩区地税局抽调、选调各方面的业务骨干16人。对选调、招收的计算机专业人才和分配的计算机专业人才进行税收业务知识培训，做到边培训，边开发税收征管软件。11月，市地税局税收征管软件开发运行成功。

1998年1月，市地税局以申报纳税和优化服务为基础，以计算机网络为依托，集中征收，重点稽查的现代税收管理模式率先在全省纳入税收征管实践。

2005年3月，市地税局实行基层税务机关及其税源管理部门分片负责、分类管理税源的新型税收管理员制度。

2008年，市地税局确立新的税源管理模式，实行网格化管理，在征管中组织税收管理员对所辖区域进行“地毯式”清理，澄清税源底子，并与综合征管软件对接，构建条理化、信息化的分户管理和检索系统。对国家税务总局明确的税收管理员7项工作职责进行细化和量化。按照总局《六员培训纲要》要求，每年对税收管理员全面轮训一次，重点开展职业道德教育和能力素质培养，并综合考虑税源和人员结构等因素，优化人力资源配置，不断选拔素质较高的税务人员充实到基层一线，不断提高税收管理员队伍的整体素质。

2009年，市地税局建立并完善税收管理员制度工作规程、操作办法和工作日志、工作底稿制，进一步规范税收管理员的执法行为，做到执法有记录、过程可监控、结果可核查、绩效可考核的税收管理员制度。全面提升税源管理质效，完善以信息化为支撑，以税收管理员制度为核心的“征、管、查”三分离的现代税收征管模式。

2011 年 5 月，市地税局举办全市税控机操作培训班，有针对性地对税控机的日常操作技能、日常故障维护及后台税控机管理系统相关知识进行培训。至 11 月，全市共推广使用税控机 3163 台，比 2000 年增加 935 台，增长 41.96%。5 月，市地税局组织人员到工行、农行和建行 3 家商业银行，移动、联通和电信 3 家通信企业，人保、人寿和平保 3 家保险公司进行调研，印发《关于 2010 年电子缴税工作情况的通报》，下达单项考核指标，扩大网上申报纳税的面，至 11 月，全市财税库银横向联网 3 方协议验证通过的纳税户 2134 户，比 2010 年增加 241 户，扣缴税款 4.58 亿元，比 2010 年同期增加 1.31 亿元。银行刷卡缴税 10.05 万笔，缴税金额为 4.94 亿元。

2014 年，市地税局制订印发《永州市地税局税收管理员工作规程》和《永州市地税局税收管理员工作考核办法》。

2015 年 9 月，市地税局局长毛东庆（右二）调研征管转型工作

2015 年，市地税局与市国税局联合印发《关于〈国税局、地税合作规范 1.0 版〉贯彻实施方案》，对其中 5 大类 32 项规范要求逐条细化分解，依据工作职责进行划分，要求各部门牢固掌握合作目标与方式方法，为下一步国税、地税深化合作打好基础。根据该实施方案，全面建立起涵盖纳税服务、征收管理、税务稽查、信息共享以及税收分析等环节的合作机制，推动全面依法治税新常态。根据该实施方案，全市国税窗口全面实行代征工作，至 11 月底，市国税系统窗口共代征地方税费 1990 万元，委托邮政窗口在代开国税发票时代征地方税费 538 万元。7 月，市地税局从各县（区）地税局抽调 15 名业务骨干组成攻坚团队进行集中办公，进行“金税三期”工程攻坚战。全市共组织 7 期“金三”业务培训班，总计培训 1352 人次。全市共对 4.16 万户纳税人进行清理，累计处理省地税局推送的基础类异常数据 6.39 万条，处理原始凭

证类异常数据 20.3 万条，采集真实欠税 5391 万元。至 9 月底，全市地税系统累计录入业务数据 14.79 万笔。

第六节　税收保障与社会综合治税

2006 年 11 月，永州市地税局印发《永州市房地产税收一体化管理办法》，要求各县（区）地税局争取地方党委、政府的重视和支持，加强与建设、规划、国土、房产等职能部门的工作联系，建立健全部门间符合征管实际需要的监控网络和监控机制，疏通信息渠道，落实联合控管措施，确保房地产税收一体化管理落到实处。

2008 年 8 月，市政府印发《永州市市区房地产税收一体化管理办法》，由税收征收机关在房地产交易登记场所统一设置征收窗口，对房地产交易所涉及的税收，由办理房地产权属登记手续的单位和个人，向税收征收机关缴纳各项税费后，国土资源部门、房产管理部门凭主管税收征收机关开具的税务发票和完税凭证办理土地、房产权属登记（赠予、变更、过户）等相关手续，实行以票控税、先税后证，“一窗式”服务。市政府成立市区房地产税收一体化管理领导小组，小组组长由市政府常务副市长担任，领导小组成员由市政府办、法制办、政务服务中心、国税、地税、财政、规划建设、国土资源、房产、监察、审计等部门和冷水滩区、零陵区政府的负责人组成。领导小组下设办公室负责日常工作，办公室主任由市政府副秘书长担任，财政、国税、地税、国土、房产、规划建设部门制订具体的业务操作规程。9 月，市地税局加强与市财政局、市国税局、市国土局、市房产局、市规划建设局等部门配合，在全市范围内开展纳税环境专项治理，共查补地方各税 5097 万元，加收滞纳金、罚款 262 万元。

2011 年，市地税局全面推广应用地方税税源监控平台，制订印发相关的实施方案和考核办法。通过税源监控平台，及时发现和处理异常信息 278 条，追缴税款 367 万元。同时，加强对房地产税收一体化计算机流程管理，对房地产开发环节实行相关部门参与并共同把关的链条式“一证统管”的流水线模式，房地产税收同比增长 65.8%。7 月，新田县地税局推进社会综合治税，加强财政、工商、税务、银行、房产、国土、公安、交警等 40 多个部门的协作配合，强化税源控管，实现综合治税网络化，建立起以政府主导、税务主管、部门参与、司法保障、信息共享的综合治税及部门代征代扣税款体系。对综合治税各成员单位提供的涉税信息逐项进行跟踪，根据税源信息可转化为税收收入的时限，按照短、中、长三个时期分类管理，将情况及时向综合治税各成员单位进行反馈，对综合治税各成员单位提供的信息量、有效信息使用量和增加的税收收入等信息进行公开，激励信息提供部门的积极性，增强综合治税各成员单位对综合治税的关切度。全年通过房产、国土、交警、林业等部门代征、代扣的税款达540余万元。

2012年6月，市地税局印发《永州市存量房交易税收征收管理办法》，要求各县（区）地税部门在做好存量房交易过程中的税款征收、争议处理、减免税管理、税收政策宣传、纳税辅导等工作的同时，不断加强与财政、房产管理、国土资源等部门的协调配合，落实"先税后证"的规定，在办理权属转移登记时，当事人未能提供销售不动产统一发票和相关完税凭证的，一律不予办理权属转移登记手续。10月，双牌县地税局在县政府的统一指挥下，由财政部门牵头，组织地税、国税、审计等多个部门联合开展行政事业单位各项经费检查及税费清缴专项行动，对所有行政事业单位的各项经费开支及税费的缴纳情况进行检查清理，共清理入库税费150余万元。

2013年2月，宁远县地税局组建协税护税平台，形成"政府主导、地税主管、部门联动"的综合治税管理新格局。在县政务大厅建成房地产税费电子管理一体化平台，全年入库零散税收3985余万元。7月，市政府办印发《关于进一步加强税收保障的通知》，要求进一步改进纳税服务方法，严格税收征收与管理，强化部门协税护税责任，建立涉税信息交换与共享机制，加强税收保障工作的组织领导，加强监督检查与考核奖惩。8月，市地税局印发《关于明确税收征管有关问题的通知》，要求各县（区）地税局以《湖南省税收保障办法》和市政府办《关于进一步加强税收保障的通知》的贯彻实施为契机，与当地政府和工商部门协商，寻求支持，要求各级工商管理部门在办理企业工商执照注销登记时必须凭税务部门的税款清算证明才能办理，不能提供清算证明的，应督促其及时到税务部门办理税款清算。对不能提供的，要求其到税务部门补办相关涉税事项；对拒不提供的，不予办理相关

2013年4月，道县地税局宣传税收保障工作

手续。

2014 年 4 月，道县地税局依托县政府建设综合治税大平台，涵盖全县 20 多家涉税部门，构建先税后审、先税后证、以地控税、信息交换、委托代征等合作机制，先后对宾馆住宿、房屋租赁、房产登记、土地交易、矿山开采、民用爆破、股权转让、发票代开等涉税事项实现综合治税，累计交换涉税数据 5102 条，清查入库税款 1951 万元。10 月，市政府办印发《永州市市本级税收保障工作考核暂行办法》，规定考核对象是负有提供涉税信息和控税责任义务的部门和单位为市本级税收保障考核对象。其中，市发改委、市国资委、市住建局、市商务局、市民政局、市环保局、市审计局、市统计局、市人社局、市科技局、市物价局、市卫生局、市教育局、市文广新局、市体育局、市农开办、市残联、市外汇管理局、国网永州供电公司、市医保中心、市燃气事务中心、市自来水公司 22 个部门和单位负有提供涉税信息义务；市公安局、市工商局、市质量技术监督局、市国土资源局、市房产局、市财政局、市国家税务局、市地税局、市林业局、市水利局、市交通运输局、市公路局、市地方海事局、市烟草公司、市城投集团、市经投集团 16 个部门负有提供涉税信息和控税责任义务。考核坚持客观公正、注重实绩、激励为主、奖优罚劣的原则，按协税护税部门和单位应尽的义务，分提供涉税信息及控税责任两大类进行考核；考核实行百分制：提供涉税信息部门和单位按责任落实和信息提供两项评分；提供涉税信息及控税责任部门和单位按责任落实、信息提供、税收源头控管和委托代征代缴四项分别评分。考核结果分为优秀、合格、不合格 3 个等次。考核工作在市税收保障工作领导小组的领导下，由市税收保障工作领导小组办公室负责具体组织实施。对税收保障工作考核为优秀单位的，提请市政府予以通报表彰并给予适当奖励；对税收保障工作考核为不合格单位的部门和单位，责成其向市政府作出书面说明，并扣减该部门下年度 10%的工作经费；对税收保障工作考核不合格，且不依法履行法定职责，非法干预、阻挠税务机关依法征税，造成税费流失的部门和单位，提请市监察机关实施问责，并扣减该部门下年度 20%的工作经费；对负有代扣代缴税收义务的部门和单位，税务机关应及时与该部门和单位签订委托代征代缴协议，并按约定支付委托代征代缴手续费。

2015 年 6 月，蓝山县地税局决定在全县范围内广泛开展集资建房税收清理，县委、县政府成立以县长任组长，常务副县长任常务副组长，组织部部长、纪委书记、政法委书记、法院院长、检察院检察长、县政府办主任任副组长，监察、发改委、财政、审计、地税、国税、国土、住建、房产等单位负责人为成员的集资建房税收清理领导小组，每个在职县处级领导联系一户应缴集资建房税收单位，负责组织、宣传、发动等工作。通过发布公告形式在县电视台、政府网站、县地税局办税大厅以及集资建房单位等地进行宣传。并按税收政策规定展开地毯式税收清理，全县摸底清理单位34个，集资建房户3152户，有3134户清缴入库税款5175万元。8月，蓝山县成立以常务副县长任组长的耕地占用税专项清理领导小组，组织国土、林业、公安、乡镇（办事处）等单位，制订具体实施方案。通过信息共享、项目登记、信息查询以及实地调查，摸清符合清算条件的项目，清查出应缴耕地占用税的企业103家，其中：采石场31家、烟花爆竹厂30家、砖厂12家、陶粒厂4家、其他企业26家，共入库耕地占用税1300余万元。10月，双牌县由县政府牵头，从地税、国土、房产、住建、财政、公安等多个部门抽调业务骨干组成小产权房税收清理工作小组，联合开展小产权房税收专项清理工作。对泷泊镇范围内的所有小产权房的税收进行清理结算，共清理入库税款82万元。12月，江永县地税局联合财政、房产、国土资源等部门，利用房地产税收一体化，对永华国际、伟恒置业等房地产重点税源户以及农村建筑安装的一些小税源进行清理、清缴，共入库各项税款3152万余元。

2006—2015年永州市地税系统社会综合治税统计表

表3-2-9

年份	参加部门（个）	获取涉税信息（条）	补缴税款（万元）
2006	217	30032	10009. 31
2007	217	31289	12626. 17
2008	223	34286	14784. 29
2009	232	35885	17328. 87
2010	260	37450	21987. 74
2011	268	40695	30007. 22
2012	278	44097	41078. 11
2013	293	46785	50267. 66
2014	303	50311	57958. 11
2015	313	53221	53568. 80
合计	2604	404051	309616. 28

第七节　纳税评估

2005年6月，永州市地税局印发《纳税评估工作实施方案》。

2008年，市地税局将纳税评估工作作为优化纳税服务的一项重要内容纳入年度征管质量考核。以严格审核纳税人日常纳税申报的真实性和准确性为切入点，掌握纳税人的真实税源状况，结合本地经济发展特点，建立行业纳税评估模型，并根据各税种的特点，利用其计税依据和涉及的企业财务指标设计评估指标、公式和模型。同时，充分利用计算机的数据处理能力，实现数据处理自动化。通过分类管理与日常管理相结合、信息采集与纳税信用等级评定相结合，对纳税人日常申报的真实性和准确性及时进行评定，评定结果纳入纳税人纳税信用等级评定档案。并运行税收分析、纳税评估和税务稽查良性互动机制，建立税收分析、纳税评估和税务稽查三者之间的信息共享和双向反馈机制，形成一个以税收分析指导纳税评估和税务稽查，纳税评估为税务稽查提供有效案源，税务稽查保证纳税评估有效实施，评估检查与稽查反馈结果改进评估和税收分析工作的机制。至11月底，共实施税务约谈465次，帮助纳税人纠正申报差错5325起，涉税金额2251万元。

2011年，市地税局将行业纳税评估作为强化税收信息化管理的一种有效手段，突出其在税源管理中的核心作用，针对水泥生产、酒店、旅行社等行业特点，充分发挥信息化手段，通过《省级数据大集中系统》《税控机管理系统》和《税源监控平台》中的数据进行综合分析比对确定评估对象，并充分利用国税、电力局、自来水公司等第三方信息实地调查，测算出行业的平均利润率、平均税负、平均每吨产品用电量、每百元成本用电量、平均每床位取得收入额和平均税负等相关评估指标，进行直观地横向和纵向比较，不定期编制《行业税收征管现状分析》，揭露征管问题，提出改进建议，下达督办整改通知，全年评估补征税款达4748万元。

2013年11月，地税人员开展纳税评估实地核查

2013年2月，宁远县地税局以“打基础、求规范、抓重点、堵漏洞、建制度、促落实”的工作思路，组建懂业务、善分析、强责任的纳税评估团队，开展第三产业税收纳税评估，以酒店业、饮食业、总经销、总代理为重点，对116户纳税户进行纳税评估，共查补入库税款38万元，实现“以评促改、以评促管、以评促查、以评促收”。3月，祁阳县地

税局在税源普查的基础上，抓好存量房交易纳税评估工作。根据调查的各种数据信息，全面掌握存量房交易系统税源底子，建立存量房交易系统税源数据库，将纳税人的所有涉税信息全部录入电脑，建立专项台账，对全县所有存量房交易进行纳税信息监控，通过系统评估征税 572 次，核实计税价格比纳税人申报价格平均提高 20%，增加入库税款 350 万元。11 月，新田县地税局运用系统评估存量房交易 325 宗，评估金额 1490 万元，应征税款 103 万元，减免税款 13 万元，实征入库税款 90 万元。其中，系统评估价高于合同价 286 宗，占全部评估户数的 88%，评估调增计税金额 308 万元，增收入库税款 19 万元。

2014 年 9 月，市地税局组织实施房地产行业纳税评估工作，从部分县（区）地税局抽调 6 名业务骨干在冷水滩城区开展试点，根据纳税人楼盘规模、销售状况和申报税款情况确定 4 家房地产企业为评估对象。经过评估增加税款 1200 万元；经税务约谈，纳税人自行申报入库税款 600 多万元。通过实施房地产行业纳税评估取得经验后，在全市范围内展开房地产行业纳税评估工作，全年累计重点评估房地产企业 30 家，评估增加税款 5798 万元，及时入库税款 600 万元；全面评估 62 家，评估增加税款 5496 万元，及时入库税款 1026 万元。10 月，蓝山县地税局整合资源，跨部门组建纳税评估团队，开展房地产业税收的纳税评估，对 13 家房地产业纳税人进行纳税评估后，增加税款 1300 万元，及时入库税款 1100 万元。其中永州市蓝海房地产开发有限责任公司（南海明珠项目）移交稽查部门进一步检查，查补税款 870 万元。

2015 年 3 月，道县地税局提高纳税评估实战技能，结合经济指标进行综合分析，重点跟踪监控低于警戒线的纳税指标，将案头分析与实地核查相印证，先后对房地产、建筑安装企业、超市、酒店、医院等 121 家企业和单位进行纳税评估，评估面达 4.5%，增加入库税款 58 万元。6 月，市地税局在金辉宾馆举办一期纳税评估及征管改革知识更新培训班，对各县（区）地税局的征管科长和业务骨干进行业务知识更新，内容涵盖房地产、工业企业纳税评估实务，财务报表涉税风险分析，税收执法风险管理及防控，税收征管法修订稿主要内容讲解，Excel 数据分析及实务应用，税收征管规范 1.0 版与现行征管业务差异分析及处理，税收征管改革业务知识更新等。7 月，市地税局通过开展纳税评估强化对驾校行业的税收征管。市地税局征管科安排专门的数据管理员，每月 15 日前将交警部门传递的驾考信息分类整理后传递至各县（区）地税局征管科，再传递至各个地税分局。每月申报期过后，地税分局对驾校上月申报缴税情况进行纳税评估，根据征管科提供的各个驾校的科目合格人数、驾考类型等信息，按照当地价格主管部门核定的收费标准，逐一核实收入，按法定税率计算应纳税款和应补缴的税款。全年从市交警支队获取全市驾校2012—2014年驾考信息15万条，安排部署对全市驾校近3年的纳税情况进行评估和清缴，清缴入库税款730万元。

2005—2015年永州市地税系统纳税评估统计表

表3-2-10

年份	评估（户数）	评估面（%）	补缴税款（万元）
2005	494	2.43	703.05
2006	646	2.80	800.35
2007	697	2.88	794.68
2008	765	3.02	694.20
2009	856	3.19	749.46
2010	925	3.30	834.64
2011	988	3.67	818.98
2012	1010	3.68	861.67
2013	1077	3.78	963.66
2014	1126	3.98	1137.92
2015	1230	4.24	1334.55
合计	9814	3.36	9693.16

第八节　税收信息化建设

一、税收信息化建设

1994年9月，零陵地区地税局健全信息机构，充实信息化专业人员，加大资金投入，开启全区地税系统税收信息化建设。

1996年6月，永州市地税局在中心城区率先在全省推行计算机管理税收，实现税收征管由手工操作向计算机管理的重大转变。同时成立攻关小组，初步完成征管改革菜单，开发并试用“税务登记”“发票管理”“申报征收”等6大模块，实行纳税申报表的自动光电录入和电话自动催缴系统。

1997年，市地税局转发省地税局《关于加强新建纳税服务大厅和办公楼计算机技术装备管理的通知》，要求各单位对纳税服务厅所采用的计算机硬件系统进行科学论证和规划。规定在全省统一版本的厅内开票软件发布之前，各地可在全省地税系统目前已实际投入运行的开票软件中选择适合本地情况的软件，进行适当修改后以应急需。11 月，市地税局转发执行省地税局 3 个文件，即《关于计算机系统运行管理的若干规定》《对新建计算机场地的暂行规定》和《计算机系统安全管理暂行规定》。

1998 年，市地税局成立计算机管理中心，其职责是负责全市税务人员计算机操作技术的培训，征管软件的开发、利用以及会计软件的衔接，计算机硬件和软件的管理与维护，外部信息的搜集与整理，税务信息资料库的建立以及按业务需求量直接向有关岗位提供所需税务信息。市地税局转发省地税局《关于开展全省地税系统计算机应用情况检查工作的通知》，检查内容：计会软件，开票软件的推广应用情况；计算机在征管方面的应用情况；计算机单项应用系统的情况。

2014 年 10 月，市地税局组织税收知识考试

2000 年，市地税局计算机管理中心更名为信息化管理中心，主要负责本系统信息化建设的技术服务、技术支持和技术保障工作，负责税收管理信息的运行维护工作，组织本系统技术基础设施建设管理与运行，参与落实税收管理信息化总体规划和实施方案拟订，负责信息设备的采购和管理，组织本系统计算机专业人员的培训，为信息化建设培养专业人才。

2002 年，省地税局决定在永州市进行新一轮税收征管改革试点，实现在信息化支持下的专业化管理，建立全市地税系统征管信息一体化网络。第一期在市区和祁阳县进行，第二期在另 8 个县进行。购置小型机、高速交换机、路由器、租用专线、内室布线等物理硬件及信息一体化软件系统（操作系统、大型数据库系统、应用系统及办公自动化系统等），市地税局上报《永州市地税局关于请求解决征管信息一体化建设经费的请示》，请求省地税局解决信息化建设经费。

2003 年，市地税局印发《关于加快信息化建设的通知》，要求各县（区）地税局必须配备一名计算机专业人员专门从事计算机应用及网络维护工作。有条件的单位可以报请市地税局批准设立信息站，由主管信息化工作的局领导直接领导；未设信息站的单位，计算机专干人员的编制归口计财股。各县（区）信息化建设的主体部件包括服务器、路由器、交换机等由市地税局统一安排配置，经费不需县（区）地税局负担。各县（区）地税局每位领导、各科（股）室、各分局必须配备一套计算机。市地税局印发《永州市地税局信息化建设工作规范》，明确信息化建设工程立项、设备采购、网络建设、机房建设、系统运行、安全管理、人员管理、软件使用等方面的规章制度。

2004 年，市地税局投入资金 200 万元，建成 96 平方米高标准的数据中心，购置精密空调、高档 UPS 等。其中，投入资金 80 多万元，购置 12 台华为 3050 交换机，12 台华为 2631 路由器和 2 块思科 4507 路由器的 8CEI 模块，构建市地税局到各县（区）城关税务分局（所）的 2M 数字专用电路，新建 12 个局域网。市地税局到各县（区）地税局共有 27 条 2M 数字专线电路，每个县（区）地税局都有 2 条 2M 数字专线电路综合业务软件系统、公文处理系统、ftp 服务、各项专项业务软件已普及到城区税务分局（所）的每个工作站。是年，投入资金 100 多万元，新增 2 台 PC 服务器，2 台电子触摸屏，1 台电子显示屏，50 台 PC 机，20 台票据打印机，配合综合业务软件的推广和政务公开工作。市地税局信息中心购置网站专用服务器，建立永州地税局综合信息网站，取得互联网域名，实现网站实名制。是年，宁远县、冷水滩区、江华县、芝山区等县（区）地税局先后建立内部网站，其他单位设立网页。

2005 年，市地税系统投入信息化资金 160 多万元，为数据中心安装雷电防护系统，改造宽带网络系统，新增交换机 28 台，路由器 28 台，PC 机 60 台，为 22 个农村分局组建局域网，并通过电信专线连接与市地税局组网成功。同时，与银行成功联网，开通网上申报，网上缴税和 12366 语音服务，提高信息化应用效率，便于纳税人申报和税务机关内部管理。

2006 年，市地税局优先购置信息化硬件设备，不断增强网络及计算机硬件的可靠性和高效性。市地税局数据中心是全市地税系统信息网络的控制中心，拥有核心路由、核心交换、小型机、PC 服务器、网络监控设备、网络安全设备等 30 多台，分别负责综合软件、电子申报缴税、公文处理、地税网站、网络杀毒、网络检测、FTP 服务等 18 套应用系统。通过政府采购为道县地税局采购电脑设备一批；为东安县地税局采购电脑设备一批，该局办公楼综合布线和安全监控系统工程全部竣工。市地税局信息中心加强网络安全管理，在市地税局数据处理中心设置内网防火墙和外网防火墙及物理隔离网闸，启用冰之眼入侵检测系统和华为网管系统，所有服务器及计算机都安装杀毒软件，对全市地税系统网络进行严格监控，有效防止黑客入侵等非法用户访问，保证数据的完整性和安全性。

2007 年，市地税局根据国家税务总局“金税工程”明确的“统筹规划、统一标准、突出重点、分步实施、整合资源、讲究实效、加强管理、保证安全”原则，建立统一规范的市级应用集成平台，建成全市网络视频会议系统，顺利完成综合软件的多次升级。8 月，在市地税局机关大院和办税服务厅安装一套视频监控系统，有效保障机关办公设备安全。为确保全市系统数据安全，在每台服务器及终端电脑安装瑞星网络版杀毒软件，并定期杀毒。

2008 年，市地税局围绕省级大集中推广这一工作重点，优先购置信息化建设所需的各种设备，不断增强网络及计算机硬件的可靠性和高效性以满足发展的需要。针对全市农村分局的网络线路不够稳定的问题，将 20 多个农村分局原来的“极速通”线路改为 2M 专线。专门安排人员对综合软件的故障进行答疑解惑，对税控收款机系统进行更新换代。软件上将原来由厂商开发的系统平台切换到国家税务总局要求的全国统一的系统平台；硬件上也从读卡器到税控收款机全部进行更换。在全市地税系统范围内所有机器上都安装瑞星网络版，保证网络正常运行和工作站安全。

2009 年，市地税局对全市地税系统网站进行全面改造，重新设计主页，增加政务公开、领导介绍、最新动态、廉政建设、党建工作、专题园地、纳税指南、政策法规、下载中心等八大版块，并引入大量新的网站建设理念。市地税局信息中心对市地税局机关计算机设备进行全面清理，祥细记录每台设备的类型、品牌、生产日期以及使用者，彻底摸清市地税局机关计算机设备的配备情况，包括设备数量，以及使用年限等，为资产管理及今后计算机设备配备提供最直接的数字依据。

2011 年，市地税局实现省—市—县（区）业务链路双线热备，办公链路单独成网的第三条广域高速链路，得到省地税局通报表扬。

2013 年，市地税局集中力量推广运行省级征管数据大集中软件，本着统一指挥、统一宣传、统一培训、统一标准和统一行动的总体工作规划，严谨系统交割，重点上线维护，各项工作有条不紊地进行，顺利地进行系统切换。10 月，市地税局印发《省级大集中综合征管系统推行工作方案》，成立省级大集中系统推行工作领导小组，由市地税局局长谷一飞任组长，副局长唐双祁任副组长，市地税局有关科（室）主要负责人以及直属分局、各县（区）地税局局长为成员。领导小组下设办公室，办公室内设业务组、技术组、综合组和后勤保障组，各项工作顺利进行。

2014 年，市地税局将信息安全管理重点放在“物理安全、制度保障、安全监控、应急预案”4 个方面，对市地税局中心机房的消防设施进行全面改造，更换不合格的气体钢瓶，修复消防主机及相关感应器，新增 UPS 主机一台（艾默生 UL33

-0200L、20KVA），并增配 120 节 12V100AH 的蓄电池，保障数据中心机房的电力供应。对数据中心机房的电源线路及插座接头等进行符合机房标准的 PDU 改造，采购一台华为 NE40-X3 路由器及一台华为 S7703 核心交换机，更换老旧的第三链路 CISCOR7206 路由器与 4507 交换机，消除设备故障隐患。将市到县（区）地税局的办公链路（第三链路）从 2M 升级为 8M 数字专线。采购瑞星网络杀毒软件，更换原有已过期产品。做好数据中心机房的动力环境监控系统，保障数据中心机房的安全高效运行。

2014 年 9 月，市地税局组织党纪法规知识考试

2015 年，市地税局更新全市地税系统内网杀毒软件，购买专业防火墙，重新规划外网网络并制订详细的外网管理策略。完成全市地税系统网络设备的 SNMP 统一管理，减轻管理难度，加强管理力度及非授权终端接入内网的管理和监控。

二、税收征管与税收信息化

2003 年，永州市地税局成立综合软件推广领导小组，信息中心、征管、计财等部门联合办公，制订综合软件管理办法，明确综合软件的应用情况纳入各县（区）地税局正职考核。市地税局决定自 2003 年 7 月 14 日—8 月 13 日为新征管软件调试运行时间，新征管软件包括 8 大功能模块：税务登记、纳税申报、税款征收、发票管理、税收会计、台账管理、综合查询、系统维护。要求各科（室）积极配合，各负其责，支持征管软件的运行和调试。纳税户资料的提供由各管理科和城区各税务所负责；数据的录入、业务的受理由办税服务厅负责；软件的技术问题由开发组负责；征管职责和程序的明确和规范由征管科负责。

2004 年，市地税局信息中心派出 5 人具体负责税务登记、税源管理、车辆税收管理、税收票证管理、纳税申报、发票管理、税控收款机接口标准及后台管理、系统设置等功能模块的整改和设置工作，确保综合软件在全系统如期，按量保质地得到推广运用。8 月，市地税局集中力量在各县（区）城关税务分局（所）全面开展湖南地税综合软件的推广应用工作，功能模块使用率达 100%，发展运行工作站 200 多个，将 2.35 万个纳税户纳入计算机管理范围。通过湖南地税综合软件的推广应用，市地税局办税厅日开票量1900多份，月征收税款2700多万元。

2005年，市地税系统全面实现省、市、县（区）地税局、农村分局四级网络互通互联，与银行成功联网，开通网上申报、网上缴税和12366语音服务，提高信息化应用效率，方便纳税人申报和税务机关内部管理。全面推广应用湖南地税综合软件，将综合软件升级到3.2版。同时组织开发和推广运用新版发票软件。全市地税系统共有3.04万户纳税人纳入综合软件系统管理，月填开税票3500多份。同时做好小型机调试工作，综合软件成功向小型机迁移。

2006年，市地税局将综合软件升到3.3版，指派3名专业技术人员负责综合软件技术服务管理工作，准备1台DELL6600服务器专供综合软件应急使用。在综合软件系统中管理的纳税户有3.55万户，全年征收税款5亿元，征收的税款全部纳入综合软件的会统核算中。年底，利用综合软件的数据集中和数据提取优势对全市地税系统进行征管质量考核。

2007年，市地税局信息中心与征管科联系，将湖南地税综合征管软件运用情况列入全年督察督办内容。综合软件进行3次升级。

2008年，市地税局组织各县（区）地税局对原征管软件数据开展逐条核查，严把数据质量审核关。经过2个月的清理，共清理虚假数据70多万条。市地税局对除综合软件以外的其他应用软件进行全面清理，并分类逐项制作《周边软件清理与关闭报告表》。

2009年，市地税局信息管理中心配合相关科（室）做好房地产税收一体化管理软件、个人所得税管理软件、税源调查软件和企业所得税汇算清缴软件等的培训和推广。同时针对12366机房特别制订安全运行制度，坚持定期对12366机房电脑进行检查，确保12366语音系统正常运行。

2010年，市地税系统信息中心重点抓好征管综合软件、办公自动化软件、视频系统、电子申报系统、12366纳税服务系统、财务管理软件、纳税服务平台、财务管理、执法管理、人事管理、税收稽查以及其他专业软件的应用工作。全市地税系统开通网上申报用户1866户，办理网上申报税款3.93亿元，安装POS机74台，实现银行刷卡缴税4.72万笔，扣税1.6亿元。市地税局建立征管数据的录、审、调、存、传、用等各个环节数据管理，强化数据采集、录入、审核责任制，实行市、县（区）局、所税收管理员三级监控制度。

2011年，市地税局组织在全市地税系统内开展全面集中数据清理，共清理业务数据20余万条。信息中心部署应用税务稽查管理子系统，完成由市级集中到省级集中的蜕变过程，实现税务稽查查补征收数据与大集中的无缝连接，并按税务稽查业务流程进行事务流管理，实现稽查的管理、监控和文书制作等全部税务稽查业务电子化。

2013年，市地税局印发《省级大集中综合征管系统推行方案》和日程安排，成立省级大集中系统推行工作领导小组，由局长谷一飞任组长，副局长唐双祁任副组长，卿志彪、黎金元、陈立志、肖冬旺、杜剑平、彭刚成和市地税局直属分局、各县（区）地税局局长为成员。各县（区）地税局也成立相应的机构，确定人员，明确职责。11月，市地税局召开省级数据大集中动员会，就全市地税系统数据大集中综合征管系统上线工作做具体部署。

2014年，市地税局做好新版公文处理系统上线前的准备工作，包括数据备份和数据迁移。市地税局信息中心与相关部门配合，做好新版办公自动化系统的上线及推广培训工作。做好与房产局联网的技术支撑工作，配合税政部门做好土地增值税评估软件的试用和推广工作。

2015年10月，市地税局局长毛东庆就税收风险管理上辅导课

2015年，市地税局信息中心对已升级到8M带宽的市到县（区）的办公链路（第三链路）进行网络优化，为综合办公系统，高清视频会议系统及其他业务系统合理分配网络带宽资源，保障各项业务稳定顺畅运行。对市地税局办公楼13楼多功能会议室进行多次参数优化调试，包括高清视频会议系统的联调；高清投影机的安装位置、色彩、亮度、对比度等关键参数的调整；数字音频视频播放系统的调整；以及所有设备的整合联调，达到设计效果。按照省地税局要求，成立市地税局“金税三期”工程运维组，承担“金税三期”工程市级运维职责，对“金税三期”及相关应用系统，包括总局统一推广软件，省地税局保留并与“金税三期”对接的特色软件以及其他与生产业务相关的应用软件提供运行维护支持。

三、税收信息化技术培训

2004年，永州市地税局为做好综合业务软件3.0版的升级应用，组织3次大规模的业务培训。

2006年，市地税局信息中心派员参加省地税局组织的邮件系统培训、J2EE软件开发培训、网络安全培训、软件高级培训、项目管理岗位培训等。3月，综合软件升级到3.3版，市地税局集中组织县（区）地税局的信息专干、税收会计、票证会计、发票管理员、大厅操作员共75人，对新推行的业务进行专项培训，完善发票管理"一窗式"服务功能。各县（区）地税局根据市地税局的计划进行全员培训。全年共办培训班10期，有1000余人参加。

2007年，市地税局主办税库银横向联网师资力量培训班。

2011年，市地税局对各县（区）地税局信息中心与办税服务厅负责人进行各项软件培训，各县（区）地税局按市地税局部署各自进行针对性培训。

2013年，市地税局为湖南地税省级集中综合征管系统第一批上线单位，在经过省地税局对市地税局30名师资培训后，设立培训班，制订培训计划。培训组由市地税局信息中心主任任组长。这次培训按轻重缓急，分类分级的原则进行。综合业务性强的业务培训由市地税局统一组织培训；办税服务厅操作员由各基层进行专项培训；基层单位的税管员、管理人员由各县（区）地税局统一组织培训。市地税局领导对各单位随机抽查，当场上机考核，重点考核办税服务厅前台业务操作、票证管理、发票管理等核心业务。

2014年7月，市地税局开展业务大比武活动

2014年，市地税局信息中心先后对县（区）地税局信息中心的技术骨干进行网络学院、大集中系统升级等方面培训。组织一期内容为软件应用、网络管理及信息系统安全管理方面的综合培训班。全年共组织6次全市地税系统全体人员参加的计算机应用及业务软件考试，每次每人拿出500元进行考核，不合格者不仅领不到奖励，还会受到通报批评。

第三章 依法治税

永州市地税局对税收执法进行规范化、痕迹化管理，不断规范和完善税务稽查流程，加大专项稽查和大要案查办工作力度，做好规范性文件的制发和清理、执法案卷评查、重大案件审理、重大行政执法决定法制审查和税务行政复议、诉讼等工作，创建“依法办事示范窗口”，提升依法治税水平。

第一节 稽查实施

1995 年，零陵地区地税局转发国家税务总局《关于下发税务稽查工作报告制度的通知》，要求各级税务机关根据上级税务机关的部署，结合本地区实际情况，制订税务稽查年度（季度）工作计划，年度（季度）终了后写出工作总结。

1999 年，永州市地税局对全市重点行业进行稽查：对电力行业开展税务稽查，全年对 14 家电力局及其附属企业进行稽查，共查补入库税款 110 余万元，重点解决和纠正全市电力行业存在的收取路灯维护费，长期未缴纳营业税的问题；对私人办学行业开展税务稽查，查补税款 40 多万元；对邮政电信行业开展税务稽查，查补税款 200 余万元，并对各种邮电附加费和揽储酬金追补税款。全市有 6 个县（区）地税局公告税收违法案件，市地税局稽查局在办税服务厅公告 2 期 6 起税收违法案件。全年共查结案件 683 起，查补地方各税 3385. 1 万元，入库 3290. 6 万元，加收滞纳金、罚款 266. 7 万元，分别比 1998 年增长 9%、2%、6. 3%和 14. 2%。市地税局稽查局查结案件 17 起，查补税款 1100. 4 万元，入库 870 万元，加收滞纳金、罚款 120 万元。

2000 年，市地税局稽查工作实现选案、查案、审案、执行 4 个环节相对分离，定岗定人，各司其责，真正做到“检查的不定案，定案的不检查”，并实行岗位目标考核。在稽查实施环节上，建立健全内部监控 5 项制度：实施稽查工作回避制度；实行实地督察制；坚持稽查底稿制度；坚持重大案件会审制；实行错案责任追究制。从是年起，各级均不给稽查下达指令性收入计划，更不准分配或变相分配收入任务。是年，市地税局转发省地税局《关于开展2000年个人所得税专项检查的通知》，决定自2000年8月至11月在全市范围内开展个人所得税专项检查。这次检查重点行业或单位是股份制企业、县以上医疗机构、邮电部门（包括电信局、移动通讯公司、联通公司、无线寻呼公司、邮政局）及其下属公司、高等院校、新闻单位、社会中介机构、证券公司、广告公司、事务所以及其他实行企业化管理的事业单位。检查重点个人为实行销售大包干的企业销售人员、建安承包商和项目经理人、演艺人员和新闻工作者（包括主持人、记者、编辑）。在此基础上，市地税局还增加检查重点：行政事业单位、娱乐业、保险公司等工作人员的工资薪金所得、劳务报酬所劳、个人承包经营所得或个人生产经营所得、工资表外所得。

2003年，市地税局共检查纳税单位和个人976户，查补税款3769万元，入库3636万元，加收滞纳金58万元，处以罚款417万元。移送公安（税侦）部门案件4起，曝光税收违法案件29起。其中，市地税局稽查局直接查办49件，查补入库税款780万元。省地税局把永州市地税局列为"一级稽查"试点单位之一，实行城区一级稽查。市地税局按照省地税局提出的4个基本条件，逐步完善城区一级稽查体制建设。

2005年，市地税局印发《关于下达2006年度税务检查计划的通知》，分配市地税局城区地税稽查系统应检查的户数，全市共检查155户，其中，市地税局稽查局53户，市地税局涉外税务分局13户，冷水滩区地税局30户，零陵区地税局36户，市地税局省级税收征收分局23户。市地税局稽查局开展阳光稽查，共查处各类逃税案件52件，查办举报案件3件，查补税款660万元，入库滞讷金、罚款63万元，追缴税款65万元，执行审计税款137万元。

2006年，市地税局印发《关于下达2007年税务检查计划的通知》，规定纳入市级统一核算单位应由市地税局稽查局每年检查一次，改为每两年检查一次。分配应检查单位共140户，其中，市地税局稽查局35户，市地税局涉外税务分局6户，冷水滩区地税局28户，零陵区地税局39户，市地税局省级税收征收分局32户。

2007年3月，市地税局印发《关于开展2007年税收专项检查工作的通知》，确定全市稽查重点是房地产业及建筑安装、餐饮业、各种专业市场、高收入行业个人所得税等4个项目。市地税局稽查局负责组织力量对市区范围内上述4个项目进行专项检查；各县（区）地税局负责组织力量对本辖区上述4个项目逐户清理检查，检查2004—2006年3个年度税款缴纳情况，有涉及税收违法行为的，应追溯以前年度。12月，市地税局印发《关于下达2008年度税务检查计划的通知》，分配市地税局及城区检查单位134户，其中，市地税局稽查局35户，市地税局涉外税务分局2户，冷水滩区地税局38户，零陵区地税局41户，市地税局省级税收征收分局18户。

2008年3月，市地税局印发《关于开展2008年税收专项检查工作的通知》，全市重点检查房地产及建筑安装业、烟草业、饮食服务业、电力行业4个项目。全市地税系统对156户纳税人进行专项检查，共查补收入3601.18万元，入库收入2816.34万元。移送司法机关2户，通过永州电视台曝光2户；与市公安局、市国税局联合开展打击制售假发票和非法代开发票专项整治行动。

2015年8月，市地税局组织召开税收专项检查工作汇报会

2009年，市地税局印发《关于印发2009年税收专项检查实施方案的通知》，明确税收专项检查以整顿和规范税收秩序为目标，依法严厉查处所检查行业和地区存在的税收违法问题。检查对象包括大型连锁超市、建筑安装业、营利性医疗机构和营利性教育机构、中介服务业、大型专业市场、大型企业集团等。

2010年，市地税局印发《关于开展2010年度税收专项检查工作的通知》，检查时限为2007—2009年，以前年度已检查的纳税人原则上不再检查，但有重大违法行为或漏查税种和项目的追溯到以前年度。2006—2010年，全市地税系统共组织开展32个项目，涉及1400余户纳税人的税收专项检查，近20个项目涉及100余户纳税人的区域税收专项整治，累计查补税、滞、罚等各项收入超过1个亿，范围涉及房地产与建筑安装业，各类培训机构及拍卖机构、餐饮业、大型联锁超市、交通运输业、药品经销行业、省重点工程建设、银行、通信、石化、电力、矿产资源开采冶炼、小水电开发和2006—2007年度A级纳税信用单位等。4月，市地税局印发《全市地税稽查系统分级分类稽查实施办法》，在全市推行分级分类和异地稽查，科学调配市、县两级的稽查力量，达到整合稽查资源，加大执法合力，提高稽查效率的目标。全市地税系统稽查部门执行新的《税务稽查工作规程》，逐步建立起制度完备、流程规范、责任明晰、监督到位、运行高效的税务稽查机制。

2011年3月，市地税局印发《关于开展2011年税收专项检查工作的通知》，改进组织方式，积极试行异地稽查，全面推行税收自查。市地税局稽查局以查处涉税大要案件为重点，开展税收专项检查和专项整治，重点开展对房地产与建筑安装行业、交通运输业、药品经销业的税收检查。全市共检查纳税人 217 户，查补各项收入 6088 万元，其中，市地税局稽查局检查 28 户，查补入库各项收入 2000 万元。加大对发票使用情况的检查力度，全市共检查各类纳税人 80 户次，查处违章发票 160 份。其中，市地税局稽查局收缴假发票 3 份，涉案金额 120 余万元。对省地税局下达的 8 家重点税源企业全部开展自查，自查补缴税款 22.7 万元，经审核报省地税局批准，认可 3 家企业自查结果，对中国联通永州分公司等 5 家企业开展入户检查，查补税款 105 万元。12 月，市地税局稽查局印发《关于河道税收专项整治工作考核办法》，考核结果按综合评分设一、二、三等奖，对获奖单位给予一定的奖励，并作为 2012 年度稽查综合考评的重要内容，对未按专项整治工作要求完成工作任务的，将在全市地税系统给予通报批评。开展资本交易专项检查，对 85 家企业进行专项检查，查补税款 2832 万元，其中，资本交易项目 2 家，广告业 22 家，查补税费 1250 万元。全年共查补入库各项收入 1.02 亿元，比 2010 年增加 4576 万元，增长 81.31%，其中，市地税局稽查局查补入库各项收入（含教育费附加、契税）3081 万元，比 2010 年增加 864 万元，增长 39%。

2012 年 4 月，市地税局印发《关于开展 2012 年税收专项检查工作的通知》，检查分 3 大项：行业性税收专项检查，区域税收专项整治，重点税源企业专项检查。在改进工作方法条款中要求做好：科学选案，开展剖析式检查，积极查办大要案，全面推行税收自查，推进检查方法现代化，坚持“查账必查票”。市地税局在全省率先出台异地稽查组织实施办法，并在 2 区 3 县进行试点，纳入试点检查的 10 家企业，查补税款、滞纳金和罚款共 1300 多万元。全年共辅导企业自查 28 家，入库税款 1108 万元；进户检查 296 家，入库税款 1.56 亿元，比 2011 年增加 5038 万元，增长 47.69%，其中，市地税局稽查局立案查处 40 家，入库各项收入 3642 万元，比 2011 年增加 528 万元，增长 16.96%。

2013 年 3 月，市地税局印发《关于开展 2013 年税收专项检查工作的通知》，成立由局长毛东庆任组长、分管稽查工作的领导任副组长，稽查、征管、法规、税政等部门主要负责人为成员的税收专项检查领导小组。要求各单位组织开展自查，自查面达到 100%。市地税局稽查局组织对纳税人开展异地稽查。市地税局结合第七届全市稽查能手选拔活动，由初试前 20 名分组对专项检查项目开展异地稽查。其中，市地税局稽查局组织检查 3 家证券基金公司，8 家商业银行、农村信用合作社，查补税款 1500 余万元。完成省地税局下达的中国银行集团等 6 家重点税源企业的自查工作，自查补缴税款 4.4 万元。对其中 2 家企业进行入户检查，查补税款 8.68 万元，加收滞纳金 0.07 万元，罚款 1.68 万元。对列入市地税局轮查计划的市烟草局、市建行等8家市级重点税源企业有计划地进行检查，查补入库税款580多万元。全年市地税系统共检查纳税户266户，查补入库1.61亿元，比2012年增加500万元，增长3.21%，其中，市地税局稽查局检查纳税户49户，查补入库4028.4万元，比2012年增加386.4万元，增长10.61%。市地税局稽查局被市委、市政府评为市级“文明标兵单位”，荣获全省第七届稽查能手评选活动“优秀组织奖”，全市税收业务大比武活动团体第二名。

2014年4月，市地税局举办税收业务大比武抢答赛

2014年4月，市地税局印发《关于税务稽查“一案双查双报告”施行细则（试行）的通知》。5月，印发《关于开展税务稽查“一案双查双报告”施行细则（试行）专项督查的通知》，要求对落实“一案双查双报告”的工作情况，每年采取定期或不定期的方式在各县（区）地税局和市地税局直属单位进行，并将督查结果进行通报，作为绩效考核的重要依据。全年全市地税系统共上报29户，税收征管方面问题73条，税收政策方面问题38条，原因分析91条，整改建议130条，涉及税收4549.41万元。其中，市地税局稽查局完成“一案双查双报告”单位7户，指出税收征管方面的问题25条，税收政策方面的问题7条，原因分析21条，征管建议31条。并对涉及责任的8名人员予以追责。在执行“一案双查报告”过程中，坚持做到三个“不过关”：问题没查清楚不过关，压力传不到不过关，追责不到不过关。全年共开展专项检查215户，查补入库各项收入3.21亿元，比2013年增加1.6亿元，增长102.7%，稽查收入总额在全省地税系统排到第三位。其中，市地税局稽查局完成23户，查补入库各项收入1.42亿元，比2013年增加1.02亿元，增长254%。在永州电视台曝光2起大要案件，税款3300万元。按照市委、市政府的统一布署和市地税局党组安排，市地税局稽查局对中心城区103个小区开展税收专项清理活动。重点对市人大交办的5个小区进行重点稽查。市地税局稽查局组织9个工作组，发出税收清查公告1000份，先后3次在《永州日报》以大幅版面公告送达《税务检查通知书》《责成提供纳税资料通知书》等税务文书，对一些拒不接受检查、逃避缴税的提请

公安提前介入，震慑了不良开发商，有效推进103个小区税收整治工作。

2015年4月，市地税局印发《关于开展2015年税收专项检查工作的通知》，列出指令性检查项目，包括国家税务总局确定的出口退（免）税企业，黄金交易企业，资本交易企业和省地税局确定的电业生产、销售企业及其下属企业。市地税局稽查局派出4名稽查人员完成对邵阳市1家建安企业的检查；配合郴州市稽查人员对永州市1家建安企业的异地稽查。组织各县（区）地税局开展异地稽查，市地税局稽查局先后抽调8名人员对全市7家企业进行异地稽查，查补税款1400万元。冷水滩区地税局稽查局对股权转让税收检查实现新的突破，查办辉煌公司股权转让一案，查补税款、罚款、滞纳金共962万元。11月，按照市委、市政府的统一部署，全面完成103个小区集中整治工作，移送和协助公安机关查询、核对、取证、办案41起，有17名开发商被公安部门依法刑拘，2名开发商被监视居住，受到省委驻永州巡视组和市委、市政府的肯定，被评为全市小区整治工作先进单位。

2011—2015年永州市地税系统稽查收入查补、入库收入情况表

表3-3-1 **单位：万元**

年份	全市地税收入	稽查查补收入	稽查入库收入	入库率（%）	稽查入库收入占地税收入比重（%）
2011	328526	8785.91	8785.91	100	2.67
2012	404031	13484.93	13484.93	100	3.34
2013	476568	15528	15528	100	3.26
2014	559195	33575	33575	100	6.00
2015	656654	31200	31200	100	4.75

第二节　执法检查

1994年9月，零陵地区地税局在全区开展税收大检查。全区地税管辖的纳税户4611户（其中，企业2710家，个体户1901户），全部进行自查，自查应补缴税款263.16万元。从10月21日起转入重点检查阶段，组织174个检查组，参检人员743人，全区共检查3180户纳税户，查出有问题的2768户，查补税款1591.5万元。自查和重点检查共入库税款1618.26万元。

1995年，地区地税局印发《零陵地区地税机关税务检查工作规程》，要求全区各级地税机关和稽查机关在认真调查研究的基础上，制订年度税务检查计划，年度检查面不少于30%。对检查程序、方法、检查取证复核、检查报告、检查决定、执行等方面作明确规定。是年，全区5123户纳税户全部进行自查，自查有问题户1526户，自查出税款355.36万元。专业检查3375户，检查面65%，检查有问题的2460户，占检查户数73%，查出税款1551.63万元，入库金额1906.99万元，入库率100%。

1997年，永州市地税局印发《关于对纳税户税收征管执法检查的通知》，市地税局重点检查永州市城区、祁阳县、道县纳税户税收征管执法情况，要求每个县（区）检查户数不少于正常户数的20%。

1998年，国务院决定从是年起，全国不再开展财务、税收、物价三大检查，对各单位的税收检查由税务部门根据情况确定重点进户检查。

2000年4月，市地税局印发《关于税务检查计划管理实施办法的通知》，要求全市各级地税部门税务检查必须先行提出计划和方案，于每年的3月底前提交同级稽查局归口汇总编制，由稽查局提出意见报经地税局局长审批后组织实施。凡末列入税务检查计划和未获批准的税务检查计划不得进行检查。

2004年，市地税局印发《关于税收执法检查方案》，将检查内容增加并细化为税政管理、税收征管、税务稽查3类16项。5月24—5月29日，市地税局组织开展一次重点执法检查。检查重点是执行下岗失业人员再就业税收优惠政策落实情况，执行税政程序情况等。10月25—29日，市地税局法规科与征管科联合组织开展税收征管质量、税收执法等项检查，抽调32人，分为6个检查小组，对11个县（区）地税局和直属单位的具体行政行为与再就业税收优惠政策进行全面检查。对检查情况进行认真总结，并将各单位的执法情况进行评分和通报，作为市地税局对各县（区）地税局的税收执法质量考核依据。市地税局在全市地税系统推行每月工作点评制为载体的执法过错追究方式。

2005年，市地税局印发《关于开展税收执法重点检查的通知》，决定从11月7—13日，从局机关抽调16人，分成4个检查组，主要检查重大税务具体行政行为和下岗失业人员税收优惠政策执行情况两个方面。检查中，共抽查下岗失业人员征管资料120户，未发现一起违反优惠政策的情况。

2006年8月21—26日，市地税局组织开展一次重点执法检查，这次检查内容是2005年度的税收执法情况。重点是重大税务具体行政行为和执行下岗失业人员再就业税收优惠政策落实情况、执行税收程序情况等。市地税局从征管、税政、稽查、法规等科（室）抽调人员组成检查组开展检查。经过前期的准备，省地税局检查组检查后，对永州市地税局税收执法工作给予较高评价。

2007 年，市地税局根据省地税局转发的《国家税务总局关于开展 2007 年税收执法检查执法监督工作的通知》要求，成立由分管法规工作的局领导为组长，分管监察、税政的局领导为副组长，法规、监察、税政二科负责人为成员的税收执法检查和执法监察工作领导小组。10 月 16—28 日，从市地税局法规科、税政二科、监察局抽出 6 位人员，分成 2 个检查小组，对县（区）地税局、直属分局开展执法检查、执法监察情况进行重点抽查。通过检查规范房地产纳税人的税收征管，对于较为普遍存在房地产纳税人少缴或不缴土地使用税，不预征土地增值税的现象予以纠正。各县（区）地税局均成立相应的机构并制订实施意见。

2008 年，市地税局按省地税局法规处的统一布置，结合省地税局重点抽查的实施方案，制订全市地税系统税收执法检查通知和税收执法检查方案，改变全市沿袭多年的市地税局执法检查组到各县（区）地税局的检查方式，改为由各县（区）地税局分管法规工作的领导带队，组成各县（区）地税局执法检查组，实行各县（区）地税局相互交换检查。这次执法检查发现各县（区）地税局在规范性文件制订、税务行政审批、重大税务具体行政行为审核、重大税务案件审理、稽查实施和日常征管 6 个方面存在各类执法问题 24 项，执法检查组与受检单位交换意见。市地税局根据检查情况印发《关于全市税收执法检查情况的通报》，总结各县（区）地税局在税收执法好的方面，指出当前税收执法比较突出的问题，提出整改要求，顺利完成国家税务总局、省地税局确定的 2008 年税收执法检查的任务。

2009 年，市地税局印发《关于开展 2009 年税收执法检查工作的通知》，重点检查各级政府、税务机关、其他部门有无越权或者违规制订涉税文件，房地产行业、石化行业、交通运输业和金融保险业的纳税情况，企业所得税管理、货物运输业发票管理、税务行政处罚等情况。从 9 月 1 日—10 月 20 日为各县（区）、直属单位自查自纠阶段；10 月 21—30 日为市地税局重点抽查阶段。抽调 16 名人员分成 4 个检查小组，分赴 11 个县（区）地税局、直属局进行重点检查。根据检查结果，市地税局下达 2009 年税收执法检查纠错通知书，各被检查单位进行相应整改，制订整改措施 7 项，纠正执法问题 16 处，追究执法责任人 3 人（扣罚考核奖 900 元）。市地税局法规科根据《湖南省行政程序规定》，将祁阳县、道县地税局列为探索建立地税税收行政执法程序制度的试点单位，确定专人编制县级地税机关的税收行政执法程序制度。

2010 年，市地税局印发《关于开展 2010 年税收执法督察工作的通知》。全市地税系统各单位自查 249 户，涉及税款 263 万元，整改入库 263 万元。10 月 28—30 日，省地税局检查组对冷水滩区地税局、江华县地税局进行检查，未发现执法上的问题，对永州市地税系统的征管质量、税务稽查、减免税管理给予很高的评价。11

月，市地税局组织重点抽查，抽调各县（区）地税局法规科人员组成3个检查组，对9个县（区）地税局和市地税局直属局开展重点检查，共查出各类执法问题66个。市地税局法规科分别对这些单位下达《2010年度执法督察纠错通知书》，要求所存在的执法问题在10日内纠正或制订相应的整改措施，并将纠错情况以书面材料上报市地税局。

2011年，市地税局组织检查人员16人，分4个小组，对11个县（区）地税局、市地税局直属局2010年9月—2011年9月税收规范性文件的制发备案情况、企业注销清算工作、房产税及城镇土地使用税减免税政策的执行情况、下岗失业人员税收优惠政策执行情况、企业所得税管理是否规范情况、稽查局实施稽查情况等进行检查。共抽查110户减免税征管资料、36家企业所得税征管资料和33户稽查案卷资料。检查结束后，针对各单位在这次检查中发现的问题，市地税局“一对一”下发税收执法检查纠错通知书，要求各单位采取切实有效措施，及时纠正，限期整改。

2012年，市地税局印发《关于开展2012年税收执法督察工作的补充通知》，在执法督察内容上增加了对市地税局2011年度下发的税收执法检查纠错通知书所确定问题的复查。各县（区）地税局、市地税局直属单位按照文件要求完成本单位的自查自纠工作，及时上报自查总结、报表和案例。市地税局法规科将情况汇总，向省地税局报送《执法督查（自查）工作报告》《结构性减税落实情况专题报告》和《执法督察案例》及相关报表。

2013年，市地税局印发《全市地税系统2013年税收执法督察工作方案》，要求各县（区）地税局、市地税局直属单位按照文件要求，按时完成本单位自查自纠工作，及时上报自查总结、报表和案例。督察内容包括收入分配秩序、税收政策落实情况、税收优惠政策落实情况、落实为民办实事项目优惠政策等7个方面。税收执法督察未发现各县（区）政府有违反税收法规，擅自减税、免税、退税或制订、出台违反税收法律法规的文件或纪要的现象。

2015年10月，市地税局开展法治文化教育

2014年，市地税局将省地税局关于2014年执法

督察的重点内容，转发给各县（区）地税局、市地税局直属单位。9月22—25日市地税局组织检查人员8人，分2个检查组，对9个县（区）地税局（被省地税局抽查的零陵区、新田县除外），随机抽签对宁远县、江永县地税局2013年1月—2014年6月税收征管情况、税务稽查情况、税收规范性文件管理情况、保障民生的税收优惠政策落实情况等进行重点抽查。根据自查及检查情况，市地税局印发《关于2014年税收执法检查情况的通报》，要求各单位对照问题，认真整改，并将情况汇总，向省地税局报送《税收执法督察工作报告》《贯彻落实组织收入质量情况专题报告》《取消和下放税务行政审批项目贯彻落实情况专题报告》和《执法督察案例》及相关报表。

2015年，市地税局配合省地税局执法督察组对祁阳县地税局、冷水滩区地税局进行2015年税收执法督察。同时，组织相关人员对道县地税局、蓝山县地税局进行2015年税收执法检查。对这次执法督察中发现的问题，市地税局下达税收执法督察处理意见书，要求被检查单位认真整改，确保实效。市地税局还就收入质量问题对9个县（区）下发督办函，进行专题督办。督办单位对缴税手续不全或纳税人提供的申报资料不完备而入库的税款，补齐所需资料，对所有提前征收的问题税款均在11月10日前全部退库。

第三节　案件审理

1995年2月，零陵地区地税局印发《关于成立零陵地区地税局案件审理小组的通知》，明确廖丁贵为组长，唐景平为副组长，廖在文、胡顺安、唐双祁、刘进、欧付强为成员。小组工作主要职责是根据国家政策、法律、法规和税务部门的规章制度，认真审理税务监察对象的违纪案件，确保案件事实清楚、证据确凿、定性准确、处理恰当、程序合法。

2000年，永州市地税局成立业务审理指导委员会，由钱国平担任主任，桂建球、莫曲波任副主任，廖丁贵、唐双祁、左亚林、王济忠、刘小贤、程灿烂、杨建华、唐德银、王彰元、郭太明、汤琼湘等为成员。市地税局税务行政复议委员会与业务审理指导委员会合并，实行两块牌子一套人员。原市地税局减免税审批委员会、重大案件审理委员会等其他涉及税收业务的委员会或领导小组审批、审理的事项，全部由市地税局业务审理指导委员会行使其职能，其他机构不再存在。

2004年，市地税局印发《重大税务案件审理规则（试行）》。全市地税系统各级业务审理指导委员会共审理重大税务案件 51 件，占全市地税稽查上年发生数 481 件的 10.6%，其中，维持初审意见数 29 件，发回复查数 13 件，改变调查部门拟处意见数 9 件。市地税局业务审理指导委员会直接审理市地税局稽查局提请的重大税务案件 6 件，审理面达该局上年发生数 46 件的 12%，其中，对 4 起案件退回市地税局稽查局补充证据，再移送审理；变更市地税局稽查局提出拟处理意见 1 件，移送公安机关立案查处 1 件。所有审结的案件全部得到执行，追缴税款、滞纳金 381 万元，罚款 132 万元，无一发生纳税争议。市地税局业务审理指导委员会在对江华春头源水电有限责任公司的案件审理中，发现江华县政府在 2000 年制发的一份小水电开发文件有违反税法规定擅自减免企业所得税行为的问题，作出《税务处理决定书》纠正江华县地税局对该公司少征企业所得税 39 万元的税收执法过错行为。7 月，市地税局印发《关于重大税务具体行政行为审理暂行办法》，全年全市地税系统审理 2000 元以上处罚案件 310 件，税收保全 57 件，税收强制执行 119 件，证据不足或手续不全退回案件 21 件。

2005 年，市地税局各级业务审理指导委员会共审理重大税务案件 81 件，占全市地税稽查系统上年发生数 487 件的 16.6%，其中，维持初审意见数 69 件，发回复查数 2 件，改变调查部门拟处理意见数 10 件。市地税局业务审理指导委员会办公室审理市地税局稽查局提请的重大税务案件 5 件，审理面达该局 2004 年发生数 46 件的 10.87%，其中，有 2 件通知市地税局稽查局补充相关证据；变更提出拟处理意见 2 件；因证据不足退回 1 件。追缴税款、滞纳金 211.75 万元，罚款 28.53 万元，无一发生纳税争议。

2006 年，市地税局明确重大税务案件的审理实行主审员责任制。在审理中，确立以稽查报告为线索，先审查执法程序证据，再审查实体证据的审理流程，由主审人员对审查证据的真实性和合法性负审查责任。市地税局各级业务审理指导委员会共审理重大税务案件 51 件，占全市地税稽查系统上年发生数 404 件的 12.6%。其中，维持初审意见数 42 件，发回复查数 1 件，改变调查部门拟处理意见数 8 件。市地税局业务审理指导委员会办公室直接审理市地税局稽查局提请的重大税务案件 5 件，审理面占该局上年发生数 47 件的 10.63%，其中，3 件案件通知市地税局稽查局补充相关证据，变更拟处理意见 1 件，因证据不足退回 1 件，所有审结案件全部得到执行，无一发生纳税争议。是年，市地税系统审理具体行政行为案件 463 件，税收强制执行 65 件，因证据不足或手续不全退回案件 3 件。

2007 年，市地税系统法规部门受理重大税务案件 63 件，审结 60 件，案审面达稽查立案数 10.3%，涉及税款 1318 余万元。祁阳县地税局建立税务行政处罚典型案例数据库，用税务行政处罚典型案例归纳处罚原则和计算罚款金额的方法，作为此后发生同类案件处罚的操作依据，规范和限制行政处罚自由裁量权的行使。市地税局业务审理指导委员会办公室收到市地税局稽查局移送的重大税务案件8件，占2006年发案数的14.5%查补税款951万元。

2009年，市地税局受理市地税局稽查局移送的重大税务案件3件，涉及被查纳税人应补税款1700余万元。在审理过程中发现其中一个公路开发公司的稽查报告在扣缴义务上引用的一份财政部、国家税务总局的税收政策文件，已于2009年1月1日废止，按照新修订的《中华人民共和国营业税暂行条例》，该纳税人不具有代扣代缴义务，从而核减该纳税人上缴税款270余万元。

2010年，市地税局审理市地税局稽查局移送的重大案件3件，占2009年立案数的15.79%。因证据不足，事实不清，退回市地税局稽查局补充调查的案件2件，纠正纳税主体错误的1件，补缴税款1023.26万元，审减税款139.8万元。

2011年，市地税局审理市地税局稽查局移送的重大案件4件。在对这4件案件的审理中，结案1件；因证据不足，事实不清，退回市地税局稽查局补充调查后，再移送的案件3件。4件案件共补缴税款865万元，其中，追缴个人所得税260余万元。

2012年，市地税局按照国家税务总局、省地税局有关规定，要求全市地税系统法规部门提高案审工作质量和效率，做到案审面不低于稽查部门上年查案数的10%。市地税局审理市地税局稽查局移送的重大案件3件；因证据不足，事实不清，退回市地税局稽查局补充调查的1件。

2013年，市地税局审理市地税局稽查局移送的重大案件6件，结案2件；因证据不足，事实不清，退回补充调查4件。涉及税款4000余万元。

2013年1月30日，市地税局表彰房地产专项整治工作先进单位

2014年，市地税局开展全市地税系统重大税务案件审理和指导工作，要求各县（区）地税局从执法程序、证据充分、依据适用、手续完备、审理文书制作等方面把好对重大税务案件的审理关。市地税局审理市地税局稽查局移送的重大案件7件，结案5件；因证据不足、事实不清，退回市地税局稽

查局补充调查的案件 2 件，涉及税款 4000 多万元。

2015 年，全市地税系统法规部门审理重大税务案件 22 件，维持初审意见 20 件，退回复查 1 件，改变调查部门拟处理意见 1 件。市地税局制订的税务稽查“一案双查双报告制度”，在加强对涉税案件查处的同时，对税务人员执法行为严格监督，全市系统有 5 个单位、8 名责任人受到不同层次的责任追究。

第四节　大要案查处

1995 年 2 月，零陵地区地税局转发国家税务总局《关于下发〈税务稽查工作报告制度〉的通知》，要求各县（市）地税局查补税款金额 5 万元以上和偷税金额 1 万元以上的案件，案件结束后应报地区地税局，每半年至少报送 2 个案例。6 月，地区地税局转发《湖南省地税局稽查案件受理、查处、移送制度（试行）》，规定税务案件的追溯期限一般为 3~5 年，有特殊情况追溯期可以延长到 10 年。重大案件的立案标准为：个人偷抗税在 1 万元以上（含 1 万元，下同）5 万元以下的；私营企业偷抗税在 2 万元以上 5 万元以下的；国有、集体企业和各类经济联合体企事业单位偷抗税在 10 万元以上 50 万元以下的。超过重大案件标准以上的，属特别重大案件。祁阳县地税局稽查局对县电力总公司电力大厦检查，发现该大厦总投资 3526.21 万元，应缴纳投资方向调节税 52.89 万元，实际缴税 15 万元，少缴税款 37.69 万元，全部追缴入库。道县地税局稽查局查处县烟草专卖局欠缴少缴税款 70.3 万元，全部追缴入库，查处的税款占当年全局税收任务的 4.4%。宁远县地税局稽查局查处县信用合作社系统滥发揽储手续费偷逃个人所得税 40 万元大案。永州市地税局稽查局对市粮食系统 10 个单位的税收专项检查，清缴税款 100 余万元，处以罚款 16.8 万元。

1999 年，永州市地税系统共查补税款 10 万元以上的大要案件 145 起，50 万元以上的 21 起，100 万元以上的 3 起，500 万元以上的 1 起。市地税局稽查局查处湖南零陵卷烟厂偷逃税款 40 万元，补税 500 万元的重大案件。湖南建华机械厂补税 41 万元，偷税 16 万元案。永州水龙头股份公司补税 47 万元，偷税 7 万元案。湖南长丰集团虚列职工花名册偷逃个人所得税，KD 件购销环节不计印花税，假托三线搬迁名义不申报缴纳固定资产投资方向调节税案，共计追缴税款 110 万元，处以罚款 16 万元。

2003 年，市地税系统突出对石油、邮政、电信、电力、金融、保险、水电等行业进行重点检查，全年查办50万元以上的重大案件13起，其中，100万元以上的案件3起，均向社会进行公告。祁阳县地税局稽查局查办县地方电力公司一案，该公司备有两套账，隐瞒收入506万元。蓝山县地税局稽查局查处县水电总公司资本性支出、投资损失列成本偷逃企业所得税153万元。东安县地税局依法强制并提请法院强制入库蒋齐心黑社会偷税案和县水电设备厂偷税案，追缴税款共100余万元。芝山区、冷水滩区电力局电网（农网、域网）改造，少计应税收入（材料部分）1700多万元，查补营业税等地方各税56万元。市地税局稽查局查处长丰集团以临时人员工资名义开劳务发票逃避个人所得税130余万元。2006—2010年，市地税系统共查处100万元以上500万元以下的重大案件39起，500万元以上1000万元以下的4起，1000万元以上的1起，共查补税款8600万元。市地税局稽查局查处永州市华美、金龙房地产案件，查补收入超过1000万元，受理协查案件110余件，受托协查按期回复率达100%。

2011年，市地税局规定全市每个县（区）地税局稽查局年内都要确保查办1起以上的大要案件，把大要案件作为稽查目标管理的重要考核内容，坚决兑现一票否决制。是年，全市地税系统查办在100万元以上的大要案件有18起，其中，1起大要案件查补税款金额达1000万元。市地税局指导祁阳县局稽查局查处湖南科力电机股份有限公司股权交易案税款达1000万元，是永州市地税查处的股权交易涉税金额最大的案件。该公司注册资本由1000万元猛增到5000万元，引起了稽查人员的警觉，通过深挖细查，查获该公司于2010年9月、10月两次召开股东大会，将经营利润按每股2元分配给17位股东，共计分红4000万元，分红又转增股本金，共查补个人所得税1000万元。

2012年，市地税系统稽查局查处100万元以上大要案19起，其中，市地税局稽查局查处11起，分别比2011年增加8起和6起。青松房地产开发有限公司——世纪滨江项目涉税案，查补营业税、个人所得税等1000余万元。

2013年11月14日，市政府召集市地税局、市国资委、市财政局及铜山岭建房管理委员会等部门人员进行专题协调，形成市政府会议纪要，该案所涉及税款全部追缴入库。是年，市地税系统共查处100万元以上的大要案件33起，其中，1000万元以上的2起。对2起案件在永州电视台进行曝光。市地税局要求两个城区地税局年内查办2起以上，其他县地税局查办1起以上，查办的大要案件集中在全市统一曝光，并选择3户交省地税局异地稽查。

2014年，市地税系统稽查部门查办150万元以上的大要案件达34件〔其中，市地税局稽查局查办16起，县（区）地税局查办18起〕，相继查办欧利集团、双牌水电站等一批在全省有影响的千万元级大要案件。引起省、市领导高度关注的市

2013 年 1 月 30 日，市委常委、常务副市长周德睿（左一）给先进单位颁奖

城建投一案查补税款上亿元，是永州地税有史以来从未有过的亿元大案，当年入库 1.1 亿元。6 月，对 2 起超千万元的重大涉税案件在永州电视台“新闻栏目”中进行公开曝光，扩大稽查办案的社会影响。江华县地税局稽查局对某房地产企业制作阴阳合同偷逃税款一案，通过摸排调查，查补税费 250 万元，罚款 16 万元。道县地税局稽查局查处湖南华诚置业开发有限公司道县项目部欠缴税费 296.8 万元，全部追缴入库。

2015 年，市地税局加大对大要案件查办的组织、检查、督促和考核力度。全年共查处 100 万元以上的大要案 31 起，其中，500 万元以上的 3 起，1000 万元以上的 1 起，对 15 户案件在《永州日报》、永州电视台和省地税局网站等媒体进行曝光。

第五节　税收规范性文件

2003 年，永州市地税局转发《湖南省地税局关于地方税收规范性文件备查备案操作办法》，要求全市各级地税机关根据省地税局要求，加强地方税收规范性文件的备查备案工作，以保证国家税收政策法规的正确贯彻执行。

2004 年，市地税局法规科对市地税局历年所印发的涉及纳税人权益的税收规范性文件进行全面审查，共废除过时文件 8 份，会同有关科（室）修订、完善原有文件 26 份。参与市政府关于企业改革方面的涉税政策审查。组织开展清理开发区税收优惠政策，针对近几年冷水滩凤凰园开发区印发的涉及税收文件及会议纪要等进行彻底清查，发现开发区管委会以建设开发项目合同的方式承诺税收优惠，对于涉及这方面的合同违规问题，一方面向市人大、市政府汇报要求废止这些合同条款，另一方面要求税务机关依法征收税款。

2005 年，市地税局印发《政策法规工作规程》，全面规范地税法规工作的操作规程和使用的税务文书，明确岗位责任、目标、标准、时效。市地税局建立规范性文件的备案备查制度，制订规范性文件备案备查的程序、审查权限、统一规范性文件文书格式，使规范性文件备案备查步入正轨。参与政府关于企业改革方面的涉税政策的审查。祁阳县地税局对2000年以来的县招商引商项目进行清理，发现有涉税问题14个，涉及地方税收200万元，专题向县政府汇报，由县政府组成的财税攻关办进行全面清理并追缴税款。

2006年，市地税局对历年所发的涉及纳税人权益的税收文件进行清理，全面规范市地税局涉及纳税人权益的税收规范性文件和制度。

2007年，市地税局组织各单位自查已出台的税收规范性文件，并对税政三科制订的个人所得税核定征收的附征率问题和市政府关于发展旅游业的文件涉税内容进行审查，纠正有关提高减免税限额的做法。各单位在这次清查本单位制订的税收规范性文件中，因文件失去时效而废止的36份；因文件部分内容不适应当前税收政策而重新修订的26份；因文件内容重复、相近或缺乏规范性而合并简化的18份。市地税局印发《房地产税收一体化管理营业税计税依据问题的通知》，着力解决和规范市区内房地产税收统一税负核定，规范房地产业的营业税管理。

2008年，市地税局对2002年以来以市地税局名义制发的税收规范性文件进行清理，清理重点放在文件制订依据、时效性、合法性方面，共清理文件34份，其中，确定为继续有效文件10份，重新公布文件5份，其他为无效文件。并在10月1日前，将这次清理税收规范性文件有效性的结果对外公布，便于基层地税机关执行和纳税人遵守。同时按照市政府法制办的要求，对以市政府名义制发的涉税文件进行清理，将市政府法制办转来的7份文件进行审查，确定继续有效文件3份，建议废止的文件4份。

2009年，市地税局参与市政府和市经济环境优化办组织的行政审批制度简化和改革中有关地税审批事项的审查，先后3次审查涉及地税行政审批事项的规定，从税收法律法规上把好关。出台规范从事客运个体户的税收征管新文件。印发《永州市地税局关于明确资源税管理工作中几个问题的通知》，这是第一份报经市政府法制办实行“三统一”（统一登记、统一编号、统一公布）的文件，同时按规定上报省地税局法规处备案。

2010年，市地税局贯彻落实国家税务总局《税收规范性文件制订管理办法》，要求市、县（区）两级税务机关制订税收规范性文件必须按照国家税务总局规定的程序进行操作。凡经各单位法规部门审核的税收规范性文件，法规部门应当出具《规范性文件审核意见表》，不能简单地在发文笺上签字来代替规范性文件审核工作。市地税局印发《地税行政执法程序规定》，明确全市地税系统从是年1月1日起，市、县（区）两级地税机关制订的税收规范性文件未经政府法制办办理“三统一”手续的，一律不得作为地税机关的税务行政执法依据。市地税局全年制发6份涉及纳税人、扣缴义务人权益的税收规范性文件，向市政府法制办申请办理“三统一”手续，其中，有4份在市政府公告中和市政府网上向社会公开征求意见。是年，各县（区）地税局共清理规范性文件275份，其中，失效和废止的110份，继续有效的165份。市地税局机关清理规范性文件25份，其中，失效和废止的10份，继续有效或重新公布的15份。市地税局代市政府起草《关于加强车船税收管理的通知》，经多次沟通，使该通知通过市政府法制办审核，是年11月30日由市政府办正式发文。

2014年10月，市地税工作人员指引纳税人使用自助办税终端机

2011年，市地税局按照国家税务总局《税收规范性文件制订管理办法》规定，要求市、县（区）两级税务机关印发税收规范性文件时，必须按规定程序先对文件进行合法性审查，后分别报请市政府和各县（区）政府法制部门，再办理税收规范性文件的统一登记、统一编号、统一公布。根据市政府法制办、市优化办的统一布置和工作安排，市地税局组织法规科、征管科、税政一科、税政二科、税政三科对市地税局行政审批事项及行政执法依据进行清理，确定市地税局有非行政许可审批事项6项（涉外税务登记证、货运自开纳税人资格认定、土地使用税困难减免、房产税困难减免、资源税困难减免、企业财产损失税前扣除的审批），其中，超过审批权限的非行政许可事项占4项。确定市地税局行政执法依据30项，行政执法权53项。全年审核出台涉及纳税人权益的税收规范性文件5份，清理废止规范性文件4份，清理修订规范性文件26份。

2012年，市地税局共审核出台涉及纳税人权益的税收规范性文件4份，清理废止规范性文件4份，清理修订规范性文件26份。

2013年，市地税局按照国家税务总局《税收规范性文件制订管理办法》的规定，审核出台涉及纳税人权益的税收规范性文件2份，清理废止或失效的规范性文件46份。

2015年，市地税局审核出台涉及纳税人权益的税收规范性文件2份，即《永州市地税局关于进一步下放房产税困难减免审批权限的通知》和《关于加强建筑安装业异地工程作业人员个人所得税征收管理的通知》。并对市、县级的税收个案批复进行清理，共清理出2012年3月1日—2015年4月1日期间市地税局税政科违规批复文件7份，县（区）地税局在所属期间内没有违反税收个案的批复。

第六节　税务行政复议和诉讼

1994年10月，零陵地区地税局根据国家税务总局《关于建立税务行政复议应诉案件材料报送制度的通知》，明确税务行政复议应诉案件材料报送的范围、内容、日期及要求。

1995年1月，地区地税局征管科制订1995年工作规划，其中第七条提出健全税务行政复议工作，要求各县（市）迅速建立税务行政复议机构，确定专人，开展税务行政复议工作。

2000年，市地税局印发《关于设立永州市地税局业务审理指导委员会和征收管理督查组的通知》，决定市地税局税务行政复议委员会与业务审理指导委员会合并，实行“两块牌子，一套人马”。原市地税局减免税审批委员会、重大案件审理委员会等其他涉及税收业务的委员会或领导小组审批、审理事项，全部由市地税局业务审理指导委员会行使其职能，其他机构不再存在。4月，市地税局召开局务会议，听取税政一科关于祁阳凯悦公司在对待纳税上的认识以及该公司提出税务行政复议的情况汇报。会议要求全市各级地税机关和地税人员从以下方面引起高度警觉：一是进一步提高认识，尤其要讲究执法程序到位；二是对税收执法中一些有争议的问题要敏感，要引起重视和警觉；三是要在思想上作好充分准备，不要害怕行政复议和打官司。

2004年，新田县石油公司对该县地税局稽查局采取税收保全措施不服提出税收行政复议，经市地税局法规科审议，依法维持原判。

2005年，市地税局直接受理税务行政复议案件3件，经复议审查决定撤销税务机关所作出的征税行为2件，变更和部分撤销税务机关决定的1件。

2007年，全市纳税人向地税机关提出复议申请4件，经审查符合复议条件的3件，1件因未按税务机关的决定缴纳税款而未受理。市地税局直接受理永发桥梁开发有限责任公司不服市稽查局税务决定而提出的复议案件。因发现该案税务处理决定书中在营业税的计税依据上出现计算错误，经市地税局税务行政复议委员会集体审理决定撤销市地税局稽查局税务处理决定。永发桥梁开发有限公司因不服市地税局稽查局行政处罚决定，在向市地税局提出复议申请的同时，也将市地税局稽查局行政处罚决定书诉之冷水滩区人民法院。5月10日，冷水滩区人民法院行政审判庭公开审理此案。市地税局派员担任诉讼代理人出庭应诉。法庭维持市地税局稽查局对该公司未按规定开具发票处以5000元罚款的决定，但对稽查局认定该公司大量使用国税发票支付路面及建筑物维修费用的未按规定取得发票的违法行为，认为稽查局所提供的证据不足以反映大量使用的事实，予以部分撤销，责令就一部分问题重新作出具体行政行为，这一案例也是永州市地税系统自1994年9月成立至2007年唯一的一次行政诉讼。

2008年，市地税系统发生纳税人申请税务行政复议案件25件，不符合复议申请条件的23件，依法受理2件，其中，撤销原税务机关具体行政行为的1件，当事人申请撤销复议1件。2月，市地税局受理一位从事娱乐业的纳税人不服零陵区地税局税务处理决定而申请复议。审理过程中发现该案存在对纳税人检查程序不到位，未对纳税人先下达核定税款通知书以及在实体部分也存在部分事实不清的问题，作出撤销零陵区地税局对该案的税务处理决定，维护纳税人的合法权益。

2010年，市地税局受理纳税人申请行政复议案件3件，经市地税局税务行政复议委员会集体审理，认定2件案件均存在证据不足或主要证据缺少证据合法性的基本特性，而决定予以撤销，责令相关县（区）地税局重新作出税务具体行政行为；1件变更原税务处理决定，减少纳税人税款290万元。

2012年，市地税局要求各县（区）地税局对所办理的复议案件或者化解的纳税争议案件，实行一案一报制，即将案件情况、办理情况和执法薄弱环节的整改情况等上报市地税局法规科。

2013年10月，省地税局副局长周巧艺（左二）来永州市检查工作

2013年，市地税局稽查局创建“省级依法示范窗口单位”工作通过省地税局检查考核，并推荐到

省政府参评。

2014 年，市地税局受理办结 1 件行政复议案件。另有 3 件行政复议案，因纳税人未在规定时间内补正资料，视为申请人放弃行政复议申请。

2015 年，市地税局受理 1 起行政复议案，县（区）地税局受理 1 起行政诉讼案。

第七节　创建依法办事示范窗口

2004 年 5 月，永州市地税局组织专人对 12 个申报单位进行考核验收，从中选出 5 个单位向省地税局申报省级或省地税局级“依法办事示范窗口”，其中：冷水滩区地税局第二税务所、宁远县地税局第一税务分局申报为省级“依法办事示范窗口”。7 月 6 日，在省地税局组织的省级“依法办事示范窗口”申创汇报会上，芝山区地税局第三税务所荣获省级“依法办事示范窗口”称号。

2005 年，市地税局按照省地税局出台的《湖南省地税系统“依法办事示范窗口单位”动态管理办法（试行）》，对已授牌的 5 个单位进行动态考核。获省级窗口单位的是冷水滩区地税局第二税务所、芝山区地税局第三税务所、宁远县地税局第一征收分局，获省地税局级窗口单位的是道县地税局第一征收分局、江华县地税局第一征收分局。同时，与市依法治市领导小组联合开展对已授牌的“依法办事示范窗口”单位进行回访和分类指导。

2006 年，第 2 期“依法办事示范窗口”创建活动考核申报时期，市地税局派人员先后到祁阳县地税局、冷水滩区地税局、芝山区地税局、江永县地税局、道县地税局，现场指导创建活动。对已授牌的 5 个单位进行回访和分类指导。在回访中，检查已授牌单位依法办事、规范执法的制度建设，查看税务人员法制学习笔记，并与税务人员进行座谈。

2009 年，市地税局将过去以税务所、征收分局为创建“依法办事示范窗口”单位改为以县（区）地税局为创建“依法办事示范窗口”单位，全面提升“依法办事示范窗口”创建活动的规模。5 月，先后对申报创建“依法办事示范窗口”的祁阳县地税局、冷水滩区地税局、道县地税局、双牌县地税局、新田县地税局、江华县地税局进行实地考核，确定推荐冷水滩区地税局申报省级“依法办事示范窗口”单位，道县地税局申报省地税局级“依法办事示范窗口”单位。10 月，省依法治省领导小组批准冷水滩区地税局为省级“依法办事示范窗口”单位。

2011年，永州市地税系统获得省依法治省领导小组表彰的单位有东安县地税局、江华县地税局、祁阳县地税局二分局；获得省地税局表彰的单位有零陵区地税局、宁远县地税局一分局、道县地税局稽查局。

2012年，市地税局加强对“依法办事示范窗口”单位的跟综管理，对2011年获得省级“依法办事示范窗口”的东安县地税局、江华县地税局、祁阳县地税局二分局；获得省地税局级“依法办事示范窗口”的零陵区地税局、宁远县地税局一分局、道县地税局稽查局进行回访和分类指导。

2015年4月，永州市小学生实地体验地税依法办事示范窗口

2013年，市地税局推荐零陵区地税局、蓝山县地税局一分局、市地税局稽查局申报为“2013—2015年省地税局级依法办事示范窗口”。

第四章　纳税服务

永州市地税局将办税服务厅建设作为优化纳税服务的着力点，创新税收宣传形式，丰富税收宣传内容，不断简化办事流程，统一人员职责、统一业务标准、统一运转流程、统一管理考核，依托“互联网+”推进便捷办税，抓好纳税人满意度调查，加强信用等级评定的宣传、辅导和告知，充分发挥地税职能，提高服务质效，助力优化营商环境。

第一节　纳税服务机构及措施

一、服务机构

（一）办税服务厅

1995年，零陵地区地税局在祁阳县黎家坪镇地税所和城关镇地税所，推行以建立办税大厅和实行征收管理与稽查相分离为主要内容的征管改革。变过去专管员管户制度为管事制度，将征收全过程分成征收、管理、稽查三个系列，实行业务工作专项管理。

1998年，永州市地税局贯彻落实国家税务总局印发的《全国税务系统办税服务厅规范化服务的通知》，全市地税系统11个办税服务厅相继挂牌。办税服务场所统一名称为办税服务厅，设主任1名，配备办税服务员8～10人。主要工作职能是负责税务登记、税款征收、发票销售、代开发票业务。

2006年，根据省地税局批复，全市11个县（区）地税局办税服务厅单独设置，为县（区）地税局内设机构，领导职数为一正一副，人员编制由各县（区）地税局在本单位行政编制内根据实际需要调剂确定。主要工作职能是负责受理税务登记、纳税申报、税款征收、发布欠税公告、办理发票领购、缴销，开展税法宣传、处理一般性违规违章行为等工作。

2007年，市地税局要求各办税服务厅开设“绿色通道”，落实“三优先”（优先受理、优先审理、优先批复)、送优惠政策上门等办法，促进税收优惠政策执行到位。

2009年，市地税局转发省地税局印发的《全省地税系统办税服务厅管理办法（试行）》，要求各办税服务厅严格执行该办法所规定的办税服务厅职责、内部设置、工作流程、服务举措等规定和要求。

2011年8月，市地税局设立纳税服务科，级别为正科级。工作职能是组织、协调各税种各环节的纳税服务工作；组织落实纳税服务工作，规范操作规程和纳税人权益保障规章制度；组织协调、实施纳税辅导咨询服务、税收法律救济工作，受理纳税人投诉；组织实施税收信用体系建设，指导税收争议的调节；组织实施面向纳税人的税法宣传。

2015年4月，市地税局开展税法宣传进校园活动

2012年1月，市地税局就有关纳税服务制订5个文件，即《中层干部轮流坐厅咨询制度》《局领导征期坐厅咨询制度》《办税服务厅导税员制度》《办税服务厅延时服务制度》和《关于统一办税服务厅工作人员工号的通知》。8月，市地税局印发《关于进一步加强办税服务厅管理的意见》，要求全市地税系统高度重视办税服务厅工作；切实加强办税服务厅基础设施建设；大力加强办税服务厅人员业务技能培训；全面推行导税服务；规范业务流程，提高办税效率；建立健全办税服务厅工作人员激励和保障机制。11月，市地税局印发《关于加强纳税服务工作的意见》，要求各单位对办税服务厅做到“四个优先”，即经费优先向大厅倾斜，人才优先向大厅输送，设备优先对大厅配备，待遇优先对大厅人员发放。按照省地税局星级办税服务厅评定标准，全市11个办税服务厅实现“八统一”，即内外标识统一、功能区域统一、设备配置统一、窗口设置统一、上墙内容统一、公开内容统一、填写范本统一、服务制度统一。同时按办税环境标准化、办税流程制度化、队伍建设精细化、考核体系科学化的标准加强办税服务厅建设。市地税局对全市地税系统办税服务厅的监控系统进行升级改造，实现全市联网，建成市级办税服务厅监控系统，可以对全市11个办税服务厅的现场工作情况进行24小时监控管理和记录，同时提供监控图象资料的存储、共享和综合应用。

2013年，市地税局印发《永州市地税局办税服务厅工作人员行为规范》《永州市地税局办税服务厅视频监控系统管理办法》《触摸屏查询系统管理制度》《关于加强办税服务厅规范化建设的实施意见》和《永州市地税局纳税服务"四统一"工作规程（试行）》等文件。全市地税系统办税服务机构有：办税服务厅11个(其中五星级办税服务厅4个，四星级2个，三星级5个)，政务中心窗口8个，办税服务室15个。全市从事纳税服务工作的人员141人，其中在职人员76人，平均年龄35岁，研究生1人，本科54人，大专21人；外聘人员65人，平均年龄26岁，本科34人，大专32人。办税服务厅先后获得国家级荣誉2个，省级荣誉13个，市级荣誉7个，县级荣誉9个。个人先后获得省级荣誉3人，市级荣誉45人，县级荣誉5人。

2014年，市地税局印发《关于推广应用网上办税服务厅的通知》，按照省地税局有关统一要求，自是年12月18日起，在全市地税系统全面推广应用网上办税服务厅。网上办税服务厅以互联网为依托，以纳税人需求为导向，以现行法律法规为依据，为纳税人提供与实体办税服务厅同质同效的网上办税服务体验，实现足不出户办理涉税事项的需求，其功能包括网上申报、税费缴纳、报表报送、涉税申请和查询等。为使网上办税服务厅及时正常运行，市地税局举办网上办税服务厅师资培训班。各县（区）地税局、市地税局直属局各派3人，市地税局流转税科、财产和行为税科、所得税科、规费科、征管和科技发展科、政策法规科、信息中心、注册税务师管理中心、纳税服务科全体人员参加培训。12月18日网上办税服务厅上线正常运行。截至12月底，全市地税系统网上办税服务厅用户3027户，登录户数724户，申报户数155户，申报金额1662万元，缴税户数53户，缴税金额1108万元，涉税申请户数77户，客服QQ在线正常。

2015年10月，市地税局转发《国家税务总局关于开展办税服务厅规范服务检查工作的通知》，要求所属单位高度重视本次检查工作，进行对照检查。市地税局通过调取视频、实地查看的方式适时开展抽查，检查结果纳入年度绩效考核。10月底，市地税局对所属单位进行重点检查，采取由各单位自查与市地税局通过视频监控系统调取资料、现场抽查等方式，对全市地税系统办税服务厅进行专项检查。市地税局"金税三期"工程正式上线后，网上办税服务厅由原来的8项服务功能增加到12项（网上申报、税费缴纳、报表报送、涉税查询、涉税申请、涉税提醒、在线咨询、综合服务、申报作废、多账户管理、在线预申请、委托代征），全年全市通过网上办税服务厅申报缴税户7493户，申报税费金额12.51亿元，占总申报的18%，缴税费金额12.31亿元，占总入库的17.76%。网上办税服务厅推广应用工作得到省地税局的充分肯定。

（二）创建星级办税服务厅

2005年1月，永州市地税局转发省地税局《湖南省地税系统星级办税服务厅管理办法（试行）的通知》，明确星级办税服务厅的评定对象为各县（市）地税（分）局的办税服务厅，市（州）地税局直接管理的办税服务厅及直属局、涉外分局的办税服务厅。首次星级办税服务厅的评定工作定于2005年7月开始，11月底完成。星级办税服务厅设置4个级别，即二、三、四、五。五星级为最高级别。星级办税服务厅评定每两年申报评定一次。各市（州）地税局负责二星级以下办税服务厅的评定、授牌和三星级以上办税服务厅初审，并向省地税局呈报申请表；省地税局负责三星级以上办税服务厅的评定和授牌。在首届星级办税服务厅评定中，永州市东安县地税局办税服务厅评为三星级办税服务厅。

2007年，省地税局举行第二届星级办税服务厅评定工作，经市地税局考察、初审、并报省地税局评定，在本届星级办税服务厅评定中，零陵区地税局办税服务厅评为四星级办税服务厅；市地税局省级征收分局办税服务厅评为三星级办税服务厅。

2010年，市地税局按照省地税局印发的《湖南省地税局星级办税服务厅评定验收标准》，全市地税系统12个办税服务厅按规定设办税服务区、咨询辅导区、资料填写区、等候休息区4大功能区域；全面推行“全职能一窗式”服务，将分散于不同部门的纳税服务项目，全部纳入办税厅，实现“一条龙”集中服务，达到一人受理、一次性办结的目标。是年，省地税局举行第三届星级办税服务厅评定，零陵区地税局办税服务厅晋升为五星级办税服务厅；其他11个办税服务厅全部评为三星级办税服务厅。

2012年9月，市地税局转发省地税局《关于开展第四届星级办税服务厅评定活动的通知》，决定在2012年组织开展第四届星级办税服务厅评定工作。本届评定不按市（州）分配名额，凡达到规定分数的单位，将获得三、四、五星级办税服务厅称号。市地税局成立评

2014年7月，市地税局开展纳税服务比武活动

定领导小组，对全市地税系统申报四星级以上的6个单位按省地税局要求进行督查，对申报三星级的5个单位进行实地考核和初步认定。市地税局向省地税局申报7个单位，其中五星级1个（零陵区地税局）；四星级6个（冷水滩区地税局、祁阳县地税局、东安县地税局、双牌县地税局、江华县地税局、江永县地税局）。

2013年1月，市地税系统经省地税局评定为五星级办税服务厅4个，即冷水滩区地税局、零陵区地税局、祁阳县地税局、双牌县地税局；四星级办税服务厅2个，即东安县地税局、江华县地税局；三星级办税服务厅5个，即道县地税局、蓝山县地税局、新田县地税局、宁远县地税局、江永县地税局。

（三）评选优秀办税服务员

2012年6月，永州市地税局印发《关于开展优秀办税服务员评选活动的通知》，为进一步做好全市纳税服务工作，提升办税人员的综合素质，决定在全市地税系统开展“优秀办税员”评选活动。评选对象为全市地税系统办税服务中心工作人员（限正式干部）和从事税收征管、稽查工作的地税干部。在评选考试中，进入前10名的个人授予全市地税系统“优秀办税员”荣誉称号。7月31日，市地税局组织全市系统44人参加“优秀办税员”选拔考试，8月28日对选拔考试进入前20名的进行复试。对复试进入前10名的授予全市地税系统“优秀办税员”荣誉称号。9月市地税局印发《关于表彰全市系统优秀办税员和优秀组织奖的决定》，通过层层选拔，严格审定，市地税局决定授予陈铮鹏等10人为“优秀办税员”，冷水滩区地税局等3个单位获优秀组织奖。

附：

2012年全市地税系统“优秀办税员”：

陈铮鹏（冷水滩区地税局）　　罗　萍（冷水滩区地税局）
蒋清团（东安县地税局）　　陈丽娜（双牌县地税局）
高丽云（零陵区地税局）　　陈声益（江华县地税局）
曾　辉（宁远县地税局）　　蒋　涛（宁远县地税局）
陈金艳（东安县地税局）　　封文娟（蓝山县地税局）

“优秀组织奖”：

冷水滩区地税局　　东安县地税局　　宁远县地税局

2014年6月，市地税局印发《关于开展优秀办税服务员评选活动的通知》，评选对象是全市地税系统办税服务中心（办税服务室）在岗人员。评选内容及分值，总分为100分，其中，基础业务知识45分，基本操作技能50分，其他5分。按照公开、平等、竞争、择优的原则，8月下旬，市地税局组织参评人员进行考试，根据考试分数从高分到低分评选市级“优秀办税服务员”10名，“优秀组织奖”3个。市地税局在8月27日举行全市地税系统“优秀办税服务员”考试。考试内容为基础业务知识和基本操作技能。要求各单位择优推荐2名以上参评人员到市地税局参加考试。9月，市地税局印发《关于表彰全市系统优秀办税服务员的通报》，经综合考核，严格审定，市地税局决定授予伍敏等10人为全市地税系统“优秀办税服务员”荣誉称号，评选出新田县地税局等3个单位为全市地税系统优秀办税服务员评选活动“优秀组织奖”。

附：

“优秀办税服务员”名单：

伍　敏（江华县地税局）　　李　妃（零陵区地税局）

曾双祁（新田县地税局）　　彭群玉（祁阳县地税局）

谢　颖（江永县地税局）　　朱　晓（冷水滩区地税局）

朱泽亮（新田县地税局）　　陈隽莹（新田县地税局）

唐　慧（江华县地税局）　　何宙鑫（道县地税局）

“优秀组织奖”：

新田县地税局　　江华县地税局　　祁阳县地税局

2005—2013年永州市地税系统星级办税服务厅评定情况表

表3-4-1

年份	单　位	级别	备注
2005	东安县地税局办税服务厅	三星级	第一届
2007	零陵区地税局办税服务厅	四星级	第二届
2007	市地税局征收分局办税服务厅	三星级	第二届
2010	零陵区地税局办税服务厅	五星级	第三届
2010	冷水滩区地税局办税服务厅	三星级	第三届
2010	祁阳县地税局办税服务厅	三星级	第三届
2010	东安县地税局办税服务厅	三星级	第三届
2010	双牌县地税局办税服务厅	三星级	第三届
2010	宁远县地税局办税服务厅	三星级	第三届
2010	道县地税局办税服务厅	三星级	第三届
2010	新田县地税局办税服务厅	三星级	第三届
2010	江华县地税局办税服务厅	三星级	第三届

续表3-4-1

年份	单　位	级别	备注
2010	江永县地税局办税服务厅	三星级	第三届
2010	蓝山县地税局办税服务厅	三星级	第三届
2010	市地税局征收分局办税服务厅	三星级	第三届
2013	冷水滩区地税局办税服务厅	五星级	第四届
2013	零陵区地税局办税服务厅	五星级	第四届
2013	祁阳县地税局办税服务厅	五星级	第四届
2013	双牌县地税局办税服务厅	五星级	第四届
2013	东安县地税局办税服务厅	四星级	第四届
2013	江华县地税局办税服务厅	四星级	第四届
2013	道县地税局办税服务厅	三星级	第四届
2013	蓝山县地税局办税服务厅	三星级	第四届
2013	新田县地税局办税服务厅	三星级	第四届
2013	宁远县地税局办税服务厅	三星级	第四届
2013	江永县地税局办税服务厅	三星级	第四届

二、服务举措

永州市地税局贯彻落实国家税务总局《关于进一步加强办税服务厅管理的意见》和《全国县级税务机关纳税服务规范》两个文件精神，落实服务经济建设、服务社会发展、服务纳税人的“三服务”理念，规范工作流程，创新服务方式，出台纳税“四统一”工作规程，开通纳税服务QQ群，创建短信服务平台和纳税辅导平台，扩大同城通办，推行“免填单”，开展信用等级评定和纳税人满意度调查等一系列服务举措。

（一）纳税服务QQ群

2012年2月，永州市地税局在全省率先创建全市地税系统纳税服务QQ群，印发《永州市地税系统纳税服务QQ群管理办法（试行）》，按月对管理情况进行督促、提醒；按季对运行情况进行通报，年终进行考核。在纳税服务QQ群中，设立税收政策、政务公开、通知公告、政策辅导、群论坛、群聊、视频和语音会话、群投票等功能，实现在线发布最新政策、纳税辅导、涉税咨询答复，提交或下载涉税资料，提醒预约、温馨问候、建议投诉，满意度调查等服务。全市地税系统建立起

16个纳税服务QQ群，为纳税人提供个性化服务。4月，市地税局印发《永州市地税系统2012年度纳税服务QQ群管理工作考核办法》，将此项工作纳入年度考核的重要内容，还纳入“强责增效年”考核内容。年底，全市地税纳税服务QQ群的成员达1957人，发布税收政策498个，浏览下载3907人次，解答问题1744人次，进行纳税辅导1069次，接收纳税人上传相关数据资料1530次，提供预约、提醒、问候、通知等服务1403次，征求工作建议、意见和满意度调查41次，回复意见和建议35次。

2014年11月，江永县地税人员进行纳税人满意度调查，征求工作建议意见

2014年，市地税系统通过纳税服务QQ群与纳税人加强沟通联系，双向传输有关信息和资料。年底，全市地税系统纳税服务QQ群成员达2668人，较上年增加290人；发布税收政策法规、涉税表单、税务软件、辅导课件等信息629个，纳税人浏览下载6211人次，解答问题2382次，进行纳税辅导1836次，接收纳税人上传个税软件申报等相关数据资料3670次，提供预约、提醒、问候、通知等服务2493次，征求工作建议、意见和满意度调查45次，回复建议及意见38次。

2015年，市地税局按照国家税务总局《关于进一步规范税务机关进户执法工作的通知》要求，在减少进户执法的同时，对信息采集、税源调查等事项，通过纳税服务QQ群与纳税人沟通联系。全市地税系统纳税服务QQ群成员3484人，比上年增长13%；共发布税收政策等信息1166个，纳税人浏览下载8678人次，接收纳税人上传数据资料3016次，提供预约、提醒、通知等服务2965次，征求工作建议、意见87次，回复意见及建议108次。

（二）12366纳税服务热线及短信服务平台（税讯通）

2011年，市地税局建立以机关科（室）业务骨干为成员组成座席专家团，制订专项联络员制度，规范对纳税人咨询、投诉回复流程。全年通过12366纳税服务热线办结省地税局批转的各类投诉咨询 42 起，提供发票真伪查询 985 起，及时处理率 100%，及时回复率 100%，纳税人满意率 100%。短信服务平台实现了三个“第一”，即第一时间发布最新税收政策，第一时间答复纳税人提出的涉税问题，第一时间公开税务机关的工作情况。

2012 年，市地税局印发《永州市地税系统短信服务平台管理办法》，对短信服务平台的工作职责、工作内容、管理要求等方面进行规范和约束，全市地税系统建立 12 个短信服务平台，全面上线运行。确定蒋宝林等 9 人为 12366 联络员。按照 12366“全省集中、设点长沙、市（州）辅助”的运行模式，全年通过 12366 纳税服务热线办结省地税局交办的各类投诉咨询、举报 59 起，提供发票真伪查询 224 起，及时处理率 100%，回复率 100%，纳税人满意率 100%。是年，全市系统短信服务平台发送政策宣传短信 46.14 万条，申报提醒短信 4.94 万条，涉税咨询辅导短信 1.69 万条，工作意见建议回复 3160 条，节日问候短信 2.77 万条，会议通知短信 4511 条，廉政宣传短信 5995 条。

2013 年，市地税局按省地税局要求明确规定 12366 短信服务平台 6 大类内容：税法宣传类、通知公告类、涉税提醒类、催报催交类、互动服务类、内部流转类。全年共办结 12366 转办咨询 4 起，举报 11 起，投诉 13 起；提供发票真伪查询 11 起。及时受理率、回复率 100%，纳税人满意率 100%。

2014 年，市地税局印发《关于推广应用 12366 短信服务平台的通知》，决定自是年 4 月 1 日起，全市地税系统全面启用 12366 短信服务平台。市地税局成立以党组成员、总会计师王亮任组长，以纳税服务科、信息中心、征管和科技发展科、财务管理科、办公室等科（室）主要负责人任副组长，相关科（室）同志为成员的推广应用工作领导小组。明确相关部门工作职责，印发“税讯通”业务规程、操作手册、宣传资料，按有关规定完成政府采购及合作协议签订工作。截至 12 月底，平台内有纳税人手机号码 2.96 万个，地税工作人员手机号码 1023 个。全市地税系统通过平台发送税法宣传、通知公告等各类短信 10.29 万条。全年共处理省地税局 12366 转办服务投诉案件 10 起，其中，税法宣传类 2 起，政策咨询类 1 起，办税服务类 4 起，权益保护类 3 起。市地税局坚持限时办结制，涉及对个人的服务投诉，实行 7 个工作日办结制；对涉及部门管理方面的投诉，实行 10 个工作日办结制，《湖南日报》2014 年 10 月 26 日刊发的《做好办税“加减法”真情服务纳税人》一文，对市地税局方便纳税人办税的做法进行专题报道。

2015 年，市地税局共办结 12366 热线转办咨询 10 起，投诉 13 起，及时回复率、纳税人满意率 100%，在湖南地税《12366 运行情况月报》中得到肯定。

（三）同城通办

2012 年 7 月，市地税局印发《关于印发涉税事项同城通办实施方案的通知》，明确涉税事项同城通办的实施区域和对象为：永州市城区范围内地方税纳税人和缴费单位。纳税人可就便选择永州市城区范围内的办税服务厅办理规定的涉税事项。市地税局成立涉税事项同城通办推行领导小组，局长谷一飞任组长，党组成员、副局长唐双祁任副组长，办公室、征管和科技发展科、收入规划核算科、信息中心、纳税服务科主要负责人为领导小组成员。领导小组办公室设纳税服务科。7 月 30 日，市地税局举办第一期同城通办培训班，参加人数 40 人。市地税局决定自是年 8 月 1 日起，在城区范围内实行涉税事项同城通办。实施同城通办的涉税事项包括涉税审批项目的申请，上门办理缴纳地方税、社保费的申报，查补税款的缴纳，发票代开，完税证开具，纸质纳税申报资料报送，表证单书领取。是年，全市城区范围内共发生 20 笔同城通办业务，其中，限时办结业务 2 笔，即时办结业务 18 笔。

2013 年，市地税局在中心城区实行同城通办的基础上，逐步推行全市范围同城通办，不断增加服务项目。是年，全市地税系统共办理同城通办业务 2316 笔，其中，税费申报 1803 笔，税费征收 389 笔，代开发票 124 笔。

2015 年 10 月，市地税局召开支部书记专题会议，讨论党建引领纳税服务工作

2014 年，全市地税系统共办理同城通办业务 9316 笔。

2015 年，市地税局印发《永州市地税局加快推进办税事项同城通办工作方案》，在全市地税系统安装同城通办新 POS 机具 23 台，配置办税服务厅同城通办岗 25 人，方便纳税人在全市范围内自主选择办税厅办理日常涉税事项。

（四）“四统一”工作规程

2013 年 10 月，市地税局印发《永州市地税局纳税服务“四统一”工作规程（试行）的通知》，“四统一”即统一办税环境，统一岗位职责，统一服务制度，统一办税流程。全市地税系统推行服务“四统一”工作规程，增加即时办结事项 6 项，精简涉税资料 31 项。从 11 月 1 日起至年底，全市地税系统按照统一的流程办理纳税人涉税事项，共 8 大类涉税事项 1.36 万件，其中，税务登记类 588 件，异地经营管理类 19 件，申报征收类 1.29 万件，发票管理类 28 件，税收退税类 34 件，税收违法违章处理类6件，税收优惠受理类13件。

2014年，市地税局印发《关于修订纳税服务“四统一”工作规程的通知》（以下简称《通知》），进一步修订、完善“四统一”工作规程。增加即时办结事项7项，简化办税环节18个，精简涉税资料37项。《通知》就加强与改进纳税服务工作提出四条基本原则：一是转变职能与服务大局；二是服务执法与法定履职；三是规范流程与科技兴税；四是方便利民与办税高效。服务项目分为：建立网上办税服务厅，完善信息服务平台，精简涉税审批项目，推行“免填单”服务，扩大“同城通办”范围，优化“一窗式”办税服务，拓展纳税辅导平台，减少“验证”身份资料，开通“绿色通道”，大力推进政务公开10大类。做到“统一办税环境、统一岗位职责、统一服务制度、统一办税流程”四个统一。

（五）纳税辅导平台

2013年4月，市地税局在全市地税系统创建“纳税人之家”“纳税人学校”二位一体、层级递进的纳税辅导平台。12月，市地税局直属局开办一期“纳税人学校”面授培训班，免费为中心城区80多家企业的财务负责人、办税人员讲授纳税人的权利和义务；2013年的最新政策解读、税政业务知识等。同月，零陵区地税局举办第三期“纳税人学校”培训班，40多名企业财务人员参加培训。

2014年，市地税局将纳税辅导平台（纳税人之家、纳税人学校）与省地税局开通的“纳税人网上学校”有机结合、互动互促，做到资源共享。是年，全市地税系统共举办各类面授培训班111期，培训5996人次；网站纳税人学校栏目和纳税服务QQ群、纳税人学校版块上传课件158个，纳税人浏览下载6889人次，网校发布培训通知31次，发布课件12个。

2015年，市地税局按照国家税务总局《关于加强纳税人学堂建设的通知》要求，认真办好网上和实体纳税人学堂，全市地税系统12个实体学堂授课55次，培训5035人次，课程87个；网络课堂授课4次，培训1.35万人次，课程125个，收集纳税人意见和建议243条，采纳132条。

（六）纳税信用等级评定

2003年，市地税局转发国家税务总局印发的《纳税信用等级评定管理试行办法》，规定每两个年度对纳税人进行一次纳税信用等级评定。8月25日，市地税局转发国家税务总局发布的《纳税信用评定指标和评价方式（试行）》，进一步完善分类管理制度和守信激励制度。纳税信用等级评定的指标有税务登记、账簿、凭证管理、发票管理、纳税申报、税款缴纳、其他涉税违法等情况。评定等级为A、B、C、D四级。A为最高级别。

2012年7月，市地税局按照省国税局、省地税局《关于做好2010—2011年纳税信用等级评定工作的通知》要求，对全市地税系统2010—2011年纳税信用等级评定工作进行安排、部署。健全评定组织机构，坚持评定标准，加强信息交换，全市地税系统对4556户进行评定，评出A级30户、B级3938户、C级563户、D级25户。12月，市地税局召开诚信纳税人授牌表彰大会，对30户A级单位进行授牌表彰。

2014年，市地税局会同市国税局，对2012—2013年度纳税信用等级进行评定，评出A级纳税信用等级纳税人17户，B级纳税信用等级纳税人9941户，C级纳税信用等级纳税人1114户，D级纳税信用等级纳税人785户。

2015年，市地税局、市国税局印发《关于进一步落实纳税信用A级纳税人激励措施的通知》，其中提出8条激励措施：向社会公告名单；提供发票领用便捷服务；提供“绿色通道”服务；提供专人服务；提供专题服务；提供“税融通”服务；提供增值服务；评比表彰活动优先。

（七）问卷调查

2011年，市地税局在全市范围内开展纳税需求问卷调查，采取上门走访调查、邮寄调查、电话调查相结合的方式。全市地税系统共向纳税户发放问卷表2025份，收回1866份，回收率92%。针对这次纳税服务问卷调查中所反映的纳税人服务评价、需求意见，市地税局提出整改措施和建议：加强办税服务厅硬件建设，按照星级办税服务厅的要求合理设置和统一布局；加强办税服务厅内部管理，大力提升服务水平；有针对性的开展税法宣传；加强信息管税力度，大力推进网上办税业务；搞好办税服务中心准确定位，明确办税服务厅的具体职责。

2012年，市地税局在全市范围内开展“阅税情、办实事、促和谐”大走访活动。全市地税系统共626人参加走访。其中，市、县（区）地税局领导班子成员65人，机关科（室）负责人109人，基层分局领导成员150人，税收管理员302人。走访单位（个人）2783个。走访活动中发放满意度调查表2800份，收回2800份，对地税工作总体满意率98.2%。走访中解决具体问题589个，征求意见、建议344条，开展税法宣传2420次，开展纳税辅导1547人次。是年，市地税局、市国税局联合开展“全心服务、征纳共行”走访活动，走访对象是全市2010—2011年度评为A、D纳税信用等级的纳税人。从5月6日开始至31日结束，历时25天，共走访352户，其中，A级24户，D级328户；发放税收宣传资料3100份，调查问卷352份，收集咨询疑问23份，意见建议8份，需要税务部门解决的问题12个。

2014年，市地税局印发《关于开展纳税人满意度问卷调查实施方案的通知》，成立由局长毛东庆任组长，其他党组成员任副组长，各科（室）主要负责人为成员的领导小组，负责统一指挥协调全市地税系统的纳税人满意度问卷调查。本次问卷

2012 年 10 月，市地税局局长毛东庆（中）到企业走访

调查自 5 月 1 日—7 月 10 日，采取上门走访调查、纳税服务 QQ 群调查、门户网站调查、信函调查、电话调查、召开纳税人代表座谈会等方式进行。调查范围为本辖区内的纳税人和扣缴义务人。其中，单位纳税人占调查总量的 50%，个体经营户占调查总量的 40%，个人占 10%。各县（区）地税局问卷调查表不得少于 200 份，市地税局直属局不得少于 60 份，共发放调查问卷 2345 份，收回调查问卷 2342 份，纳税人对地税工作总体满意率 98.12%，收集纳税人意见建议 46 条。在省委活动办 2 次民调中永州市地税局名列前茅。

2015 年，市地税局在全市系统开展纳税人需求调查和“问需求，优服务，促改革”专项活动。4 月，开展“千名税干进企业”走访活动。市地税局党组书记、局长毛东庆走访万商红等重点企业，帮助纳税人解决涉税问题。在市地税局网站、纳税服务 QQ 群等平台，同步上传需求调查问卷，受理征集纳税人意见、建议，共收回调查问卷 1.06 万份，帮助纳税人解决难题 42 个，收集纳税人意见建议 113 个。

（八）丰富服务内容

2011 年，市地税局印发《关于做好纳税咨询和纳税投诉有关工作的通知》，明确做好纳税咨询和纳税投诉工作是优化纳税服务、维护纳税人合法权益的重要举措，按照“谁主管，谁负责”的原则，局机关各科（室、单位）主要负责人是第一责任人，应当主动负责做好本部门职责范围内的纳税咨询和纳税投诉工作，依法、公正、及时处理每一起转交事项，不断改进服务质量。4 月，市地税局印发《办税服务厅应急处理预案的通知》，规定突发事件的处理原则：积极预防，制订预案；分级负责，属地管理；以人为本，注重实效；认真处理，及时报告。要求全市各级地税机关应当将突发事件应急处理情况纳入目标考核。

2013 年，市地税局印发《永州市地税局关于做好“免填单”服务工作的通知》，统一规范全市地税系统“免填单”服务范围和操作办法，全市地税系统共安装身份证阅读器 80 台。从是年 8 月 1 日起，在全市地税系统办税服务厅推行“免填单”服务，对个体经营登记，变更登记，停业、复业登记，代开发票，发票代售，买房人契税申报等7项业务实行“免填单”，减轻纳税人负担。《光明日报》(2013年11月22日4版）登载《湖南：把便民惠民的事情办好》，对永州市地税局推行“免填单”服务进行专题报道。12月，市地税局印发《关于在全市系统办税服务厅实行“朝九晚五”工作制的通知》，决定自2014年1月1日起，工作日上班时间从9：00至17：00；中午12：00至13：00为窗口人员轮流就餐时间。要求各单位在中午就餐时间，要以不影响办事为原则，根据实际情况合理安排值班人员，确保服务不间断和办税服务厅安全。全年全市地税系统提供午间不间断服务7069次，同时落实首问责任制，局领导和中层干部坐厅值班担任导税员制，一次性告知等服务制度。

2014年4月，市地税局印发《关于开展“便民办税春风行动”主题活动的通知》，决定在4月9日9—17点，在全市地税系统办税服务厅开展活动日。参加人员为各县（区）地税局领导及办公室、办税服务中心、税政科、征管和科技发展科、监审室相关人员。市地税局直属局局领导及办公室、计征科相关人员；市地税局机关相关科（室）人员。活动内容主要有：通过纳税服务QQ群、12366短信服务平台（税讯通)、电子显示屏、触摸屏、发放宣传资料、问卷调查、处理纳税人有关涉税需求、投诉举措等方面问题。5月，市地税局印发《关于印发“便民办税春风行动”实施方案的通知》，提出“春风行动”的总体思路：着力解决服务意识、行政审批、办事效率、办税负担、纳税诚信、规范执法等方面问题，从发挥纳税平台作用，公开行政审批清单，提高办税服务效率，实行首问责任制，减轻纳税人办税负担，公开纳税人信用状况清单，公开执法权利清单，开展纳税人满意度问卷调查等方面入手，强化制度建设，丰富服务举措，把便民办税作为系统工程，发挥综合效应，全面提升纳税服务水平。市地税局按照《深入开展“便民办税春风行动”实施方案的通知》要求，深入开展“便民办税春风行动”，简化工作环节和流程，深化“一站式”“一窗式”

2015年4月，地税人员在企业调研纳税信用等级评定工作

办税服务，服务效率持续提升。全市地税系统按统一的业务流程共办理8大类涉税事项49.85万件，其中：税务登记类2.91万件，异地经营管理类429件，申报纳税类21.94万件，发票办理类24.39万件，税控机用户注册登记类379件，税收退税类391件，税收违法违章处理类4545件，税收优惠办理类387件。是年，市地税局与市交通银行合作做好“税融通”服务，全年贷款总额900万元，实现纳税信用等级评定结果的增值应用。

2015年，市国税局、市地税局、市银监分局联合印发《关于开展“银税互动”助力小微企业发展活动的通知》，要求建立银税合作联席会议制度，每半年召开一次。共享纳税信用评价结果和银行业金融机构对企业融资信息，营造良好的舆论氛围，引导小微企业积极运用自身纳税信息解决融资难的问题，增强小微企业依法诚信纳税意识。市地税局联合市国税局与建设银行永州分行签订银税互动“税易贷”合作协议，12月底，全市银税互动贷款总额6200万元，惠及48家企业。

第二节　注册税务师及行业管理

永州市地税局注册税务师管理中心是注册税务师的业务主管部门，行使对注册税务师和税务师事务所的行政管理职能，并监督指导注册税务师协会的工作。

一、注册税务师管理

2001年，永州市地税局注册税务师管理中心（以下简称管理中心）对全市注册税务师注册证书进行验证登记。全市地税系统执业注册税务师5人，非执业注册税务师22人。

2003年，管理中心对全市注册税务师进行年检登记，全市经过年检的注册税务师66人，其中，执业9人，非执业57人。按部门分，国税系统32人，其中，执业的5人，非执业27人；地税系统31人，其中，执业的4人，非执业的27人；其他部门3人，都是非执业。

2006年，管理中心对注册税务师进行年检，全市注册税务师共101人，其中，执业注册税务师15人，非执业注册税务师71人（这次参加年检并准予通过的67人；未参加年检的4人，其中，有2人已年满70周岁本人提出不再参加年检，另2人资格考试合格后尚未注册登记，一直未参加年检）。15名执业注册税务师审查结果都是合格：进人渠道符合规定，没有在职的国家行政事业单位工作人员；没有同时在2个以上事务所出资。管理中心印发《关于发放〈非执业会员证〉的通知》，在全市范围内对已加入注册税务师协会的非执业会员发放《非执业会员证》。据统计，全市地税系统26人，其中，市地税局1人，冷水滩区地税局5人，零陵区地税局6人，道县地税局1人，宁远县地税局3人，蓝山县地税局3人，江华县地税局4人，双牌县地税局2人，祁阳县地税局1人；国税系统34人，合计60人。

2007年，全市参加注册税务师年检的共97人，其中，执业注册税务师13人，未执业注册税务师84人，全部年检合格。

2008年，全市参加注册税务师年检的99人，其中，执业注册税务师14人，非执业的85人，全部年检合格。在2家事务所执业的14名执业注册税务师经年检审查合格：进入事务所执业符合规定要求；没有同时在2个及以上事务所执业；无挂名不执业现象；无冒名顶替他人出资；诚信操守；每年按时参加年检，坚持参加年度的后续教育，及时缴纳会费。非执业的85人，其中，国税系统的35人，地税系统的28人，其他国家行政事业单位的9人，企业单位或自谋职业的13人。管理中心组织执业注册税务师参加全国性的电脑网络远程教育培训和全省性的年度后续教育培训，确保一人不漏的完成规定的培训课时，并达到培训效果。

2009年，全市2家事务所执业的17名注册税务师经年检审查合格，坚持参加后续教育培训和中税协举办的远程电化教育培训，并利用中税网平台为客户提供税务咨询，在原来代开发票、税务咨询、涉税鉴证、代理记账等业务的基础上，为20多户纳税人开展代理网上电子申报业务。

2010年4月，管理中心对全市非执业注册税务师资格进行年检，年检对象：凡在2009年12月31日以前通过全国统一考试合格，取得注册税务师执业资格并注册登记为非执业注册税务师的人员。这次年查对象共91人，其中，国税系统37人，地税系统29人，其他系统25人。

2014年，市地税局印发《关于明确兼职注册税务师管理中心人员的通知》，要求各县（区）地税局、市地税局直属局在现有办税大厅人员中，明确一名中层副职干部为兼职注册税务师管理中心人员，加强注册税务师及注册税务册事务所的管理。

二、注册税务师事务所管理

1999年，永州市地税局转发国家税务总局印发的《有限责任税务师事务所设立及审批暂行办法》和《合伙税务师事务所设立及审批暂行办法》，规定设立税务师事务所由国家税务总局批准，发起设立事务所应当具备下列条件：有3名以上符合本办法第五条规定的发起人；有10名以上专职从业人员，其中，有5名以上取得注册税务师执业资格证书；注册资本30万元以上；有固定的办公场所和必要设施；审批机关规定的其他条件。

2000年，经批准全市成立2家注册税务师事务所：永州诚信税务师事务所有限责任公司，法人代表唐扬太，注册资金30万元，从业人员26人，其中，执业注册税务师3人；永州新永税务师事务所有限责任公司，法人代表韩新太，注册资金30万元，从业人员34人，其中，执业注册税务师5人。

2001年，市地税局执行湖南省清理整顿经济鉴证类社会中介机构领导小组印发《关于进一步加快和完善审计等中介机构脱钩改制工作的通知》，于9月与永州诚信税务师事务所有限责任公司在人员、财务、编制等方面彻底脱钩。该公司根据《中华人民共和国公司法》规定，由5个执业注册税务师作为发起人建立董事会，5个执业注册税务师出资30万元作为公司的注册资金，现有从业人员42人。

2002年，市地税局执行省地税局印发的《关于进一步做好税务代理机构脱钩改制工作有关问题的通知》，决定从6月起集中3个月时间，对全市地税系统税务代理机构改制工作进行一次自清自查，对照整改和重点督查，在编制、人员、财务、职能、名称5个方面完全脱钩。

2004年，市地税局转发国家税务总局《关于合并、变更、注销税务师事务所实行备案管理的通知》，规定税务师事务所的合并、变更、注销，应向工商部门提出申请，并办理完毕相关手续后，报省级注册税务师管理中心备案。合并、变更性质后的税务师事务所，符合税务师事务所设立条件的，由省注册税务师管理中心核发新的执业证；不符合设立条件的，省注册税务师管理中心收回税务师事务所执业证，不再补发。

2015年8月，湖南省国际税收研究会《发展我国税务代理机构的国际借鉴》调研课题结题

2005年，市地税局执行省地税局印发的《关于明确各市（州）注册税务师管理中心有关问题的通知》，由市国税局、市地税局派员联合组成市注册税务师管理中心，机构级别为正科级，由地税人员担任管理中心主任，办公地点设在市地税

局。其工作职责为向省注册税务师管理中心报告工作，负责税务代理，与国税局、地税局协调工作，负责组织本地区注册税务师资格考试有关工作，负责报批税务师事务所的初审，负责税务师事务所的年检年审和日常监管工作，检查注册税务师及税务师事务所执业情况，配合协会会费的收缴等工作。8月，市国税局、市地税局印发《关于进一步发挥税务师事务所在企业所得税税前扣除审批项目管理中的鉴证作用的意见》，自2005年度起，纳税人向税务机关申报税前扣除审批项目时，附送具有资质的税务师事务所等社会中介机构的审计或鉴证报告，税务机关应承认其经济鉴证作用。同时规定：承办上述审计或鉴证业务的税务师事务所等中介机构，其资质由省注册税务师管理中心审查后确认。

2006年，市注册税务师管理中心对2家事务所的执业资质、执业行为、财务管理、内务管理以及执业业务档案进行审核、检查。经审核检查，永州诚信税务师事务所与永州新永税务师事务所设立的审批手续齐全，符合有限责任公司的各项条件。逐条审查2家事务所2005年、2006年上半年的业务收入，未发现无委托协议书和签订协议书不规范的现象。管理制度健全，财务会计账表、收支真实，没有发现隐匿、转移业务收入和虚列经营亏损的问题。业务收入严格执行省物价部门和市物价部门制订的统一收费标准，规范使用全省统一规定的收费发票。7月，管理中心执行省注册税务师管理中心转发《中国注册税务师学会会员会费缴纳使用管理办法的通知》，规定各注册税务师事务所2005年度团体会费仍按原标准2%缴纳；2006年按当年税务代理、涉税服务、涉税鉴证等业务收入总额1%缴纳；执业个人会员按每年800元缴纳，非执业个人会员按每年50元缴纳。

2007年3月，市地税局印发《关于加强注册税务师行业监管依法支持注册税务师行业发展的意见》，规定税务师事务所办理代理服务业务的办公场所必须与地税机关的办公场所分开，一律不准税务师事务所在地税机关的办税服务厅设立窗口办理业务。各级地税机关应当依法支持税务师事务所执业，及时提供税收政策信息和业务指导，宣传注册税务师行业的法定地位、性质、作用和涉税鉴证，涉税代理服务业务范围。4月，永州新永税务师事务所有限公司和永州诚信税务师事务所有限责任公司年检合格。7月，被国家税务总局确定为全国3个省、市中介机构代开货物运输发票微机网络管理的试点单位。全年2家税务师事务所共实现经营收入321.87万元，实现利润15.04万元。

2008年，管理中心对全市2家税务师事务所进行年检，抽查2家事务所的20份执业业务档案资料，审查2家事务所的收费票据、核对票据领缴、填开使用、收费入账情况，回访4户代理服务客户。2家事务所实现收入275万元。其中，涉税鉴证42户，收入65万元；咨询顾问业务41户，收入110万元；代办建账建制4

户，收入2.5万元；代理纳税1.2万户次，收入45万元；代开发票1.56万份，收入52万元。3月，市国税局、市地税局联合转发省国税局、省地税局印发的《关于进一步支持注册税务师行业规范发展的通知》，要求各县（区）国税局和地税局要配备专人负责注册税务师行业的监管工作。各级税务部门要大力支持注册税务师行业的发展，并严格监督管理。税务机关和税务人员一律不得从中谋求任何经济利益。各县（区）地税局要把“依法支持，严格监督”注册税务师行业的工作纳入责任制考核。

2009年，市地税局、市国税局联合印发《关于加强税务师事务所执业行为监管有关问题的通知》，明确凡经审批注册的税务代理机构及执业注册税务师，须在省级注册税务师管理中心的公告中公布。未经审批的，一律不得从事涉税鉴证业务，各级税务机关不予受理和认可。市地税局转发省物价局、省国税局、省地税局印发的《湖南省税务师事务所服务收费管理实施办法》和《湖南省涉税鉴证服务收费标准》，要求涉税服务实行明码标价制度，税务师事务所应在业务接待处或收费地点的醒目位置公布本所服务项目、收费标准及计费办法。管理中心对2家税务师事务所进行年检，2家事务所共实现业务收入294.41万元，盈利3.4万元，上缴税金与附加费17.69万元。

2015年2月，东安县地税局税法宣传进元宵灯会

2010年12月，管理中心转发省注册税务师协会印发的《湖南省税务师事务所及执业注册税务师执业公约》，要求各事务所坚持诚信为本、操守为重、相互尊重、平等协作、共同遵守执业准则和执业道德。纳税人有权根据自愿原则选择事务所，在纳税人已与事务所签订委托协议书的履行期间，其他事务所不得干预涉及已委托的涉税服务或涉税鉴证业务，不得以任何方式诋毁、中伤其他税务师事务所。管理中心对全市2家税务师事务所基本情况进行统计：永州诚信税务师事务所总人数18人，其中，执业注册税务师7人，年收入总额106.36万元，实现利润0.21万元；永州新永税务师事务所总人数23人，其中，职业注册税务师10人，年收入总额150.6万元，实现利润

0.66 万元。

2014 年，市国税局、市地税局联合印发《关于成立永州市注册税务师管理工作领导小组的通知》，成立永州市注册税务师管理工作领导小组，由市国税局局长傅扬帆任组长，市国税局副局长李靖、市地税局总会计师王亮任副组长，市国税局、地税局有关科（室）主要负责人为成员。6 月，管理中心对全市涉税鉴证业务进行全面调查和清理。

2015 年，管理中心加强涉税中介机构的服务与监管，全面开展严禁税务人员违规插手涉税中介机构经营活动的专项治理。在永州市新永税务师事务所、诚信税务师事务所，组织全体从业人员学习《税务师事务所行政登记和监管办法》《税务师职业资格证书登记服务办法（试行）》《中国注册税务师协会个人会员会籍管理暂行办法》3 个文件，规范执法行为。

第五章　税收计会统与财务管理

永州市地税局建立税收分析工作机制，完善横向分工协作、纵向紧密联动的分析制度，开展经济运行分析、政策趋势分析、税收形势分析和税收风险分析，加强对重要税种、重点行业、重点税源、重点区域、新型产业等的调查研究和分析，摸清税源底子，准确掌握税源底数和欠税情况，深入挖掘增收潜力，推进大企业税收专业化、精细化管理。保持组织收入定力，严肃收入工作纪律，坚持依法征收、应收尽收；加强收入质量动态监测和管理，实现均衡入库；加强与地方党委、政府的沟通协调，营造良好的治税环境；严格收入考核。加强财务管理，严格预算管理，优化支出结构，严禁无预算、超预算支出；严格落实公务支出管理、个人奖金、津补贴发放、政府采购、资产基建、确权办证等各项制度，严守财经纪律，规范内部管理，确保各级机关运转高效、规范有序。市地税局完成的收入任务从 1994 年 2.05 亿元增加到 2015 年 65.66 亿元，增长 31 倍，年均递增 10.7%。2007 年跨过 10 亿大关；2010 年实现 22.9 亿元；2014 年实现 55.92 亿元；2015 年实现 65.65 亿元，比 2014 年增加 9.73 亿元，增长 17.4%，地税收入占当年市财政收入 50.07%，为支持全市经济和各项事业的发展提供可靠的财力保障。

2015 年 9 月，全省地税系统《税收收入预测分析体系构建研究》课题调研座谈会在永州市召开

第一节 税收计划及执行

永州市地税局根据“统一领导、分级管理”的税收管理体制要求，全市地税收入计划编制工作程序采用先“由上到下”部署工作，然后再“自下而上”由各级税务机关分级编制，逐级上报的方式。

1994年10月20日，零陵地区地税局召开全区第一次地方税收工作会议，将省地税局分配全区的税收计划2.05亿元下达到各县（市）地税局，各县（市）地税局在10月底落实到基层税务所。11月，地区地税局组织力量到县（市）检查了解税收计划落实情况，保证税收计划层层分解到位。

1995年，全区地方税收收入计划为2.39亿元，加上教育费附加1500万元，合计2.54亿元，比1994年实际完成数增长10.9%。地区地税局将省地税局分配目标任务下达各县（市）地税局，同时层层签订责任书，严格考核。

1996年，永州市地税局印发《1996年税收计会工作考核评比办法》，按税收计划、会计改革、税收会统、经费管理、票证管理、其他工作（服装装备、计算机应用及管理、基建工作）6项进行考核评比。是年，全市完成各项收入2.75亿元，比1995年同期增收2942.9万元，增长11.9%，其中，地方税收完成2.59亿元，为年计划102.96%，增收1591.3万元，增长6.54%。6月，市地税局在原来2个城区分局的基础上组建直属分局，负责市级及市级以上的700多家大小企业，市地税局对2个城区分局的年度计划进行分解，保证地改市后税收计划全面完成。

1997年，市地税局税收计划（含教育费附加）为2.98亿元，比1996年实际完成增长8.44%。市政府核定全市地税收入3.05亿元，增长11%。4月，市地税局下达1997年度个人所得税计划，全市地税系统共2800万元，目标数3200万元。个人所得税征收实行“单列计划、单独考核、单项奖励”的管理办法。下达事业单位和社会团体所得税征收计划，全市地税系统共480万元。9月，市地税局印发《围绕收入中心强化计划管理》，要求各单位在税收计划管理方面抓好税源调查，提高计划预测的准确性；抓好计划分配，及时合理地分配税收任务；抓好进度分析，真实全面地反映计划执行情况。

1998年，市地税局印发《关于下达1998年度地方各税、教育费附加、文化事业建设费和个体税收计划的通知》，全市地税系统各项收入合计3.3亿元，其中，税收收入3.13亿元，教育费附加1740万元，文化事业建设费15万元，另外追加奋斗目标600万元。市地税局印发《1998年地税系统计会工作要点的通知》和《关于实行人头经费与收入任务挂钩办法的通知》，要求层层落实税收计划，建立收入考核制度。从下半年开始，市地税局对各县（区）地税局、市地税局直属分局试行月收入与经费指标拨款挂钩的办法，即“收支挂钩、进度拨款、平时预拨、年终结算”的原则，人头经费与实际完成的税收收入挂钩，确定一个挂钩比例，平时按组织收入的进度拨款，年终予以结算，以确保实现税收收入均衡入库。

2000年4月，市地税局印发《关于下达2000年地方各税、教育费附加、文化事业建设费和个体税收计划的通知》，全市地税系统各项收入3.37亿元，其中，地方税收3.2亿元，教育费附加1710万元，文化事业建设费40万元。个体税收1.29亿元（计划单独考核，下同）。

2001年3月，市地税局印发《关于下达2001年地方各税、教育费附加、文化事业建设费和个体税收计划的通知》，全市地税系统各项收入3.39亿元，其中，地方税收3.19亿元，教育费附加1940万元，文化事业建设费40万元；个体税收1.5亿元。5月，转发省地税局《关于及时上报重大税源变化情况的通知》，要求各地对累计入库地方各项收入比上年同期增、减1000万元以上的重大税源变化情况，均应及时向省地税局上报。8月，市地税局印发《关于下达2001年屠宰税征收目标的通知》，全市地税系统屠宰税征收目标1880万元，此目标不纳入各地全年收入计划，单列为一项目标任务由市地税局对各县（区）地税局进行考核。

2002年，市地税局下达2002年地方各税、教育费附加、文化事业建设费和个体税收计划，全市地税系统各项收入合计3.87亿元：其中，税收收入3.68亿元，教育费附加1739万元，文化事业建设费35万元，社会保险费180万元；个体税收1.98亿元。税收收入中，中央级6553万元，省级6282万元，市级6894万元，县（区）级1.7亿元。

2004年，全市地税系统各项收入计划为4.97亿元，其中，地方各税4.74亿元，教育费附加2019万元，文化事业建设费30万元，社会保险费200万元；个体税收2.43亿元，省级税收6900万元。4月，市地税局印发《永州市地税局组织收入工作管理》，要求全市各级税务机关要坚持“依法征税、应收尽收、坚决不收过头税、坚决制止和防止越权减免税”的组织收入原则，正确处理依法治税与支持经济发展，税收执法与组织收入的关系，确保税收收入稳定增长，圆满完成各项收入任务。实行税收均衡入库制，做到一季度入库25%，二季度入库50%，三季度入库75%，全年完成各项收入任务。

2005年4月，市地税局印发《关于下达2005年各项税收、教育费附加、文化事业建设费、社会保险费和个体税收计划的通知》，全市地税系统各项收入合计

2013年5月，市地税局在永州电大举办电脑培训，省地税局副局长袁含光（中）与学员合影

6.14亿元，其中，各项税收5.8亿元，教育费附加2910万元，文化事业建设费65万元，社会保险费450万元；个体税收2.72亿元，省级税收收入7370万元。12月，永州市地税局向省地税局呈报《关于调减2005年省级税收计划的请示》，因国家宏观政策调整，市零陵烟厂并入常德卷烟厂，长丰汽车集团搬迁到长沙，这些重点企业的变化，影响永州市地税局省级税收达720余万元，要求省地税局调减永州市地税局省级税收计划200万元，并按调减后的税收计划进行考核。

2006年3月，市地税局印发《关于下达2006年各项税收、教育费附加、文化事业建设费、社会保险费、防洪保安资金和个体税收计划的通知》，全市地税系统各项收入合计7.01亿元，其中，各项税收收入6.49亿元，教育费附加3940万元，文化事业建设费70万元，社会保险费850万元，防洪保安资金350万元；个体税收2.96亿元，省级税收8000万元（含省农行下划营业税310万元）。市地税局按三个层次分给各征收单位。第一个层次增长比例最高的是冷水滩区地税局10.91%；第二个层次增长比例在6%~6.51%之间的是直属局、零陵区地税局、东安县地税局、道县地税局、宁远县地税局、江永县地税局、江华县地税局、涉外分局；第三个层次增长比例在5.5%的是蓝山县地税局、新田县地税局、双牌县地税局、祁阳县地税局。市地税局印发《关于下达2006年工会经费代收任务的通知》和《关于下达2006年烟叶税计划的通知》，全市地税系统代收工会经费380万元，烟叶税任务

3726万元，分配到各县（区）地税局。

2007年4月，市地税局下达全市地税系统2007年各项税收、收费和个体税收计划，各项收入合计9.15亿元，其中，中央级1.29亿元，省级1.15亿元，市级1.92亿元，县（区）级4.79亿元。各项税收合计8.66亿元〔其中，中央级1.29亿元，省级1.15亿元，市级1.62亿元，县（区）级4.60亿元〕。教育费附加4875万元。个体税收计划3.10亿元。9月，市地税局收入任务追加9000万元，调整后任务为10.05亿元，比2006年增加1.71亿元，增长20.49%，要求各单位省级税收增长比例不得低于2006年实际完成数25%。

2008年6月，市政府调整市与零陵区、冷水滩区财政体制，印发《永州市人民政府办公室关于明确零陵区范围内市区财政收入级次的通知》和《永州市人民政府办公室关于调整市与冷水滩区财政体制的通知》两个文件。按文件精神，市地税局提出调库或核减800万元收入计划的意见，但当时市财政局未同意，市地税局向市政府写专题报告，要求按有关文件对两区进行调整，或将800万元调库数据视同地税部门征收的市级收入。

2010年，湖南省进行财税体制调整，实行财政“省直管县”制度。根据统一部署，税收计划管理由原来的省地税局将全市计划下达到市（州），市（州）再分配到县（区）的计划管理方式改为省地税局将计划直接下达到省直管县，其他单位的计划下达到市地税局，由市地税局再次进行分配。是年，全市地税系统完成各项收入任务22.9亿元。

2014年，全市地税系统完成各项收入任务55.92亿元。

2015年，全市地税系统完成各项收入任务65.65亿元，比2014年增加9.73亿元，增长17.4%，地税收入占当年全市财政收入的50.07%。

1994—2015年永州市地税系统各项收入完成情况表

表 3-5-1　　单位:万元

年份	各项收入	一般预算收入	其中:						各项费金	其中:						
			地方税收	教育费附加	烟叶税	耕地占用税	契税	代征		文化事业建设费	社会保障基金	残疾人保障基金	地方教育附加	工会经费	防洪保安基金	价格调节基金
1994	26961	26961	25632	1329	—	—	—	—	—	—	—	—	—	—	—	—
1995	25864	25864	25632	232	—	—	—	1308	0	—	—	—	—	—	—	—
1996	27508	27508	26401	1107	—	—	—	477	0	—	—	—	—	—	—	—
1997	30431	30431	28939	1492	—	—	—	97	0	—	—	—	—	—	—	—
1998	32010	32010	30538	1472	—	—	—	—	0	—	—	—	—	—	—	—
1999	31933	31933	30225	1708	—	—	—	—	0	—	—	—	—	—	—	—
2000	33136	33136	31314	1822	—	—	—	—	0	—	—	—	—	—	—	—
2001	42913	42913	41358	1555	—	—	—	—	0	—	—	—	—	—	—	—
2002	40678	40471	38794	1677	—	—	—	—	207	39	168	—	—	—	—	—
2003	46948	46650	44470	2180	—	—	—	—	298	39	259	—	—	—	—	—
2004	56810	56195	53603	2592	—	—	—	—	615	64	551	—	—	—	—	—
2005	65669	64781	61353	3428	—	—	—	—	888	86	802	—	—	—	—	—
2006	84138	82025	77167	4858	6239	—	—	—	2113	93	951	178	—	385	506	—
2007	108443	105592	99702	5890	6234	—	—	—	2851	127	1118	241	—	643	722	—
2008	136763	130866	124751	6115	9189	—	—	—	5897	140	1319	272	2683	715	768	—

续表3-5-1

年份	各项收入	一般预算收入	其中：						各项费金	其中：						
			地方税收	教育费附加	烟叶税	耕地占用税	契税	代征		文化事业建设费	社会保障基金	残疾人保障基金	地方教育附加	工会经费	防洪保安基金	价格调节基金
2009	166097	158817	151826	6991	8954	—	—	—	7280	171	1682	286	3495	902	744	—
2010	229382	220498	198869	9171	7779	9171	3287	—	8884	209	1894	331	4585	1015	850	—
2011	328526	315837	248006	12031	11864	31019	24781	—	12689	276	2115	357	7458	1123	1360	—
2012	404031	388071	375184	12887	16111	53153	29900	—	15960	320	2420	428	8562	1968	1877	385
2013	476568	458811	445641	13169	17776	43147	59371	—	17758	259	2975	496	8737	2462	2323	442
2014	559195	539063	523979	15084	18913	73054	61183	—	20132	90	3372	523	10151	2842	2572	542
2015	656564	632434	615559	16875	16438	64825	92017	—	24130	59	3859	590	11444	4141	3348	601
合计	3610568	3490867	3298943	123665	119497	274369	270539	1882	119702	1972	23485	3702	57115	16196	15070	1970

1995—2015年永州市地税系统收入完成情况统计表

表 3-5-2　　单位:万元

年份	合计	零陵区	冷水滩区	东安县	道县	宁远县	江永县	江华县	蓝山县	新田县	双牌县	祁阳县	直属局	涉外分局	凤凰园	备注
1995	24324	11483	—	1602	1684	1218	748	1305	1223	899	913	3249	—	—	—	
1996	25963	11556	—	1667	2048	1525	921	1396	1418	1126	926	3341	—	39	—	
1997	28925	12702	—	1899	2236	1795	1125	1537	1614	1362	796	3777	—	82	—	
1998	30700	12428	—	2189	2825	2097	1186	1724	1828	1674	912	3675	—	162	—	
1999	30525	12245	—	2036	3282	1890	1391	1887	1469	1741	924	3360	—	300	—	
2000	31666	1997	2141	2082	2763	2199	1138	1933	1668	1779	1053	3743	8085	351	734	
2001	41728	2500	2734	2599	2709	2314	1107	2069	1793	2039	1794	4276	14511	370	913	
2002	41056	2733	3310	2715	2549	2427	1349	2094	1906	2021	2324	4320	11532	585	1191	
2003	46652	3237	4704	2852	2689	2671	1488	2234	2089	1595	3020	4686	14520	867	—	
2004	56195	3852	6231	3279	3066	3027	1737	2535	2235	2027	3754	4999	17861	1592	—	
2005	64783	4477	8163	3674	3661	3527	2018	3113	2463	2399	4243	5567	19979	1499	—	
2006	77167	5161	10125	4476	4410	4025	2643	3515	2723	2626	5077	6667	24069	1650	—	不含烟叶税
2007	105592	6228	14309	5992	6108	7047	4099	5420	4748	4841	6419	9100	29275	2006	—	
2008	130865	7354	18657	7180	9241	9258	4885	7042	6050	6121	6860	10570	35195	2452	—	
2009	158814	9737	23212	9939	11517	11221	6250	7960	7370	6543	8694	13766	40541	2064	—	
2010	208040	12580	27751	12255	14566	14618	7722	9645	8742	6912	10778	17227	60322	4923	—	
2011	328570	29189	54067	18344	23888	26680	10684	18692	14979	11585	14771	30172	66588	8932	—	
2012	404099	36237	81137	25356	30741	36323	10023	25079	18271	15252	17462	35291	72928	—	—	
2013	476568	45400	93000	29199	37010	47457	13175	32105	21554	18301	14495	44128	80744	—	—	
2014	559417	56078	92786	36041	44391	57058	14887	46836	20989	26044	17562	50003	96742	—	—	
2015	656572	63804	106776	40648	52613	67024	19127	55010	28749	31320	20495	61088	109918	—	—	
合计	3528221	350978	549103	216023	263995	305400	107702	233132	153881	148208	143272	323005	702810	27873	2838	

说明:1995—1999年,零陵区、冷水滩区、涉外分局3个单位收入数记在零陵区那一栏

1994—2015 年永州市地税收入“两个比重”关系表

表 3-5-3 **单位：万元**

年份	地区生产总值	财政收入	地税收入		
			各项收入	占地区生产总值比重（%）	占财政收入比重（%）
1994	1051627	43299	26961	2.56	62.27
1995	1296445	83975	25864	1.99	30.80
1996	1511257	91235	27508	1.82	30.15
1997	1674418	102801	30431	1.82	29.60
1998	1767606	110299	32010	1.81	29.02
1999	1890986	113569	31933	1.69	28.12
2000	1980983	114864	33136	1.67	28.85
2001	2204817	120115	42913	1.95	35.73
2002	2410804	125664	40678	1.69	32.37
2003	2658073	151267	46948	1.77	31.04
2004	3073478	177279	56810	1.85	32.05
2005	3411803	200518	65669	1.92	32.75
2006	4105390	232377	84138	2.05	36.21
2007	4906013	291538	108443	2.21	37.20
2008	5778842	344350	136763	2.37	39.72
2009	6400361	402332	166097	2.60	41.28
2010	7670148	535359	229382	2.99	42.85
2011	9453949	704885	328526	3.48	46.61
2012	10595951	866858	404031	3.81	46.61
2013	11754466	1003760	476568	4.05	47.48
2014	13014528	1133890	559195	4.30	49.32
2015	14181762	1311404	656564	4.63	50.07

说明：1994 年的各项收入包括国税、地税收入数

1994—2015 年永州市地税系统分税种收入完成情况表

表 3-5-4 单位:万元

年份	各项收入	(一)税收收入合计	1. 营业税	2. 企业所得税	3. 个人所得税	4. 资源税	5. 城镇土地使用税	6. 城市维护建设税	7. 印花税	8. 土地增值税	9. 房产税	10. 车船税	11. 烟叶税	12. 耕地占用税	13. 契税	14. 教育费附加收入	15. 投资方向调节税	16. 屠宰税	17. 外资企业所得税	(二)各项费金
1994	18992	17663	6891	766	862	287	713	4623	191	—	730	135	—	—	—	1329	1458	1007	—	—
1995	25416	25184	9596	2674	1085	464	971	5131	200	4	1151	172	—	—	—	232	1990	1705	41	—
1996	27034	25927	10173	1227	2067	615	1117	5454	246	16	1346	201	—	—	—	1107	1480	1914	71	—
1997	31153	29661	11572	1748	3182	533	1042	5934	231	52	1291	204	—	—	—	1492	1536	2196	140	—
1998	33447	31994	13327	1556	3746	536	1163	5233	221	36	1864	194	—	—	—	1453	1544	2510	64	—
1999	33350	31678	12419	2083	4593	486	1029	4419	262	39	2078	214	—	—	—	1672	1745	2311	—	—
2000	34780	33000	13648	1930	5930	405	974	4062	289	38	1885	290	—	—	—	1780	738	2811	—	—
2001	44221	42666	13774	8348	9651	520	904	4139	408	80	1531	290	—	—	—	1555	35	2986	—	—
2002	41148	39267	16226	2602	10537	537	949	4910	697	77	2108	358	—	—	—	1674	—	266	—	207
2003	47025	44548	18446	3062	11724	662	1037	6462	649	124	2047	334	—	—	—	2179	—	1	—	298
2004	56811	53604	23552	3452	12853	731	1136	7923	746	159	2631	421	—	—	—	2592	—	—	—	615
2005	65667	61351	27439	3808	15411	786	1247	7898	1050	248	3089	375	—	—	—	3428	—	—	—	888
2006	85519	78548	34889	4820	15672	997	1339	9616	1015	550	3120	291	6239	—	—	4858	—	—	—	2113
2007	108443	99702	47132	6576	20051	1153	1693	11055	1127	867	3324	490	6234	—	—	5890	—	—	—	2851
2008	136761	124749	58352	6332	22910	1678	3215	13086	1418	2886	4118	1565	9189	—	—	6115	—	—	—	5897
2009	166095	151824	73990	6651	28400	2374	4706	15302	1885	2932	4795	1835	8954	—	—	6991	—	—	—	7280
2010	216925	198870	94358	11835	37344	2972	7108	19496	2143	7862	4885	3088	7779	—	—	9171	—	—	—	8884
2011	328527	303807	110060	14556	45502	5351	7944	23519	2419	17509	5886	3397	11864	31019	24781	12031		—	—	12689
2012	404030.3	375183.3	134849.3	19515	41281	5995	8677	26754	3732	24567	6670	3979	16111	53153	29900	12887	—	—	—	15960
2013	476568	445641	151438	29224	43010	6344	10225	26971	3614	42284	7540	4697	17776	43147	59371	13169	—	—	—	17758
2014	559196	523980	168276	40775	41604	7195	11537	30154	3781	52088	9678	5742	18913	73054	61183	15084	—	—	—	20132
2015	656566	615561	187905	54009	42890	9114	18727	33677	6138	70655	12060	7106	16438	64825	92017	16875	—	—	—	24130

1994—2015年永州市地税系统税收级次入库情况表

表 3-5-5　　单位：万元

年份	中央级	省级	市级	县（区）级	附：市本级收入
1994	—	—	—	—	—
1995	—	3822	21362		—
1996	—	3541	22386		—
1997	—	3935	25726		—
1998	—	3983	28011		—
1999	—	4284	27394		—
2000	—	4395	28605		—
2001	—	4950	37716		—
2002	6569	6309	7598	18791	—
2003	8866	6451	9839	19392	—
2004	9782	7194	12671	23957	—
2005	11531	7424	13852	28544	—
2006	12295	10156	15224	40873	21423
2007	15951	13990	17280	52481	25212
2008	17545	20822	21850	64532	31419
2009	21032	25034	25788	79970	40846
2010	29507	40190	31097	98076	53728
2011	36035	41462	80773	145537	80244
2012	36477	48922	67660	222124	94393
2013	43341	52157	70743	279400	97217
2014	49427	60310	74035	340208	100099
2015	58140	73806	79231	404384	114006

说明：从2002年起，企业所得税、个人所得税调整为总额分成。即：中央50%，省级15%，市（县）级35%；2003年又调整为：中央60%，省级12%，市（县）级28%

第二节　税收会统

1995年4月，零陵地区地税局印发《报表评比竞赛办法》，规定凡上报省地税局的各种税收会计报表、税务统计报表、税收快报、税务统计分析均参加评比竞赛。计分办法：税收会计报表、税务统计报表全年基分各为100分（其中月报表70

分、年报表 30 分），税务统计分析全年基分 40 分。7 月，地区地税局印发《1995 年上半年计会工作考核情况》，按计划、会计、统计、经费、服装、票证 6 大类进行评分考核，并将检查情况进行通报。12 月，地区地税局成立税收会计改革领导小组，由局长刘春洪任组长，第一副局长钱国平任副组长，刘进、胡顺安、唐双祁、左亚林、吴艳丽为领导小组成员，下设办公室，左亚林为办公室主任。地区地税局派税收会计、统计人员各 1 人参加省地税局举办的全省税收会统业务培训班。

1996 年，永州市地税局推行税收会计改革和新的税收会计核算办法，采用“两级核算”和“一级核算、二级管理”并存模式。全市地税系统运用会计软件进行账务处理和报表制作，实现税收会计电算化。市地税局印发《税收会计凭证传递暂行办法》。5 月，市地税局在东安县地税局召开全市会计改革现场经验交流会，实地观摩操作。是年，市地税局计会科对全市 11 个县（区）地税局进行计会工作考核评比，评比结果为综合总评第一名：永州市地税局芝山分局；会计报表第一名：新田县地税局；统计报表第一名：道县地税局；经费报表第一名：东安县地税局。11 月，市地税局印发《关于开展税收会计改革达标竞赛活动的通知》，决定在全市各县（区）地税局、城区地税分局、市地税局直属分局和基层税务所开展税收会计改革达标竞赛活动。

1997 年 1 月，市地税局开展 1996 年税收会计改革先进单位和“十佳”税务所的达标评比竞赛活动，评选出东安县地税局、永州市地税局芝山分局、道县地税局为会计改革先进单位；东安县城镇地税所、道县城镇地税所、新田县城镇地税所、冷水滩区凤凰园地税所、芝山区城区地税所、宁远县城镇地税所、祁阳县城镇地税所、蓝山县城镇地税所、双牌县五里牌地税所、江华县桥头铺地税所为“十佳”税务所。市地税局转发省地税局印发《湖南省地税系统经费会计基础工作规范化管理实施办法》，并组织行政单位会计制度培训。从 1998 年 1 月 1 日起，市地税系统经费核算全面执行行政单位会计制度。

1998 年，市地税局印发《1998 年地税系统计会工作要点》，要求城区税收会计以办税服务中心为载体，一方面对市本级（市地税局直属分局管辖的纳税范围）进行双重业务和会计核算；另一方面对城区区级（各区地税局管辖范围内的城区纳税范围）进行上解单位的会计核算。从原始凭证登记到报表生成全面推行电算会计。5 月，市地税局印发《关于做好 1998 年税务统计分析工作的通知》，拟发 24 道税务统计分析专题，要求各县（区）地税局每季上报一篇统计分析，及时反映税收情况，指导和推动组织收入工作的开展。要求增报的税收快报附表与原税收快报的时间一致。市地税局转发省地税局《关于 1998 年税收会计统计报表及有关事项的通知》，明确 1998 年税收会计、统计报表共 17 种，在 1997 年报表体系的基础上作修

2015 年 4 月，市地税局自助办税区现场

订和调整。

1999 年，市地税局组织经费会计人员进行金蝶财务软件计算机管理培训，正式启用金蝶财务软件，实行经费会计电算化管理。

2000 年，市地税局转发省地税局《关于编报 2000 年税收会计统计年报有关事项的通知》，要求各地 2000 年税收会计统计年报表数据仍通过远程通信传送。传送时间为 2001 年 1 月 11 日前，同时报送一套打印报表。12 月，市地税局转发省地税局《关于印发 2001 年税收会计统计报表制度有关事项的通知》，规定编报时间从 2001 年 1 月起，税收月快报为月后 3 日；税收旬快报为旬后 2 日（节假日顺延）；税收会统月报表为月后 5 日；年报表为年后 14 日。规定报表种类：2001 年税收计划旬、月快报共 2 种，税收会计、统计报表共 19 种。

2001 年 2 月，市地税局转发省地税局《关于欠缴税金分类核算有关账务处理规定的通知》和《关于欠缴税金核算管理暂行办法的通知》，要求对单位或个人欠缴税金的分类确认工作由各级税务机关的税收征管部门负责，监控和追缴工作由征管和稽查部门负责，核算反映工作由计财部门负责。各部门要明确工作职责，密切配合，切实加强欠缴税金的管理。3 月，市地税局印发《关于搞好欠缴税金核算管理及提高 2001 年税收会统报表编报质量的通知》，对有条件的基层分局要按照税收会计核算的要求全面推行核算（重点企业分户核算，欠税分类核算），装备计算机的城区征收分局和科（室）要安装计会软件，实行会计电算化。12 月，市地税局要求各单位税收会计、统计月报表报送时间为月后 2 日，年报表的编报时间为年后 10 日。12 月，市地税局转发省地税局《关于修订欠缴税金核算办法的通知》，要求将全部欠缴税金根据所属期按 2001 年 5 月 1 日划分前后两大部分进行反映。对于 2001 年 5 月 1 日之前发生的欠缴税金在账外单独设置待清理呆账税金总账科目专项核算。并按关停企业呆账、空壳企业呆账、政府政策性呆账、3 年以上呆账、3 年以内呆账 5 种呆账类别，分税种、分户设置明细账核算反映。对于 2001 年 5 月 1 日以后发生的欠缴税金，不再设置待清理呆账税金总账科目，全部并入待征类总账科目核算。

2003 年，市地税局撰写的《永州市地税局关于税收欠缴情况的调查与思考》获省地税局首次组织的统计分析专题调研活动三等奖；东安县地税局撰写的《东安县城镇土地使用税欠税情况的调查与思考》获优秀奖。市地税局组织清理规范收入过渡户有关问题，由计财部门牵头，会同监察、审计共同组织实施，结合税收票证检查对现有的税收过渡户进行清理。

2004 年，市地税局将预缴和汇算清缴的企业所得税、外贸企业所得税有关会计核算进行调整，增设入库企业所得税登记簿和抵缴企业所得税登记簿，并修改入库税金明细月报表，对企业所得税入库情况进行明细核算，准确反映企业所得税收入中属于上年收入的汇算清缴和当年的预缴，为分析企业利润和企业所得税收入情况提供依据。

2005 年，市地税局转发国家税务总局《关于加强减免税管理的通知》，明确县（区）地税局减免税审批部门要将当年批准的减免税汇总后，编制减免税汇总表送计财部门，计财部门要对汇总表的数据与征收前台录入的数据进行核对，审核无误后上报市地税局计财科，对征前减免和退库减免的全部纳入税收会计核算。

2007 年，市地税局举办全市地税系统税库银横向联网业务培训班。

2008 年，市地税局落实省地税局《关于进一步明确税收罚款收缴入库等有关问题的通知》，进一步明确当场收缴的税款罚款和非当场收缴的税款罚款，以及税收罚没收入的入库问题，均按照纳税人补缴税款的预算级次，以一般预算收入科目中所列各税税款滞纳金、罚款收入科目办理缴库。

2009 年，市地税局要求各级地税部门所设置的税款过渡户一律在是年 1 月 15 日前全部撤销，报经省地税局审批备案，每个县（区）地税局允许开设一个待报解预算（现金）户。

2015 年 4 月，市地税局工作人员向小学生宣讲税收取之于民、用之于民的本质

2011 年，市地税局转发省地税局《关于进一步加强税收账户管理的通知》，要求加强税收账户管理工作，严格按规定开设税收账户，严格税收账户资金管理，加强对税收账户管理的监督检查。

2014 年，市地税局规范税收会计核算，要求做到及时完成缴款书的入库销号及对账工作，随时监控税收的征收、入库情况，掌握收入进度，及时调控，做到均衡入库；规范退税流程，将退税受理前移至大厅、分局、收入规划核算科进行，方便纳税人；积极配合做好财税库银横向联网的全面推广工作，与国库、银行等部门衔接，做好基础信息的维护。

2015 年，市地税局建立收入规划核算业务 QQ 群，微信群和腾讯通工作群，严格按照税收日报、旬报和月报的编报要求，准确核算和及时全面反映税收收入情况。

第三节　税收分析

1994 年，零陵地区地税局决定县（市）地税局、地区地税局分别对年纳税 5 万元、30 万元以上的重点税源户由局领导直接掌握，以便加强重点税源的征管指导。

1997 年，永州市地税局对全市的地方税税源进行分析，指出 2 个方面的不利因素：（一）全市经济回升较慢，大部分国有企业发生亏损，全市 93 家地方国有工业企业有 53 家亏损，亏损面达 56.99%。（二）部分重点税源大户实现的税收下降，主要是金融行业利息收入明显下降，对 21 家企业调查，上半年实现利息收入 1.80 亿元，比 1996 年同期减少 3398 万元，下降 23.24%，实现税收减少 170 多万元。为保证全年税收任务完成，下半年必须加大中小税源的征管力度，深挖潜在税源，积极培植后备税源，巩固税基，扩大税源等措施，实现全年税收任务完成。

1998 年，市地税局要求各县（区）地税局、市地税局直属分局对年纳税额 5 万元以上的纳税户建立税源台账和进行税源跟踪管理，对年纳税额 30 万元以上的纳税户要建立月分析和税源报告制度。

2001 年，市地税局印发《税收分析信息交换工作规程》，要求各单位科学开展常规进度分析，以综合反映收入计划执行和组织收入情况为主要目标，以 4 要素（经济、政策、征管、特殊因素）分析方法为主，在季度和年度时点还包括趋势预测、问题和建议、工作措施和要求等内容，突出重点行业、项目、企业收入情况进行分析。

2006 年，市地税局对经济形势和重点税源进行分析，找到有利因素和不利因素。是年，全市规模工业实现增加值 64.97 亿元，比 2005 年增长 20.4%；社会消费品零售总额增长14.6%，拉动工业、商业地方税收分别增长15.6%和13.2%。(一) 投资拉动税收增长，如房地产投资增长21.6%，入库房地产业税收8187万元，比2005年增长53.4%。(二) 改制企业拉动税收增长，当年改制企业所得税比2005年增长26.5%。不利因素主要是重点税源企业亏损增大，企业所得税抵免减少税收760万元。全市规模以上工业企业盈亏相抵后实现利润比2005年下降38.6%，全市50家亏损企业已亏损6954万元，增长54.3%，这些因素将影响当年税收收入。

2010年，市地税局对税收形势分析，市重点税收拉动明显，营业税、企业所得税、个人所得税和城建税4大主体税种合计入库16.3亿元，占税收收入总量的78.36%，拉动税收增长24.37个百分点；全市重点企业年纳税额200万元以上的纳税单位合计入库14.9亿元，比2009年增长50.1%，占税收收入总量的71.77%；年纳税1000万元以上的骨干企业8家，共入库税收28921万元，占是年税收收入总量的14.8%。

2011年，市地税局建立税收分析例会制度，每季度定期召开收入分析会议，构建税收分析、纳税评估、税源监控和税务稽查“四位一体”的良性互动机制。同时印发《切实加强经济税收分析的通知》，建立税收分析机制。

2012年，市地税局加强与市统计局、市发改委、市房产局、市国土局等部门的联系，建立市局、县局、分局三级税收分析机制。在政策效应分析和重点税源监控分析等方面取得突破。

2015年6月，市地税局召开税收收入分析预测会

2014年，市地税局对税源进行分析，上半年全市地税完成各项收入25.32亿元，比2003年增收2.73亿元，增长12.08%，其中重要原因是重点企业拉动明显，税收实现较大幅度增长，骨干企业长丰集团(含湖南猎豹汽车)、零陵卷烟厂、市烟草公司和湘江纸业入库的税款合计增收3754万元，增长35.85%，其中，长丰集团增加2386万元。全市年纳税规模排名前10位的纳税户，税收增收4036万元，增长31.35%。全市营业收入过亿元的纳税户242户，入库税款比2013年增收2860万元，增长19.61%。

2015年，市地税局落实税收分析工作机制，注重全员参与和特色专题相结合，形成市地税局统一领导，收入规划核算科牵头，有关部门共同参与，上下级密切配合的工作格局。每季度定期召开分析专题会，力求多角度、全方位、深层次剖析组织收入工作中存在的问题。

第四节　票证管理

1995年，零陵地区地税局印发《关于税收票证使用有关事项的通知》，要求全区地税系统使用的通用完税证、限额完税证、个人所得税完税证、罚款收据、车船使用完税证标志（包括税讫、免税）、原省税务局印制的右上角印有“国”字字样的代扣代收税款凭证、固定资产投资方向调节税专用缴款书、税款汇总缴款书、税收收入退还书等各种税收票证均使用到是年12月31日止，1996年1月1日起使用新版票证。10月，地区地税局转发省地税局《关于加强屠宰税票管理使用的通知》，要求对省财政厅原来印制的6元定额式和复写式屠宰税票的销毁清册于11月底报地区地税局计会科，原省税务局印制的9元和6元定额式（上下联）屠宰税票尽快发放，安排使用。是年，地区地税局组织各县（市）地税局开展税收票证检查，交叉检查11个县（市）地税局机关，35个税务所，201个专管员，83名代征员的税收票证保管、领发、填写、销号、结存、税款上解以及机构分设税收票证的交接工作等情况，共检查各种填写的税收票证21.07万份，审出差错票7906份，差错率为3.75%，比1994年下降0.76个百分点。是年，地区地税局印发《零陵地区地税局发票保证金实施细则》的通知，规定发票保证金的收取标准：个体工商户（或属于个体性质的）每次领购发票在5本以内的收取发票保证金最高不得超过500元，每次领购发票10本以内的收取保证金最高不得超过1000元，企、事单位及私营企业每次收取发票保证金最高不得超过1万元（发票用量最多不得超过一个月的用量）。

1996年，永州市地税局在全省率先实现全市11个县（区）地税局全面推广使用裁剪式发票，规范饮食服务、建安、交通等行业税收征管。全市系统通过使用裁剪式发票，是年增加税款1500多万元。市地税局决定将5月作为票证管理检查月，组织全市地税局票证管理人员对11个县（区）、37个税务所、270个专管员、110个代征员填开的14.49万份票证进行交叉检查。

1997年，市地税局决定在全市地税系统开展税收票证检查，抽调专业人员组成

6个检查组，对各单位的票证管理进行检查，共检查11个县（区）地税局，24个基层征收单位，172名征收人员的税收票证领、用、存，税款上解和各单位票证管理制度的建立以及岗位责任制考核落实情况。经综合考核评比，蓝山县地税局第一名，永州市地税局芝山分局、东安县地税局第二名；永州市地税局冷水滩分局、市地税局直属分局、江华县地税局第三名。本次检查发现部分单位在票证管理工作中还不同程度地存在一些薄弱环节，一是丢失票证现象仍然存在，全市有3个单位的专管员因管理或保管不善丢失票证37份；二是压票压款的问题时有发生，这次检查发现3名专管员因对代征单位（人）巡回收取不及时，而造成代征单位（人）积压票款32份，税款8811.25元；三是个别单位基础工作有待加强，票证销号欠规范，差错率超过3%。

1998年2月，市地税局印发《关于规范税票填开的通知》，要求各级征收机关要学习和掌握新的预算科目，确保税务部门组织征收的各项收入按新的预算收入科目要求开票，并准确及时入库。4月，市地税局转发国家税务总局《税收票证管理办法》，进一步明确各级税收会计主管部门主管税收票证的管理工作。市地税局在全市地税系统开展税收票证管理年活动，制订《税收票证管理年活动工作安排要点》，开展税票、发票的日常稽核和检查工作和税收票证检查月活动，实行票证管理责任制，开展票证专项考核评比活动。年底，市地税局对票证管理工作进行单独考核和评比，获得前三名的单位给予表彰和奖励。

1999年，市地税局决定从2000年1月1日起，扩大定额发票使用范围，凡从事饮食、娱乐、服务行业经营的个体工商户（包括承包、租赁户及财务制度非健全的单位）一律使用定额发票。5月，市地税局印发《关于税收票证管理补充规定的通知》，规定县级以下税务机关不得印制税收票证和完税标志。税收票证的领发做到专人领取、手续清楚、领发有据、责任分明。县（区）地税机关必须设有专库；征收机关必须有保险专柜；税务人员、代征员必须有专袋；扣缴义务人、代征单位的票证必须存放在保险柜专人保管。

2000年6月，市地税局印发《关于发票违章处罚办法的通知》，规定凡私自印制、伪造变造、倒买倒卖，私自制作发票监制章、发票防伪专用品的，由税务机关依法予以查封、扣押或者销毁，没收非法所得和作案工具，并处1万元以上3万元以下的罚款，构成犯罪的，依法追究刑事责任。8月，市地税局印发《关于加强应税发票与税收票证衔接及移交管理等工作的通知》，要求税款征收人员均要填写市地税局统一印制的应税发票与税收票证核对表，按年度编号，每月进行逐份审核。

2001年春节期间，市地税局发文要求各县（区）地税局春节前要组织力量对所属的票证库房及票证存放点的安全情况进行检查，重点检查防火、防盗等“六防”工作，发现问题，立即整改。春节放假前，各征收单位、代征单位（人）凡已填开的各种税收票证和征收的税款应全部解报，不得积压；凡未填开的税收票证清点后，应贴上封条存放税收票证专用保险柜，严禁擅自存放或带票走亲访友。6月，市地税局印发《关于2001年税收票证检查情况的通报》，本次检查从5月13—23日，组织14个单位的16名业务骨干，分成4个检查小组，共检查11个县（区）地税局的计财科、综合科（股），28个征收分局，187名税务人员，6个代征单位（人）的税收票证领、用、存，税款上解等情况。检查和核实各种税收票证83.29万份，其中已填开的6.26万份，库存票证77.03万份。检查中发现的主要问题：票证填写不规范，差错率较高。2001年3月，全市各级征收机关填用各种完税证、缴款书2.55万份中，差错份数2249份，差错率8.83%。票款解报不及时，造成票款积压。2000年4月—2001年3月，全市被查单位共积压各种税票1400份，税款58.63万元。未经批准擅自开设税款过渡账户。

附：

2001年度税收票证管理先进单位：

第一名：东安县地税局

第二名：祁阳县地税局　　蓝山县地税局

第三名：冷水滩区地税局　　江华县地税局　　宁远县地税局

2002年，市地税局贯彻落实省地税局印发的《关于取消屠宰税后有关票证处理的通知》，要求全市各级地税机关严格按照《税收票证管理办法》和《税收票证管理细则》有关规定于6月30日前进行清理、销毁。县（区）地税局对已发出的票证全面清理收回，造册登记，统一销毁，并将销毁的情况报上级局备查。

2003年，市地税局贯彻落实《湖南省地税局关于开展税收票证检查工作的通知》精神，决定在全市地税系统检查2002年5月—2003年4月税收票证的填开使用情况，要求各单位在4月底前完成自查，市地税局在5月份组织人员进行检查。

2005年4月，市地税局决定对全市地税系统的税收票证管理进行一次全面检查，检查范围是2004年5月—2005年4月所有税收票证的填开使用情况，重点检查完税证的填开使用情况，看是否有积压票证、税款情况。要求各单位在4月底前完成自查，市地税局在5月组织人员对全市系统进行检查。

2007年7月，市地税局开展税收票证及非税收专用收据检查。检查税收票证的领发、保管、作废、停用、损失处理、库存、审核、盘点、核算和各项制度落实及执行情况；对税款的征收、解缴、入库、退库等10个方面的情况进行全面检查，要求各单位在7月底完成自查，市地税局在8月组织计财和收费科人员进行检查。

2010年6月，市地税局转发国家税务总局《关于进一步做好个人所得税完税凭证开具工作的通知》，要求切实提高对完税凭证开具工作重要性、工作目标和要求的认识；发布个人所得税完税凭证索取指引，协同配合做好完税凭证开具工作。7 月，市地税局转发国家税务总局《关于严格执行税收票款管理制度的通知》，要求在征收现金税款和票款结报环节，必须严格执行开票与收款分开，会计（管账）与出纳（管钱）分开的原则，征收单位和代征单位每次向会计结报票款时，税收会计必须对账与票、票与款进行全面核对，保证账票、票款一致。

2014 年，市地税局根据新的《税收票证管理办法》在 2014 年正式施行，测试票证使用软件；对未填用的空白税收票证进行盘点，填制税收票证盘点表，报省地税局审核批准，进行销毁；及时发放新税收票证。

2015 年，市地税局严格执行省地税局《税收票证管理规定》，加强税收票证的管理及保障工作，确保征管工作需要。严密监控各单位用票及解报缴销情况，将票款管理工作列入全市地税系统税收执法检查内容，全面检查 11 个县（区）地税局的税收票证，税收资金账户的管理情况，对存在的问题进行通报并要求限期整改。

第五节　经费管理

1994 年，零陵地区地税局经费开支实行由省地税局垂直管理，各级地税局的财务活动由计财部门实行归口统一管理；按照经费领报关系，地、县（市）地税局均为经费预算单位，农村税务分局和城市税务所为经费报账单位。

1995 年 3 月，地区地税局对全区 11 个县（市）地税局和地区地税局机关自 1994 年 9 月机构组建以来预算内、外经费收支情况进行全面检查。通过检查，发现在经费管理中存在以下几个问题：报账手续不完备；开支标准控制不严；开支超审批权限，有的县（市）地税局没有严格按省地税局规定的资金审批程序办事；会计核算不规范。针对这些问题，地区地税局要求加强对经费管理工作的领导；严格经费支出管理，合理有效地使用好经费；坚持预算外收入申报和开支审批制度，凡单项开支 1 万元以上的一律先报地区地税局审批（超过 5 万元转省地税局审批）后，才能安排使用，不准“先斩后奏”超越审批权限。7 月，地区地税局印发《关于加强稽查办案专项经费管理的通知》，要求对经费按实结算，如实向财政部门提供稽查资料和实际入库税款征收凭证，定期与财政部门结算，专户管理，专款专用。地区地税局制订《局机关管理制度》，其中，经费管理制度就差旅费报销、会议费开支、医药费报销、电话费开支标准、招待费开支 5 个方面作明确规定。

1996年，永州市地税局印发《机关经费管理办法》，对机关经费的管理原则、审批权限、开支标准、控制办法等作出具体明确的规定。

1997年，市地税局印发《永州市地税系统经费管理试行办法》，规定各级计财部门负责编制本单位的经费预算，分配各项经费，办理领、拨款和编制经费会计报表，并对所属单位经费管理情况进行监督、检查，及时通报好坏典型，总结交流工作经验。全市地税系统实行“统一管理，分级核算”的原则。市地税局、县地税局、城区地税分局、市地税局直属分局的地税事业经费实行垂直管理。市地税局为二级会计主管单位，市地税局机关、县地税局、城区地税分局、市地税局直属分局为基层会计核算单位，税务所为经费报账制单位。

1998年3月，市地税局印发《永州市地税局直属局单位财务管理暂行办法》，本办法适用于直属分局、稽查局和办税服务中心3个单位的财务活动。其基本任务是合理编制单位预算、统筹安排、节约使用各项资金，保障各项工作正常运转的资金需要，按月编制财务报表，如实反映单位财务预算执行情况，进行财务活动分析，建立健全内部财务管理制度，对本单位财务活动进行控制和监督。加强对各级征收分局经费监督管理，严格控制支出，健全财务手续，严格执行审批手续。试行部分大额支出统一购置的管理办法。下半年，试行对汽车、计算机及专用设备，由县（区）地税局统一购置的管理办法，以加强固定资产管理，提高资金使用效果。10月，市地税局转发省地税局《关于业务执行费列支管理问题的通知》，规定业务招待费的开支标准：行政单位按不超过当年单位经费支出中公务费的2%列支；事业单位按不超过当年单位预算中公务费的2%列支。

2012年6月，市委副书记、市长魏旋君（左一）调研地税工作

1999年，市地税局印发《永州市地税局关于经费、财产管理的办法》，明确经费使用总指导思想是“紧机关、保一线；厉节约、保基建；压个人、保运转”。市本级经费来源主要是上级地税局拨款、本级财政拨款、提取手续费。各县（区）地税局的经费来源基本上也是这3条渠道。

2000年，市地税局印发《关于机关集体采购暂行办法》和《关于车辆购置问题的通知》两个文件。市地税局在年初对各科（室）制订各项经费开支指标考核管理，季度公布。对直属单位的经费管理情况进行一次全面检查，发现问题及时提出整改意见。

2002 年 4 月，市地税局转发省地税局《经费管理责任追究办法》，经费管理责任追究遵循实事求是、有错必纠；谁主管、谁负责；统一领导、分级管理、逐级追究的原则。8 月，市地税局印发《关于进一步加强接待工作管理的通知》，要求市地税局机关所有来客一律安排在职工食堂就餐，招待所住宿。特殊情况需要在外安排接待的，必须事先请示局领导签字同意，否则，在外开支接待费用一律不予报销。

2004 年 11 月，市地税局印发《关于明确 2004 年省级税收与经费挂钩考核问题的通知》，明确经费挂钩具体内容包括省地税局下拨的包干经费和定额补助费、基建补助费等专项经费。年度内未完成年初收入计划的按短收额的 22%扣减包干经费；发现有混级混库金额的，按混库金额的 22%扣减包干经费。专项经费的拨付与省级收入完成进度挂钩；每年 6 月、11 月未按进度完成省级税收计划的县（区）地税局，基建补助、定额补助暂不拨付；年底未完成年初省级收入计划任务的，对已安排的基建补助和定额补助予以扣回。

2010 年，市地税局印发《永州市地税局税收预警管理试行办法》，在全市地税系统建立和完善经费支出预警机制，按月对各单位预算支出总指标和结构性控制指标进行分析考核，对预算支出总指标超过其平均数 20%或某项结构性控制指标超过其平均数 30%的单位进行预警。市地税局按照《湖南省地税系统经费管理办法》规定，强化百元税收成本率管理。各单位按照核定的成本指标，加强经费收支分析，规范经费收入渠道和规模，提高经费使用效益，有效控制和降低税收成本。是年，全市地税系统百元税收成本率为 5.4%，比省地税局核定的百元税收成本率 6%低 0.6 个百分点。

2011 年，市地税局严格经费预算管理、支出管理、基建维修管理和固定资产管理，强化财务监督管理职能。按照《中华人民共和国政府采购法》的要求，采取集中采购和分散采购相结合方式执行政府采购。市地税局政府采购小组全年组织 17 次政府采购，金额 403.3 万元，节省开支 71.5 万元。实行内部权力网上运行工作，规范“三公”经费支出和奖金津补贴发放。加大对基层经费保障力度，2011 年拨付给基层经费比 2010 年增长 8%。

2015 年，市地税局继续压缩一般公用经费支出，贯彻经费保障向征管、基层、困难地区倾斜的原则，重点保障各项改革事项支出以及“金税三期”后续建设、“营改增”、国地税合作、互联网+税务、纳税服务、税收宣传等重点工作支出。规范奖金和津贴补贴的发放，出台进一步规范个人收入发放与绩效考核挂钩的意见。

第六节　其他管理

一、基本建设管理

1994—1995年，国税、地税机构分设时，两个单位共用零陵地区税务局的房屋，地税部门作出计划，原有房产留归国税部门使用，地税部门搬出另建。各县（市）地税局地税机关陆续新建一批办公用房和职工宿舍。

1996年4月，永州市地税局召开全市地税系统基建工作会议，会议明确近5年基建规划，如基建规模（项目面积、投资总额）、先后顺序、分年度安排计划等；明确资金来源及本年度基建安排、基建进度、资金筹措到位情况，并就如何搞好基本建设工作提出具体要求。

1997年4月，市地税局印发《关于上报基建项目有关情况的通知》，要求各县（区）地税局将本单位所有基建项目有关情况填表统计，上报市地税局审计科，明确基本建设目标，市地税局基建工程力争在1997年完工。

1998年，市地税局按照对每个地税征收分局新建办公楼补助15万元、每个县（区）地税局新建办公楼补助50万元的标准，进行转拨基建补助。

1999年5月，市地税局印发《永州市地税系统基本建设管理办法的通知》，要求各单位在基建项目立项前必须成立基建领导小组，由一名局领导负责基建事项，领导小组下设基建办公室，并明确基建领导小组与基建办公室各自的职责。基建财务管理要求基建资金实行专户存储，先存后用，专款专用，专人管理的办法。基建资金的筹措、落实和拨付工作由计会部门负责。基建会计由计会部门派员兼任，出纳由基建办配任。资金的审批拨付，规定在拨付施工单位时，按照合同要求和工程进度先由施工单位提出书面申请，施工管理人员和基建办签具意见报局领导审签后，方可拨付，最多只能拨付工程进度造价的80%，竣工验收后，拨款也不能超过工程总造价的80%，待决算审计后才能办理最后决算，拨付欠拨款。

2004年6月，市地税局转发省政府办公厅《关于清理固定资产投资项目的通知》，要求各单位对照文件加强对项目审批程序、手续及内容的清理，如实上报清理结果并由单位负责人签章。清理范围包括全市地税系统各基层单位的所有在建、拟建的固定资产。

2007—2008年，市地税局根据中共中央办公厅、国务院办公厅《关于进一步严格控制党政机关办公楼等楼堂馆所建设问题的通知》，结合全市地税系统实际作规定：严格审核新建办公楼建设项目的立项申报，切实加强在建工程项目的管理，从严控制新建项目的建设标准，从严控制现在办公楼的维修改造标准，规范基建资金来源和管理方式，开展基建项目清理检查，建立健全相关制度和监管机制。

2014年春节上班第一天，市委常委、常务副市长易佳良（左一）看望地税干部

2010年，市地税局抽调10人，组成2个检查组对全市地税系统开展资产清查工作，共核实资产29876件，账面价值1.58亿元。

2015年，全市地税系统拥有房屋建筑物价值1.59亿元，其中，办公用房1.44亿元，面积10.34万平方米；职工宿舍0.03亿元，面积4812平方米；附属用房0.12亿元，面积5939平方米。

二、服装管理

1996—1999年，永州市地税局按照国家税务总局《关于加强着装管理的通知》《关于机构分设后着装管理有关事项的通知》等文件精神，于1996年、1999年按照“统一制作、分级管理”的原则换发服装。由省地税局负责选定服装面料，确定式样，统一制作和付款（包括大沿帽和各种税务标志的制作），市地税局负责全市地税系统服装型号的统计、服装质量的鉴定、服装的运送等工作。各县（区）地税局负责领取服装发放到所属人员。服装发放的对象主要是直接从事税收征管的基层税务工作人员，标准是每人发放夏装2套，春秋装2套。

1998年，市地税局印发《关于补做新增人员税务服装的函》，凡1996年4月1日—1998年3月31日分配、调入地税系统的人员，均可按规定发放。

2008年，市地税局完成全市地税系统新税务制服的换装工作。新式税务制服分春（秋）、夏、冬三季分别配置。配置对象为直接从事税收征管的税务人员，换发的新式服装共9个种类，分别是税务制式春秋装（含上衣、衬衣、裤子），税务制式夏装（含夹克式衬衣、裤子、裙子），税务制式长衬衣（含长袖外穿衬衣、长袖内穿衬衣），税务制式冬装（含上衣、裤子），税务制式帽子（男式、女式），税务制式防寒服，税务制式领带，税务制式皮带，税务制式皮鞋。

2010—2011年，市地税局对新进人员进行税务制服补发。

2012年，市地税局对第一次配发新式税务制服的人员进行制服增发，增发税务制服主要配置直接从事税收征管的税务人员，增发的税务制服种类有春（秋）、夏、冬三季税务制服，以及税务制式防寒服、领带、帽子、皮带、皮鞋9种。

三、车辆管理

1995年，零陵地区地税局制订《机关管理制度》，规定车辆由办公室统一管理、调度，未经同意，司机不得擅自出车，不得将车交给他人驾驶。加强车辆考勤，在市内、长途用车要详细登记，车辆油料燃耗、修理费、行驶公里等详细记载，作为司机考评和其他补助的依据。

1996—1999年，永州市地税局为保证税收征管需要，逐步为各县（区）地税局配置税收征管用车。1999年年底，全市地税系统共有车辆156台。

2000年6月7日，市地税局就车辆购置管理等问题作出规定：各县（区）地税局机关凡在1995年以来已购车的（即现已有2台车以上），市地税局不再审批。工作用车档次不能过高，城区征收一线单位（含稽查局）车价只能控制在10万元以内，农村分局控制在6万元以内。购车单位要有正常的资金来源，不准贷款购车，购车资金必须不是乱摊派、乱收费取得。车辆至少使用在3年以上时间方可更换（事故车、报废车除外）。12月18日，市地税局办公室根据局长办公会议精神，就局机关车辆管理问题下发通知，要求各有车的科（室）要加强车辆管理，严格执行机关车辆管理制度。后勤中心管理的车辆原则上只确保局领导用车，由后勤中心实行统一调度。科（室）因特殊情况需派车时，须经主管办公室的局领导同意方可用车。

2003年，市地税局转发省地税局制订的《湖南省地税系统车辆管理办法》，规定地税系统车辆划分为公务用车和业务用车。公务用车配置标准为排气量2.0升（含2.0升）以下，价格25万元以内，业务用车配置标准为排气量2.0升（含2.0升）以下，价格20万元以内，并按照适度从紧、统一标准原则核定各级地税机关的车辆编制数量。

2005年，市地税局对县（区）地税局车辆管理进行检查，并明确县（区）地税局的车辆统一由市地税局按政府采购规定进行集中采购。

2007年，市地税局印发《永州市地税局机关车辆管理办法》，就车辆使用范围、管理办法、车辆维修、奖惩作出规定，要求做到“七统一”：统一管理、统一保险、统一维修、统一油料、统一费用、统一年检、统一培训。通过规范管理，市地税局机关车辆费用每年节约 2 万余元。

2010 年，市地税局继续巩固车辆清理和编制管理成果，完善和加强车辆管理的程序化、制度化和规范化。严格按照车辆管理要求进行车辆购置及处置审批工作。市地税局政府采购小组上报省地税局采购车辆 20 台，报批处置 18 台，为县（区）地税局采购车辆 14 台。

2013 年，市地税局对公务用车进行重新定编，按照省地税局要求重建车辆电子台账。

2015 年 12 月，市地税局开展消防实战演练

2015 年，市地税局落实省地税局车改精神，参照地方政府车改标准，以节支率为红线，以优先保障交通补贴和基层执勤用车为原则，以交通补贴总额及车辆运行费为基数，指导县（区）地税局进行车改。

第六章　地税机构队伍

1993年，根据《国务院关于实行分税制财政管理体制的决定》的要求，中央决定从1994年起，全国实行财政体制和税收体制重大改革，设立国家税务机构和地方税务机构。1994年8月24日，零陵地区税务局召开党组会议，研究国税、地税分设工作。并在全区财税工作会议上进行全面布置。国税系统实行国家税务总局从上到下的垂直管理，地税系统省以下实行上级地税局与地方政府双重管理，以上级地税局垂直领导为主。地税系统领导班子成立实行“下管一级”的办法，但对地税局长的任免，分设初期是由地方政府征得上级地税局同意后，按法定程序决定任免。税务机构分设时人员和财产划分按“人随业务走，财产随人分”的原则，划分比例，国税系统70%，地税系统30%。城区分设：原冷水滩市税务局一所、城北征收室成建制划归国税局，三所划归地税局；永州市税务局城南税务所、城北税务所划归国税局，河西税务所划归地税局。市地税局机关按国税60%，地税40%的原则，国税、地税两边划分，并对财产、人员、领导班子等研究具体方案。8月29日，向省税务局呈报《关于组建零陵地区国家税务局、地税局的实施方案》，省税务局以湘税函（1994）259号文件批复，原则同意组建方案。

1994年9月23日，召开零陵地区地税局成立大会，零陵行署常务副专员朱泽民出席大会并讲话。地区地税局由刘春洪主持日常工作。根据省地税局精神，县（市）地税局领导班子配备坚持三原则：局长、党组书记由一人担任；财政局长不兼任，可调任地税局长；严格班子职数，一般不超过一正二副。9月24日，冷水滩市地税局、祁阳县地税局、蓝山县地税局挂牌成立。9月25日，永州市地税局挂牌成立；9月26日，道县地税局、江华县地税局、东安县地税局挂牌成立；9月28日，江永县地税局、宁远县地税局挂牌成立；9月29日，新田县地税局、双牌县地税局挂牌成立。

国税、地税分设时，零陵地区税务系统总人数2827人，其中，在职人数为2297人，离退休人员530人。共划分到地税系统1002人，占总人数的35.44%，其中：在职人员888人，占国地税分设前在职人数的38.66%；离退休人员114人，占分设前总人数的21.51%。分设时当地政府和财政部门调入地税系统4人，东安县常务副县长钱国平调任地区地税局副局长，祁阳县财政局局长陈昌文调任祁阳县地税局局长，东安县财政局副局长吴教椴调任东安县地税局局长，宁远县财政局副局长马时华调任宁远县地税局局长。地区地税局机关设办公室、人事教育科、税政一科、税政二科、税政三科、计划会计科、征收管理科、监察科、稽查局9个内设科（室、局），下辖永州市、冷水滩市、祁阳县、东安县、双牌县、道县、江华县、江永县、宁远县、新田县、蓝山县11个县（市）地税局，89个税务所（征收室）。

2001年，市地税局领导班子成员合影。左起：唐景平、莫曲波、杨兴明、谷一飞、唐福臣

2004年，市地税局领导合影。左起：何多珍、刘小贤、唐景平、唐双祁、杨兴明、唐福臣、周琳、左亚林、胡顺安

2015年12月，永州市地税局内设12个科（室），2个省地税局派出机构，2个直属机构，3个直属事业单位，下辖11个县（区）地税局，44个税务分局，共有在职干部职工1156人。

2006年，市地税局领导干部合影。前排左起：刘小贤、唐福臣、杨兴明、唐双祁、唐景平、周琳；后排左起：何多珍、左亚林、胡顺安、廖丁贵、陈昌文、廖在文

第一节　机构设置

一、永州市地税局机关

1994年9月，零陵地区地税局设立，内设办公室、人事教育科、监察内审科、计划会计科、征收管理科、税政管理一科、税政管理二科、税政管理三科、稽查局9个科（室、局）。

1995年1月，地区地税局设立检查室。3月，成立集体企业财务科，挂靠税政管理三科；成立发票管理所，挂靠征收管理科。4月，指定涉外税收征收由税政管理一科负责管理。

1996年2月，地区地税局成立系统工会和机关工会。

1996年5月28日，零陵地区撤地建市，撤销零陵地区地税局，设立永州市地税局。是年，撤销永州市地税局，设立芝山区地税分局；撤销冷水滩市税务局，设立冷水滩区地税分局；设立永州市地税局直属分局。

1996 年 9 月，市地税局增设审计科。

1997 年 1 月，市地税局成立机关党委和机关团委。3 月，市地税局成立思想政治工作科。

1998 年 1 月，全市地税系统撤销 89 个税务所，设立 45 个征收分局。

1999 年 1 月，设立永州市地税局省级税收征收分局，与直属分局合署办公。2 月，设立永州市公安局涉税案件侦察支队驻地税执勤室。11 月，市国税局、市地税局联合成立永州市注册税务师管理中心。

2001 年，市地税局设立政策法规科，挂靠办公室；设立离退休干部管理科，挂靠人事教育科；设立永州市地税局计算机中心；设立永州市地税局注册税务师管理中心。

2003 年 3 月，市地税局政策法规科独立运作。4 月，设立永州市地税局涉外税务分局与税政管理一科合署办公。5 月，永州市地税局计算机中心更名为永州市地税局信息中心。

2004 年 5 月，市地税局增设机关后勤服务中心。

2006 年 1 月，市地税局增设收费科。

2011 年 7 月，市地税局执行《湖南省地税局关于永州市地税局机构改革实施方案的批复》，将原征收管理科，分设为征管和科技发展科、纳税服务科；原计划财务科，分设为收入规划核算科、财务管理科；原税政管理一科，更名为流转税科（国际税收管理科）；原税政管理二科，更名为财产和行为税科；原税政管理三科，更名为所得税科；原收费科，更名为规费科；稽查局升格为副处级；撤销原涉外分局。各县（区）地税局增设信息中心，计划财务科分设为收入规划核算科、财务管理科；办税服务中心，由内设科（室）变为直属单位；城区两个区地税局撤销检查一、二科，恢复设立稽查局、税源管理科；撤销税务所，设立税务分局；撤销不规范的建安办、车管办、五

2014 年 7 月，市地税局庆“七一”大会上与会人员重温入党誓词

私办、重点办、房地产办等临时机构。8 月，成立永州市地方税收研究会。

二、市地税局直属局

1996 年 5 月，根据中共永州市委、永州市人民政府（以下简称市委、市政府）撤地建市总体部署安排和《湖南省地税局关于成立永州市地税局直属分局的批复》，设立永州市地税局直属分局，级别为正科级。内设 5 科 1 室，即办公室（含人事教育和纪检监察）、计划会计科、综合业务科、征收一科、征收二科、征收三科（科、室均为副科级机构）。

1998 年 12 月，根据《湖南省地税局关于设立地州市省级税收征收分局的通知》，设立永州市地税局省级税收征收分局，级别为副处级。与直属分局合署办公，两块牌子，一套人马。内设综合业务科、征收一科、征收二科、征收三科、省级税收管理检查科（均为正科实职机构）。是年 12 月，永州市地税局按照省委、省政府的统一部署，接收财政部驻湖南财政专员办事处永州组，永州组 6 名人员及资产整体移交永州市地税局。科长李雁卿被任命为永州市地税局省级税收征收分局（直属分局）副局长。1999 年 1 月 1 日，省级税收征收分局（直属分局）正式挂牌运作。

2001 年 11 月，根据《湖南省地税局关于永州市地税局省级税收征收分局内设机构的批复》，永州市地税局省级税收征收分局设立综合科、征收一科、征收二科、征收三科、管理检查科。

2004 年 7 月，根据《湖南省地税局关于永州市地税局省级税收征收分局（直属局）内设机构的批复》，永州市地税局省级税收征收分局设立办公室、征收一科、征收二科、征收三科、系统管理科、综合业务科。

2011 年 7 月，根据《湖南省地税局关于永州市地税局机构改革实施方案的批复》，永州市地税局省级税收征收分局（直属分局）更名为永州市地税局直属局（大企业税收管理局）。内设办公室、税源管理一科、税源管理二科、税源管理三科、计征科、综合业务科。

三、市地税局稽查局

1994 年 12 月，根据湖南省地税局《关于零陵地区地税局机构设置方案》，设立零陵地区地税局稽查局，为地区地税局直属机构，级别为正科级。内设综合科、检查一科、检查二科。是年，根据省地税局湘地税函〔1994〕009 号文件精神，经地区地税局党组研究决定，全区各县（市）地税局设置稽查机构，级别与所在县（市）地税局内设机构一致。主要负责稽核税务登记、查处偷税、抗税、漏税等税务违法行为；办（受）理有关案件，监督税务系统工作人员执法情况。

1995 年，根据省政府组建地税局的有关文件精神，按照精简、统一、效能的原则，零陵地区地税局的“三定”（即定职能、定机构、定人员）方案确定稽查局为地区地税局直属行政机构（正科级），配行政编制 20 人，其中领导职数 3 名，主要职责为查处偷税、抗税、骗税大案要案；指导全区地税系统稽查工作；监督税务系统工作人员的执法情况。

1996 年 5 月，随着零陵地区撤地建市，零陵地区地税局更名为永州市地税局；零陵地区地税局稽查局更名为永州市地税局稽查局。

1999 年，根据省地税局《关于永州市地税局机构设置方案的批复》，永州市地税局稽查局内设综合科、检查一科、检查二科，均为副科级。

2005 年，根据省地税局《关于永州市地税局机构设置方案的批复》，永州市地税局稽查局内设机构为综合科、检查一科、检查二科、执行科、案件审理科。

2011 年 7 月，根据《湖南省地税局关于永州市地税局机构改革实施方案的批复》，永州市地税局稽查局升格为副处级。领导职数设一正二副，局长为副处级，副局长为正科级。内设综合科、检查一科、检查二科、执行科、案件审理科，均为副科实职机构。

四、市地税局办税中心

1997 年 9 月，随着城区税收征管改革和计算机广泛用于税收征收征管的需要，根据省地税局在永州市实施城区征管改革的安排，设立永州市地税局办税服务中心。办税中心内设综合业务科、冷水滩办税服务厅、芝山办税服务厅，领导职数设一正三副。

2015 年 4 月，市地税局组织学生在办税厅开展纳税服务日体验活动

1998 年 12 月，市地税局办税服务中心开发出税收征管计算机软件。冷水滩区和芝山区的税收征收管理，基本做到计算机操作纳税服务。办税服务中心随着管理规范化，减少压缩机构编制，领导职数由 4 人减少到 1 人（市地税局征收管理科一名副科长兼任办税服务

中心主任），内设机构2个：办税大厅和综合业务科不变。

2004年6月，市、区办税服务中心撤销机构建制。人随税收业务走，分别安置到永州市地税局省级税收征收分局，冷水滩区地税局和芝山区地税局。

五、市地税局凤凰园地税分局

1997年1月，永州市成立凤凰园经济技术开发区（正处级）。6月，永州市地税局凤凰园征收分局（从永州市地税局冷水滩分局分出）挂牌成立。局领导设一正一副，冷水滩分局副局长兼任征收分局局长，内设综合组、征收一组、征收二组。凤凰园地税征收分局直属永州市地税局，税收计划单列，机构和经费独立运作。

2002年3月，随着城区征收机构的整合，根据省地税局关于永州市地税局城区机构的设置方案，撤销凤凰园征收分局，变更为冷水滩区地税局的税务三所，归建冷水滩区地税局。

六、县（区）地税局

（一）冷水滩区地税局

1994年9月24日，零陵地区地税局冷水滩市地税局挂牌成立，内设办公室、人事教育股、征收管理股、计划会计股、税政管理股、监察股。下辖9个税务所（征收室），即冷水滩区税务所、城南征收室、城市税务所、城北征收室、城中征收室、开发区征收室、黄阳司税务所、楚江圩税务所、普里桥税务所。12月，冷水滩市地税局成立稽查局。

1995年3月，冷水滩市地税局增设税政管理二股。

1996年5月，因撤地建市，零陵地区冷水滩市（县级市）变更为永州市冷水滩区，冷水滩市地税局变更为永州市地税局冷水滩分局，内设机构不变。

1998年1月，永州市地税局冷水滩分局内设股（室）变更为科（室），级别不变。即办公室、人事教育科、计划会计科、综合业务科、监察科、稽查局，撤销所属9个税务所（室），设立征收管理一科、征收管理二科、第一征收分局、第二征收分局、第三征收分局。3月，根据市地税局《关于变更永州市地税局冷水滩分局名称的批复》，更名为冷水滩区地税局。

1999年12月，冷水滩区地税局工会成立。

2001年10月，根据湘地税发〔2001〕72号文件批复，冷水滩区地税局内设6个行政股（室）〔科（室）改为股（室）〕，直属1个行政机构，1个办税中心，3个城区所，3个征收分局，即办公室、人事教育股、税政管理股、征收管理股、计划财务股、监察审计室。城区一所、城区二所、城区三所、第一征收分局、第二征收分局、第三征收分局。征收分局为副科级。撤销稽查局，设检查一股、检查二股。

2004 年，永州市地税局冷水滩区局，变更为永州市冷水滩区地税局。根据永地税函文件批复，撤销分局，设立税务所。冷水滩区地税局内设 6 个行政股（室），更名为内设科（室），级别为副科级。直属 1 个行政机构，即办公室、人事教育科、监察审计室、征收管理科、税政管理科、计划财务科、检查一科、检查二科、税务一所、税务二所、税务三所、税务四所、税务五所，办税服务中心。

2011 年 7 月，根据《永州市地税局关于湖南省冷水滩区地税机构改革实施方案的批复》，恢复稽查局建制，设立税源管理科，撤销检查一科、检查二科。冷水滩区地税局内设机构 8 个：办公室、人事教育科、税政法规科、征管和科技发展科（发票管理科）、收入规划核算科、财务管理科、监察审计室、税源管理科。行政直属机构 2 个：办税服务中心、稽查局。直属事业单位 1 个：信息中心。派出机构 5 个：第一税务分局、第二税务分局、第三税务分局、第四税务分局、第五税务分局。

（二）零陵区地税局

1994 年 9 月 25 日，零陵地区地税局永州市地税局挂牌成立，内设办公室、人事教育股、征收管理股、计划会计股、税政管理一股、税政管理二股、监察内审股、城南征收室、城北征收室、城市税务所、黄田铺税务所、珠山税务所、富家桥税务所、邮亭圩税务所、水口山税务所、菱角塘税务所。12 月，永州市地税局稽查局成立。1995 年 5 月，增设接履桥征收室。

1996 年 5 月，因撤地建市，零陵地区永州市（县级市）变更为永州市芝山区。永州市（县级市）地税局变更为永州市地税局芝山分局，内设机构不变。7 月，增设徐家井税务所，城北征收室更名为七里店税务所。9 月，成立永州市地税局芝山分局工会。

1998 年 1 月，永州市地税局芝山分局内设股（室）更名为科（室），级别不变，具体为办公室、人事教育科、计划会计科、综合业务科、监察科、稽查局和税侦中队。撤销所属的 11 个税务所，设立征收管理一科、征收管理二科、第一征收分局、第二征收分局、第三征收分局（征收分局为副科级）。3 月，根据市地税局《关于变更永州市地税局芝山分局名称的批复》，更名为芝山区地税局。

2001 年 10 月，根据湘地税发〔2001〕72 号文件批复：芝山区地税局内设 6 个行政股（室）〔科（室）改为股（室）〕，直属 1 个行政机构，1 个办税中心，2 个城区所，3 个征收分局，即办公室、人事教育股、税政管理股、征收管理股、计划财务股、监察审计股、城区一所、城区二所、第一征收分局、第二征收分局、第三征收分局、撤销稽查局，设立管理检查一股、管理检查二股。

2004 年，永州市地税局芝山区局变更为永州市芝山区地税局。根据永地税函〔2004〕60 号文件批复，撤销分局，设立税务所。芝山区地税局内设的 6 个行政股（室）更名为内设科（室），级别为副科级。直属 1 个行政机构，即办公室、人事教育科、监察审计室、征收管理科、税政管理科、计划财务科。管理检查一科、管理检查二科、税务一所、税务二所、税务三所、税务四所、办税服务中心。

2005 年 3 月，经省政府批准，永州市芝山区更名为永州市零陵区。芝山区地税局更名为零陵区地税局，内设机构和所属基层征收机构不变。

2011 年 7 月，根据《永州市地税局关于湖南省零陵区地税机构改革实施方案的批复》，零陵区地税局恢复稽查局建制，撤销检查一科、检查二科，设立税源管理科。改革后内设机构 7 个：办公室、人事教育科、税政法规科、征管和科技发展科（发票管理科），收入规划核算科、财务管理科、监察审计科；行政直属机构 2 个：办税服务中心、稽查局；直属事业单位 1 个：信息中心；派出机构 4 个，即第一税务分局、第二税务分局、第三税务分局、第四税务分局。

（三）祁阳县地税局

1994 年 9 月 24 日，祁阳县地税局挂牌成立，内设股（室、队）8 个，即办公室、人事教育股、税政管理一股、税政管理二股、征收管理股、计划会计股、监察内审股、稽查队。下辖 13 个税务所：观音滩税务所、大忠桥税务所、肖家村税务所、白水税务所、黄泥塘税务所、潘家埠税务所、羊角塘税务所、下马渡税务所、大村甸税务所、黎家坪税务所、文明铺税务所、金洞税务所、城镇税务所。10 月 19 日，根据零地税发〔1994〕002 号文件批复，祁阳县地税局稽查局成立。

1996 年 8 月，祁阳县地税局工会成立。

1997 年 9 月，根据《永州市地税局关于各县（区）地税局办税服务厅单独设置的通知》，祁阳县地税局分别在浯溪镇和黎家坪镇成立办税服务厅。

1998 年 1 月，根据永地税函〔1998〕8 号文件，祁阳县地税局撤销原 13 个税务所，成立 6 个征收分局。县地税局内设机构为县局工会、办公室、人事教育科、税政管理科、征收管理科、计划会计科、监察内审科、稽查局。设第一征收分局、第二征收分局、第三征收分局、第四征收分局、第五征收分局、第六征收分局。分局定为副科级单位。内设股（室）更名为科（室），但级别不变。

2001 年 10 月，祁阳县地税局机关各科（室）更名为股（室）。第一征收分局一分为二，设第一征收分局和第五征收分局；原第五征收分局划归第三征收分局，原第三征收分局划归第六征收分局。2004 年 3 月，根据《永州市地税局机构改革实施方案的批复》，县地税局内设股（室）更名为内设科（室），级别定为副科级，即工会、办公室、人事教育科、税政管理科、征收管理科、稽查局、监察内审室、计划会计科更名为计划财务科。派出机构（征收分局改为税务分局）分别为税务一分局、税务二分局、税务三分局、税务四分局、税务五分局。根据精简机构原则，撤销征收第六分局。

2011 年 7 月，根据《永州市地税局关于湖南省祁阳县地税局机构改革实施方案的批复》，祁阳县地税局内设机构 7 个：办公室、人事教育科、税政法规科、征管和科技发展科（发票管理科）、收入规划核算科、财务管理科、监察审计科。行政直属机构 2 个：办税服务中心、稽查局。直属事业机构 1 个：信息中心。派出机构 5 个，即第一税务分局、第二税务分局、第三税务分局、第四税务分局、第五税务分局。

2015 年 12 月，祁阳县地税机构设置未变。

（四）东安县地税局

1994 年 9 月，东安县地税局挂牌成立，内设 5 股 1 室，即办公室、人事教育股、监察内审股、税政管理股、计划会计股、征收管理股。下辖 8 个税务所：城镇税务所、大庙口税务所、紫溪市税务所、石期市税务所、井头圩税务所、鹿马桥税务所、芦洪市税务所、花桥税务所。10 月 19 日，根据零地税发〔1994〕002 文件，东安县地税局稽查局成立。

1996 年 8 月，东安县地税局工会成立。

1998 年 1 月，根据永地税函〔1998〕7 号文件，东安县地税局撤销原有的 8 个税务所，成立 5 个征收分局（征收分局均为副科级），即第一征收分局、第二征收分局、第三征收分局、第四征收分局、第五征收分局。内设股（室）更名为科（室），但级别不变，具体为办公室、人事教育科、监察内审科、征收管理科、税收管理科、计划会计科、稽查局、工会。

2001 年 10 月，东安县地税局内设科（室）再次更名为股（室）。

2004 年 6 月，根据《永州市地税局机构改革实施方案的批复》，东安县地税局内设股（室）更名为内设科（室），级别定为副科级，即办公室、人事教育科、监察内审科、税政管理科、征收管理科、

1996 年，市地税局局长刘春洪接受永州电视台专访

计划财务科、稽查局、工会。征收分局更名为税务分局，即第一税务分局、第二税务分局、第三税务分局、第四税务分局。撤销第五征收分局。增设办税服务厅。

2011 年 7 月，根据《永州市地税局关于湖南省东安县地税局机构改革实施方案的批复》，东安县地税局内设机构为 7 个：办公室、人事教育科、税政法规科、征管和科技发展科（发票管理科）、收入规划核算科、财务管理科、监察审计室；行政直属机构 2 个：办税服务中心、稽查局；直属事业机构 1 个：信息中心。派出机构 4 个：第一税务分局、第二税务分局、第三税务分局、第四税务分局。

（五）双牌县地税局

1994 年 9 月，双牌县地税局挂牌成立，内设 5 股 1 室，即办公室、人事教育股、税政管理股、征收管理股、计划会计股、监察内审股。下辖 6 个税务所：城镇税务所、尚仁里税务所、江村税务所、茶林税务所、何家洞税务所、五里牌税务所。同年 10 月，根据零地税发〔1994〕02 号文件，双牌县地税局稽查局成立。

1996 年 9 月，双牌县地税局工会成立。

1998 年 1 月，根据永地税函〔1998〕9 号文件，双牌县地税局撤销原来的 5 个税务所，成立 3 个征收分局（均为副科级），即第一征收分局、第二征收分局、第三征收分局。内设股（室）更名为科（室），但级别不变，即办公室、人事教育科、监察内审科、征收管理科、税政管理科、计划会计科、稽查局、工会。

2001 年 10 月，双牌县地税局内设科（室）再次改名为股（室）。

2004 年 3 月，根据《永州市地税局机构改革实施方案的批复》，双牌县地税局内设股（室）更名为内设科（室），级别为副科级，即办公室、人事教育科、监察内审科、征收管理科、税政管理科、计划财务科、稽查局、工会。征收分局更名为税务分局，即第一税务分局、第二税务分局、第三税务分局。

2006 年，双牌县地税局设置办税服务厅。

2011 年 7 月，根据《永州市地税局关于湖南省双牌县地税局机构改革实施方案的批复》，双牌县地税局内设机构为 7 个：办公室、人事教育科、税政法规科、征收和科技发展科（发票管理科）、收入规划核算科、财务管理科、监察审计科；行政直属机构 2 个：办税服务中心、稽查局；直属事业机构 1 个：信息中心；派出机构 3 个：第一税务分局、第二税务分局、第三税务分局。

2013 年，双牌县地税局增设第四税务分局。

（六）道县地税局

1994 年 9 月，道县地税局挂牌成立，内设 5 股 1 室 1 队，即办公室、人事教育股、税政管理股、征收管理股、计划会计股、监察内审股。下辖 9 个税务所，分别为：城镇税务所、梅花税务所、仙子脚税务所、清塘税务所、祥霖铺税务所、四马桥税务所、清溪税务所、公坝税务所、寿雁税务所。10 月，根据零地税发〔1994〕02 号文件，道县地税局稽查局成立。

2012 年 4 月 12 日，市地税局领导唐双祁、刘小贤到宁远县扶贫点开展结对帮扶

1996 年 7 月，道县地税局工会成立。

1997 年 3 月，道县地税局设立办税服务厅。

1998 年 1 月，根据永地税函〔1998〕9 号文件，道县地税局撤销原来的 9 个税务所，设立 5 个征收分局（级别为副科级）：第一征收分局、第二征收分局、第三征收分局、第四征收分局、第五征收分局。内设机构更名为科（室），但级别不变，即办公室、人事教育科、征收管理科、税政管理科、计划会计科、稽查局、工会。

2001 年 10 月，道县地税局内设科（室）再更名为股（室）。征收分局设置未变。

2004 年 7 月，根据《永州市地税局机构改革实施方案的批复》，道县地税局内设股（室）更名为内设科（室），级别为副科级，即办公室、人事教育科、监察内审科、征收管理科、税政管理科、计划财务科、稽查局、工会。征收分局由原来的 5 个整合为 4 个，并改设为税务分局，即第一税务分局、第二税务分局、第三税务分局、第四税务分局。

2011 年 7 月，根据《永州市地税局关于湖南省道县地税局机构改革实施方案的批复》，道县地税局内设机构为 7 个：办公室、人事教育科、监察内审科、税政法规科、征管和科技发展科（发票管理科）、收入规划核算科、财务管理科。行政直属机构 2 个：办税服务中心、稽查局。直属事业机构 1 个：信息中心。派出机构 4 个：第一税务分局、第二税务分局、第三税务分局、第四税务分局。

（七）江华县地税局

1994 年 9 月，江华瑶族自治县地税局挂牌成立，内设 5 股 1 室 1 队，即办公室、人事教育股、监察内审股、征收管理股、税政管理股、计划会计股、稽查队。下辖 10 个税务所：城镇税务所、码市税务所、贝江税务所、水口区税务所、大圩税务所、涛圩税务所、大路铺税务所、沱江区税务所、水口镇税务所、桥头铺税务所。

1994 年 10 月，根据零地税发〔1994〕02 文件，江华县地税局撤销稽查队，成立稽查局。

1995 年 6 月，江华县地税增设白芒营税务所。

1996 年 8 月，江华县地税局工会成立。

1998 年 1 月，根据永地税函〔1998〕10 号文件，江华县地税局撤销原有的 11 个税务所，设立 5 个征收分局，均为副科级，即第一征收分局、第二征收分局、第三征收分局、第四征收分局、第五征收分局。内设股（室）更名为科（室），但级别不变，具体为：办公室、人事教育科、征收管理科、税政管理科、计划财务科、稽查局。

2001 年 10 月，江华县地税局内设科（室）再次更名为股（室）。

2004 年 3 月，根据《市地税局机构改革实施方案的批复》，江华县地税局内设股（室）更名为内设科（室），定为副科级，即办公室、人事教育科、监察内审科、征收管理科、税政管理科、计划财务科、稽查局。

2004 年 3 月，江华县地税局撤销第五征收分局，其余征收分局均更名为税务分局。即第一税务分局、第二税务分局、第三税务分局、第四税务分局。

2006 年，江华县地税局增设办税服务厅。

2013 年 5 月，市地税局召开青年干部座谈会

2011 年 7 月，根据市地税局关于江华县地税局机构改革实施方案的批复，县地税局内设机构为 7 个：办公室、人事教育科、监察内审科、税政法规科、征管和科技发展科（发票管理科）、收入规划核算科、财务管理科。行政机构 2 个：办税服务中心、稽查局。直属事业机构 1 个：信息中心。派出机构 4 个：第一征收分局、第二征收分局、第三征收分局、第四征收分局。

2015 年 12 月，江华县地税局机构设置未变。

（八）江永县地税局

1994 年 9 月，江永县地税局挂牌成立，内设 5 股 1 室 1 队。即办公室、人事教育股、监察内审股、征收管理股、税政管理股、计划会计股、稽查队。下辖7个税务所：城关税务所、允山税务所、夏层铺税务所、桃川税务所、粗石江税务所、黄甲岭税务所、上江圩税务所。

1994年12月，江永县地税局撤销稽查队，成立稽查局。

1996年8月，江永县地税局工会成立。

1998年1月，根据永地税函〔1998〕8号文件，江永县地税局撤销原来的7个税务所，设立3个征收分局，均为副科级，即第一征收分局、第二征收分局、第三征收分局。内设股（室）更名为科（室），但级别不变。即办公室、人事教育科、征收管理科、监察内审科、税政管理科、计划会计科、稽查局、工会。

2001年10月，江永县地税局内设科（室）再次更名为股（室）。

2004年3月，根据《永州市地税局机构改革实施方案的批复》，江永县地税局内设股（室）更名为科（室），定为副科级，即办公室、人事教育科、监察内审科、征收管理科、税收管理科、计划财务科、稽查局、工会。征收分局更名为税务分局，即第一税务分局、第二税务分局、第三税务分局。

2006年，江永县地税局增设办税服务厅。

2011年7月，根据《永州市地税局机构改革实施方案的批复》，江永县地税局内设机构为7个：办公室、人事教育科、监察内审科、税政法规科、征管和科技发展科（发票管理科）、收入规划核算科、财务管理科；行政机构2个：办税服务中心，稽查局。直属事业机构1个：信息中心。派出机构4个：第一税务分局，第二税务分局，第三税务分局，增设第四税务分局。

（九）宁远县地税局

1994年9月，宁远县地税局挂牌成立，内设5股1室1队，即办公室、人事教育股、监察内审股、征收管理股、税政管理股、计划会计股、稽查队。下辖10个税务所，即城关税务所、桐山税务所、水市税务所、湾井税务所、冷水税务所、太平税务所、禾亭税务所、中和税务所、柏家坪税务所、鲤溪税务所。

1995年2月，宁远县地税局稽查局成立，同时撤销稽查队。

1996年8月，宁远县地税局工会成立。

1997年1月，宁远县地税局设立办税服务厅。

1998年1月，根据永地税函〔1998〕12号文件，宁远县地税局撤销原有的10个税务所，设立第一征收分局、第二征收分局、第三征收分局、第四征收分局、第五征收分局，级别为副科级。县地税局内设机构更名为科（室），但级别不变，即办公室、人事教育科、监察内审科、征收管理科、税政管理科、计划会计科。

1999年3月，宁远县地税局将原来的5个征收分局整合为4个征收分局。

2001 年 10 月，宁远县地税局内设科（室）再次更名为股（室）。

2004 年 3 月，根据《永州市地税局机构改革实施方案的批复》，宁远县地税局内设股（室）更名为科（室），定为副科级机构，具体为办公室、人事教育科、监察内审科、征收管理科、税政管理科、计划财务科、稽查局、工会。下辖的所有征收分局更名为税务分局。即第一税务分局、第二税务分局、第三税务分局、第四税务分局。

2015 年 10 月，市地税局组织各县（区）地税局党组书记开展述职评议

2011 年 7 月，根据《永州市地税局机构改革实施方案的批复》，宁远县地税局内设机构为 7 个：办公室、人事教育科、监察内审科、税政法规科、征管和科技发展科（发票管理科）、收入规划核算科、财务管理科。行政机构 2 个：办税服务中心、稽查局。直属事业机构 1 个：信息中心。派出机构 4 个：第一税务分局、第二税务分局、第三税务分局、第四税务分局。

（十）蓝山县地税局

1994 年 9 月，蓝山县地税局挂牌成立，内设 5 股 1 室，即办公室、人事教育股、监察内审股、征收管理股、税政管理股、计划会计股。下辖 7 个税务所，即城镇税务所、毛俊税务所、所城税务所、竹市税务所、楠市税务所、太平税务所、新圩税务所。

1995 年 3 月，蓝山县地税局设立稽查局。

1996 年 8 月，蓝山县地税局工会成立。

1998 年 1 月，根据永地税函〔1998〕12 号文件，蓝山县地税局撤销原有的 7 个税务所，合并为 4 个征收分局（均为副科级），即第一征收分局、第二征收分局、第三征收分局、第四征收分局。内设股（室）变更为科（室），但级别不变，即办公室、人事教育科、监察内审科、征收管理科、税政管理科、计划会计科。设立办税服务厅。

2001 年 10 月，蓝山县地税局内设科（室）再变更为股（室）。

2004年3月，根据《永州市地税局机构改革实施方案的批复》，蓝山县地税局内设股（室）再更名为科（室），级别为副科级，即办公室、人事教育科、税政管理科、征收管理科、监察内审科、计划财务科、稽查局。征收分局更名为税务分局，4个征收分局合并为3个税务分局，即第一税务分局、第二税务分局、第三税务分局。

2011年7月，根据《永州市地税局机构改革实施方案的批复》，蓝山县地税局内设机构为7个，即办公室、人事教育科、监察内审科、税政法规科、征管和科技发展科（发票管理科）、收入规划核算科、财务管理科。行政机构2个：办税服务中心、稽查局。直属事业机构1个：信息中心。派出机构3个：第一税务分局、第二税务分局、第三税务分局。

（十一）新田县地税局

1994年9月，新田县地税局挂牌成立，内设5股1室。即办公室、人事教育股、监察内审股、税政管理股、征收管理股、计划会计股。下辖城镇税务所、城郊税务所、莲花税务所、骥村税务所、石羊税务所、下灌洞税务所。12月，县地税局设立稽查局。

1995年6月，新田县地税局增设枧头税务所。

1996年8月，新田县地税局成立工会。

1998年1月，根据永地税〔1998〕13号文件，撤销新田县地税局原有的7个税务所，合并为3个征收分局（均为副科级机构），分别为第一征收分局、第二征收分局、第三征收分局。内设机构的股（室）变更为科（室），但级别不变，即办公室、人事教育科、监察内审室、税政管理科、征收管理科、计划会计科。

2006年，市地税局局长杨兴明（左三）到基层局调研指导“三基”建设

2001年10月，新田县地税局的内设科（室）再次变更为股（室）。

2004年3月，根据《永州市地税局机构改革实施方案的批复》，新田县地税局的内设股（室）再次更名为科（室），即办公室、人事教育科、监察内审科、税政管理科、征收管理科、计划财务科、稽查局，均为副科级机构。征收分局更名为税务分局，即第一税务分局、第二税务分局、第三税务分局，均为副科级机构。

2006年，新田县地税局增设办税服务中心。

2011年7月，根据《永州市地税局机构改革实施方案的批复》，新田县地税局内设机构为7个，即办公室、人事教育科、监察内审室、税政法规科、征管和科技发展科（发票管理科）、收入规划核算科、财务管理科。行政机构2个：办税服务中心、稽查局。直属事业单位机构1个：信息中心。派出机构3个：第一税务分局、第二税务分局、第三税务分局。

七、科、股（室）及征收分局名称更换

1994年9月，零陵地区地税系统各县（市）地税局机关设股（室）、下属单位设税务所。

1998年1月，根据湘地税函〔1998〕5号文件精神，全市地税系统撤销89个税务所，设立45个征收分局，为副科级单位。各县（区）地税局机关股（室）更名为科（室），级别不变。

1998年4月，市地税局召开全市地税系统“双文明”建设工作会议

2001年10月，全市各县（区）地税局机关科（室）更名为股（室）。

2004年3月23日，根据《湖南省地税局关于进一步规范各县（市、区）（分）机构设置的通知》，全市各县（区）地税局内设股（室）统一更名为科（室），级别为副科级，农村征收分局统一更名为税务分局，全市合并为33个税务分局。

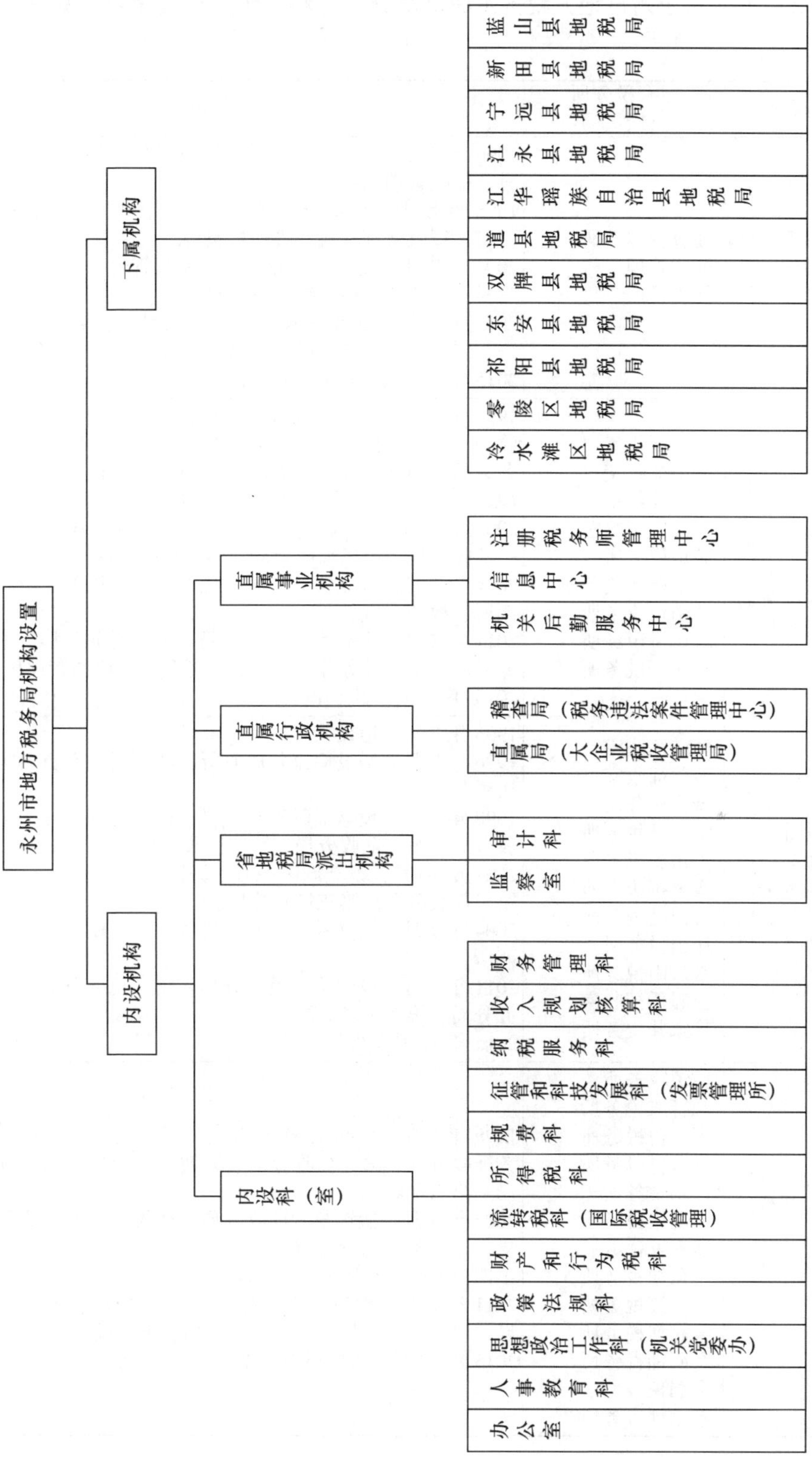

图3-1 永州市地税局机构设置图（2015年）

1992—2015 年永州市地方税务系统基层分局（科、所）设置演变一览表

表 3-6-1

现在机构名称		原有税务所（科、室）	变化情况
直属局	税源管理一科 税源管理二科 税源管理三科	征收管理一科 征收管理二科 征收管理三科	1996 年 5 月，设综合业务科，征收管理一科、征收管理二科、征收管理三科。 1998 年 12 月，设综合业务科、征收管理一科、征收管理二科、征收管理三科、管理检查科。 2004 年 7 月，设征收管理一科、征收管理二科、征收管理三科、系统管理科、综合业务科。 2011 年 7 月，征收管理一、二、三科，更名为税源管理一、二、三科，计征科、综合业务科。 2015 年 12 月，机构设置未变。
冷水滩区地方税务局	第一税务分局 第二税务分局 第三税务分局 第四税务分局 第五税务分局 税源管理科	城南征收室 城中征收室 城北征收室 开发区征收室 城市税务所 冷水滩区税务所 黄阳司税务所 普里桥税务所 楚江圩税务所	1998 年 1 月，设立征收管理一科、征收管理二科。第一征收分局、第二征收分局、第三征收分局。开发区征收室更名为凤凰园征收分局，析出为永州市地方税务局直属管理（税收计划单列、人员和经费单独管理）。 2001 年 10 月，设立城区一所、城区二所、城区三所、第一征收分局、第二征收分局、第三征收分局。 2004 年 7 月，设立税务一所、税务二所、税务三所、税务四所、税务五所。 2011 年 7 月，设立第一税务分局、第二税务分局、第三税务分局、第四税务分局、第五税务分局和税源管理科。 2015 年 12 月，机构设置未变。
零陵区地方税务局	税源管理科 第一税务分局 第二税务分局 第三税务分局 第四税务分局	城南征收室 城北征收室 城市税务所 邮亭圩税务所 菱角塘税务所 富家桥税务所 黄田铺税务所 珠山税务所 水口山税务所 接履桥征收室 徐家井税务所	1995 年 7 月，增设接履桥征收室。 1996 年 7 月，增设徐家井税务所；城北征收室更名为七里店税务所。 1998 年 1 月，设立征收管理一科、征收管理二科、第一征收分局、第二征收分局、第三征收分局。 2001 年 10 月，设立城区一所、城区二所、第一征收分局、第二征收分局、第三征收分局。 2004 年 7 月，设立税务一所、税务二所、税务三所、税务四所。 2011 年 7 月，设立第一税务分局、第二税务分局、第三税务分局、第四税务分局。 2015 年 12 月，机构设置未变。
祁阳县地方税务局	第一税务分局 第二税务分局 第三税务分局 第四税务分局 第五税务分局	城镇税务所 观音滩税务所 大忠桥税务所 肖家村税务所 白水税务所 黄泥塘税务所 潘家埠税务所 羊角塘税务所 下马渡税务所 大村甸税务所 文明铺税务所 金洞税务所 黎家坪税务所	1998 年 1 月，撤销 13 个税务所，设立第一征收分局、第二征收分局、第三征收分局、第四征收分局、第五征收分局、第六征收分局。 2004 年 3 月，撤销第六征收分局，征收分局更名为税务分局。设立第一税务分局、第二税务分局、第三税务分局、第四税务分局、第五税务分局。 2011 年 7 月，设置未变。即第一税务分局、第二税务分局、第三税务分局、第四税务分局、第五税务分局。 2015 年 12 月，机构设置未变。

续表3-6-1

现在机构名称		原有税务所（科、室）	变化情况
东安县地方税务局	第一税务分局 第二税务分局 第三税务分局 第四税务分局	城关镇税务所 大庙口税务所 紫溪税务所 石期市税务所 井头圩税务所 鹿马桥税务所 芦洪市税务所 花桥税务所	1998 年 1 月，撤销 8 个税务所，设立第一征收分局、第二征收分局、第三征收分局、第四征收分局、第五征收分局。 2004 年 3 月，撤销第五征收分局，征收分局更名为税务分局。设立第一税务分局、第二税务分局、第三税务分局、第四税务分局。 2011 年 7 月，机构改革分局设置未变，即第一税务分局、第二税务分局、第三税务分局、第四税务分局。 2015 年 12 月，机构设置未变。
双牌县地方税务局	第一税务分局 第二税务分局 第三税务分局 第四税务分局	城镇税务所 尚仁里税务所 江村税务所 茶林税务所 何家洞税务所 五里牌税务所	1998 年 1 月，撤销 6 个税务所，设立第一征收分局、第二征收分局、第三征收分局。 2004 年 3 月，机构改革征收分局设置未变，三个征收分局更名为税务分局。 2011 年 7 月，设第一税务分局、第二税务分局、第三税务分局。 2013 年，增设第四税务分局。 2015 年 12 月，机构设置未变。
道县地方税务局	第一税务分局 第二税务分局 第三税务分局 第四税务分局	城镇税务所 梅花税务所 仙子脚税务所 清塘税务所 公坝税务所 四马桥税务所 祥霖铺税务所 寿雁税务所 清溪税务所	1998 年 1 月，撤销 9 个税务所，设第一征收分局、第二征收分局、第三征收分局、第四征收分局、第五征收分局。 2004 年 3 月，机构改革，征收分局更名为税务分局。撤销第五征收分局，设立第一、二、三、四税务分局。 2011 年 7 月，即第一税务分局、第二税务分局、第三税务分局、第四税务分局。 2015 年 12 月，机构设置未变。
江华瑶族自治县地方税务局	第一税务分局 第二税务分局 第三税务分局 第四税务分局	城镇税务所 码市税务所 贝江税务所 水口税务所 大圩税务所 涛圩税务所 大路铺税务所 沱江区税务所 水口镇税务所 桥头铺税务所 白芒营税务所	1998 年 1 月，撤销原有的 11 个税务所，设立了 5 个征收分局，即第一征收分局、第二征收分局、第三征收分局、第四征收分局、第五征收分局。 2004 年 3 月，机构改革撤销第五征收分局，征收分局更名为税务分局，即设立第一、二、三、四税务分局。 2011 年 7 月，4 个税务分局未变，即第一税务分局、第二税务分局、第三税务分局、第四税务分局。 2015 年 12 月，机构设置未变。
江永县地方税务局	第一税务分局 第二税务分局 第三税务分局 第四税务分局	城镇税务所 允山税务所 夏层铺税务所 桃川税务所 粗石江税务所 黄甲岭税务所 上江圩税务所	1998 年 1 月，撤销原有的 7 个税务所，设立了 3 个征收分局，即第一征收分局、第二征收分局、第三征收分局。 2004 年 3 月，机构改革后，内设科室发生了变化，征收分局未改，征收分局改名为税务分局。 2011 年 7 月，原第一税务分局、第二税务分局、第三税务分局未变，增设第四税务分局（高泽园林场为正处级机构，增设第四税务分局为林场内的税务机构）。 2015 年 12 月，机构设置未变。

续表3-6-1

现在机构名称		原有税务所（科、室）	变化情况
宁远县地方税务局	第一税务分局 第二税务分局 第三税务分局 第四税务分局	城关税务所 桐山税务所 水市税务所 湾井税务所 冷水税务所 太平税务所 禾亭税务所 中和税务所 柏家坪税务所 鲤溪税务所	1998 年 1 月，撤销原有的 10 个税务所，成立 5 个征收分局。即第一征收分局、第二征收分局、第三征收分局、第四征收分局、第五征收分局。 1999 年 3 月，将五个征收分局整合为四个征收分局。 2004 年 3 月，税务机构改革，所有分局更名为税务分局，设立第一税务分局、第二税务分局、第三税务分局、第四税务分局。 2011 年 7 月，税务分局设置没有变化。 2015 年 12 月，机构设置未变。
蓝山县地方税务局	第一税务分局 第二税务分局 第三税务分局	城镇税务所 毛俊税务所 所城税务所 竹市税务所 楠市税务所 太平税务所 新圩税务所	1998 年 1 月，撤销原有的 7 个税务所，合并为四个征收分局（均为副科级机构），即第一征收分局、第二征收分局、第三征收分局、第四征收分局。 2004 年 3 月，机构改革把征收分局更名为税务分局。并撤销第四征收分局，设立第一税务分局、第二税务分局、第三税务分局。 2011 年 7 月，税务分局设置没有变化，即设第一、二、三分局。 2015 年 12 月，机构设置未变。
新田县地方税务局	第一税务分局 第二税务分局 第三税务分局	城镇税务所 城郊税务所 莲花税务所 骥村税务所 石羊税务所 下漕洞税务所 枧头税务所	1998 年 1 月，撤销原有的 7 个税务所，合并为 3 个征收分局（均为副科级机构），即第一征收分局、第二征收分局、第三征收分局。 2004 年 3 月，征收分局更名为税务分局。即第一税务分局、第二税务分局、第三税务分局。 2011 年 7 月，派出机构为：第一税务分局、第二税务分局、第三税务分局。 2015 年 12 月，机构设置未变。

第二节 领导班子、内设及下属机构负责人

1992—2015 年永州市地方税务局历任领导班子名录

表 3-6-2

时段	职务	姓名	任职时间	备注
1994 年 10 月至 1997 年 10 月	局长、党组书记	刘春洪	1994. 10—1997. 10	
	副局长、党组成员	钱国平	1994. 10—1997. 10	
		廖丁贵	1994. 10—1997. 10	
		桂建球	1994. 12—1997. 10	
		周纯良	1997. 8—1997. 10	
	纪检组长、党组成员	刘　进	1997. 8—1997. 10	
	总经济师、党组成员	唐双祁	1997. 8—1997. 10	

续表3-6-2

时段	职务	姓名	任职时间	备注
1997年11月至2001年9月	局长	钱国平	1997.11—2001.9	2000.11—2001.9任局长、党组书记
	党组书记	刘春洪	1997.11—2000.4	
	副局长、党组成员	廖丁贵	1997.11—2001.9	
		桂建球	1997.11—2001.9	
		周纯良	1997.11—1999.2	
		何　骏	1999.2—2000.9	
		莫曲波	2000.9—2003.3	
2001年9月至2008年6月	局长、党组书记	杨兴明	2001.9—2008.6	
	副局长、党组成员	莫曲波	2001.9—2003.3	
		谷一飞	2001.9—2003.3	
		唐福臣	2001.9—2012.8	
		周　琳	2004.2—2006.10	
		唐双祁	2004.1—2008.6	
		刘小贤	2004.1—2008.6	
		黄信伟	2006.10—2008.6	
	纪检组长、党组成员	唐景平	2001.9—2008.6	
	总经济师、党组成员	何多珍	2004.1—2008.6	
	总会计师、党组成员	左亚林	2004.1—2008.6	
2008年6月至2012年7月	局长	谷一飞	2008.6—2012.7	
	党组书记	杨兴明	2008.6—2012.7	
	副局长、党组成员	唐福臣	2008.6—2012.7	
		唐双祁	2008.6—2012.7	
		刘小贤	2008.6—2012.7	
	纪检组长、党组成员	唐景平	2008.6—2012.7	
	总经济师、党组成员	何多珍	2008.6—2012.7	
	总会计师、党组成员	左亚林	2008.6—2011.7	
		王　亮	2008.6—2012.7	
2012年7月至2015年12月	局长	毛东庆	2012.7—2015.12	2014.5—2015.12任党组书记、局长
	党组书记	杨兴明	2012.7—2014.5	
	副局长、党组成员	唐福臣	2012.7—2012.8	
		唐双祁	2012.7—2015.12	
		刘小贤	2012.7—2015.12	
		何多珍	2012.10—2015.12	
	纪检组长、党组成员	唐景平	2012.7—2015.7	
		陈立志	2015.7—2015.12	
	总经济师、党组成员	何多珍	2012.7—2012.10	
		程灿烂	2012.10—2015.12	
	总会计师、党组成员	王　亮	2012.7—2015.12	

1992—2015 年永州市地方税务局处级非领导职务人员名录

表 3-6-3

职务	姓名	任职时间	备注
调研员	廖丁贵	2001. 9—2007. 11	
	杨兴明	2014. 5—2015. 12	
	唐景平	2015. 7—2015. 12	
助理调研员	聂明赐	1998. 6—2002. 6	
	陈昌文	2001. 4—2006. 10	
	廖在文	2001. 4—2008. 12	
	陈培宏	2009. 3—2012. 11	
	吴教椴	2009. 3—2012. 1	
	黄增柏	2009. 3—2015. 9	
	王彰元	2011. 7—2012. 5	

1992—2015 年永州市地方税务局系统工会负责人名录

表 3-6-4

职务	姓名	任职时间	备注
系统工会主任	杜德友	1998. 12—2004. 7	
	胡顺安	2004. 1—2015. 12	

1992—2015 年永州市地方税务局直属行政机构负责人名录

表 3-6-5

单位	职务	姓名	任职时间	备注
直属局（直属分局、省级税收征收分局、大企业税收管理局）	局长	周纯良	1996. 7—1997. 7	
		刘小贤	1997. 7—1998. 12	
		唐双祁（副处级）	1998. 12—2001. 9	
		刘小贤（副处级）	2001. 9—2004. 1	
		程灿烂（副处级）	2004. 1—2012. 10	
		桂来上（副处级）	2012. 10—2015. 12	

续表3-6-5

单位	职务	姓名	任职时间	备注
稽查局	局长	唐双祁	1994. 10—1997. 8	
		王彰元	1997. 8—1999. 3	
		程灿烂	1999. 3—2004. 8	
		杨建华	2004. 8—2011. 8	
		陈立志（副处级）	2011. 7—2015. 8	2011. 7 稽查局升格为副处级单位

1992—2015 年永州市地方税务局内设机构负责人名录

表 3-6-6

科（室）	职务	姓名	任职时间	备注
办公室	主任	廖在文	1994. 9—1996. 9	
		唐德银	1996. 9—1999. 2	
		左亚林	1999. 2—2001. 11	
		李雁卿	2001. 11—2004. 6	
		黄小燕	2004. 6—2006. 8	
		肖冬旺	2006. 8—2011. 8	
		桂来上	2011. 8—2012. 8	
		黄　靖	2012. 8—2014. 2	
		陈运友	2014. 2—2015. 12	
人事教育科	科长	刘　进	1994. 9—1997. 9	
		唐景平	1997. 9—2001. 9	
		陈立志	2001. 11—2011. 8	
		李雁卿	2011. 8—2015. 12	
政治思想工作科	科长	周国华	1999. 2—2001. 11	
		莫玉梅	2004. 6—2006. 8	
		黄小燕	2006. 8—2011. 6	
		邹建军	2011. 8—2014. 2	
		黄　靖	2014. 2—2015. 8	
		卿志彪	2015. 8—2015. 12	

续表3-6-6

科（室）	职务	姓名	任职时间	备注
纪检组	副组长	唐景平	1994. 10—1995. 10	
		欧付强	1998. 3—1999. 3	
		郭太明	1999. 3—2001. 11	
		周国华	2001. 11—2008. 6	
		莫玉梅	2008. 6—2011. 8	
		汤琼湘	2011. 7—2015. 12	
监察科（室）	主任（科长）	唐景平	1994. 10—1995. 10	
		欧付强	1997. 12—1999. 3	
		郭太明	1999. 3—2001. 11	
		周国华	2001. 11—2005. 6	
		莫玉梅	2006. 8—2011. 8	
		汤琼湘	2011. 7—2015. 12	
审计科	科长	胡顺安	1996. 9—2001. 11	
		郭太明	2001. 11—2009. 6	
		黄才理	2009. 6—2014. 2	
		杜剑平	2014. 2—2015. 12	
政策法规科	科长	汤琼梅	2005. 7—2011. 7	
		董先林	2012. 7—2015. 8	
		何太江	2015. 8—2015. 12	
流转税科（税政一科）	科长	何湖光	1994. 10—1999. 3	
		杨建华	1999. 3—2001. 11	
		王彰元	2001. 11—2009. 4	
		唐建雄	2009. 4—2010. 9	
		彭刚成	2010. 9—2015. 12	
财产行为税科（税政二科）	科长	唐景平	1995. 10—1997. 11	
		唐德银	1999. 2—2001. 11	
		何多珍	2001. 11—2004. 6	
		陈立阳	2004. 6—2011. 8	
		陶国伟	2011. 8—2015. 8	
		王辉跃	2015. 8—2015. 12	

续表3-6-6

科（室）	职务	姓名	任职时间	备注
所得税科（税政三科）	科长	程灿烂	1994.10—1999.3	
		王彰元	1999.3—2001.11	
		唐德银	2001.11—2009.9	
		陈立阳	2011.8—2015.12	
规费科（收费科）	科长	黄英华	2006.2—2009.4	
		陈运友	2009.4—2010.9	
		罗礼林	2010.9—2015.12	
征管和科技发展科（征管科、发票管理所）	科长	胡顺安	1994.12—1996.7	
		王济忠	1998.1—2001.11	
		杨建华	2001.11—2004.7	
		卿志彪	2004.7—2009.3	
		刘树人	2009.3—2015.8	
		刘瑞仕	2015.8—2015.12	
纳税服务科	科长	莫玉梅	2011.8—2017.2	
计划财务科（计划会计科）	科长	左亚林	1994.10—1999.3	
		刘小贤	1999.3—2001.9	
		胡顺安	2001.11—2004.7	
		杜剑平	2004.7—2010.9	
		黎金元	2010.9—2011.8	
收入规划核算科	科长	黎金元	2011.8—2015.8	
		罗尚芝	2015.8—2015.12	
财务管理科	科长	肖冬旺	2011.8—2015.12	
后勤中心	主任	彭刚成	2004.7—2010.9	
		方成钜	2010.9—2012.7	
		周忠华	2012.7—2014.2	
		邹建军	2014.2—2015.8	
		陶国伟	2015.8—2015.12	
信息中心	主任	黎金元	2004.7—2011.8	
		罗卫民	2011.7—2014.2	
		唐建雄	2014.2—2015.12	

续表3-6-6

科（室）	职务	姓名	任职时间	备注
注册税务师中心	主任	陈培宏	2001. 11—2009. 6	
		罗礼林	2009. 6—2010. 9	
		胡自超	2010. 9—2015. 8	
		杨建清	2015. 8—2015. 12	

1992—2015年永州市各县（区）地方税务局主要负责人名录

表3-6-7

单位职务		姓名	任职时间	备注
冷水滩区地方税务局	局长	周纯良	1994. 9—1996. 6	
		周国华	1996. 7—1999. 3	
		黄增柏	1999. 3—2009. 2	
		卿志彪	2009. 3—2015. 7	
		杨建华	2015. 8—2015. 12	
零陵区地方税务局	局长	陈培宏	1994. 9—1999. 3	
		何多珍	1999. 3—2001. 11	
		左亚林	2001. 11—2004. 6	
		艾　平	2004. 7—2010. 7	
		王辉跃	2010. 9—2015. 8	
		唐德银	2015. 8—2015. 12	
祁阳县地方税务局	局长	陈昌文	1994. 9—1997. 7	
		罗志勇	1998. 7—2003. 11	
		桂来上	2004. 6—2011. 8	
		杨建华	2011. 8—2015. 8	
		黎金元	2015. 8—2015. 12	
东安县地方税务局	局长	吴教椴	1994. 9—2001. 10	
		艾　平	2001. 11—2004. 7	
		李雁卿	2004. 7—2009. 9	
		唐德银	2009. 9—2015. 8	
		方成矩	2015. 8—2015. 12	

续表3-6-7

单位职务		姓名	任职时间	备注
双牌县地方税务局	局长	李恩鑫	1994. 10—1996. 8	
		卿志彪	1996. 8—2004. 6	
		黄英华	2004. 6—2006. 8	
		王济忠	2006. 8—2010. 9	
		杜剑平	2010. 9—2014. 2	
		罗卫民	2014. 2—2015. 12	
道县地方税务局	局长	聂明赐	1994. 10—1998. 6	
		陈立志	1999. 2—2001. 11	
		胡荣杰	2001. 11—2009. 9	
		李雁卿	2009. 9—2011. 8	
		董先林	2011. 8—2012. 7	
		方成矩	2012. 7—2015. 8	
		黄　靖	2015. 8—2015. 12	
江华瑶族自治县地方税务局	局长	周铁旗	1994. 9—1996. 8	
		陈立志	1996. 8—1999. 1	
		胡永奇	1999. 12—2009. 1	
		刘瑞仕	2009. 1—2015. 7	
		欧阳晓华	2015. 7—2015. 12	
江永县地方税务局	局长	彭光华	1994. 9—1999. 2	
		胡自超	1999. 2—2001. 11	
		桂来上	2001. 11—2004. 6	
		肖冬旺	2004. 6—2006. 8	
		王辉跃	2006. 8—2010. 9	
		周忠华	2014. 2—2015. 12	
宁远县地方税务局	局长	马时华	1994. 10—1996. 1	
		黄增柏	1996. 1—1999. 5	
		杨伟毅	1999. 5—2011. 8	
		何太江	2011. 8—2015. 8	
		邹建军	2015. 8—2015. 12	

续表3-6-7

单位职务		姓名	任职时间	备注
蓝山县地方税务局	局长	胡顺安	1994. 10—1995. 1	
		刘小贤	1995. 2—1998. 6	
		董先林	1998. 6—2011. 8	
		杨伟毅	2011. 8—2015. 12	
新田县地方税务局	局长	李芳德	1994. 9—1999. 2	
		胡荣杰	1999. 2—2001. 9	
		黄小燕	2001. 9—2004. 6	
		方成矩	2004. 6—2010. 9	
		陈运友	2010. 9—2014. 2	
		黄才理	2014. 2—2015. 12	

第三节　先进集体、模范人物

永州市地税局开展文明行业、文明单位、模范职工之家、青年文明号、巾帼文明岗等创建活动，紧盯市委、市政府和省地税局明确的各项考核项目以及全市地税重点难点工作事项，根据项目任务组建工作团队，以团队化方式运作，建立“工作项目化、项目团队化、团队责任化、责任绩效化”的创先争优模式，做到一个考核项目、一名责任领导、一个工作团队、一套考核方案、并一抓到底，实行月度跟踪进度、季度督查讲评、半年展示通报、年度考核兑现。1994—2015年，全市地税系统共获厅（局）级以上集体荣誉221项、个人荣誉172项。

2013年6月5日，市地税局召开全市地税系统第八次思想政治工作暨2013年党风廉政建设工作会议，图为被授予“人民满意税务工作者”的获奖者上台领奖

1994—2015年永州市地方税务系统单位获厅局级以上荣誉统计表

表3-6-8

编号	单位	年份	荣誉名称	颁奖单位
001	祁阳县税务局文明铺税务所	1994	文明税务所	湖南省税务局
002	双牌县地方税务局	1994	湖南省文明单位	中共湖南省委、湖南省人民政府
003	宁远县地方税务局	1994	工人先锋号	湖南省总工会
004	永州市冷水滩区地方税务局	1994	湖南省文明单位	中共湖南省委、湖南省人民政府
005	双牌县地方税务局档案室	1994	湖南省二级档案室	湖南省档案局
006	双牌县税务局尚仁里税务所	1995	文明税务所	湖南省地方税务局
007	祁阳县税务局文明铺税务所	1995	文明税务所	湖南省地方税务局
008	双牌县地方税务局	1995	湖南省文明单位	中共湖南省委、湖南省人民政府
009	永州市冷水滩市地方税务局	1995	湖南省文明单位	中共湖南省委、湖南省人民政府
010	东安县地方税务局	1996	税收会计十佳单位	湖南省地方税务局
011	宁远县税务局柏家坪税务所	1996	文明税务所	湖南省地方税务局
012	祁阳县地方税务局稽查局	1996	稽查工作先进单位	湖南省地方税务局
013	永州市地方税务局稽查局	1996	稽查工作先进单位	湖南省地方税务局
014	双牌县地方税务局城镇税务所	1996	文明税务所	湖南省地方税务局
015	双牌县税务局尚仁里税务所	1996	文明税务所	湖南省地方税务局
016	永州市地方税务局	1996	乒乓球运动会女子团体第三名	湖南省地方税务局
017	双牌县税务局城镇税务所	1997	文明税务所	湖南省地方税务局
018	宁远县税务局柏家坪税务所	1997	文明税务所	湖南省地方税务局
019	祁阳县税务局黎家坪税务所	1997	文明税务所	湖南省地方税务局

续表3-6-8

编号	单位	年份	荣誉名称	颁奖单位
020	祁阳县税务局文明铺税务所	1997	文明税务所	湖南省地方税务局
021	蓝山县税务局城镇税务所	1997	全国税务系统先进集体	人事部、国家税务总局
022	道县税务局清塘税务所	1997	文明税务所	湖南省地方税务局
023	祁阳县税务局稽查局	1997	稽查工作先进单位	湖南省地方税务局
024	永州市地方税务局办税服务厅	1998	全国税务系统最佳办税服务厅	国家税务总局
025	蓝山县地方税务局	1998	湖南省文明单位	中共湖南省委、湖南省人民政府
026	道县地方税务局	1998	湖南省文明单位	中共湖南省委、湖南省人民政府
027	蓝山县地方税务局第一税务分局	1998	模范职工之家	湖南省总工会
028	宁远县地方税务局第一税务分局	1998	文明单位	湖南省地方税务局
029	道县地方税务局第四税务分局	1998	文明单位	湖南省地方税务局
030	祁阳县地方税务局第二税务分局	1998	文明单位	湖南省地方税务局
031	蓝山县地方税务局第一税务分局	1998	文明单位	湖南省地方税务局
032	蓝山县地方税务局	1998	机关档案室合格单位	湖南省档案局
033	蓝山县地方税务局	1998	园林式单位	湖南省绿化委员会
034	东安县地方税务局第二税务分局	1998	文明单位	湖南省地方税务局
035	道县地方税务局	1998	先进职工之家	湖南省地方税务局
036	永州市地方税务局稽查局	1998	先进单位	湖南省地方税务局、湖南省财政厅
037	蓝山县地方税务局	1998	文明卫生单位	湖南省爱国卫生运动委员会
038	宁远县地方税务局	1998	湖南省一级档案室	湖南省档案局
039	道县地方税务局	1998	文明卫生单位	湖南省爱国卫生运动委员会

续表3-6-8

编号	单位	年份	荣誉名称	颁奖单位
040	宁远县地方税务局第一税务分局	1998	创建文明窗口活动示范单位	湖南省地方税务局
041	永州市地方税务局稽查局	1999	先进单位	湖南省地方税务局
042	东安县税务局第二税务分局	1999	先进单位	湖南省地方税务局
043	祁阳县税务局计划会计股	1999	巾帼文明示范岗	湖南省城镇妇女“巾帼建功”活动领导小组
044	永州市地方税务局	2000	干部人事档案工作目标管理一级单位	中共中央组织部
045	新田县地方税务局	2000	湖南省文明单位	中共湖南省委、湖南省人民政府
046	蓝山县地方税务局	2000	模范职工之家	湖南省总工会
047	道县地方税务局第四税务分局	2000	模范职工小家	湖南省总工会
048	道县地方税务局第四税务分局	2000	模范职工小家	湖南省地方税务局
049	祁阳县地方税务局	2000	稽查工作先进单位	湖南省地方税务局
050	永州市地方税务局稽查局	2000	优胜单位	湖南省地方税务局
051	双牌县地方税务局	2001	青年文明号	湖南省青年职工工作委员会
052	祁阳县地方税务局计划会计股	2001	巾帼文明示范岗	中华全国妇女联合会
053	永州市地方税务局办税服务厅	2002	全国青年文明号	国家税务总局、团中央
054	永州市地方税务局	2002	湖南省文明单位	中共湖南省委、湖南省人民政府
055	永州市地方税务局省级税收征收分局	2002	《税友》杂志先进通联组	湖南省地方税务局
056	江永县地方税务局通联组	2002	《税收》杂志先进通联组	湖南省地方税务局
057	江华县地方税务局	2002	《税友》杂志发行工作先进单位	湖南省地方税务局
058	宁远县地方税务局	2002	文明卫生单位	湖南省爱国卫生运动委员会
059	宁远县地方税务局	2002	模范职工之家	湖南省总工会

续表3-6-8

编号	单位	年份	荣誉名称	颁奖单位
060	祁阳县地方税务局	2002	模范职工之家	湖南省总工会
061	东安县地方税务局	2002	湖南省青年示范岗	湖南省青年职工工作委员会
062	永州市地方税务局	2008	乒乓球运动会女子团体第三名	湖南省地方税务局
063	道县地方税务局第四税务分局	2003	模范职工小家	中华全国总工会
064	双牌县地方税务局	2003	文明卫生单位	湖南省爱国卫生运动委员会
065	宁远县地方税务局第一税务分局	2003	巾帼文明示范岗	湖南省妇女联合会、湖南省地方税务局
066	宁远县地方税务局第一税务分局	2003	模范职工小家	湖南省总工会
067	宁远县地方税务局	2003	征管基础工作先进单位	湖南省地方税务局
068	永州市冷水滩区地方税务局	2003	信息工作先进单位	湖南省地方税务局
069	永州市芝山区地方税务局	2003	公益形象示范单位	湖南省精神文明建设指导委员会办公室、湖南省公共关系协会
070	永州市芝山区地方税务局	2003	全省地税系统征管基础工作示范单位	湖南省地方税务局
071	永州市地方税务局	2003	全国模范职工之家	中华全国总工会
072	永州市冷水滩区地方税务局第三税务分局	2003	巾帼文明示范岗	中华全国妇女联合会
073	永州市冷水滩区地方税务局	2003	全国税务系统信息化建设先进单位	国家税务总局
074	永州市地方税务局	2004	湖南省文明标兵单位	中共湖南省委、湖南省人民政府
075	永州市芝山区地方税务局	2004	湖南省文明单位	中共湖南省委、湖南省人民政府
076	永州市冷水滩区地方税务局第三税务分局	2004	全国三八红旗集体	中华全国妇女联合会
077	永州市地方税务局省级税收征收分局	2004	湖南省文明单位	中共湖南省委、湖南省人民政府
078	永州市芝山区地方税务局	2004	模范职工之家	湖南省总工会

续表3-6-8

编号	单位	年份	荣誉名称	颁奖单位
079	永州市芝山区地方税务局	2004	“规范管理年”活动先进单位	湖南省地方税务局
080	永州市冷水滩区地方税务局	2004	信息联系点信息工作第一名	湖南省地方税务局
081	永州市冷水滩区地方税务局	2004	十佳地税文化建设先进单位	湖南省地方税务局
082	永州市冷水滩区地方税务局	2004	模范职工之家	湖南省总工会
083	双牌县地方税务局	2004	模范职工之家	湖南省总工会
084	双牌县地方税务局	2004	“规范管理年”活动先进单位	湖南省地方税务局
085	东安县地方税务局	2004	1998年-2003年湖南省群众体育工作先进单位	湖南省体育局
086	道县地方税务局第四税务分局	2004	青年文明号	共青团湖南省委员会
087	道县地方税务局第一税务分局	2004	依法办事示范窗口	湖南省地方税务局
088	东安县地方税务局	2004	“规范管理年”活动先进单位	湖南省地方税务局
089	宁远县地方税务局	2004	依法办事示范窗口	湖南省依法治省领导小组
090	东安县地方税务局	2005	湖南省2005年全民健身周活动先进单位	湖南省体育局
091	东安县地方税务局	2005	文明卫生单位	湖南省爱国卫生运动委员会
092	双牌县地方税务局	2005	文明窗口单位	湖南省精神文明建设指导委员会办公室
093	双牌县地方税务局第一税务分局	2005	青年文明号	共青团湖南省委员会
094	宁远县地方税务局第一税务分局	2005	三星级办税服务厅	湖南省地方税务局
095	永州市冷水滩区地方税务局	2005	全国税务系统先进单位	国家税务总局
096	永州市冷水滩区地方税务局	2005	湖南省一级档案室	湖南省档案局

续表3-6-8

编号	单位	年份	荣誉名称	颁奖单位
097	江华县地方税务局	2005	文明卫生单位	湖南省爱国卫生运动委员会
098	永州市地方税务局	2005	全国文明单位	中央精神文明建设指导委员会
099	祁阳县地方税务局	2005	文明示范窗口单位	湖南省精神文明建设指导委员会
100	永州市地方税务局	2005	湖南省文明标兵单位	中共湖南省委、湖南省人民政府
101	祁阳县地方税务局	2006	湖南省文明单位	中共湖南省委、湖南省人民政府
102	道县地方税务局第一税务分局	2006	湖南省级依法办事示范窗口	中共湖南省委、湖南省人民政府
103	永州市零陵区地方税务局	2006	全省地税系统督查督办工作先进单位	湖南省地方税务局
104	永州市零陵区地方税务局办税服务厅	2006	四星级办税服务厅	湖南省地方税务局
105	江永县地方税务局第二税务分局	2006	青年文明号	湖南省青年工作委员会
106	江华县地方税务局办税服务厅	2006	三星级办税服务厅	湖南省地方税务局
107	永州市冷水滩区地方税务局	2006	湖南省文明单位	中共湖南省委、湖南省人民政府
108	宁远县地方税务局	2006	湖南省文明单位	中共湖南省委、湖南省人民政府
109	东安县地方税务局	2006	湖南省文明单位	中共湖南省委、湖南省人民政府
110	祁阳县地方税务局	2006	湖南省文明单位	中共湖南省委、湖南省人民政府
111	祁阳县地方税务局	2006	“四五”普法先进单位	湖南省地方税务局
112	东安县地方税务局	2006	模范职工之家	湖南省总工会
113	东安县地方税务局	2006	十佳地税文化建设先进单位	湖南省地方税务局
114	蓝山县地方税务局第一税务分局	2006	三星级办税服务厅	湖南省地方税务局

续表3-6-8

编号	单位	年份	荣誉名称	颁奖单位
115	永州市地方税务局省级税收征收分局	2006	2006年度省级税收三等奖	湖南省地方税务局
116	永州市地方税务局	2007	文明窗口单位	湖南省精神文明建设指导委员会
117	江华县地方税务局	2007	全省地税系统人教部门“双争”活动先进单位	湖南省地方税务局
118	永州市地方税务局稽查局	2007	综合信息工作先进单位	湖南省地方税务局
119	永州市地方税务局稽查局	2007	查办涉税大案要案先进单位	湖南省地方税务局
120	双牌县地方税务局	2007	湖南最受尊重单位	湖南日报
121	双牌县地方税务局办税服务厅	2007	巾帼文明岗	湖南省妇女联合会
122	双牌县地方税务局办税服务厅	2007	三星级办税服务厅	湖南省地方税务局
123	宁远县地方税务局第一税务分局	2007	全国模范职工小家	中华全国总工会
124	永州市地方税务局	2007	“我为税收献智慧 我为发展献计策”征文活动优秀组织奖	湖南省地方税务局
125	道县地方税务局	2008	地税文化建设先进单位	湖南省地方税务局
126	永州市冷水滩区地方税务局	2008	全省地税系统人教部门“双争”活动先进单位	湖南省地方税务局
127	江永县地方税务局	2008	湖南省文明单位	中共湖南省委、湖南省人民政府
128	祁阳县地方税务局工会委员会	2008	模范职工之家	湖南省总工会
129	江华县地方税务局	2008	湖南省文明单位	中共湖南省委、湖南省人民政府
130	祁阳县地方税务局	2008	全省地税系统信息联系点工作先进单位	湖南省地方税务局
131	江华县地方税务局	2008	全省巾帼文明岗	湖南省地方税务局
132	祁阳县地方税务局	2008	模范职工之家	中华全国总工会
133	双牌县地方税务局	2008	廉政文化建设先进单位	湖南省地方税务局

续表3-6-8

编号	单位	年份	荣誉名称	颁奖单位
134	祁阳县地方税务局	2008	土地使用税管理先进单位	湖南省地方税务局
135	永州市零陵区地方税务局	2008	“服务促和谐、满意在地税”先进单位	湖南省地方税务局
136	永州市冷水滩区地方税务局	2009	依法办事示范窗口单位	湖南省依法治省领导小组
137	祁阳县地方税务局办税服务厅	2009	巾帼文明岗	湖南省妇女巾帼建功活动领导小组
138	双牌县地方税务局	2009	女职工建功立业标兵岗	中华全国总工会
139	双牌县地方税务局办税服务厅	2009	芙蓉标兵岗	湖南省总工会
140	双牌县地方税务局	2009	县（市、区）信息工作先进单位	湖南省地方税务局
141	江永县地方税务局第一税务分局	2009	青年文明号	湖南省青年职工工作委员会
142	东安县地方税务局办税服务厅	2009	青年文明号	湖南省青年职工工作委员会
143	东安县地方税务局	2009	“服务促和谐、满意在地税”活动优质服务先进单位	湖南省地方税务局
144	蓝山县地方税务局	2010	湖南省档案工作规范管理省一级单位	湖南省档案局
145	蓝山县地方税务局	2010	模范职工之家	中华全国总工会
146	永州市零陵区地方税务局	2010	全国模范职工之家	中华全国总工会
147	永州市零陵区地方税务局	2010	湖南省文明单位	中共湖南省委、湖南省人民政府
148	永州市零陵区地方税务局	2010	五星级办税服务厅	湖南省地方税务局
149	永州市零陵区地方税务局	2010	全省地税系统依法办事示范窗口单位	湖南省地方税务局
150	道县地方税务局	2010	全省地税系统依法办事示范窗口单位	湖南省地方税务局
151	永州市冷水滩区地方税务局	2010	学习型党组织建设示范点	湖南省委宣传部

续表3-6-8

编号	单位	年份	荣誉名称	颁奖单位
152	永州市地方税务局直属局	2010	湖南省文明单位	中共湖南省委、湖南省人民政府
153	永州市冷水滩区地方税务局	2011	湖南省“五五”普法依法治理先进单位	湖南省依法治省领导小组
154	宁远县地方税务局	2011	全国模范职工之家	中华全国总工会
155	宁远县地方税务局第一税务分局	2011	依法办事示范窗口	湖南省地方税务局
156	宁远县地方税务局	2011	“五五”普法先进单位	湖南省地方税务局
157	祁阳县地方税务局	2011	依法办事示范窗口	湖南省依法治省领导小组
158	双牌县地方税务局团支部	2011	湖南省五四红旗团支部(总支)	共青团湖南省委员会
159	永州市零陵区地方税务局	2011	湖南省地税系统创建学习型党组织先进单位	湖南省地方税务局
160	永州市零陵区地方税务局	2011	文明窗口单位	湖南省精神文明建设指导委员会
161	永州市地方税务局	2011	青年文明号组织奖	湖南省青年职工工作委员会
162	永州市零陵区地方税务局	2011	全省地税系统依法办事示范窗口单位	湖南省地方税务局
163	江永县地方税务局团支部	2011	湖南省五四红旗团支部(总支)	共青团湖南省委员会
164	江华县地方税务局	2011	依法办事示范窗口单位	湖南省人民政府
165	东安县地方税务局办税厅	2011	十大杰出青年文明号	湖南省人事厅、共青团湖南省委员会
166	东安县地方税务局	2011	湖南省档案工作规范化管理省一级单位	湖南省档案局
167	东安县地方税务局	2011	市（县、区）局信息调研工作先进单位	湖南省地方税务局
168	东安县地方税务局	2012	全省依法办事示范窗口单位	湖南省人民政府
169	东安县地方税务局	2012	四星级办税服务厅	湖南省地方税务局
170	蓝山县地方税务局	2012	湖南省文明单位	中共湖南省委、湖南省人民政府
171	蓝山县地方税务局	2012	湖南地税系统先进单位	湖南省地方税务局

续表3-6-8

编号	单位	年份	荣誉名称	颁奖单位
172	江华县地方税务局	2012	湖南省级园林式单位	湖南省住房和城乡建设厅
173	江华县地方税务局	2012	税收宣传月优秀项目—建设涔天河江华地税在行动	湖南省地方税务局
174	江华县地方税务局	2012	四星级办税服务厅	湖南省地方税务局
175	永州市零陵区地方税务局	2012	全省地税系统创建学习型党组织先进单位	湖南省地方税务局
176	永州市零陵区地方税务局办税服务厅	2012	湖南省地税系统第四届“五星级办税服务厅”	湖南省地方税务局
177	永州市零陵区地方税务局第三税务分局	2012	湖南省青年文明号	共青团湖南省委员会
178	新田县地方税务局	2012	税收宣传优秀项目“税法宣传进孝文化公园”	湖南省地方税务局
179	双牌县地方税务局	2012	湖南省群众体育工作先进单位	湖南省体育局
180	双牌县地方税务局办税服务厅	2012	五星级办税服务厅	湖南省地方税务局
181	双牌县地方税务局	2012	全国巾帼文明岗	中华全国妇女联合会
182	祁阳县地方税务局	2012	湖南省文明标兵单位	中共湖南省委、湖南省人民政府
183	永州市冷水滩区地方税务局	2012	湖南省文明单位	中共湖南省委、湖南省人民政府
184	祁阳县地方税务局办税服务厅	2013	五星级办税服务厅	湖南省地方税务局
185	祁阳县地方税务局	2013	地税文化建设基地	湖南省地方税务局
186	祁阳县地方税务局	2013	地税文化建设先进单位	湖南省地方税务局
187	双牌县地方税务局办税服务厅	2013	五星级办税服务厅	湖南省地方税务局
188	双牌县地方税务局	2013	全国模范职工之家	中华全国总工会
189	道县地方税务局	2013	三星级办税服务厅	湖南省地方税务局
190	道县地方税务局	2013	地税文化建设先进单位	湖南省地方税务局
191	新田县地方税务局	2013	全国模范职工之家	中华全国总工会
192	新田县地方税务局	2013	湖南省园林式单位	湖南省绿化委员会

续表3-6-8

编号	单位	年份	荣誉名称	颁奖单位
193	新田县地方税务局办税服务厅	2013	三星级办税服务厅	湖南省地方税务局
194	永州市零陵区地方税务局	2013	湖南省“2013—2015年依法办事示范窗口单位”	湖南省地方税务局
195	江永县地方税务局	2013	三星级办税服务厅	湖南省地方税务局
196	永州市地方税务局稽查局	2013	稽查工作三等奖	湖南省地方税务局
197	江华县地方税务局	2013	税收宣传月活动优秀宣传项目	湖南省地方税务局
198	永州市地方税务局	2013	“贯彻十八大 传递正能量”诗歌朗诵优秀奖	湖南省地方税务局
199	蓝山县地方税务局办税服务厅	2013	三星级办税服务厅	湖南省地方税务局
200	蓝山县地方税务局办税服务厅	2013	青年文明号	共青团湖南省委员会
201	蓝山县地方税务局第一税务分局	2013	全省依法办事示范窗口	湖南省依法办事领导小组
202	东安县地方税务局办税服务厅	2014	文明窗口单位	湖南省精神文明建设指导委员会
203	永州市地方税务局稽查局	2014	“稽查能手”组织奖	湖南省地方税务局
204	永州市零陵区地方税务局	2014	青年文明号	湖南省青年职工工作委员会
205	永州市零陵区地方税务局	2014	文明标兵单位	湖南省精神文明建设指导委员会
206	永州市地方税务局	2014	全省地税系统税收业务知识竞赛一等奖	湖南省地方税务局
207	道县地方税务局第一税务分局	2014	工人先锋号	中华全国总工会
208	祁阳县地方税务局	2014	全国税系统先进单位	人力资源和社会保障部、国家税务总局
209	道县地方税务局	2014	湖南省文明单位	中共湖南省委、湖南省人民政府
210	祁阳县地方税务局	2014	全国文明单位	中央精神文明建设指导委员会

续表3-6-8

编号	单位	年份	荣誉名称	颁奖单位
211	永州市冷水滩区地方税务局	2015	湖南省地税系统“三基建设”先进单位	湖南省地方税务局
212	永州市冷水滩区地方税务局	2015	湖南省地税系统“三基建设”先进单位	湖南省人民政府
213	道县地方税务局	2015	湖南省园林式单位	湖南省住房和城乡建设厅
214	新田县地方税务局第一税务分局	2015	模范职工小家	中华全国总工会
215	江永县地方税务局	2015	模范职工之家	中华全国总工会
216	江华县地方税务局	2015	湖南省文明单位	中共湖南省委、湖南省人民政府
217	江华县地方税务局	2015	湖南省地税系统先进单位	湖南省地方税务局
218	蓝山县地方税务局	2015	湖南省地税系统“三基建设”先进单位	湖南省地方税务局
219	道县地方税务局	2015	湖南省文明单位	中共湖南省委、湖南省人民政府
220	永州市地方税务局直属局	2015	省级档案室	湖南省档案局
221	永州市地方税务局直属局	2015	省级税收完成先进单位	湖南省地方税务局

1992—2015 年永州市地税系统个人获厅局级以上荣誉统计表

表 3-6-9

编号	个人	年份	荣誉名称	颁奖单位
001	刘兴华	1994	全国税务系统先进工作者	人事部、国家税务总局
002	何湖光	1995	营业税业务培训成绩优秀奖	国家税务总局
003	张　捷	1996	填票能手	湖南省地方税务局
004	唐素华	1996	优秀填票员	湖南省地方税务局
005	刘荣慧	1996	乒乓球运动会女子团体第三名	湖南省地方税务局
006	黄小燕	1996	乒乓球运动会女子团体第三名	湖南省地方税务局
007	杨飞平	1996	乒乓球运动会女子团体第三名	湖南省地方税务局
008	严建华	1997	稽查能手	湖南省地方税务局
009	刘利民	1997	征管能手	湖南省地方税务局

续表3-6-9

编号	个人	年份	荣誉名称	颁奖单位
010	邓成祥	1998	全省地税系统优秀信息员	湖南省地方税务局
011	程灿烂	1999	稽查能手	湖南省地方税务局
012	吴铭哲	1999	岗位标兵	湖南省地方税务局
013	陈莉辉	1999	岗位标兵	湖南省地方税务局
014	周　謇	1999	岗位标兵	湖南省地方税务局
015	张　科	1999	岗位标兵	湖南省地方税务局
016	龙建军	1999	岗位标兵	湖南省地方税务局
017	段雨澜	1999	青年岗位能手	湖南省青年职工工作委员会
018	吴海波	1999	优秀分局长	湖南省地方税务局
019	屈志成	1999	优秀分局长	湖南省地方税务局
020	黄生诚	1999	优秀分局长	湖南省地方税务局
021	陈运友	1999	信息工作先进个人	湖南省地方税务局
022	杨其林	1999	优秀分局长	湖南省地方税务局
023	黄　靖	1999	信息工作先进个人	湖南省地方税务局
024	刘小贤	1999	十佳局长	湖南省地方税务局
025	陈运友	2000	信息工作先进个人	湖南省地方税务局
026	李求祥	2000	湖南省优秀青年卫士	湖南省青年工作委员会
027	何多珍	2000	当代湖南青年女杰	共青团湖南省委员会、湖南省妇女联合会、今日女报、长沙女性频道
028	杨兴明	2001	记三等功	湖南省地方税务局
029	黄　靖	2001	优秀信息员	湖南省地方税务局
030	黄增柏	2001	先进工作者	湖南省人民政府财贸领导小组办公室
031	黄瓒文	2002	青年岗位能手	湖南省青年职工工作委员会
032	黄　靖	2002	青年岗位能手	湖南省地方税务局
033	黄增柏	2002	优秀信息员	湖南省地方税务局
034	马永魁	2003	“艰苦奋斗、勤俭为民”优秀领导干部	湖南省地方税务局

续表3-6-9

编号	个人	年份	荣誉名称	颁奖单位
035	李宇晖	2003	征管能手	湖南省地方税务局
036	成玉兰	2003	优秀女税务工作者	湖南省地方税务局、湖南省妇女联合会
037	邓光明	2003	湖南优秀青年卫士	共青团湖南省委员会、湖南省地方税务局
038	黄　靖	2003	优秀信息员	湖南省地方税务局
039	刘瑞仕	2003	稽查能手	湖南省地方税务局
040	黎金元	2003	全国税务系统信息化建设先进工作者	国家税务总局
041	陈　健	2004	征管能手	湖南省地方税务局
042	罗四宝	2004	征管能手	湖南省地方税务局
043	肖志军	2004	征管能手	湖南省地方税务局
044	罗志涛	2004	2004 年度芙蓉杯百岗明星	湖南省总工会
045	胡永奇	2004	关心下一代工作先进个人	湖南省地方税务局
046	李宇晖	2004	青年岗位能手	湖南省地方税务局
047	王育英	2004	征管标兵	湖南省地方税务局
048	姜宁涛	2004	稽查能手	湖南省地方税务局
049	王育英	2004	稽查能手选拔优胜者	湖南省地方税务局
050	刘瑞仕	2004	稽查能手选拔优胜者	湖南省地方税务局
051	邓光明	2005	十大杰出青年卫士	共青团湖南省委员会、湖南省地方税务局
052	陈　鑫	2005	青年岗位能手	湖南省青年职工工作委员会
053	于　磊	2005	优秀信息员	湖南省地方税务局
054	龚艳丽	2005	践行湖南地税精神先进个人	湖南省地方税务局
055	雷丰义	2005	青年岗位能手	湖南省青年职工工作委员会
056	李雁卿	2005	十大杰出青年卫士	共青团湖南省委员会、湖南省地方税务局
057	杨兴明	2005	先进工作者	湖南省人民政府
058	杨兴明	2005	记一等功	湖南省人民政府
059	王志辉	2006	“十佳”优秀分局长	湖南省地方税务局

续表3-6-9

编号	个人	年份	荣誉名称	颁奖单位
060	蒋怀龙	2006	全省地税系统所得税知识竞赛“十佳奖”	湖南省地方税务局
061	彭慧恒	2006	五星级办税服务员	湖南省地方税务局
062	胡荣杰	2006	“四五”普法依法治理工作先进个人	湖南省委办公厅、省政府办公厅
063	罗尚芝	2006	“地税精神导我行”演讲赛三等奖	湖南省地方税务局
064	程灿烂	2006	年所得12万元以上个人所得税申报工作先进个人	湖南省地方税务局
065	姜宁涛	2007	稽查能手选拔赛优胜奖	湖南省地方税务局
066	杨　勇	2007	稽查能手选拔赛优胜奖	湖南省地方税务局
067	蔡龙设	2007	稽查能手选拔赛优胜奖	湖南省地方税务局
068	唐景平	2007	全省地税系统纪检监察先进工作者	湖南省地方税务局
069	桂　桂	2007	“兴税杯”辩论赛优秀辩手	湖南省地方税务局
070	杨飞平	2007	“兴税杯”辩论赛普通辩手	湖南省地方税务局
071	黄　虹	2007	年所得12万元以上个人所得税自行申报工作先进个人	湖南省地方税务局
072	魏小青	2007	年所得12万元以上个人所得税自行申报工作先进个人	湖南省地方税务局
073	桂来上	2007	全国税务系统精神文明建设先进工作者	国家税务总局
074	杨其林	2007	年所得12万元以上个人所得税自行申报工作先进个人	湖南省地方税务局
075	邓秋红	2007	全省地税系统优秀人教工作者	湖南省地方税务局
076	程灿烂	2007	年所得12万以上个人所得税申报工作先进个人	湖南省地方税务局
077	陈连华	2007	年所得12万元以上个人所得税自行申报工作先进个人	湖南省地方税务局
078	杨纯位	2008	“一体化”管理先进个人	湖南省地方税务局
079	李雁卿	2008	湖南省第八届职工职业道德建设十佳标兵	湖南省职工职业道德建设指导协调小组
080	刘荣慧	2008	乒乓球运动会女子团体第三名	湖南省地方税务局

续表3-6-9

编号	个人	年份	荣誉名称	颁奖单位
081	黄小燕	2008	乒乓球运动会女子团体第三名	湖南省地方税务局
082	熊　丽	2008	乒乓球运动会女子团体第三名	湖南省地方税务局
083	杨飞平	2008	乒乓球运动会女子团体第三名	湖南省地方税务局
084	邓文元	2008	优秀分局长	湖南省地方税务局
085	邓文元	2008	优秀青年卫士	共青团湖南省委员会
086	王济忠	2008	年所得12万元以上个人所得税自行申报工作先进个人	湖南省地方税务局
087	李雁卿	2009	2008年度全国创争活动优秀组织者	中央创先争优活动领导小组
088	黄增柏	2009	年所得12万元以上个人所得税自行申报工作先进个人	湖南省地方税务局
089	蒋玉凤	2009	巾帼建功标兵	湖南省巾帼建功活动领导小组
090	王辉跃	2009	记二等功	湖南省人力资源与社会保障厅
091	秦　刚	2009	青年岗位能手	湖南省青年职工工作委员会
092	唐景平	2009	记三等功	湖南省机关效能建设领导小组
093	何多珍	2007	记二等功	湖南省人事厅、湖南省妇女联合会
094	廖子勇	2010	湖南省级大集中推行工作先进个人	湖南省地方税务局
095	唐德银	2010	记二等功	湖南省人事厅、共青团湖南省委员会
096	秦　刚	2010	全省地税系统先进工作者	湖南省地方税务局
097	郑安兵	2010	记二等功	湖南省地方税务局
098	杨世群	2010	作品《雾锁漓江》获2010年湖南省“佳能杯”摄影大赛优秀奖	湖南省摄影协会
099	王剑虹	2010	财产行为税管理先进个人	湖南省地方税务局
100	姜宁涛	2010	十佳稽查能手	湖南省地方税务局
101	黄国军	2011	湖南省地方税务局“好书品读”征文活动一等奖	湖南省地方税务局

续表3-6-9

编号	个人	年份	荣誉名称	颁奖单位
102	王剑虹	2011	湖南省地方税务局“好书品读”征文活动二等奖	湖南省地方税务局
103	欧阳红艳	2011	湖南省地方税务局“好书品读”征文活动优秀奖	湖南省地方税务局
104	吕乔军	2011	全省打击发票违法犯罪工作先进个人	湖南省地方税务局
105	袁玉林	2011	记二等功	湖南省地方税务局
106	盘信位	2011	“好书品读”征文三等奖	湖南省地方税务局
107	祝卫国	2011	记二等功	湖南省人力资源与社会保障厅、湖南省精神文明建设指导委员会
108	郑安兵	2011	全省系统架构设计师级别第三名	湖南省计算机软件专业技术资格和水平考级办公室
109	欧阳晓华	2011	记二等功	国家税务总局
110	李育科	2011	全省国际税收业务培训先进个人	湖南省地方税务局
111	蔡红娟	2012	全省工会系统优秀女职工干部	湖南省总工会
112	邓秋红	2012	优秀税务工作者	湖南省地方税务局
113	奉权德	2012	优秀信息员	湖南省地方税务局
114	杜剑平	2012	湖南省群众体育工作先进个人	湖南省体育局
115	陈丽娜	2012	优秀办税员	湖南省地方税务局
116	唐德银	2012	记二等功	湖南省精神文明建设指导委员会
117	王辉跃	2012	第十二届湖南省职工职业道德建设标兵	湖南省总工会
118	阳　飞	2012	全省地税系统“人民满意税务工作者”	湖南省地方税务局
119	陈丽娜	2012	五星级办税员	湖南省地方税务局
120	袁玉林	2012	全省十佳人民满意税务工作者	湖南省地方税务局
121	刘　彬	2012	优秀税务工作者	湖南省地方税务局
122	杨世群	2012	作品《门神》在感恩时代获全国第二届“群艺杯”摄影艺术展览优秀奖	中国艺术摄影学会

续表3-6-9

编号	个人	年份	荣誉名称	颁奖单位
123	李育科	2013	全省系统优秀税务工作者	湖南省地方税务局
124	彭小磊	2013	优秀通讯员	湖南省地方税务局、红网
125	秦　刚	2013	全国税务系统“税务工作先进个人”	国家税务总局
126	李小刚	2013	十佳稽查能手	湖南省地方税务局
127	李小刚	2013	记二等功	湖南省地方税务局
128	罗尚芝	2013	“贯彻十八大　传递正能量”诗歌朗诵最佳选手	湖南省地方税务局
129	陈兵龙	2013	“贯彻十八大　传递正能量”诗歌朗诵最佳选手	湖南省地方税务局
130	杨　勇	2014	全省地税系统税收业务知识抢答赛一等奖	湖南省地方税务局
131	李育科	2014	全省地税系统税收业务知识抢答赛一等奖	湖南省地方税务局
132	蒋　涛	2014	全省地税系统税收业务知识抢答赛一等奖	湖南省地方税务局
133	何智林	2014	全省地税系统税收业务知识抢答赛一等奖	湖南省地方税务局
134	唐宇娟	2014	全省地税系统税收业务知识抢答赛一等奖	湖南省地方税务局
135	成玉兰	2014	全省系统第二批党群教育活动网上知识竞赛二等奖	湖南省地方税务局
136	蒋艳芳	2014	全省系统第二批党群教育活动网上知识竞赛二等奖	湖南省地方税务局
137	曾文铭	2014	全省系统第二批党群教育活动网上知识竞赛三等奖	湖南省地方税务局
138	彭玉生	2014	全省系统第二批党群教育活动网上知识竞赛三等奖	湖南省地方税务局
139	蒋　斌	2014	“责任、阳光、幸福”地税建设主题征文活动一等奖	湖南省地方税务局
140	李丽娜	2014	“责任、阳光、幸福”地税建设主题征文活动优秀奖	湖南省地方税务局
141	王　晖	2014	“责任、阳光、幸福”书画、摄影比赛绘画一等奖	湖南省地方税务局

续表3-6-9

编号	个人	年份	荣誉名称	颁奖单位
142	彭喜兰	2014	湖南省地税系统第二批党群教育活动网上知识竞赛一等奖	湖南省地方税务局
143	黄才理	2014	湖南省地税系统第二批党群教育活动网上知识竞赛三等奖	湖南省地方税务局
144	蒋新飞	2014	湖南省地税系统第二批党群教育活动网上知识竞赛二等奖	湖南省地方税务局
145	雷振球	2014	湖南省地税系统第二批党群教育活动网上知识竞赛二等奖	湖南省地方税务局
146	王　勇	2014	湖南省系统第二批党群教育活动网上知识竞赛三等奖	湖南省地方税务局
147	周文茵	2014	湖南省地税系统第二批党群教育活动网上知识竞赛三等奖	湖南省地方税务局
148	陈　磊	2014	湖南省地税系统第二批党群教育活动网上知识竞赛三等奖	湖南省地方税务局
149	何宙鑫	2014	优秀办税员	湖南省地方税务局
150	黄新民	2014	“责任、阳光、幸福”书画、摄影比赛书法三等奖	湖南省地方税务局
151	杨志勇	2014	“责任、阳光、幸福”书画、摄影比赛书法三等奖	湖南省地方税务局
152	何太江	2014	湖南省地税系统第二批党群教育活动网上知识竞赛三等奖	湖南省地方税务局
153	蒋清团	2014	全省地税系统税收业务能手	湖南省地方税务局
154	王剑虹	2014	湖南省地税系统第二批党群教育活动网上知识竞赛二等奖	湖南省地方税务局
155	谭　宇	2015	优秀税务工作者	湖南省地方税务局
156	蒋　涛	2015	金税三期工程推广上线先进工作者	湖南省地方税务局
157	唐　堃	2015	金税三期工程推广上线先进工作者	湖南省地方税务局
158	王先国	2015	全省先进典型人物	湖南省地方税务局
159	叶　岚	2015	十佳稽查能手	湖南省地方税务局
160	周忠华	2015	全省地税系统践行“三严三实”先进个人	湖南省地方税务局
161	唐　铮	2015	稽查能手	湖南省地方税务局

续表3-6-9

编号	个人	年份	荣誉名称	颁奖单位
162	奉兴张	2015	湖南省“书香之家”	湖南省妇女联合会
163	阳　飞	2015	芙蓉百岗明星	湖南省总工会
164	蒋建荣	2015	最美青年卫士	共青团湖南省委员会
165	蒋玉凤	2015	我身边的优秀共产党员	湖南省地方税务局
166	唐珍妮	2015	优秀宣讲员	湖南省地方税务局
167	周　波	2015	优秀税务工作者	湖南省地方税务局
168	姜宁涛	2015	全省系统业务大比武二等奖	湖南省地方税务局
169	肖铁群	2015	“金税三期”工程推广上线先进工作者	湖南省地方税务局
170	陈建平	2015	“金税三期”工程推广上线先进工作者	湖南省地方税务局
171	欧阳晓华	2015	“金税三期”工程应用技能全员考试先进个人	湖南省地方税务局
172	伍　敏	2015	“金税三期”工程应用技能全员考试先进个人	湖南省地方税务局

附 录

一、重要文献辑录

地方财政建设思考与探索

作者，沈根元，女，大学文化，高级会计师，曾任政协永州市第一届委员会副主席、永州市财政局党组书记、局长，荣获全省先进工作者（劳动模范）、全省三八红旗手、全省巾帼建功标兵、全省财会工作先进个人、全市先进工作者等多项荣誉称号。自上世纪九十年代以来，作者在《中国财经报》《湖南日报》《学习导报》《湖南财政与会计》等报刊发表文章40余篇，并有多篇文章获奖。

永州市政协副主席、市财政局局长沈根元讲话

沈根元长期从事地方财政领导工作，在20多年的工作实践中积累了比较丰富的理财经验。2001年5月1日，沈根元撰写的《地方财政建设思考与探索》一书由人民日报出版社出版，政协湖南省第八届委员会主席王克英题写书名，财政部财政科学研究所所长何盛明作序，该书所收集的论文是作者组织领导地方财政建设实践中的切身体验和理性归纳。该书由理性思考篇、战略谋划篇、改革探索篇、管理服务篇4个部分组成，既独立成篇，又浑然一体；该书紧紧围绕改革开放和发展社会主义市场经济的历史进程中地方财政建设面临的种种矛盾和问题，从理论与实践的结合上展开研究和思考，透过现象看本质，透过财政看经济，积极探索解决问题的办法和措施。书中所论涉及到当时地方财政改革发展中的一些针对性问题，经济

永州市政协副主席、市财政局局长沈根元专著《地方财政建设思考与探索》

发展中的一些热点难点问题，作者能够站在“讲政治”的高度观察分析和辩证处理，既注意从宏观上谋划地方财政经济的建设发展，又注意从关键环节入手狠抓实际问题的解决。分析解剖求实深刻，提出的办法和措施切实可行，富有建设性和启迪性，具有较强的理性思辩色彩和实践指导价值。

该书中收录的《柳暗花明又一村——道县财政改革的调查与启示》一文曾在 1995 年《中国财经报》上发表，对于当时各级财政走出困境、消化赤字、振兴财政起到了很好的示范效应。《大财政·大财源·大效益——对零陵地区财政发展的战略思考》一文，提出“树立大财政观念，建设大财源体系，形成大效益财政”的财政发展模式，对于当今的财政改革与发展仍有一定的借鉴和启迪作用。

湖南国税通讯

第30期
（经验刊）

湖南省国家税务局 2015年4月22日

编者按：

4月20日，国家税务总局党组书记、局长王军在《永州国税：打造有执行力的团队》（《中国税务报》2015年4月15日）上批示：

“江龙、军辉、玉山同志：请你们了解一下湖南永州市国税局开展的台账式管理情况，在修改完善数字人事相关制度时参考。可请傅扬帆等同志来介绍一下，并参与讨论。另请江平及‘三严三实’办公室同志阅。要结合即将开展的‘三严三实’专题教育，抓一批好典型，解决不想落实、不全落实、不会落实等问题。同时，也要抓一批坏典型。抄永安、扬帆同志。”

4月21日，湖南省国税局党组书记、局长丁永安批示：

“请皮局长、党办、人事处研究一下永州市国税局的做法，是否可在修改完善后，在系统推广。”

“传模、爱民同志：永州市国税局抓执行力建设，解决干部‘不想落实、不全落实、不会落实’的问题，王军局长很重视，这也是即将开展‘三严三实’教育要解决的一个问题。将永州的做法再详细一些，内容再充实一些，连同王局长的批示一同下发各市州局学习。”

“又：请传模、爱民同志考虑，是否将王局长批示，加上我局领导提出的一些要求，附上永州的文章转系统各市州学习。”

现将永州市国税局抓执行力建设的做法转发全省国税系统，供学习借鉴。各单位要迅速传达王军局长和丁永安局长的重要批示精神，并组织专题学习讨论，进一步提高对加强执行力建设、狠抓工作落实的认识。要结合即将开展的“三严三实”主题教育活动，进一步完善抓工作落实的举措、制度，认真解决不想落实、不全落实、不会落实等问题。要进一步完善督查工作分级负责、目标责任、限期报告、调查复核、情况通报、责任追究、督查调研、任务完成销号等各项制度，对不负责任、工作落实不到位的，对承办责任单位和督办责任单位实行双向问责，在全省国税系统上下形成“真抓实干、马上就办”的工作氛围。

永州国税打造团队执行力　狠抓落实提效能

今年以来，永州市国税局围绕“执行力建设年”的主题，以转变作风抓落实为手段，着力提升机关效能，掀起了“敢负责、勇担当、善落实、比执行”的热潮，机关效能大幅提升，干部作风明显转变，全市国税系统上下形成了“马上就办”、“办就办好”的抓落实的氛围。《中国税务报》对永州国税团队执行力建设进行宣传报道，国家税务总局王军局长在4月20日专门作了批示。其主要做法是：

一、加强执行力文化建设，解决“不想落实”的思想态度问题

（一）集中学习达共识

永州市国税局在2015年一季度党组中心组学习中，将执行力建设和抓工作落实作为主要内容，集中学习了《国家税务总局关于进一步抓好工作落实的意见》和《永州市国税局关于加强干部执行力建设的意见》；同时，邀请永州市委党校教授，就行政机关加强执行力建设、抓好工作落实，给市国税局机关全体干部和各县（区）国税局局长进行了专题讲座，通过学习和讲座，进一步统一了思想认识，坚定了抓工作落实和队伍执行力建设的决心。

（二）主题讨论树理念

组织全市国税系统开展了“敢于担当、强化执行、创先争优”为主题的大讨论，要求人人参与讨论，个个发表意见。活动中，各单位结合实际，深入剖析目前干部队伍中存在执行力不强、政令不畅通等现象的原因，共同探讨提高本单位、本部门、本岗位执行力的对策和措施，如货物和劳务税科针对“营改增”工作提出了“钻透业务，开展回头看，查清纳税人底子”的对策，改变当前“营改增”征收管理不够理想的状况；纳税服务科将今年的“服务规范标杆单位建设”等重点工作列入台账管理。通过主题大讨论，共收集到提高执行力、抓好工作落实的建议126条，“增强执行力、狠抓工作落实”的理念已深入心中。

（三）营造氛围促落实

组织开展了执行力建设主题征文、主题演讲等比赛、执行力标语征集活动；以

图文并茂的形式在电梯、走廊、宣传栏、电子显示屏等地方悬挂执行力标语，时刻提醒干部职工要“今日事今日毕”，促使干部职工形成“没有执行力，就没有竞争力”的理念。同时，深入挖掘本单位本系统执行力建设过程中涌现的各类典型，选树了刘小明、艾华等一批先进典型，在全市国税系统形成了“学先进，比执行，抓落实”的氛围。

二、开展岗位技能培训，解决“不会落实”的能力素质问题

（一）开展院校培训提升领导能力

2012年，组织全市国税系统46名科级以上领导干部参加清华大学提升领导力培训班，组织110名副科级领导干部分两批次，赴国家税务总局扬州党校参加领导干部执行力培训班，集中学习了管理智慧、基层领导执行力等相关课程。2015年3月，组织全市国税系统科级以上领导干部到上海交通大学参加执行力建设专题培训班，学习抓好工作落实、打造有执行力的团队等课程，进一步提升了全市国税系统领导干部的领导能力和抓落实的能力。

（二）开展分级分类培训提升业务能力

建立教育培训的考核机制，明确县（区）国税局在干部教育培训中的主体地位，由各县（区）国税局根据人力资源状况，确定培训内容和培训的方式方法。市国税局每年组织纳税评估、税收法律、税务稽查、综合文秘等市级人才库人员到湖南税专等培训基地进行分类别的有针对性培训，每次培训都按照理论讲座、专业知识考试、业务实践大比武这三个环节，对参训人员进行专业知识培训和业务素质考察，提高培训的实效性。2015年4月，组织全市国税系统五星级、四星级办税服务员40余人到扬州税务学院进行办税业务集中培训，进一步提升了全市国税系统的办税服务水平，为落实纳税服务规范和“营改增”改革打下了办税服务方面的基础。

（三）开展岗位技能培训提升操作能力

整合系统内外教学资源，先后组织开展了税收法律、税收征管、纳税服务、行政管理等多层次全员岗位业务知识培训，市国税局机关各科（室）每年对县（区）国税局对口的人员均进行了1期以上的业务培训，2014年共举办各类培训班40个，培训人员1000余人次。先后组织开展了所得税、税收法律知识、税收征管软件操作比赛活动，编写了《税收执法实用手册》，开展全员“三法”知识竞赛。近年来，通过业务竞赛、网上抽考，共评选出各类岗位能手45名。

三、注重领导带头抓落实，解决“不急落实”的示范效应问题

（一）公开承诺，接受监督

市国税局领导班子成员每人每年负责抓 1～2 个全局性的重点工作项目，明确工作要求和目标任务，以正式公文的形式告知全市国税干部职工。市、县（区）国税局领导班子及班子成员每季度初确定一批需要解决的问题，季度末向全局干部通报完成情况，接受大家的监督。2015 年，市国税局 6 名领导班子成员分别负责了 36 个年度重点工作项目；一季度，市、县（区）两级国税局领导班子确定了 76 个需要解决的问题，完成了 74 个，正在处理中的有 2 个。

（二）尽职履责，带头落实

全市国税系统领导干部率先垂范抓落实，对每一个重要文件，都有明确的批示意见，指定牵头部门、责任人员和完成时限；对每一项重要工作，都提出明确要求，亲自靠前组织，推动工作落实。在全市国税系统大力推行“领导在一线指挥、干部在一线工作、问题在一线解决、决策在一线落实”的一线工作法，市国税局领导班子成员每月下基层不少于 7 天，县（区）国税局领导班子成员每月到纳税人走访不得少于 20 户。今年以来，市、县（区）两级国税局领导班子成员切实做到了立说立行、说到做到，在全市国税系统营造了想干事、会干事、能干事、干成事的良好工作环境。

（三）严格标准，督促落实

坚持一级抓一级，层层传导压力，做到上下联动，通盘运作。全市国税系统各级领导干部对分管的科（室）和联系的单位，对负责的每一项重点工作都有督促落实的责任，在作出决策和工作部署后，责任领导就深入牵头单位、深入基层，督促检查落实情况，对落实不及时、落实不到位的，及时提出整改意见，督促落实到位。今年一季度，市国税局 6 名领导班子成员共对 62 项工作进行了跟踪督促抓落实，每件工作都按时保质完成，发挥了很好的示范效应。

四、推动执行力四项管理，解决“不全落实”的有效抓手问题

（一）推行岗责管理，明确落实责任

该局以推行岗责标准化为基础，进一步修订完善市国税局机关各科（室）的部门职责，对每个具体岗位的主要职责、工作内容、工作制度、工作流程、工作权限、工作要求进行科学界定和细化明确，保障每项工作和考核指标都有具体人员承

担，每个岗位都能完成相应任务，个人执行力建设责任得到有效落实。

（二）推行绩效管理，明确落实指标

该局将开展执行力建设与绩效管理相结合，把 2015 年年初确定的重点工作及各科（室）工作计划融入绩效管理指标体系中，形成“省局绩效管理指标+市局机关绩效管理指标+非绩效岗位指标”的绩效管理体系，促使各项指标衔接有序，考评到人。同时，该局以开展个人绩效管理为平台，将执行力建设责任分解到个人，建立干部绩效卡，对干部绩效管理结果进行纪实式量化并进入个人档案，作为干部年度考核、评先评优、职务晋升、职级评定的重要依据，对有令不行，有禁不止的行为严格问责，让干部有动力、有压力、有鞭策、有监督。

（三）推行项目管理，明确落实重点

该局经过充分调研论证，结合各部门各单位工作特点，制订了《永州市国税局 2015 年重点工作项目任务分解表》和《永州市国税局 2015 年工作计划任务单》，明确 2015 年的重点项目为 8 大项 36 个子项，确定了 102 个基本项目，将重点创新项目和各项工作任务分解到科（室），明确办结时间、具体承办人员和责任人。并抓住关键环节，设置可衡量的工作指标，形成任务清单，定期跟踪督办，重点推进，确保重点项目抓出特色、抓出成效。各科（室）对所承接的重点项目和计划任务单，每月初细化分解到本部门每一个工作人员，确定个人月度工作任务单，并进行跟踪督办，要求干部在《工作日志》上准确记录每一项工作完成情况，月末进行检查评估，记入执行力台账。通过明确岗位职责、发送反馈月度工作任务单，干部职工在开展工作过程中“有方向、有目标、有记录、有考核”，工作质量和工作效能得到有效提高。

（四）推行台账管理，明确落实过程

永州市、县（区）两级国税机关及内设部门都建立了执行力工作台账，对每一项工作落实情况实行痕迹化管理。市国税局每个科室对县（区）国税局安排的每一项具体工作和科（室）横向之间每一项工作的配合，都能在工作台账上有记录、有反馈、有落实情况。如市国税局征收管理科将实施税管员痕迹化管理确定为年度重点工作，制订《税收管理员下户巡查管理办法》，要求税收管理员下企业巡查、纳税辅导、调查认证、税务检查时，将下户巡查审批、进户巡查纳税人确认、巡查事项处理结果、同行人员及税务文书送达情况记录在工作台账中，实行“一事一记录、一月一核查”，实现“当日有记录，过程有图像，事后有反馈”。截至 4 月 20 日，该局的税管员已下户巡查 1.2 万余户次。同时，该局将工作台账记录内容作为工作考核、风险管理的依据，不定期组织工作台账内容的核查检查，一旦发现记录不实、弄虚作假的情况，将进行严肃通报，并记入个人绩效考核。

五、健全执行力三项机制，解决“不利落实”的结果应用问题

（一）建立督查督办机制，保障“件件有落实”

该局明确由办公室牵头，对各单位、各部门年度重点工作项目、党组会、局务会、局长办公会安排布署的事项以及领导交办的事项进行督查督办。各单位严格按照《督查督办单》确定的内容按时、保质办结，并将办理结果及时向分管局领导和办公室反馈。办公室严格按照登记立项、检查催办、办结反馈、整理归档等程序，采取电话督办、会议督办、实地督办、在综合办公信息系统软件中进行专项督办等形式，按照“一月一调度、一季一督查、年底结总账”的要求实行台账管理，对全市系统工作落实情况督查到底，保障督办事项“件件有落实”。

（二）建立情况通报机制，确保“事事有回音”

健全工作落实情况联系机制，以召开局务会、科（室）联席会、专题座谈会等形式，对各单位各部门所承接工作的进度、困难等情况进行分析，协调解决工作落实过程中存在的困难。采用日常督查、专项检查、定点检查等方式，准确掌握绩效管理指标、任务清单、个人工作任务单等工作落实情况，及时发现工作落实中存在的问题，对部署不及时，工作推动不力的单位和个人，以会议、文件等形式进行情况通报。

（三）建立奖惩问责机制，实现“结果有应用”

该局把执行力建设和工作落实结果与年度考核、评先评优、职务晋升、职级评定相挂钩，对执行力建设成效显著的单位、个人，在评先评优、职务晋升等方面给予优先考虑；对执行不力的单位、个人，进行严肃责任追究，取消其相关评先评优资格。同时，完善监督问责机制，对在监督检查过程中存在徇私舞弊、玩忽职守的监督人员进行严肃处理，做到“凡监督检查必有结论，凡有检查结论必有结果应用”。

送：局领导
发：各市（州）国税局，湖南税专，各县（市、区）国税局，局内各单位

责任编辑：余锦钟

永州市地税局文件

永地税发〔2012〕105号

关于加强商品房购买环节契税管理的通知

各县、区地税局，市地税局直属单位：

为加强全市商品房（指“一手房”）购买环节契税的征收管理，保证契税及时足额入库，杜绝房地产开发商代收甚至挪用契税的现象，根据《中华人民共和国税收征收管理法》《中华人民共和国契税暂行条例》等法律法规的规定，现就契税有关事项明确如下：

一、契税的基本规定

纳税人：在中华人民共和国境内转移房屋权属，承受的单位和个人为契税的纳税人；

纳税义务发生时间：纳税人签定房屋权属转移合同的当天，或纳税人取得其他具有房屋权属转移性质凭证的当天；

申报纳税期限：纳税义务发生之日起10日内；

纳税地点：纳税人应当向房屋所在地的主管地税机关办理申报纳税等手续。

二、购房人自签订合同之日起10日内应主动到主管地税机关申报缴纳契税。购房人可以到主管地税机关或者开发商处领取《契税纳税申报表》，各级地税机关要及时无偿提供《契税纳税申报表》给房地产开发商，并要求房地产开发商告知购房人及时履行申报缴纳契税的义务。

三、按照《中华人民共和国契税暂行条例》的相关规定，开发商一律不得代收商品房购买环节契税。以前已由开发商代收的商品房购买环节的契税必须在2013年3月31日前缴纳入库。未缴纳的，依照相关规定进行处罚。

四、凡在2012年12月31日前签订购房合同的购房人尚未缴纳契税的，各级地税部门要采取相关措施，要求其在2013年3月31日前申报缴纳，未缴纳的，按照

《中华人民共和国税收征收管理法》相关规定加收滞纳金；在 2012 年 12 月 31 日后签订购房合同的购房人，各级地税部门要将其纳入到日常的征收管理中。

五、由于购房人购买的房屋实际面积与合同面积有差距的，其缴纳的契税按照实际计算予以多退少补。对购房人发生退房的，按照相关规定执行。

六、各级税务机关要通过各种媒介大力宣传，认真做好政策解释工作，督促购房人及时缴纳购买商品房环节的契税，确保税款及时入库。

永州市地税局

二〇一二年十二月二十日

（注：永州市地税局在全省率先改革商品房买卖契税征管方式，由开发商代征模式改为直征模式（即由购房业主自行申报），这一契税征管模式既维护了购房业主的合法权益，又保证了契税的及时足额入库，此契税征管模式得到了省地税局的充分肯定，并在全省推广。）

二、奇闻异事

志为财政创新业　甘做山乡拓荒人

双牌县蔡里口乡财政所所长袁小华

(1993年2月)

我于1986年参加工作，1988年组织上调我到蔡里口乡财政所任副所长。当时蔡里口乡只有4000多人口，年人平纯收入100多元，年财政收入只有4万元，是全县最编僻最贫困的高寒山区小乡。五年多来，我克服困难扎根山区、安心山区，为发展全乡经济，加强乡财政建设做了一些工作，取得了一定的成绩。特别是为我乡利用本地资源优势，因地制宜，调整产业结构，发展山区商品经济，帮助农民脱贫致富，增加财政收入闯出了一条新路子。近几年，全乡经济大幅度提升，财政收入连年超收。1992年，全乡人平纯收入达到620元，财政收入实现16万元，均比1988年翻了两番，成为全县增幅最大的乡。现将我近几年的工作基本情况和实践体会向各位领导和同志作个简单汇报。

一、扎根山区，默默奉献

蔡里口乡距县城100多里，与广西毗邻，又是高寒山区。“六五”时期才修通到乡政府的简易公路，这里既偏僻闭塞又贫困落后。乡机关建在半山腰上，一无自来水，二无电灯；工作生活条件异常艰辛，多数人怕到这里来，组织人事部门常为这里调配干部发愁。1988年8月，组织上决定调我来这里工作，当时我所在的何家洞乡各方面条件比蔡里口乡都好，家里人思想不通，埋怨道：“别人越调越离家近，条件越好，而你越调越离家远，越往山沟里钻”。母亲年迈多病，妻子在贵州不能照顾她，老人家很希望我离家近点，以便照顾，流着眼泪拉着我的手说，能不能跟领导讲一下，换个地方。我当时心情非常沉重。但是我想到自己是个共产党员，是个有志向的财政工作者，不应怕困难、怕艰辛，应到工作最需要的地方去。我耐心地说服了母亲，答应想办法把妻子调到双牌来，第二天打起背包愉快地进了山。一到新的工作岗位，就体验到了蔡里口的贫困落后名不虚传。我首先接到手的是乡政府近 10 万元的债务和群众因困难交不起的农业税、屠宰税大笔尾欠，特别是刚过年就有很多人拿着袋子到乡里要救济粮了。面对这些我没灰心，未退却，反而激起了自己作为财政工作者的高度责任感，进一步坚定了扎根山区、改变该乡面貌的决心。财政所只配备两人，而我们的工作区域却是方圆 50 里的崇山峻岭。为了克服人员少的矛盾，我们科学地安排时间，采取内务杂事晚上做，大部分时间深入村组搞调查研究，抓税收征管，帮助发展生产。山里人居住十分稀散，有时走完一个组要一天多的路途时间，外勤工作非常艰苦。我刚来时抓农业税入库，走了两个村我的脚就肿得象大红萝卜，所里小易劝我不要走了，但我想到完成任务要紧，再说从此长期与这里山山岭岭打交道，必需锻炼出来，我咬牙硬坚持走完了全乡，群众看到我拐着脚为国家上门收税，受了感动，大多数主动交了税款，有几户家里没有钱，变卖鸡鸭交了税款。

五年来，我一直这样不知疲倦反复跋涉在山山岭岭，奔走在千家万户。直接查征特产税 6 万多元，清收多年遗留的农业税和屠宰税尾欠 4 万多元，最重要的是做了大量的调查研究，掌握了乡情，为调整产业结构、发展商品经济、培植新的财源发挥了重要作用。为了工作尽力克服家庭困难，1992 年我母亲重病住院，我得知消息赶回县城，当看到母亲已脱离危险，我托家里其他人照顾，第二天就回到了工作岗位。去年 8 月 6 日，我一岁半的女儿不慎被开水烫伤了整个脸部，乡领导批给我 10 多天假，带孩子进县城治疗，但我想到当时正值征收农业税和销售西瓜的关键时刻，我把孩子送进医院，当转入正常治疗后，我让爱人照顾孩子，自己就回到了所里，前后只用了 4 天假。鉴于我家庭的困难和我在山区工作的时间较长，去年局领导找我谈心，征求我是否需要变动工作的意见，我沉思了很久，父母、妻子多么希望我早日出山啊！再说自已参加工作后的六七年光景都是在山沟里度过的，人又有多少青春，也该出山了。可是，我又想蔡里口乡经济刚刚起步，财政工作刚有起色，这里还非常需要我，我毅然答道：“暂时不考虑吧！”

二、勇于开拓，努力探索山区财政工作的新路子

蔡里口乡经济发展的路子怎么走，如何搞好财政？这个问题一直困扰着蔡里口乡的党政领导，为此我们进行了大量的调查研究，结果发现蔡里口乡虽在交通、信息、能源、资金方面不如人家，但我们有人家比不上的自然资源优势，全乡 25 万亩山地，土质肥沃，气候独特，是一块未开发的处女地，我想只要我们转变观念，从本地实际出发，发挥自己的优势来发展经济，把财政搞上去是有希望的。

首先加强对现有税源的控制，强化征管。全乡有楠竹3.5万亩，以往多数零伐零卖，税源分散很难收到税，于是我们采取定产计征的办法，每亩定税1元左右，这样既税负不高，农民负担得起，乐意接受，又严肃了税法，减少税收流失。另外，我们在六个重要路口增设了代征点，加强了对木炭、木材、杂柴、竹笋等零星特产税的征收管理，减少了税收收入流失。

其次，因地制宜地创办加工企业，充分利用起本乡楠竹资源，扩大财政收入。经调查发现全乡楠竹每年最低可采伐800万根，由于交通不便，外运困难，烂在山中多。再说出售原竹价值相当低。1989年经多方努力，我们办起潇湘竹艺厂，年产高级漂白竹京席2000多床。1991年又在最偏僻的老屋张家村办起了分厂，专加工竹凉席毛丕，使年生产能力扩大到4000多床，产品销往省内外，年产值达16万元，利税3万多元，每根楠竹增值2~4元。

再次，积极出主意，想办法，努力促进全乡产业结构调整，开发高效特产品商品生产，拓宽绿色财源。1990年县科委和县农业局根据蔡里口乡特殊的气候和土质，试种了西瓜，结果种出的西瓜不仅含糖量高，肉质好，色味别具一格，而且上市时间迟15~20天，正好错过其他西瓜上市的高峰时节，我立即抓住这个项目不放松，一方面要求乡扩大试种，同时我们财政所抓了四个联系户，以便掌提第一手资料，正确地分析效益情况。我们的联系户亩产量达5000斤，产值达1200多元，高出种粮产值近四倍。经过对效益和市场的分析，去年乡里决定调整产业结构，主攻发展迟熟西瓜。全乡种植了780亩，结果获得了相当好的经济效益，实现产出75万元，全乡人平增收100多元，征收西瓜特产税5万余元。另外，我们所里还帮助5个村试种了良种生姜300多亩，亩产值达1100元，每亩可收特产税50多元。调整产业结构种植西瓜和生姜一举成功，振奋了全乡人心。乡党委、乡政府信心更足了，决定今年进一步抓好产业结构的调整，种植西瓜2000亩，生姜1000亩，辣椒1000亩，这一计划实现后，人平可增收1000元，增加特产税近30万元。目前种植计划已基本落实，现在正加紧调运种子和其他生产资料。地、县对我们的做法很感兴趣，认为我们为发展山区商品经济、加强财源建设探索出一条新路子，已专门进行了经验总结，推介到了全区。

三、热情服务，当好发展商品经济的后勤兵

蔡里口乡经济底子薄，加之山区农民小农经济意识比较浓厚，进行产业结构大调整，大规模发展商品经济有很大的困难，财政干部不仅要做好宣传鼓动工作，更重要的是充分发挥职能作用，加强服务，帮助解决生产经营中的实际困难，才能更有力地促进商品经济发展，增加财政收入。我是这样想，也是这样努力去做的。

1988年办竹艺厂总投资20多万元，当时乡政府财力拮据，群众生产困难，自筹不起来，银行又不愿意为我们这个穷乡贷款。为了把这个厂办起来，我千方百计找资金，先后多次到县里和有关部门，求得了银行、财政、林委等有关部门的同情和支持，争取到货款15万元，周转金5万元，把厂办了起来。据了解，平定口村村民杨汉购销土纸有办法，想办个购销站，但缺资金。我觉得若办个土纸购销站，一方面可搞活土纸流通，促进土纸生产，另一方面又可以帮助我们代扣农林特产税，一举两得。于是我找上门去，借给他周转金2000元，把购销站办了起来，去年收购销售土纸2000多担，相当于上年土纸生产总量的4倍，代扣特产税1200余元。去年在推广种植西瓜和生姜时，我们发现许多农户困难大，无钱购买种子和其他生产资料。为此我到县里筹借周转金1.4万元，筹借贷款1万元，帮助50多个重点户和特困户，而且又和所里的同志亲自到外地帮助购买西瓜种和生姜种。我们的大力支持、热情服务激发了群众种植的积极性，从而使生产计划得以顺利落实。

去年西瓜获得丰收，个别户亩产达6000多斤，可是快到上市季节，很多人望着满山满坡的西瓜反而愁眉苦脸了，因为附近县市西瓜滞销，每斤价格只有8分钱左右，我当时心急如焚，几百万斤西瓜在当地市场是无法容纳得了的。我请求乡里立即组织推销服务组，想办法把我们的产品介绍出去，打向大市场。我主动担任了义务推销员。我驾驶摩托车与乡党委书记出去搞推销。为了抢时间，我们风餐露宿日夜兼程，行程2000多公里，跑了省内外十多个县市，与200多个有关单位和个体老板洽谈。功夫不负有心人，有十多个单位和老板与我们达成了意向协议，他们一到我们乡里就吃了一惊，没想到这样的大山沟里，种出了这么好的西瓜。桂林来的两个客商，认为这种西瓜适合大中城市消费，一下子调运了十多万斤。西瓜一到桂林市就倍受青睐，每斤卖到八角到一块钱，价格高于当地西瓜30~40%。名声一出，大批外地客商涌入，蔡里口竟出现了争购风。当地批发价从最初每斤0.15元渐渐抬到了每斤0.45元，仅桂林市就销售了近200万斤，西瓜完全销出去了，而且走向了大市场。瓜农赚了钱，而且赚的比城郊瓜农还多，瓜农感激我们，地、县、乡领导表扬了我。

四、发挥职能，促进全乡两个文明建设

近年来，我乡经济有了一定的发展，群众和乡政府多了一点收入。但要正确地引导消费，把钱用到点子上，这几年我乡集中资金办了几件群众最需要办的大事。1990年投资15万元架设了15公里高压线路，解决了机关单位和四个村的照明；去年投资5万元办起了全县第一个乡级敬老院，使全乡8名孤寡老人过上了安乐生活；还投资10万元修学校，争取1993年达标。去年在上级有关部门的支持下，投

资 2 万元建起了电视插转台。通过以上这些投资建设，大大改善了全乡的文化教育和福利事业，给蔡里口人带来崭新的精神面貌，有力促进了全乡两个文明建设。

同志们，我的工作虽取得了一定的成绩，但离上级的要求和形势的发展还相差很远，我决心今后很好地总结经验教训，进一步开拓进取，扎实做好财政工作，为把蔡里口乡经济再推上一个新的台阶做出更大贡献。

（注：1993 年 11 月 18 日，财政部、人事部作出关于表彰全国财政系统先进工作者和先进集体的决定，授予湖南省双牌县蔡里口乡财政所所长袁小华“全国财政系统先进工作者”称号。）

扬帆税月

——永州市国税局傅扬帆局长的二三事

欧阳辉亮　肖明剑

2011年6月1日，41岁的傅扬帆离开省城长沙，“南下”到永州接任市国税局党组书记、局长。眨眼3年多过去了，他身边的一些“小事”，却深深地印在我们的脑海，时常浮现在眼前——

一次难忘的“聊天”

现任永州市国税局副调研员的欧阳辉亮至今记忆犹新。那是傅扬帆履新永州几天后的一个晚上，新局长打电话要找他“聊天”。当他赶到傅扬帆刚好安顿的“家”时，一杯从岳阳老家带来的绿茶早已沏好。

“我知道你当过多年的办公室主任，又干过十年的征管科长，为人正直实在，对机关上下的情况熟悉，所以晚上请你过来聊聊，想听听你的真知灼见。”新局长开门见山，直奔主题。

那晚，两人敞开心扉，拉起了永州国税的“家常话”，诸如完成任务靠什么、税收征管薄弱环节是什么、国税形象抓什么、青年税干在想什么、中层骨干愁什么、离退休老同志缺什么……傅扬帆想知道、要明白的国税“家务事”太多、太细，让欧阳辉亮这个当时曾被认为是“闲职”的系统工会主任顿感责任重大，还有许多工作立马要做。

初到永州的傅扬帆就是这样从“聊天”开始，进企业、走基层，搞调研、问计策，仅仅两个月时间，就跑遍了全市11个县（区）国税局和16个基层税务分局，与各层次税干谈心百余人次，接连几个礼拜都在永州“度周末”，很快融入了永州这片热土。

一件急切的“小事”

广汽长丰汽车股份有限公司副总经理兼财务部长曾巧玲总会记得那一件急切的“小事”。那是在2012年7月24日，傅扬帆带着国税业务科室的工作人员到公司调研，在了解完公司生产经营情况后，傅扬帆询问：“公司还有什么困难需要帮助解决的?”抱着试试看的心理，曾巧玲就向扬付帆讲起了公司最近遇到的一个难题。原在7月下旬，广汽集团宣布将下属的广汽长丰汽车股份有限公司名称变更为广汽集团乘用车有限公司永州分公司，这一名称的变更，导致公司生产的猎豹牌汽车的合格证与国税部门采集的车辆购置税信息不相符，如果不能及时申报办理车辆购置税信息采集手续，猎豹牌汽车就将无法落户上牌。凑巧的是公司更名之前，专家刚刚对猎豹牌越野车进行了审核认证，7 月底就将正式录入车辆购置税信息系统。如果按照以往的常规程序层层上报处理，则猎豹车的信息采集只能等到下一批次了，最早也要等到 10 月份。这就意味着公司在此期间生产的 7000 多辆、价值近 100 亿元的猎豹牌汽车将无法正常销售。

得知这一异常情况，傅扬帆觉得有责任和义务尽快帮助企业解难，他决定将此事作为特殊情况，直接向国家税务总局求助，请求总局从速解决。总局有关部门和领导非常重视，当即研究，同意按特殊情况由广汽长丰立即补报资料，对前期采集的车辆购置税信息全部变更后统一录入系统。在得到总局的同意后，市国税局一边与总局和省局有关部门衔接，一边组织相关科（室）到广汽长丰公司现场办公。很快在 7 月 26 日，该公司的变更信息就重新录入到车辆购置信息采集系统，保障了 7000 余辆汽车的正常销售。

正是这样一桩桩“小事”，让永州国税在纳税人和社会各界进一步树起了良好形象。在 2011—2014 年永州市直“优化经济环境和机关效能建设”年度考核测评中，市国税局连续 4 年名列市直 35 个司法、执法单位的第一位。

一份爱心的《倡议》

2012 年 6 月，永州市国税工会向全市干部职工发出了《爱心捐款倡议书》，号召大家伸出援助之手，为抢救身患重症的祁阳县国税干部曾小忠而献爱心。经办人员知道，这份倡议凝聚了傅扬帆同志的一番心血。

6 月中旬，傅扬帆到祁阳县调研组织收入“过半”的情况，突然记起系统工会主任曾报告过，祁阳县国税局年轻税干曾小忠因患脑血管畸形破裂，还在长沙医院处于半昏迷状态，遂特意到曾小忠同志的家去看看。当看到曾小忠家里值钱的东西都卖光了，听说亲友们再也借不到钱为其治病了，现只能干等着筹钱救命时，傅扬帆心酸地说：“我们国税本是一家，小忠现在这么困难，大家一定要帮助他。”他当即从身上掏出仅有的 2000 元，塞给了曾小忠的家人。

从祁阳回到市国税局后，傅扬帆立即找工会及有关负责人商议解决办法。在市、县（区）国税工会已为曾小忠给予特困救助基金，并向上级国税工会申请特困救助基金解决医疗费用的基础上，为解燃眉之急，傅扬帆提议市国税工会再向全市国税系统发出《爱心捐款倡议书》。在 20 多天时间里，全市就有 1067 名干部职工自愿向曾小忠爱心捐款 11.67 万元，并迅速派人送到了长沙医院。后来，曾小忠的妻子给市国税局写来了一封情真意切的感谢信："真诚感谢国税局领导和各位不认识的兄弟姐妹！是你们的爱心和无私帮助，鼓舞着我和家人坚强起来，让我们一家感受到了国税这个大家庭的温暖。"

一个背后的故事

永州国税干部职工感受到了傅扬帆和国税大家庭的温暖，但他却总是对家人心存愧疚。

2012年元旦，已经1个多月没有回家的傅扬帆赶到家中，妻子已劳累得心力憔悴。原来在2011年12月，傅扬帆父亲和母亲同时因高血压、糖尿病突发到长沙住院，母亲视网膜脱落还要做修复手术。傅扬帆正在永州组织税收收入关账，无法抽身，他只好忍痛嘱咐妻子，照顾好父母，自己则一头扎进组织收入、协调年终关账的工作当中。

当他忙完工作，节假日赶回家时，母亲含着眼泪告诉他，在他回来的前一天，妻子背扶母亲上楼时竟晕倒在地上……望着妻子日渐消瘦的身影，看着日益年迈的父母，傅扬帆内心充满了难以言表的愧疚。

四年多来，他很少安然休过几个双休日，自己的四次生日都在永州悄悄度过。工作上的劳累，生活上的单调，家庭无法照顾，孩子无暇顾及，既要经受单身生活的寂寞，更要忍受割舍亲情的苦痛，但他义无反顾，从不怨悔！

（此文刊载于2014年湖南省国税系统纪实性征文作品集《身边的感动》）

残在深山有远亲

一个税务干部14年"结残亲"的感人故事

2015年4月12日正午，阴雨连绵，云雾缭绕。深居东安县舜皇山国家森林公园大坳工区、海拔在1360米上的一户人家，实则是孤寡一人，此刻，一个人的出现令他颇感突然又惊喜。原来一个14年来，曾数十次爬山来探望他的"铁杆"朋友又来看他了。只见客人仿佛像走进自家一样，熟悉地拐进到爬满青藤的旧木屋下那个山泉流进的石水缸旁，拿起竹筒就要勺水喝，却迅即被主人拦下："你忘记你上回喝生水拉肚子的事了？别喝，我马上去给你烧开水。"。于是，竹筒柄被主人用嘴巴咬住"强行"夺下。这是日前笔者现场目睹到的一个无双手残疾人与来客见面时出现的感人镜头。这位来客便是他的"远亲"，曾荣获过湖南省"青年卫士"、"永州市优秀共产党员"荣誉称号，现任永州市地方税务局人事教育科科长的李雁卿同志。

无手大爱献弃儿　血泪铺就顽强路

山上的这户人家主人名叫谢红军，现年53岁，一直未婚。虽一出生就生活在"峰峦叠嶂、瀑布飞流、野趣横生、风光旖旎"的环境中，并听着红军是从这里(老山界)去北上的故事慢慢长大；爷爷更是将其名字叫红军，以此纪念当年那位红军卫生员治好了他的腿伤，还有牺牲在他家后山上的一位年轻红军战士。然自己的命运却几乎如雄鹰折翅那般痛苦，17岁那年他因下河炸鱼不慎失去一双手掌，使得他儿时就憧憬穿上绿军装的梦想，也忽儿变为了泡影。此后，面对连吃饭都要父母喂、脸靠父母洗的残酷现实，他也曾几度想以自杀来了结自己，可最终他还是没有迈出这一步。他说他真切地感觉到了自己还有一双"隐形的翅膀"。

大约20年前，他在艰难的环境中捡回了一个弃婴，并视同己出倾情设法精心培育，即便动作极其笨拙。当时，他的这一表现还是得到了父母的欣然许诺，因而母亲便帮着他照料孩子；然5年后的一天，令他父母无不惊诧的是，他不知在哪里又捡回来一个被人遗弃的女婴，父母实感再无能力帮他了，一致逼劝他将其丢弃算了，可他3次抱出去又悄悄抱回藏起来。于是，其气恼至极的父母只得绝情地从此离开了他，到10余里外的山下大儿子家生活去了。自此他这个无双手的汉子也成为了弃儿，不得不艰难地与两个养女孤居在群山之中，开始了自食其力的艰辛历程。

面临不断加剧的生存压力，谢红军虽也哭过，但始终一丝不曾动摇过“一定要把她们抚养成人”的决心。多年来，谢红军与养女们饱尝寂寞的煎熬与生活的艰辛，但他并不气馁，始终保持乐观的心态，并学会了多种劳动及生活技能，如，发挥牙齿的咬合力，用绳索或皮筋将生产或生活工具捆绑在手臂上劳作，即使手臂着力点因重力磨得血肉模糊也矢志不移，硬是凭着挖点药材卖及耕作，顽强而艰辛的与命运抗争着，并“一个不能少”的生存了来了，还将两个女儿送进学堂读书，其中，大女儿读至高中毕业，小女儿考上了初中。目前，大女儿谢美金已长大成人并已结婚，虽没有如他所愿考取大学，但现在广东东莞一家工厂打工，工资不高，却不再需他操心操力了。不过小女儿10年前突然离家出走，至今仍杳无音信，这对谢红军却是一个沉重的打击，不过最终他仍挺过来了。谢红军之所以能乐观坚强走到今天，并收获着挑战命运的一些喜悦，后来在其父亲去世后，还接过了父亲祭扫红军墓的“接力棒”，这其中是与一个人在他最困难，最关键的时期一直给予的支持和帮助以及辅以红色教育引导是分不开的，一直与他休戚与共，并影响着他的此人便是李雁卿。

“保尔”感动真男儿　誓志相助情真切

2002年6月的一天，时任永州市地税局办公室主任的李雁卿在一次到东安走访活动中，无意中了解到谢红军感人事迹无不感念于心。当天他就决定要去拜会他心中的这位中国“保尔”。到了舜皇山山麓，这才有人提醒他道：这上去全是陡峭山壁，且有近2小时路程。但他依然没有动摇，硬是攀爬上山去见到了谢红军。通过深入接触他发现，该残疾人远不止人们描述的那样感人，还有更多是他如今难觅的精神层面的东西，他的人格魅力令他肃然起敬。然儿，面对这一深居大山、家境极其贫困，还要担负两个养女的培养，尤其目睹到谢红军那无一双手掌，还有其孩子衣衫褴褛、营养严重不良的状况，又使得李雁卿揪心不已。同时他又想到，谢红军以后面临的生存压力肯定会更大，他能坚持得下去吗？因而，他认为，未来谢红军能否做到不停息地与困难搏斗并对未来生活充满信心和勇气，这才是他不得不思考的大问题。于是，他毅然决定，自己今后不仅要向他学习，还要尽己所能来帮助他，减轻他生活及精神的压力，并帮助他实现送女儿上大学的梦想，当即他就送给谢红军资助款800元，并嘱咐，今后遇到困难一定要记得找他。此后几年里，他除常在经济上予以帮助外，曾几次带家属和女儿上山帮助他一家整理内务卫生，给他们添置新衣服，让女儿辅导谢红军女儿们的功课，与她们做朋友。期间，李雁卿还两次邀谢红军一家到他家里做客。自此，李雁卿因对谢红军人格的敬仰渐渐发展到与其结下深厚情谊的挚友。

李雁卿一味要如此帮扶谢红军，谢红军境况也确实需要帮扶。其实交往之初对方却并不“买账”，主要是谢红军存有戒备心理，不那么相信对方的诚意，多以敬而远之的态度消极接受。因为他认为对方怎么说也是一个部门的“小头头”，哪有闲功夫来管他这素昧平生人的小事，还有就是迄今为止，他还未曾见到过哪个当官的来看过他一眼，所以他猜测对方是否在作秀。因而有几次他借口不见他，将李雁卿晾在了山头上。对此，李雁卿并不在意，在继续以诚相助的同时，也注意到了从思想上沟通。有一天，他在再次上山时就向谢红军坦露了他的诚意：“我与你一样，是大山里的孩子，只不过后来我考取学校可以在外工作了；我比你其实也没有特别之处，只不过住在城里，有工资收入，生活条件要好一点罢了；孩子们却是无辜的，我们不应让她们吃那么多的苦，现在我来帮助你一下这也很正常啊！还有，今后你就叫我老弟吧，别老是叫什么‘主任、主任’的，这样我听起来也舒服些！”。谢红军听之不禁感动地溢出了释然的泪水，并对李雁卿的真诚无私帮助心存感激，随后他几次送给竹笋、花生等土产品以表心意，但李雁卿总是以更丰厚的礼物回赠他。

现年49岁的李雁卿，10余年来，其工作岗位变动了数次，无论是从市局调往县局，还是又从县局返回市局，但他对谢红军一家的牵挂及帮助，一直不曾有丝毫改变。2004年6月，他调任东安县局党组书记、局长后，除私下帮扶外，他还在局党组会议上正式提议并通过了将谢红军一家纳入该局扶贫献爱心“结对子”帮扶目标计划，即从当年起，之后每年该局向谢红军一家资助1000元用于其两个女儿的上学费用，直至大学毕业；对其家庭生活困难状况，该局通过扶贫献爱心活动先后3次共筹集捐款1.3万元予以援助。除此，李雁卿还积极争取上级党政及有关部门的领导来关心和帮助谢红军一家，他不断为扶助谢红军鼓与呼，也引起了有关领导的共鸣与重视，时任省地税局局长卿渐伟到东安检查工作期间，亲自去商场购书包、童装，并自掏腰包1000元，还亲笔写下嘱语，通过地税干部将其交到谢红军手里，顿时激起了其孩子发愤读书的誓言回信（详见2005年湖南地税杂志第6期《一封感谢信背后的故事》）；时任东安县委书记的康锦贵不仅亲自登门探望慰问，还当即指示有关部门解决了其低保问题。使谢红军一家不仅着实减轻了一些生计的压力，更感受到了党的组织对其的殷殷关爱之情。由于李雁卿的积极作用使然，在较长一段时间里，谢红军一家也能像别的家庭一样一月也能吃上好几回肉了，上初中的大女儿谢美金的学习成绩一度跻身全校同班级前10名，数次领回“三好学生”、“优秀班干部”的奖状。所有这些，李雁卿感言：众人拾柴火焰高，就能帮助他更好地完成他的使命，他的压力少了，孩子们脸上也露出了天真灿烂的笑容，我的心也踏实了许多！

一枝一叶总关情　一时兴起铸永生

2009年9月—2011年8月，李雁卿换岗调往道县地税局工作，此期间，他依然没有因为相隔较远而松懈对谢红军的牵挂与关心，3次利用休假或路过东安的机会进山去探望他，帮助解决其生活实际问题。为了不断今后的联系，临去道县前他来作别时就赠送其一部手机，嘱咐他，有什么事要及时告知。而偏偏在此不久，谢红军家就发生了一件令他无不震惊和惋惜的事件：2009年冬季的一天，谢红军还不到14岁的小女儿谢美银下山到邻镇的一个集镇赶圩时突然走失，继而数日仍无踪迹。接到谢红军这个迟到的电话后，李雁卿彻夜无眠，心在颤抖，连夜他就电话帮谢红军向事发地公安机关报案，次日一大早他便驱车从道县匆匆赶到舜皇山去安慰谢红军，生怕他别出什么意外。果不其然，谢红军已数天茶饭不思，生命奄奄一息的躺在床上，其所养的一只大黄狗也因极度饥饿横倒在了其床前，再无以前那晃动着尾巴雀跃地叫着欢迎他的迹现。而周围邻居又远在看不见的各个山丛中。见此，李雁卿泪水不禁夺眶而出，无不心酸地轻抚地拍着谢红军肩膀，一时语塞不知说些什么好。谢红军吃不进饭，他就冲糖开水一匙一匙喂食，将带来的饼干及饮料哄着他将就着吃。接着还帮其饲喂鸡和兔子，收获地里已成熟的萝卜，几天时间里，李雁卿就因劳累和忧心瘦了好几斤肉。

过往的数日里，谢红军曾在空旷的山野里仰天哭诉呼唤，然回答他的除了鸟鸣就是风声。李雁卿的到来，使他终于感觉到有了倾诉对象，有了无形的力量，他忘情地与李雁卿相拥，极其自责自己万不该同意如此年少的女儿下山去赶集，说是自己害了她；还说，苍天不负有心人，我不信我天天去找，就找不着她？对此，李雁卿虽也有同感，但他还是不断地以："你已尽到一个作父亲的责任"或"也许哪天她一定会回来的，别焦急!"的真诚话语来缓解谢红军那自责的痛苦和绝望的心情。或许是老朋友一起来分担压力，或许对女儿回归还存有一线希望，之后的日子里谢红军虽言语少了许多，有时还呈现发呆情形，但已慢慢地开始振作起来了。

李雁卿还对谢红军自其爷爷起就开始悄无声息进行祭扫红军墓的举动一直心生感动和敬佩，并深受教育。2009年6月，一次在参加其父亲祭扫红军墓活动时，瞧见老人行动迟缓、气力衰弱的体况，他脑际不禁闪出一个忧心的问题，即深处高山老林中的红军墓将来谁还能接着管护。谢红军？不行。他无双手，显然不方便。但对红军战士的崇敬之情还是激励着他刻不容缓地把这一想法率直地告诉了谢红军。令他惊奇和感动的是，不想，谢红军竟当即向他保证：他一定会照着爷爷和父亲那样去做的。并饱含深情地说："红军墓牵动着我爷爷、父亲，还有你的心，我没有理由辜负你们的期望。"自此，谢红军提前接过了父亲管理红军墓的"接力棒"，工作虽艰难，他感觉是愉快的。次年 2 月，他 77 岁的父亲含笑离开了人世。

近年来，谢红军一家三代接力坚持祭扫红军墓的事迹经媒体传播后，引发良好社会反响，并不断吸引着一些游客或是有组织的青少年学生前去凭吊。为此，李雁卿甚感欣慰，也积极帮助他解决一些棘手问题，辟如，外地游客在与谢红军交流中颇为想探究一些红军当年留下的故事，可是他不会讲普通话。爷爷传咏下来的那些红军故事，恰似壶瓶里装饺子一般，他怎么也倒不出去。瞧见游客失望的眼神，他内心有说不出的难受。对此，他依然首先想到的是李雁卿。闻悉此事后，李雁卿买来了录音机和普通话教学磁带帮助他空闲时学习普通话，并专门在山上呆了两晚细心教授他练习常用的一些对话用语。因他刻苦求学，进步较明显，得到了越来越多慕名前去参观学习者的好评。目前，该红军墓已成为东安县著名红色教育基地。

去年以来，李雁卿又曾两次上山看望过他，以表达他的关注之情，同时，他更忧心谢红军的精神压力，多么希冀自己的努力能减轻一点谢红军的孤独寂寞之苦。对此，李雁卿无不意味深长地感慨道："谢红军，一个少时失去双手的人，老天仿佛总是对其不公，但人间是有爱的，我实感不忍丢弃他，并愿无怨无悔地帮助他，直至终老。"。2015 年 4 月 12 日是谢红军 53 岁生日，李雁卿深知，谢红军其实已习惯了孤独，但他牵挂之心仍不消减，过去自己因工作忙，一直没有亲自陪他过一次生日，然今日他不能让心中的这位忠义兄弟此刻再孤独。李雁卿决定这次怎么也不能再失信于他了，上山去陪他过一个有人相伴的生日。于是才了本文开头的那一幕。

（作者系永州市东安县地税局胡昌忠）

三、诗文荟萃

永州财政人

沈根元

巍巍大厦在阳光下挺拔，
大厦里有我们添砖加瓦；
金光大道在春风里延伸，
大道上有我们汗水铺洒。
我们是光荣的财政人，
为国理财，为民当家。
我们默默奉献，
为了让新兴的永州写满繁华。
啊，那一串串飙升的数据，
是我们献给祖国的鲜花！

座座村庄在阳光下成长，
村庄里有我们深情的牵挂；
脱贫的农家在春风里歌唱，
歌声里有我们激动的泪花。
勤廉理财，科学当家。
我们兢兢业业，
为了让可爱的土地长满新芽。
啊，那一串串飙升的数据，
是我们献给祖国的鲜花！

（作者系永州市政协副主席、市财政局局长）

财政所长

肖国元

似乎远离诗歌
你与乡镇企业稼穑的农人以及芬芳的泥土很近
你的脸庞因而黝黑而厚道
似乎远离优美的文学的语言
你象随处扎根的一棵棵平凡的长青树
很庄严很自信地挺拔很朴实默默无闻地绿
在中国广大的乡村和城镇
你是一道道饰九号蓝的风景
亲爱的所长弟兄同志
我忠诚的战友
我要为你写诗
为你朴实而真情地讴歌

你健硕的枝和滴翠的绿源于博大深邃的根系
你的根深植于广袤的黑土地和辛勤耕耘的纳税人
于是你永远对土地感恩不已
对勤劳若酿蜜之蜂的纳税人满怀敬仰之情
还有温饱和山区扶贫
在二十世纪九十年代
心有余而财力不足依然是你最常犯的头痛病

新年伊始
你便在春天的阳光里挥笔描绘乡镇预算的蓝图
你酷爱无边的墨绿
你忌恨枯黄和赤色的字符
你象朴实勤劳的农夫期翼年年有余
从春到秋到冬你要过许多的关隘
预算关人大关收入关过半关

支出关决算关还有无时不有的人情关
该给的你大度心安
不该给的你錙铢必较毫厘相争
你这百姓吝啬的虚名富翁
你这人民大度的守财葛朗台
你走千家万户讲千言万语吃千辛万苦
你聚一元一角惜一分一厘争一朝一夕
你一心一意想钱
可你从来清贫廉洁克己自律
于是你便格外珍视他们的汗水和来之不易的一分一厘
还有那份拳拳的爱国情感
你把这些聚之不易的收入当作上好的铁
你象精细的铁匠知道那儿需要坚韧的钢

你总放心不下那些衣衫尚不整洁的孩子们
他们年久失修的教室是一颗滴嗒作响的定时炸弹
他们许多赤脚放牛的伙伴
肩上还没有书包
希望工程的手离他们尚远
他们常常让你深感内疚和不安
你动情地紧握沾满粉笔灰的辛勤的园丁之手
坚定而不安地发誓
再穷先不穷教育再苦先不苦孩子
你深知十年树木百年树人的道理

你放心不下的还有效益欠佳的乡镇工业
贫瘠欠投人的农业“风尘仆仆”的乡村交通
污染家园的环保不堪负重的小水电
还有引资招商培财办点上台阶工程
那双翻山越岭走村串户的鞋河边不湿
你是中国百姓最忠实的管家
你教导百姓取之于民用之于民的道理
你花过无数的钱却从不乱花国家一分钱

看着国家和百姓一天天火红起来的日子
你舒心的笑很风景很绿意

财政部长和平头百姓
都愿你象常青的树一样伟岸挺拔能经风雨
我愿你永远郁郁葱葱
永远健康无恙
我的所长弟兄同志

（作者系永州市财政局经济建设科二级主任科员）

情景剧（小品）

阳老汉交税

编　剧：欧阳辉亮　　　　　　　　　　　　　　　　　　　　（表演者：征管科 3 人）

时间：下午下班时间

地点：某国税办税服务厅

人物：小刘，女，30 多岁，办税服务厅工作人员；

阳大爷，70 多岁，代缴税收人（耳背）；

蒋同志，男，40 多岁，市国税局特邀监督员。

场景：“国税办税服务厅”下，墙上时钟指向“5：36”；办税工作台上立一“申报征收服务”牌，椅子 2 张，资料夹等；电话机或响铃手机一部。

（幕启，小刘在办税台内抬手看表：“哟，五点半啦！”遂收拾台上资料，做下班前准备……电话铃响）

小刘：（接电话）您好！这里是国税局办税服务厅，有事请讲…噢，老公！什么？家里来客了？好，就下班了，我马上回来。（收拾东西，提包欲走…）

阳大爷：（从台下一侧边走边顺口溜上）邻居进货还冒回，打电话要我来代缴税；听说国税服务好，今天我阳老汉也来“潇洒走一回”。嗐，紧赶慢赶还是晚了点，（抬头看）——终于到了“国税办税服务厅”……小闺女，请等一等。

刘：老大爷，请问您有什么事？

阳：你问我为什么来得这么迟呀？哎呀，不怕你年轻人笑话。

（顺口溜）——我有个“老相好”她姓崔，在隔壁开个店子定了税；她昨天进货去了外地，今天路滑还冒赶回；本来我耳朵有点背，他却来电话反复催；说什么今天是“最后一天申报期”，要我赶快到国税局来“把觉睡”；我就感到不大对，问她“为什么要到税务局来把觉睡”?！她就笑我是“老酒鬼”，原来是叫我帮她赶快来缴税！

刘：大爷，您是来缴税的？

阳：是嘞，我是代我那隔壁老妹子来缴税呢。小同志，你是不是下班了？

刘：没关系，我给您办好了再走！

阳：什么，你要请我喝好酒？谢谢你啦，不是我老头子吹牛皮，想当年我酒量还蛮高呢，可如今我有新“三高”了，茅台酒也不敢多喝啦！领情了，领情了。

刘：大爷，您是不是耳朵不方便？

阳：啊，你怕我没带钱？笑话，哪有下雨不打伞，哪有缴税不带钱？看你这姑娘说的。

刘：（大声地）您的税务登记号码是多少？

阳：你问我多大岁数了？不大不大，才过七十八。哈哈，如今党的政策好，腰包里钱多了，国家富强了，我们的生活也小康了！（自豪地唱）“咱们老百姓啊，今儿个要高兴…”（哈哈…哈）

刘：（大声而热情地）我是问您带没带《税务登记证》？

阳：噢，那个税务登记本，哎呀，人老了，记性差了。

（从背袋里取出证）带了带了，给……

（刘请阳入坐，2 人在办税台前“办税”……蒋同志夹一皮包上）

蒋：（顺口溜）机关单位已下班，我老蒋路过办税厅前；国税局聘请我为“特邀监督员”，今天顺便进去看一看。

（自语）哎，莫急，得想个法子，来他个“康熙皇帝微服私访”！（故装广东老板急上）同鸡（志），同鸡（志）…

刘：（电话铃响；面向蒋）对不起，请等一下。

（接电话）：喂，哎呀，老公，是超过下班时间了，可人家纳税人来了，总不能让他们跑空路吧，快啦，办完事就回来了。

蒋：（装看表，学广东普通话）哎呀，都 6 点多啦，我是广东赢（人），送了点点货过来，“时间就是金钱嘛”，我急着赶路呢，请你快给我开一张发票吧！

刘：行，请问您——

阳：（急着推蒋）哎哎，（学广东话）我说你这广东老板也该讲点点规矩吧，莫看我老头子大把年纪啦，也得有个先来后到吧？（坚决地）先给我办！

蒋：我比你急啦，先给我办！

（双方争执）阳：我先来！　蒋：我路远……

刘：（笑）请二位别争，我今天就是不吃晚饭，也要尽快给你们办好。（转向阳）——

大爷，这位客人是外地来的，人家还要赶路，就请您稍等一下，先给他办完再给您办，好不好？

阳：看在这闺女的份上，好吧，我们永州人是最讲客气的呵，就先给他办吧，办吧。（坐旁）

刘：谢谢您啦，大爷。（问蒋）同志，请问您要开什么发票？

蒋：是这样的啦，你们永州的西湖（师傅）送了一车猪到广东；我跟你们永州的西湖（师傅）带了一点点塑料品过来，你们湖南太正规啦，一点点货要正规发票才付钱，所以就来找你们给我代开一张三万二千块钱的发票啦！

刘：（计算）个体经营者代开发票，国税征收率是4%，32000元货款…您应缴纳国税1280元；另代征地方税部分的城建税和个人所得税……

蒋：小妹子，（左右张望后，凑近小声地）这样好啵，你给我优惠少交点税啦，我给你300块钱辛苦费啦，行不？

刘：同志，对不起，国家税收应该是依率计征，应收尽收。我们都不能违法办事，请您多给予理解和支持，好吗？

蒋：哎呀，一点小意思嘛，国家又不差这点小钱，你知我知，不要紧啦…

刘：不行，这样国家税收就流失了！

蒋：国家吃点亏，你不亏呀……

刘：那我就要犯法，吃大亏啦！

蒋：哈哈，你不犯法，（双关语）那我就冒办法啦！（笑，转向阳，握手）这位大爷，对不起了，耽搁您交税了！

阳：（纳闷）你这是？

蒋：老大爷，我是他们市国税局为了优化纳税服务，聘请我作为国税的"特邀监督员"，今天是顺便来试探试探他们办税服务情况的。

阳：（开玩笑）哦，那你有点像"老特务"嘞！

蒋：惭愧惭愧，让您老见笑了。（认真地）哎，请问您老人家觉得国税办税服务好不好？

阳、蒋：（同竖大姆指）"国税服务好！"

（3人同时谢幕）——

（注：此剧系2008年1月在机关迎春晚会上自编自演获奖节目；同年11月入编《湖南省国税系统廉政文化作品集》）

永州国税之歌

1=bA 2/4
积极、有力地

作词：集体创作
作曲：冠 咏

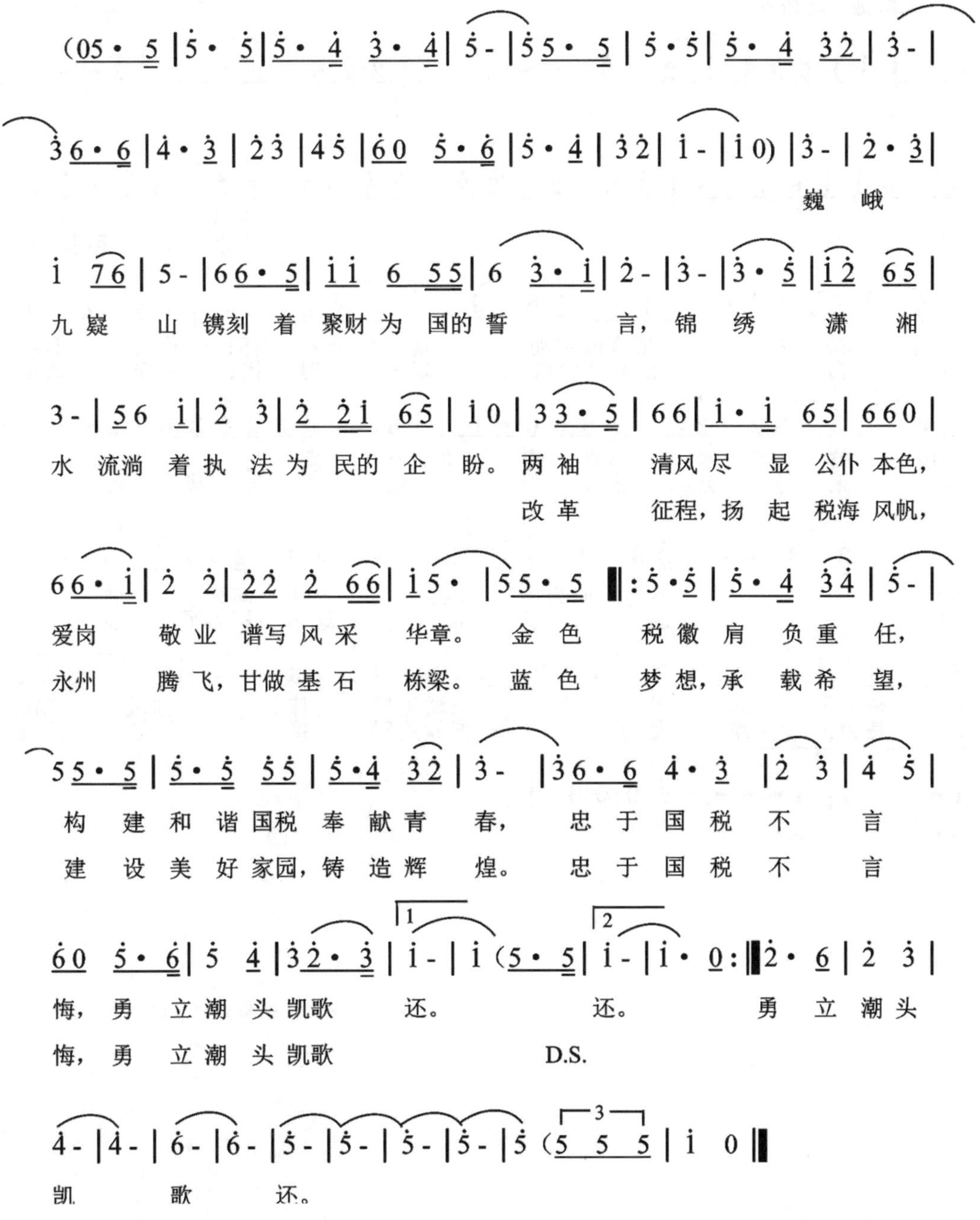

永州地税之歌

1=D $\frac{4}{4}$

杨兴明 词
唐孟冲 曲

真诚 豪迈地

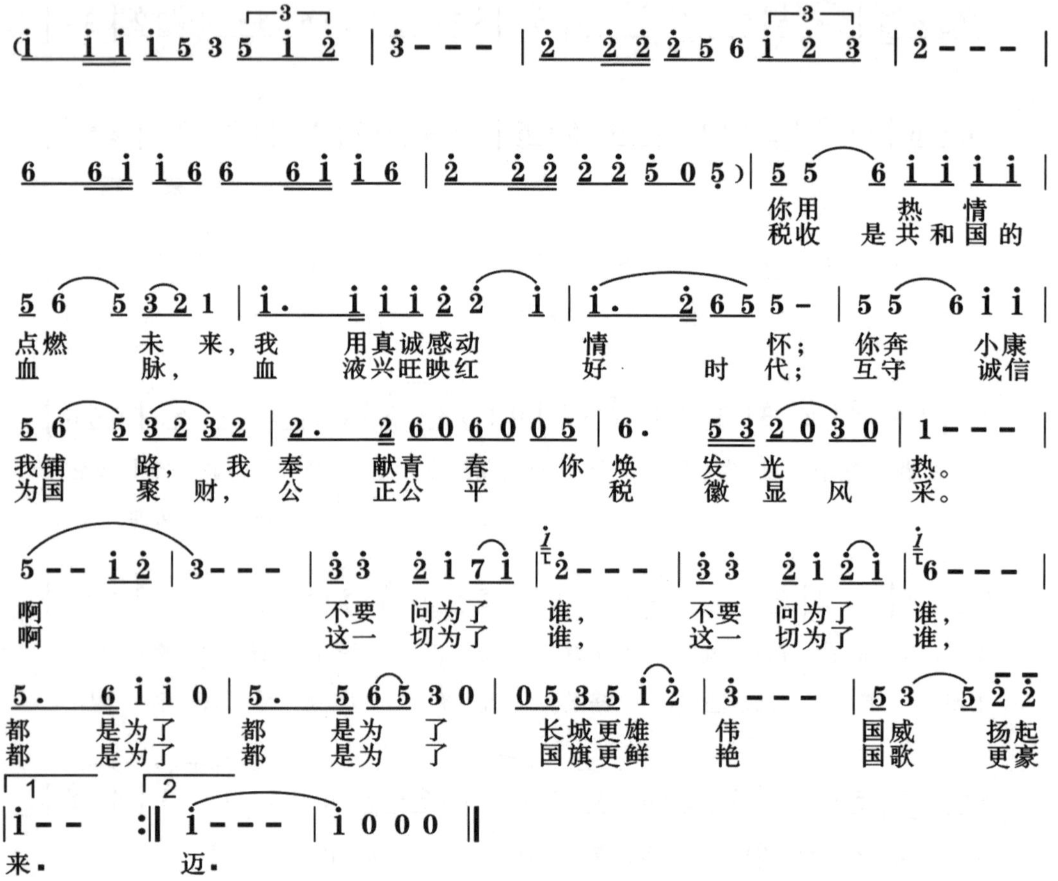

（词作者系永州市地税局党组书记、局长杨兴明）

女税官的心愿

作词 陆晓旭
作曲 周忠华

1=G $\frac{4}{4}$

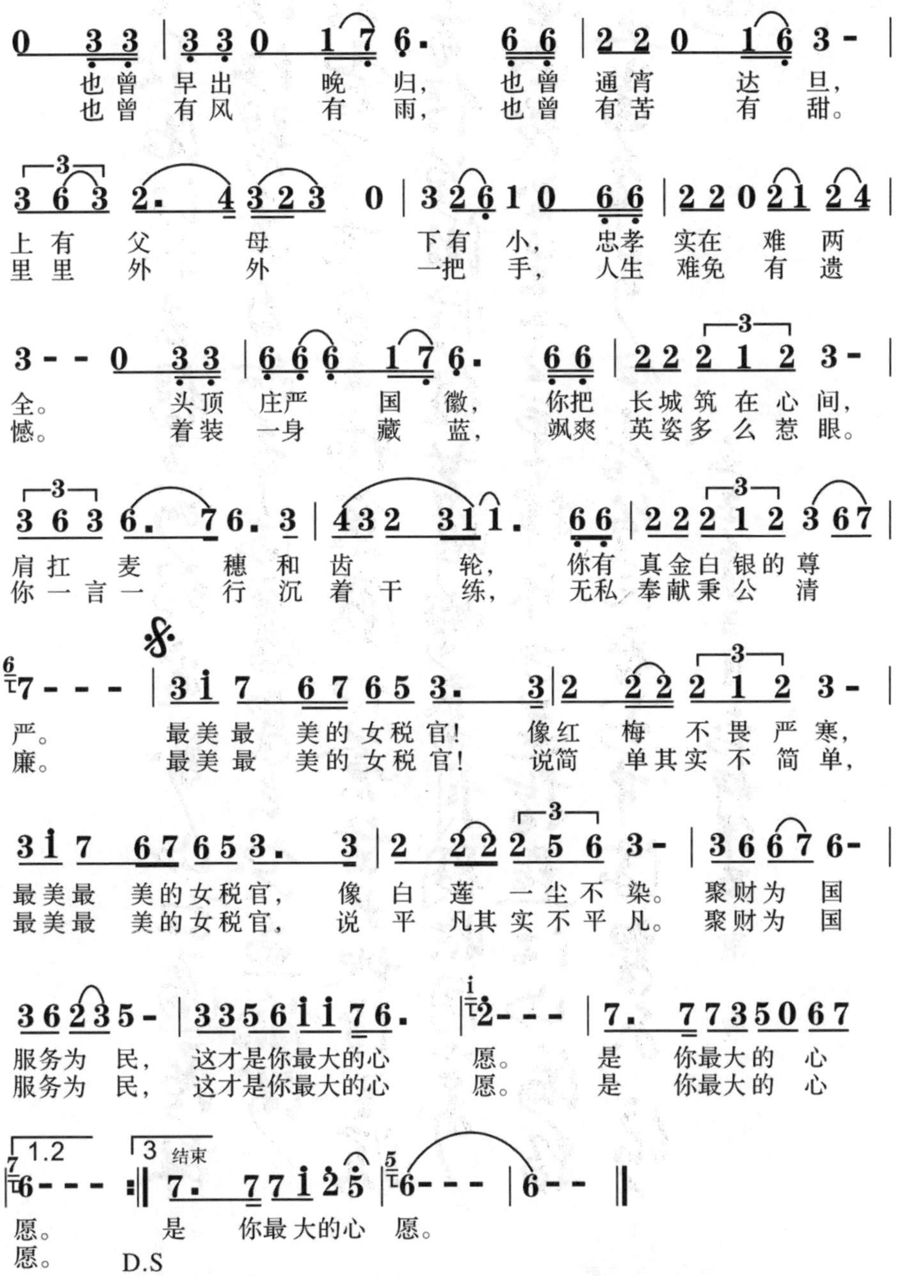

（作曲系永州市东安县地税局党组书记、局长周忠华）

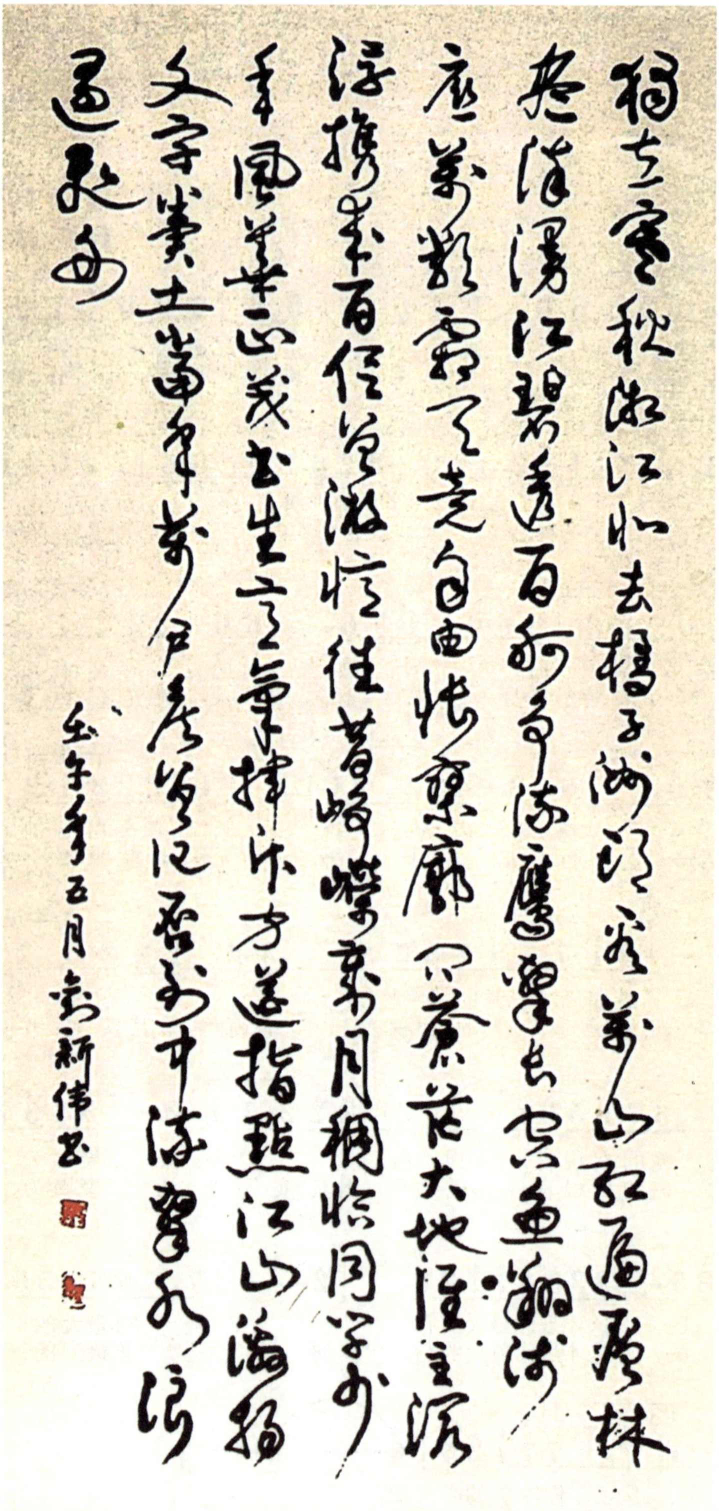

（作者系永州市财政局副局长、市书法家协会秘书长刘新伟）

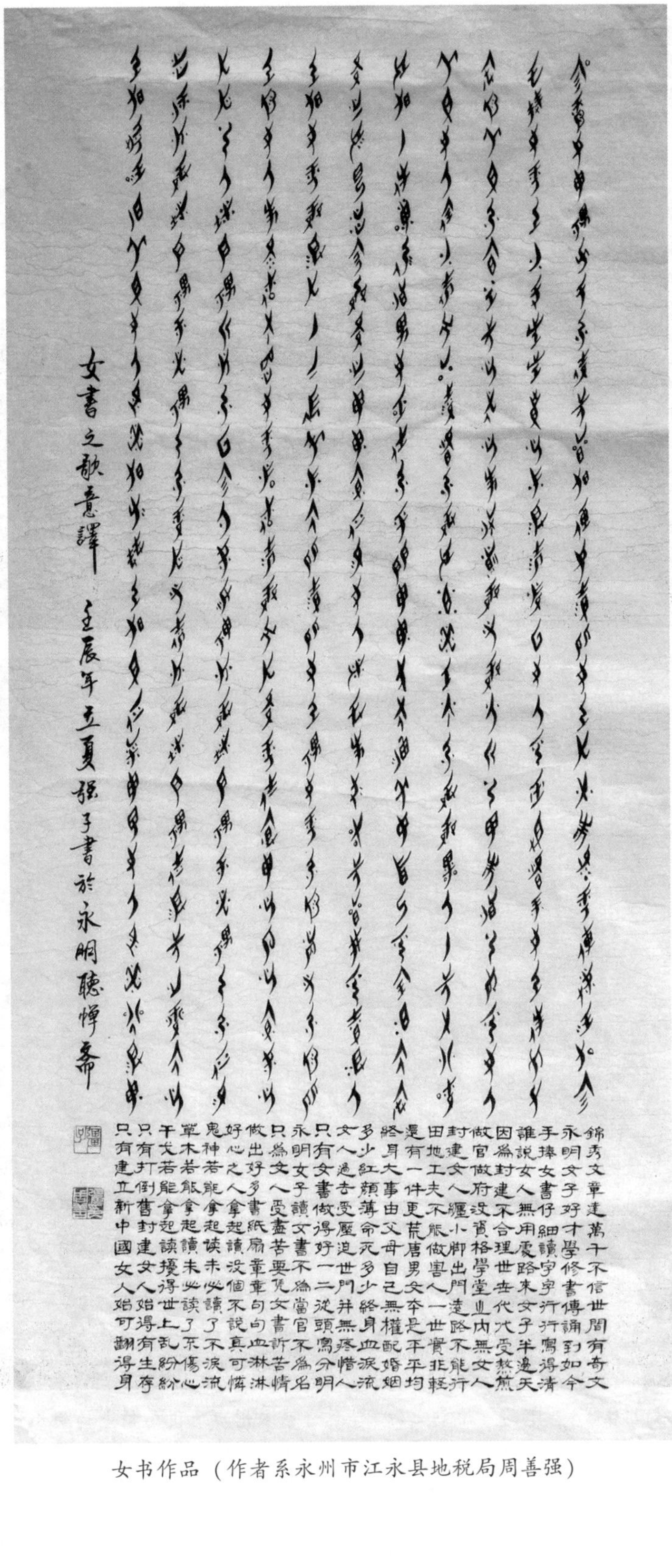

女书作品（作者系永州市江永县地税局周善强）

上图《潇湘晨曦》，下图《湘江之源》（作者系永州市地税局稽查局局长肖冬旺）

后 记

历时三载，在财政、税务部门的共同努力下，《永州市财政税务志（1992—2015）》终于编纂完成，即将付梓出版。其间，编纂过程艰苦曲折自不必赘述，大家齐心协力，终于为此次修志工作划上了一个圆满的句号。

《永州市财政税务志（1992—2015）》起于1992年，止于2015年，全志由概述、大事记、正文和附录4个部分组成。其中，概述、大事记为财政、税务相关内容的合编，正文部分由财政、国税、地税3个篇章组成，全书共18章99节，客观生动地记述了24年间永州市财税事业的发展历程。它的编纂出版将有助于广大财税工作者及各界人士更好地了解永州市财税事业发展的历史脉络，总结经验，汲取教训，从而为促进永州市经济社会又好又快发展发挥应有的作用。

《永州市财政税务志（1992—2015）》中财政篇、国税篇、地税篇分别于2016年3月、6月、10月启动编纂工作。为了切实加强对这项工作的组织领导，3个部门（2018年7月5日国税、地税合并）分别成立了编修工作领导小组。市财政局成立由局长杨军元（2017年3月调整为局长艾艳君）任组长、副局长唐建华任副组长，局副处以上领导及科（室、单位）主要负责人为成员的财政篇编修领导小组，领导小组下设修志办，由市县域经济与产业发展融资中心主任（副处级）陈晓旺具体主持修志工作并担任执行主编，张志海、谢美香担任编辑，前期编纂阶段，唐保国、周易富参与了部分修志工作。市国税局成立由局长曾立春任组长、副局长李靖任副组长，局副处以上领导及科（室、单位）主要负责人为成员的国税篇编修领导小组，领导小组下设编写组，由副调研员欧阳辉亮担任执行主编，李志敏、张振东为编写成员，市局办公室主任刘玉铁兼任编委会编纂工作办公室主任，负责日常协调工作。市地税局成立由局长毛庆东任组长、副局长何多珍任副组长，局副处以上领导及科（室、单位）主要负责人为成员的地税篇编修领导小组，领导小组下设编辑办公室，由调研员唐景平任执行主编，返聘地税系统退休同志陈昌文、何湖光、黄新民为副主编，办公室杨勇任修志联络员，负责日常协调工作。

3个部门领导对修志工作高度重视，在成立领导小组的基础上，借鉴以往和外地财税志编纂工作经验，结合永州市财税工作特点，反复斟酌确定篇目大纲，制订

《永州市财政税务志编修实施方案》，在前期准备充分的基础上，大致分以下阶段完成了编纂工作：第一阶段为准备阶段，组建队伍、制订方案、组织培训；第二阶段为资料征集阶段，收集资料、整理资料、编写资料长编；第三阶段为初稿编纂阶段，分头撰写、查补资料、相互修改；第四阶段为修改完善阶段，内部评审、征求意见、补充完善；第五阶段为合编修改阶段，统一体例、坚持标准、合三为一；第六阶段为评议修改阶段，广泛吸纳、分类整理、修改落实；第七阶段为出版印刷阶段，插图编审、核稿校对、印刷出版。

术业有专攻，专业人做专业事。财政税务志编修人员都是财税工作的亲历者与见证者，凭着对财税工作的激情与热爱，凭着不怕苦不怕累的韧劲，圆满完成了编纂工作，字里行间都凝聚了他们的心血和汗水。其中，陈晓旺主笔撰写了概述、财政改革、财政体制、财政管理，参与撰写了机构队伍，对整部志书进行了总纂合编、修改润色、文字把关；张志海主笔撰写了财政支出、财源建设、财政信息化；谢美香主笔撰写了大事记、财政收入、机构队伍，参与撰写了概述、财政改革、财政体制；唐保国阶段性参与了财政收入、财政支出的撰写；周易富阶段性参与了财政管理的撰写。欧阳辉亮主笔撰写了国税篇大事记、概述、税制管理、征收管理、税收收入、税务稽查、纳税服务、税收科研、税务机构；李志敏主笔撰写了税收法制、税制沿革。唐景平、陈昌文、何湖光、黄新民共同编纂了地税篇全部 6 个章节；杨勇对地税篇进行了修改和图文选编。

《永州市财政税务志（1992—2015）》是财政、税务部门多位编辑合作完成的集体著作。作为牵头单位，永州市财政局修志人员除完成了财政篇的编修任务外，还承担了整部志书的总纂合编，序、凡例、概述、大事记、后记等公共部分的撰写，以及志书的编审、核稿、校对等工作，并出资印刷出版。

在本志撰写过程中，得到了省财政厅和市史志办、市档案局的大力支持与具体业务指导，得到了市财政局、市税务局各科（室、单位）和各县（区）财政局、税务局的支持配合，在此一并表示感谢。

由于撰稿人员水平有限，经验不足，书中疏漏错误之处在所难免，恳请读者谅解和批评指正。

对本志书有任何建议和意见，请致电永州市财政局、永州市税务局，电话分别是：0746-8369685；0746-8321103。

编者

2020 年 3 月

索 引

说明：本索引中篇章节名称按第一个字的汉语拼音字母顺序排列，第一个字相同则按第二个字的汉语拼音字母顺序排列，依此类推。如果完全相同，则按先财政、后国税、再地税的顺序排列。

G

H

J

L

N

P

Q

R

S

W

X

Y

Z